汉译人类学名著丛书

萨满教、殖民主义与野人

——关于恐惧和治疗的研究

〔澳〕迈克尔·陶西格　著
王浩娉　赵玉燕　译

商務印書館
创于1897 The Commercial Press

Michael Taussig
SHAMANISM, COLONIALISM, AND THE WILD MAN
A Study in Terror and Healing
Licensed by The University of Chicago Press, Chicago, Illinois, U. S. A.

根据芝加哥大学出版社 1991 年版译出

汉译人类学名著丛书

总　　序

学术并非都是绷着脸讲大道理，研究也不限于泡图书馆。有这样一种学术研究，研究者对一个地方、一群人感兴趣，怀着浪漫的想象跑到那里生活，在与人亲密接触的过程中获得他们生活的故事，最后又回到自己原先的日常生活，开始有条有理地叙述那里的所见所闻——很遗憾，人类学的这种研究路径在中国还是很冷清。

"屹立于世界民族之林"的现代民族国家都要培育一个号称"社会科学"（广义的社会科学包括人文学科）的专业群体。这个群体在不同的国家和不同的历史时期无论被期望扮演多少不同的角色，都有一个本分，就是把呈现"社会事实"作为职业的基础。社会科学的分工比较细密或者说比较发达的许多国家在过去近一个世纪的时间里发展出一种扎进社区里搜寻社会事实、然后用叙述体加以呈现的精致方法和文体，这就是"民族志"（ethnography）。

"民族志"的基本含义是指对异民族的社会、文化现象的记述，希罗多德对埃及人家庭生活的描述，旅行者、探险家的游记，那些最早与"土著"打交道的商人和布道的传教士以及殖民时代"帝国官员"们关于土著人的报告，都被归入"民族志"这个广义的文体。这些大杂烩的内容可以被归入一个文体，主要基于两大因素：一是它们在风格上的异域情调（exotic）或新异感，二是它们表征着一个有着内在一致的精神（或民族精神）的群体（族群）。

具有专业素养的人类学家逐渐积累了记述异民族文化的技巧，把庞杂而散漫的民族志发展为以专门的方法论为依托的学术研究成果的载体，这就是以马林诺夫斯基为代表的“科学的民族志”。人类学把民族志发展到“科学”的水平，把这种文体与经过人类学专门训练的学人所从事的规范的田野作业捆绑在一起，成为其知识论和可靠资料的基础，因为一切都基于“我”在现场目睹(I witness)，“我”对事实的叙述都基于对社会或文化的整体考虑。

民族志是社会文化人类学家所磨砺出来的学术利器，后来也被民族学界、社会学界、民俗学界广泛采用，并且与从业规模比较大的其他社会科学学科结合，发展出宗教人类学、政治人类学、法律人类学、经济人类学、历史人类学、教育人类学……

人类学的民族志及其所依托的田野作业作为一种组合成为学术规范，后来为多个学科所沿用，民族志既是社会科学的经验研究的一种文体，也是一种方法，即一种所谓的定性研究或者“质的研究”。这些学科本来就擅长定性研究，它们引入民族志的定性研究，使它们能够以整体的(holistic)观念去看待对象，并把对象在经验材料的层次整体性地呈现在文章里。民族志是在人类学对于前工业社会(或曰非西方社会、原始社会、传统社会、简单社会)的调查研究中精致起来的，但是多学科的运用使民族志早就成为也能够有效地对西方社会、现代社会进行调查研究的方法和文体。

作为现代社会科学的一个主要的奠基人，涂尔干强调对社会事实的把握是学术的基础。社会科学的使命首先是呈现社会事实，然后以此为据建立理解社会的角度，建立进入“社会”范畴的思想方式，并在这个过程之中不断磨砺有效呈现社会事实并对其加以解释的方法。

民族志依据社会整体观所支持的知识论来观察并呈现社会事实，对整个社会科学、对现代国家和现代世界具有独特的知识贡献。中国古训所讲的“实事求是”通常是文人学士以个人经历叙事明理。“事”所从出的范围是很狭窄的。现代国家需要知道尽可能广泛的社会事实，并且是超越个人随意性的事实。民族志是顺应现代社会的这种知识需要而获得发展机会的。通过专门训练的学者群体呈现社会各方的“事”，使之作为公共知识，作为公共舆论的根据，这为各种行动者提供了共同感知、共同想象的社会知识。现代社会的人际互动是在极大地超越个人直观经验的时间和空间范围展开的，由专业群体在深入调查后提供广泛的社会事实就成为现代社会良性化运作的一个条件。现代世界不可能都由民族志提供社会事实，但是民族志提供的“事”具有怎样的数量、质量和代表性，对于一个社会具有怎样的“实事求是”的能力会产生至关重要的影响。

社会需要叙事，需要叙事建立起码的对社会事实的共识。在现代国家的公共领域，有事实就出议题，有议题就能够产生共同思想。看到思想的表达，才见到人之成为人；在共同思想中才见到社会。新闻在呈现事实，但是新闻事实在厚度和纵深上远远不够，现代世界还需要社会科学对事实的呈现，尤其是民族志以厚重的方式对事实的呈现，因为民族志擅长在事实里呈现并理解整个社会与文化。这是那些经济比较发达、公共事务管理比较高明的国家的社会科学界比较注重民族志知识生产的事实所给予我们的启示。

在中国现代学术的建构中，民族志的缺失造成了社会科学的知识生产的许多缺陷。学术群体没有一个基本队伍担当起民族志事业，不能提供所关注的社会的基本事实，那么，在每个人脑子里的“社会事实”太不一样并且相互不可知、不可衔接的状态下，学术群体不易形成共同话题，不易形成相互关联而又保持差别和张力的观点，不易磨炼整体的思想智慧和分析技术。没有民族志，没有民族志的思想方法在整个社会科学中的扩散，关于社会的学术就难以“说事儿”，难以把“事儿”说得有意思，难以把琐碎的现象勾连起来成为社会图像，难以在社会过程中理解人与文化。

因为民族志不发达，中国的社会科学在总体上不擅长以参与观察为依据的叙事表述。在一个较长的历史时期，中国社会在运作中所需要的对事实的叙述是由文学和艺术及其混合体的广场文艺来代劳的。收租院的故事，《创业史》、《艳阳天》，诉苦会、批斗会，都是提供社会叙事的形式。在这些历史时期，如果知识界能够同时也提供社会科学的民族志叙事，中国社会对自己面临的问题的判断和选择会很不一样。专家作为第三方叙事对于作为大共同体的现代国家在内部维持明智的交往行为是不可缺少的。

民族志在呈现社会事实之外，还是一种发现或建构民族文化的文体。民族志学者以长期生活在一个社区的方式开展调查研究，他在社会中、在现实中、在百姓中、在常人生活中观察文化如何被表现出来。他通过对社会的把握而呈现一种文化，或者说他借助对于一种文化的认识而呈现一个社会。如果民族志写作持续地进行，一个民族、一个社会在文化上的丰富性就有较大的机会被呈现出来，一度被僵化、刻板化、污名化的文化就有较大的机会尽早获得准确、全面、公正的表述，生在其中的人民就有较大的机会由此发现自己的多样性，并容易使自己在生活中主动拥有较多的选择，从而使整个社会拥有各种更多的机会。

中国社会科学界无法回避民族志发育不良的问题。在中国有现代学科之前，西方已经占了现代学术的先机。中国社会科学界不重视民族志，西洋和东洋的学术界却出版了大量关于中国的民族志，描绘了他们眼中的中国社会的图像。这些图像是具有专业素养的学人所绘制的，我们不得不承认它们基于社会事实。然而，我们一方面难以认同它们是关于我们社会的完整图像，另一方面我们又没有生产出足够弥补或者替换它们的社会图像。要超越这个局面中我们杂糅着不服与无奈的心理，就必须发展起自己够水准的民族志，书写出自己所见证的社会图像供大家选择或偏爱、参考或参照。

这个译丛偏重选择作为人类学基石的经典民族志以及与民族志问题密切相连的一些人类学著作，是要以此为借鉴在中国社会科学界推动民族志研究，尽快让我们拥有足够多在学术上够水准、在观念上能表达中国学者的见识和主张的民族志。

我们对原著的选择主要基于民族志著作在写法上的原创性和学科史上的代表性，再就是考虑民族志文本的精致程度。概括地说，这个“汉译人类学名著丛书”的入选者或是民族志水准的标志性文本，或是反思民族志并促进民族志发展的人类学代表作。民族志最初的范本是由马林诺夫斯基、米德等人在实地调查大洋上的岛民之后创建的。我们选了米德的代表作。马林诺夫斯基的《西太平洋的航海者》是最重要的开创之作，好在它已经有了中文本。

我们今天向中国社会科学界推荐的民族志，当然不限于大洋上的岛民，不限于非洲部落，也不应该限于人类学。我们纳入了社会学家写美国工厂的民族志。我们原来也列入了保罗·威利斯(Paul Willis)描写英国工人家庭的孩子在中学毕业后成为工人之现象的民族志著作《学做工》，后来因为没有获得版权而留下遗憾。我们利用这个覆盖面要传达的是，中国社会科学的实地调查研究要走向全球社会，既要进入调查成本相对比较低的发展中国家，也要深入西洋东洋的主要发达国家，再高的成本，对于我们终究能够得到的收益来说都是值得的。

这个译丛着眼于选择有益于磨砺我们找"事"、说"事"的本事的大作，因为我们认为这种本事的不足是中国社会科学健康发展的软肋。关于民族志，关于人类学，可译可读的书很多；好在有很多中文出版社，好在同行中还有多位热心人。组织此类图书的翻译，既不是从我们开始，也不会止于我们的努力。大家互相拾遗补缺吧。

高丙中

2006年2月4日立春

拉丁美洲的萨满教：断裂的文明与打碎的罐（代译序）

张青仁

1492年10月12日的凌晨两点，在经历了两个多月的航行后，哥伦布终于到达了巴哈马群岛的“华特林岛”（Watling），开启了对“新大陆”的发现。虽然欧美学界一直将哥伦布发现美洲认定为“将美洲大陆纳入人类文明的进程”，对玛雅地区的考古发现却表明，这一地区早已形成了一种人神共存、交相互惠的社会运作体系[①]。这一建立在农业社会基础之上、高度发达的文明体系支配着土著社会的稳定与发展，赋予土著社会极大的韧性与自足性。张光直先生认为，在包括墨西哥在内的拉丁美洲，远古时期形成了连续性的文明形态，他引用理查德·汤森（Richard Townsend）关于墨西哥文明的论述：

> 墨西哥人……和它的环境之间的关系看作一个整合性的宇宙论的结构——亦即一个有秩序的宇宙，在其中自然现象被当作是从本质上说是神圣的、有生命的，并且与人类的活动发生密切关系的。[②]

当船坚炮利的殖民者踏上美洲大陆，基督文明开始了对拉丁美洲土著文明的征服。1931年，墨西哥作家、诗人、哲人阿方索·雷耶斯（Alfonso Reyes）谈及欧洲殖民者与美洲印第安人的相遇时，写下了这样的话语：

> （美洲人）无论从体质上还是道德上都无法抵抗与欧洲人的相遇。

---

① Báez-Jorge, Félix, *Entre los naguales y los santos*, Xalapa: Universidad Veracruzana, 1998, p. 155.

② 张光直：《考古人类学随笔》，生活·读书·新知三联书店1999年版，第57—58页。

> 他们与来自欧洲的，身穿铁甲，手持火药、子弹和大炮，骑在马背上并在基督的支持下的人发生碰撞，这是水罐与大锅的碰撞。水罐可能很好，也很漂亮，但却是最易碎的。[①]

阿方索·雷耶斯的本意在于强调基督文明对拉丁美洲土著文明的征服。虽然两者力量悬殊，但这一征服的进程却并非是所谓现代的、断裂性的文明对古老的、连续性文明的并置与取代，而是一个曲折的，充满张力、博弈与互动交融的过程。如同被打碎的水罐，虽然不再以有形的边界承载着水的重量，却以碎片化的方式拥抱包括大锅在内的世界。在两种文明的碰撞与撕裂中，实现着拉丁美洲新文明的创生。陶西格的《萨满教、殖民主义与野人——关于恐惧和治疗的研究》讨论的正是这一问题。

一、恐怖文化、权力景观与人类学的旨趣

从野蛮时代到文明社会，宗教从来都不只是个体的心智问题，而是一个与公共生活、集体制度密切相关的话题，隐喻着一个社会的权力生态、集体意识与公共制度。与诸多集中于对萨满信仰和仪式属性认知的成果不同，在殖民秩序的体系中，聚焦知识、权力、建构与交融的《萨满教、殖民主义与野人》无疑是一部别出心裁的力作。

在开篇对殖民征服的叙事中，陶西格将目光聚集至权力与恐怖文化的制造上。奉命调查普图马约（Putumayo）地区丑闻的凯斯门特（Casement）的报告呈现出有违常识的认知：对区域橡胶商阿拉纳（Arana）发迹史的梳理表明殖民者以贸易契约的方式实现对土著社会的征服。然而，以财富为诉求的阿拉纳公司却参与制造了一系列恐怖行动与叙事，由此使卷入橡胶贸易中的哥伦比亚人、印第安人陷入恐怖文化的氛围之中，表现出殖民者对丛林和野蛮人的惧怕，亦使普图马约橡胶热潮中充满了恐惧与暴行，交织着

① Reyes，Alfonso，*México en una nuez y otras nueces*，Ciudad de Mexico：Fondo de Cultura Económica，2011.

对拉美雄伟的自然与独裁霸权的隐喻。

这一暴力与恐怖文化的生成，折射出的是殖民者对拉丁美洲土著人的想象与认知。在殖民者的眼中，印第安人是具备神秘特性与狂妄兽性的对象，炎热的丛林赐予他们与邪恶力量作战的能力，使之成为具备超自然能力的、能够治愈疾病的“萨满”。殖民者因为印第安人的野蛮而杀掉他们，也因为印第安人的治愈能力而不得不依靠他们。作为劳工的印第安人与作为萨满的印第安人的形象交织在一起，形成了模糊却又充满矛盾的图景。当然，印第安人从来都不是外在于这一形象的生产的。他们传播着殖民者制造的恐怖神话，依靠着野蛮人的身份，反抗着殖民者的控制。

殖民者与土著人的复杂纠葛形塑了殖民地社会的权力生态与景观。相较于武器装备精良、自诩站在文明顶端的殖民者，土著人固然是卑微的、野蛮的与不堪一击的。但这并不意味着殖民地社会权力景观的固化。在殖民者矛盾性的想象、建构与补偿中，在土著人对多元族群性的呈现与凸显中，解放、拯救了被污名化的底层族群，实现了对殖民地社会权力格局与生态的翻转。在这种控制与反抗交互、逆转的张力中，土著社会与白人社会交互折叠，融入彼此假定的他性中，在建立彼此相互依赖关系的同时，实现着这一关系模式及其文化的再生产。这一荒诞而魔幻的文化既控制着白人，也控制着作为底层的印第安人，亦使两者显示出更多的幻象与不确定性。

殖民地社会的权力景观也呈现出殖民主义与资本主义的矛盾性。对丛林和土著人蛮荒、恐惧与混乱的想象是殖民者对土著世界的一种物化，表达着殖民主义的霸权思维对土著社会征服与驯化的意志，也是殖民者对资本渗透下物化的、碎片化的土著社会图景乌托邦式的想象与补偿。对土著人而言，恐怖神话与萨满不仅是一种不同于殖民者的知识系统与文化模式的呈现，亦是其在文化层面上展现自我，与殖民者对抗的一种路径。

正是在对土著社会荒诞离奇、神秘魔幻的叙事及其权力格局的呈现中，陶西格反思了人类学的学科旨趣。认为执着于原始社会与事务的展示，创造现实主义的民族志文本只是人类学者不切实际的想象。人类学研究的目的不在于建构和呈现统一的、稳定的文化范型与结构，而是关注交互镜像中的、具备魔法属性的文化与社会的生产,并在这一过程中将土著人的声音从伤痛与时间的晦暗中拯救出来。进而,陶西格主张在民族志的书写中与历史对话,在真正意义上倾听他者的声音,“从‘被表征’中出现推翻表征内容的事物”,显然,这是对西方理性文明观与现代性的背离与反叛。陶西格的这一主张代表着后现代洗礼下人类学学科旨趣与民族志书写的转向。建立在现代性基础上的人类学推崇的是主体性的知识生产与建构,隐喻着现代性对世界的呈现和进化论范式下的人类社会的发展路径。然而,在拉丁美洲这一现代性的边疆,陶西格打开了现代性的本体论与知识论的权力魔盒,在殖民者与土著人关于自我与他者的认知中,陶西格注意到主体的多元性与知识的复数性,强调人类学研究的目的不在于构建现代性发展的终极路径,而是在承认主体间性的基础上,呈现、关注多元主体性及其充满张力的知识实践过程。这是历史发展的动力,也是文明延续的机制。

二、殖民征服、污秽的现代性与土著社会的再造

居住在丛林中的,用羽毛、长矛、装饰华丽的“旗帜”,善于争斗和用水牛狩猎的土著人是污秽、贫穷、赤裸、苦难与迷信的。这一邪恶、恐怖的存在,具备魔法属性的力量,却也激发着殖民主义征服全球的动机与愿望。殖民者的这一愿望与天主教对世界的征服融合,推动着殖民者对土著人宗教世界的征服与改造,为土著社会的宗教传统与神奇魔法建立新的解释框架与体系。然而,天主教对萨满传统的改造却是殖民者以臣服的方式,将土著社会的萨满传统纳入天主教的叙事框架,在对萨满治愈神话的内化中完成的。殖民者对萨满治愈神话的利用与改造在事实上将萨满传统的内核予以保留。在对天主教与土著宗教传统拼贴的裂缝与间隙中,土著人敏锐地保留了萨满传统的集体记忆。在这一过程中,萨满传承所依靠的术士们成为连接天主教与异教、上帝与魔鬼、殖民者与土著人、过去与当下的纽带,他们在自我与上帝、圣母、圣徒和逝去的土著萨满灵魂之间建立了赠予关系。在对天主教对立与协同复合的关系网络中,实现着个人治愈能力的恢复与萨满传统的传承。

从实质上来说,天主教对土著宗教与萨满传统的征服与改造,却是建立在对土著文明"他性"认可基础之上的知识生产的过程。土著文明被纳入现代社会,却也在文明的对话、转换与重塑中,实现着土著人自身主体性的生产。这也意味着,土著人的宗教与萨满传统固然被施上了殖民主义的魔咒,但正是在殖民主义对其的翻新与改造中,原始主义的萨满重新获得了生命力。

殖民者带来的不只是天主教的文明,随着货币、资本的引入,殖民者开启了土著社会商业化的潘多拉魔盒。在普图马约甚至是更为广阔的印第安农村,无数的印第安人开始贩卖魔法与巫术,魔法商品化(Commoditization of Magic)与商品化魔法(Magic of Commoditization)使土著小镇变得污秽不堪。性别、种族甚至是土著人神奇魔法的宗教世界也成为资本帝国的产物。于是,资本与魔法互为对立地嵌入彼此,却又彼此结合,并在这一过程中制造出新的恶魔,呈现出污秽的现代性。

为了更大限度地攫取资源与财富,殖民者在拉美大陆建立了以欧洲为核心的交通网络,所有的道路通向沿海的城市,殖民地内部的交通状况极其恶劣。大山和泥泞的道路将文明与野蛮阻隔,直到 19 世纪的下半叶,方济各会来到这一区域传教,修通了高地城市通往普图马约热带雨林的道路后才得以改善。此后,白人从丛林迁徙至低地,他们继续仇视邪恶的、拥有魔法的土著人,却也离不开土著人的魔法;丛林中的土著人也不自觉地将白人视为高等文明的象征。依存道路形成的自然、经济景观强化着既有的种族和社会结构,却又在这一过程中推动经济、宗教与种族的不断融合,在进一步明确神秘与理智、文明与野蛮二元区隔的同时,推动着彼此之间日益滋长的"萨满力"。

商业文明的持续发展改变着土著社会。从土地的种植、家畜的养殖、农庄的营生再到小酒馆的生意,嫉妒出现在土著社会的各个角落,邪恶的精灵开始浮现,对人们的生活持续产生着负面的影响。天主教将"恶魔"的出现归因于土著逝者的"恶风",他们力求通过魔鬼叙事的建立,强化天主教在清除邪恶力量中的正面形象。然而,"恶风"的发明却强化了土著人的魔法效应,土著人的"恶风"从神话变成了现实,甚至强大的殖民者也不得不依靠这一力量完成疾病的治愈。在对土著人邪恶形象与魔法能力的生产中,能进一步看到殖民者与土著人阶序关系的建立,以及在这一过程中魔法幻想与种族主义的紧密化,及其背后伪装的历史霸权与充满压迫、征服感的统治秩序。然而,无论是对土著人身背重物、穿越被称为“猴道”小路的讲述,亦或是对其魔法能力的渲染,殖民者总以一种荒诞至极、神秘至臻的方式予以呈现。这一离奇、夸张的渲染在很大程度上悬置了殖民等级的残酷性,为其平添了几分迥然相异的黑色喜剧性与张力感,具备着殖民诗学的意味。

三、梦幻的雅格之夜与蒙太奇式的民族志写作

在土著人的观念中,是身体嫉妒产生的邪恶力量导致疾病的出现。萨满吮吸、抚摸病人的这些部位,借助雅格酒的净化功能,将邪恶祛除。萨满治疗的雅格之夜是一个开放、无结构的场域,白人、野蛮人,兽人、超人、魔鬼与上帝交互、混合其中,雅格的参与者在不同的世界中来回切换,沟通着现实与意识的层次,连接着自然与未知的空间。在现实与想象的集体狂欢中,在生机勃勃与愉快敏锐的感官刺激中,在人与世界的交互感受中,作为主体的人的生命及其动力被激活,病人借此突破巫术、嫉妒的困扰,完成疾病的治疗。

雅格之夜亦是土著人宗教知识、世界观与认知体系传承的过程。萨满身份的获得是建立在病人体验的基础之上的。从病人到萨满的转换是一个内隐性知识的生产、传承的过程。在雅格之夜病人濒临死亡的临界空间,在与现实秩序交叉却又悖离的场域中,病人与萨满复调、生动的对话连接着不稳定与稳定、幽默与严肃、不确定与确定,展示了不同主体的认知差异。在共同经历光亮、声像的感官刺激中,萨满与病人体会到信任与怀疑背后知识体系多变的含糊性,并在这一过程中实现多样性社会知识与体验的发生。最终,病人以知觉性体验的方式,获取超越病人的、不同于自我的认知体系,以此实现萨满知识的获得与传承。

雅格之夜中,殖民者眼中低等级的野蛮人,不再是沉浸在乌托邦的幻想中、对土著文明逝去的哀悼者,亦非仅是殖民统治下被动的、机械的奴隶,更非深陷于哀叹自我境遇的自怜者。他们用狂欢化的娱乐方式,运用他们的

萨满和雅格,对抗殖民者、教会和国家合谋构建的土著人的死亡具象与神秘,突破西方文明的现代性话语对土著宗教野蛮、魔法的阶序性建构,打破殖民主义、种族主义对土著文明野蛮的定性,以及对其的污名化、边缘化与底层化,重新调动、部署土著人的萨满传统及其背后知识体系。从这一意义上来说,萨满传统的遗留、雅格之夜的发生及其对土著人主体性的张扬和对土著世界宇宙观、世界观的呈现,是遭遇洗劫、掠夺的拉丁美洲土著社会留给殖民主义的一副解药,亦是其对殖民者的伟大救赎。

从对恐怖文化的剖析到对萨满治疗仪式的民族志书写,陶西格从跨文化宗教实践入手,在日常与仪式生活中阐释卷入资本主义世界体系后土著社会阶层、种族关系的复杂性与残酷性,并在这一过程中撕开殖民主义霸权政治、资本主义经济体系的伪装及其背后的暴力政治,在历史与现实的交错中呈现区域社会错综复杂的权力生态网络。在这一体系中,"文明"的征服者和"野蛮"的土著人交互编织着对方的形象与关系,在对彼此纠缠往复中,再也无法清晰地呈现二者的边界。

如此,才能理解陶西格民族志写作的方式。在《萨满教、殖民主义与野人》中,陶西格放弃了传统民族志文本构建统一叙事感的方式,采用了"蒙太奇"(Montaged)的叙事方式。这一叙事方式打破了线性叙事的秩序感,在场景、事物和形象的变更、间隙、置换与背离中,在并不相似的事物之间寻求一种突然的、不确定的联系。如同雅格之夜中的萨满,陶西格穿梭于自我承载的西方知识体系与报道人内隐性的知识体系中,在两种不同知识的张力与切换中,实现不同场景的图像叙事、文本、语词的来回往复,在图像、文本、语词、主体、知识的裂缝中对土著社会进行不动声色的洞察与揭示。这一书写方式在承认土著人及其世界观和认知体系的主体性,探索民族志在多声部和复数知识呈现的可能性与方向的同时,也是对所谓"文明"的征服者和"野蛮"的土著人在彼此的定义中相互交织、无法分离的现实秩序的一种回应,并以蒙太奇的方式实现了对西方文明观与二元论的超越。可以说,这部著作是在拉丁美洲这一现代性的边疆,以多元主体性的张扬,发起了对西方本体论的挑战。

在我看来,陶西格蒙太奇式的民族志书写不仅在于通过民族志的写作恢复、承认土著人的主体地位,更意在将萨满及拉丁美洲的土著人推向西方和世界。陶西格对土著人遭遇殖民进程的描述,对这一过程中土著社会变化的分析,和对土著人萨满活动的整体性关照,固然是以族群记忆重构和宗教生活集体展演的文化实践方式,陈述着殖民时代以来土著人的悲苦境遇,重构作为族群的土著人的集体记忆,展现着西方资本主义政治经济主导的现代世界体系在非西方社会扩张的过程及其带给世界的苦难。然而,陶西格对资本主义带给世界苦难的批判超越了其早期作品《南美洲的恶魔和商品拜物教》中的市场与自然经济、殖民者与土著人二元对立的、道德与社会类型标准化的理想范型叙事。与哥伦比亚农场劳工和玻利维亚矿工不同,农民和萨满生活的丛林及其象征破坏了制度主义的完整性,对野蛮恐怖文化的魔幻叙事解构着天主教追求的道德秩序,萨满的治疗仪式的发生更在现实的层面上将土著人、白人与黑人彻底地卷入了不可挣脱的权力网络中。土著人对橡胶贸易与商品拜物教的否定、拒绝与恐怖文化的制造,更表达着处于权力边缘的他们对资本主义的不满与抗争:萨满治疗仪式的出现是土著人以集体能动的方式对资本主义政治经济秩序的否定与对抗,在这一过程中一个超越中心与边缘、文明与野蛮区隔的,充满着活力与创造力的新的世界秩序正在生成。虽然与自诩站在文明顶端的殖民者相比,土著人的力量是边缘的、弱小的,但也正是这些微不足道的存在却具备着撼动殖民主义及其根基的意义。好比撞击之后破碎的水罐,虽然已是支离破碎,但这细小的碎片却具备着划破时空的力量。

献给蒂科(Tico)

目　　录

作者题记

本书分为两部分，分别是恐惧和治疗。本书几乎不把任何事情视为理 xiii
所当然，更让几乎所有事情都离开了原地。1969—1985 年，我在南美的哥伦比亚生活了近五年，时长从一个月至两年不等。本书即源于此。那段时间，我进行过多方面的尝试：历史、人类学、医药、神话、魔法，此处只列举那些可以言明的，而其余的就留给本书在以下过程中自我揭示——在认知黑暗的政治和现实的虚构中，在印第安人的创造中，在神话和魔法在殖民暴力及其治疗中所扮演的角色里，在为了压制恐惧而调动恐惧的治疗方式中。最后这种方式并非是通过神圣的净化，而是在其自身的无序混乱中剥除力量。

杀戮、折磨和妖术，如死亡一样，都是真实的。但为什么人们要做这些事情，以及该问题的答案是如何影响问题本身的——这在这些行为的执行者最终带来的真实效果之外无法回答。那就是为什么我所讨论的并非存在的真理，而是真理的社会存在；并非事实是不是真的，而是其解读和表现形式的政治性为何。我的目标是，和瓦尔特·本雅明(Walter Benjamin)一 xiv
起，将他指出的、隐藏在经典历史叙事中的与“很久以前”绑在一起的历史的巨大能量释放出来。他指出，把事物“原貌”展现出来的历史，是我们所处时代的最强效的致幻毒品。[1] 当然，它现在仍是。

释放这种能量需要特别的表现形式，其目的是要扰乱自然秩序的意象，由此以真实的名义行使权力。关于解释的学术仪式之魔法承诺会像炼金术一样，从混乱中整理出系统来，这不会在自然秩序的平静表面漾起丝毫涟漪。与之相反，我选择处理现代主义及其创造的原始主义的不一样的融合体，即将蒙太奇原理带入历史中；因为我不仅从恐惧中，而且从普图马约(Putumayo)的萨满教了解了此原理，后者虽无意识却巧妙地运用了历史魔法及其治愈力。

需要指出的是，为不透露真实姓名，我改变了几个人的名字。此外，除另有说明，书中记录的谈话均使用西班牙语。

致　谢

xv 这一瞬间，文字犹如汹涌的潮水般退去，在聚集的旋涡中现出写成这本书所仰赖的那些人的踪迹，否则几乎无从分辨：感谢 20 世纪 60 年代我在“悉尼推”(Sydney Push)运动中的伙伴们，他们维持了对立实践的环境，甚至世界(其中我必须特别指出约翰尼·厄尔斯[Johnny Earls]，他去秘鲁的高地地区生活，并有幸和伟大的作家何塞·玛丽亚·阿格达斯[José María Arguedas]一起学习)；感谢克莱尔·哈奇森(Clare Hutchison)和钱德拉·贾亚瓦迪娜(Chandra Jayawardena)，他们二人使我对人类学产生兴趣；感谢弗兰克·阿特金斯(Frank Atkins)，他是位于英国赫特福德郡的杉利精神病院 21 号楼的护士长之一，1967 年我同他共事过，通过他对此类事物的天赋异禀，我明白精神病学可以是非常不同的，既可以严肃彻底，又可以是萨满的荒诞离奇，为此他曾付出代价；感谢 1967—1968 年我在伦敦政治经济学院的战友们，他们开始了新的抗争方向，尤其是劳伦斯·哈里斯(Lawrence Harris)和罗德·伯吉斯(Rod Burgess)(他后来也来到了哥伦比亚)，还有哈里·平卡斯(Harry Pincus，已逝)；感谢舒泽特·马赛多(Suzette Macedo)把我领入西班牙语的世界；感谢帕姆·科布(Pam Cobb，已逝)也
xvi 教我西班牙语；感谢 20 世纪 60 年代晚期活跃于伦敦及周边地区的反对帝国主义的活动家，比如罗宾·戈兰(Robin Gollan)、林恩·罗伯茨(Lynne Roberts，已逝)、约翰·罗伯茨(John Roberts)、伊恩·帕克(Ian Parker，已逝)、达芙妮·斯基伦(Daphne Skillen)、托尼·斯基伦(Tony Skillen)(我通过他极度好奇的想象学会了欣赏哲学工作)、西蒙·沃森-泰勒(Simon Watson-Taylor)(我直到最近才发现他翻译的阿拉贡[Aragon]的著作《巴黎的农民》[*Le Paysan de Paris*]，他因本雅明对该书的热情而激动)，还有安德鲁·皮尔斯(Andrew Pearse，已逝)，他讨人喜欢，但又有点爱捣乱，我选择自 1969 年去哥伦比亚工作(带着将学医的我贡献给游击战争的浪漫想

法）部分与他有关；感谢那位勤勉的研究哥伦比亚农村经济的学生萨蒂·奥尔蒂斯（Sutti Ortiz），还有那位19世纪的伟大历史学家马尔科姆·迪斯（Malcolm Deas），他们在我刚起步的时候给予了建议；感谢布莱恩·莫泽（Brian Moser）、奥斯卡·马鲁兰达（Oscar Marulanda）和温贝托·罗哈斯（Humberto Rojas），他们提供了许多电影；感谢受军队残酷迫害的玛利亚·克里斯蒂娜（María Cristina），还有奥兰多·费尔斯·博尔达（Orlando Fals Borda），他们让我来到哥伦比亚，并在那里启动了我第一本书的出版，当时使用的是在特哈达港口（Puerto Tejada）的假名马特奥·米纳（Mateo Mina）（Mina是在考卡峡谷南部的砂矿工作的非洲奴隶常用的名字，现仍是一个常用名，比如强盗Cenecio Mina）；感谢波哥大的伊娃·奥尔多（Eva Aldor）和彼得·奥尔多（Peter Aldor，已逝），他俩无比善良；马莱娜·希门尼斯（Marlene Jiménez）和吉勒莫·利亚诺斯（Guillermo Llanos）（二者已逝），他们生活在哥伦比亚西部盛产甘蔗的港口小镇特哈达，感谢他们对我的款待及随后使我卷入考卡的仁慈和暴力中；还要感谢他们的孩子，尤其是达莉拉（Dalila）和玛西亚（Marcia），尽管暴力吞噬了他们的父母，他们仍然生活在一起；感谢特哈达港口及桑坦德基利乔（Santander de Quilichao）的那些不知疲倦的激进苦工，比如路易斯·卡洛斯·米纳（Luis Carlos Mina）和阿尔弗雷多·科尔特斯（Alfredo Cortés，已逝），在20世纪70年代早期那激动人心的日子里，他们让我参加了由农民联合组成的辛迪加；感谢那些同样不知疲倦却年事已高的人，比如玛丽亚·克鲁兹·萨佩（María Cruz Zappe）、托马斯·萨帕塔（Tomás Zapata）、欧塞维奥·卡姆宾多（Eusebio Cambindo）和费利佩·卡波内罗（Felipe Carbonero）（均已逝），在特哈达港口的贫民窟和种植园田地间狭小的土坯房里，他们借回想祖先的奴役及之后公社社员和自由农民的时代将逝者带回，他们风趣、优雅，有时叙述还借用叙事诗的体例；更为年轻的一代农民和无地劳工，比如阿莱达·乌祖里亚（Aleida Uzuriaga）、罗比尔·乌祖里亚（Robier Uzuriaga）和何塞·多明戈·穆里洛（José Domingo Murillo），感谢他们对我社会历史田野工作的协助，及其智慧和给予我的启发，使得这项任务成为体验剧场而非简单的工具；同样生活在特哈达的奥利维亚·莫斯塔西拉（Olivia Mostacilla）和雷吉娜·卡拉巴里(Regina Carabali),感谢他们富有热情的指导和持续的关照;感谢奥菲·乌尔塔多(Orfir Hurtado)及其他崭露头角的人类学家和历史学家,他们最近出现在了特哈达,以未预见的方式研究他们自出生即已生活其中的传统;迭戈·卡斯特里利翁·德·阿沃莱达(Diego Castrillón de Arboleda),感谢他在考卡中央档案馆(Archivo Central del Cauca)所给予的富有见解的帮助,该馆收集了大量的殖民时期和19世纪的资料,波帕扬的殖民
xvii 建筑及街道以白色为基调,透着冷静和安宁,与弥漫着尘土的炎热和音乐惊人地不同,更不用提低地地区特哈达港口北部奴隶后代的口述史了,置身这样的白色世界,我通过这些资料了解到统治精英的观点和战略;安娜·罗布(Anna Rubbo),感谢她参与20世纪70年代的工作,并使其有意义;索科洛·圣克鲁斯(Socorro Santacruz)、雅各布·奈多夫(Jacobo Naidorf)、玛丽亚·伊米莉亚·埃切韦里(María Emilia Echeverri)、乔·布罗德里克(Joe Broderick)、玛丽亚·特蕾莎·萨尔塞多(María Teresa Salcedo)和曼努埃尔·埃尔南德斯(Manuel Hernández),他们都是波哥大人,感谢他们的愉快讨论和评论,尽管其不按照学术规范思考问题,也缺乏足够的想象和机智;感谢哥伦比亚国立卫生研究院的奥古斯托·科雷多(Augusto Corredor),且不说吊床,他让我直接着手研究肠道寄生虫的政治经济学,还有弗朗茨·法农(Frantz Fanon);感谢神父S. J. 加布里埃尔·伊斯基耶多(Gabriel Izquierdo, S. J.)(及他在波哥大CINEP的同事们),他对宗教人类学充满无限好奇,它此刻就使得这片土地成为天堂;感谢布鲁诺·马佐尔迪(Bruno Mazzoldi),他拥有超乎常人的天赋;感谢罗伯托·皮内达·卡马乔(Roberto Pineda Camacho)和威廉·托雷斯(William Torres),他们是波哥大的人类学家,用阐释学详细地向我讲述了他们最近遇到安多克维托托人(Huitoto)的经历,那里曾是朱力奥·塞萨尔·阿拉纳(Julio Cesar Arana)橡胶林帝国的北部边界;感谢特蕾莎·科尔特斯(Teresa Cortés)和佩德罗·科尔特斯(Pedro Cortés),他们在中部山脉土地的持续争斗中表现勇敢;感谢墨西哥城的人类学家拉丽萨·洛姆尼茨(Larissa Lomnitz),她恰到好处地回应了我对普图马约的幻想,因为她本人也有关于漂泊术士及药师的亲身经历需要讲述,这些人生活的地方被阿尔弗雷德·西姆森(Alfred

Simson)在1875年称为“东方的神秘省份”,此处即是锡本多伊峡谷(valley of the Sibundoy);感谢维克托·丹尼尔·博尼拉(Victor Daniel Bonilla)的著作《神之仆,亦或印第安人之主?》(*Servants of God,or Owners of Indians?*),该作关注自20世纪初方济各会对峡谷印第安居民的控制;感谢人类学家琼·兰登(Jean Langdon)和斯科特·罗宾逊(Scott Robinson),他们在20世纪70年代早期住在普图马约的低地和山区,从他们那里我第一次得知山脉那边是什么样的状况;感谢诺尔曼·惠滕(Norman Whitten)的著作,其关注安第斯山北部山脉两翼的社会和思想,在细节和语气方面尤为出色,我常常以此作为参照;感谢弗兰克·萨洛蒙(Frank Salomon),他著述甚广,特别关注荣博人*;格雷图丽娜·莫雷诺(Gratulina Moreno)和萨尔瓦多·莫雷诺(Salvador Moreno,已逝),他们住在普图马约河支流即圭木易兹河(Guaymuez)沿岸地区,感谢他们让我参与治疗过程,并分享有关治疗的故事(此并非小事,人们普遍认为萨尔瓦多是该地区最强大的首领);圣地亚哥·穆图姆巴加(Santiago Mutumbajoy)和安布罗西亚·穆图姆巴加(Ambrosia Mutumbajoy),他们沿莫科阿河(Mocoa River)居住,我也感谢他们,原因同上,他们提供了各种事例、对往事的回忆、不同的意义以及偏离主题的内容,本书成书多仰赖于此(“象征是其主要方法。离题作为一种方法。离题作为一种象征……有目的的连续结构的缺失是其主要特征。思考的过程不懈地创造新的起点,然后迂回至其原本的对象。这般连续的停顿呼吸对于沉思过程是最合宜的方式……正如马赛克虽破碎无常却依然美观 xviii
一样,哲学思考并不缺少动力。二者均由截然不同的事物所组成;没有什么可以为神像、真理本身的超然力量提供更有力的证据。思想碎片与基本思想的关系愈发不直接,其价值就愈发凸显,而象征的光辉就如同马赛克的光辉倚赖玻璃材质那般倚赖此价值。”——本雅明:《德国悲剧的起源》[*The Orgin of German Tragic Drama*]);感谢玻利维亚拉巴斯(La Paz)的西尔维娅·娜塔莉亚·里维拉(Silvia Natalia Rivera),感谢她(尚未流亡时)能理解这本书的要义,使我有信心继续写作;感谢吉勒莫·奥康奈(Guillermo

---

* Yumbo,厄瓜多尔的土著居民。(*后为译者注,下同。)

O'Donnell),他让我能够放下恐惧,专注于对被他和他的团队(在经历了1976年以后阿根廷的军事统治之后)称为“恐惧文化”的思考;迈克尔·盖耶(Michael Geyer)也对此略有讨论,但却是因为德国历史最近发生的事情;感谢安娜·达文(Anna Davin),她持威廉·布莱克(William Blake)那样的经验主义,由于历史研讨会及歌唱的启发,其所见超越肉眼之所及;感谢(美国的)马克思主义文学团体(Marxist Literary Group[USA])倾听以下章节并发表评论,尤其是约翰·贝弗利(John Beverly),他帮我厘清无数的批评点、马克思主义,以及拉丁美洲的事物,弗雷德·詹姆森(Fred Jameson)将众人聚合,重铸社会批判的可能性,还有苏珊·威莉丝(Susan Willis),她是我所认识的人中真正实现了本雅明的美学政治理想的人,即去具体化且再次施魔;感谢琼·弗朗哥(Jean Franco)关于通用西班牙语的美洲国家文学的著作(我在卡克塔河中泛舟而下时阅读了该作),她打开了我的视野,让我不仅看到了事实与虚构交织错杂,还看到了政治及幻想;感谢胡安·弗洛雷斯(Juan Flores),他鼓励我进一步思考布莱希特(Brecht)以及(拉丁美洲的)魔幻现实主义,二者共同帮助我理解新殖民主义治疗仪式中的无序政治;感谢罗斯·钱伯斯(Ross Chambers)帮助我思考历史和人类学同为写作的途径的后现代问题;感谢乔·乔根森(Joe Jorgensen)和埃里克·沃尔夫(Eric Wolf)让我在密歇根起步;感谢马歇尔·萨林斯(Marshall Sahlins),他提出的问题总是让人躁动不安;感谢巴尼·科恩(Barney Cohn),他对真实重要性的感知对于我在此处所从事的事情至关重要;感谢吉姆·克利福德(Jim Clifford),因为他使我们所有人能够更便利地使用批判性现代主义之遗产,而且并非简单地展示民族志的权威,而是弄清楚在这样的展示中应当如何做;感谢特雷·派尔(Tres Pyle)所作的有关瓦尔特·本雅明的论文;感谢悉尼的杰里米·贝克特(Jeremy Beckett)的持续关注及点评,更不用说他对托雷斯海峡(Torres Straits)及澳洲大陆的殖民文化进行的对比;感谢马丁·沃尔什(Martin Walsh)有关布莱希特式悲剧的探讨,更不用说他导演的多部布莱希特的史诗;感谢鲍勃·麦金莱(Bob McKinley)的睿智和人类学方面的学识,尤其是他对于万物有灵论及亚当·斯密的“看不见的手”的观察;感谢贾尼丝·塞德勒(Janice Seidler)翻译了康拉德·普罗伊斯(Konrad Preuss)有关维托托宗教信仰的德语文章;感谢查尔斯·莱斯利(Charles Leslie)在医学人类学这一问题颇多的领域里一直 xix 充当稳定、清醒的声音,还感谢他的友善及其所倚赖的政治信仰;感谢我在密歇根大学的同事们,尤其是克里斯托弗·戴维斯[Christopher(Roberts) Davis],她善于奇思妙想,并拒绝在我们工作的社会影响方面作出妥协;感谢艾丽莎·米勒(Elissa Miller),她帮助我了解危地马拉、萨尔瓦多发生的事件及其暗杀小组;斯坦利·戴蒙德(Stanley Diamond)脾气火爆,他拒绝了北美将马克思的著作在经济主义中进行制度化的巨大诱惑;多诺万·克拉克(Donovan Clarke),感谢他一直以来的热情及反馈;感谢《这些时代》(*In These Times*)中的帕特·奥夫德海德(Pat Aufderheide)向我们展示了在这些孤寂的时代,作为日常实践的文化批评能够希冀什么;最后是蒂科·陶西格-罗布(Tico Taussig-Rubbo),感谢他陪我去到所有提及的地方,并在孩子眼中的象征物和成人眼中的历史之间建立起必要的联系;还要感谢蕾切尔·穆尔(Rachel Moore),她的洞察如同闪电一般,这些文字不过是其之后的雷声而已。

有关插图的建议和启发,我要由衷地感谢修·昂纳(Hugh Honour)[并不仅限于他的著作《新的黄金之地:从大发现时期至今的欧洲人的美洲形象》(*The New Golden Land*:*European Images of America from the Discoveries to the Present Time*,New York:Pantheon,1975)]及查尔斯·梅里韦瑟(Charles Merewether)。还要感谢 Farrar,Strauss and Giroux 出版社提供罗杰·凯斯门特(Roger Casement)在刚果的照片,该照片出现在弗雷德里克·卡尔(Frederick Karl)的《约瑟夫·康拉德:三个生命》(*Joseph Conrad*:*The Three Lives*)中;感谢爱尔兰国家图书馆提供一幅 30 多岁的凯斯门特的肖像画;感谢葡萄牙维塞乌市格劳瓦斯科博物馆提供了一幅由维塞乌的主人(Master of Viseu)所绘的《东方三博士的朝拜》(*The Adoration of the Magi*)的复制品;感谢里斯本国家古代艺术博物馆提供一幅作者不详的作品《地域》(*Inferno*)的复制品;感谢纽约大都会艺术博物馆提供亚历山大大帝和野人的图片,这些图片出现在 T. 赫斯本德(T. Husband)和 G. 吉尔摩-豪斯(G. Gilmore-House)的著作《野人》(*The Wild Man*)中;感谢剑桥大学考古学和人类学博物馆提供其惠芬收藏(Whiffen collection)中的两张照片;感谢纽约的康泰纳仕公司(Condé Nast)提供其为《美食杂志》(*Gourmet Magazine*)设计的展现一位基多妇女的广告;感谢纽约的罗伯特·艾萨克森(Robert Isaacson)授权使用德·沃尔德克(de Waldeck)所绘的展于 1870 年沙龙的作品《被人背过恰帕斯》(*Being Carried Over the Chiapas*);还要感谢查尔斯·梅里韦瑟提供标题为"锡本多伊印第安人为白人进行治疗"的照片。除非另有说明,否则所有其他照片均为作者所摄。

第一部分　恐惧

亚历山大大帝下令把野人和女人扔进火里

（摘自 T. 赫斯本德，《野人：中世纪神话和象征》[*The Wild Man: Medieval Myth and Symbolism*, New York: Metropolitan Museum of Art, 1980]，第 52 页）

第1章　恐怖文化，死亡空间

罗杰·凯斯门特的《普图马约报告》和酷刑的解释

大多数人只能通过他人之口了解酷刑和恐怖文化，并对之产生惧怕。3 因此，我关注的是以叙述的形式缓解恐惧，以及用写作的方式有效抵御恐惧的问题。

雅各布·蒂默曼*(Jacobo Timerman)的新作《无名的狱囚，无号的牢房》(*Prisoner without a Name, Cell without a Number*)，结尾定格在布满死亡气息的空间里那充满希望的注视。

> 你们有人曾经直视过一个身陷牢房、知道自己是将死之躯——尽管没有人告诉他会死的人的双眼吗？他知道自己即将死去，但还执念于生理本能的求生欲望。因为没有人告诉过他会被处决，这种欲望成为他唯一的希望。
>
> 许多次这般的注视在我的脑海里烙下深深的印记。
>
> 我在阿根廷隐秘的监狱中所遇到的那些注视，一幕幕存留在我的记忆中，是我各类情感叠加的制高点，是我感觉最为惨痛的时刻。
>
> 那些注视如今依然挥之不去。我或许是希望向你们道出关于这些的种种，但我不知道从何谈起，以后也不会知道。[①]

---

* 雅各布·蒂默曼(1923—1999)，阿根廷记者、作家，出生于苏联。他曾报道阿根廷军政权在大规模镇压期间的暴行，并被阿根廷军政府迫害和监禁，后流亡于以色列。1984年返回阿根廷继续从事写作。

4 无可言喻是这个死亡空间的显著特征。蒂默曼不知道该如何道出那些穿透死亡空间的注视，却在这“不知”中顷刻间创造出一种幻象——空洞的希望使得死亡的空间变得真切，而我们这些听他讲故事的读者会被这空洞刺透。

那些注视必定穿透了死亡将至的黑暗！那些注视必定照亮了死亡的空洞！因为蒂默曼的负荷是双重的。他不单纯是一个受害者：他亦是自己主张的受害者——他支持用军事独裁的手段来应对令国家饱受苦难的动乱。

而结果如何？社会被裹尸布密不透风地包裹起来，层层叠叠以至于其中的混乱远甚从前——在活人生存的土地上寄生着一个布满死亡气息的空间，在这里，酷刑所必有的某种不确定性供养了权力专横的庞大机器，这种权力仍在肆无忌惮地蔓延——那是一种寄于秩序之下的滋滋作响的骚乱泥淖，离开这样的混乱，秩序也就不存在了。

阿列尔·多夫曼（Ariel Dorfman）告诉我们，在智利的乡间流传着一个古老的故事，讲的是一个小孩子被巫婆拐走之后发生的事情。为了摧毁孩子的意志，巫婆弄断了他的骨头，然后再用奇怪的方式把他身体的各部分缝起来。孩子的头被转向后方，因此他只能倒着走路。另外，孩子的耳朵、眼睛和嘴巴都被缝死了。这样整造出来的东西被称作“引绑彘”（*Imbunche*）*，而多夫曼认为皮诺切特执政下的独裁军政府操控权力，已经把每一个智利人甚至把智利本身变成了一个引绑彘，而且这样的状况还会持续下去。

在其1985年的著作中，多夫曼坚称，尽管实际上智利人的骨头并没有被打断，嘴巴也没被缝上，但是他们“从某种意义上来说，就像是引绑彘。他们彼此孤立，沟通交流的方式被压制，他们的联系被切断，其理智因恐惧而受阻”。

他指出，独裁政府施加的控制“是专横的，有时候也显得荒谬”。因为审查官不同意其对于“士兵”一词的定义，一版儿童字典被从报刊亭撤走。官僚体系无所不用其极地创造一种虚幻的现实。曾有5000个贫民区的住户

---

* 此处为音译。

被集中扣留在体育场，一位高级官员竟对此事予以否认。“什么体育场？什么贫民区的人？”

多夫曼下结论说，遭受威胁的是社会道德的根基。他发现很多人像引绑彘一样漂荡着，支离破碎。[2]

死亡空间在创建意义与观念意识方面起着重要作用，在一个酷刑肆意泛滥、恐怖文化猖獗蔓延的社会中尤为如此。我们可以把死亡空间想象成一扇门，越过门槛即通向光明亦或是灭亡。有时候，一个人经过这样的死亡空间，然后再回到我们当中来讲述他的经历，蒂默曼就是这样一位。刚开始他支持武装暴力，然而他自己也深受其害，于是通过自己的报纸《观点》（*La Opinion*）转而对其批判。在社会的一片死寂中，他用文字抗击言论权威加诸社会的沉默，而这些言论权威在施虐者与受虐者共存的牢房里打击着新的现实。蒂默曼刚出监狱就注意到：“我们作为受害者与施害者均属一类 5
人，用同样的努力去证实各类意识形态、情感、英雄事迹、宗教信仰、痴迷着魔等的存在。还有剩下的那些人，那些大多数人，他们又在追求着什么？”[3]

美洲新大陆殖民现实是如何产生的这一话题，即新大陆未开化的土著印第安人和非洲人为何驯服于少数白人基督徒的意志的问题，从来没有失去其巨大的吸引力及研究价值。不管我们对于霸权是如何迅速产生影响的这一问题得出何种结论，忽视恐惧所起的作用是不明智的。这里我说的“恐惧”是指“透过恐惧思想”，这是一个生理状态，同时也是一个社会状态。这种思想状态的特性使之成为殖民霸权的中介：在死亡的空间里，土著印第安人、非洲人和白人共同催生了一个新世界。

在死神以往的丰收中，有哪一次的收成可以超过西班牙征服新世界的后果呢？征服过后紧接着的是大批非洲奴隶在被运往西印度群岛途中和在南方种植园的死亡。

死亡空间拥有漫长和丰富的文化。就是在这个空间里，社会想象分娩出邪恶及黑暗势力的各种变体形象：在西方传统中有荷马、维吉尔、《圣经》、但丁、希罗尼穆斯·波希、宗教裁判所、兰波、康拉德的《黑暗的心》（*Heart of Darkness*）；在亚马孙西北部地区的传统中有幻觉地带、大地众生与鬼神间的交流沟通、腐烂、死亡、重生及又一轮回的发端，或许在母乳所滋润的大地及河流中，永远沐浴在可可树叶那微微泛着绿意的光芒中。[④] 伴随着欧洲的征服与殖民，这些死亡空间汇入由各种关键能指符号构成的公共水域，使得蜕变中的征服者和被征服者的文化汇合交融。但是，这些能指策略性地脱离了它们所指代的意义。“如果混沌是那个时代的标志，”阿尔托（Artaud）曾写道，“那么在这种混沌的最深处我看到了物与词的断裂，物与作为它们代表的思想及符号之间的断裂。”他想知道是否正是这种分裂导致了物的复仇；“诗意已无存于我们中间，我们也不再能够从物中发现它，但诗意突然出现在其错误的一边”[⑤]。马克思指向了同样的我们与物之间的失调与重组，在商品拜物主义的影响之下，诗意突然出现在了物的错误一边，而这些物如今被赋予了某种生命意义。在现代历史中，商品拜物主义使死亡空间里弥漫的神秘气息愈加厚重——伴随着主体的消逝，同样也伴随着符号新近被发现的恣意性，借此复兴的万物有灵论使得物具有了人性，而人却被物化了。正是在这死亡空间的恐怖氛围中，我们常常发现对阿尔托和马克思以各自不同的方式视之为意义的断裂与报复的东西的仔细探究。

米格尔·安赫尔·阿斯图里亚斯（Miguel Angel Asturias）描写了危地马拉在 20 世纪早期埃斯特拉达·卡夫雷拉（Estrada Cabrera）独裁专政下
6 的恐怖文化，其中写到当人们变得像物一样，人们梦想的能力是如何转移给了物——那些变得像人一般，且作为人的迫害者的物体，这让人难以忍受。物成为恐怖的中介，与总统的所需合谋来探察他臣民内心深处的思想，而一旦被探察，这些人不只是变成物体而已，而是物体支离破碎的部分。正是通过独裁者对人内心世界的探察，恐怖使得“大自然”成为其盟友；因此，“森林”围绕着总统府，

> 这片树林里的树都长着耳朵，他们会迅速回旋枝身来回应最微弱的声音，好似被龙卷风吹过一般。就算是方圆几英里内最微小的声音也难逃那数以百万计的耳膜的贪婪。狗继续吠叫。比电报波更为隐蔽的丝线构成的网络，将每片叶子与总统相连，使他能够监视市井乡民最为隐秘的想法。[⑥]

正是在乞丐的世界里，恐怖文化达到极致。他们是格格不入的人，是残废、瞎子、傻瓜、侏儒，是扭曲的，也是畸形的。他们既不能说，也不能走，也看不分明。他们存在于两个极为重要的区域：蜷缩在总统府对面主广场上大教堂的台阶上，或者，像傻瓜一样，分散在城市的垃圾堆上。这的确是个代表了整个社会的人物：由于他的愚蠢，他袭击了一个高级陆军军官，也因此袭击了总统本人。现在这个傻瓜正在逃命，半梦半醒之中，如同一个正在逃离迷雾监狱的人。他精疲力竭，涎水肆流，气喘吁吁，又放声大笑。他被狗群和如矛一般的雨点追击着。最终他崩溃了——瘫倒在垃圾堆上，周围是碎玻璃、沙丁鱼罐头、草帽檐、碎纸片、皮革、破布条、碎瓷器、低级书刊、猫狗的项圈、蛋壳、粪便，还有不可名状的黑色碎块。秃鹫长着尖利的喙，越靠越近。这些丑拙的猛禽以动物内脏为食。独裁者的**一贯伎俩**正是在它们的蹦跶、蹦跶、蹦跶中得到了表达。它们向那傻瓜嘴唇上柔软的肌肤猛冲过去，就在这里，在垃圾堆的废墟上。就在这个地方，城市四处散落着的标志牌使它们肆意妄为的政治功能大白于天下。

> 垃圾堆上方是蛛网般纵横交错的枯树，上面满是秃鹫；当它们看到傻瓜(Zany)躺在那里一动不动，那些黑色的猛禽便用它们蓝色的眼睛死死盯着他，并将他团团包围，在他周围蹦跶——跳来蹦去——跳着死亡之舞*。秃鹫不停地环视周围，垃圾中一有风吹草动就准备飞起来——跳向这里，跳向那里——它们围成一圈靠近他，直到它们的喙可以啄到他。一声凶狠的鸣叫释放出攻击的信号。那傻瓜清醒了，于是 7
> 站了起来，准备自卫。其中最勇猛的一只鸟已经将自己的喙固定在了他的上嘴唇里，像一支飞镖一样穿透他的嘴唇，直刺到牙齿，而其他食肉动物则争夺着谁能吃他的眼睛、他的心脏。⑦

傻瓜则向后坠入垃圾堆的更深处，以此“逃生”。

---

* “Macabre dance”，死亡之舞，最初源于中世纪末期西欧的戏剧，在剧中，代表“死神”的歌者翩翩起舞，把子民(如国王、乞丐、将士和俘虏)引向坟墓，以此暗示死亡的不可抗拒性及人在死神面前一律平等。

不过，这个死亡空间明显地是一个转型空间：濒死的经历很有可能会让人对生命产生一种更真切的感觉；恐惧不仅能带来自我意识的增长，而且还带来破碎，那时自我便丧失而顺从于权威；抑或，这正如《神曲》(*Divine Comedy*)里的伟大征程，带着富有流畅节奏感的内心和谐及情感宣泄，通过恶，有了善。但丁先是迷失在黑暗的森林，然后和他的异教徒向导一道游历了地狱，但只有在他爬上了野人长满蓬乱毛发的背脊直到邪恶的最低点之后，他才抵至天堂。蒂默曼可以做我们的向导，方式类似于我知道的普图马约萨满法师给那些迷失于死亡空间的人做向导的方式。

1980 年，一个来自哥伦比亚西南部普图马约炎热地区的因加诺(Ingano)土著老人最早告诉我关于这个空间的事情：

> 发着烧，我什么都知道。但是八天之后，我变得神志不清。我不知道我在哪里。我被高烧吞噬，像一个疯子一样四处游荡。我摔倒了，嘴朝下，就在我摔倒的地方，他们必须把我盖起来。就像这样，八天之后，我什么都不知道了。我毫无知觉。人们说的话，我什么都不记得。发烧的疼痛，我什么都不记得；只有死亡空间——行走在死亡空间。就像这样，一些声响过后，我处于昏迷中。现在，世界位于后方。现在，世界被挪开了。于是，那时我明白了。这一刻，疼痛感袭来。我知道我不会再活下去。现在，我是个死人。我看不见了。对这个世界我一无所知，对耳边的声响也不清楚。话语声，什么都不知道。静寂。在那里，人们认识了死亡空间……这就是死亡——我看到的空间。我身处它的中心，站立着。然后我去到它的高处。从高处看，一颗星宿似乎就是我的归宿。我站立着。然后我下来了。在那里，我正在找寻世界的五大洲，为了栖身，为了在这世界的五大洲给我自己找到一处地方——在这个我游荡的空间。但是我找不到。

但是我找不到。未有结果。没有富有节奏感的内心和谐。这里没有情绪宣泄的果敢。挣扎和可能的整体的碎片。再无其他。我们可能会问：在世界五大洲的什么地方，这个在死亡空间游荡的人会找寻到他自己？进一步讲，整个社会在哪里找到它自己？那个老人害怕妖术——他灵魂的挣扎。8
在他自己、巫师和能医病的萨满法师之间，五大洲被寻找，被争夺。但是这里也有笑声，而笑声消减了使神秘感扩大化的恐惧，让我们想起瓦尔特·本雅明的评论，他批评的是浪漫主义或许借以有害地曲解沉醉的本质的方法。“任何对隐匿的、超现实主义的、变幻莫测的天赋和现象的认真探索，”他写道，

> 均以一种辩证联结为前提，而思想的浪漫转变不受这种辩证联结的影响。因为夸张或者狂热地追捧神秘事物的神秘一面并不能带我们走得更远；通过将每天看作是隐晦难懂的又将隐晦难懂看作是日常的这样一种辩证的视角，我们穿透隐秘也只能达到能够在日常世界里认出它的程度。[8]

在蒂默曼的编年史和米格尔·安赫尔·阿斯图里亚斯的《总统先生》(*El señor presidente*)里，很显然，恐怖文化被寂静与神秘的交织所滋养。在这样的寂静和神秘中，通过将谣言细密地编织进魔幻现实主义的网络，对于神秘事物的神秘一面的狂热追捧蓬勃兴起。同样清楚的是，施害者需要受害者创造真相，在对方的话语中使幻象客体化。可以肯定的是，施刑者想要的东西很实际：获取信息，与金融大师以及供需关系所详细制定的覆盖了广大范围的经济策略采取一致行动。不过，他们还需要通过对恐怖的文化阐述来控制大量的人口、社会各个阶层，甚至控制国家。

这就是沉默被强加的原因，也是蒂默曼及他的报纸之所以重要的原因；这就是他知道何时发行报纸，以及在受刑室何时保持沉默的原因。“如此这般的沉默，”他写道，

> 始于沟通的渠道。某些政治领袖、机构组织和神父试图谴责正在发生的事情，但无法与民众建立联系。沉默由一种强烈的气味引发。人们嗅到自杀，但是这种气味让他们捉摸不透。之后沉默发现了另一个盟友——孤独。人们害怕自杀就像他们害怕疯子一样。想要抗争的人觉察到自己的孤独，害怕了。[9]

因此，需要我们与孤独、恐惧和沉默作战，需要我们去查验这些创造真理和创造文化的条件，去效仿米歇尔·福柯“历史地审视话语本身并没有对错的时候，真相的效果是如何在这样的话语中产生的”。[10]

但可以肯定的是，通过“历史地审视”，我们正尽力重新审视——通过建立反话语的行动？

如果真相的影响是一种权力的话，那么人们就会提出问题，问题不仅与组织授予或拒绝的说和写（任何东西）的权力有关，同时也涉及反话语应当
9 采取何种形式。我们中一些参与撰写和解释历史和民族志的人最近在关注形式政治（the politics of form）这个问题。如今，面对酷刑和恐怖的无孔不入以及军队的扩大，我们在新的世界被新的紧迫所困扰。我们试图理解恐惧，目的是让“别人”理解。然而，争议之下的现实讥讽理解也嘲笑理性，正如孩提时的雅各布·蒂默曼问他的母亲，“为什么他们恨我们？”而她回答：“因为他们不理解。”经历磨难之后，蒂默曼在他老年时写到对一种仇恨对象的需求，以及对这个对象同时产生的惧怕心理——仇恨几近神奇的必然性。

仇恨与惧怕的对象会遭人唾弃，但同时也会让人心生敬畏，人们把邪恶理解为它们的实体本质。这些（仇恨与惧怕的对象）很明显是文化创造的产物——邪恶和神秘如同铅做的龙骨，使西方历史这艘大船平稳向前。伴随冷战，我们多了共产主义者。随着核心家庭内部的定时炸弹滴答作响，我们多了女权主义者和同性恋者。军方和新右派，像旧时的征服者，发现了已被他们归咎于这些异己者的罪恶，并仿效这些已被定罪的野蛮行径。

怎样的理解——怎样的言论、文字及任何形式的意义建构——能够对此做出应对并将其颠覆呢？

用同样神秘的方式使爱欲与暴力的宣泄对立起来比适得其反的行为更加糟糕。而对酷刑提供标准化的理性解释，不论是笼统概括还是在这样或那样的具体情况下，也同样毫无意义。这是因为在激发了恐怖与酷刑的有意识的自我利益背后，从法人团体追寻利益及需要控制劳动力的神圣势力范围，到更严格的个体利益平衡，存在着意义在文化层面的建构，这种建构持续已久，没有意识，被解读得错综复杂。这些意义，即感知

模式，所具有的默认的规矩与想象的社会网络存在于一个象征的世界，而不是存在于那个脆弱的“前康德的”有关世界的幻象里——后者通过理性主义或实用的理性主义表现出来。或许这里没有解释，没有现成的话语，并且我们一直不安地察觉到这一点。在这里，理解变动得太快抑或太慢，它将自己投进诸如电极、肢解的尸体这些最原始事实的真实性当中，又或者是由最不虚假的事实所构建的令人发狂的迷宫中——这些是让人经受折磨的体验。

蒂默曼的文章提供了强有力的反话语，因为他的文章如酷刑本身带我们经过死亡空间，在这个空间里现实可被触及。但也就是在这里，我们开始认识到任务的艰巨性。这个任务既不要求去神秘化，也不要求再次神秘化，而是需要有关破坏和启示的诗学，这个诗学很是不同。就蒂默曼来说，亦即在无名的狱囚的例子中，军方的幻象遇到了狱囚。这个狱囚笨拙地拼凑着在梦境中所创造的矛盾，在梦里，社会主义和犹太复国主义与无政府主义的
世俗反威权主义被强硬地捆绑在了一起。这里的愿望也由另一个法西斯主 10
义的囚犯安东尼奥·葛兰西（Antonio Gramsci）通过他的座右铭表达了出来。他的座右铭将矛头指向资本主义文化，同时也指向历史唯物主义的陈旧教条：**意志的乐观，智识的悲观**。

通过文字，其制造者的形象跃然纸上，而制造者只能在提前组织好的座位长廊（gallery of positions）里出现。座位早已被人占据有了代表，与表征政治相关。在无名的狱囚一贯择据的批判和乐观之位上，他截然不同于另一个近来大受赞扬的声音——来自 V. S. 奈保尔（V. S. Naipaul）的第三世界的声音，他也与极度悲观的反革命谱系截然不同。从库斯勒（Koestler）的《中午的黑暗》（*Darkness at Noon*）和《失败了的神》（*The God that Failed*），奈保尔将这一谱系进一步扩展，同时解开了大师约瑟夫·康拉德暧昧的寿衣。

康拉德应对刚果恐怖的橡胶热潮的方式即为《黑暗的心》。弗雷德里克·卡尔评论说，那里存在着三种现实：国王利奥波德（King Leopold）的现实，它由复杂的伪装和欺骗构成；罗杰·凯斯门特刻意的现实主义；还有康拉德的现实，而他的现实，引用卡尔的话，“居于另两者的中间位置，这是因

为他试图穿透面纱,然而又极力维持其朦胧的状态”。[11]

这种表述是尖锐的,也是重要的:揭开神秘面纱的同时保持其迷幻的特质。在简化和启示的联合作用下,它激起并结合了解释的双重运动——在神秘颠覆行为中的怀疑解释学和启示解释学(hermeneutics of suspicion and revelation),这种颠覆行为是帝国主义神话本身所启发的。自然主义和现实主义,以政治和社会科学写作的美学形式,无法通过这种非简化的方式与政治的伟大神话产生关联,然而重要的恰恰是这些伟大的神话,因为当它们没有如此装扮而是身着伪装置身于真实和自然的间隙中时所产生的效果最大。在自然中看到迷思,在魔法中看到真实,褪去历史的神秘色彩,并对历史的具体描绘再次施以魔法;那是第一步。脱离这样的认识而去重现自然和现实可能会将神秘的捆绑束得更紧。

但是,难道对真实进行神秘的去真实化不会遭遇风险——被它所使用的神话所压制?难道在《黑暗的心》中没有明显的对库尔兹(Kurtz)伟大之处的向往吗?尽管这样的伟大是可怕的。难道被伊恩·瓦特(Ian Watt)称为对帝国主义持久的和最有力的文学控诉的这本书,没有美化恐惧,异化原始主义吗?[12] 难道这整件事不是过于模糊了吗?

但或许这正是问题的关键:就现代帝国主义的迷思而言,对迷思的神秘颠覆要求含糊不清之处维持原状——库尔兹赋予的强烈惧怕、恐怖的虚幻、暴力的美学,以及原始主义不断激起的欲望及压抑的混合物。这不像社会科学孤独的尝试,因为迷思没被“解释”而要把其“释尽”。相反,它所呈现的是你自己必须亲自去体验的某种事物,摸索着方向,逐渐深入至黑暗的中
11 心,直到你确实感知濒于险境的这个事物,一种激情的疯狂。这不同于一旁说教或者列出相关的矛盾,好像我们所关注的那种知识在某种程度上并不意味着力量、知识的结合,因此幸免于此种程序。迷思的神秘颠覆涉及的政治艺术必须沉浸于政治无意识时代的神秘的自然主义之中。

在这里罗杰·凯斯门特的报告给康拉德的艺术提供了令人震惊的反差。因为这两人曾于1890年在刚果结下友谊并相互欣赏,也因为他们作为波兰和爱尔兰这样的帝国主义化的欧洲社会的流亡者和半流亡者的共同政治背景特点,同时也因为他们在性情及对文学的热爱方面一种说不太清楚

的或许只是表面上的相似性，这样的反差更为鲜明。然而，代表他的故土诉诸军事行动的是凯斯门特，他为了 1916 年复活节起义组织从德国走私军火给都柏林的反政府武装，后来因叛国罪被处以绞刑。而康拉德毅然坚持他孤独的写作事业，沉浸在对波兰的怀念之中，表示支持凯斯门特和莫雷尔(Morel)的刚果改革协会(Congo Reform Society)，除此之外却不能予以协助，并以过度谦虚的口吻恳求，说他只不过是一个"写拙劣小说的可怜人而已，甚至还不够资格参加那个悲惨的游戏"。

但是康拉德的确把凯斯门特的信递交给了他的挚友，一位古怪的社会主义者堂·罗伯特(Don Roberto)*。他是个苏格兰贵族，还被称作 R. B. 康宁汉姆·格雷汉姆(R. B. Cunninghame Graham，豪尔赫·路易斯·博尔赫斯[Jorge Luis Borges]专门提到他和另一位生于南美的伟大浪漫主义英国人 W. H. 哈德逊[W. H. Hudson]，认为他们提供了关于 19 世纪平原地区社会的最真实的速写图景和文学作品)。附加着凯斯门特的信，在康拉德写给堂·罗伯特的信中，他用若干殖民地的人物形象填充了凯斯门特的未知空间。这些人物形象之间的差异和张力清楚展示了帝国前线的三个男人之间的三角关系，每个人以他自己的方式对帝国批评颇多；每个人又以他自己的方式必须正视帝国的浪漫和魅力。

康拉德在信的开头表达了对堂·罗伯特刚出版的书(题献给 W. H. 哈德逊)的热情，这本书写的是伟大的西班牙征服者埃尔南多·德·索托(Hernando de Soto)，强调了征服者灵魂被给予的富有同情的洞察力。他们虽身处混合着浪漫、诱惑和虚荣的庞大功绩中，却至少保有人性——丰富的人性，而现代的征服者们，比如刚果的利奥波德国王，他们不是人，而是让人憎恶的巨大野兽。皮条客、恶霸以及从安特卫普和布鲁塞尔的人行道清扫进殖民地的失败者为实现他们的利益服务。[13]

这些矛盾对立作用于征服者的灵魂，也同样作用于他们及其资本主义继承者之间。以这些对立为背景，康拉德创造了一个新的人物形象，并将这

---

* 原文于人名之前加上 Don，为尊称，本书均译作"堂"。

个人物投进流淌在他自己与堂·罗伯特之间的殖民地意象的溪流中："这个
12 人叫凯斯门特，我12年前在刚果就认识他了。也许你听说过或在出版物中见过他的名字。他是一个爱尔兰的清教徒，也很虔诚。但皮萨罗(Pizarro)也是如此。"

罗杰·凯斯门特在刚果

(摘自弗雷德里克·R.卡尔，《约瑟夫·康拉德：三种生活》

[New York：Farrar，Strauss，and Giroux，1979])

联系既已建立，于是节奏加快：

> 我可以向你保证他个性鲜明。他也拥有些许征服者的气质；因为我见过他进入一种无法言说的疯狂状态，挥舞着一根被当作武器的带着弯曲手柄的棍子，名叫帕蒂（白色的）和比蒂（花斑的）的两只斗牛 13
> 犬跟在他后面，还有一个罗安达男孩为这支队伍提着包裹。几个月之后刚好我看见他又出门，他更加瘦削，晒得更黑了，拿着他的棍子，同狗及罗安达男孩一起，一派安静从容的样子，好像他正在公园里散步似的。

时间进一步渲染了康拉德的记忆，布莱恩·英格里斯（Brian Inglis）评论道，自己更喜欢凯斯门特在写给表弟的信中对风景更加随意的描绘，他形容那里是长满青草的平原，被灌木丛覆盖着。“不适宜居住但还不至于糟糕透顶。”英格里斯补充道。[14]

信继续。康拉德和凯斯门特失去联系，而就在无处寻觅之时，一个新的凯斯门特诞生了。征服者的浪漫消散，废墟中升腾起来的迷雾中显现出一个英雄形象。这是征服者们毫不妥协的敌手，土著印第安人的拯救者巴托洛梅·德·拉斯·卡萨斯（Bartolomé de las Casas）。

> 之后我们失去彼此的联系。我想他是驻贝拉（Beira）的英国领事，最近好像又被英国政府派去刚果了。我一直认为拉斯·卡萨斯的几缕灵魂在他不知疲倦的身躯中找到了安歇。从这些信可见一斑。我愿意帮助他，但是他的灵魂未栖我身。

四年之后凯斯门特在康拉德的作品中又面目一新，这回是在写给一位叫约翰·奎因的纽约律师的信件中。这位律师同时是一位爱尔兰独立运动同情者。据泽德兹塔夫·纳德尔（Zdzistaw Najder）所说，对于康拉德，写信给奎因就好像身处告解室一般，于是此刻康拉德重新讲述了他和凯斯门特的第一次见面。在刚果的日记中，他将凯斯门特归类为“勤思善言，兼具大智慧和仁爱”的人。与之不同，在信中他形容凯斯门特是劳工招募人员。甚至他对于爱尔兰独立运动的支持也是让人怀疑的。“对一个接受索尔兹伯里勋爵(Lord Salisbury)资助的爱尔兰自治论者不能当真。”[15]

致奎因(凯斯门特 1914 年在纽约的时候曾和奎因住在一起)的这封信写于 1916 年春，那时凯斯门特已被监禁，正等待有关叛国罪的审判。尽管康拉德不希望凯斯门特被判死刑(泽德兹塔夫·纳德尔写道)，但是他拒绝在请求特赦的请愿书上签字，而许多著名的作家和编辑都已签名。[16]然而，请愿在国王、首相和检查总长面前当然是无望的。检察总长暗中向有影响力的人展示凯斯门特日记中骇人听闻的页面。这些日记是警察从凯斯门特的居所中搜查到的，[17]有些人依旧认为这些日记是警察伪造的。

这些日记详细记录了凯斯门特与同性私通和他的同性恋梦境，其中包括他在普图马约的日子。他的(胆小怕事的)辩护律师提到，甚至在 1916 年 6 月法院处理他的案件之前，这些日记的性质对“许多不知道这个案件的人”来说已经不是秘密。而且后来在对凯斯门特处以绞刑的上诉程序尚在
14 进行中的由法院设定的两周内，甚至报章都公开提及这些日记。审判结束之后的第二天，《世界新闻报》(*News of the World*)声称，看过这些日记的人没有一个“再次提及凯斯门特名字的时候会不带着憎恶和蔑视”。内政部的法律顾问恩里·布莱克威尔爵士(Sir Ernley Blackwell)下决心阻止基于精神失常提起的上诉，他告诉首相的内阁——死缓的决定权主要掌握在这些人手中——凯斯门特的日记显示出“多年来，他一直沉迷于最极端粗俗的鸡奸行为”。他继续说道：

> 后来的几年，他似乎已经完成了性退化的整个周期，从变态转变为变性人——一个女人，或者说被奸者，一个通过吸引男性并诱使他们利用他以获得满足的人。这一点值得一提，因为检察总长给 E. 格雷(E. Grey)爵士(外交大臣、凯斯门特的上司，他关于刚果和普图马约的报告就是写给他的)的印象即为凯斯门特对自己行为频率的描述令人难以置信，其自身表明了他是处于幻觉状态下工作的。我认为这样的看法可以不予考虑。[18]

看来布莱克威尔对散播这些日记负主要责任。他对凯斯门特——一个不仅背叛国家而且背叛人性的人——的恶意仇恨在他给内阁的建议中更是显露无遗。他提出他在凯斯门特受绞刑之后陆续发表这些日记能够确保自己不成为殉道者。

此法自然得到尝试。“英国人一直在传播凯斯门特堕落的相关报道，”康拉德的朋友，即那位来自纽约的爱尔兰独立运动的同情者约翰·奎因写道，“它们从四面八方向我涌来。”普林斯顿大学的英语教授同时也是受英国政府雇用的宣传者阿尔弗雷德·诺伊斯（Alfred Noyes），在凯斯门特被处决几个月之后发表于费城报纸的一篇文章中写到，那些日记淫秽不堪，触及人性倒退的最底层。

凯斯门特很有可能成为殉道者。虽然开始是因为附加于爱尔兰独立事业的思绪情感，但主要是因为对他在刚果和普图马约的工作的描绘，正如在一位前议会私人秘书的物品中找到的一封匿名请愿书中所表达的一样。

> 政府理应考虑他之前职业生涯中的出色表现，即他对刚果及普图马约社会的贡献。他所遭遇的恐怖与他在不利于健康的气候环境中持续20年不间断的工作，共同损害了他的健康，以致他的身体彻底垮了，到1914年他已是个完全崩溃的人。
>
> 在这种情况下，他用他一贯所展现的夹杂着淡漠的热切，面对着普图马约的恐惧、困难及危险。他回来的时候神经处于崩溃状态，严重到 15
> 他经常在夜里惊醒，大声尖叫。带回的一些照片和便条他只需看一眼就会引发极其强烈的心理躁动和生理的情绪反应。[19]

就其对凯斯门特性格的评价——暗杀一词或许更为贴切——康拉德给出了自己的理由，但最为真切的理由莫过于就凯斯门特进行的写作在康拉德的脑海中所激起的，有如过山车行进一般的相互冲突的殖民地意象。整个意象大于任意一个独立的意象，是它们综合在一起所代表的殖民探险及不幸遭遇，是作为叛徒被囚禁在伦敦塔上的凯斯门特，也是一个作为激进分子活动家的凯斯门特，身上铭刻着殖民神话的吸引力及厌恶感。他是一个难以捉摸的人物，激情四射，对政治充满热情，代表着殖民在康拉德内心所激起的幻想的破灭。康拉德一直葆有殖民幻想，直到他后来到热带地区为比利时国王利奥波德工作，这样的幻想才破灭。康拉德须扼杀他的幻想，似乎日后凯斯门特被诬蔑的阴魂也得对此负重责。正是这样的死亡之愿才能够长期困扰人类学家，他们是赤道以南浪漫及科学的社会体现，现今仍旧如此。而凯斯门特，根据大家所说，本可以成为一位出色的民族志学者。

情况可能更加错综复杂。或许风度翩翩的堂·罗伯特——苏格兰国王的社会主义继承者，令人生畏，言行古怪，散发着贵族气息，同属于第三和第一世界，带着康拉德认为的“优质钢笔，(它)灵活好用、笔直的，对了，就像托莱多刀片”，说话带着挖苦的语气但句句属实——向康拉德展示了大胆的殖民地冒险更为有益的方面，留下凯斯门特一人成为易被嘲弄的对象，让他全权代表了被困于殖民幻想圈套的诗意的人所具有的危险因素。

从欧洲中世纪带着人为想象的地理学到当代地理学系统严谨的转变势必带来变化，这些变化混杂在魔法和机器之中。康拉德写的最后几篇文章中有一篇题为“地理和一些探险家”(Geography and Some Explorers)，在这篇文章中他解释了身处这样的变化，精确的地图和科学探险家是如何让他向往去人类尚未踏足之地的。至少他还是个小男孩的时候是这样的。那时候，他用手指着当时还处于空白的非洲的最中心位置，这成为小伙伴们的笑料。“但这是事实”，他继续写道，18 年后一艘破破烂烂的尾轮蒸汽船停泊在非洲一条河流的岸边，这艘船就归他管。

正值夜晚，他是唯一一个醒着的白人。斯坦利瀑布(Stanley Falls)如雷一般发出低沉的轰鸣，这声响回荡在空气中，及至刚果河上游的边际。黑暗中，河对岸的小岛上一盏孤灯透着微光。他心生敬畏，自言自语，“这就是我小时夸口要来的地方”。[20]

16 正如斯坦利瀑布向河流倾泻其沉闷的轰鸣直到河流的尽头，激进地理学的白日梦朝着孩提时的记忆倾泻而下。这也是神秘霸权最后的可及之地。只有一个白人没睡，意识清醒，被黑夜中漫天星宿之下的低语所吸引，如同被施了催眠术一般，因此在河流尽头雷鸣般的轰鸣声中他恍惚地感受到其他的意义，一些不和谐的意义。意识唤醒自我，自觉开始闪烁并发出微弱的光——就像那盏孤灯摇曳着微光，零落在细碎水波中点点泡沫之间。正是在那时那地记忆之弧前后摆动，向后便触及小男孩时候的夸口，向前可以越过河流所及之处去吞没一直缠绕白人的创建帝国的空想，留下他一人非常孤单。

> 一种强烈的忧郁笼罩着我。是的，就是这个地方。但这个夜晚，在这广阔的荒野，没有神秘的伙伴在我身旁，没有纠缠的记忆，只记得枯燥无聊的报纸上的各种"噱头"，只知道那些为了争抢掠夺物而无恶不作的行为，这些都让我极为厌恶。对小男孩幻想中被理想化了的现实这是一种怎样的终结！我不清楚自己究竟在那里做什么，因为这确实只是我海员生涯中的一个意外插曲，尽管现在很难相信。但事实上，就在这非洲大陆的中心地带，午夜时分，我抽了一支烟以安抚我的思绪，我感到非常孤独。

幻想破灭之后紧接着的是疾病缠身，他的病非常严重以致可以把他送向死神。这时康拉德被送到刚果南部，然后回到欧洲，被伊恩·瓦特形容是进入独自面对自己必死的命运。"可以这样说，"让-奥伯雷先生（Monsieur Jean-Aubry）提出，"非洲扼杀了作为水手的康拉德，却强化了作为小说家的他。"[21]在死亡催生的这种蜕变中表现出绝望很重要，他的艺术造诣便是基于这种绝望。康拉德绝望的诗歌像海绵一般吸收隐匿在好战的地理学中的神奇和浪漫——这当然不是人类学科学的远亲。"当你太过深入调查，事情就不太好了，"他写道，"一个想法挽回了这一切。这些事情背后的一个想法；不是多愁善感、矫揉造作的想法；对这个想法无私的信念——把它建立起来，跪拜其面前，并供奉祭品……"[22]在非洲地图中心，蛇缠绕着黑暗的心，吞噬着失望的苦痛，尚未失去自己施展的魅力。在人为想象的地理学枯燥乏味的世界里，《神曲》远远落后。然而对康拉德来说，这是上天降下的悲剧，是痛苦，是黑暗，在让-奥伯雷看来，它仍在涌溢，就像幻想中的大河，它如同一条盘绕扭曲的蛇，导致了所有一切的发生。

17 尽管事实上它并没有用深沉的忧郁束缚他的精神，但是刚果的确使它从灵魂深处奋起，因此毫无疑问激起了痛苦的潜流，如同一条大河一般从人类黑暗的心灵汹涌而出，把一种独特的精神力量和一种广阔的胸怀带入幻想之地。[23]

康拉德自己认为刚果是他人生的转折点。“在刚果之前我仅为兽。”他告诉爱德华·加内特(Edward Garnett)。但凯斯门特呢？“他是个好伙伴。”康拉德向约翰·奎因吐露，

但在非洲我就判断他是一个完全没有思想的人，确切地说。我不是说他傻。我的意思是他太情绪化，往往感情用事(刚果报告、普图马约等)，而绝对的情绪化已经毁了他。他这个人脾性乖张，是非常悲剧性的人物：他的一生除了悲剧色彩，其余都毫无痕迹。只有虚空。但是在刚果的时候，这些还看不出来。[24]

人们也许会问这难道不是五十步笑百步？因为这不就是一个脾性乖张的人会给出的偏激的情感描摹吗？至于凯斯门特非人的一面，“确切地说”，还有为研究绝对情绪化提供切入口的那种方式，则越少说越好。另外，人们不能把刚果报告、普图马约等作为情绪化的证据。报告本身不仅是法律和社会学体裁的文字，而且是在练习使用压抑的情绪主义，为的是更有力地传达殖民恐怖的荒诞。事实上，正是像凯斯门特这样的报告，而不是大师的奇妙艺术，极大地帮助在刚果(可能还有普图马约)终结那些暴虐行径。用埃德蒙德·莫雷尔(Edmund Morel)的话说，这些报告给英国外交注入一剂道德毒素的疫苗，这样历史学家就会看重这两件事情，把它们看作英国外交超越平庸的稀罕事件。[25]

将凯斯门特和康拉德二人聚合的除了帝国主义历史的巧合之外，还有他们一起创造的有关社会现实主义政治和魔幻现实主义政治的问题。感性的总领事实际是作为一个现实主义者站在被殖民的一方写作，而伟大的艺术家没有这样做。二者之间存在着关于文化统治和统治文化的核心问题。

普图马约报告

凯斯门特的普图马约报告被提交给英国外交大臣爱德华·格雷，和信件、备忘录一起以“蓝皮书”的形式由英国国会下议院于1913年7月13日出版，那时凯斯门特49岁。现在来读这份报告很富启发意义。

三十多岁的凯斯门特

(Courtesy of the National Library of Ireland)

一开始就应该指出的是，凯斯门特对爱尔兰自治运动的热忱以及他对 18

英国帝国主义的憎恶,不仅使得他作为英国领事的几乎终身的职业充满了隐性冲突(同性恋即是如此),而且让他感到在非洲和南美的经历影响了自己对爱尔兰殖民主义的理解——这样的理解转而激发了他对于赤道以南地
19 区民族和政治的敏感性。他声称,正是关于爱尔兰历史的知识使得他能明白像刚果这样的暴行,而外交部却由于理解不了证据而不能明白。

“理解”在这里指的不仅是自愿地、本能地同情一个国家或民族,而且是认同那些被猎杀者和社会边缘的人,这些人的生活方式及他们对生命的尊重不能通过冷漠的商品哲学来认识。在一封他写给密友爱丽丝·格林(Alice Green)的信中,他回忆道:

> 我知道外交部不会明白的,因为我意识到自己使用的是另一种族人民的双眼在注视这个悲剧。这些人自己曾被猎杀,对对方的喜爱之情是他们建立交往的根本准则,在他们看来,生命不是可以拿到市场上估价的东西。[26]

1912 年在为广受推崇的《当代评论》(*Contemporary Review*)所写的文章中他指出,比起他们白皮肤的压迫者,从道德层面看,普图马约的土著印第安人更是高度文明。土著印第安人不仅缺少好斗倾向,此外根据凯斯门特的评价,他们还是“社会主义者,因着他们的脾性、习惯,也或许是因着他们对于印加文明及前印加时期戒律的长期记忆”。最后,凯斯门特问道,“期望通过同样的人道友爱机构将基督徒生活中的友好善良教授给身处偏僻森林的飘零无依的孩子,是不是为时太晚了?”后来,他提到爱尔兰康内马拉(Conemara)的农民,称他们是“白皮肤的土著印第安人”。[27]

凯斯门特在王国政府统治下生来就应是一个统一主义者和清教徒。他却越来越意识到虚伪的不列颠文化“宣扬”,他写道,“基督教,然而却只相信玛门。”在很大程度上,使凯斯门特左右为难的并不是自己该亲近前者还是后者的问题。更为尖锐的难题在于同样的虚伪通过对照渗透进他自我发现的生活模式中,在其中民族主义和反殖民主义能够公诸于世受到尊崇,而同

性恋的隐秘生活却不能："在刚果孤寂的森林里，我发现了利奥波德[比利时国王、刚果自由邦的所有者]，就在这片森林里，我也发现了我自己——一个无可救药的爱尔兰人。"在凯斯门特把自己描述成一个"无可救药的爱尔兰人"之后大约又过了十年，他在记录普图马约旅途的日记中写下一小段文字，解释了他的思想是如何运用女性特质和男性特质的形象展示帝国主义文化的。1910年9月17日，"自由"号启航驶向普图马约，他写道：

> 一个男人，若是背弃自己的家庭、国家、语言，比一个抛弃自己贞洁的女人更为糟糕。贞洁对她意味着什么，自尊和自知的本质对男人就意味着什么。

"自由"号

(摘自尤金·侯布匈[Eugenio Robuchon]，《在普图马约及其支流》[*En el Putumayo y sus afluentes*]，1907)

"自由"号上那个年轻的克丘亚人(Quichua)引航员名叫西门·毕 20
桑欧(Simon Pisango，这是一个地道的土著名字)，却称自己是西门·皮萨罗(Simon Pizarro)[康拉德在写给康宁汉姆·格雷汉姆的信中说凯斯门特和他很相像],因为他想变得"文明开化"。正如爱尔兰的O和[此处字迹无法辨认]首先不再用他们的名字或者称谓以示体面,然后弃绝他们古老的方言,语言变得完全英国化。西门·毕桑欧仍旧讲克丘亚人语言,但是皮萨罗的另一个[此处字迹无法辨认]只讲西班牙语!人不是被武装入侵征服的,而是因为自甘堕落。[28]

人不是被武装入侵而是被他们自己征服的。当一个人走进橡胶地带面对那么多侵略的残酷证据的时候,会有一种奇怪的情绪,难道不是吗?正如他在1912年给爱德华·格雷爵士的信中所写:

在这12年的时间里,因为殖民者要榨取这4000吨的橡胶,土著印第安人或死于饥饿——通常是故意引发的,要么通过毁坏整个地区的庄稼,要么以死刑的形式加诸没能上缴橡胶份额的个人——或死于蓄意谋杀,通过枪杀、放火、砍头,或鞭笞致死,另外还伴随着各种各样残暴的折磨。死亡人数不可能少于3万,可能会更多。[29]

21

哈登堡揭露的内幕:真相、魔鬼的天堂和征服的意义

英国政府感觉有义务派遣凯斯门特(那时他被派驻在里约热内卢)就1909年的公众抗议一事作为领事代表去往普图马约。抗议是由发表在伦敦杂志《真相》(*Truth*)上的一系列文章所引发的。文章描述了阿拉纳兄弟橡胶公司在那里的暴虐行径。这家公司自1907年起就是一家代表秘鲁和英国利益的联合企业。以"魔鬼的天堂:一个为英国所有的刚果"(The Devil's Paradise:A British Owned Congo)为题,这些文章描述了美国一位年轻的"工程师"及探险家沃尔特·哈登堡(Walter Hardenburg)的经历。他1907年辞了卡利-布埃纳文图拉(Cali-Buenaventura)铁路线上的工作,和一位美国同伴一道,从帕斯托(Pasto)的哥伦比亚安第斯山脉经由锡本多

伊峡谷曲折而下的陡峭小径深入亚马孙盆地的偏远地带。沿着普图马约河
顺流而下，这两个*无辜的人* *落入极度凶残的武装人员手中。这些武装人 22
员一直对拒绝服从朱力奥·塞萨尔·阿拉纳的哥伦比亚贸易商施以武力威
胁，而阿拉纳本人后来被英国一位国会议员称为秘鲁橡胶公司的灵魂及动
力。伊基托斯(Iquitos)的报纸已经报道了河流上游地区的丑闻，这些报道
已经越过河流传递到了秘鲁首都。但若要让这些丑事在英国和美国成为政
治事件则须将侮辱加诸愤怒的*富有冒险精神的外国人*身上。(后来，哈登
堡在加拿大的一个西部省份写了一个支持社会主义的宣传册，之后还写过
一本关于灭蚊的书。)

朱力奥·C. 阿拉纳

(摘自尤金·侯布匈，《在普图马约及其支流》，1907)

* 本书正文中斜体中文文字均为原书中用西班牙语表述的文字。

据说，阿拉纳是通过和哥伦比亚贸易商做生意迅速发家的。这些贸易商率先“征服”（常用语是这么说的）普图马约卡拉巴拉那（Caraparaná）和意格拉巴拉那（Igaraparaná）支流的土著印第安人。拥有*征服的权利*，这些*征服者*在安第斯山的奎宁潮之后自19世纪80年代起即在这两条河沿岸地区立足，并且（因此凯斯门特说）发现把橡胶卖给如阿拉纳这样的下游地区商人，比穿过森林到托利马（Tolima）或越过安第斯山脉到达帕斯托把橡胶卖到上游哥伦比亚更为方便。正如这些贸易商通过一种劳役偿债制迫使土著印第安人收集橡胶，他们自己也受制于他们的供应者，比如阿拉纳——他们用一张义务之网困住土著印第安人，他们自己也被同样的网束缚着。但不是完全如此。可以说“在暗地里”，他们还是能够同阿拉纳抢夺土著印第安人。

这是一个奇怪的地区，这些哥伦比亚人定居于此，并让当地的土著印第安人收集橡胶。这个边远地区战事频发、时局不稳，19世纪早期脱离西班牙的独立战争导致秘鲁和哥伦比亚的民族国家从来没有在这一地区的主权问题上达成一致。这片土地被国家间相互敌对的野心所挟持，实际上处于无国家状态，是一片界限模糊的区域，这里的暴力倾向经由像阿拉纳这样的贸易商转化成对数量正在减少的土著橡胶采集者的控制欲。*征服的权利*，即那些在国家法律之外的默认的惯常做法，据说是指保证任何一个“征服者”对“他的”土著印第安人的劳动产出的所有权。这样的*权利*不仅建立在暴力可能性的基础上，而且还基于共同的协议——看起来或许会走向自我毁灭的惯常做法不堪一击。据说，热带丛林和其间的土著印第安人让白人草木皆兵。但据1903年游历此处的哥伦比亚人华金·罗恰（Joaquin Rocha）所说，对橡胶贸易商生命构成最大威胁的是其他贸易商的暗杀威胁。[30]让他惊讶的是，他注意到贸易商们的孩子极少。他们通常和土著妇女生活在一起，但是这样的结合却不生育孩子。他推测，这种“混血儿很罕见
23 的状况”的产生是由于土著妻子饮用避孕的植物药剂，或许是由于“执行土著首领作为一种政治手段所下的命令”。

在这个子嗣稀缺却充满暗杀威胁的边境地区，七年的橡胶贸易和对小贸易商的无情消灭使阿拉纳独掌大权，1907年他准备使用从伦敦募集的资金大张旗鼓地扩大规模。和比利时国王同时也是橡胶资源丰富的刚果自由

邦的所有者利奥波德一样，朱力奥·塞萨尔·阿拉纳在普图马约南部地区就是一个彻底的独裁者。

1903 年，他和从巴巴多斯来的黑人订立契约，让他们"征服"并追捕逃亡的土著印第安人。尚且不提"征服"一词的使用，单是这一词所表达的意思，在很多外人看来都是怪异的。比如，这就给英国下议院的普图马约特别委员会造成很大的困惑。他们曾经多次被告知，"*征服*"的意思不是你们想的那样，"而是分配商品用以交换橡胶"。

这样的困惑使得委员会理解"*Gastos de Conquestacion*"（原文如此）这一条目困难重重，在 1909 年的公司账目上该词被译作"征服费用"。伊基托斯的经理帕布罗·祖玛埃塔在写给姐夫朱力奥·塞萨尔·阿拉纳的信中对英国会计主张将 70917 英镑记为予以冲销的损失提出质疑。他还"指出这笔钱实际上是用来征服土著印第安人，或更确切地说，是让土著印第安人臣服的资金"。[31]无须减少资本账户，因为，

> 你知道，像我们经营的事业，资金用于并花费在征服上，或者更确切地说，用于吸引野蛮部落去劳作，使之变得文明。一旦实现，这能给我们带来他们占据的土地财产，之后还有他们供给的产出，以及任何这样的进步带来的价值。像我们经营的事业，任何用于此用途的钱，不论数目多少，都被看作资本。[32]

土著印第安人的权利似乎曾经基本等同于在森林耕作的权利。土著印第安人就在那里任人掳掠。一旦被人所掳，其他白人不得非法侵入。一个白人率先进到其中一个住着一百多个土著印第安人的大型公屋并把商品强加给他们即实现了他的"征服权"。作为交换，土著印第安人付之以橡胶。而在那之前，至少在上游地区规模更小，自 19 世纪中期以来，支付的一直是草药、毒药、漆、树胶、树脂、动物皮毛和蜂蜡。19 世纪 60 年代曾有一系列的活动，活动范围从安第斯山脉向下辐射至地势较低的*山地*和普图马约河的中游地区，不过后者范围有限。用金鸡纳树树皮制作的退热药很是出名，对这种药的需求引发了这些活动。这种树错误地被以秘鲁总督夫人的名字

命名，树皮含有奎宁，是其他*征服者*所需要的，例如在印度的英国军队就要用奎宁对付疟疾。

24 我不理解贸易商对土著印第安人的控制。关于这个话题所说的几乎一切都浸透着幻想而且无可理喻地自相矛盾。一方面强硬地坚持征服，似乎这样的征服是对文明的至高坚持，浸润着雄性的汗水。而此时，文明也正在边远地区逐渐伸展，渗入荒蛮之地。另一面是完全相反的图景，展现的是想法相同的贸易商、土著印第安人和白人之间的类似社会契约的画面——土著印第安人温顺良善，白人充满母性，提供给养，在森林的要塞中他们彼此相依相生。

当然，在16世纪征服的第一个周期，这样的矛盾及顺服似乎都不是人们谈论及记忆的内容。1954年埃尔南·佩雷斯·德·奎萨达（Hernán Pérez de Quesada）为寻找黄金国（El Dorado）疯狂横扫了卡克塔省（Caquetá）及普图马约的热带丛林。关于此事鲜为人知的是西班牙人宣称他们通常面临激烈的抵抗。奎萨达的探险队据说包括200匹马、260个西班牙人和大约6000个来自安第斯山脉西科迪勒拉山高地的土著搬运工。据说这些土著搬运工无一幸存。在普图马约河和卡克塔河交汇之处即莫科阿，奎萨达遇到强烈反抗。每当他的探险队进入不能骑马的狭窄区域，土著印第安人就会发动袭击。如若马背上的抢夺未果，根据史学，那些羊肠小道即为有齿阴道（*vaginae dentatae*）*。约翰·亨明（John Hemming）研究相关编年史的时候注意到，在某个地方，“一个食人部落抓了五个人，在他们能够被营救之前，就把他们绑在柱子上卸成四块”。[33]这就是征服所传递的历史。

接下来的两个世纪传教士尾随这些尚武之人来到此地，据说他们的命运并没有太大不同。但尽管有这样的延续性，16世纪征服新大陆的语言和意象被重新发掘出来还是令人震惊，这次不是被金子或黄金国激起的，而是被19世纪晚期的奎宁和橡胶。欧洲和北美对热带雨林中原材料需求的大量增长以更为夸张的形式重新诉说着前一个时代带着英雄主义色彩的神话

---

* 源于拉丁语 Vagina dentata，“有牙齿的阴道”之意。在多个文化中有关于有齿阴道的民间传说，是属于警示性质的寓言。实际上并没有在女性阴道发现牙齿的报告。

传奇，并在培养贸易关系的过程中让其根深蒂固。

华金·罗恰是一贯饶有趣味的评论家。他在 1903 年沿着卡克塔河和普图马约河而下，游历至伊基托斯。和英国下议院的特别委员会一样，他发现“征服”一词所表达的含义很是奇怪。他觉得有必要给出定义：

> 一个无人知晓也从没和白人有过交集的野人部落遇到能够与他们发生贸易往来的人，于是他们收集橡胶，种植食物，并为此人建造房屋让他与他们共处，这时就说他们被这个人征服了。这些土著印第安人 25
> 因此成为白人重要且常见的劳力，他们也随之被带入文明世界。[34]

与其说这个定义是谎言倒不如说是自负，因为贸易协助征服的方式和征服促进贸易的手段一样都是必须的。他特别提到，精明的征服者会采取步骤确保他赠送的礼物及贸易货物的预付款会得到回报，比如通过把土著妇女和儿童扣作人质。

但如果使用暴力是明智的，他们为什么还要大费周章搞礼物赠送，还坚持虚构出来的“债务”呢？罗恰说，能言善辩之术通常对土著印第安人不管用。相反，他们还是想办法逃跑，正如他重述的故事里说的那样。几年前，一个橡胶贸易商和他的四个雇工带着商品货物沿着阿瓜里科河（Aguarico River）人迹罕至的偏僻之地返回。他们发现那里的土著印第安人所用的手势远异于已知的任何部落，一想到要征服他们，贸易商的心脏就怦怦直跳，因为他们的劳作可以为他带来大量的橡胶。拂晓时分，借着皎洁月光，白人 26
进入土著印第安人的公屋。两个白人手持武器把守着大门，而他们的主顾，即那位贸易商告诉吓坏了的土著印第安人不用害怕。他们让土著男人采集食物，而女人为他们做饭，且不得离开。男人们一回来，这些白人就送给他们各种廉价饰物作为礼物，然后还给他们织物、斧子和大砍刀，告诉他们作为回报他们应该给白人们带回橡胶，而与此同时，这些白人在土著男人离开期间会占有他们的房子以及女人和孩子。得到这些礼物及购置的物品，这些男人很高兴地答应了，并在几天之后带着他们欠白人的橡胶回来。

一位橡胶贸易商和他的翻译们

（摘自尤金·侯布匈，《在普图马约及其支流》，1907）

他们需要从白人那里得到更多的商品，再加上从如今的主顾那里获得如此礼遇，他们同意为白人建造房屋，还给他们耕田种地。这即是对这一族的征服，罗恰告诉我们，是完胜。[35]

也是以这种方式，哥伦比亚人克里索斯托莫·埃尔南德斯（Crisóstomo Hernández）于 1896 年征服了意格拉巴拉那河和卡拉巴拉那河流域的维托托人，这两条河均为普图马约河的支流，几年后被阿拉纳用武力霸占。堂·克里索斯托莫（Don Crisóstomo）* 是一个黑白混血儿，来自安第斯山的偏

* 堂·克里索斯托莫即为克里索斯托莫·埃尔南德斯。

远山镇戴思堪斯(Descanse)。据说他是一个逃亡者，因为犯了事从哥伦比亚在卡克塔省的贸易商栈逃走。他藏身于普图马约的森林深处，在那里他使用残暴手段统治着白人及土著印第安人。罗恰听说，为减少违令不遵或同类相食，凡是犯下这样罪行的人均被他处死，且一人犯罪众人偿。据说一群维托托人的妇女、儿童及男人吃人肉。堂·克里索斯托莫一听说这件事就决定因此罪杀死他们，将他们所有人斩首，包括还在吃奶的婴孩。告诉罗恰这件事情的白人不忍杀害小孩，却不得不做，因为堂·克里索斯托莫正拿着把大砍刀站在他身后。[36]考虑到其他地方因对土著劳动力需求极大而承受了巨大压力，这个故事很是奇怪。这里我们所听到的故事说的是一个人仅因为所谓的食人罪名就把那些劳动力一个一个地杀死，依偎在怀中的孩子也未幸免。这反映出至少在想象中剖开人尸的惊悚景象，也正是这样的想象画面，引发了白人疯狂的“报复”。 27

维托托人在他们的住所前，1908 年

(Courtesy of the Whiffen Collection, Cambridge Museum of Archaeology and Anthropology)

不久之后，堂·克里索斯托莫本人也遇害了，是被一位与他共谋征服的同伴“意外”射杀的。堂·克里索斯托莫倒在血泊中在地板上匍匐挪移，想要拿角落里自己的枪。但没人会应允他最后的请求，因为他们都清楚地知道，罗恰说道，他死的时候也会想杀人，带尽可能多的同伴和他一起离开。[37]

但或许不是橡胶的政治经济也不是劳动力的政治经济在橡胶潮耸人听闻的过热氛围中占首要地位。也许正如米歇尔·福柯在其关于规训的著作中极力论证的那样，最重要的是将神话刻入土著印第安人的身体，是将与野蛮竞争的文明成功镌刻，其模式即取自殖民主义者关于土著同类相食的幻想。福柯精辟地写道，“在过分的酷刑中，包含着一整套的权力经济学”。在这里一点也不过分。

然而堂·克里索斯托莫的故事中所刻画的残暴是有多常见呢？坚持对阿拉纳的残暴予以谴责的哈登堡发现，其他的以及更早期的橡胶营历经了一段充满父亲般慈爱的浪漫插曲，比如哥伦比亚人大卫·塞拉诺（David Serrano）的橡胶营，哈登堡和他一道在卡拉巴拉那河的岸边住过几天。塞拉诺告诉他，第一批定居此地的人，包括他自己，到达这里的时候贫病交加，却受到维托托人的热烈欢迎，“（他们）持续供给食物，给他们提供女人，让他们过得比在自己国家的任何时候都要逍遥自在”。哈登堡认为橡胶营周围的土著印第安人兴奋愉快，是自愿做这些的。“他们称塞拉诺是他们的父亲，也确实像对待父亲一样待他。”[38]

“绝没有以恶相待”，华金·罗恰在描述卡克塔河上特雷斯埃斯基纳斯（Tres Esquinas）的哥伦比亚橡胶贸易商人的时候写道，他们“像对待被宠坏的孩子那样娇惯土著印第安人，而土著印第安人相应地表现出绝对的服从”（“纵酒狂欢宴会”上土著印第安人醉酒的情况除外，而根据罗恰记载，土著印第安人大多数时候都在狂欢；尽管他们受人尊敬的主顾拥有透着仁慈
28 的至高权力，但那时候，他也不得不把自己锁在某个地方躲起来，直到发酵的甘蔗酒劲儿退了）。因从白人主顾（罗恰称他为土著印第安人的“*精神领袖*”）那儿收受织物、裤子、蚊帐、猎枪、大砍刀和金属罐，这些塔马（Tama）和科雷瓜赫（Coreguaje）土著印第安人非常感激他，作为回报他们提供橡胶并为他撑独木舟。他们还收到烟草和朗姆酒，但是这些东西都被归入“礼物”一类而非预付款，至少被罗恰这样归类（正如他在发生于阿瓜里科的故事中区分了一方面作为“礼物”的“廉价饰物”以及另一方面须用橡胶交换的东

西，比如织物和斧子）。土著印第安人选出他们的族长后即把结果递呈主顾，而主顾总会应允，罗恰说道。[39]

因此，受英国下议院特别委员会调查所迫，朱力奥·塞萨尔·阿拉纳为自己辩护，声称"'征服'这个词根据英语解释所指非常强烈。在西班牙语中我们用的这个词指的是吸引某人以获得支持"，这也不是全部言不由衷。或许是因为词本身、其确切的意思及翻译在这里非常关键，委员会认为也有必要用西班牙语公开他的答复："Porque esa palabra 'Conquistar,' quc según me han dicho en inglés suena muy fuerte, nosotros la usamos en español para atraer a una persona, conquistar sus simpatias."[40]*征服者*的目的，阿拉纳继续说道，是去分发商品货物以及赋予探险一种价值观，即让土著印第安人接受以物易物的方式——给他们商品货物以换得橡胶。"另一个用于这种情况的词是*奴隶袭击*（*correría*）。"[41]

但是在查尔斯·雷金纳德·以诺（Charles Reginald Enock）看来，奴隶袭击"无非就是奴隶抢劫"。[42]以诺是工程师，亦是作家（著有《秘鲁的安第斯山和亚马孙》[*The Andes and the Amazon, Peru*]），在秘鲁亚马孙河流域及安第斯山待了四年，听证会快要结束的时候他被要求向特别委员会作证，解释一些词语的意思，比如征服（*conquistar*）、削弱（*reducir*）和救助（*rescatar*）。在讲到"*conquistar*"一词在秘鲁亚马孙河流域是如何使用的时候，他说，"它的意思和英语单词'conquest'一样"，"毋庸置疑——通过武力获得劳动力"。[43]

尽管如此，问题依然存在——阿拉纳多大程度上是在有意识地欺骗和迷惑委员会，又在多大程度上仅仅是在利用普图马约橡胶热潮中流行于白人之间被称作"橡胶热潮常识"的说话的方式，只是这种说话方式让委员会中的英国人难以理解罢了。委员会理所当然更看重本国人以诺先生的意见。除了他在热带地区的经历外，引以为傲之处颇多，比如与秘鲁人相比英国人对自由劳动和真相更为尊重，而作为一种语言，英语概括并传达事实的能力无可匹敌。特别委员会的金先生正在问询约翰·格宾斯（John Gubbins），他是秘鲁亚马孙公司（Peruvian Amazon Company）董事会的主席，在秘鲁居住了38年。

> 29 “你在那片土地上的经历会让你作出以下结论吗？——秘鲁人对待土著印第安人通常遵守同英国人一样的标准。”
>
> “我不认为他们有如此高的标准——没有；但从我个人的经验来看，他们一直得到善待。”
>
> “但是秘鲁人没有达到同样的标准？”
>
> “没有。”
>
> “你认为你生活在秘鲁的时候，人的生命在那里是否得到尊重，和在伦敦一样？我不会强迫你回答这个问题。你认为秘鲁在事实和公众道德以及消除政府官员腐败方面持有和伦敦一样的标准吗？”
>
> “这在所有西属美洲是明摆着的事实，”格宾斯先生提出异议，“英国人说的话最可靠。英国人的承诺被认为和几乎任何其他国家发行的政府债券一样好。”[44]

确实如此，若是没有关于英国人承诺的好名声，没有像格宾斯先生一样的英国人，也就不会有秘鲁亚马孙公司。格宾斯先生那些人把英国的资本和阿拉纳的“专业知识”及橡胶热潮的常识相结合，也参与制造了橡胶热潮的恐怖。其让土著印第安人钦佩自己以至愿意收集橡胶的方式同样能够通过英语和秘鲁的语言在其他地方的碰撞观察到——正如在特别委员会前面证人席上的查尔斯·雷金纳德·以诺和朱力奥·塞萨尔·阿拉纳。因为英国人说征服意味着通过武力获得劳动力，而恶棍阿拉纳说征服的意思是通过贸易的方式同时也是为了贸易而去赢得土著印第安人的支持，然而这时候也许正直的英国人并不比恶棍阿拉纳更为正确。抑或双方都是错误的，而且这样的错误是相互依存的，也就是说，没有一个说法能够独立解释清楚征服过程中究竟发生了什么以及与之相关的劳役偿债制又是什么。似乎在这片见证征服及劳役偿债制度的土地上，他们两人分别代表了相反的两极。土著印第安人的从属地位甚至也不是通过糅合（*blending*）暴力和欺诈、武器和游说，或者通过将以物易物协助征服、征服促进以物易物融为一体的方式实现的。所有这样的思考方式都不过是常理而已，使得两个地域融合时还能维持彼此间的独立性；暴力和思想、力量和知识、武力和言论、经济和上层建筑……以诺在很大程度上对这件事言过其实：“征服的意思是通过武力获得劳动力”——若用英语解释。阿拉纳圆滑地掩饰说：“为了获取支持”——若用西班牙语解释。但当我们把这两种语言放在一起，产生的结果不是武力与被罗恰称作言语游说艺术的交融，而是一种非常不同的想法。根据这种想法，在征服的过程中，在劳役偿债制度下，在他们被折磨的过程中，土著印第安人的躯体使两个地域溶解，结果暴力和思想、力量和知识实现交融——恐惧本身也是如此。

善、恶、丑：政治经济战争和酷刑中的荒诞不经之地与耸人听闻的仪式 30

似乎是命运使然，1907 年，阿拉纳的手下在卡拉巴拉那河沿岸对拒绝出售或合伙的哥伦比亚橡胶贸易商发动最后侵袭之际，哈登堡正泛舟而下。其中一个橡胶贸易商大卫·塞拉诺向哈登堡讲述了就在一个月前阿拉纳公司的“调查团”是如何将他绑在树上，然后（引用哈登堡的话）“这个‘文明开化’的公司的模范员工们——他们是这么称呼自己的——蛮横闯入他妻子的房间，把这个不幸的女人拖拽到门廊那儿，就在这个地方，在无助且受尽折磨的塞拉诺面前，这个调查团的首领强暴了这个不幸的受害者”。他们带走他所有的橡胶，还有他的妻子和儿子。后来，塞拉诺听说她“被罪犯洛艾萨纳为妾，而他年幼的儿子成了这个恶魔的仆人”。米格尔·洛艾萨（Miguel Loayza）是阿拉纳的多位主管之一，让哈登堡同样觉得可恶的是他是“一个古铜肤色、贼眉鼠眼的混血人种，说一点洋泾浜英语，[而且]似乎大多数时间都在享受佛罗里达浴，同他的各个妾玩乐”。[45]他是彻头彻尾令人反感的那种人。

几周之后，塞拉诺又遭到侵袭。这次他逃进树林，把他从土著印第安人那儿得到的小片领地和橡胶都留给了阿拉纳。那些人还袭击了其他地方，在位于拉乌尼翁（La Union）的橡胶贸易站，阿拉纳的 140 个手下用一把机枪洗劫了 20 个哥伦比亚人。这些哥伦比亚人展开他们的国旗，抵抗了半个小时才抛弃橡胶和女人，留给秘鲁人。哈登堡由于被洛艾萨囚禁，得以亲眼目睹其中一个女人的命运。这个女人有好几个月的身孕，被“划拨”给一位船长，他的船只一贯四处劫掠。“这个人面兽心的恶魔只想消解他兽性淫欲的干渴，竟不顾这个可怜女人糟糕的身体状况，把她拖到一个隐秘的地方，尽管这个不幸的女人痛苦哀嚎，他还是对她施以强暴，丝毫没有内疚懊悔之意。”[46]

哥伦比亚的官员和橡胶贸易商被当成动物，经受各种残酷对待。他们被关在狭小肮脏的笼子里，哈登堡看见他们被人吐唾沫，讥讽嘲笑，因此他说道，“施暴者以最懦弱的方式，每天对他们施以言语和行为上的虐待”。哥伦比亚商人阿基莱奥·托雷斯即被如此对待，据说他被铁链捆绑超过一年时间，过得像野兽一般。被释放之后，他成为阿拉纳手下最为嗜血的贸易站经理之一，他尤其沉溺于在土著印第安人还活着的时候肢解他们的躯体。

在这段令人不悦的普图马约河沿岸橡胶热潮引发了战事。哈登堡唤起认知，即荒诞骇人的仪式是这场战事的有机组成部分。他的表达形式与被
31 表达的形式相匹配。这些袭击作为惩戒仪式被组织起来的同时（凯斯门特是这样告诉英国下议院的）

> 又被阿拉纳兄弟组织起来，为的是赶走哥伦比亚人，这些人不仅是他们的竞争对手，而且在土著印第安人逃避阿拉纳公司迫害的时候为其提供庇护；只要这些独立的定居点在卡拉巴拉那河沿岸存在着，土著印第安人就会逃往那里，在那个地方有逃走的方法。[47]

哈登堡的证词让人感觉仿佛置身充满感官虐待的剧场观看骇人听闻且麻木不仁的暴虐行为，而这一切在凯斯门特的证词里却是“竞争稀缺资源”合乎逻辑的结果——就此事来说即指“劳动力”资源。哈登堡使其着上盲目迷恋的欲望色彩，而凯斯门特将其变得具体和有形；其实就是一枚硬币的两面。

至少凯斯门特的证词带着一种异样的逻辑，而且最终分析下来还是不能从充满战事及恐怖的剧院仪式中抽离，这些仪式被暗指是实现更具实质意义目的的唯一途径。的确，凯斯门特在别处对其效果发表过评论，他说暴
32 力强占独立的哥伦比亚橡胶贸易商的财产是对逻辑的嘲弄，合乎逻辑的做

法应当是以通过土著印第安人获取橡胶为目标。“一个*橡胶贸易商*从另一个*贸易商*那里不停地偷盗土著印第安人，”在写给爱德华·格雷爵士的报告中他写道，“这引发一连串报复，比起土著印第安人曾经加诸自己同胞最为残忍的东西有过之而无不及。在这些生死攸关的争斗中，获取橡胶作为原本的首要目的往往被忽视，而橡胶唯有通过土著劳动力才能得到。”[48] 几年之后，当乌萨尼奥·布切利（Urcenio Bucelli）看到酒醉的公司头目在生日派对上把煤油淋在土著印第安人身上并将他们活活烧死，他就这样的罪恶悖论地表达了自己的观点：“这些土著印第安人收获如此之多的橡胶，但他们仍旧被杀害。”[49]

“发生在普图马约的一件事。
被判饿死的土著妇女：普图马约北部地区。（秘鲁人称这是哥伦比亚土匪干的。）”
（摘自沃尔特·E. 哈登堡，《普图马约：魔鬼的天堂》，1912）

秘鲁法官卡洛斯·巴尔卡塞尔（Carlos Valcárcel）1915 年在布切利对那些焚烧事件所作答复的页边空白处附加了一个奇怪的说明：“几年前，小镇巴姆巴马卡（Bambamarca）的神父，在秘鲁北部*山区*，将一位妇女活活烧死，因为有人指控她是女巫。”在犯罪史中，法官还写道，“向我们表明，最残暴的酷刑，比如将人活活烧死，一直以来几乎都用于宗教或政治意图”[50]。著名的普雷斯科特（Prescott）在他的《秘鲁征服史》（*History of the Conquest of Peru*）中出于对印加贵族命运的关注探讨了关于焚烧的问题。“为何西班牙征服者如此频繁地诉诸这种残忍的极刑方式并不是一目了然的，”他写道，“除非原因与土著印第安人是异教徒有关，而火刑，从古时起，似乎就被认作对异教徒的合理判罚，如同永世受罚的地狱里等待他的不灭之火。”[51]

在某种程度上编造的

哈登堡揭露的内幕所造成的大部分影响，即便不是绝大部分影响，并非源于他自己的亲身经历或亲眼所见，而是取材于两份很快停发的伊基托斯“报纸”——《制裁》（*La Sanción*）和《抨击》（*La Felpa*）所刊登的内容。这两份报纸看起来就是专门为攻击阿拉纳及他公司的所作所为而创办的。《制裁》第一期就宣布这是一份结合了商业、政治及文学的两周一期的出版物，致力于维护人民的利益。头版中间居显著位置的是一首歌颂社会主义事业的长诗——《社会主义》（*El Socialismo*），表达的热情如赞美诗一般。

这些报纸的记述对于哈登堡描写普图马约地区的恐怖似乎是重要的，因为它们不仅仅由于本土性而具“真实性”，而且它们使得口口相传的谣言句句落实于报章文字。其次，这样的记述赋予他有限、零散的个人经验更为广阔全面的视角。

他描述一些自己的观察时带着梦一般的力量，这和《黑暗的心》里一样，
33 是一种充满距离感的死亡空间的氛围。比如，他回忆在埃尔恩坎托（El Encanto）*橡胶贸易站周围踱走，他在那里是囚犯：

> 但是更让人伤心的是看到那些受病痛折磨的人和濒死之人躺在房子周围或在附近的树林里，他们痛苦挣扎却无力动弹也无人帮助。这些可怜的人，没有药品，没有食物，暴露在太阳的炙烤及清晨的冷雨重

* El Encanto，为“魅力”之意。

> 露下，直到死亡使他们从痛苦中解脱出来。随后，他们的同伴将他们冰冷的尸体——多具尸体已经腐烂不堪——抬至河边，而卡拉巴拉那河那浑黄的河水将这些尸体无声地吞没。[52]

应当把这和他对谈话的理解进行比较。在这里，描述须带有耸人听闻的夸张是极其明显的，从遥远的、无法规避的、伤感凄哀的超越现实的梦境直至戏剧性："佩带着大砍刀，土著印第安人进到森林深处，心怀惧怕地在每一棵他们能找到的橡胶树上割出深长的切口，疯狂地想要榨取橡胶树的最后一滴白色乳液，切口如此频繁又如此深，以致每年有大片的树木死亡。"[53]但是，戏剧性的描述能是真的吗？

从 1907 年 10 月到被迫停止发行，这中间的好几个月，伊基托斯的报纸《制裁》和《抨击》报道了阿拉纳橡胶营里发生的骇人听闻的暴行事件。报纸在 1907 年后期大胆刊载了本杰明·索尔达那·罗卡(Benjamin Saldana Roca)在伊基托斯刑事法庭法官面前更为勇敢的宣誓控诉。确实，正是这篇报道激发了(至少表象如此)全国对持续司法调查的关注，并促进现实的改变，使得流言蜚语化为事实，传说故事变成真实。

在所说的话和出版的文字、流言蜚语和报刊文章的社会关系中，后者往往会在美化、设定、精简、概括和证实前者方面有欠缺，因为它在整个群体面前竖起一面镜子——制造及加固共同自我意识的一种方式。在普图马约暴行这件事上，这种通过报刊文章证实现实状况的方式包含着迷恋和厌恶之间几乎无意识的张力，将凭空想象与让人信服之事相捆绑。这两者极少像在普图马约橡胶热潮中那样结合在一起，是如此令人不安。驻伦敦的秘鲁公使馆声称《制裁》和《抨击》都在撒谎，而且它们刊登的文章都是虚构的。援引彼得·辛格尔顿-盖茨(Peter Singleton-Gates)和莫瑞斯·吉罗迪亚斯(Maurice Girodias)对秘鲁公使馆的否认所予以的回应——"就算是虚构，"辛格尔顿-盖茨和吉罗迪亚斯争辩道，"正是它们的真实性使得它们像是虚构的。"[54]

在《真相》的第一篇文章即书中题为"魔鬼的天堂"的中心章节最为精彩的部分中，哈登堡引述的"以下的事实"似乎是从《制裁》中翻译过来的。他 34

接下来的大部分控诉，不论是从取自宣誓证词和写给报纸编辑的信件的单个细节来看，还是从整个基调判断，都能被看作这种文章的拓展：

> 他们逼迫普图马约的太平洋土著印第安人没日没夜地收集橡胶，却连一点报酬也不给；他们不给土著印第安人吃的；他们让土著印第安人完全赤身露体；他们剥夺土著印第安人的庄稼、女人和孩子，为的是满足他们自己的口腹、淫欲及他们自己和手下的贪婪，他们靠土著印第安人的食物过活，拥有后宫及妾室，还在伊基托斯的批发和零售市场出售这些人；他们残忍地鞭笞土著印第安人，直到能看见他们的骨头；他们不让土著印第安人就医，任由其死去，被蛆吃掉，或者拿来喂首领（比如橡胶站经理）的狗；他们对土著印度安人施以阉割，割下其耳朵、手指、手臂和腿……[55]

他们还用火刑、水刑及倒钉十字架的方式折磨土著印第安人。公司员工用大砍刀将土著印第安人砍成碎片，把小孩子用力掷向大树和墙壁使其脑浆四溅。老人无法再干活的时候就会被杀死。公司头目为寻开心让土著印第安人当枪靶练习射击。在特殊的日子，比如复活节前日、荣耀星期六，他们将土著印第安人分成组群，然后将他们一群群射杀，或者给他们淋上煤油，然后点燃，以此享受他们的痛苦，后者是他们更为喜欢的方式。[56]

在一个公司员工 1909 年写给哈登堡并随后在他书里公布的信中，我们读到一个橡胶站经理是如何派遣“调查团”去诛灭一群土著印第安人的，只因为他们没有收集足够多的橡胶。调查团四天之后带着手指、耳朵和几个土著印第安人的头返回，证明他们已经执行了任务。[57]写信的人后来还目睹了土著囚犯被射杀、烧死，冒着烟的尸体堆距离橡胶站不过 150 米。那天正值 1903 年的狂欢节期间。公司的“高级员工”，他提到，都向一个人敬香槟，而这个人杀人次数最多。还有一次，在乌尔迪莫雷迪若（Ultimo Retiro）* 的橡胶站，经理伊诺森特·冯塞卡找来几百个土著印第安人。他抓起他的

---

* Ultimo Retiro，意为“最后的撤退”。

卡宾枪和大砍刀，开始了他对这些手无寸铁的人的杀戮，最后地上倒着 150 多具男女及孩子的尸体——和哈登堡通信的人如此写道(哈登堡的书里是这样翻译的)。幸存者置身血泊之中请求饶命，信接着写道，却和死人摞在一起被烧死。而经理伊诺森特咆哮着，“我要消灭所有不听我话、不按照我的要求给我收集橡胶的土著印第安人”。[58]

写信的人没有解释为什么土著印第安人被“找来”。可能他也不知道， 35
可能毫无缘由，也可能原因显而易见。

这个事件——或许仪式才是准确的说法——在普图马约最让人真切地感受到恐怖的事件是为土著印第安人从森林里带回的橡胶称重，哈登堡和凯斯门特均援引 1908 年《抨击》发表的证词，将其视作事实。在呈递给爱德华·格雷爵士的报告中，凯斯门特表示，“被雇用做这份工作的人……一次又一次”地向他这样描述。[59]

> 土著印第安人非常卑下，若看到秤的指针没到 10 公斤，他立马就会伸出双手匍匐在地接受惩罚。然后[橡胶站的]主管或其下属就会走向前，弯下腰，抓住土著印第安人的头发，击打他，抬起他的头，将他的脸摔在地上，在他被踢打得满面是血之后，这个土著印第安人另要经受鞭刑。这还是土著印第安人受到的最好待遇，因为他们常常用大砍刀将土著印第安人分尸。[60]

我认为，所有这些事情都带着一种离奇夸张的调子，这在诱发了惧怕和厌恶之情的同时也煽动了怀疑。人们可以理解英国 1902—1911 年派驻伊基托斯的副领事大卫·卡兹(David Cazes，他的贸易生意依靠阿拉纳的橡胶公司)在回答英国下议院特别委员会的质询时所说的，

> 我想，我刚开始订阅了[《抨击》和《制裁》的]前两期，但是我觉得它们所描述的可怕事件太过不切实际。如此可怕的事态对我来说难以置信，于是我就不再把报纸带回家。我记得，我妻子和我在一起，那些报道对她影响很大……我想，既然我现在已经对此事了解更多，或许我本

> 应该给予报道更多信任，但在那个时候我确实认为它们在一定程度上是编造出来的。[61]

似乎对卡兹夫人影响很大的故事，在她丈夫即副领事看来，在一定程度上是编造出来的，好似他们之间的婚姻关系使得恐怖及对恐怖的描述之间的麻烦关系更为紧张。

我们可能觉得应该质疑这些故事究竟多少为真，以及在联结经历及其传达的语言链条上这些夸大的成分究竟从何而来：在表达的过程中还是在描述的事件里——或者二者兼有？

这一系列的疑问假设这个世界可以被分成真相及对真相的描绘，好似描绘的方法仅仅是工具而不是体验的来源。“神秘性被完整地植入我们的语言”，维特根斯坦指出，这包括，我们或许能注意到，明晰的事实及语言中所内含的神秘性。

36 一边是他深受其扰的妻子，另一边是他的经济支持朱力奥·塞萨尔·阿拉纳强烈驳斥对恐怖的这种描述，对副领事来说，这个将事实与其描述相分离的普遍看法一定已显得愚蠢。从夹在妻子和阿拉纳之间的副领事转向总领事凯斯门特即开始在再现政治(politics of representation)中欣赏认知黑暗的力量。

第2章　凯斯门特致格雷

凯斯门特呈递给爱德华·格雷爵士的报告一本正经，好像出自一个陈述 37
案件的律师，这与他记录同一段经历的日记形成鲜明对比。但是，据凯斯门特的传记作家布莱恩·英格里斯说，凯斯门特递交给外交部的手稿必须改动，因为“某些地方”的“语气”缺乏恰当的“刻意中立”的语言。外交部删掉了被英格里斯称为“带着愤怒情绪的无关内容”，目的是使报告（再次引用英格里斯的话）“看起来比之前更为客观”[1]——这是描述恐怖所涉及的问题以及能被称之为“客观主义的杜撰”的东西的尖锐例证。后者即指的是人为创造客观的方法，而它极度依赖阐述方式的魔法，使得把玩事实的小把戏能够得逞。

这份报告——我们还能称其为凯斯门特的报告吗？——的大多数内容依靠的是巴巴多斯30个黑人的证词。“那座可怕的小岛，”凯斯门特在别处写道，“居住着王子与贫儿。”[2] 1903年和1904年，这些黑人与其他166人一起与橡胶公司签订合同在普图马约做监工。到凯斯门特抵达之时，他们中有很多人已经可以说一门土著语言了。

报告的影响力在很大程度上取决于这些人经由凯斯门特总结的证词。 38
凯斯门特几乎不用他们的原话，他费尽心力防止别人对信息提供者的真实性提出批评。毕竟，据说在外交部关于这些人有这样的说法，“所有的西土著黑人都是骗子”。[3]凯斯门特煞费苦心争辩道，通过交叉校验证词，他能够克服（按照他的说法）不识字的人，比如这些巴巴多斯人——尽管很显然他们是真诚的——常有的记忆力不好及笨口拙舌的缺点。大多数证词是在公司领地内恶劣的条件下提供的，列席的有公司头目，他们既施以贿赂又施加威胁。巴巴多斯人顶着这些压力，尽管恐惧，总体而言似乎都想和他们的总领事说话，这几乎是一种生理需要。

巴巴多斯人斯坦利·刘易斯讲述了他拒绝杀死一个土著印第安人之后的遭遇。由于隶属自己的橡胶工人都逃跑了，这个土著印第安人被扣为人质关押在乌尔迪莫雷迪若主屋下面的“黑洞”里。橡胶站的经理因刘易斯的抗命威胁要杀他，并把他投进黑洞，他两天两夜铐着手足枷，没有水也没有食物。整个房子常弥漫着一股恶臭，刘易斯说道，因为土著印第安人受鞭打之后就被丢在地上，一丝不挂，他们的尸体溃烂腐败，长满了蛆。抽打的每一鞭都能叫人皮开肉绽。他从巴巴多斯到达这片令人畏惧的森林时才不过15岁。总领事对他的诚实未有怀疑，“只要他的记忆是清楚的”。刘易斯在
39 他作证的四年前离开了橡胶营。自从那时起，凯斯门特（以他的名义）写道，刘易斯努力“尽可能忘记或从头脑中抹去他记忆里亲眼目睹的许多罪行”——更不必说他自己犯下的罪恶。[4]

“最后的撤退”橡胶站

（摘自尤金·侯布匈，《在普图马约及其支流》，1907）

报告所激发的不真实的（非同寻常中的）平淡氛围使暴虐行径显得怪异而非骇人，就像在水下观看一个沉没的世界一样。为要到达这个世界，凯斯门特的汽艇必须穿过普图马约河的河口。就在穿越河口的时刻，他在日记上记录了蚊子、他生病发烧、长时间的迟滞、几个可怜的土著印第安人、一场迟迟未散去的白色雾霭使他们从凌晨4点起一直滞留在河口。而在报告中，

> 所有橡胶站的雇员不追捕土著印第安人的时候就躺在吊床上或者赌博，以此消磨时光。[第 17 页]

> 在其中几个橡胶站，鞭刑基本是由厨子执行的。他们直接就告诉了我两个这样的人。我还吃过他们做的饭。而他们的很多受害者则帮我扛过行李，从一个橡胶站扛到另一个橡胶站，他们的四肢惨遭厨子的毒打常常显露出可怕的疤痕。[第 34 页]

以疤痕为凭，凯斯门特发现数量众多的土著印第安人中“绝大多数”，可能高达 90%都受到过鞭打。（至于他究竟看到多少，他所说的惊人数目在报告中有一些前后不一：一处显示为 1500 个，而另一处为 1600 个。不过，通过取整也就一致了。）其中一些受害者是 10—12 岁的小男孩，而且鞭打致死的情况时有发生，有的时候他们当场死于鞭下，或更多的情况是几天后因伤口长蛆化脓感染而死。如果土著印第安人没有收获足够多的橡胶就会惨遭鞭打，若是胆敢逃跑，等待他的则是最为野蛮残暴的痛打。鞭打以外还有其他的酷刑，比如使土著印第安人几近溺亡和窒息。正如凯斯门特所指出的，刑罚如此设置是为创造出一个死亡空间，用他的话说：“在几乎取其性命的当下住手，同时激起巨大的精神恐惧，使其遭受死亡所引发的大量身体创痛。”[5] 据巴巴多斯人弗雷德里克·毕晓普说，人们被吊起来鞭打，脖子上还拴着链条，但是“一般方法”，凯斯门特写道，是“强制受害者，不论男女，趴于地面，有时还被钉着”，然后抽打光着的屁股。“不用说，”凯斯门特补充说，“我从没亲眼见过任何这样的用刑。”

一个鞭打过土著印第安人的“英国臣民”告诉凯斯门特，他曾经见过一位母亲被鞭打，原因是年幼的儿子没能收获足够多的橡胶，还有就是孩子被认为太小经不住严厉责打。目睹此景，小男孩站在一边惊恐地哭起来，而母 40
亲只是被打“几下而已”，目的是让这个小男孩更加卖力地工作。[6]

韦斯特曼·莱文（Westerman Leavine）证实了《真相》中的指控，他指出为迫使孩子透露父母躲藏的地方，孩子们常常被活活烧死。根据一份证词，太小的孩子不能被鞭打。同样大的孩子，根据另一份证词，却不会因为年幼而免于被活活烧死的刑罚。[7]

故意让土著印第安人挨饿是被反复使用的伎俩，凯斯门特称，有时是出于恐吓的目的，更多时候就是为了让他死，于是犯人一直被手足枷铐着直至饿死。一个巴巴多斯人讲述了在这种情形下，他如何看到土著印第安人“用指尖撮起泥土碎屑吃”。另一个人说他曾经看到土著印第安人从自己的伤口处抓蛆来吃。[8]

残暴充斥的剧场里上演大型的惩处剧目，这是以林中空地为舞台上演的惊人场景，其中手足枷是至关重要的道具。与乌尔迪莫雷迪若的橡胶站一样，手足枷有时候被放置在主楼二层的走廊里，这样被监禁的人就能被首领和他的手下直接监视，而且靠近地窖或许是那个被巴巴多斯人称之为“黑洞”的地方（一些巴巴多斯人也被拘押在那里）。

在其他橡胶站，手足枷被放置在主楼加高的生活区下面一个巨大的空间内。一些国会议员是普图马约特别委员会的成员，他们看到书中图片里的房
41 子与关押犯人的围栏相似，如此军事化的特征使他们心生怀疑。这本书据说是在普图马约离奇失踪的法国探险家尤金·侯布匈所写的。

“魅力”橡胶站

（摘自卡洛斯·雷·德·卡斯特罗[Carlos Rey de Castro]，《普图马约的居民》[*Los pobladores del Putumayo*]，1914）

凯斯门特说，孩子、妇女和男人可以好几个月被手足枷铐着。另外还有一些巴巴多斯人告诉他，他们曾经目睹妇女戴着这样的刑具被强奸。[9]凯斯门特认为有必要强调，这是对手足枷的非正常使用。他援引赫恩登中尉(Lieutenant Herndon)就 1851 年在普图马约南部山岭地带的旅行所写的报告。中尉不吝言辞地讲述了手足枷在传教士教化土著印第安人的过程中所起的重要作用，然而未在一处，凯斯门特强调说，他曾提及残酷的虐待。在凯斯门特看来，很重要的一点是把橡胶热潮中制造恐怖的方式和手足枷的历史及其文化大背景区分开来。

他讲述了到访期间曾听过的一个故事，说的是一个邻近伊基托斯的蓬察那(Punchana)土著印第安人被上手足枷刑具的事情。这个男人醉酒后打了自己的妻子。当地一位学校女教师命令他的同村村民给他戴上手足枷。太阳升起之时，他的妻子已经用棕榈叶为他搭起一座棚，并且"整个白天都和他坐在一起，安慰他，听他的道歉"。

"别人告诉我这件事情，"凯斯门特继续说，"是为了说明土著印第安人的友善亲切。像这样使用手足枷仅仅是为了对错误行为提出批评，而手足枷本身并非令人反感的矫正工具。"[10]

爱德华·安德烈(Edouard André)对教会使用手足枷的态度并不那么正面。他是一个植物学家，为法国政府采集植物标本。1876 年，他从安第斯山上往山下走，从帕斯托一直走到莫科阿。在靠近科查湖(Lake Cocha)一个据他形容是拉古纳(La Laguna)"土著印第安人村落"的地方，他看到手足枷非常震惊——"这是一种酷刑工具，"他之后写道，"我相信它属于西班牙历史早期，却仍旧在拉古纳使用。"他提供了一幅画，画的是这些手足枷。这些手足枷引人注意是因为它们很大，一次能让不止一个人受刑，悬挂在上方的耶稣受难像给它们一种祭坛的感觉。[11]

他发现，在莫科阿东边整片山林的小镇里，除了犯人的双腿，他们的头也被紧紧夹在手足枷的横木之间。有时候这样的刑罚还会加上鞭笞。可怜的安德烈，他都没胃口吃午饭了。

然而，不管耶稣受难像存在与否，在 30 年后普图马约河下游的橡胶热潮中这种刑罚的大量使用，使得曾经让安德烈反胃的手足枷变得普通平常，并不令人反感了。对手足枷的使用即便不被永恒智慧所认可,也已融入习俗惯常。至少凯斯门特所指即此。

42 探险家米格尔·特里亚那(Miguel Triana)是哥伦比亚的贵族。大约在1905年,他途经莫科阿,受方济各会一位修道士的邀请,留下观看一场土著印第安人的庆典。普图马约土著印第安人在生活中把这种形式的惩罚看作是传统的一部分也令他印象深刻。

在拉古纳使用的手足枷刑罚

(摘自爱德华·安德烈,《美洲赤道》["América Equinoccial"],1884)

土著印第安人从他们跳舞的地点蜿蜒前行至教堂参加弥撒,随后再返回。他们整晚都在跳舞、喝酒。一个男人"忘记了",用特里亚那的话说,"这个场合所要求的沉着冷静"。"我要吓一吓那个土著印第安人",那个修道士说,随即他命令其他土著印第安人把这个土著印第安人抓起来下到监狱里——根据*习俗*,他在那里还得挨三鞭子。通过一个短语"no escostumbre",意即"这不符合习俗",特里亚那注意到,在这里一切都是禁止的。

暂且不论"习俗"的准确定义为何,这个短语在殖民之前是否即已存在,我们不得而知。似乎可以肯定的是殖民者的观点,他们认为土著印第安人有"习俗",土著印第安人的习俗即是原始简陋的法律,他们还认为要想统治土著印第安人最好在传递殖民地法的时候不仅用当地惯常的语言,而且要在殖民地法上贴上习俗的标签。

相反地，殖民统治下的土著印第安人可以有效利用殖民化的习俗进行自卫。方济各会的那位传道士给特里亚那列举了相关的例证。土著印第安人会说，因为这不符合习俗，所以他们不能做这个或者不能做那个。

“鞭笞的刑罚当然不是土著印第安人愿意保留的习俗啰？”特里亚那问道。

“别信这个，”教士回应他，并继续说道：

> 鞭笞的刑罚可能是他们的习俗中最难以更改的一个。你要明白疼痛有一种魔力，让人想要它。我自己就注意到，土著印第安人被鞭打之 43
> 后变得安静，甚至愉悦欢快。鞭笞过后，被鞭打的人必须说“Dios le pague”（上帝给你的/赞美上帝）。若是不说，总督[为土著印第安人，经方济各会认可]就命令再打三鞭子，以此类推，直到受罚之人怒火平息，变得感恩。因此，鞭笞维护了权威的原则、顺从和习俗的纯净。习俗立于鞭笞的基座之上。[12]

拉古纳的教堂

（摘自爱德华·安德烈，《美洲赤道》，1884）

巴巴多斯人本身是奴隶的后人，他们被用来奴役其他人，而事实上在此过程中他们自己也身处奴役之中。凯斯门特搜集的证词无情地揭发了这个可怕的讽刺。事实上，巴巴多斯人是负债的苦力，不仅被用来折磨、追捕土著印第安人，而且自己也承受折磨。

根据他们的证词，似乎橡胶营里的生活对所有级别的员工来说大多数时候都是极其卑贱低下的，没有朋友，也没有亲人。这是一个霍布斯式的世界，残忍而短寿。在这个世界里，诸如对野蛮却手无寸铁的土著印第安人施加折磨的此种仪式使得员工保持团结。除此之外，他们还为了食物、女人和土著印第安人彼此争斗。

例如，克利福德·昆廷在他工作的前两年曾两次受到严厉鞭打。第一次，所有营里的员工都缺少食物（这样的状况常有），于是被迫从土著印第安人那里或者从他们林中的种植园里偷窃。据称，他在证词中提到他想要向一个土著女孩买木薯面包的时候，一个哥伦比亚员工从中干涉，接着是一场搏斗。随后橡胶站经理把昆廷的手腕在他背后绑起来，把他的手臂吊起悬挂
44 在竿子上，还用鞭子在身后抽打他。贸易站经理和一个陪伴这群黑人的说英语的玻利维亚翻译（在英国接受的教育）阿曼多·诺曼德挥舞着一根扭绞的貘皮鞭给了他 50 下。在凯斯门特看来，五年后这些伤疤仍旧清晰可见。

18 个月之后，他又一次遭鞭打，原因是一个叫布切利的哥伦比亚白人员工控告他与一位土著女子有不道德交易。他和昆廷被派遣同一小队人一起围捕不想收集橡胶而逃跑的土著印第安人。他们抓住了其中的八人，有四个女人、两个男人，还有两个孩子。他们用链条将男人锁起来，然后打道回府。夜间，由另一个哥伦比亚人看守的两个土著男人逃跑了。布切利不愿告诉橡胶站的主管说这都是因为另一个哥伦比亚人的疏忽，于是他谴责昆廷，称他和一个土著女子一起而没有履行看守的职责。据凯斯门特说，确实也有这样的事情。布切利和橡胶站经理老诺曼德鞭打了昆廷，之后他病得很严重，结果在他能重新上工之前三个月的时间里他都只能留在拉乔雷拉（La Chorrera）的橡胶集散总仓库。四年后，当凯斯门特遇到他的时候，他体弱多病，营养不良，还跛着脚。他的跛足是被一个（可能有毒的）玻璃碎片伤到引起的。土著印第安人布置这些碎片是为了保卫家园。由于他买不起公司商店五索尔（*Sol*）一双的鞋子，他不得不光着脚走路，而据凯斯门特估计这样的鞋子在英国价值不超过半索尔。大多数黑人一个月的薪水是 50 索尔。[13]

乌尔迪莫雷迪若分支的橡胶站经理控告约书亚·戴尔（Joshua Dyall）和一个白人雇员的土著妾室有不正当关系。他被吊着脖子殴打，之后被置

于手足枷中。腿部的孔太小了，两个男人得坐在上部的横杠上迫使他的腿穿过那个孔。尽管总领事看到他的时候已经三年过去了，但木头嵌入他脚踝肌肉的地方创伤极深，双脚被固定在相隔 3—4 英尺的地方。他强忍着剧痛，一整晚没人过问。第二天被释放的时候，他只能趴在地上爬行，除此之外无法挪移。工作六年之后，他没有积蓄，还欠着公司商店 440 索尔。他曾经拥有九个土著“妻子”，都是橡胶站的经理从公司所有中给他的。[14]

这些年轻人刚从巴巴多斯抵达就被派去执行“任务”，一般即去公司营运的北部地界博拉(Bora)和安多克(Andoke)土著印第安人的领地，据说那里的土著印第安人非常凶猛。托马斯·惠芬上校(Captain Thomas Whiffen)是一位英国军人，由于在英布战争(Boer War)中负伤休了病假，他于 1908 年花费一年时间走遍普图马约的南部地区。据他说，普图马约河沿岸的这些北部土著印第安人比起南方国家的人肤色更浅一些，他们看不起那些肤色 45
较深的人，把他们视为下等人和野蛮人。[15]惠芬上校不仅把维托托人，还把麦古人(Macú)囊括在后者的范围内——关于麦谷人，欧文·戈德曼(Irving Goldman)不禁让我们想起特奥多尔·科赫-格兰伯格(Theodor Koch-Granberg)在本世纪初所观察到的，这些黑皮肤的人被认为“不是人”，此种为低等的，是驯服的动物和受奴役控制的东西，他们被其他肤色更浅的土著印第安人看作是天生的巫师。[16]

惠芬上校很幸运能够有约翰·布朗作为他的贴身仆人。布朗是一个巴巴多斯人，曾经在橡胶公司工作过，娶了一个维托托女子。这个女子如同一个附属品，从她身上，上校说，他能够获得有用信息。约翰·布朗陪同这位英国上校在林间穿行一年，这之后他向英国的总领事作证。他执行过很多任务，第一次是 1905 年抓捕博拉土著印第安人，让他们收集橡胶。博拉人是土著印第安人中最为野蛮凶残的一支，据另一位巴巴多斯证人弗雷德里克·毕晓普说，他们中的很多人都还没被征服。[17]布朗的队伍抓到六个女人、三个男人和三个孩子。在抓捕的过程中他们杀死了另外六个土著印第安人：一个小男孩逃跑的时候肠子被击穿了，他们的首领被射杀了，还有三个男女被斩首——他们的头发被一把揪住，然后头被用大砍刀砍下。砍头由*小伙计*(*muchachos*)执行,他们是装备有武器的土著印第安人,为公司服务,听命于阿奎罗先生。[18]

囚犯被带来并置于手足枷内。其中一人后来被阿奎罗射杀。其余的人逃跑了,一些是在房子周围的地里干农活的时候逃跑的,还有一个是替布朗干活外出两天把米从港口运离的途中逃跑的。布朗认为那些女人也逃走了。在阿维希尼亚(Abisinia)橡胶站期间,布朗主要的任务就是追捕土著印第安人。他见到过成百的人被杀。

> 他们被射杀,被斩首;有男人、女人,还有孩子被杀。他曾目睹一位正在哺乳的妇女头被砍下,而她怀里的婴儿被杀死切成块儿。这些都是埃斯特万·安古洛做的。他是导致这起暴行发生的任务组的首领。[19]

在安多克领地的两年时间里,克利福德·昆廷的工作就是追捕土著印第安人。他看到他们中的很多人被杀害。他们是被橡胶站经理雷蒙·桑切斯(Ramón Sánchez)还有诺曼德杀死的。凯斯门特总结昆廷的话说,

> 他们被绑起来,链条缠绕着他们的脖颈;然后他们被吊起来,而他,桑切斯,会拿起一把"剑"或一把大砍刀,一下子刺穿他们。他目睹雷蒙·桑切斯这样处置过许多土著印第安人——男人而不是女人。一天,桑切斯杀了 25 个男人——他枪杀了几个,其他的被他斩首——还有一些人被他用一根链条缠绕着脖子慢慢勒死,直到伸出舌头,就这样死去。他
> 46 看到桑切斯亲手杀死约 30 个土著印第安人,而这只用了两个月。[20]

而这居然发生在一个据称劳动力短缺的政治经济社会中。

1904 年末,爱德华·克里奇洛(Edward Crichlow)同 36 个巴巴多斯人一道被派遣到马坦萨斯(Matanzas),意即"大屠杀",他们受公司两位头目雷蒙·桑切斯和阿曼多·诺曼德的领导。他们在森林里毫无发现,只有一个简陋的小屋。他们清出一块土地建造了房子。"之后我们必须带上枪出发

去追捕土著印第安人，就像猎食野兽一样。他们被抓回来的时候原是安静的，但桑切斯把他们绑了起来。”

“土著印第安人没有反抗吗?”总领事问道。

“他们被绑起来然后杀掉。”

“你看见他们被杀的?”

“是的！我看见几个人被射杀，主要是那些之前逃跑的人。他们烧毁自己的房子，然后尽可能跑得远远的。我们必须出去把他们抓回来。那时候我们抓到几个，然后给他们戴上锁链带回来……这样被锁链绑着的大约有 25 个人。他们白天就戴着这些锁链劳作。有女人、男人和孩子——还在吃奶的婴孩。”[21]

总领事问他，当他参与执行“普通”任务时，他说的“传唤土著印第安人”是什么意思。

“你带上你的‘小伙计’去到[土著印第安人]‘首领’的家。我们都坐在‘首领’家中，然后差派装备有武器的‘小伙计’去传唤土著印第安人。‘首领’被人看着，因为若是全部土著印第安人不回来，他就会被鞭打。”

“你曾经见到过‘首领’因此被鞭打吗?”

“哦，是的，经常。‘首领’会在林中的房子里遭鞭打，也会在部门的房子里被打；四肢都被捆绑起来，然后被鞭打。贝拉德先生有时会自己动手鞭打土著印第安人。所有人都听命于他，因为他们不得不这样。他们命令我们鞭打土著印第安人，而我们必须服从。”[22]

第二年，克里奇洛干木匠活儿，而部门经理奥雷利奥·罗德里格斯让他制造设计独特的手足枷，可以夹住脖子、手臂和腿。如此设计使得两部分可以挪移，身高不等的人就可以面朝下，不必取下手足枷即可施以鞭刑，小孩、成人都可以。1908 年 5 月，克里奇洛和另一个员工起了争执。这是个白皮肤的秘鲁人，他告到了橡胶站经理那里，部门经理也是秘鲁白种人。经理用

一把上了膛的左轮手枪击打克里奇洛的头部，然后叫其他的白人雇员把他
47 抓住。克里奇洛用一根棍子自卫，但是寡不敌众，还是被打，之后被置于手足枷中，想必就是他自己造的那些，当他要大小便的时候才能被放出来。第二天他被带到奥西丹特橡胶站，然后又整晚被关在手足枷里，双腿大开。之后的那天，他被送到下游的拉乔雷拉橡胶站，还是上着手足枷。作证的时候，他欠着公司150索尔，主要是他和他的土著妻子的饮食花销。

每一个公司员工都有几个女人，她们被总领事称为“一大班不幸的为不道德的目的服务的土著女人，被委婉地称为他们的‘妻子’”。[23]首次得到这些女子的时候，她们几乎都处于失婚状态，因为根据不止一位巴巴多斯人的证词，被夺走妻子的男人在为绑架者收集橡胶前就会丧命。

这些女人被视为公司财产。橡胶站经理可以随心所欲地分配和收回女人。对于她们的苦境，凯斯门特表现出更多的蔑视而非忧虑；他多次提到，她们通常体态肥胖、穿着时髦阔气，而他们的亲人却辛苦劳作，在饥饿的边缘挣扎着。另外，他还察觉到跟这些女子的性放纵和“导致这些男人折磨和杀害同居女子的父母和亲人”而被他称为“凶残本能”的东西之间存在着某种关联。[24]

这种本能也能转移到妾身上。韦斯特曼·莱文说，意为“大屠杀”的马坦萨斯橡胶站经理阿曼多·诺曼德点火烧死一个土著女人，原因是她拒绝和他的一个手下住在一起。他们用一块浸透煤油的秘鲁国旗将她包裹起来，然后点燃火焰。1907年在马坦萨斯，莱文说，有时候你吃不下饭，因为死了的土著印第安人就横尸于房子周围。他还记得常常看到狗啃食这些土著印第安人尸体，把他们的四肢到处拖拽。[25]

弗雷德里克·毕晓普亲眼目睹了阿特纳斯（Atenas）的橡胶站经理埃里亚斯·马蒂纳尼大发雷霆。堂·埃里亚斯和他的一个土著女孩睡过之后宣称发现她感染了性病。早上，他把她绑起来鞭打，然后让他的一个*小伙计*，也是个土著守卫，把燃烧的木柴插进她的阴道。

弗雷德里克·毕晓普把这些告诉了总领事。他看过很多。他做过坏事。但是他提到这个女子的时候非常扭捏。总领事写道，他不愿提及燃烧的木柴被放在哪里，而是用手暗示。至于被迫做这件事的年轻小伙？他逃走了。我们再没有见过他，毕晓普说。[26]

这些土著守卫被称为“男孩”，即*小伙计*或者可信的孩子。他们配备了名声大噪的武器装备——臭名昭著的温彻斯特步枪。公司在他们很小的时候就把他们招募进来并进行训练，让他们胁迫土著印第安人收集橡胶—— 48
据英国陆军的托马斯·惠芬所说，这些土著印第安人通常来自“对这些男孩所属部落持敌对态度的部落”。[27]而他曾经从橡胶公司得到八个男孩作为他个人的搬运工。

《小伙计》，1908 年

(Courtesy of the Whiffen Collection, Cambridge University Museum of Archaeology and Anthropology)

每一个配备有武器的监工负责监督 16—50 个在林中收集橡胶的土著蛮人。这些监工中*小伙计*（惠芬上校将其归类为“半文明开化的人”）的数量超过“白人”，即所谓的文明人，比例为 2∶1。[28]凯斯门特认为这些*小伙计*同他们文明的主子一样，都是邪恶狠毒之人。

土著男性和女性都可以成为过度性虐待狂的目标。詹姆斯·蔡斯向总领事作证说冯塞卡把一个土著男子置于手足枷中并“说道‘我要杀了你’。

那个人抗议说他没做过伤害别人的事情。他没有杀过一个白人，没有伤害过任何人或杀过任何人，也不能因为逃跑的罪名把他杀了。冯塞卡嘲笑他，49 然后把他的脖子吊起来，链条绑得紧紧的”。之后他又被放下来，只有一条腿被置于手足枷中。冯塞卡拿着一根大棒向他走去，用脚抵着土著印第安人没被夹着的腿，拽下他身上用打薄的树皮做的缠腰布，然后打烂他的生殖器。很快这个男人就死了。[29]

橡胶站经理阿曼多·诺曼德将一个土著印第安人的腿分开，詹姆斯·蔡斯采取同样的方式用一根厚实的大棒把这个人打死了。“你做的?”总领事问道(可以想象是带着情绪的)。

> “别着急，先生，你不知道在这里我们怎么办事。若是我们不执行长官要我们做的事情，他就会打我们。他把我们置于手足枷中，然后把我们送到马赛多先生那里，附加一封信，他会说，‘你不合格——你没有完成你的工作’，然后把我们送回去，我们会在那里遭鞭打。我们把这个土著印第安人打死——诺曼德吩咐我这么做，他本人也从旁协助。他说，‘拿一根棍子，然后把他打死’。刚开始我不肯，后来我说，‘好吧，这里你说了算’。然后正如我已经说的，我们暴打他一顿把他打死了。”
>
> “这个土著印第安人做了什么?”
>
> “他不肯走路。他不肯和我们一起走，不肯扛 *tula*[衣服包裹]。”[30]

詹姆斯·马普告诉总领事，尽管他本人从来没有亲眼见过，但他听好几个巴巴多斯人说起过两个橡胶站经理阿奎罗和希门尼斯之间的比赛，目的及奖赏是射下一个土著囚犯的“——”。[31]

当巴巴多斯人在场，鞭打的任务往往指派给他们，但是，凯斯门特强调，“没有一个雇员把鞭刑视作权力并喜欢独掌鞭刑。橡胶站分支的总管自己也经常执鞭施刑，每一个文明或‘理性的’员工可能轮流执鞭”[32]。“这样的人，”总领事写道，“已经完全无视橡胶采集，或者已经将这件事情抛诸脑后——他们就是觅食的野兽，以土著印第安人为食，以嗜他们的血为乐。”另外，橡胶站经理中除一人之外全都负债。尽管他们通过橡胶拿着可观的佣金，可是他们的业务却使得公司蒙受损失，在一些橡胶站，损失可高达几千英镑。[33]

而土著印第安人呢？他开始相信剩下的土著印第安人也会很快死去。“我离开拉乔雷拉几天前，一个英语说得很好又在英国待过几年的秘鲁人向我吐露很多。我对这个人说，在目前的管制下，我担心整个土著印第安人口在 10 年后就会消失。而他回答‘我觉得是 6 年——不是 10 年’。”[34]（方济
各会神父加斯帕·德·皮内利[Gaspar de Pinell]大约 15 年之后于 20 世纪 50
20 年代中期写道，他认为在意格拉巴拉那河和卡拉巴拉那河之间阿拉纳经营业务的核心区域可能已经杳无人烟了。）[35]

凯斯门特对一个橡胶站经理安德烈亚斯·奥康奈的观察乍看之下很是奇怪，甚至令人费解。但或许现在我们可以明白这其中的怪异和费解概括了此情此境：他是一群恶棍中最好的一个，总领事写道，因为他杀戮是为了橡胶而非娱乐。

而其他人呢？

第 3 章　恐怖经济

51 他是一群恶棍中最好的一个，因为他杀戮是为了橡胶而非娱乐。我们还记得乌萨尼奥·布切利目睹公司头目为庆祝生日，活活烧死土著印第安人的场景时的惊呼：“他们收获如此之多的橡胶，但他们仍旧被杀害！”这其中理智何在？

寻找理智的一个方法就是抡起理性的砍刀将充斥邪恶的乱局劈开变成不同的两部分，将合理的事物从不合理的事物中区分开来，将经济上的明智与浪费之举区分开来，好像通过这个归整过程，仍然可以说分析评论家是掌控全局的，面对恐惧，他能够理解、控制并克服，至少是可以应对。因此，皇家地理学会会员（F. R. G. S.）查尔斯·雷金纳德·以诺在为哈登堡著作所写的序言中可以写道，

> 拉丁美洲人还有一个特性对盎格鲁-撒克逊人来说是难以理解的。这就是以折磨土著印第安人为乐，而不仅仅是出于报复或者“惩罚”。普图马约及其他地方发生的事件表明，土著印第安人遭受虐待、折磨和
> 52 杀戮纯属轻率之举，或仅仅是为了别人的消遣娱乐。因此，在猎场上土著印第安人沦为枪靶四处逃窜以供他人练习射击。土著印第安人又被浇上汽油然后点燃，供人观看他们的痛苦。施加痛苦于他人却是为了取悦自己，对此种做法的迷恋是西班牙民族让人费解的心理特征。[①]

“在马坦萨斯，”发表于《抨击》且被哈登堡引述的匿名信的作者提到，“我曾经见到土著印第安人被绑在树上，脚离地面大概半码，燃料放置在下方。他们被活活烧死。这样做只是为了打发时间。”[②]

凯斯门特记录了巴巴多斯人斯坦利·刘易斯所说的话，他说：

> 我曾经看到人们为了娱乐杀死土著印第安人，把他们绑到树上，被

> 冯塞卡[橡胶站经理]和其他人射杀。他们喝酒之后有时候会这么干。他们会把一个人从“cepo”[手足枷]中放出来，然后把他绑到树上，以他为靶射击。我常常见到土著印第安人这样被杀死。另外，他们遭鞭打之后也会被射杀，然后蛆把他们的尸体腐蚀殆尽……[③]

阿基莱奥·托雷斯是阿拉纳手下的一个橡胶站经理。在来公司工作之前，他是一个独立的哥伦比亚橡胶贸易商。他被公司抓住关在笼子里，一些人说，他被折磨了一年多。公司的一个秘鲁雇员告诉凯斯门特，说托雷斯“出于公然的暴力或为了娱乐，据皮内多说，杀死了这个人。他用枪顶着这个土著印第安人的脸，‘作为戏弄’让他朝枪管里吹气。土著印第安人照做了；然后托雷斯扣动扳机打爆了他的脑袋”[④]。

早些时候，托雷斯“恣意行乐”射杀过一个土著女子。巴巴多斯监工告诉凯斯门特，托雷斯为了寻开心曾经用刀把耳朵从活生生的土著印第安人身上割下来。蔡斯也多次目睹他这样的行为。“有一次，他割下一个男人的耳朵，然后当着他的面将他的妻子活活烧死。”蔡斯也描述了冯塞卡如何用他的长步枪，一把曼力克步枪，从阳台上射杀上着手足枷的土著印第安人。蔡斯最后一次目睹这样的情景时，冯塞卡把一个小女孩的嘴巴、耳朵和眼睛都蒙上之后让她走开，她什么也看不见，这时候，冯塞卡朝她开枪“以取悦他的一众朋友”。[⑤]

然而恣意行乐和公然施暴包含另外的意义，这种意义阻挠区分理智之下与非理智之下施加的酷刑——这给阐释设置了障碍。

但是，总领事有他自己的事情要做，即拟写一份报告，不仅能让爱德华·格雷爵士理解，而且通过他，国会及公众也能够理解。表面看来似乎简单明了：可怕的情势异常焦灼，制造对其的尖锐控诉即可，正如他先前写的关于刚果暴行的报告一样。但这次他觉得有问题，如他对朋友爱丽丝·格林所 53
说，理解此种情形有两种相反的方法，他纠结于该采用哪一种。一种方法是外交部所熟悉的，就是用市场价格的方式理解社会事件，据官方常识此即政治经济。而另一种就是凯斯门特的方法，他看待发生的一切所使用的是“另一个种族人民的双眼，这些人自己曾被猎杀，对对方的喜爱之情是他们建立交往的根本准则，在他们看来，生命不是可以拿到市场上估价的东西”[6]。这样惨遭猎杀的人的眼睛太多太多了；因为橡胶，刚果人惨遭毁灭，还有爱尔兰人、普图马约的土著印第安人，还有同性恋者。

不过不论作者是否愿意，他都必须将现实挤进有关政治经济的官方常识中。正是现实引发了官方文件中的矛盾。在报告中太多的理解都依赖市场理性而产生以下论断：在普图马约，稀缺的不是橡胶而是劳动力。这种稀缺是产生恐怖的基本原因。普图马约橡胶质量最为低劣，地域上的偏僻使得交通费用相对大多数其他产橡胶的区域显得昂贵，而且在公开市场上的工资又非常高。因此，公司通过劳役偿债和恐怖的方式强制劳动。

那么，责罚土著印第安人的可怕残暴行径就像原材料一般，从中创造出资本主义意识的正是解读方式。例如卡尔·马克思的《资本论》，其副标题为“政治经济学批判”，与之不同，这种根据成本核算方法的理解方式假设并因此强化了市场压力的概念、商品的资本逻辑和企业理性，使其成为永恒不变的真理。因此，甚至谴责市场的时候，盗用现实和创造可理解性的方式也仍受拥护。

但是既没有以商品形式出现的劳动力，也没有劳动力市场；只有土著印第安人，而他们的交换和评价方式是非常不同的，与多种形式的殖民占领同时存在：资助、非法同居、奴役和劳役偿债制。的确，这即是凯斯门特分析的起始点——自由劳动力在普图马约几乎不存在。没有劳动力市场。至于普图马约的企业理性，这当然是最需要解释的部分。

凯斯门特认为恐怖对于劳动力市场的需求是有效的，恐怖也加剧最为关键的矛盾冲突，这使其从报告中显现，即先前对劳动力的杀戮简直让人难以置信，以及如凯斯门特自己所说的，不仅橡胶站经理花费公司大笔钱财，而且“这些人已经完全无视橡胶采集——他们就是觅食的野兽，以土著印第安人为食，以嗜他们的血为乐”。宣称这样的行为是一种企业理性就会在无意间宣称和维持一种虚假的理性，阻碍我们理解企业将恐怖从手段转化成最终目的的方式。这样的理性是虚假的，如同面纱一般，早前在刚果即已遮
54 于康拉德和凯斯门特面前。正如弗雷德里克·卡尔所指出的，康拉德因一种技巧而抛弃了凯斯门特践行的现实主义，这种技巧能够穿透那层面纱而

仍旧保留它的虚幻性。

至于凯斯门特赘述的劳动力稀缺问题，需要指出的是这种“稀缺性”不太可能指当地土著印第安人的稀缺，而是指他们几乎不劳动，因为根据各种说法，土著印第安人口数量都大得惊人。他们不会恰如其分地好好工作，这是一个社会政治和文化问题，而不是人口问题。凯斯门特规避了现在常常被称为“向后倾斜的劳动供给曲线”的这种特征（尽管他本人在刚果曾经抱怨说，那里的问题是当地土著不劳作），并且自信地宣称，若是给予土著印第安人更多的商品货物，就算没有逼迫和酷刑，他们也会按照要求工作并达到标准。

这种充满自信的假设中存在一种奇妙且根本的认为自由主义是合宜正当的乐观态度。热带地区发生对劳动力的残酷剥削时，这种乐观态度即会提出支付更高的报偿以替代强制胁迫。更高的工资也会阻止目光短浅的克里奥尔人（creoles）破坏热带地区的劳动力供给——那时一些人认为这些供给对未来的世界经济来说至关重要，至少是有影响的。例如，布赖斯子爵（Viscount Bryce）在他1915年所写的“前言：有关拉丁美洲土著印第安人”（为约瑟夫·伍德罗夫[Joseph Woodroffe]的著作《亚马孙地区的橡胶业》[*The Rubber Industry of the Amazon*]而作）中写道，应当努力保护亚马孙丛林中的部落及劳动力。“他们中的一些人以自己的方式表现出温顺勤劳，是能够受教的，”他接着说道，

> 正是那么多的白人所施加的非正义的压迫使得这些部落与我们欧洲民族对着干，达不到我们的要求，除非在被迫的情况下，否则工作没有效益，甚至比自由劳动的时候产出还低。正因如此，我很高兴看到你大约三年前刚好在[凯斯门特的]普图马约报告发布之后指出，不论巴西当地的土著劳力是多么不稳定和不尽如人意，如果拉丁美洲要作为食品和原材料的生产地，源源不断地供应她自身、我们国家和其他国家的需求，必须立刻采取措施，不仅要停止执行在普图马约地区盛行的虐待和杀戮的残暴政策，还得使土著印第安人口增长。如果不这样做，性质严重的灾难会降临上述提到的区域及欧洲，只要这些地区依赖拉丁美洲

的供应以及对其投资的回报。[7]

普图马约的恐惧像是预示着一场即将来临的灾难。布赖斯是英国驻华
55 盛顿的大使，他发挥有效作用使美国政府和塔夫脱总统（President Taft）本人注意到了凯斯门特和他的报告。布赖斯引用他自己编辑的文章作为前言的结尾：

> 死气沉沉的铁路使我们在拉丁美洲的投资受损。另外没有劳动力使得货运和交通缺失，码头因此被废弃闲置。我们的许多工厂由于缺少海外订单或国内的热带产品而几近停产。这种情况下，或许约翰牛和山姆大叔醒来会意识到并不是一切都好——即醒来之后去医治病人，却发现病人已经一命呜呼。[8]

因此，土著劳动力的供给有很高的附加值。普图马约地区的暴行所引发的恐慌部分是由于当时奇怪却普遍的幻想，认为热带地区会培育出用之不竭的有色人种劳动力助其创造财富，前提是克里奥尔企业主不合商业常规的嗜好未把它扼杀在襁褓中。当时距离人们开始谈论第三世界国家人口过剩的问题——这是我们如今听到的——还有很长一段时间。

哈罗德·哈梅尔·史密斯（Harold Hamel Smith）在介绍伍德罗夫关于亚马孙地区橡胶的著作时警告说，

> 如果不很快采取相应手段，“白色”大陆不久就会发出呼声，说他们的家园需要粮食供应，他们的工厂需要原材料。然而他们的呼喊是徒劳的，因为我们完全不能承受热带烈日下辛劳的生活——这是黑皮肤的人遭受的命运，我们没有人可以替代后者，而事实上如果不采取措施保护好我们已经拥有的人口并且增加他们的数量，他们很快就会从地球上消失。令人惊异的是，对这些人口——最有价值的热带地区“产品”——如此肆意的破坏竟被姑息如此之久。如果福摩萨人会烧毁她的樟树林，印度人或爪哇人会烧毁他们的树皮，又或者厄瓜多尔人、马来人和

其他中心地区的人会烧毁他们的可可、橡胶和椰子种植园，我们确实应该想到他们已经失去理智，或许（出于需要这些农产品的目的）会采取一致行动来制止这种肆意破坏的行为。但是，虽然以这种方式毁坏这些农作物看似愚蠢，但是只要考虑整个社会的福祉，单从犯罪的无节制方面看，这样的愚蠢也比不上总与白人以及屈居他们之下的混血有色人种相生相伴的狂热，他们利用或滥用以致用尽已经触及的肤色较黑的人种。尽管缓慢，这种行为却必定把我们无法恢复重置的存在永久地抹去。虽然重新种植森林代价可能很高，但是这做起来相对容易，然 56
而要复原已经灭绝的种族却超过我们的能力，至少到目前为止是这样。人工制成的劳动力尚不存在；恐怕近期也还不会出现。[9]

哈梅尔·史密斯认为白人以及屈居他们之下的混血有色人种的狂热是热带地区草菅人命的根本原因，而凯斯门特的报告却是依照屠戮行为背后存在符合商业常规的理性这样的概念展开的。从一个人的商业角度出发显得极不合理的事物却从另一个人的商业角度看是合乎理性的。至少在他的官方报告中是这样的。

在普图马约，比凯斯门特拥有更长及更多的日常实践经验的人否定了他天真的看法——不靠武力，土著印第安人也会收集橡胶，且是通过不同的角度。巴巴多斯人约瑟夫·拉巴迪认为，如果“土著印第安人不受鞭打，他们是不会收集橡胶的；若报酬不错，有些土著印第安人可能会干，但很多人不会”。[10]一个月之后，总领事询问另一个巴巴多斯监工爱德华·克里奇洛，“如果只是简单地邀请，土著印第安人会自愿收集橡胶以换取商品吗？——若承诺他们用橡胶换取以物易物的商品，而且没有鞭打。”克里奇洛回答说，“我不认为任何人会因此加入，因为若不是强逼他们，他们不会为了任何白人提供的东西而靠近这个区域。也就是说，他们会离得远远的，因为害怕”[11]。

朱勒·克里沃克斯（Jules Crévaux）在 1879 年考察了普图马约河流域，关于当地土著印第安人的消费主义观念，他有这样的说法：

有时候，这些大自然的孩子与寻找撒尔沙植物或可可树的一些人

> 建立起关系,但这并不会持续很长时间。一旦他们用石斧交换了匕首或砍刀,他们就会发现无法接受和白人之间的关联,于是就把自己隔绝于林间。教化南美土著印第安人的问题在于他们缺少野心。已经拥有一把匕首的土著印第安人不会为了第二把匕首付出任何代价,绝对不会。[12]

无人能够超越的沃尔特·罗斯(Walter Roth)汇编了有关土著印第安人经济的各种陈述(该著作以始于1907年的田野调查为基础,出版于1924年)。其中,他提到克里沃克斯的另一评论,"每当我给他们一把匕首,"他说,"他们总问我,'你想要什么?'"

反之亦然,罗斯继续说道。他提到库兆(Coudreau)和他自己感到好奇,土著印第安人好像分不清礼物和商品、赠送和生意的差别。这个法国人在1887年写道,如果沃佩斯(Vaupés)土著印第安人用木薯和熏鱼款待一个人,他们期待以此换取一些东西,而且在这一方面常常显得很苛刻。罗斯提到他在圭亚那的经历时说,在卡里卡帕鲁(Karikaparu)的帕塔莫纳村
57 (Patamona),村首领的兄弟看到罗斯到那儿的时候一瘸一拐又很虚弱,于是给他一根木杖帮助他支撑自己,他称其为礼物并拒绝罗斯想要给他的报偿。一周之后,罗斯打开他的"贸易"(原文如此)。这个人发现一样东西是他喜欢的,就开口要这个东西,并提醒他曾赠与罗斯的礼物。[13]"在贸易和以物易物中,"罗斯宣称,"对土著印第安人来说,一件物品是否有价值取决于他是否临时需要这样东西,而与它的内在价值无关。"

撇开在资本主义经济中如何区分"临时需要"和"内在价值"这个令人困惑的问题不论,更不用提尚未解开的内在价值之谜,罗斯给出的例子值得我们考虑,因为这些例子与橡胶商人遇到的贸易问题相关,也与普图马约河上游地区边疆资本主义的政治经济有关。

有一些激发商人们热情的惊人故事。圣多明各(Santo Domingo)的土著印第安人不是(根据迭戈·阿尔瓦雷斯·切昂卡[Diego Alvarez Chanca]1494年提及哥伦布第二次航海的信件)用黄金换了标签、钉子、断了的织补针、串珠、别针、丝带和破掉的茶碟吗?然而另一方面,土著印第安人这

般的肆意挥霍,若这个词恰当的话,让白人很是沮丧。爱德华·班克罗夫特(Edward Bancroft)18世纪中期在圭亚那居住期间观察到一个土著印第安人某一次交换一样东西会要求得到一把斧子,而交换同样的东西,另一次他会仅仅只要一个鱼钩,“没有考虑它们价值之间的不平衡”。不仅是在不同的时候,而且在同一时间和不同的土著印第安人进行交换,这样的情形也会出现;因此理查德·尚伯克(Richard Schomburgk)说道(根据他19世纪中期在圭亚那的旅行):“一个土著印第安人以一件物品交换一把手枪或斧子,另一个土著印第安人以同样的物品可能会想要交换几个鱼钩、一些串珠或者一把梳子。”

但是,像往常一样,罗斯的故事是最好的:“一个马库斯(Makusi)妇女出价一头牛,为的是换得两枚价值不到16美分的‘闪闪发光’的戒指,而在巴西边境的萨马朗(Samarang),我必须卖掉我的裤子才能换得两个新鲜的牛后腿。”[14]他书中关于贸易和以物易物的章节开篇即颇为赞许地援引乔治·平卡德(George Pinckard)的《关于西土著印第安人的笔记》(*Notes on the West Indians*,1816),大意是说土著印第安人,即那些普通的圭亚那人以及阿拉瓦克人(Arawaks),

> 无意积累财产,因此他们不通过劳作获取财富。他们生活在最完美的平等秩序之下,因而不会受到竞争精神的刺激而辛勤工作,然而这种竞争在社会中能激发不知疲倦的奋斗及努力。满足于简单朴素的生活,他们没有表现出要仿效殖民者的习惯及工作的欲望;相反,似乎对殖民者的辛勤劳作以及他们的风俗习惯抱有同情或蔑视之情。[15]

华金·罗恰在阿拉纳的公司获得绝对控制权之前曾经游经该地区。对他而言,那里的土著印第安人就是“天生游手好闲的人”。另外,因为他们拖 58
欠橡胶商人的借款,所以后者被迫使用暴力。[16]这些都是简单明了的事实。(罗恰也顺便指出,尽管普图马约意格拉巴拉那-卡拉巴拉那地区的橡胶品质低劣,但是利润可以很丰厚,因为在那个区域“存在大量的廉价‘手臂’——维托托人的手——而卡克塔省只有付薪的白人干活,他们从很远的地方被带到这里且报酬很高，在这里要开展橡胶事业想都别想”。)[17]

恐怖在一些人看来似乎是对“稀缺性”政治经济的合理反应，而对另一些人来说，相反的解决方案才看似是符合逻辑、合乎常情的。美国驻伊基托斯的领事(即 1925—1930 年驻尼加拉瓜的特派公使及全权公使，在这期间桑地诺[Sandinista]抵抗美国的海军力量兴起)查尔斯·C. 埃伯哈特(Charles C. Eberhardt)在 1906 年向政府报告说，尽管往往迫于武力，土著印第安人“经常勉强”受雇于一些橡胶收集者，然后因为食物等东西立刻对他产生依赖。但是，

> 劳动力的稀缺，再加上土著印第安人通常能够轻松逃走并以森林中的天然产物为食，使得他们的主人对待他们的时候会有所顾忌。土著印第安人对此知晓，根据我们的判断标准，他们的工作完全不能令人满意。我最近拜访了一家从甘蔗中榨酒的工厂，在那里这一点显得尤为明显。人们好像可以随时随意按照自己的喜好工作，还每天都要数量不小的酒(他们尤其喜欢这口)。要是得不到酒又或者遭到任何形式的粗暴对待，他们就会跑到森林里去。法律站在雇主一边，如果他能找到逃跑的人，他有权把这个人带回来；但是要想穿过茂密森林，越过小溪直至找到那个土著印第安人几乎是不可能的事情，再加上其中损失的时间，使得从一开始对待仆从就有所顾忌的方法显得更为切实可行。[18]

因此，英国总领事反对给他提供消息的巴巴多斯监工的证词，他声称若是没有鞭笞再加上更好的报偿，土著印第安人是会让人满意好好工作的，另外，普图马约地区橡胶热潮中残暴事件的发生是由于劳动力稀缺。然而，美国领事结论相反，即“稀缺”使得不粗暴而有所顾忌地对待土著印第安人显得更为明智。(20 年后，随着海军陆战队士兵驻扎在尼加拉瓜，美国领事的自由主义情绪就不会如此生发了。)

还应当注意的是有很多证据表明，由于恐怖手段，土著印第安人确实从

阿拉纳的控制下逃跑过。我已经提到，例如约翰·布朗所作的有关他在博拉(Boras)土著印第安人居住的村落参与的委派任务的证词。他们抓到12个土著印第安人并杀死其中6人，没有理由，除了一次是由于一个小男孩试图逃跑。土著印第安人被带进来，置于手足枷中，又有一人被杀死。其余的人，布朗说，做工的时候都逃跑了。[19]詹姆斯·马普和桑切斯、诺曼德外出两个月追捕安多克人，他们带回180个土著印第安人让他们做工。他们常常遭到鞭打。报告称由于遭受虐待他们才逃跑的。[20] 59

晚上6点之后，伊基托斯附近公司种植园里的劳工通常被锁在屋子下面的房间里。这些人是附近地区的土著印第安人，还有两个维托托女子。“我好几次见到这些可怜的人被鞭打”，约瑟夫·伍德罗夫写道，他是英国人，1908年被公司雇用。

> 由于在经理手下的遭遇，他们好几次试图要逃跑。这位经理在酒精的作用下是我所遇见过的心胸最为狭窄、最不人道的一个。
>
> 我最后一次看到这样的鞭打是对一个负责干家务的女孩。由于某些小过失，她遭到残忍鞭打。这件事肯定最大限度地激怒了土著印第安人，因为尽管那天晚上他们还是跟往常一样被锁起来，但是第二天一早都不见了……不过他们的确留下了一条能容纳两人的小独木舟，知道只有两个人是不敢跟着他们的。我觉得，后来他们没有一人再被抓。他们人数超过40个，应该能够在新环境中过得很好。至少，我一直希望如此。[21]

几天之后，伍德罗夫先生被呼啸的阵阵汽笛声引到河边。在那里他发现一个英国陆军军官，他正追着一条独木舟。独木舟是两个受他“照看”的年轻土著印第安人偷的。他还想把这两个土著印第安人带回英国。

土著印第安人可以逃跑。土著印第安人可以从其他人的“照看”下被偷走。而如果逃跑了，他们也可以再被抓住。

埃尔恩坎托橡胶站的*小伙计*装备有猎枪和步枪，伍德罗夫先生指出，“是出于对他们的信任，让他们追捕从这里逃跑的土著印第安人是非常可靠的。在这件事情上他们很少失职。读者很容易就可以想象到当一个逃跑的人想要抵抗时情形会是什么样”[22]。

但是,无论在什么情况下,不管有没有恐惧,土著印第安人的生产效率似乎都远低于雇主的期望。

凯斯门特本人展示了一幅土著印第安人怠工的图景。他为《当代评论》(*The Contemporary Review*)写了一篇关于普图马约土著印第安人的文
60 章,其中他写道:

> 他不为自己提供一个栖身之所或住处,甚至种植的庄稼也仅够果腹而已,他却总是乐于跳舞、游戏或狩猎远征。舞蹈、歌曲比起满足自己物质上的需求是他生活中更为重要的一部分。若他把精力都投入到那个方向,他的物质需求能够得到更好的供应……所有东西,除了他的音乐和舞蹈、歌声,都是短暂的。[23]

这些就是被橡胶公司当作劳工想要竭力控制利用的人,也就是凯斯门特宣称只要给予更高的报酬就会收集橡胶的人。

劳役偿债制:这是奴隶制吗?人可以是债务吗?

当我们停下来观察被凯斯门特认作是奴隶制的劳役偿债“制度”,事情甚至变得更没道理。他说,土著印第安人在这种关系中欠着债务是借口,因为土著印第安人受制于武力而为公司劳作,而且不得逃跑。于是有人产生疑问,公司能够随意使用鞭子、手足枷、温切斯特步枪——还有奴役的习俗,为什么还坚持使用这个借口。奴隶制以多种形式在普图马约被众人知晓,且与劳役偿债的制度可以明显区别开来。然而,两者也可以结合起来,外国的评论家如凯斯门特就将二者混淆了。

普图马约的橡胶热潮依赖对人身控制的三种不同方式,并促进了这些方式的进一步发展:强制土著印第安人劳动,这与土著印第安人收集橡胶的劳役偿债制相关;把年轻的、通常是未婚的土著女子纳为妾,据说,阿拉纳的

员工中,即使不是大多数,也有好些拥有 5—15 个妻妾;贩卖通过武力或以物易物的方式得到的土著印第安人的孩子,让他们在伊基托斯做仆从,每个定价约为 200—800 秘鲁索尔(20—80 英镑)。这三种形式的控制显然在自由及奴役相互配合的程度上是不同的。

对一些早期的欧洲观察家来说,土著印第安人内部的奴隶制明显带着温情——以至于人们不禁好奇为什么这被称为奴隶制,以及制度内部的权力机制是如何起作用的。比如,克里斯托巴尔·德·阿库尼亚神父(Father Cristobal de Acuña)在沿着亚马孙河而下的历史性航行之后于 1639 年在基多(Quito)写道,奥马瓜人(Omaguas)和阿瓜人(Aguas)为战场上抓获的奴隶提供一切所需,而且非常喜欢他们,甚至让他们和自己一起用餐,共用一个盘子。尽管奥马瓜人和阿库尼亚的同伴之间有贸易往来,但是他们不愿意和他们的奴隶分开。"这里就出现了分歧,"这个好心的神父写道,"这个话题让他们难过;于是他们作出部署,把奴隶藏起来。"那不是因为他们吃 61
奴隶——绝对不是,他强调说。虽然事实上是有其他的土著印第安人吃人肉,而且确实是在吃之前让他们的俘虏增肥,但据他说,这种行为被葡萄牙人肆意夸大了,目的是使他们奴役土著印第安人的行为合法化。[24]

17 世纪晚期,耶稣会修士塞缪尔·弗里茨(Samuel Fritz)用 37 年苦修的日子向亚马孙河上游地区的土著印第安人灌输信仰,并给我们留下了他关于奥马瓜人奴隶制的生动描述:

> 通常,每个人家里都有一两个来自陆上某个部落的奴隶或仆从,他们要么是在战争中被俘获的,要么是用来交换以换取铁制器具的,要么是通过其他类似的方式得到的。奥马瓜人高傲地仰卧在吊床里,有如王公贵族一般,差遣他的仆役侍女、男女奴隶给他端水递饭等做类似的差事。在其他方面,他们对待仆从充满慈爱,好像这些人是自己的孩子一般,给他们提供衣物,让他们享用同样的饮食,睡在同一个遮篷里,不给他们带去丝毫烦扰。在仍是蛮人的时候,他们习惯于向森林深处发起突袭以寻找这些奴隶,武装袭击他们的住所,残忍杀害上了年纪的人,并掳走年轻人,让这些人做俘虏侍奉他们。这便是他们的一贯做

法。甚至现如今还有许多葡萄牙人在臣服于他们的土著族群中保有这样的做法，给土著提供铁制器具或其他物品，并且胁迫土著和野蛮部落争战，然后获得奴隶供给他们。[25]

大概两百年之后，朱勒斯·克里沃克斯发出疑问，为什么他在1879年一同相处过的维托托人比生活在亚马孙河岸边两百里格*开外的野人拥有更多的贸易品？例如，那时和他一起的卡利欧那(Carijona)首领就有至少10支步枪、差不多数目的短剑，另外还有四箱来自西方的货物。

答案就是奴隶贸易，即土著首领把人卖给游走各方的葡萄牙人。他们买一个婴儿支付了一把"美国"匕首，买一个六岁的女孩支付了一把短剑，或有时候是一把斧子。买一个成年人，不论男女，是用一把步枪或猎枪：

于是，土著印第安人就这样被武装起来去劫掠附近的水域，对只配备了弓箭的人发动袭击，凡是抵抗的通通杀死，其他人关进牢房，然后到下游地区找人肉买家。但是，这样的贸易也不是没有风险的。通常，他们不满意买家的出价，于是一旦发现自己比这个买家更为强壮，就会抢走他的财物然后杀了他。[26]

62 30年之后，非洲战役的老兵、第十四骑兵队的惠芬上校在1908年用了一年的时间游经被他称为"橡胶地带"的普图马约南部地区。这时他正在休病假，正如他自己所说的，"不仅对强加的无所事事感到厌倦，或许也厌烦了文明社会"。他认为，奴隶制

在土著印第安人看来仅是一个名称而已，因为奴隶属于首领而且很快就成为首领家庭的一分子。虽然奴隶常常有机会逃跑，但是他们基本不会这么做，因为他们通常都被友好地对待，而且在打败他们的人的家里他们有可能过得和在自己家里一样衣食充裕。[27]

---

* 原文为leagues，是长度单位，约等于三英里。

然而，如果这样的蓄奴在土著印第安人中是常见的，那么，白人加诸土著印第安人的也是如此。惠芬上校写道，亚马孙河流域一种常见的娱乐方式就是白人从其他人那里引诱并拐走奴隶，尽管"拐走"没有一点难度，这与土著印第安人奇怪的个性有关："他总是离开一个白人，然后到另一个白人那里。他随时准备逃跑，去另一个地方……这件事很难解释。这样的个性溶入到他们的血液中。正如布朗评论所说，这是他们的习俗。"[28]

确实，白人对土著印第安人的奴役如此平常，以至于来自英国文明海岸及社会阶层的反对奴隶制的革新派外国人会不自觉地利用它——甚至被利用。阿尔弗雷德·西姆森 1875 年旅途行至厄瓜多尔的东方省（Provincia del Oriente）。这个地方被他描述为"近乎神秘"。结束旅行的时候，他担任一艘蒸汽艇的船长，这是第一艘开往普图马约河上游地区的蒸汽艇。他见到许多土著印第安人被奴役的迹象，对此感到震惊。例如，科托（Coto）土著印第安人会躲起来以防他们的孩子被白人带走，"这些白人无耻的绑架行径，"他写道，"当权者不仅纵容且参与其中。"[29] 沿着普图马约河而上，他指出，那里的土著印第安人"正在遭受无良主人的实际奴役"。回程沿着同一条河下行，他在日志中加进他自己在途中某处得到两个土著男孩的事情：

> 离开之前……我把两个男孩交给费尔南多……我知道，这两个男孩跟着他比跟着其他任何人都好，而且他会友好地对待他们。其中一个男孩是我在弗明（Firmin）得到的，而另一个是从奥利霍尼（Orejones）*［土著印第安人］那里得到的，他们把他当成礼物送给我。他属于一支居住在远离河流区域的叫作芒罗伊斯（Monrois）的土著部落，奥利霍尼人和这个部落有一些易货贸易。这个男孩子很小，大约 7 岁的样子，他说的话我们没有一个人能明白，不论白人还是土著印第安 63
> 人。他受洗时首领给他起名为 Yasotoaró Ponio Pilato［庞修斯·彼拉多（Pontius Pilate）］。[30]

这时距橡胶热潮还有 15—20 年的时间。

---

* Orejones 为"大耳朵"之意。

凯斯门特人经普图马约河迷雾缭绕的河口六周之后在日记中提到：

> 我让商店送来一箱鲑鱼，然后把很多分给男人、女人、男孩和可怜的小家伙。我挑选出一个讨人喜欢的小家伙，问他愿不愿意跟我走。他紧紧攥住我的双手，靠着我，并搂着我的腿说好……土著印第安人聚集在一起，在他们中间几经交谈之后终于达成一致——他会和我一起回家。达成协议的时候，土著船长要求礼物，实际上卖掉这个孩子他就是为得到一件衬衣和一条裤子，这些我都给他了。马赛多[橡胶站的主管]奉承地把男孩作为礼物送给我。这个孩子名叫奥马里恩……[31]

于是，凯斯门特带着他，还有另一个男孩，回到伦敦。

和阿尔弗雷德·西姆森的例子一样，在凯斯门特的例子中，普图马约的现状是对道德准则的嘲弄，表明与起初信奉自由主义的人的所见所恶相比，关于蓄奴和劳役偿债存在更多需要了解的东西。劳役偿债制度的透明具有欺骗性。威权竟带着轻松随意，过去如此，现在依旧如此。外来的人，不论他是“仅仅”游经此地，还是对社会观察敏锐的史学家和人类学家，都曾提及这种威权。劳役偿债制度和显得轻松随意的权威使得历史、道德责任及逼迫所构成的网络更让人困惑，而这个网络确保了劳役偿债能保证信用预支，正如欠债保证了劳役偿债一样。

和征服这个词一样，下议院的普图马约特别委员会发现理解劳役偿债的意思存在困难，尽管毫无疑问可以尝试给出清晰的定义，正如查尔斯·以诺先生所做的那样。“它基本指的就是人们大概会称为劳役偿债的东西，”回应委员会要求给出秘鲁*山地地区*劳役偿债制度的确切定义时他答道——“在这种制度下，雇用当地人干活，然后通过预支商品故意让他们欠债，这样你就能够通过这种方式保有他们作为劳动力。”另一方面，*correrías*（追逐）“无非是纯粹的奴隶抢劫，目的是抓捕并利用土著印第安人——男人和女人”。

“那么，当他们使土著印第安人臣服，不管那个词究竟是什么，”委员会的主席打断他，“土著印第安人就处于劳役偿债制度之下，这个制度更为温和，在秘鲁是合法化的？”[32]

“是的。”以诺先生回答道。之后，他被要求对主席读的一封信作出评论。这封信是驻秘鲁伊基托斯的领事米切尔写的。那些词给外交部及特别委员会带来如此多的麻烦：*征服*、*削弱*、*救援*。以诺先生就它们的真实含义给外交部以建议。俯瞰泰晤士河（这曾经也是地球上的黑暗地带之一）的建 64
筑群优雅中却透着严峻，就在此地，主席宣读：“必须记住秘鲁原来是被西班牙人‘征服’的，以完全同样的方式，英国被尤利乌斯·恺撒征服。另外，秘鲁由于皮萨罗的追随者‘被削弱’，以完全同样的方式，英国人由于罗马人被削弱。”当然，这听起来像是朱力奥·塞萨尔·阿拉纳。但这只是序曲而已，有可能最终给正义让路。米切尔先生接着说道：“在土著印第安人已经被征服的地方，他们全然屈服顺从，使得征服和削弱的过程更像是通过法律形式体现的道德征服和力量，其中或多或少存在着张力。”[33]这个说法解释了劳役偿债，其中隐藏的计谋，用葛兰西的话说，从*控制*和*霸权*，从公然滥用野蛮暴力（*奴隶抢劫*或抓捕奴隶）过渡到后一个阶段的劳役偿债及对相互尊重的义务这样的次文化的假设。可能巴巴多斯人韦斯特曼·莱文的证词能帮助阐明这个过程，因为他本人和爱德华·克里奇洛一样参与了*奴隶抢劫*，而后者的部分证词已经在先前有所引述。莱文驻扎在马坦萨斯区，他的一组人马就是从那里出发去抓捕土著印第安人，并把他们绑起来以防他们逃跑的。我们已经从布朗和克里奇洛那里了解到，其他土著印第安人被射杀，还有一些是被鞭打致死的。

> 土著印第安人被抓获之后，若同意去收集橡胶，就会得到一些东 65
> 西，比如棉布等，也有衬衫、裤子、弯刀、斧子、火药和子弹，还可能得到枪支。当土著印第安人为这些东西偿付了报酬并把橡胶运去拉乔雷拉，他们会得到更多的东西。[34]

关于劳役偿债的产生，正在泰晤士河畔上演的有关普图马约河沿岸劳动力状况的官方对话对此有所暗指，而总领事讲述了一个与之截然不同的故事。凯斯门特的故事朝着不同于他们的方向流动，如同一个夸张的诱惑，

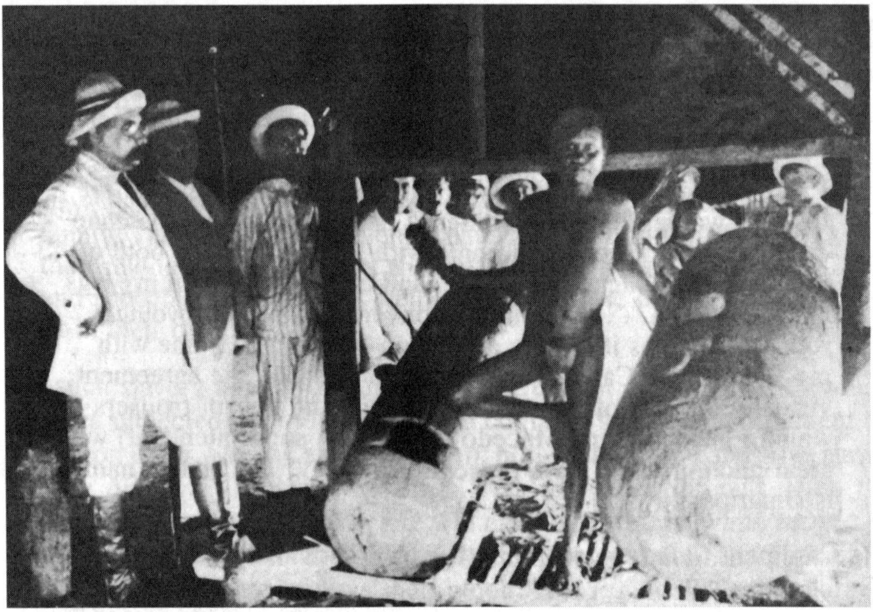

米切尔领事打量着维托托鼓

（摘自卡洛斯·雷·德·卡斯特罗，《普图马约的居民》，1914）

从以神速获得的*霸权*，即一种征服的恍惚，流动到下一个*控制*阶段——在审判背叛行为的末期通过野蛮暴力获得对社会的控制。刚开始，橡胶贸易商慷慨友好，而凯斯门特建议读者视之为“大小孩”的土著印第安人喜欢这些没见过的商品，他们接受了贸易商的交换条件，并且给他带来“土著橡胶”。但这样土著印第安人就吞下了诱饵。令他们沮丧的是，他们发现这样的关系被固化成奴隶和奴隶主之间的关系。按他（或者外交部？）所说，在主要报告的前言部分，凯斯门特称：

> 可以被准确地称为“大小孩”的土著印第安人一开始很高兴赠送稀奇玩意儿的白人在他附近定居，而且收获土著橡胶用以交换诱人的步枪似乎是件容易的事。另外，亚马孙土著印第安人天性温和顺从。他们性格温顺，无法与那些流淌着欧洲血液的强于控制的人抗衡。刚开始的时候他们顺服于这些不速之客的支配控制，这或许是出于自愿，但不久他就发现自己陷入的这种关系只能

> 被形容成奴隶和奴隶主之间的关系……[35]

但是，不管长大与否，土著印第安人不是孩子，而这样的想当然比愚蠢还要可怕。另外，如果这是奴隶“制度”，那么，为什么奴隶主还要坚持走过场给与某种报偿，不管这是否是仪式化的，也不管数量多少或是否公道？同样，据莱文所说，土著印第安人遭引诱进行贸易，却没有陷入奴隶制，这太奇怪了吧！

这个“制度”中的每一样事物均依赖贸易的表象，其中债务方既不是奴隶也不是领日薪的工人，而是肩扛着严格义务必须偿付预付款的贸易者。为何这样虚构编造的贸易能够施展如此巨大的影响，这是政治经济的奇特之处之一，而且到目前为止尚未有方法解开难题——尽管橡胶贸易商不懈地努力创造和维持这样虚构的现实，但是他们同样可以随时要了债务方的命。这样的关系常常被看作贸易者之间的关系，因此 66
成为关注的焦点，只是不料这样的关系竟会变得模糊不清，成为奴役关系，同样地，与它相关的术语极易发生 180 度的转变。在这个混乱的符号中，谁能说得清楚谁是债权人，谁是债务人？更说不清楚是何物让一个人成为债务人，又让人成为债务。

关于术语的恰当性和正确语言的走样

甚至一个英国人都可以被劳役偿债所束缚，成为一个活生生的债务。约瑟夫·伍德罗夫是一位作家，他的言简意赅、直言不讳会让人心生不安。他说，他用了八年时间尝试从亚马孙的橡胶生意中赚上一笔。而他与劳役偿债这个奇特的制度之间有着极具讽刺意味的关系。

1906 年，他在伊基托斯上游距此 70 英里的瑙塔(Nauta)定居点经营着一家商店，而且他和当地官员关系很好。通过当地总督的友好协助，他获得了许多土著印第安人，把他们当作“债务”购买。

> 最后，我可以自立谋生成为雇主了。事情是这样的。我和总督的

> 关系很好。总督来我的商店并询问我是否可以应付两三个或者更多的当地劳力。我刚表示默许，他就提出一个计划，要我把所有在我掌控下的资金投入进去。根据安排，我得雇用任何想要为我工作的劳力，如此我就要对他们的债务负责。当他们的账目交由我付账的时候，微不足道的金额会被计入工人的贷记项，作为规定我就安排把这些人的账目提交给总督登记。总督下令当面问询此人，问题涉及他工作的时间、他在任意一家普通商店购买构成他债务绝大部分的衣物食品等所支付的费用。每次他都能够取消此人的债务，原因是贷记项完成工作不够而借记项购买东西过多。[35]

显而易见，“经济”极易操控，而且倚赖“政治”。

如此聚集了一支土著队伍之后，伍德罗夫离开瑙塔去到人烟稀少的蒂格雷河（Rio Tigre）上游地区收集橡胶。他带了大约 58 个男人和 14 个女人，留下其余的女人和孩子照顾他的商店和田地。将近一年他们都在采集橡胶，采用的是适合于*山地*探险的标准技术——在这一次性的行动中，伐倒每一棵树并吸取其中的树液，因此毁坏了橡胶树林。在这之后他才回来，
67 却发现国际市场的橡胶价格大幅下降，而且就算降低价格，也没人愿意支付现金。另外，负责他商店的人已经带着他所有的财物逃跑了。

现在伍德罗夫自己也深陷债务之中。他不得不拒绝向他的土著印第安人提供预付款。有几个土著印第安人欠他的债务超过 200 英镑，但他们还是逃跑了。然而，究竟是谁欠谁呢？

几个月之后，他发现那几个逃跑的土著印第安人有了新的雇主，正在一条偏僻的河道附近收集橡胶。他们告诉伍德罗夫说，现在他们只把这个雇主认作他们的主人和债权人，“而且，就他们欠我的债务而言，我得指望我的伙伴来偿付；因为他们会把橡胶交给他用以支付他用于他们身上的开销”。

他们欠伍德罗夫的债务总数大约有 900 英镑。那个秘鲁人给他一张可以在伊基托斯的商行提款的汇票。然而，他到商行出示这张汇票时却有人对此嗤之以鼻。伍德罗夫感到凄凉和挫败。他清偿了和他一起从蒂格雷河

回来的土著印第安人的债务并有了“贷方余额”。

> 这些事情既已完成，我告诉那些仍旧负债的人说，他们可以寻找新的主雇为他们作保。于是那天晚上，他们和一个相当正派的名叫伦希福的年轻秘鲁人谈妥，和他一起在普鲁斯河(Purus)的上游收集橡胶。第二天，他来和我商量债务支付的事宜。他核对过结算单之后，提出如果我答应每个账目给他20%的折扣，他就给我现金立即清算。我答应了他的提议。[37]

一年之后，伍德罗夫又一次身陷债务。但是这次，他不仅是身陷债务，而且陷入了劳役偿债之中——不是别的，正是阿拉纳的秘鲁亚马孙公司。他在埃尔恩坎托(“魅力”)橡胶站为他们工作，职务类似会计。在那里，他得到消息，他从蒂格雷河探险之行收获的橡胶终于兑成了现金，但是价格比他预想的最低价还要低。

> 结果我债务缠身，债务高达好几百英镑。我的债主知道我在普图马约阿拉纳的公司，就向伊基托斯的分部提出申请，让他们支付我的债务。此要求得到满足，却从没有人找过我。不过这其中没有金钱易手，因为伊基托斯的贸易商是阿拉纳的债务人，而款项简单地记入我的借记项和他们的贷记项。结果，我个人对我的主雇们负债累累，这个数额需要数月耐心和克己地工作。
>
> 我现在是劳务偿债的受害者；从今天起我的生活就如同人间地狱一般……[38]

人们能感觉到，使亚马孙盆地成为一个整体的不是河流，而是这些数不 68
清的将人纠缠其间的借贷关系，好似林中藤蔓缠绕在高大的橡胶树上一样。然而，即使是长满了苔藓和菌类抑或被森林里昏暗空洞的阴影所遮掩，藤蔓依旧肉眼可见，但是借贷关系不是那么清晰可见。而它们的影响当然显而易见。你能看到身体上的疤痕。但是劳务偿债关系呢？听伍德罗夫讲述片刻之后，要弄明白谁是借方、谁是贷方就变得很难，甚至不可能。

"埃尔恩坎托(El Encanto)空地和大院"
(摘自约瑟夫·弗劳德·伍德罗夫，
《亚马孙河的上游地区》[*The Upper Reaches of the Amazon*]，1914)

他曾经历神奇的冒险，一个接着一个。好像英国人赤着脚穿行在亚马孙丛林没有丝毫奇怪之处：这一刻，土著印第安人因负债于他得参与他为期一年的橡胶探险；下一刻，他自己成为负债的雇工，之后又逃跑，却遭遇船舶失事，后来被驶往上游的"S. S. 希尔达"号救起。罗杰·凯斯门特爵士就在这艘船上，他的肩膀上立着一只漂亮、温顺的蓝色金刚鹦鹉，在都柏林写完提交给外交部的报告之后他这会儿正在返回伊基托斯的途中。伍德罗夫把非同寻常之事描述得好似在伦敦公园散步一样普通，他解释劳役偿债制度的时候也是如此。

69 然而，他所谈论的事情本身和他解读事件的简单方式一样具有欺骗性。他是被能指所控制的说话对象，不再是能指的超验制造者，不再能够与能指疏离，视其为异常态。

要分析“知识和权力的关系”，米歇尔·福柯写道，

> 不是基于知识的主体，不论他在与权力体系的关系中是否受控。而是相反地，知的主体、知的客体及知识的形式必须被看作知识和权力的关系所能导致的根本后果的许多效果及其历史变迁。简而言之，并不是知识主体的活动生产出有用的或者能够抵抗权力的一系列知识；而是知识和权力的关系，即两者互动、彼此争斗的过程，决定了知识的形态和可能疆域。这样的关系贯穿知识，知识也是由这种关系组成的。[39]

来自哥伦比亚的旅人华金·罗恰与得用劳役偿债的英国橡胶商人不同，他的确详细描述了劳役偿债制度意思的转变和它的混乱不堪。类似惊异的东西牵引着他的笔触。他认为，比起所谓的“地理学家胡乱估计的数字”，在橡胶商人之间买来卖去的土著“债务人”名单提供了有关维托托人口更为可靠的数据，但是，他带着困惑继续说，

> 我们附带提到了买卖土著印第安人债务的事情，并且，通过如此表达使得我们尊重条款的恰当性。但是，卡克塔省的语言不尊重这样的恰当性。在那里，人们谈论买卖土著印第安人，或谈论白人劳工、买卖雇工的事情，就好像这些人是奴隶一般。[40]

他说，当他听到圭毕(Guepi)的橡胶代理处经理去往下游到卡拉巴拉那河贩卖他的雇工，而他在伊基托斯橡胶公司工作的一个年轻朋友被这家公司卖给了另一家，他在困惑之余还多了恐惧。“被卖掉的不是雇工，也不是我的朋友，而是他们的债务值；很遗憾，他们在卡克塔省出现这样的错误，并且以这样糟糕的方式使正确的语言走样了。”[41]

或许，这是一门新语言诞生的历史性时刻。这又一次体现了亚马孙多语并存的现象，但这次是通过将经济学中的非市场原理转换成能指资本主

义制度下借贷双方的话语而创造出来的。是这样吗？

卡尔·马克思用赤裸裸的讽刺嘲笑了资本主义市场的语言。在这个市场中，价值和利润的创造不仅被供奉在有如神龛一般的以资本自由雇佣劳
70 动的合同里，而且也存在于“商品拜物教”的话语中。话语从人类汲取生命，参与商品的生产和交换，因此赋予商品属灵的生命力量，控制了至少是神秘化了它们的创造者。这是一种极端恶作剧似的语言，在这套语言体系中，能指变成了所指。劳役偿债制是适合围绕贸易者而非商品的幻象建立的制度。在这样的制度之下，被拜为偶像的是债务而不是商品——以致在回答“什么使得一个人成为真正的人？”的问题时，最简单的答案即为这个人的债务。当商品被称为预付款甚至礼物而强加给并不情愿的接受者时，如果有人问“什么是债务？”，答案是一个人，如果不行的话，一个土著印第安人或者雇工也行。我们可以说“债务拜物教”与殖民者及普图马约橡胶热潮中的被压迫者的话语的关系正如商品拜物教与马克思时代英法的政治经济学家的话语及帝国中心地带的资本主义传说之间的关系一样。

正确语言的走样在凯斯门特的报告中更为明显。报告中，“付款”和“预付款”这两个词都变得不恰当，结果“付款”被称为“预付款”，而土著印第安人没有选择，只能接受意为“预付款”的“付款”。

> 橡胶款的支付不是在开始(puesta)的时候，而是在“生产”(fabrico)完成之时[通常是每隔三四个月]，而这些付款被称作预付款，即下一次“生产”的预付款。原理是已接受一笔预付款的土著印第安人必须用劳动进行抵偿。他是“债务人”：在普图马约被迫成为债务人，因为他无法拒收预付款从而逃避下一次“生产”。[42]

付款(即预付款)被支付给土著印第安人，收到付款的土著印第安人即为债务人，原本应该给每个这样的土著债务人记录账目。下议院的特别委员会曾费力地梳理有如乱麻一般的混乱事实，并计算出在1910年每一个土著橡胶工人上交一磅橡胶所获得的商品相当于五个英国便士，而这些橡胶在伦敦市场上售得的价格为其九倍。(委员会从埃德蒙德·莫雷尔那里了

解到，在西非，当地人从每一磅和普图马约“土著橡胶”质量相当的“伊比红皮黑人”橡胶获得的报酬是维托托人的六倍。）尽管在偏僻橡胶站做过三年（1910—1912 年）簿记员的亨利·帕尔可怜巴巴地告诉委员会，每个土著印第安人都有独立的账目，但没有固定的支付率（意即预付款），然而，凯斯门特在访问普图马约期间并没有看到账目。[43]

凯斯门特发现，在原本储存用作“预付款”的货物的仓库里，“白人雇员个人可能需要的很少几样东西的几乎所有库存”通常为之一空。有时候上交 35 公斤，也有时候 75 公斤的橡胶，橡胶站经理会给（“预付”或“支付”）一支质量极为低劣的猎枪。巴巴多斯人弗雷德里克·毕晓普说，他曾见过这 71
样的买卖：一个硬币，也就是秘鲁索尔（意思是“太阳”）或者一个英国弗罗林，可以换得七八十公斤的橡胶。凯斯门特见过许多土著女人戴着用这些硬币做成的项链。华金·罗恰写道，特雷斯埃斯基纳斯橡胶站的土著印第安人看重这些硬币，在他们看来，硬币不仅仅是交换工具，它们自身也是珍贵的——或者几近如此，首要原因就是他们必须劳动才能得到硬币。不过，他们并不喜欢白人经济中硬币的形状。他们会把硬币打磨成光滑闪亮的三角形，然后当成鼻环或耳环佩戴。

然而，谁能断言土著印第安人对贸易条款缺乏兴趣，又或者白人在外面世界通过橡胶所得到的不会拓宽他们的视野？“你用我们生产的橡胶买了这个。”一个土著首领说道。他透过双筒望远镜向外张望，看得都着迷了。[44]

“当然，你没法告诉我们在公司账目上给土著印第安人的商品的成本是怎么体现出来的——你没有刚好见过吗？”特别委员会的主席询问罗杰·凯斯门特爵士。

“我没办法告诉你，”他回答说，“给土著印第安人的所谓付款，据我所知，从不公开支付。我从没有确切地知晓土著印第安人的所得。在北部森林的部门我问过，然后被告知这个问题只有拉乔雷拉总部才能回答；如果我问拉乔雷拉，得到的答复是付款已经在部门支付了……”

之后，斯威夫特·麦克奈尔先生大胆地说：“就我理解，整个制度不择手段、千方百计地使土著印第安人陷入债务并维持负债。是这样吗？”

“是的。”凯斯门特回答说。然后，他向委员会展示了他在拉乔雷拉的公司商店购买的一些东西。比如,公司宣称花费 29 先令的一支枪,他用 45 先令买下,而公司向土著印第安人的要价约为 100 公斤的橡胶,大致价值(因为橡胶价格波动很大)16 或 17 英镑。就影响贸易当量和价格的因素来回几轮问答之后,凯斯门特对亚历山大·锡恩勋爵(Lord Alexander Thynne)提出的问题作出回应,他总结说:"完全不论虐待问题,我拒绝接受的是这个制度本身,我不能视其为商业行为,因为土著印第安人没有自由,而我也不认为他们会心甘情愿地为这些没用的东西辛苦劳作,除非是在强迫之下。"

"控制他的方法是让他对公司负有债务,是吗?"主席问道。

"不是,"凯斯门特回答道,"那适于更加开化的地区。在普图马约,控制土著印第安人的方法是让他没法逃跑。说他负债不过是借口而已。"[45]

关于这个借口,格里迪利亚神父(Father Gridilla)曾经提到过他 1912 年去往卡拉巴拉那河上游期间发生的一件有趣的事情。那是凯斯门特第一
72 次到那里的两年之后,而那时阿拉纳的势力已得到很好的巩固。那次,好几千个土著印第安人来到位于奥西丹特的橡胶站交付橡胶。开始时举行了一场为期 5 天的盛大舞会(10 年前,阿拉纳尚未巩固他的统治,华金·罗恰见证了土著印第安人像举办庆祝活动一样将橡胶交付给哥伦比亚的主顾,当时他把这类活动比作丰收庆典)。之后,橡胶就被交付,货物也被预付了。对此,格里迪利亚神父评论说,"那些野人不知道钱为何物,他们所需非常有限,于是他们只要猎枪、弹药、斧子、砍刀、镜子,偶尔会要吊床"。一个他形容为肥胖丑陋的野人拒绝接受任何东西。在逼迫之下,他回答说,"我什么都不想要。我什么都有"。

那些白人再次强调,让他必须要个什么。最终,他生气地回复说,"我要一只黑狗!"

"如果整个普图马约连只狗都没有,要我到哪里去找一只黑狗呢? 甚至连只白狗也找不到!"橡胶站经理问道。

"你问我要橡胶,"那个野人回答说,"我给你橡胶。如果我问你要只黑狗,你也必须给我。"[46]

"土著印第安人拿了预付款,然后匆忙离开了——开心地逃走了。"凯斯

门特两年前写道。[47]而哈登堡写道，土著印第安人愉快地接受了预付款，因为如果他们不这样做，他们会被鞭打致死。[48]这些都帮助我们了解惠芬上校的发现：1908年，在阿拉纳领地的北部边界有几支土著部落，他们厌恶白人，也不相信白人，而且不愿意接受白人的礼物。[49] 73

戴着遮阳帽的米切尔领事被起舞的土著印第安人围绕着(奥西丹特橡胶站)。
(摘自卡洛斯·雷·德·卡斯特罗,《普图马约的居民》,1914)

尽管这是借口，但是保证了劳役偿债的“债务”是真实的，而且它以这种神奇的现实主义作为矫饰，不仅在组织普图马约橡胶热潮所需要的劳动力的过程中起了关键作用，而且对恐怖的形成也很重要。若要理解这些虚幻的现实是如何使数以千计的土著印第安人被害致残，我们现在需要转向虚幻现实所包含的一些更为显著的神秘特征——同类相食和资本主义——因为这些特征被封闭在野蛮和商业的协同关系之中。朱力奥·塞萨尔·阿拉纳被人们称为橡胶公司的“灵魂和创造者”。他在1913年接受了英国议会普图马约特别委员会的质询。他说，土著印第安人拒绝在他们的地域建立文明，好几年了他们一直都在抗拒，而且他们吃人。对此，特别委员会要求他解释清楚他的意思。

"我的意思是，"他答道，"他们不容许交易发生，或者任何人和他们做生意——比如白人。"[50]

第 4 章　丛林和野蛮

“在不可思议却真实的状况令人头晕目眩的情况下，丛林使人类精神堕落。”

弗朗西斯科·德·比拉诺瓦神父(Father Francisco de Vilanova)，描述方济各会在普图马约的努力尝试

当被普图马约特别委员会问及他本人看到过的对印第安人施以的实际 74
暴行，沃尔特·哈登堡回答道：“事实上，我没有见过实际的犯罪；我看到的只是在埃尔恩坎托[橡胶站]，印第安人几乎光着身子，瘦弱不堪，形同枯槁；我看到几十个这样的人，我也看到了他们吃的东西。”[①]

他提供的信息总体是由另一个人陈述的事件构成的。“事实上，我觉得这些人中的大多数是通过其他人才来的。他们会说，‘我认识另一个人，他能告诉你这些或者那些事情’。然后他们会把这些人带来。”

“除了你书里面宣誓的证供，”委员会问道，“就他们的许多陈述，你详细询问过这些人吗？”

“我不能说我这样做了。”哈登堡回答。他说，这是“常识”，是伊基托斯大街上“常见的谈话”，人们说普图马约河沿岸正发生着可怕的事情。[②]

这些常见的谈话及常识让人难以置信。面对这样的状况，哈登堡就这
些人的许多陈述进行详细询问本应是明智之举。然而哈登堡并不傻；或许 75
他不那么做是事出有因。无论怎样，我们听到的是各种故事、简单描述、叙述、谣言——总之是零散的碎片式叙述，它们围绕着谎言织补起来，弥漫着虚幻的气氛，于是也被打造成虚谎。凯斯门特的故事远比哈登堡的故事来得多，而且似乎更好地得到了事实的支撑。令人不寒而栗的真相有如水滴一般字字铿锵地落在纸上，这当然与哈登堡疯狂演绎的戏剧性模式不同。

尽管凯斯门特递交给外交部的报告刻意强调真实性，也正因如此，报告更渲染了可怕的现实，而没能揭穿情势的虚构特性。

一丝不苟的历史学家或许会抓住故事及故事片段这一类的东西，进而从扭曲的事物中筛选出真相，从幻象中筛选出现实，从虚构中筛选出事实。一个完整的领域就此打开，可以进行整理、分类及交叉质询，然而经过这般程序所获得和再生产的“真相”又是怎样的呢？当然，这样的真相不禁让历史提出疑问，此处即是普图马约橡胶热潮中布满恐怖及暴行的历史。在橡胶热潮中，幻象之上的真相及现实之上的虚构彼此依赖紧密，这是权力新陈代谢的全部意义，更不用说“真相”了。在这个领域中，交叉质询是必要的，却必然是徒劳的苦役：得到认可的是虚假的客观现实——易受权力摆布的客观现实，这样的现实又有权分离真相与虚幻，确保了权力的无处不及。若不然，我们可以把这些故事既不当成虚构，也不看作带着伪装记号的真相，而是视其为真。

两个相互交织的主题在这些故事中突显出来：对丛林的惧怕及对野蛮的惧怕。真相在这里就像是被精心设计过似的，符合康拉德的艺术理论(《“水仙号”的黑水手》[*The Nigger of the Narcissus*]中有系统阐述)，能够激发人们的想象力——故事讲述者唤醒人们的感官印象，从而激发想象力。这里对于鲜明对比及原始丛林中他者的描绘成为殖民地恐怖残暴的巨大空间的被强化了的暗喻，而且我们想到了19世纪晚期在热带地区的古老森林里努力前行的欧洲。卡洛斯·富恩特斯(Carlos Fuentes)评论说，拉丁美洲文学交织于大自然和独裁者所构成的两极之间，以至自然的残酷破坏性可以用来象征人类社会中更具破坏性的关系。著名哥伦比亚作家何塞·欧斯达西奥·里维拉(José Eustasio Rivera)在20世纪20年代还是普图马约一个债务缠身的白人雇工的时候，阐明了这样的象征。他写道：

> 我曾经是橡胶工人，而且将永远是个橡胶工人。在孤寂荒芜的森林里，我身处泥泞的痛苦世界。我和一群得了疟疾的人一起，刺穿树皮，从里面流淌出白色的血液，像诸神的血液一般……我曾经是也将永远是橡胶工人。我双手加诸树木的痛苦也会同样地还报给人类。[③]

大约 20 年前，另一个哥伦比亚人华金·罗恰从安第斯山上下来，到达气候炎热的卡克塔省和普图马约的时候，像个施虐狂似的，同样呼吁使用武力抗争的方式来应对丛林阴暗的绝望中善恶之间的较量。他被一个人背着走，一个名叫米格尔·贝拉斯科的白人。奎宁热潮刮起之时贝拉斯科来到这个地区，而奎宁价格下降，他便陷入困境。他被任命为圣罗萨（Santa Rosa）和戴思堪斯（Descanse）山村的地方官，这使他获得某种权威。他踏着小公牛的步调缓慢地向前走，罗恰写道；然而，两人下山的时候，罗恰自己则两腿分开骑在贝拉斯科的背上。引起罗恰注意的正是他坐骑的温顺谄媚；一个人因为种族和国家的权力被提高，地位在当地民众之上，而罗恰是被他抬高的。 76

重山俯瞰山下的丛林。置身于山的边缘，罗恰的思绪无法逃开黄金、淘洗出的红宝石，之后又飘移开去，想到命运在陡峭孤寂的怀抱之中（比喻出自他的手笔）隐藏了深不可测的财宝。他想象着深藏于荒野之中的宝藏，于是无法不想到埋藏在地狱之中的宝藏——还想象着一个人为此孤独地下到阴间。而在他之后的我们把这看作修辞的运用——下落至孤独、宝藏和荒野的环抱中的但丁地狱式的图景，而这样的图景被赋予了道德和性的色彩。我们在这幅模拟的非真实的殖民地图景中能看到自我满足的男人，一个人骑在另一个人的身上，向下走进黑暗之中。“寂静沉甸甸地笼罩着四围，”他写道，

> 只有激流的铿锵声、老虎的咆哮，还有无数条毒蛇和有毒的昆虫成群移动的声音打破沉寂。在戴思堪斯的［山村］里爆发了吸血蝙蝠疫情，疫情一直扩散至巴西。吸血蝙蝠十分诡诈，它们在人和动物沉睡的时候吸他们的血。牛奶树一经切开就会流淌出白色的液体，和牛奶一样美味营养。在这种树的边上生长着另一种植物，这种树的唯一荫蔽会突然张开，惊吓到没有留心的四处游荡的人。人们在那里遭遇荒野的贫乏和苦难，在卡克塔省和普图马约尤为如此，以至有时候生活中的恐怖场景似乎就发生在但丁笔下的炼狱和地狱中。[4]

森林的野蛮能够传染散播。

> 卡克塔省地界的荒野，与印度教女神卡莉(Kali)相似，展现雄浑壮
> 丽的同时又显现其潜在的阴险狡诈。那里的人永远与未开化的荒野相
> 77 联系，于是也变得野蛮。人类非但不受制于道德和社会的制裁，反而屈
> 从于情感的力量。情感一旦满溢，它的威力和死亡、灭绝一样可畏。[5]

湿润的丛林如同海绵一样吸收并放大了人类的情感。“我双手加诸树木的痛苦，”里维拉写道，“也会同样地还报给人类。”然而在人类世界和炎热的热带丛林之间存在着一个强大的媒介——亦人亦兽的美洲虎，是印第安人，也是巫师。华金·罗恰指出，不只是印第安人，就连许多白人都相信这些，而且这些白人不单单是愚昧无知的那些，还有四处游历、了解世界且受过教育的人。土著巫师的灵魂进入美洲虎的身体里面，他们就称那种美洲虎为莫哈那虎(*tigre mogano*)。这种美洲虎不同于真正的动物，因为真正的动物，众所周知，罗恰强调道，“只攻击弱小的、没有武器的人，而且只在形势有利于它而它可以施以背叛的时候，或是当它受到狩猎者的追捕或骚扰的时候”[6]。然而，莫哈那虎，即被土著巫师的灵附体的美洲虎，与之不同，因为这种虎未受挑衅也会向人类发起攻击，哪怕困难重重也一样。

这种莫哈那虎能让人惊异，它是沟通森林地界和狂野人性层面的媒介，并强化了二者的神秘性。同样地，它突出了林中人的双重性和典型的混合特质，一方面是他们的背信弃义和胆小怕事，另一方面是他们不知从哪里来的毫无节制的张狂进攻性。一些殖民者告诉我说，他们可以识别这种美洲虎，因为它有男人的睾丸。它是杀不死的。

《旋涡》(*The Vortex*)中里维拉的叙述者却不是印第安人，而是阿拉纳的白人雇工，他警告说：“我双手加诸树木的痛苦也会同样地还报给人类。”华金·罗恰1903年也提到，尽管局部地区的印第安人对某些橡胶贸易商可能发起的反抗让人担忧，但是对白人生活的最大的威胁来自他们自身。在这之后不久，阿拉纳手下的恶棍洗劫了意格拉巴拉那河和卡拉巴拉那河沿岸经营小规模独立橡胶贸易的哥伦比亚商人。

他描述了几个类似的由金钱和橡胶争端所引发的暗杀事件。在他看来，根本原因似乎是沉重压抑的疑忌氛围，这怀疑就如同热带丛林一样沉闷

地笼罩在人类社会之上。[7]在里维拉所著的《旋涡》里，丛林所激发的巨大的恐惧和神秘莫测与阿拉纳的橡胶营相比显得不值一提。然而，提供阐释和理解殖民地状况方式的一直都是丛林里的殖民图景。空寂和缺乏成为颇具攻击性的存在。朦胧模糊的东西变得具体而真实。在事物的影子能成为实体的可怕"造物"过程中，一层毫无生气甚至是死亡的面纱被掀开，森林显得不只是充满生机而且拥有了人性。

"空气，"惠芬上校写道，"混合着枯落植被幽幽冒着蒸汽的腐烂气味，显 78
得沉闷。"安静寂默使人觉得空无一物，而安静寂默本身就是物体，灌木丛不仅是人而且是"一个可怕的、有恶意倾向的敌人"。这些"高耸的树木"是"生性恶毒的"——"事实上，热带南美雨林那未被征服的植被是自然界最为残酷的。亚马孙丛林不会给人带来任何慰藉。这片丛林静谧，不宜居住，充满怀疑"。乘着独木舟穿越灌木丛及至去到更远的地方"进入荒蛮的无名地界"[8]，他写道，简单却又充满变数。

然而，不只是残酷而已，而是尤为模糊的一些东西，是一种弥漫着瘴气的恐怖亚种（subspecies of terror），是一种无中生有。惠芬继续写道：

> 旅途是无尽的泥泞，没有一块石头，也没有一方真切的坚实的土地。这使得人们萌生对更为确定的危险和更为明晰的可怕事物的渴望，以此承受轻微些许的压力。亚马孙丛林之旅的恐惧是一种对不可见之事物的恐惧。并非是不友善的当地人，而是眼目所及之处均是杳无人烟的状况耗人意志。人们偶遇一间印第安人的住所或者他们的一个聚居点，不过是已被遗弃的，空空荡荡，只剩下残垣断壁。当地人的踪影无处可寻，只有沾着毒药的弓箭和铺着树叶的陷阱传递着无声的讯息——他们在附近杂乱的矮树丛中的某个地方。[9]

并非是不友善的当地人耗人意志，而是他们无处寻觅的存在，不存在却又真实存在着。

但还有其他东西也是不存在的：阿拉纳的橡胶公司。也许，肆意流淌的泥泞没有一方真切的坚实的土地，残酷现实散发着瘴气渐渐腐烂，空空无物，断壁残垣……这个确实是不存在的存在是橡胶公司不存在的方式，他们以不存在的方式存在着？在这种情况下，不仅是热带丛林而且印第安人自己得承担起代表橡胶公司的重责。惠芬对公司异常活跃时期的普图马约地区做了冗长的描绘，而在整部记录里面对公司着墨甚少。他确有几次提到公司的存在，而这也都是以一种谨慎的中立口吻，好似公司就是一种自然界的事实存在，不能用任何的拟人论、修辞手法和富有想象力的比喻，它本为物，乏味沉闷，与幻象隔绝，但的确庞大。上校就是从这家公司得到了配备武器的保镖。另一方面，幻象倾注进的是自然；进入森林也进入印第安人之间——他们不是本为物而是为我们所用之物。就是现如今，在惠芬对这一地区的记录问世 80 年之后，又有谁能说人类学已经可以停止创造像这样的为我们所用之物，以致其他东西能够处于自我的灰色地带？但是，上校事实上没有接受过人类学的训练——只不过是一个业余爱好者、一个军人而已。

79 他继而建议，由于在丛林中行进不便，进入丛林中的队伍人数不应超过 25 人。“以这个原则，”他提到，“也就是说，负荷越少的行李，就能带越多的步枪来保障远征的安全。”[10]

“这是尚未完工之地。这地仍旧是史前的。”德国导演沃纳·赫尔佐格(Werner Herzog)用缓慢庄重的语气说道。赫尔佐格即是《幻想曲》(*Burden of Dreams*)里的那位导演，《幻想曲》记录了他在伊基托斯以西的山部地区拍摄《陆上行舟》(*Fitzcarraldo*)的过程。那片土地蒙受诅咒，而他感到自己在那里做着的事情也像被诅咒了一般。如果上帝存在，那这片土地就是他在愤怒中创造的，而这创造尚未完工，因此显现出紧张对立——和谐和混乱、恨与爱——的异常模式。

> 存在着某种和谐。这是不可抗的共同谋杀中的和谐。而我们，比之丛林清晰展现出的龌龊、卑鄙和猥琐……我们，比之那极大的明晰，听着看着就如同一部愚蠢粗鄙的小说、一部廉价小说中发音浑浊且才说了一半的句子……

而且面对这无可抗拒的悲惨境遇和无可抗拒的私通、无可抗拒的生长和无可抗拒的秩序缺乏，我们必须变得谦卑。甚至……悬挂在这片天空的星星看起来都是混乱一片。宇宙中没有和谐。并不存在我们所认为的真正的和谐，我们必须对此习惯。但是当我说这些的时候，我是带着对丛林满满的崇敬之情说的。我不恨它。我爱它。我非常爱它。但我对它的爱与我更为合理的判断相违。[11]

之前，赫尔佐格说起他在丛林中看到的景象："私通、窒息、掐死、求生、生长和腐烂罢了……"到处是悲惨的景象。"这里的树木充满痛苦，鸟儿充满痛苦。我不觉得它们在唱歌，它们只不过是悲吟而已……"[12]被称作微斯廷起思(*wistwinchis*)的鸟儿、昆虫，还有青蛙填充了吟叫的画面，围绕着由死掉的鹦鹉、抬着羽毛的蚂蚁、彩色的昆虫、一朵红花和一只绿色树蛙所组成的在手稿中被称为"自然界形象"的东西。这个自然被视作将意义的极端相互碰撞，是一个解构的热带，在到处散发着恶臭的烂腐和激增的无序增长中使对立瓦解。中心是人类，而这个中心不复存在。取而代之的是恐惧，从文字不比图像产生得少开始到每一个都返回原处。

比赫尔佐格早了八年，英国人惠芬上校从在丛林中被抛弃和迷失的角度用较长的篇幅描写了恐惧。被印第安土著挑夫背弃是常有的事情，甚至他们不要报酬，也有可能，他补充说道，也不要命了。"值夜的时候他们离开了"，他说道，"尽管这个国家有很多跟他们有血海深仇的敌人，他们消失在丛林中，再也不见影踪。"但是，即使他们不背弃，也会出现人们希望他们这样做的时候——"他们的兽性让人恶心"。一个人四处游荡。一个人迷了方向。迷失自我似乎是其中最糟糕的。然后，一个人惶惶不安。安静，他说，让人回到自我。然而，也许就没有这样的自我。"他重新获得想法，把他在灌木丛林生活里的同伴安置在适合他们的地方——人类学博物馆内正面为玻璃的壁橱里。他重获了自尊，停下来不禁为自己的新见解感到骄傲。"[13] 80

但是，对凯斯门特来说，非常重要的美学-政治原则是对被异化的记忆的感觉，这种记忆与土著印第安人息息相关，他们被视作美好的创造物，拥有高超的艺术技艺，凯斯门特决断地将他们与森林黑暗的绝望区分开来。他们生活在野外，却并不属于这个环境："大自然以高耸的树木为装束，阴暗、沉重、静谧，而土著印第安人正发出嬉笑的声音，一丝不挂，会因为微不足道的小事歌唱起舞。"[14] 他们像 W. H. 哈德逊所著的《绿厦》(*Green Mansions*)中的魂灵。他们野蛮疯狂，但和森林不同，他们的野蛮疯狂虚无缥缈。森林如同监狱一般，而他们像精灵一样优雅地摆玩着这监狱的铁栅。热带雨林中的生存状况充满暴力与残酷，为此场景提供反差鲜明的背景衬托：

> 尽管肉身逃不出森林，只要是眼目所及之处，他为自己的精神找到了一条出路。尽管通常生活在阴暗的地方，他却喜欢光亮，甚至是美丽的事物。他给裸露的四肢染上鲜艳的色彩，从林中飞鸟灿烂美丽的羽毛中获得欢愉，还用这些羽毛装点自己。来聚会地点的途中，他从小径旁的某种植物上摘下一片雅致的长叶。在舞蹈的律动中，这些由娇美的叶片所组成的形状各异的叶杖随着他四肢的摇摆而摇摆。他四肢狂热舞动，动作都是他仔细记下的，而不是在路边随意习得的。[15]

还有一个英国人，名叫马洛(Marlow)，是一个水手，之前也当过一艘刚果汽船的船长。他向后靠着坐下来，将他把船开进野人境地的故事娓娓道来。在他身后潮起潮落之中旋转着的不仅有曾经作为地球上一处黑暗之地的泰晤士河，还有叙述者的叙述者，从某些方面看他就像普图马约萨满巫师一般，把殖民地景象虚幻的现实描画出来，现在被它的迷人之处所吸引，试图利用相反的事物——令人着迷和厌恶的事物驱除它的魔咒。他在"罗马帝国士兵"(比如惠芬上校)的形象中有了这样的发现：这些士兵蹚过泰晤士河的湿地(永恒的泥浆，没有一块石头，也没有一方坚实的土地)，挺进高高的树林，

> 81 在某些内陆驿站，他们感觉到野蛮已经将他们包围——荒野中的一切神秘生命在森林、雨林及荒野人们的内心中躁动不安。这样的神秘未被进入过。他必须生活在无法理解的事物之中，这些事物也同样令人

> 厌恶。它也有迷人之处作用于他身上。让人完全无法接受的事物中存在着着迷之处——想象一下越来越多的悔恨、对逃跑的渴求、无力的反感、屈服、憎恶。[16]

土著印第安人的大型公屋漆黑一片。就在这昏暗之中狂乱跑动着药师的身影。惠芬上校从没见过一个人如此兴奋。他把古柯叶塞进嘴里，俯身靠近发烧的女子。他将自己的唇贴在女子的唇上吮吸，以驱除邪灵，将它赶至森林。第二天早上，她就痊愈了。这件事让人无法接受，上校为之着迷。大概作为事后补充，也是迟到的自我意识，他继续写道“相信药师拥有医病能力的不只是部族人民”[17]。

20世纪20年代，加斯帕·德·皮内利神父第一次荣耀的使徒远行是从锡本多伊出发，沿着安第斯山往下进入普图马约的森林。他用教皇利奥十二世(Pope Leo XII)的咒语驱赶了久居于此的魔鬼。他同样发现，甚至在他自己的一众子民中也存在着这样的想法，他们相信印第安土著药师有治病的能力。他的向导，一个叫普利尼奥·芒缇尼格罗的白人，已经很好地适应了森林的酷热，生病的时候，他拒绝使用为远行准备的药物，却找来了一位印第安土著医师。这种医师拥有很多不同的称呼。人类学家通常称其为萨满。加斯帕神父说是巫师。之后不久向导就死了。神父如此这般称呼土著医师之举肯定是受此启发，而且也借此获得了阐释殖民道德困境的机会。“这显示出”，他写道，似乎在凿刻墓志铭一般，

> 比起印第安人有可能因受文明世界行为的影响而开化，更为可能的是，文明世界的人因为与印第安人混居而变得野蛮。[18]

这又像回到了巴洛克时期的征服那样。这是20世纪的《人生如梦》(*La vida es sueño*)。这是文明的框架内野蛮的表现和再现。在这样的文明中，每件事物都是讽喻的，每一片落叶都象征着黑色激情，人类的堕落、耶稣复活，孤独地存在于长着腐烂矮树丛的悲戚树林中那些地狱般的地窖里。

彼奈尔神父就是这样描述它的——这是上天赐予之物，它不断地再现基督教使之必要的恶毒。哪一面最终会胜利还很难说。必定是如此，否则就与事实不符。热带丛林具有神奇的吸引力。它像旋涡一样，他写道，吞噬
82 了并非出生于此处的人。妖术施展着魔力，使得身体的感官及灵魂的力量受到林中的悲伤和美好的影响极深，以至它所造成的伤害和痛苦很快就被遗忘了。苦难被它自身的美及力量所超越。热带丛林即是那巫师。“就是在这个地方，死亡到来的时候面带微笑，而人们并未意识到死亡的来临便死去了。”神父总结说。[19]

从更为现实的角度，他特别提到这个妖术通过病痛暴露了他作为基督徒的弱点，也有几分侵入他自身。他在去往逃跑的维托托人（都是野蛮人）的集中营的路上淋雨了，左胳膊风湿病加剧了。印第安土著人建议他用一下鬣鳞蜥的尾巴，还给了他一个让他试试。效果出奇地好。[20]

华金·罗恰也有故事要说，是关于文明被野蛮妖术引诱的。尽管橡胶贸易商在场，不仅维托托人坚持食人肉，也有白人（来自文明社会的基督徒）吃人肉。他接着援引一个“参与了维托托人同类相食”的男子的事例。这个人来自托利马省，于 1882 年在莫科阿被地方警官逮捕。但是，由于他并没有真正杀人，只是当维托托人向他发出邀请的时候吃了人肉而已，再加上根据哥伦比亚法规，同类相食并不属于犯罪行为，于是地方警官释放了这个吃人肉的基督徒。[21]

加斯帕神父的方济各会同事弗朗西斯科·德·比拉诺瓦运用一连串的现象学技巧来处理这个同样棘手的问题。在一本专门讲述自 20 世纪 20 年代起方济各会在维托托人中的活动的书中，他写道：

> 对于那些不了解热带雨林的人来说，这几乎是难以置信的，然而，热带雨林就是一个非理性的事实，使得进入它的人身处奴役之中——一场野蛮激情的混乱风暴击败了太过自信的文明人。人们痴迷于森林中不可能却又真实的情境，森林使人类精神堕落。理性的文明人失去自尊，也失去了对家的尊敬。他将自己的遗产丢进泥淖，不知道何时才会再从这里将它寻回。人心变得病态，充满了野蛮情绪，对人性纯洁伟

大的事物冷漠淡然。甚至是那些身心得到陶冶、受过精心培养、良好教育的人都为之屈服了。[22]

然而，当然不是热带雨林，而是殖民者投射到热带雨林之上的情绪，使人心被野蛮填满。热带雨林能够做到的，当地居民——那些备受折磨、由于害怕而采集橡胶的野蛮的印第安人——可以做更多。不能被忽视的是，带着殖民色彩所解读的野蛮印第安人的形象极具暧昧，这个形象由动物和人类共同构成，反复不定、二重聚焦、模糊不清——就像尼采《悲剧的诞生》(*The Birth of Tragedy*)中半人半羊的森林之神。野蛮的印第安人，以他 83
们的人形或是与人类类似的样貌，能更好地将关乎人类蛮性的巨大及怪诞的影像投射回殖民者自身。而且，仅仅是因为野蛮的印第安人是人类，所以他们能够充当劳力，同样也充当折磨对象；因为能够满足施虐者的并不是作为动物的受害者，而是受害者是人的事实，也因此使得施虐者变成野蛮人。

这引发了一个问题。

维托托人有多野蛮？

那个土著印第安人同另外两人一道一直沿着阿拉拉河(Arara river)行进，突然维托托人出现并把他们抓了起来。他的一个同伴手脚都被捆绑在树上，后来身中毒镖死了。拷打过程中，这个可怜人哭得像个孩子。"为什么你们要杀我？"他问道。"我们想要把你吃了，因为你们的人吃过我们的人。"他们回答。他们将一根木桩子穿过绑着的手脚，然后把这个人的尸体抬到海岸边，好像抬野猪一般。这之后，首领分发肉食，还把一些大块部分送给附近的部落族群。这般恐怖景象的一个目击者趁夜成功逃跑了，然后坐上他用石斧砍下的一棵树顺流而下。第三个被抓的人是一个年轻男子，维托托人想要把他给卖了。他的命运又将如何？他们很有可能打开了他的头颅。[朱勒斯·克里沃克斯博士记述了他 1879 年游至普图马约地区的事情。这刊登在巴黎 1880—

1881年的《环游世界》(*Le Tour du Monde*)中。一年之后，克里沃克斯被生活在亚马孙盆地以南大查科平原(Gran Chaco plain)的托瓦印第安人(Toba Indians)杀害。]

野蛮印第安人的蛮酷对于橡胶公司的宣传来说是重要的。维托托人"从很大程度上看是热情好客的"，哈登堡写道，而尽管教会可以提高他们的道德水平，但自从公司垄断了这一地区，神父们被小心地排除在外。"的确，"他继续写道，"为了唬住大家，从而防止他们进入该地区，公司散布了有关这些无助的印第安人最为血腥、最为毛骨悚然的报道，说他们凶暴残忍、食人成性，然而其他旅人、帕金斯和我均发现这些印第安人胆小、平和、温顺、勤劳，并且谦逊。"[23]

皮内尔神父从秘鲁公开了一份文件，描述了一部1917年由阿拉纳公司委托拍摄的电影。这部电影在利马(Lima)上映，刻画了公司对这些蛮芜地区的影响，使其文明化——"这些荒蛮地区25年前住着的都还是食人部族。由于这位不知疲倦的奋斗者[阿拉纳]付出的努力，他们被转化成有益的劳动要素"[24]。

人们心生疑惑，如果公司"垄断了这个地区"，为什么它会费心费力在宣
84 传前线掀起战事；为什么会有这般热情给野蛮人贴上野蛮的标签？凯斯门特发现"从始至终我没有见到秘鲁政府的当权者，在秘鲁亚马孙公司的机构执行任务得不到援助，公司不仅完全控制了周遭印第安人的人身自由及生活，也控制了所有的交通方式，或许可以说是该区域的出入口"。公司部门的每个经理，他写道，都独断专行。[25]问题又出现了。考虑到如此绝对的控制权，为什么还需要宣传呢？

哈登堡谴责印第安人食人肉的说法是出于某种宣传目的。然而，驻伊基托斯的美国领事查尔斯·埃伯哈特通报他的政府说"在普图马约河流域，吃人肉的做法在一些部族中存在。这些部族不仅喜欢烧熟的人肉味儿，还相信他们能从中获得这个可怜人身体及智力方面的力量"。作为特别委员会质询的一个环节，雷蒙德·阿基奎斯(Raymond Asquith)将这段话读给哈登堡听。

“你自己也遇到过，我认为，相信食人是真实存在的情况吧，难道不是吗？”

“我现在想不起来。”哈登堡回答说。

“我正在看你的书，”阿基奎斯继续说，“我在第 73 页看到你提及一个年轻人，你想要雇用他，而他拒绝和你一起上路，因为有人之前告诉他吃人肉的故事？”

“对的。”

“那么，是有类似这样的故事在流传了？”

“是的。”

“人们相信这些故事？”

“是，但同时消息更加灵通的人又告诉我们这样的事不存在，否则他们也不会去到那里。似乎只有无知之辈才相信这些。”

“但是，埃伯哈特领事不是无知的人吧？”

“哦，不是。”

然后，阿基奎斯继续就他在普图马约带着的一把步枪向他问询。哈登堡同意，他很高兴自己拥有这个武器，但回头想来，他觉得如果没有这把枪他本也可以过得不错。

“但带着它你会觉得更自在，不是吗？”阿基奎斯逼问道。

“嗯，我想我会这么说。”哈登堡回答说。

马尔科姆先生发现一个关联，于是打断他的话（因为是否存在一个更加真实的野蛮东西需要枪让人心安呢，而并非吃人的那些人？）。“是由于野兽还是其他的什么？”他突然问哈登堡。

“没有，我更想用它打猎。”

阿基奎斯先生又开始他的问话。

“我在你书的第 113 页看到你这样说：‘当我忙于准备晚餐的时候，帕金
斯去收拾我们的步枪……因为我们听到了有关这一地区非常常见的美洲 85
豹、老虎的残暴事迹，都是最为恐怖的故事？’”

“是真的。”哈登堡回答。

“你听说过这些故事？”

“我们从一些渠道听说食人族的事情。听到这些是从类似的渠道。”

之后又来回问答几番，然后阿基奎斯问道，“同时你充分相信这些故事，于是很高兴能有一把步枪？”

“是的，我想我会这么说。”哈登堡说道。[26]

宣传之花在有适宜土壤的地方盛开，阿拉纳自然不例外。有关土著印第安人野蛮行径的大量传说在他很久之前就有了（且有可能持续更长的时间）。用哈登堡的话说，鉴于橡胶公司散布了“有关这些[对哈登堡来说]无助的印第安人最为血腥、最为毛骨悚然的报道，说他们凶暴残忍、食人成性”，这些报道落入经由模式及想象力精心调过音的耳中，殖民的民间传说长期运用同样的模式和想象力来描画森林。

谁能不受其影响？难道情况不是这样——人们能同时持有不同的观点，在怀疑和轻信两种状态间快速交替着？阿基奎斯和哈登堡之间的对话显示出，无论哈登堡怎样努力地建立一个单一的现实，直截了当、简单明了、单一色调、平铺直叙的那种现实，产生的却是模棱两可、可能性、阴影和黑暗，如同光亮穿透森林本身，在荆棘、泥巴上留下斑驳光点。尽管哈登堡认为野蛮的传说毫无依据而是出自阿拉纳的宣传磨坊，并对此感到愤怒，他却并不反对把耳朵凑近那些可能，仅仅是可能，在磨坊里面的关乎真相的谷粒。但是他把笔用在其他地方——用印第安人无助、胆小、慷慨的反意象颠覆对野蛮的宣传工作。

大小孩

这样的传说当然与它自身所反对的观点一样，同是历史久远且高高在上的。确实，这两个观点联系紧密，暗中串通一气，而且相辅相生。以诺先生指出了调解原则，即野蛮的孩子。由于他曾多年以工程师的身份居于秘鲁，在为哈登堡的书所写的序言中，他带着一种权威的口吻告诉读者“南美的土著印第安人事实上是大小孩（grown-up children），他们拥有孩子的品性，但西班牙人和葡萄牙人认为这些特性只不过是他们口中的‘动物’特征而已”[27]。

那些孩子全身裸露、毫无修饰，与赤裸裸的事实相称，然而“动物”却使用引号的遮羞布，与乔装成事实的虚构相称。

但是最为充分地发展了大小孩理论的是凯斯门特。他屡次宣称维托托 86
人及所有亚马孙北部地区的土著印第安人是温和顺服的。他对食人的说法不予理会，称他们不是残忍而是缺乏思考，并认为他所说的他们的顺服是自然且重要的特质。这帮助他解释了为什么征服土著印第安人并迫使他们采集橡胶如此容易。这帮助他解释了一个原本看似神奇的瞬间，那时白人引诱印第安人即刻便获得*领导权*，那是美好的时光，初遇之时都是充满信任的孩子，这之后事情出了差错，白人商品的魅力也逐渐褪去，而这美好也就稍纵即逝。

> 土著印第安人会为了一把枪或者一些其他诱惑之物承诺任何事情，这些东西均会诱使他采集橡胶。很多土著印第安人在白人提供的诱人物品面前屈服，却发现一旦被记录在征服者的册子里，他们就失去了全部自由，并且面对越来越多且源源不断的橡胶需求以及其他各种事务，他们深陷其中。酋长或“长官”可能被收买以处置宗族的劳动力。因为酋长的影响力甚广，而且天性顺服是亚马孙北部地区的部落中土著印第安人的显著特性，所以征服原始人并让他们始终处于寻找橡胶的重压之下并没有之前认为的那么困难。[28]

然而，如此天生的顺服难道不会让白人的暴力更难以让人理解吗？

此处凯斯门特的叙述中有其他很多点能被质疑，尤其是他评估的社会与他自己所处的社会如此不同，而他在评估这个社会里的粗野和温顺时方法简单，这样的简单也就具有了欺骗性。就是在这样的领域里——评估人的无形的品性，而这些人独特的“他者性”每一点既存在于殖民虚构中又“存在于他们本身”——凯斯门特民族志中现实主义的神秘特性最为显著：殖民主义残害无辜温顺孩子的故事。此外，在帝国主义之前的爱尔兰人和土著印第安人的历史中他均能看到比他们文明的领主更为人性的文化，于是他表现出一种将两者遭受的痛苦等同看待的倾向。另外还有凯斯门特生性柔情，以及正如很多人证实的那样，他能够从其他人身上激发这种情感。这里应该考虑的是他是同性恋的这个方面而非他对性的欲望，正如，举例来说，他写于上游的奥西丹特橡胶站的日记中支离破碎的印象主义所显示的那样：

> 9月30日。又和蒂松一席长谈，他几乎承认了所有的事情，早上5点舞蹈才止歇。半夜两点半一直到壮观的日出时分我都没睡。毕晓普
> 87 告诉我，弗朗西斯科是一个“部落”的“首领”，另一个人晚上来找他向他抱怨这地方近来发生的可怕虐待事件。他们中的一个人被阿科斯塔溺死在河里了，一个虐待的新手段是在他们清洗橡胶的时候把他们按到水下，竟是为了吓唬他们！还有鞭打，用枪、砍刀在背上抽打。告之巴尼斯和贝尔，之后他们讯问了弗朗西斯科，然后我在一点半告诉了蒂松，他刚好来找我谈话。我送他离开，他去了B.和B.，之后派人去请弗朗西斯科，今晚晚些时候会进行讯问。我在河里洗了澡，身心舒畅。安多科斯下来给巴尼斯和我抓蝴蝶。后来，一个酋长抱住我们，把他的头抵在我们的胸膛，我从没见过如此触动人心的景象，可怜的人儿，他觉得我们是他们的朋友。必须告诉吉尔古德别再叫我凯斯门特，他太没礼貌了。感觉不好。没吃晚饭。[29]

为洗澡的人抓蝴蝶、拥抱、友谊的感觉——凯斯门特的土著印第安人美好且神秘，绝不可脱离他们在林中和远古时代的迷失来理解他们。尽管他们精于林中的生存之道，他们却还是外来人：他们的心和他们真正的家在别处。他们真实的自我神秘般地被迫迁徙，因而期待另一种生活。凯斯门特在他1912年为《当代评论》所写的民族志的文章中解释道，那就是为什么他们轻易就向白人屈服的原因。

首先，他指出他们与周围事物的疏离中蕴藏的神秘——在舞蹈里、面具中、歌曲中：

> 鼓、笛管和戴着面具的人是每场演出必不可少的部分。舞者总是分开形成分散的不规则的圆形，而伴随舞蹈动作的歌曲所用的文字哪怕是通常操着一口非常流利的当地部族语言的秘鲁和哥伦比亚白人也是完全不明白的。对我的问话，他们都回答说土著印第安人跳舞的时

> 候唱着"很老很老的歌谣",没人知道这些歌曲的起源为何,而且这些歌的歌词离开舞蹈本身也就失去意义了。没有任何解释——这些歌曲"很老",提及一些白人理解不了的模糊、遥远的事情;印第安人只说它们来自遥远的过去。那个遥远的过去是完全不同于他们现如今状况的某种样子。随着我持续研究这些友好的、孩子般的人,我越发相信这一点。[30]

他们在林中几乎一丝不挂。他们的身体染着彩色颜料。他们还为舞蹈把羽绒、绒毛粘在小腿肚上,有时也粘在大腿上。他们头脑很快。他们理解力强 88
却可能不善于接受。他们性格开朗。他们几乎没什么财产,

> 他们周遭的环境极度压抑——病态、茂密、阴暗的森林,野兽、毒蛇和昆虫栖居于此。他们受制于世界上最为茂密的热带雨林之一,在林中常有最猛烈的暴风雨为伴,雷电交加,使得最勇敢的心脏都被震慑住……如此这般的环境让人既看不到未来也找不到过去。[31]

他们不属于森林。

> 永恒地狱般的树林一片黑暗。他们沦陷于此,星宿和天体在他们的生活中没有丝毫影响。他们肉体的存在实际上等同于周遭的野生动物。如果说森林是野兽的家,那么野人也可能会被认为同样是森林天然的居民。然而,越是研究这些土著印第安人就越是清楚他们不是森林的孩子,而是属于其他地方的孩子,只是迷失在了森林——林中的婴儿,长大了,真的是这样,而且他们发现森林是自己唯一的遗产和住所,却总是记得森林不是他们的家。[32]

他们"是外来人,碰巧到此,来到他们不喜欢的环境中"。这就意味着他们在某种程度上是在游戏人生。他们假装生活着,比起辛劳工作,他们绝对更喜欢嬉戏;比起对物欲的满足,他们觉得唱歌跳舞好上无数倍。这也意味着他们的本性变化无常,比起内在实质他们更看重表相,而他们自己的外表就如

同变色龙、拼贴画一般，一会儿这样，一会儿那样，像变化无常的蜉蝣掠过并不属于他们的森林，总是另一个自然的孩子，“他们的时光就在承袭的野餐中度过，而不是在一个不变的位置上”。

凯斯门特觉得，若他能够把他们送出森林，伴随着愉悦的欢呼声，整个部族都会和他一起逃跑。

> 尽管他们光着身子，苗条纤细，体型优美且比例适中，如同精灵一般穿梭林间，身上的颜色就和这些树木一样——他们的头脑却是文明的男男女女的头脑。他们渴望另一种生活——他们曾经希望有另一个世界。第一个白人来到他们当中轻而易举地“征服”他们，而这样的渴望过去和现在都是那种安逸的根源。[33]

惠芬上校曾经和普图马约的土著印第安人待过12个月，不过比凯斯门特早了一年。对他来说，“那些温和的印第安人平和又有爱心不过是极具想象力的虚构而已。土著印第安人天性残忍”[34]。正如他们厌恶白人且对待他们
89 态度粗暴无礼一样，印第安部落中的自相残杀也是永无止尽的。有人称土著印第安人顺服温和，他却粗俗地讽刺道，“也许他算是温顺吧，倘若他对敌人的强烈恐惧——正如敌人对他的强烈憎恨——可被称作温顺的话”[35]。惠芬继续指出，他们除了“天性残忍”之外，“部落之间的友好热情也是无止尽的。我曾经拿一块饼干给一个小男孩，我看到他认真地把它分成20份极小的碎片，然后分给所有人”[36]。这使得粗野和温顺的辩证关系更为复杂。

除此种种以外，还有另一难题，即如何理解印第安人表露的情绪与肢体动作的含义。对于惠芬，举例来说，“土著印第安人的举止显得异常紧张，他们非常负面，从不表露出强烈的愉悦或恐惧，在很多事物面前他们能够屈服忍耐，但爱笑——总是笑话另一个印第安人的窘境”。然而英国海员阿尔弗雷德·西姆森认为1875年在普图马约河沿岸的“皮欧西斯人”(Piojes)中间值得一提的是他们“和大多数印第安人一样，见到陌生人尤其是白人时通常沉默寡言，言简意赅，但和自己人在一起则往往话多且快活”。他很敬佩(在他幽默的指挥下)他们对重体力活的忍耐力，比如他们得给他的轮船砍伐柴

火，并且惆怅地说道："自从那时起，我常常想，如果总能遇到像这样开心、勤劳、不知疲倦的工人，那该有多好啊。"[37]

驶往马拉尼翁河所需的轮船

在西姆森第一次驾驶汽船开往普图马约河上游的 10 年前，秘鲁海军基地的司令官拉瑞拉长官（Señor Larrera）提出以下要求，日期标注为 1885 年 3 月 31 日，伊基托斯：

> 这次出行需要两艘轮船，吨位在 35 至 40 吨之间——其中一艘配备螺旋桨，另一艘模仿尾轮系统建造，适宜远航，速度为每小时 15 英里。船体应当仿照"纳波"号（*Napo*）和"普图马约"号考察船，应当用钢板建造，吃水深度从 3.5 英尺起，最大不超过 4 英尺，所有的木材燃料和食物供应应能满足 15 人。船体当被分成三部分——第一部分供船员住宿及储存海军补给品，第二部分放置机械设备和燃料，后部储存食物。甲板为柚木，船尾有一间小屋子；木制的船顶从船头延伸至船尾，高 7 英尺，由铁柱子支撑；船舷高 3 英尺，用来保护船员免遭当地土著人的箭袭和枪袭。船还应当配备高压和低压的引擎、卧式锅炉，还有 4 英尺长的烧木材的火炉。为提高速度，还要求安装两个螺旋桨。[38]

显露所有相反的性格特质 90

西姆森到普图马约河的河口处比凯斯门特要早 35 年，二人在那里所待的时间差不多。他对土著印第安人的评价在很多方面与凯斯门特所强调的"天性顺服"相矛盾。凯斯门特认为这种顺服是"亚马孙北部地区的部落中土著印第安人的显著特性"，也应当使得征服他们"并没有之前认为的那么困难"。与橡胶带的维托托人、博拉人和安多克人一样，萨帕罗人（Zaparos）也被白人视为野蛮的印第安人。这里以西姆森对萨帕罗人的概括性描述为例。需要注意的是他们劫掠其他族人，诱拐他们的孩子卖给经商的白人，西姆森继续说道：

> 当没有被激怒的时候，他们就像非常野蛮的土著印第安人一般，很害羞也很孤僻，却完全无畏，任何人苦待他，不论是白人还是其他人，他都会立即采取武力相对抗。对付他们得懂得圆通，以礼相待，有时候还须跟他们简单地说理；否则他们会用最残酷的暴力施行虐待或尝试打
> 91 击……他们随时可变，从来都靠不住。和他们那一类的很多族群一样，他们在各种不同的、显然也常常在相同的情况下显露出所有相反的性格特质，或许除了奴性——旧世界的一个真实特征——和吝啬。这两方面我从没在他们身上观察到。生活在厄瓜多尔的独立的印第安人没有奴性，这是他们的典型特征。[39]

"从生命的毁灭中，"他补充说，"他们也获得极大的乐趣。他们总是杀戮动物和人类，并以此为乐。"[40]

伊基托斯附近的伊塔亚河(River Itaya)

(摘自沃尔特·E.哈登堡，《普图马约：魔鬼的天堂》，1912)

那么真相为何，土著印第安人野蛮吗？有大量模棱两可的图像——相互撞击的各种可能性碎片组成的蒙太奇，其混乱程度并不亚于凯斯门特日记中某页所记载的内容，而且同样由于殖民地的无意识的超现实性，在不同图景组成的乱象中，各种形态与伪装之下的幻影如同幽灵一般悄无声息地彼此尾随。在此情状之下，一个人的观点与另一个人的相悖，每一种观点本身又是自相矛盾的。确实，对阿尔弗雷德·西姆森来说，森林中印第安人决定性的品质恰好是它在各种不同所组成的混乱局面中的不确定性。“他们随时可变，从来都靠不住。和他们那一类的很多族群一样，他们在各种不同的、显然也常常在相同的情况下显露出所有相反的性格特质。”除了吝啬，或许还有奴性。

西姆森给人的印象是观察敏锐、冷静沉稳（尽管我们知道，任何一个在那里的欧洲人，尤其是在那“神秘的东方”，肯定有一些不同寻常），然而，他是他所处时代的产物，更为重要的是，他为那个时代而写作——确实如此，创作有关野人的科学专著是定义那个时代甚至是推动那个时代的一种方式。对野人进行概括描述毫无意义，他宣称，“因为他们完全未受教的头脑变化无常，没有信仰，没有支配他们恐惧和犹疑的抽象理性，除此之外，那些矮小的野人基本是独立的；野人从幼年起没有法律的限制，也没有人引导，经常只受限于风俗习惯……可是话又说回来，社会联系是如此薄弱……”[41]他认为，正是对野人的认知所处的这种无序混乱状态使得不同旅人的描述不尽相同且各有偏颇。这样疯狂的认知如此不成熟，是赤裸裸的经验主义，是非理性、非抽象的，也未经斟酌推敲，它至多不过是有关存在的令人颤抖的现象学，每种认识引领一个世界，单一、摇摆的世界。殖民恐怖能够搜集所有这些以及更多的东西，人们会击打它，杀戮和折磨他们已经意识到的狂野无序的幽灵。

埋藏在这个印第安殖民蒙太奇中的还有一个非常不同的可能性，那就是神秘疗法的可能性，白人访寻印第安医者“巫师”的可能性，正如加斯帕·德·皮内利神父的向导和神父本人所做的一样。构成野蛮的现实具有变化的特性。不管怎样，这样的特性不是仅由殖民艺术协同橡胶采集的暴力和政治组成的。土著印第安人的艺术品促成了殖民地的幻象。边境既统一又

92 分裂。罗恰用莫哈那虎这一形象巧妙地将这种特性抓住。他说，白人告诉他有关莫哈那虎的事情，而很多白人跟传言中的印第安人一样对此笃信——被赋予神奇力量的老虎从隐身和攸关生死的状态中来回幻化，成为印第安人转瞬即逝的本质，即萨满巫师。进入奥卡人(*auca*)体内的正是同样的殖民地艺术。

第5章　奥卡人的形象：乌尔神话和殖民现代主义

阿尔弗雷德·西姆森的《厄瓜多尔的荒野之旅》(*Travels in the Wilds of Ecuador*)兼具科学和冒险的精神，拥有史诗般波澜壮阔的气势，讲述了探寻文明未知及荒蛮源头的一段旅程，甚至也是一种自我探寻的历程。旅程如史诗一般，进入到黑暗的中心，此地由于地处遥远之境让人神魂颠倒，也由于越发靠近而显得可被触及。和凯斯门特一样，马洛不久就要去那里，而查尔斯·达尔文先于他们去了。西姆森和达尔文一样撰写学术文章——为皇家人类学会(Royal Anthropological Society)以及皇家地理学会(Royal Geographical Society)，文章与土著印第安部落相关，也探讨流经森林的河流的适航性问题，这些森林拥有丰富的奎宁和橡胶资源。和马洛一样，西姆森掌舵一艘内河轮船。最开始的时候有三艘这样的轮船可以载人到普图马约河的上游地区，这艘船即是其中之一。那是1875年。一家哥伦比亚公司迫不及待地想要弄清楚开采印第安橡胶、菝葜和金鸡纳树皮的可能性，于是发起这次远航。拉斐尔·雷耶斯(Rafael Reyes)是其中一员，他是金鸡纳贸易的领军人物。后来他成为哥伦比亚的总统。 93

森林及其间的栖息者在西方商业面前任其宰割，也成为西方科学各分支学科的研究对象，包括地理、人类学，当然还有工业科技。从刚果河至普图马约河，落后至极的东西正被拽入现代的血盆大口中。固特异(Goodyear)发明了硫化，即在热橡胶中加进硫磺能使其更富弹性也更耐用。于是，从古老的热带雨林中慢慢渗出的树液可以被用作橡胶带和轮胎，这进一步推动了北方机器的运转。有人计算了每一吨橡胶得牺牲多少刚果河普图马约人的性命。伏尔甘(Vulcan)在罗马神话中是火神。“火山”(volcano)及“橡胶生产过程”(vulcanization)二词均来自他。瓦尔特·本雅明指出，自19世纪起，工业社会中的商品生产如同火山爆发一般，这样的爆发势必 94

造成潜伏的神秘力量再次被激活，现在被注入所谓对商品的迷恋之中。商品似乎是能够自我强化的梦中意象，是永远不可能成真的对欲望的实现，而这些欲望是由最近受工业化影响的劳动力中被剥削的那些人的痛苦堆砌而成的。伏尔甘是为众神和众英雄铸造兵器的铁匠。硫化的原材料取自各个殖民地，但那里的伏尔甘又是什么？

劳动力在殖民地很少能和工人本身相分离，也没有像在帝国主义列强的工业中心那样被转化成商品。不同于无产阶级工人那样在劳动力市场“自由”提供他的服务，这里存在种类甚广的奴役情况，从奴隶制到劳役偿债制，还有类似封建社会家长制的改良制度。伏尔甘同样也有依附于他的工人，这些工人没有自由；他们是独眼巨人，看管他的熔炉，挥舞他的铁锤。那么，要提出的问题就是，在这种情况下，劳动力被神秘地暗指为想象中的古老事物，是否会因此和商品一样被迷恋？若果真如此，它会不会很大程度上是一个源自当地的虚构故事，印第安人和殖民者在边境地区相遇并捏造关于对方的故事——正如莫哈那虎和奥卡人一样？

“体内居住着流浪者灵魂的人在厄瓜多尔住久了，”西姆森的书开篇说道，“一定会萌生愿望，想要去探索这个国家的其他未知之地。”这既神秘又浪漫。厄瓜多尔以自己的方式将虚实相结合，将经验感知的真实性与创造这种真实性的色调，以及它所指向并照亮的神秘相结合。就连冷酷无情的无政府主义者B.特拉文(B. Traven)也爱上了这个地方。特拉文著述的时间比西姆森晚了50年，关于墨西哥，他向自己的编辑解释说：“我必须旅行。把事物、景色和人物生动地展现在书里之前，我必须亲眼看到这些。我必须去热带雨林还有原始森林，走访印第安人和遥远的牧场，还要去无人知晓、神秘莫测的河流湖泊。”[1] 西姆森想要更加亲近这片土地。对他来说，使这样的欲望变得无法抗拒的是壮丽的山川、可怕的火山、肥沃的土壤，还有它数不尽的丰富产物。而对此欲望刺激最为强烈的，用他自己的话说，是“近乎神秘的‘Provincia del Oriente’，即位于亚马孙河源头的厄瓜多尔荒蛮的
95 东部省份”。行至那里等同于从文明走向地狱。“在这个国家的文明地区，”他说道，“东方省和纳波省被看作‘地狱’本身，‘走进的人都把希望丢在了身后’。”去那里的人都不正常，人们说他们“近乎疯狂”。而伴随那些“野蛮、凶

残部落"的有蛇、美洲豹,还有由于疲劳、营养不良和持续暴露在潮湿且昆虫肆虐的气候条件下染上的病痛。进一步讲,这就意味着经由诸多的种族走下文明的阶梯。[②]

克雷沃的向导在普图马约,圣克鲁斯(Santa Cruz),安第斯山上的劫匪
(摘自朱勒斯·克里沃克斯,《在因萨省和雅普拉的探险》
[Exploración del Inzá y del Yapura],1884)

法国探险家朱勒斯·克里沃克斯博士记述了他在 1879 年行至普图马约河上游,然后沿着卡克塔河而下的经历。其间,他插入了一个注解。注解的内容很是奇怪却又带着异域色彩,颇为典型。他的独木舟遇到另两艘载着印第安人的独木舟。其中一艘划走了,里面有一个裸身女子,还有一个躺 96
在小吊床里的婴儿。帮克里沃克斯划独木舟的印第安人告诉那些仍旧待在原地的陌生人说他们是“*calina*”，就克里沃克斯的理解来看，这个词就是“*compañero*”，即“印第安种族的所有个人”。那么，另一艘独木舟为什么要逃开呢？答案是那个女人刚刚生了孩子。若是新生儿见到白人，它就会生病，无论用什么治疗方法，最后都会死掉。圭亚那地区的印第安人都这么认为，他的黑皮肤圭亚那向导这样告诉他，而且他们坚决不把孩子给黑人或白人看。[3]

INDIANS OF THE PERUVIAN AMAZON REGION; RIVER UCAYALI.

“秘鲁亚马孙地区的印第安人：乌卡亚利河(River Ucayali)”

（摘自沃尔特·E.哈登堡，《普图马约：魔鬼的天堂》，1912）

哥伦比亚旅行者华金·罗恰 30 年后说道，在普图马约只有两类人：白人，还有野蛮的土著印第安人。让人好奇的是，提及白人的时候不仅会用到日常用语中的基督徒、有理性或者文明，还会用到“*blanco*”这个词，意即白色，除此之外这个词还包括从外表来看完全不是白皮肤的人——比如黑人(*negros*)、印欧混血的麦斯蒂索人(*mestizos*)、黑白混血人种(*mulatos*)、印黑混血人种(*zambos*)，还有土著印第安人，“自从西班牙征服时期起他们就被纳入文明，甚至对于他们的古老习俗和语言已经没有记忆了”[4]。

西姆森对部分归类进行了扩展。他告诉我们，那些他称为森林中纯种 97
的印第安人被白人和说西班牙语的印第安人分为印第安人和异教徒。印第安人说克丘亚语(Quechua-speaking)，吃盐，是半基督教徒；而异教徒又称奥卡人，说其他语言，很少吃盐，而且对洗礼和天主教教堂一无所知。奥卡这个词，“现如今在东方省运用频繁，”他在(脚)注中写道，“似乎包含了它在古代秘鲁印加人的统治之下所具有的全部意义。它囊括了异教徒、叛徒和野蛮人的意义，运用的时候常常带着恶意。在秘鲁，它被用来称呼那些反叛国王及神明化身——印加王——的人。”[5]几部现代的厄瓜多尔克丘亚语字典清楚地将各种意思放在一起——野蛮的、煽动叛乱的、反叛、敌人——并且在今天的哥伦比亚普图马约地区，至少对我朋友来说，表达的程度也不尽相同，奥卡还暗示着东方省的热带雨林中毫无羞耻之心的野蛮的“他者”世界，这个世界是典型的非基督徒世界，没有耶稣、西班牙语和盐，其间居住的人裸着身体、乱伦、暴力、神奇、巨大且可怕，可能比莫哈那虎还要野蛮——亦兽亦人，且不真实。

甚至在西姆森刻意的现实主义之下，很明显野蛮的印第安人被认为与动物非常相像，以致他们的兽性在某种程度上具有神秘性，因此激发了一个妄想症般的图景——邪恶潜伏在荒野中，把社会团团围住。特拉文通过描绘 20 世纪早期一个监工看管印第安劳役在墨西哥恰帕斯州(Chiapas)的红木树林中行进的情形来传达同样的观点：

> 但是，劳役们犹如猫一般灵活敏捷，他们从小就习惯于在相似的土地上远途行进，四处游走。他们只要可以就抄近路。尽管身负重荷，他们却可以滑下岩石，轻松跃过倒地的大树。埃尔·喀麦隆[监工]骑在马背上，一路上都不得不跟在后头。有时候他发现小路上就他孤身一人。就在那个时候他觉得害怕了。[6]

谈及厄瓜多尔山地地区所谓的萨帕罗印第安人时，西姆森写道，他们的视觉和听觉非常好，远超过那些非奥卡印第安人。他向我们保证，他们对森林的状况了如指掌，以至于他们夜间可以在林中未知之地行走。他们是伟大的战士，能够洞察声响和脚印，而在同一处白人却毫无发现。在他们捕食的小路上，猎物经过的影子逃不过他们的双眼，他们——像被追赶的动物一样，总是突然转向，然后又急转弯，似乎跟随着它的气味。他们的一举一动的确和特拉文笔下的劳役一样，"犹如猫一般"，而且他们穿过灌木荆棘丛却毫发无损。为相互交流他们通常模仿句嘴鸟和山鹑的叫声——所有这些都和非奥卡人，即文明的印第安人，形成鲜明对比，"他们敬畏奥卡人，却在背后鄙视或者装作鄙视其为异教徒[特别强调]"⑦。

99 高地的萨满巫师高居于哥伦比亚安第斯山，俯瞰普图马约森林，其中和我一起工作过的萨满巫师说起低地的萨满巫师时称其为奥卡人或者类似奥卡的人：超脱现实的人兽结合——山下炎热森林里的魔法赋予了力量的存在。他和他们立下了精神契约，因为尽管他们低等也没人性，但他们可以提供他力量去与命运抗争，与邪恶作战以及给病人治病。继续往山下去，在山丘地带，有我的因加诺萨满朋友圣地亚哥·穆图姆巴加。他有一把用叶子编制而成的扇子，被他称为瓦伊拉萨查(*waira sacha*)，即"森林之灵"或"风之轻触"。他一边用这把扇子击打黑夜，一边唱着歌，一整晚如此。迷幻剂雅格(*yagé*)*使人产生幻觉。林中充满嫉妒和野蛮，而这两者组成了社会及其间混乱的关系。这把叶子制成的扇子将运动传递给森林，那些关系就修复了。他歌唱的时候还伴着扇子沙沙作响的声音。他正是通过这种方式制作药物，擦拭病人的身体，以驱除使他饱受折磨的妖术和邪灵。这是野蛮之地的一种野蛮形态，与另一种野蛮形态相抗衡，后者通常是嫉妒，有时候是邪恶之灵。一场战争在人体内爆发，一种野蛮的形态包围着另一种，混乱本身毫无秩序使混乱加剧。歌声疾驰环绕，没有歌词，如泣如诉，充满内心的伤痛，伴着林中松软泥土上的蛙鸣声。"*Sacha*"("和 *sacha gente*[林中人]中的意思一样")，萨满巫师的儿子说道，然后他停顿了一下，"像奥卡一样。"好似林中叶子里存在着野蛮的奥卡，他们向医师的扇子给予了神奇的力量，而这种力量是驱赶类似奥卡的魔鬼所需要的。这些魔鬼栖居在白人体内，为求医治，白人来找这些印第安术士——白人看待这些印第安术士的方式与一百年前阿尔弗雷德·西姆森说到的文明的印第安人看待奥卡人的方式是一样的。他说文明的印第安人"敬畏奥卡人，却在背后鄙视或者装作鄙视其为异教徒"。

---

* 雅格是一种用藤本植物泡制而成的有致幻作用的饮料。

“荒野之灵”——制作药物

理解奥卡这个名称所包含的各种情感的辩证关系非常重要。这个关系被一种神奇的力量所掩盖，由惧怕和轻蔑共同组成——这类似于蒂默曼在刑讯室感受到的投向他身上的神秘、仇恨以及敬畏，两者甚至是一样的。至于奥卡，这样的投射不论是有意还是无意，与他们受到的控告是分不开的。人们控诉他们反抗神圣皇权，更为甚者指责居住在低地森林的人，还有祭司、先知，尤其是术士——萨满巫师——拥有魔法。其次，这种（极有可能是先于西班牙统治的）土生土长的野蛮与被西班牙人和葡萄牙人带到安第斯山和亚马孙河流域的中世纪晚期的欧洲人物混合在一起。这些欧洲“野人”带着神秘的野蛮性，和动物差不多。今天，在我所熟悉的普图马约河上游地区，这种带着殖民色彩的混合了奥卡及野人的神话使得白皮肤的殖民者为祛除妖术和病痛求助于印第安萨满巫师，然而正是这些殖民者视印第安人
100 为蛮人，因而蔑视他们。橡胶热潮期间需要“野蛮”印第安人采集橡胶，与此同时，“文明”人中极度缺乏信任及怀疑的氛围在疯狂蔓延，这个相同的乌尔神话（ur-mythology）以及重要的殖民实践的魔法滋养了偏执妄想及残酷。因为印第安人的治病能力而去看印第安人，因为他们的野蛮而杀掉他们，两者并非如此大相径庭。确实，这些行为不仅相互纠缠，而且还相互依赖。似乎存在一条线将印第安人的用途——作为劳工或作为折磨虐待的对象区分开来，当我们意识到这条线有多清楚的时候，那种彼此依赖就显得格外明显。

国际资本主义把“过度”折磨转化为生产仪式，这和橡胶采集本身一样重要。因此，普图马约的恐怖是那条清晰的分割线所产生的恐惧。酷刑和恐怖不仅仅是功利性的生产方式；它们是一种生活形式，一种生产模式，而且在许多方面，对很多人来说，尤其对土著印第安人来说，是其主要的产品和消费品。

对印第安叛乱的恐惧

> 宣誓证人常常和诺曼德一道长途跋涉——总是为了追捕土著印第安人——那时很多印第安人都被他（诺曼德）杀害了。一天，他们来到安多克乡村，进了一间印第安人的屋子，然后把屋里所有的印第安人都

> 抓了起来——有男有女，还有小孩子，有些只有一个月大，非常小。所有人都被杀了，除了小孩儿——他们活生生地被遗弃在屋子里等待死亡的降临——但是他们的母亲也被杀了。他将所有这些印第安人的头颅砍下，诺曼德先生亲手做了这件事情。证人愿意发誓——他看到他做了这些。他用一把大砍刀砍下他们的脑袋；他说，*那些人是为被他们杀死的白人还血债*。安多克人在这之前杀了一些哥伦比亚人。［凯斯门特，《普图马约报告》，第128页；特别强调。］

凯斯门特除了解释利润动机所导致的普图马约恐怖，还考虑了这样一种可能性，即对印第安人发动攻击或叛乱的害怕促使白人犯下暴行。然而，为了和他想要绘制的印第安人温顺单纯的画面保持一致，凯斯门特不遗余力地解释为什么印第安人不可能发动叛乱。但问题在于某件事情是否会发生与其本身对意识和行为的影响关系甚微，在这件事上印第安人反抗与不反抗和居住在橡胶站的监工和公司官员的意识和行为几乎没有关系。

凯斯门特讲道，印第安人不可能发起反抗，因为自橡胶热潮很早之前起印第安群体就不团结。他说，公司员工配备有武器且部署良好，印第安人却装备很差，他们的吹矢枪、弓和矛都被没收了。在他看来，最重要的是老人 101
们因为给予了"糟糕建议"这一罪行而被杀。这个委婉语所表达的意思用凯斯门特的话说指的是，老人们如此逾矩，竟"警告那些更易受骗的人及缺乏经验的人要小心白皮肤的奴役者，并劝说印第安人不要为这些新来的人采集橡胶，而应当逃跑或反抗"。正是此事给他们带来不幸。"我没见过上了年纪的印第安人，"凯斯门特继续说道，"男的女的都没有，几乎没人可以活过中年。"[8]就这一点而言，值得一提的是，凯斯门特离开那里15年之后，方济各会从锡本多伊峡谷下行至普图马约森林，据他们说，公司转移了萨满（*放逐巫师*），并把他们当成犯人一般送至伊基托斯。[9]

关于印第安人反抗的威胁，巴巴多斯监工弗雷德里克·毕晓普提出了一个不同的看法。"他肯定，"凯斯门特在为巴巴多斯人的证词所准备的报告的后半部分总结说，"许多印第安人憎恨、害怕'白人'，如果可以就会杀了他们，但是他们太胆小怕事也没有武器。有时候，一些印第安人竭力动员其他人一起攻击白人以阻止对橡胶的需求。巴尔托洛梅·祖玛埃塔(Bartolomé Zumaeta)'几个月前'就是这么死的。"[10]

巴尔托洛梅·祖玛埃塔就跟阿拉纳的姐夫似的。据哈登堡这一方的证人说,他患有梅毒,是个令人厌恶的家伙。[11]其中一人声称领导了对大卫·塞拉诺橡胶营发动的攻击,那时公司正在驱赶意格拉巴拉那的哥伦比亚商人。凯斯门特向外交部提交报告两年之后,在回复特别委员会的质询时说,除了巴尔托洛梅以外,他还有一个姐夫在另一处被印第安人射伤。

因此,总领事在这个地方待了六周之后即在他的报告中提供给我们一系列逻辑上相关联的因果关系。这些听起来合理的社会因素解释了印第安人为什么不可能发动叛乱。然而,我们知道,阿拉纳的两个姐夫均被印第安人射伤,其中至少一次是致命的。除此之外,在那里做监工差不多六年的毕晓普暗示说,他完全不能确定印第安人叛乱的可能性有多大;他觉得印第安人对他们的雇主既恨又怕,如果他们有这个能力就会杀了他们。对这个监工来说,这些事情中的一切都不太分明,虽然对他们的武器状况他相当肯定,但是他不清楚他们的想法。正是在这个介于武器和思维的未知空间里,怀疑和幻象纠缠不清——下一次攻击、隐藏的事物、模棱两可的多种迹象。

凯斯门特在伦敦被施以绞刑几天之后,印第安人在阿特纳斯橡胶站发动叛乱,据说还杀死了公司的13个白人雇员。[12]有人告诉皮内尔神父1917年在意格拉巴拉那河沿岸发生的大规模暴动,后来须动用秘鲁军队进行镇压。[13]造反的威胁确实是存在的。

还须考虑其他种类的印第安叛乱。比如,布切利和另外三个白人被印
102 第安人所杀害,施暴者不仅有印第安人,还有*小伙计*,他们是配备武器的印第安守卫,公司培训并依靠他们。这个故事丑陋卑鄙。他们进入哥伦比亚领土发动袭击,追捕逃跑的印第安人:

> 布切利的印第安"妻子"陪他一道,她是他三个孩子的母亲——我曾见过其中两位——她非常同情"小伙计"追捕的那些人,甚至都没有警告她丈夫有人要谋害他性命,尽管我确定她是知道的。那4个"小伙

> 计”之后卷入内斗,其中两人因此丧命。几个月之后,两个幸存者在恩特雷里奥斯(Entre Rios)的橡胶站投降自首。他们不停地遭到鞭打,而就在我拜访之前,他们在附近的马坦萨斯橡胶站被绑在椅子上。我于 1910 年 10 月拜访了这个橡胶站。不久之前,他们才从禁闭他们的房子里逃跑到森林里,脚上还戴着锁链。他们是维托托人,而且他们是在安多克的乡下逃跑的,因此他们最终的命运可能是落入之前他们常常虐待的印第安人之手。[14]

华金·罗恰穿越这个地区的时间比凯斯门特早了七年,那时候独立的哥伦比亚商人还在那里。若我们转向华金·罗恰,印第安人的叛乱事件并不会因此清晰一些。一方面,他解读事件的方式是通过从一个不证自明的准则逻辑推导出结果,而面对这个准则,普图马约的印第安人也不例外,即被征服的人憎恨征服者。土著印第安人不断地密谋反抗白人雇主,他说,直到专横暴虐远胜过他们的克里索斯托莫·埃尔南德斯让他们明白反抗是徒劳无益的。然而,热带雨林太大了。若是堂·克里索斯托莫不仅能够迫使印第安人采集橡胶,还能防止他们逃跑,那么他一定拥有巨大权势。或许,有关他雄辩的传言也值得考虑。据说,他晚上和印第安男人聚在一起围在烟草罐边上,他能够用土著语言命令印第安人按照他的意愿行事。他就是这么厉害。

然而从另一方面看并没有那么多可怕之处,因为印第安人,罗恰说,像孩子一样,而且难以保守秘密,因此,通过多嘴多舌的仆从和妾室,印第安人事前就让大规模的暴动陷入被动局面。当橡胶商人——那时是指那些哥伦比亚的橡胶商人——听闻风声,说印第安人有这样的计划,他们习惯于在一个适于防卫的地点聚集武装,而印第安人由于在此处无法开展直接公开的战斗,于是只好作罢。罗恰到达的前夜,印第安人试图发动这样的战斗,后来被巧舌如簧的哥伦比亚人格雷戈里·卡尔德隆平息了。他是卡尔德隆兄弟橡胶贸易公司的负责人,维托托人称他为“理性人的首领”。他对印第安 103
人解释说,白人并不想抢占他们的土地,白人用来种粮食的那些小块土地会在白人离开的时候立刻还给印第安人。[15]

七年之后，在恩特雷里奥斯，凯斯门特听说一个叫青噶木易的印第安人首领。据说在1903年，即罗恰途经这一地区的那年，这个人对那个地区的整个维托托人群体影响甚广。“他落入了哥伦比亚人卡尔德隆之手，”凯斯门特写道，“但是在那之前他已经朝他开枪并且打伤了杀害他的人。”[16]

罗恰试图区分全体暴动和局部暴动。尽管前者失败了（“到目前为止”，他写道），但毫无疑问存在给白人造成致命打击的“局部”反抗。这些白人占领了特定区域，而这个地方也就成为反抗的中心地带。[17]

对于已逝的白人及他们的家人来说，反抗是全体还是局部的已经不重要了。对那些尚有一命的人来说，区分全体和局部肯定能稍稍减少他们的忧虑。他们担心自己雇工脑袋里的想法，还有将他们团团围住的无边无尽的森林里的状况。不论局部的范围怎样，印第安人的反抗对热带雨林中橡胶营里监工意识的影响不能通过简单明了的事实进行判断。印第安人的反抗影响了监工对周围不确定性氛围的感知，这种影响所遵从的不是有关全体或者局部的统计意义上的力量，而是除此之外的其他力量。

这种影响依赖故事的传播。特拉文曾经穿越恰帕斯州的红木树林，他从这段经历中理解到这一点。

> 20年来，一直到那时，那片区域没有停止对硬木的开采，其间只发生了一次严重的暴动。这次暴动成为许多可怕故事的素材来源。在漫长的夜晚，商人和代理们就用这些故事消磨时光。他们途经村庄和种植园，晚饭后就同庄园主和牧场主一起坐在门廊，抽着烟，坐着摇椅，或者懒洋洋地躺在吊床里。[18]

“白人在维托托人的土地上命悬一线”，华金·罗恰写道，但这一句话出现在他事实上已对印第安叛乱这一威胁不予以理会之后的那一页里。他又继续对他所要表达的进行描述。

“不久前”，埃米利奥·古铁雷斯从巴西航行至卡克塔河上游，寻找印第安人以建立一个橡胶站。到达他想占领的地方后，他把大部分人员遣回去搬运商品货物,然而,他和他的三个同伴在睡梦中被野蛮的印第安人杀害了。一听说此事,其他白人准备采取报复行动。就在这时候,消息传来说古铁雷斯的 30 个印第安工人也被杀了。两件事情同时发生,但在热带雨林的不同地方。为白人工作的印第安人被派去追捕那些叛乱分子,一些叛乱分 104
子直接就被杀了,一些沦为白人的阶下囚,而大多数都逃跑了。还有一些被印第安雇佣兵抓来吃了。[19]

七年之后,1910 年,凯斯门特在一个秘鲁人那里听到了同一件事。故事一开始,他就介绍说那些哥伦比亚征服者所用的手段"非常可怕"。他告诉凯斯门特,发动叛乱的印第安人将古铁雷斯及数字不明的其他白人一并斩首,并把他们的头颅展示在棚屋的墙上。他们砍下那些人的手脚,然后把没有四肢的身体放在水里,时间越久越好,这样就可以向其他印第安人炫耀。为凯斯门特提供消息的人说,他发现另外 12 个人的尸体被绑在柱子上,并向凯斯门特保证(这与罗恰叙述的相反)印第安人没有把那些人吃掉,原因是他们"太恨白人了,都拒绝吃他们的肉"。可怕的报复在这之后降临到土著印第安人身上,凯斯门特指出。[20]

凯斯门特复述的故事,无论单独来看还是和罗恰的叙述进行对比,强调的重点都是一样的,即围绕在印第安人"背信弃义"的可能性这个问题外部的不确定性滋生了带有殖民色彩的偏执的虚构故事。故事中肢解、食人、身体部分和头颅的展示都咧着嘴露出邪恶的笑容。

对食人的恐惧

> 三个体形庞大的印第安人走来迎接我们,他们涂着红色颜料,嘴里满是古柯叶,把脸颊都撑得鼓了起来。作为一种欢迎的方式,他们敲打我们的背部。在我们上方,悬挂在屋顶上的是四个人类的头骨。最近在诺努亚人(Nonuyas)和埃基雷亚人(Ekireas)之间爆发了一场战争,这几个头骨即是战利品。每个头骨意味着一个人遭食人族所害。看到我们自己人数寥寥,被那些强壮健硕的印第安人所包围,一眨眼的工夫他们就可以把我们撕成碎片,我不禁发颤……

> 有时你能看见解剖了的手臂，肉被剥了下来，但肌腱还在，手微微弯曲。这样的手臂被系在一根木手柄上，两者合在一起当成做卡乌阿纳(*cahuana*)*的炊具勺。尽管我尝试了各种方法想得到一把这样的厨房用具，但终究未果。维托托人看护用牙齿或羽毛做成的项链等饰品的时候深具防备心理。他们把这些东西藏起来是为躲避白人的欲念。白人们常常违背饰品主人的意愿把它们夺走，却不给任何东西作为回报。[尤金·侯布匈，可能摘自《在普图马约及其支流》，“官方版本”，(利马，1907)]

无论这对印第安人意味着什么，对殖民文化来说，食人的说法是帮助解读现
105 实的强烈信号，这也是一种聚焦点，缺失这个焦点，以另外一种方式自由浮动的能指如同那许多被肢解的四肢和尸首的器官一样流散在空间里。食人的说法集合了印第安人身上被视为怪诞离奇的种种，同时为殖民者提供了殖民本身的道德寓言。殖民者谴责食人的同时又与之形成共谋。通过简单的否认、迅速的结束，这里没有触及他性。

相反地，每件事物都取决于一个谋划过的仪式化的死亡。在这个死亡之中，每个身体部分都经过美化修饰，并在一个关乎记忆的戏剧场里获得自己的一席之地。在这个戏剧场里上演着冤冤相报式的复仇，荣誉被维护也被玷污，领地在这场差异的盛宴中被凸显出来。在吞食那些差异的违背者时，对他性的消费与其说是一个事件，不如说是从死亡时刻空洞的爆发到个人即消费者重建的过程，这消费者还有一息尚存的他性。殖民化正是以这种方式实施的。

印第安人被认为有食人的行为。他们的这种行为被视作害怕被差异所消费的一种宝贵的理想意象，正如我们在华金·罗恰的例子中所看到的，他把热带雨林和印第安人描绘成吞噬力。同样重要的是这赋予了将吞噬者吞噬这种反抗手段以一种欲望。食人的指控不仅证明了西班牙人和葡萄牙人自16世纪起对印第安人的奴役是正当的，还使得殖民幻象中的暴力剧目更

---

* 卡乌阿纳是印第安人的一种汤类食物。

形象、更具体。

白人展现的兴趣显得偏执；一次又一次，罗恰在他周围的黑暗中嗅到食人的气味。他在林中感到惊恐，不是因为动物，而是害怕土著印第安人，害怕自己被野蛮、未知、半觉的不确定性所吞噬。他选择用来代表这种恐惧的正是事实上变成让人无法忍受的吃人的印第安人之漫画形象的东西。在白人当中，制止食人的行为是一种类似十字军东征的信念，他说道。食人行为就是一种使人上瘾的毒品；每每维托托人认为他们可以欺骗白人，"他们就屈服于自己的兽欲"。因此，白人也必须更像野兽，正如罗恰复述的关于克里索斯托莫·埃尔南德斯的故事中所描述的一样。由于他们屈从于那种瘾欲，埃尔南德斯杀害了公屋中的所有印第安人，连吃奶的孩子也不放过。

囚犯被绑在两根柱子之间，双臂伸出，双腿分开，尖锐的棍子经敲打穿过他的脚掌把他的脚固定在地上。他保持半蹲半站的姿势，最后被矛或者匕首刺死了——一位德国民族志学者康拉德·普罗伊斯于 1914 年和维托托人待了一段时间，具体长短不详，他以此为基础进行写作。[21]

他在 1921 年出版了两部关于维托托人宗教和神话传说的学术著作，其中包括对食人族节日庆典的记述。他从来没有清楚区分亲眼所见之事和 106
与自己相隔甚远、经由他人相告之事。（他的作品中几乎没有提及橡胶热潮。）在这个意义上，他的记述多少有些含糊不清。

据普罗伊斯说，只有男人吃受害者——他们吞心、吃肝肾、喝骨髓，这些都只是稍经烹煮，因此仍旧血腥。吃之前，每人都会喝一大口烟草汁；否则他们就不能吃。吃完以后，他们到河边，把所有东西都吐出来。一个人若吃了人肉就会变成机智勇敢的战士，明白如何在战事中创造奇迹，还能够，举例来说，越过河流、跳下屋顶。头颅被掏空脑子并在河中洗净，然后被悬挂在房梁上，牙齿被当成项链佩戴。据猜测，下游的穆伊纳内人（Muinane）把整个人烟熏来吃。

他们吃了受害者的肉之后就举办庆典活动。庆典活动前的几个夜晚，普罗伊斯是这么告诉我们的，人们会讲很多故事——蛇、蝙蝠、貘把整个族人都吃光的故事，日该人（Rigai）的故事，与日该人的战事，食人节，还有迪阿罗卡树(dyaroka tree)毁灭族人的故事。在这些神话传说中只有两则没有提及食人的行为,而它们讲述的是月光下人的毁灭。庆典前夜会有一个发言,其中会讲到月亮,即祖先布内玛爸爸(Father Buneima)吃了很多族人的事。一个部落的人去走访另一个部落的时候,这个故事也会被提及。布内玛爸爸还吃星宿、植物,还有动物。

这是据普罗伊斯所说在食人节上唱的一些歌曲:

> **太阳神之歌**:我的日该儿子们在人子之后,太阳升起的血染之地前方,我的血树脚下血流成河的地方中央。他们在那里怒气冲冲地做工。他们把囚犯的头骨敲碎,烧焦(?)鸟儿(?)[问号是普罗伊斯加的]。靠近天堂的血河里有我用来战斗(比如,对付敌人)的激情之石。在村子广场上,他们怒气冲冲地做工,还把囚犯的头骨敲碎。他们气鼓鼓的。
>
> **蟾蜍之歌**:闻着像血的味道!作为艾伽依达(Egaide),就是盖米托(Caimito)一族之子的遗孀,我(蟾蜍)怎么跟他说才好!因此,破晓时分,蟾蜍跳进血红的河水中。
>
> **啄木鸟之歌**:"作为海法依代阿基多(Hifaidyagido),就是丢恩(Diuene)一族之子的遗孀,我(啄木鸟)怎么跟他说才好!"虽然啄木鸟非人,但它们都在破晓时分啄木头。
>
> **蓝色大蝴蝶之歌**:它振翅,带来危害。"作为库拉维克(Kurave-
> 107 ko),就是……之子的遗孀,我怎么跟他说才好!"所有非人的蝴蝶都在破晓时分到老棚屋旁的牛油果树上。
>
> **迪阿罗卡(Dyaroka)人之歌**:……首领维提迪·穆易那玛(Hitidi Muinama)在冥界的河流下游睡觉,并根据波格科(Bogeiko)的脸朝下看。当它在上面的时候,他根据树的正面朝向冥界。冥界的衰败树之民创造了波格科的脸,只有他们才能自由向上看。(那上了色的木头拥有战争-魔法,人们看到它,就会有事临头,包括失明。)

如若这些歌曲穿透树林,殖民者及秘鲁亚马孙公司的员工会认为歌曲在唱什么呢?我们沉湎于这个献身于太阳神的世界,为地点、动作、动物和神灵命名,简言之这是对世界的确认。与此同时,难道我们不需要考虑公司奉行的折磨仪式同样也确认了一个世界吗,而且所用的方式依赖于殖民者如何解读印第安人对食人仪式的理解——一只巨大的拥有妖术的蓝色蝴蝶灵敏地挥舞着沉重的翅膀飞向燃烧着血一般火焰的世界?公司雇员切断印第安人的手足,把他们肢解、烧毁,还用浸透煤油的秘鲁国旗包裹他们之后将其活活烧死,这只是举例而已。公司雇员做这些事情难道不是仪式般地参与上演了他们自己的殖民世界吗?难道他们没有因此就不断再现他们的世界,以此对抗他们的世界所依赖也因此形成共谋的野蛮吗?难道他们没有因此就确认他们作为征服者的地位,他们在文明中的作用,以及他们身为白人的光环,所拥有的魔法或许甚至超过太阳神吗?

关于这样的共谋以及公司雇员的神奇力量存在一些至关重要的信息。这能从最近有关安多克印第安人的说法中显现出来。安多克印第安人声称,橡胶公司的故事比印第安人的厉害,这就是为什么,举例来说,安多克雅若开米娜印第安人(Yarocamena)反抗公司的武装起义失败了,而且是惨败的结局。

故事(*rafue*)在此处的意思类似传统及对传统的叙述,通过故事(按照本杰明·伊普斯[Benjamin Ypes]和罗伯托·皮内达的说法),确保工作效率的意识形态及仪式均各就其位。[22] 对传统的叙述是在概念和实践之间的一种必要的协调,以保证日常世界的再现。不仅是彼时的故事,还有 *Historias para Nosotros*(引用上述作者使用的西班牙语词汇)——不是关于我们的历史,而是给予我们的历史。

然而,如果橡胶公司的故事比印第安人的故事厉害,人们就不禁疑惑,正如这些安多可印第安人告诉伊普斯和皮内达的那样,为什么公司对雅若开米娜印第安人的追随者施加的一种酷刑是割去他们的舌头——之后要求他们说话。

另一方面,人们经提醒想起有关克里索斯托莫·埃尔南德斯的殖民者 108
故事。埃尔南德斯是进入意格拉巴拉那地区的开路先锋之一,他屠杀印第安人,却未曾想到自己会被一个手下杀害。据殖民者说,堂·埃尔南德斯会在晚上和印第安人围坐在公屋的烟草罐边上侃侃而谈,凭借他的三寸不烂之舌诱导他们遵从他的指令。

正是世纪之交的哥伦比亚旅行者华金·罗恰向我们讲述了这些——更确切地说是重述,并随之在我认为印第安人会称为殖民者"给予我们的历史"中加进他的部分。对暴力及辞辩的使用,罗恰不仅竭力混合而且又竭力区分。此处重要的是罗恰是怎样做到这一点的。一方面,他说堂·埃尔南德斯首先使用的是辞辩,然后才是武力,然而另一方面为维持这样的区分只能通过修辞手段的运用,以确保不仅暴力和辞辩作为一种权力/知识而相互依赖,而且两者都在某种程度上依赖魔法。确实,魔法存在于他们相互依赖的差别之中;雅克·德里达(Jacques Derrida)的"解构"非常适用于此处。

罗恰在告诉我们之前先证实了堂·埃尔南德斯说话具有如此大的诱惑力以至维托托首领集会能一致通过他的方案,也证实了

> 这发生在他获得无限权力之前,而这权力是恐怖和胜利的产物。正是这样,他实行统治既靠武器的威力又使用言语的力量,并不厚此薄彼。对土著印第安人来说,他不仅成了极具诱惑力的辞辩家,也是不可战胜的拥有武器的人,他还通过这些手段变得更伟大——因为在维托托人看来,他就是他们的国王、他们的神。[23]

贡萨洛·帕里斯·洛萨诺(Gonzalo París Lozano)有一本著作《托利马省的游击战士》(*Guerrilleros del Tolima*)。人们还应当研究这本书的题词,题词是关于发生在哥伦比亚南部的千日战争(1899—1901年)的,这场战事催生了普图马约最早的一批橡胶商人,"他们是不一样的人,数量也比现在多,行为更勇猛,言语更老练"("Aquellos eran otros hombres, más hombres que los de tiempo spresents, más bravos en la acción y más sazonados en la palabra")[24]。此处,主要不是魔法而是对往事的怀恋将暴力和辞辩结合起来又区分开来。

罗恰的独木舟顺流而下进入森林的更深处,生活满是疾病、炎热、饥饿

及昆虫的折磨,而至少还有一位殖民地的吟游诗人将如此悲哀的陈词转变成诗歌。这就如同炼狱一般,就在这里让埃及人受尽苦楚的七灾翻了千倍,死亡有多种形式:在河里溺亡、身中黄貂鱼的毒而死、成为蟒蛇和老虎的午餐……或者成为维托托人的晚餐。罗恰抄下诗歌的最后一行,尚沉浸在那些文字中,帮他撑独木舟的科雷瓜赫印第安人就大叫"我们已经抵达了这次 109
伟大旅行的第二站,这是食人族的神奇土地,是维托托人的地界,这里被12个勇敢的哥伦比亚人——征服者祖先的英勇子孙们——所征服"[25]。

栖于林间的人变得坚强,生计要求他们战胜与自己争竞的人,并且将印第安人控制在霍布斯主义的世界里,这个世界无国籍之分且残酷无情,这里对人吃人的直白描述使得原本无人不知的充满无节制争竞的热带雨林成为阴暗的现实。在食人的情境下,他们以及选择向外界展示他们的人找到了一个所谓的"小站"(way station),这是橡胶站的一个战略交汇点,在此处野蛮人表现的生活形态与贸易所展露的野性相遇。

存在多处这样的小站。在小站里,印第安社会和白人社会混合,融入彼此假定的他性里,人们认为的印第安人的惯常做法在此遭遇人们认为的白人的惯常做法,假定的意义在此遭遇假定的意义而形成奇怪的相互依赖性及文化本身——殖民文化。有橡胶商人和印第安"妻子"生活在一起(据罗恰说,奇怪的是,这些印第安妻子基本都没生孩子);传教士为维托托人"施洗",并给他们起基督徒的名字,然而维托托人也举行盛大的仪式给白人"施洗",也给他们起维托托人的名字(我们别忘记称谓,这是一个双向循环的过程,印第安人使用白人给他们的白人称谓,当然适当的时候也会修改——正如哥伦比亚橡胶商人的非正式领导"理性人的首领"格雷戈里·卡尔德隆一样);白人去找印第安药师;白人(故事是这么说的)例如克里索斯托莫·埃尔南德斯胜过了维托托人的辞辩家,因此能命令他们按照白人的意志行事;盛大的印第安节日活动中贸易品作为"预付款"用以交换橡胶;另外,当然还有印第安人和殖民者关于权利和义务的大量假设交织在一起,构成劳役偿债关系本身。

这些是非常重要的实际事务。

它们也是仪式。

就这点而论，它们事实上是新的仪式，是征服和形成殖民地的庆典仪式，是种族和权力的神秘性，是描写文明改造野蛮的小型剧目。这场剧并没有把殖民分裂双方的要素混合或同化，而是将印第安人所理解的白人对印第安人的解读与白人所理解的印第安人对白人的解读相结合。

殖民者利用印第安人食人的行为就是这样的元仪式(metaritual)，并不亚于他们对于印第安人烟草罐的着迷。

许多男人把手指伸进这罐浓稠的黑色液体中，然后舔舐手指上的汁液。男人沉迷于各抒己见的讨论，还有尼古丁，或许还有古柯，他们在位于热带
110 雨林飞地上的黑暗堡垒中通过这些建立起亲密关系，女人和孩子不在场，盛着浓稠汁液的罐子居于他们中央。从我们读到的内容来看，这样的体验既让人兴奋又满是敬虔。将其曝光需要结合科学/民族志的公然揭露和为原始秘密剥下时间面纱的偷窥狂似的忸怩作态。两者的结合让人好奇。作者一个接着一个被他们文本再现的景象所吸引。夜间，印第安人仍保持清醒，在盛放有烟草汁的罐子旁围坐成一个圈讨论那天的事情，其中混合了男性民主、古典的高贵和原始的神秘主义。有时候在讨论的关键时刻，他们会把手指浸到烟草汁里，然后再吮吸手指——因此，殖民者给这起了一个名字“*chupe del tabaco*”，意即*舔烟草*——直到令众人满意达成一致。

“这是维托托人最为庄严的誓言。”哈登堡写道。他态度严肃，像学究一般，好似他自己也发过誓要说实话一样。他或许真的发过誓，因为接下去他写的令人大吃一惊。“每当白人想要跟土著印第安人订立重要的协议，”他补充说，“他们总是要求白人执行这一仪式。”

他本人是否亲眼所见这样的*舔烟草*行为让人怀疑。他没有表明自己是见过还是没见过，就继续进行描述。首领把手指伸进罐内，以此作为开场，他解释道，然后首领会开始长篇发言，其余的人时不时会用坚定的呼喊声打断他表示赞同。这群人之后变得更加激动，直到每个人都把自己的手指伸入罐内并用舌头舔手指。[26]事情就是这样。之后哈登堡接着描述了维

托托人的房子——民族志的快照。

加斯帕·德·皮内利神父在20年之后确实目睹了*舔烟草*。那时，维托托印第安人熬夜讨论宗教教义，这些教义是同为方济各会神父的巴托洛梅、他自己还有他们的翻译通过油画的形式展现在他们面前的。加斯帕神父写道，每当印第安人有重要的事情需要讨论，他们就会*舔烟草*，比如印第安首领命令他的人去为白人搜集橡胶、务农、打猎，或是攻击其他的部落，或是攻击白人自己。他们蹲坐在烟草罐边上，女人和孩子正躺在吊床里摇来晃去，他们在看不见的地方，却是在听力可及范围之内。印第安首领和其中最德高望重的人开始发表长篇演说，仿佛朗诵一般。同时可能会有三四个人发言，他说，他们把同一个观点重复千遍，表达方式却不同。暂时停顿的时候，所有人都会用拖长的"mmm"音重复最后的几个字，以此使他们的信仰和习俗世世代代留存完好，神父强调说。[27]

"通过不得毁约，把他们捆缚于一个庄严的约定，"凯斯门特写道，"据说这样事情就在管制之下了。"然而，*舔*不仅于此，其中还有掩藏的、威胁性的东西，好似商人为了橡胶使用它导致某个复仇的灵魂从烟草罐里冒出来，而这时*舔烟草*的人说"够了！"。

有一本书据说是离奇失踪的法国探险家尤金·侯布匈所作。凯斯门特 111
正是在这本书中搜索到了复仇之灵，他掀起原始场景的面纱，向爱德华·格雷爵士和英国公众揭示了人们深信印第安人容易上当受骗。情势严峻。侯布匈登陆来到一群诺努亚印第安人中间，看到人类的头盖骨悬挂在屋顶上。他感到不妙。他们强壮有力，涂着红色颜料，嘴里满是古柯叶，把脸颊都撑得鼓了起来，还敲击他的背部。他随身带着他的温彻斯特杠杆步枪，还记日记以保持自己思路清晰。他们包围了他的小棚屋。正值夜间，火光的影子将跳着死亡之舞的印第安人的形状投射到墙上，如魔鬼一般，他说。侯布匈的大丹犬吠叫不止，使得他们不得靠近。突然来了更多的印第安人。这时总共有大约30人，围着放在地上的一个罐子乱跑。其中一个看似是首领的印第安人把手指伸进罐子里，一边还快速说着话。

"从一开始，这个场景就极度吸引我"，被认为是出自那位失踪的法国人

之手的*官方版本*的文章即以此起头，

> 为了更好地理解此情此景，我把报纸放在一边。这正是舔烟草。在这个仪式上，印第安人回想他们失去的自由，并立下报复白人的可怕誓言。在烟草和古柯叶的作用下，谈话变得越发热烈活跃。土著人兴奋过度，几乎带有威胁性。[28]

他作为“探险家”于1904年受雇于阿拉纳。这项任务需要一位地理学家和一位民族学家，类似商业间谍，暗中监视因文明和科学的呼吁变得高贵的那片土地及其民众。有传言说大约一年之后当他的同情心使他和公司反目，公司就把他给杀了。他娶了一个维托托女人。他死后，这个女人去到法国和他的家人生活在一起。惠芬上校写了一首感人挽歌，既是为侯布甸的失踪，也是为森林的精神病态。在书中的这首挽歌里，他描写了和巴巴多斯监工约翰·布朗一起穿过树林的经历，并且发现了废弃的照片底片和营地的遗迹。他们认为这些就是法国探险家最后的遗物。

侯布甸拍了很多的照片。他死后以他名字命名的书里满是这些照片。很多以瀑布及曲曲弯弯的河流为主题。当书面世之后，这些美景均得到热情评论，比如恰如其名的利马主要报纸《商业》(*El Comercio*)。有白人出现的照片中，他们无一例外地佩有温彻斯特杠杆步枪。这一点让英国下议院的特别委员会成员印象深刻，他们都疑惑为什么要配备如此数量众多的武器装备，又为什么要把这些装备拍摄得如此显眼。何塞·欧斯塔西奥·里维拉描写森林和橡胶劳役工人的小说《旋涡》远不止是一
112 部小说而已，因为它已经逐渐变成鲜活的神话（我自己就遇到过一些人说自己是由于这本书所展现的热带雨林的神秘刺激才移居至普图马约的）。在他的小说里有一位法国探险家，他受劳役工人遭受的苦难所感，突然改变了想法，并开始秘密拍摄公司暴力伤害劳役工人的照片。阿拉纳在普图马约上空铸造了幻象，而柯达胶卷成为能够看穿这层幻象面纱的眼睛。然而，不久之后，公司的人列队离开以反驳他的谴责。他再也没有离开过森林。

侯布匈的妻子和维托托印第安人玛利亚,在轮船西里尔号
遭遇海难之后,其间她们所有的行李都丢了
(摘自尤金·侯布匈,《在普图马约及其支流》,1907)

这样的照片没有一张出现在以侯布匈之名出版的书中。关于这些照片我们所知道的全部事情均是惠芬几年之后在一场旧时的森林大火所遗留的灰烬中随意谈论的东西——然而,在据称是侯布匈所作的书中却有许多裸体印第安女性的照片,这些是正面及背面的科学人类学脸部照片,并伴有分析文字——比如,"总的来说,维托托人瘦削且焦虑不安。在他们中间几乎 113
找不到突出的腹部"。腹部之后接着的一章转而讨论土著人的狩猎习惯。此处的视角包罗万象:印第安人的肚子、印第安人打猎……这一切如同谷物,而科学民族志那吞噬一切的眼睛即为研磨谷物的磨坊。读者被建议参考权威书籍《南美印第安人手册》(*Handbook of South American Indians*),以免侯布匈的书被认为只不过是伪科学或原科学,而非科学。手册共

分六卷，是 20 世纪 40 年代由史密森学会的美国民族学局（Smithsonian Institu-tion's Bureau of American Ethnology）出版的，科学事业的无私赞助者美国国务院合作参与了准备工作。举例来说，在第三卷中，人们可以发现维托托人的照片显示出相同的殖民视角，展示身体的方式同展示手工艺品的相同，以便能够仔细察看，原因即是它拥有神秘的意义——比如，它对于我们的意义。从这个角度看，哪一个更让人痛悔：是苏珊·桑塔格（Susan Sontag）的看法呢，还是米歇尔·福柯的见解？前者认为通过摄影捕捉现实，所展现的事物将愈加失去而无法挽回。后者相信社会及人的现代科学倚靠临床医学的观察方式，即为了在控制的轨道上保持距离而靠近。[29] 这些视角相同。它们把维托托人的篮子和吹矢枪放进了博物馆，也学习把这些东西当成锁在玻璃柜里的数据。

侯布匈的妻子和他的妹妹在法国普瓦捷

（摘自尤金·侯布匈，《在普图马约及其支流》，1907）

114　没有裸体男人的照片。若是白人男性，他们戴着帽子还佩带枪支。若是印第安人，他们系一块腰布，毫无羞涩。我们正受邀参加诱拐和暴力的殖民编码？女人有魔力，然而男人却……

法国人的这本书中写道，和印第安男性不同，女人不吃人（然而，在罗恰的叙述中，传说令人闻风丧胆的克里索斯托莫·埃尔南德斯杀死了一整间公屋里的人，甚至婴儿，因为女人和孩子也吃人）。在他过世后时值侯布匈的书出版之际，利马报纸《商业》在涉及他的维托托人遗孀时宣称，如果明天她的一个维托托人姐妹遭遇同样的命运（人们推测这是就她的婚姻而言，而不是她的寡居）也不是那么不寻常。“正如你在我们复制的一张照片里能够看到的，”报纸文章继续道，“这个地区的雇员似乎对维托托人的魔力不感到厌恶。”[30]报纸对法国探险家的失踪表示哀悼，再次引用了一张照片。“在复制的照片中，他的（维托托人）同伴围绕着他，他们的举止是如此平和。然而 115
谁知道他们当中是否有人就参与杀害并吃掉他？”[31]可以确定的是，男性同伴们因为他的太阳帽而相形见绌。

认为出自侯布匈的这本书的另一章开篇写道：

“最后的撤退。一群维托托艾米尼（Aimene）女人。
这些女人哪里柔弱？米切尔先生提到端庄？
值得一提的是她们为了拍照当着英国领事的面脱光了自己的衣服。”
（摘自卡洛斯·雷·德·卡斯特罗，《普图马约的居民》，1914）

维托托人的皮肤是灰铜色的,色调对应巴黎人类学会(Anthropological Society of Paris)色表中的29号和30号。他们的头发长且多,黝黑顺滑。男男女女都任其生长,不剪头发。他们会把眼睫毛、眉毛,还有身体其他部位的毛发减掉或者拔掉。根据所属的部落,男人会故意弄伤他们的鼻子和嘴唇。意格拉巴拉那北部地区的人在鼻中隔穿孔,然后穿过一根芦苇秆,厚度和鹅毛一样。意格拉巴拉那中部地区的人在鼻翼穿孔,然后放上彩色羽毛。他们还用一种金属钉穿过下唇。几乎所有人都在自己的耳垂上佩戴一片硬木,装饰有珍珠母贝壳。

胸膛宽阔。胸部挺起,显出贵族的气势。但高等和低等的成员,尤其是后者,几乎未开化。

116 他们走路的方式奇特,很有意思,尤其是女人的走路方式。她们习惯于把孩子背在背上,使她们保持向前倾的姿势,这个姿势会一辈子跟着

"意格拉巴拉那北部地区的印第安维托托人"

(摘自尤金·侯布匈,《在普图马约及其支流》,1907)

她们。她们的脚内八字，以至走路的时候肌肉收紧，给人一种端庄的印象。

与之相反，男人走路脚呈外八字，用以平衡臀部。但当他们为了跨过河流或是悬崖上一根用作桥的原木时，他们就会让脚呈内八字，以此获得更多的稳定性同时也避免滑倒。双脚的大脚趾天生被赋予巨大的黏着力，可以从地上捡拾收集各种物体。男性的生殖器官被纤维质地的带子遮着，另外也起到束缚作用，使其得不到正常发育。这个部位很小，有可能一直被包皮覆盖。包皮很大，遮住全部龟头部分。女性没有 117
异常现象。胸部圆润且突出，甚至上了年纪的也一样。在这种情况下，胸部会缩小但是从来不垂坠。

吹矢枪是维托托人的武器之一……[32]

维托托人围绕着侯布匈

（摘自尤金·侯布匈，《在普图马约及其支流》，1907）

黑暗的心在哪里，是在食人族撕扯尸体、尸首遍地的仪式上吗？还是在旁观者拍摄照片的眼睛里？照片一张张地将他们曝光在世界面前，裸露、扭曲。这眼睛不带感情，剖析印第安人身体的时候保持近距离——评定肤色、官能化、量度胸部、观察大脚趾、量度阴茎——没有眼睛能够如此淫秽下流。

惠芬上校在热带雨林中独自一人迷路的时候内心萌生对印第安人的恐惧，一个念头让他平复下来，他想到适合安置印第安人的地方：人类学博物馆的玻璃柜。也就是这双眼睛借助法国人侯布匈(不论他是真实存在还是虚构的)不仅能够在一个标准化的人类学色表上测量肤色，还能够屏息描绘印第安人夜晚移动的影子，他们围着他小屋的玻璃外围绕圈，影子呈红黑色，如魔鬼一般。

阿拉纳代表公司发言，他认为，*有理由相信*那个法国人是被吃人的印
118 第安人所害，那个地区这样的印第安人人数众多。[33]侯布匈的书被视为民族志及地理学的报告，经由阿拉纳关系最为亲密的合伙人埃卡洛斯·雷·德·卡斯特罗的甚佳文笔编写并编辑，他也是驻玛瑙斯(Manaos)的秘鲁领事。亚马孙的橡胶热潮期间，玛瑙斯是最重要的港口。他的聪明才智能够胜任这项工作。在他本人的著作《普图马约的居民》中，他开始推进秘鲁(因此也是阿拉纳)对普图马约有争议的地界及其土著居民的领土及人口主张。他声称后者是奥利霍尼人的后代，而奥利霍尼人生活在库斯科(Cuzco)。库斯科是神圣的印加帝国的首都，地处遥远的安第斯山。(在为《当代评论》所写的一篇文字优美感人的文章中，凯斯门特有类似的看法，在文章中他笔下的印第安人身处树林但并非属于树林。)然而事情不止于此。1909 年，雷·德·卡斯特罗在玛瑙斯遇到了惠芬上校，想要从他那里骗取地图和笔记，朱力奥·塞萨尔·阿拉纳也在场。

惠芬正在回英国的路上。在英国，报告传来传去说公司净干坏事。"我把我的笔记和地图绘样给他看，"惠芬告诉普图马约特别委员会，"他对所有这些东西都很感兴趣。他告诉我说，他编辑了侯布匈的书。这本书与大家正在讨论的国家有关。他想要我的笔记，然后用处理侯布匈笔记的方法对我的笔记进行处理。"[34]

数月之后，阿拉纳在位于巴黎的诺维勒酒店与惠芬见面，他们在那里共进了午餐。阿拉纳询问他对哈登堡在《真相》上披露暴行有何意见。他急切地想知道，为能进一步提出谴责，《真相》是否已经接洽了惠芬。两周以后，

他们在伦敦的皇家咖啡厅用餐。这次,惠芬告诉阿拉纳,他必须为外交部准备一份报告。他们喝了一整晚香槟。阿拉纳提议中途停在摩托俱乐部。第二天一早,惠芬的记忆不太清楚。好像阿拉纳问过他需要多少钱才会给秘鲁政府写报告。惠芬告诉他,他的费用是 1400 英镑,然后开始记录阿拉纳指示他要做的事情。这些是用的西班牙语,而在特别委员会的交叉问询下,惠芬后来承认自己的西班牙语很不好。当阿拉纳问惠芬要文章的时候,惠芬对他产生怀疑,然后把文稿撕毁了。“我认为他为我设了陷阱”,他告诉特别委员会。他们还在喝香槟。[35]

后来,在阿拉纳致秘鲁亚马孙公司股东的信中出现了用英语写的惠芬的书面声明。某个人得到了这些文字碎片,然后把它们粘在一起,做成拼贴出来的原件。“一千英镑”这几个字被贴在了错误的地方。西班牙语代词“*mis*”在一页中缺少了,却被放在了另一页上。这很荒谬。这很庸俗。惠芬被认为写下文字,同意为秘鲁政府写报告,说他在普图马约没有见过任何不正当的事情。

当然,他之后不久即面世的书未提及橡胶公司虐待土著印第安人—— 119
尽管整本书都透着深沉、压抑、邪恶的基调,一种原始的基调,森林显得局促,充满不安。“我的费用是 1400 英镑,”他的记录最后写道,“但我很友好,愿意接受 1000 英镑作为报酬——别无其他。”[36]最后两个字看似是伪造的,大概是阿拉纳所为或是照他的吩咐所做。

尤金·侯布匈的普图马约笔记和照片正是经由这双巧手才能以书的面貌出现——据说其中不少于两万册是 1907 年阿拉纳在利马印制的,[37]凯斯门特正是从这本书里了解到*舔烟草*被看作典礼仪式,印第安人在此立下报复白人的可怕誓言——据说白人利用同样的仪式使印第安人无法挣脱劳役偿债,只能采集橡胶。

毫无疑问,许多不同的手指可以伸进烟草罐然后被吸吮。许多是它促成的发言。既然白人也已加入这个圈子,关于自身的那一个还在继续。

正是堂·克里索斯托莫·埃尔南德斯把*舔*的殖民元仪式打造完美。更确切地说,正如在有关普图马约橡胶热潮的如此众多的事件中一样,就这一点而言，堂·克里索斯托莫的故事，即有关他故事的故事，才是极致完美的——这些故事如此具有说服力，以至集会上与他一同坐席围着烟草罐发言的维托托人领认为只能一致同意他的提议。[8]

此外，有关*舔烟草*的故事能够和在它周围讲述的故事一样具有震撼力，这种震撼力还带着神秘感；尤其是罗恰讲的故事，他的故事把*舔*带入令人心醉的食人圈自身的正中心。它不一定只是关于讨论中的食人行为，也与恐惧和惊愕的诗学有关，听起来极端荒谬也耸人听闻，但仿佛是真的。我听到殖民者相互之间分享关于森林和林中人的奇闻轶事，因而知道了这些故事。譬如，我的思绪回到1978年的某个夜晚。那天晚上我在圣米格尔河(río San Miguel)边的一个小商店里。这条河是普图马约河的支流。这条支流距离罗恰沉浸于恐怖故事的地方大约150英里，并在其上游地带。这里慢悠悠的蛙鸣声使热带雨林的夜晚沉醉。就在我所在的这个地方，许多年以后，经林中生活磨砺的人们彼此谈论他们听说的故事，有在树林里迷路的故事，林中危险动物的故事，还有让人毛骨悚然的幽灵，比如长发垂地、胸部长且白的艾斯潘答(*espanta*)，她是如此骇人，一看到她即魂飞魄散。他们每每谈起这些故事就能持续好几个小时。但是，我和印第安人一起在小山上的夜晚，我从没有听到过或者无意间听见类似的故事。这些故事的编造混合着如恶魔一般且耸人听闻的美学意义的愉悦感，其来源即为恐惧和神秘。

特拉文在《行至蒙特里亚》(*The March to the Monteria*)一书中写到一位来自墨西哥恰帕斯州高地的查姆拉(Chamula)印第安人。他下行至热带
120 雨林，也就向被奴役的生活迈出了第一步。他进入到奴役偿债制度中，在红木业当了一位伐木工人。“一路上他所请教的人向他讲述了热带雨林最为可怕的故事。”特拉文写道。

> 然而，这些人自己从来没有去过热带雨林；他们甚至都没有靠近过雨林外部边界的灌木丛。他们所有人都只是复述了其他人的所见及经历而已。
>
> 但是对塞尔索(Celso)讲述的各种故事无一例外使他内心对广阔

> 的热带雨林产生一种异乎寻常的恐惧感。没有人真正在意塞尔索在雨林里的死活。他们如此叙述主要是想看到专注的听众脸上表情的变化,并以此为乐,同时也为消磨时光,还希望因某人的故事而激动兴奋起来。如果某个人回家得经过墓地,晚上讲鬼故事、幽灵传说也并不是为了让这个人不再从那里走。讲这些故事是为了能带着愉悦的心情看到听故事的人被吓坏了以后的那张脸,以此度过一个开心的夜晚。
>
> 现如今,徒步穿越雨林绝不是假日远足。事实与有关恐怖的可怕叙述非常接近……[39]

这便是特拉文的故事,而他也下行至红木林中。想必和他自己被告知的内容一样,华金·罗恰告诉我们说

> 部落抓到一个俘虏,这个部落的所有人即撤退到一个满是灌木的区域。女人绝对禁止进入该地,除非有特殊任务。小孩也严格排除在外。一罐煮过的烟草汁被放置在中心位置供男人享用。而角落里,那个被俘的人坐在一张小小的长凳上,被紧紧地捆着。
>
> 野人手臂相扣排成一列长队。伴随着鼓声,他们跳着舞向前进,直到非常靠近这个可怜人。他们后退、前进许多次,其间会离开从烟草罐中取汁水喝。然后,为跳舞的食人者敲打的鼓声停了下来,以便这个不幸的人可以认清死亡即将使他失去多少东西——这个部落最美丽的女子走进来,身上穿戴着林中鸟儿最为多样的各种鲜艳羽毛,光彩夺目。鼓声再次响起,这个美丽的女子独自舞蹈,她就在他的面前,几乎要触碰到他。她扭动身姿,款款向前,使他沉浸在热烈的注视和爱慕的情感之中。然后她再回转身,重复三至四次之前所做。之后她便离开,这个庄严仪式的第二幕也随之结束。第三幕紧随其后,由同一批男子像之前那样跳舞,除了每次这一队舞者靠近俘虏的时候总有一人离开队伍然后慷慨激昂地高呼类似这样的内容:“还记得你们的人杀死哈提西克吗?他是我们部落的人。你们不能俘获他,因为他知道在任由你们把 121
> 他拖拽到你们的人面前之前如何死得其所。我们要把他的死报复给

你，你这个懦夫，你不知道在战争中如何和他一样死得其所。”或高呼：“还记得你和你们的人在我们的姐妹希菲西诺沐浴时突袭并把她掳走，她还活着的时候，你们狂欢玩弄她的肉体，折磨她致死？你还记得吗？现在，你这个遭天谴的人，我们要活活把你吃了，直到你的每一块肉、每一滴血都被我们吃了喝了，我们才会让你死。”

这之后是第四幕，也是这可怕悲剧的最后一幕。舞者一个接一个地走向前，然后每人用他手中的刀从俘虏身上割下一片肉来。伴着俘虏死前的呻吟声，他们把肉烤至半熟便吃了。当他最终死了之后，他们就不再割他的肉。他们继续烤烹他的肉，吃得一点不剩。[40]

叙述的调解：认知黑暗

对我来说，似乎普图马约橡胶热潮期间殖民想象的形成及盛行离不开这样的故事。“他们的想象是病态的，”提及橡胶站雇员时，秘鲁法官罗穆洛·帕雷德斯(Rómulo Paredes)于 1911 年写道，“他们在所有地方都能看到印第安人的袭击、阴谋、暴动、背叛等；为了能在想象的危险中拯救自己的性命……他们一再杀戮，毫无怜悯之心。”[41]帕雷德斯在树林中待了四个月之后，从这些雇员处得到证词，也获得了与他们相关的证词，二者相加达 3000 页，均是手写的。

这些故事以及这些故事所维系的想象非但不是工作结束之后让人沉溺其中的微不足道的白日梦，而是强大的政治力量，少了这股力量，征服及采集橡胶的监督工作都将无法完成。关键要理解的是这些故事起作用的方法，它们通过魔幻现实主义创造出一种恐怖文化，而这种文化既控制了白人又控制了印第安人。

殖民虚构的重要性超越了它自身令人毛骨悚然的内容。它真正至关重要的特点在于它能够从虚幻中创造出不确定的现实，使得无定形的现实有形有声，并且在这样的现实里，真相与幻象之间变幻的相互作用成为一股魅影一般的社会力量。所有社会都倚靠信以为真的幻象而存在。关于陈述的认识论问题、本体论问题，还有其他的哲学问题——现实和幻象、肯定和疑问——变得无限大于关乎认识论、诠释学及解构的“仅”为哲学的问题。使恐怖文化有别于其他的正是这一点。它成为高性能的控制媒介。这个媒介处于认知及本体论的混沌中，在普图马约橡胶热潮期间，它被认为是一个死亡空间，被强烈地感受到并被投入意识之中。

经理们的思绪无法摆脱死亡的搅扰，罗穆洛·帕雷德斯告诉我们。他 122
们处处都能发现危险。他们仅仅想着自己生活在毒蛇、老虎和食人族之中。正是死亡的想法，他写道，不停地击打他们的想象，使他们惊恐失措，什么都能做。他们像孩子一样有梦魇，梦到女巫、恶灵、死亡、背叛和鲜血。他们能够在这样如此可怕的世界里存活的唯一方式，他说道，就是自身激发恐怖情绪。[42]

社会学及神秘的调解：小伙计

如果是讲故事调解了恐惧情绪的激发，我们就应当对促成调解的这群人做些许探究。这些人就是经由公司培训的印第安守卫，被称为“*muchachos de confianza*”，也就是“可以信任的孩子”。因为用罗穆洛·帕雷德斯的话说，他们“不断设计执行死刑的手段并持续揭发印第安人‘*舔烟草*’（意即杀死白人的誓言）的集会——莫须有地想象出来的暴动，还有其他类似的罪行”[43]。从多方面来看，关乎成败的是公司是否能够控制这个重要环节，即利用当地文化从而对其剥削。这是典型的殖民策略。当然，事情绝非如此简单。就是操纵者也有文化，而且文化并非可以轻易“使用”。

*小伙计*作为半开化半理性的印第安人在树林野人和橡胶营白人之间进行调解，象征橡胶潮中阶级和等级的显著差异。他们与自己人脱离关系，对他们加以迫害、背叛，也在他们中间激起了嫉妒、仇恨。如今，他们被归为半开化的人，而且在食物、武器及商品货物方面倚仗白人。*小伙计*代表了关于野蛮的殖民神话中所有一切关于野蛮的种种——因为他们处于如此行事的最为理想的社会及神秘的空间。他们不仅对煽动白人偏执多疑之火的传说进行了润色，而且还代表了白人所恐惧的、所创造出的并试图为自己所用的残忍野蛮。*小伙计*用殖民情境下产生的野人身份来交换他们作为开化的印第安人及守卫的殖民地新地位。正如帕雷德斯提到的，他们任由白

人处置“他们特殊的本能，比如方向感、嗅觉、他们的清醒，以及他们对森林的熟悉”[44]。他们从林中野蛮的印第安人那里购买橡胶，同样地，白人也购买印第安小伙计的如奥卡一样的野性的“本能”。

然而，和橡胶不同，这些野性的本能是通过白人的想象编造出来的。为了得到报酬，*小伙计*所要做的一切就是将蛰伏于殖民文化中的魅影物化，并通过故事赋予白人这样的魅影。鉴于有关奥卡和野人的印加及西班牙的殖民神话已流传了好几个世纪，再加上这个神话在*小伙计*相互矛盾的社会
123 存在中内爆(implosion)，这就是个简单的工作。关于*小伙计*的故事只不过是更为包罗万象的故事中的零星片段而已。故事将*小伙计*等同于殖民话语中的物而非故事的作者。

普图马约橡胶热潮建立起来的劳役偿债制度不仅仅是用白人的商品交换印第安人的橡胶，这个制度也用虚构的现实进行交换。虚构的现实依赖小伙计，他们讲述的故事用背叛印第安人的真实情况来换得对殖民幻象的肯定。

“不可抗的谵妄”

华金·罗恰的吃人故事并不是以俘虏的死亡作为结局的，而是吃得“一点不剩”，正如康拉德·普罗伊斯所写的维托托人食人的例子，吞下他是为了汲取他的力量，增强人的战斗魔法，又或者如惠芬上校听说的那样，吞下他是为了贬损他。[45]若是现代国家的施刑可以借鉴，比如现在的拉丁美洲，这些动机绝不会彼此排斥。有关这些常存争议的观点的证据也并不一定在于吃这个行为上。因为现在，正如惠芬上校所写，“当嗜血暴殄的狂欢终结的时候，战士们必须舞蹈”——并且八天如此，伴着被他形容为持续轰鸣的阴沉鼓声起舞，时不时地从舞蹈中退出，用死去敌人的前臂搅动巨大的酒槽。上校告诉我们说，他们因为酒醉，歌声变成尖叫，如魔鬼、地域一般。“然而这场景难以描述。”[46]他如此写道，带着谦逊的口吻，同时也透露出智慧，因为他将80页的内容隐匿在一个如同安静的旋涡一般的脚注里。他在这个脚注提到“我从没亲临食人盛宴。信息均来自侯布匈的叙述，并通过交叉问询我所接触到的印第安人进行核实”[47]。

“这是,”尽管如此,他继续自己陈述的主调,“一场野蛮的疯狂庆典。”

> 赤身裸体的男人们疯一般地兴奋;他们的眼睛闪烁着光芒,他们的鼻孔微微颤动,但他们并不是醉了。裸体赤身的女人们忘我地舞蹈;她们应和着部落的舞曲喊叫出她们的合唱曲;但她们并不显得淫秽。整个场面弥漫着一种不可抗的能够穿透一切的谵妄。这野蛮的爆发甚至影响到其间的陌生来者。被遗忘的脑细胞对此情此景的刺激作出反应。他不再是隔离在外的,语言及情感都格格不入。他和一队食人者挽着胳膊,同他们有节奏地一起摆动,和他们中间唱得最好的人一样严肃地跺脚、热情地唱着没有意义的歌词。他跨越了一个文明的时代,回到河岸上低劣的投弃货物里的野蛮状态。这就是亚马孙的奇特魅力。[48]

还有一个橡胶带属于利奥波德国王治下的刚果。惠芬上校挽着食人者的胳 124
膊摇摆,进入谵妄,回到野蛮状态下的 12 年前,就在这个橡胶地带,另一个英国人,即约瑟夫·康拉德笔下的叙述者水手马洛,正艰难缓慢地向上游跋涉,“处于黑暗而不可解的疯狂的边缘”。他也跨越了一个文明的时代,甚至可以说是文明的起点:“他们嚎叫,跳跃,旋转,还做可怕的鬼脸;然而仅是想到他们是人类——像你一样的人类,想到你与这些野蛮的、充满激情的喧闹存在遥远的血缘关系,就让你战栗。”

“你说你看到印第安人被烧死?”总领事问奥古斯都·沃尔科特,他 23 年前出生于加勒比的安提瓜岛(Antigua)。

> “是的。”
> “烧活着的人?”
> “活着的。”
> “你是什么意思? 能描述一下吗?”
> “我只看到一个活人被火烧。”
> “那么,能跟我讲讲这个人吗?”
> “他没有采集‘橡胶’,他逃跑了,而且他还杀死一个‘小伙计’,一个

> 男孩。他们把他的两只胳膊砍下来，还有他的腿砍到膝盖的位置，然后把他的身体烧了……他们拖拽他的身体。他们放了很多木材，把它点燃了，然后把这个人扔进火里。”
>
> “你确定他仍旧是活着的——当他们把他扔进火里的时候不是已经死了？”
>
> “是的，他确实活着。我确信——我看到他动了——他睁开眼睛，大声尖叫。”[49]

还有一些事情是总领事不理解的，于是他把沃尔科特招回来就他说的“因为他告诉印第安人我们也是印第安人，而且吃那些——”作出解释。他的意思是橡胶站的经理诺曼德先生“为了恐吓印第安人而告诉他们说，黑人是吃人的，是一支残忍的食人部落，如果他们没有收获橡胶，这些黑人就会被派去把他们给杀了吃掉”。“这就是他本要说的，”凯斯门特补充道，“为了恐吓印第安人，当诺曼德先生把巴巴多斯人带到安多克印第安人当中时，他就是这样描述的。”[50]

詹姆斯·马普（就是说自己和其他人不同，从没看到或听说阿奎罗先生杀人拿来喂狗的那个人）告诉总领事，他曾经看到希拉里·奎雷斯从四个印第安人的身上咬下肉来。他们被吊起来三个小时，双手绕在背后。奎雷斯玩弄他们，摆动他们的腿让他们晃起来，橡胶站经理阿奎罗在一旁看着。他把一个人的小脚趾咬下来，然后吐到地上。他还咬其他人的小腿肚和大腿。阿奎罗大笑着。[51]

“你见到阿奎罗杀印第安人了吗？”总领事在位于拉乔雷拉的橡胶收集库房询问伊芙琳·巴特森。

> “没有，先生；我没有见过他杀死印第安人——但是我见过他派遣
> 125 小伙计去杀印第安人。他曾抓到一个印第安人，然后把他给小伙计们吃，他们还为此跳舞。”
>
> “你看到了吗？”

"是的,先生;我看到了。"

"你看到那个人被杀死?"

"是的,先生。他们把他绑在一根柱子上,然后开枪打他。他被射杀之后他们砍下他的头、他的手脚,然后在这个区域将他抬来抬去——在这个场地内——他们还一边唱着歌,一边把他身体的各部分抬上抬下,还把它们抬到屋子里,跳起舞来……他们抬走身体的各部分,还在经理房前经过,带着这些——他的脚和他的手臂,还有他的头颅,然后他们把这些带回自己家里。"

"你怎么知道他们把这些都吃了?"

"我听说他们吃这些。我没有亲眼见到,先生,但我听到经理阿奎罗先生说他们把这个人吃掉了。"

"这些都是经理说的?"

"是的,先生,都是他说的。"[52]

凯特尼尔是一位著名的叛军首领,他的妻子被橡胶公司绑架。他试图解救她,但被伊芙琳·巴特森派来的小伙计枪杀。

"他们对凯特尼尔的尸体做了什么?"总领事问巴特森。"他们埋了吗?"

"是的,先生。塞拉达(代理经理)砍掉了他的头、脚和手,将这些连同身子一起放进了坟墓。"

"他们把这些成员带到橡胶站的每个人面前了吗?"

"是的,先生;他们把头放在河里,等经理来,让经理能看见。"[53]

凯特尼尔不采橡胶逃跑了。他夺取了武器,射杀了阿拉纳的姐夫。凯斯门特说,他被认为是"一个勇敢的人,让普图马约的橡胶工人感到惧怕"。想象出的可怕事物使人做出可怕的事情,正如罗穆洛·帕雷德斯法官评论的那样。在追捕凯特尼尔的过程中,阵势铺排惊人,而且和肢解他的身体一样,头颅是重点。詹姆斯·蔡斯参与了其中一次追捕行动,总领事总结了他关于此事所发表的言论。

> 他们在到达的下一间屋子里抓捕了四个印第安人，一个女人和三个男人。领头人巴斯克斯命令一个小伙计把这个女人的头砍下来。他下这道命令并没有詹姆斯·蔡斯所知道的明显原因，而仅仅是因为"他是领头，可以随心所欲"。小伙计砍下那个女人的头；他揪着她的头发，把她推倒，用一把大砍刀把那女人的头砍了下来。砍断她的头砍了不止一下——三下或四下。

126 她的尸体还有在这次洗劫中被抓的其他人被砍下的头颅和截断的身体也一样被遗弃在路上；凯特尼尔的孩子因为哭泣被砍头，还有一个女人、一个少年，还有三个成年男子——都是因为走路太慢而被砍头。公司的人走路很快，因为他们想到追逐他们的印第安人有些害怕。[54]

在白人的幻象中，以及当他们追捕印第安人去采集橡胶的时候，他们对追逐他们的食人者的性格都存在某种假设，前者更甚于后者。这时候，他们似乎忘却了印第安人不会吃他们的传说。至少凯斯门特和帕雷德斯法官都分别听到这样的消息。一个熟知维托托人及其语言多年的橡胶采集者告诉法官，印第安人对被他们称为"猴子的亲戚"的文明人感到厌恶，这些人发出的令人作呕的气味排除了他们被吃的可能，不论是死是生。"在普图马约执行任务期间，我唯一了解的食人事件，"法官承认，"即是在文明人自己的命令之下发生的。"[55]

或许正是他们的气味使得他们吃人的命令显得更让人着迷？因为在曾是阿拉纳领地的最北部边境的一些人类学家最近听闻的那些故事里，印第安人说白人不受印第安妖术的影响。巫术进不了他们体内，因为白人气味太难闻。那就是雅若开米娜印第安人传奇一般的反抗失败的原因。至少一些人是这么说的。但是，有关这些事情的解释还是不论更好。因为有关惩罚和危险的历史是专留给巫师的。确切说来，别人是这么告诉我的，巫师从这些故事的解读中获得他们的邪恶力量。[56]

第6章　殖民生产镜

> 海员的故事直接、简单，全部的意思都存在于外壳破裂的坚果内。但马洛并不是典型的海员（如果预料到他喜欢讲奇遇故事），而且对他来说，一个事件的意义并不像核一样存在于内部，而是在外部包裹着故事，故事将意义呈现，就像一道微弱的光束呈现出迷雾一样，也像一圈朦胧的光晕有时在月光普照之下可以得见一般。

希望至此我选择看似奇怪的出发点的原因是明显的——通过叙述调解 127
恐惧，还有为实现有效的反表述而提出的问题。我希望之后关于我必须坚持采用萨满疗法发展的方式的原因也是明显的。普图马约北部地区的萨满疗法像恐怖文化一样从死亡空间里认知黑暗的野蛮中发展自己的势力，这野蛮是在殖民情境下产生的。

海员故事的目的是要敲开其他海员故事的外壳以揭示其意义。开始在我看来正是如此的故事——罗恰、惠芬、哈登堡、凯斯门特等的故事，还有他们的故事所基于的故事——最终都像马洛的故事一般，故事的意义存在于外部，包裹着故事，故事将意义呈现，就像一道微弱的光束呈现出迷雾一样。意义难以捉摸。怀疑搅乱确定。观点不仅多种多样，而且彼此破坏。真亦假，假亦真。就像微弱光线所呈现出的迷雾可以成为反抗的强大力量一样，它也可以成为恐怖的强大力量。在这般受控的世界里，明晰本身就具有欺
骗性。解释恐惧的努力勉强能和这些解释中所包含的故事加以区分——好 128
似恐惧只提供了无法解释的关于它自己的解释，并由此猖獗兴盛。

解释的问题于我来说变得越来越大，直到我意识到解释的问题是恐惧的决定性因素，它不仅使得实现有效的反话语变得如此困难，还使得骇人的暗杀小组、失踪和刑罚愈加有效地削弱了人们的反抗能力。原来，解释的问

题是必须要解释的东西的重要组成部分，正如对控制来说，反抗是必须的一样。恐惧深深依赖感官和解释，通过摧毁感官以使自己获得力量。有关恐惧的普图马约文字材料忠实地再现了这些。

在这点上尤其欠缺的是对商业逻辑和对市场逻辑理性的冷酷呼吁，把恐惧看成是为实现成本效益而选择的方式。对这个观点的理解加强了此情境的虚幻感。成本效益和“稀缺性”能够通过各种方式计算。如若理性表明应在几年之内将劳动力供给扼杀殆尽，屠戮和折磨印第安人和让他们干活一样均是娱乐。折磨印第安人明显是提高生产力的方法，它自身同样是一种目的，是这个地区最为持久的产品。在这些“进步”的贸易站，卡尔·马克思所描绘的商品拜物教获得一种形态，既荒诞又残忍。在这个地方劳动力并不自由，也不能被转化成商品，不仅仅是橡胶和欧洲的贸易品受制于拜物化。更为重要的是劳务偿债制度下劳务的拜物化，它经由这些商品集聚，殖民社会的全部想象力在此也被集中起来。在这个虚构的鸿篇巨制中，债务即是印第安人的礼物经济和殖民者的资本主义经济的啮合之地。这个交流地带具有不明晰的战略意义，正是在此地，战争与和平之间的界线一直如此清晰，以致条件已为一个大规模行动设置好，这个行动不仅是残酷、致命的，而且极富想象力。事实上，正是在对死亡及死亡地带的文化解读中，战争与和平之间的界线才得以维持。他们在任何地方都能看见死亡，普图马约法官罗穆洛·帕雷德斯在谈及橡胶公司雇员的时候写道。他们仅想着他们生活在毒蛇、老虎和食人者之中。这些野蛮存在所表现的死亡念头持续击打他们的想象。在帕雷德斯游历此处之后，他认为，在这样的世界里，他们唯一能够生存的方式就是自己激发恐怖幻象。

> 下达命令的人们发出刺耳的尖叫，
> 他们的声音充满恐惧，
> 像等待屠夫杀戮的猪崽儿发出的尖叫声，
> 他们由于焦虑，
> 肥臀在办公室的座椅上往外冒汗……
> 恐惧不仅统治被统治者，

也统治统治者。[2]

放逐中的布莱希特到访过第三帝国。当被问及在那里真正掌权的是什么，他的一个同伴回答是恐惧。他思索着这个答复并于 1937 年写了这首诗。考虑到这个政权的巨大权力、它的集中营、刑讯室、丰衣足食的警察，布莱希特发出疑问，为什么他们却害怕开放言论？ 129

在现代，这样的恐怖文化依赖原始主义。具有革命精神的诗人会呼吁原始的魔法来对它进行破坏。

但他们的第三帝国会想起
沥青房子、亚述人、那坚固的堡垒
据传说，任何军队无法攻陷，
然而
当在其中说出一个单一的、清晰的字眼
它就分崩离析。[3]

原始主义和商品拜物教一同复兴(暂且把亚当·斯密看不见的手看作万物有灵论的现代版本)。如果与此相关的本雅明和 T. W. 阿多诺(T. W. Adorno)的观点有任何意义的话，那么正是在联结野蛮与文明的边境上的种族主义的残酷舞台上，商品的拜物力量与死亡空间里的幽灵相互融合，对双方均有炫目的好处。我在此处想到的不是向着进步稳稳渐进的步伐，而是位于发展中国家边境的黑色地带突发的变白效应。在这些边境地区，商品遇到印第安人，并通过死亡侵吞了野蛮的拜物力量。这种野蛮经由欧洲人创造，也使欧洲人受到迷惑。对于商品拜物教在世界舞台的发展，此处普图马约不过是一角而已；再想想拥有橡胶和象牙的刚果，为了在墨西哥的尤卡坦半岛(Yucatan)种植剑麻而对雅基人(Yaquis)的奴役，在不幸的巴塔哥尼亚(Patagonia)发生的种族流血冲突——所有这些都在同一时间。

人类学这门新科学不亚于对现代主义者迷恋原始事物的展示，而且它在展示中与新的艺术技艺合作：福楼拜的现实主义以及他笔下的埃及/迦太基体现的感官上的异国风情；兰波(Rimbaud)的地狱一季，在这个地方，异教徒的血流淌回来，精神错乱的头脑变得神圣；济慈16世纪摩尔人似的反对自我(“这是我们的现代希望”)；康拉德现代化的黑暗的心；“一战”期间在苏黎世的伏尔泰酒店，理查德·许尔森贝克(Richard Huelsenbeck)在达达之夜打着“黑人的节拍”(胡戈·巴尔[Hugo Ball]说，我们像被狮子包围的笼中之鸟一般)；阿波利奈尔的巴黎之夜转入黎明：

130 你步行走向欧特伊(Auteuil)你走回家
睡在你来自大洋洲和几内亚的崇拜之物中
他们都是另一种形态和另一种信仰下的基督……[4]

凯斯门特的迷恋之物“颜色就像树干，它们在其间轻快掠过，如同林中的精灵一般”。如果说凯斯门特在一个把维托托人和所有亚马孙北部的印第安人描摹成天性温顺的梦幻般的世界里与他的迷恋之物一同入睡，惠芬上校就可以在大自然的咒语之下写完一整部书，这部书所展现的大自然里的人类居民和动植物生命生来野蛮，拥有报复心理，令人厌恶，而且让人毛骨悚然。与这些观点形成对比，内河船员阿尔弗雷德·西姆森把原始描述成许多飘忽不定的影像，这些迷朦影像可能是任何东西，泄露所有相反的性格特质(可能除了奴性)，这些特质不仅构成野蛮的印第安人，还构成了被恐怖所利用的野蛮的朦胧本质。如若马克思的商品拜物教意味着在物与幻象之间摇摆不定，那么这些野蛮形象则精准地抓住了这对关系，它们和恐怖用来钉住物体的手足枷一样具有约束力，竟看着它翻滚和死亡。

当然，数字保险一些，尽管它们在缩小。罗恰引用匿名当局的言论说在一个区域的维托托人有一百万。其他人给出不一样的数字。还有一个神奇的数字，说1900—1910年有3万维托托人死亡或者逃跑——这些数字均为不着边际的猜测，但不承认如此。尽管读者希望这些数字是象征控制及秩序的隐性符号，是微妙地带的专业姿态，但在进入普图马约恐怖及其解释的阐释学泥淖之前，这些数字丈量恐惧，透出认知的平静，还提供了现实的冷漠气氛，这确定性的一颤让背部僵直，疼痛异常。

凯斯门特说，如果提供印第安人合宜的贸易条款，他们在没有酷刑的情况下也会采集橡胶。然而巴巴多斯监工罗恰和美国驻伊基托斯的领事却不那么确定。在任何“制度”下印第安人都会长时间、高强度地工作，正如凯斯门特本人之前说的那样，那时他在刚果负责监督土著人把活干完。他们对此表示怀疑。这件事难以捉摸、惹人烦扰，甚至极具破坏性——为森林里的人提供工作动机以及为他们评估贸易品的价值和意义。这也是欧洲工业化涉及的中心问题；文明史如同夯实的金块一般位于奴役偿债关系及其酷刑意义的中心。它并非轻易接受解释之物，不论是那时还是现在。

关于土著印第安人或许会发动的暴动有各种想法、画面、预感和感受，如乱麻一般。一个未受承认的不确定性同样构成了这样的乱局。与一些监工的看法相左，凯斯门特肯定且清楚地断言，暴动不可能发生，因为各种各 131
样的社会因素。然而在他报告的其他地方，他却提供了暴动发生的充足迹象。华金·罗恰的书同样制造了一个未受承认的可能性乱象。他在一处断言白人无须害怕，而在另一处，他又说他们命悬一线。在这种情况下，推理论证混淆了自身。寻找法律和秩序导致未受承认的混乱。报告的语气透着无虑的自信，完全掩饰了报告内容的不确定性。恐惧与不确定性之间的僵持不下创造了更多的恐惧和不确定性。报告内容中，此局面在政治方面的重要特征即是这样的创造方式。

英国国会普图马约特别委员会召开的听证会公开了相关记录。“征服的措辞”是该记录引言的副标题之一。有关征服和削弱，相反的意思和情节如细沙一般，委员会成员淘筛着这些细沙，感到困惑。朱力奥·塞萨尔·阿拉纳将经商和征服相等同，把食人的行为和对贸易的厌恶相等同，特别委员会努力让一个英国人说的话对像阿拉纳一样狡猾的拉丁人产生影响。除此之外，有关征服的历史，特别委员会在此之前有非常不同的版本。这在权威性和吸引力方面是特别神秘的话题。驻伊基托斯领事的一封信被念给困惑的委员会，解释了土著印第安人征服秘鲁就如同罗马人对英国的征服。就在此时，这个问题被很好地提出来。一方面，一张征服普图马约的照片被展示给了委员会，以死亡和破坏起始，以温顺的屈从和贸易结束。另一方面却是凯斯门特提供的历史：贸易商花言巧语，百般诱惑，他们使用西方的商品争取印第安人即"大小孩"的支持，让他们执行殖民男色交易，之后又进入奴役关系中——由于某种原因，这并不称为奴役，而是掩饰成"奴役偿债制度"。

委员会对"征服的措辞"感到困惑。这般困惑不单是源于法律上吹毛求疵的习惯，或者是把一种文化形态转化为另一种文化形态的人类学不可避免的方法论问题。除了那些考虑还有由被称为奴役偿债制度的东西引发的同种困惑所起的有效社会作用。华金·罗恰注意到"良好言论的变形"以及"适当"条款未被遵守的时候也有这样的困惑。然而，它夜以继日地持续着，这个变形、那个失败，社会制度令人费解、捉摸不透，混乱在其中显而易见。社会制度用复式记账法的仪式化展示篡改了鞭打，用同样仪式化的商业行为篡改了赠与礼物的交换礼仪。这是在赤道线上对资本主义盛况的拙劣模仿。橡胶采集者是贸易者、奴隶，还是债务？人可以是债务吗？为什么"偿付款"——抑或是"预付款"？——会被强加在印第安人身上（"我要一只黑狗！"）？——为什么会有那么多的残酷？

132 有一个画面在这里进入焦点，那是一个土著印第安人被上着手足枷的画面。手足枷紧紧束缚住身体，至少是头部和手臂。橡胶站经理和他的雇员或许正从阳台观望。人们说他们是美洲虎，是商品之雷。[5]也许他们中的一些人正想着什么时候会轮到他们被手足枷钉住，但目前，美洲虎和雷声是自由的。土著印第安人是被钉住的。然而，环绕整个森林，没有什么是固定的。雨点倾打，水滴从黑压压的林中闪着亮光的叶片上滴落下来。涓涓细流形成小溪，河流合力汇聚成浑浊的亚马孙河。这条河蜿蜒淌过玛瑙斯的意大利大理石和波兰妓女。阿拉纳和雷·德·卡斯特罗就是在拥有富饶橡胶资源的玛瑙斯试图贿赂惠芬，以期得到他的民族学的笔记和照片。他接受了。他没有接受。河流蜿蜒向前到达大海，靠近哥伦布的船只和奥里诺科河（Orinoco）起起伏伏的水流相遇之地。奥里诺科河是帕拉代斯（Paradise）的四条河流之一，向前到达纽约及欧洲，在那里，惠芬喝香槟醉了，立下字据，宣称普图马约是天堂，之后又把字据撕成碎片。然而字据又被拼起来，结果却是不连贯的。它像立体主义画派发明的用呈现嘲弄表征的拼贴画一样，用心理错觉替代视觉错觉。就在不远处阿拉纳和惠芬一道午餐，过后惠芬写了一部著作，没有提及对他研究的印第安人施加的酷刑和杀戮。他可能并没有在欧洲把字据撕成碎片。在欧洲什么都是固定的，又没有什么是固定的，英国国会特别委员会正试图把“征服的措辞”的真相弄个水落石出。没什么是有意义的。没什么是可以确定的。只有被人观看的上着手足枷的印第安人。我们观看着观看的人，目的是通过我们的解释让他们表态，然后确定恐惧的真正意义，把它放入解释的手足枷中。然而，以这样的方式观看，我们对恐惧嘲弄意义建构的方式，为了嘲弄意义它是如何要求意义的，以及在那样的嘲弄中它是如何加剧意义和感觉的这些问题变得视而不见了。

如若恐惧建立在认知黑暗及改变的产生，它要求解释学的暴力，这种暴力以现实、客观及类似的幌子创造无力的虚幻，将矛盾扁平化、混乱系统化。普图马约河在此处的形象并不确定是旋涡不露痕迹的邪恶恐惧（这也是欧斯塔西奥·里维拉所著的有关普图马约橡胶和奴役的小说的标题），而是冻结在生死攸关里的世界，正如（故事里）用具有魔法的口才迷惑住野人的堂·克里索斯托莫为求死亡之时还可施行杀戮，在濒死挣扎的狂乱中紧握他的枪一样。这是终极的**生动场面**。

在平淡无趣和耸人听闻的故事之间不停息的运动中，时间在这里静止，再现了描述中的恐惧。通过凯斯门特的演绎，巴巴多斯监工的证词给人的感觉毫无情感，没有惊异之处，是飘荡在虚幻世界的僵尸，我们做这个，然后我们做那个——哈登堡公布的证词包括了取自伊基托斯报章的大量材料，133
监工的证词与这种经由戏剧化夸张了的证词相去甚远，是如此不同。

在平淡无趣和耸人听闻这两种表现形式中存在着把不可表达之事表达出来的紧张因素，而在普图马约真相的这座舞台之上正上演着争斗，在这争斗的某个阶段被当作“不切实际的可信性”而置之不理的即为不可表达之事。它是奇幻的；报告继续说道，正是它的可信性使它如此——同时指向神秘的（不切实际的）现实主义（可信性），还有布莱希特的“间离效果”。其目标是离间陌生化（alienate alienation），使得日常生活变得奇怪，可信之事变得不切实际。或许，比起凯斯门特所在外交部的权威现实主义和哈登堡过分的戏剧化，神秘的现实或者布莱希特的理论这两种表现形式中的任何一个都本可以更好地传递和改变普图马约恐怖的虚幻现实。然而，被政治文化所拣选来处理手头事务的正是前两种形式；它们被视为真相，是真实的，是新闻报道，而非小说，也因此成就颇多。我们永远不会知道。

但是，平淡无趣和耸人听闻是否只是表现行为的部分而已，抑或它们是否在被表现的事件当中，这些问题依然存在。我们晃动身体，让自己清醒。我们坚持现实与对现实的描述这二者之间的区别。然而，现实从描述的毛孔中渗透出来，并通过这种渗透方式使得被打算这样描述的相关事物继续下去，这些让人烦扰。

普图马约橡胶热潮期间流传的故事也是如此。在故事中，殖民者和橡胶公司雇员不仅感到害怕，而且他们自己通过叙述创造了有关野蛮的骇人且令人困惑的形象。这些形象通过死亡空间的认知黑暗将殖民社会维系在一起。他们发明的恐怖和酷刑映射出野蛮的恐怖，对此他们既害怕又加以虚构。

此外，当我们转向创造反表述和反话语的任务之时——采用偏转反向的方式，阻滞恐惧之流并使其转向——哈登堡和凯斯门特再现的叙述同样被虚构和美化，使用并强化殖民想象的相同仪式，当人们折磨印第安人的时候他们也屈从于这样的殖民想象。我们需要停下来审视叙述（那些意图关键的叙述）被虚构及美化的方式。在他们充满想象力的心里，这些评论与他们所反对的事物沆瀣一气。

根据凯斯门特和蒂默曼的叙述，很明显，折磨和恐怖是仪式化了的艺术形式。这样的恐怖仪式远非是自发的、自成一格的，也没有抛弃通常被称为文明价值的东西，而是拥有深厚的历史，而且正是从那些价值中汲取力量和意义。

在惠芬的例子里，对立双方愉悦感官的相互渗透被恣意供奉着，正如当惠芬写到在食人舞中屈从于野蛮不可抗的谵妄的时候一样，也就是以此为
134 背景，他给文明下了定义。方济各会的传教士加斯帕神父同样发现圣洁在它与地狱的迹象相抗衡的地方清晰地展现出来。这地狱的迹象如同在教堂阴郁的地下室一般，还好像在栖居于那些地下室的人里面一般，那地下室由阻滞河流的腐烂树干组成。在森林里一遇见被他称为新见的、野蛮的部落，

他的第一反应就是驱赶长久称霸于此的魔鬼。他的驱魔咒语是从罗马教皇那里得到的。但是,他的能力来自何处?从上帝而来,还是从被驱赶的恶魔而来?他的能力是一种信仰,这种信仰和最为残忍的征服者的信仰一样依赖反自我。

殖民者认为印第安人野蛮残忍,而殖民者以朱力奥·塞萨尔·阿拉纳口中的文明也即生意的名义犯下恶行,此处凸显的是二者之间的模仿。

模仿的魔法在于通过描绘现实的形象而使现实发生改变。在后现代时期,我们越来越熟悉这种"魔法",不再把它看作仅为"原始"而已。"改变"这一概念在这个世界产生影响的方式是雕刻幽灵面具并佩戴着它起舞。人们命名并歌唱敌人。例如奥卡一般野蛮的形象被编织进神奇的布料之中,目的是嘲弄它并获得对它的控制。在所有这一切中,我们清楚地看到"魔法"一词是如何在表现实物艺术的时候如魔法一般地囊括了与表征相关的艺术和政治。这般模仿和在普图马约一样以生产现实的殖民方式实现,它通过他者的殖民镜发生,殖民镜反射到殖民者自己野蛮粗暴的社会关系上,但他们把这样的关系归咎于他们渴望实现殖民的野人群体。这面殖民镜的力量通过它问答体式讲故事的构建方式得到保证,正如在惠芬上校、华金·罗恰、侯布匈永远活跃的魂灵还有其他人所复述的殖民地传说里那样,这些故事与食人行为还有野人努力吞灭和区分差异的必然性有关。另外,通过殖民者带有艺术技巧的故事讲述,人们讨论的内容和他们对印第安人肉身施行的作为是一样的。

牢牢嵌入在这个带有艺术技巧的做法中的是一部巨大且无比神秘的西方史和邪恶的传统形象,例如有关地狱及野人的意象。这个传统形象反过来又和关于天堂和美善的形象联系起来,且二者不可割裂。我们听到蒂默曼发出的声音,我们看到施虐者和受害者聚集一处,"我们作为受害者与施害者,"他写道,"均属一类人,用同样的努力去证实各类意识形态、情感、英雄事迹、宗教信仰、痴迷着魔等的存在。还有剩下的那些人,他们又在追求着什么?"

启蒙运动之后的欧洲文化使得掀起黑暗之心的面纱而不屈从于它的虚幻本质或者失去那种本质存在困难,即使并非不可能。在自由理性主义自我瓦解之地，法西斯诗学取得胜利。有一样东西可能为走出这个僵局指明出路，然而这样东西却在普图马约的记述中没有影踪，这着实让人痛苦。这
135 样东西即是土著印第安人自己的叙述模式。这是人类学的终极抱负，是人类学处于最重要的，事实上是救赎的时刻，使土著印第安人的"声音"从伤痛和时间的晦暗中得到拯救。从"被表征"中会出现推翻表征内容的事物。

一群男人像被施了魔法一般围坐在烟草罐旁，嚼着古柯，彻夜侃侃而谈。然而，正是这样的人类学告诉我们不能在其中列座。据说，有关橡胶热潮的故事带有危险，"惩罚史"仅意欲给巫师，他们解读这些历史，从中获得邪恶的力量。[6]这里没有我们的位置，而人类学——关于人的科学——正是在理解土著人想法的时刻却自己陷入困惑。

经验教训为何？关于人的科学出现之前西方人必须对神秘进行解构和再次着魔，这是期待已久的，发生在我与他者汇合之时，且这次汇合非常不同。我们的道路在上游，且逆流，是靠近安第斯山麓的上游地区，印第安术士在这里忙着给被邪灵击扰的殖民者治疗。在这些术士横跨殖民分界的建筑物的联结处，术士瓦解了耸人听闻的恐怖，以致神秘的神秘一方（采用本雅明的式子）事实上遭到将日常之事物看作不可理解之事物而将不可理解之事物看作日常之事物的眼睛的否定。这是另一种历史，不仅关于恐惧，还与治疗有关。（就我所知，这不是给巫师的。）

第二部分　治疗

第7章　关于幸运和不幸的案例

1975年12月我第一次遇到何塞·加西亚(José García),那时他加入我 139
们一群人,等着和圣地亚哥·穆图姆巴加一起去喝*雅格*。穆图姆巴加是普图马约山麓一位出名的印第安萨满。安第斯山东侧的山坡在此处与哥伦比亚亚马孙盆地北部的雨林融为一体。我们一群人中有可怜的白人殖民者和当地的印第安人,大家一起观看黄昏凸显出的山峦轮廓。他是最后一个加入我们这群人的。有人把他指给我看,说他是萨满的密友,也是他的学生。让我吃惊的是何塞·加西亚是一个白人,他竟答应师从一位印第安术士。

我记得几个月前,当我和另一个萨满同住的时候,两个白人男子在夜里向房子走来,一人尖叫道:"感谢神,我知道!现在杀了我吧,完完全全,你知道的——大白痴、妓女的种!他们什么都不会做!该死的!但我知道……我就站在这儿……该死,他们不知道。妓女的恶种。他们对我什么都做不了。"另外,当我第一次途经靠近圣地亚哥居住之地的小镇时,一个和政府特殊健康服务部门相关的技术人员酒醉咆哮:"我们INPES的人与萨满对抗。 140
我们是进步的先锋。我们的工作是扫除那些冒牌医生。"广场周围的白人店主们向我保证,说萨满没用——或者是危险的。后来我才知道正是这些店主会找萨满让他们的小本生意好转。

圣地亚哥的兄弟阿尔瓦罗也是一位萨满。几年前,他在深谷遭遇伏击,被白人砍杀。那些白人声称他是巫师。圣地亚哥的另一个兄弟逃跑至卡克塔河偏僻的河岸边并在那里生活下来。圣地亚哥留在原处:"如果他们想要杀我的话,那么无论我去到哪里,他们都会杀了我。"

我还应该指出,*雅格*只在位于低地和山麓的雨林生长,普图马约山麓地带我所认识的印第安人有时会说,这是上帝给予印第安人的特殊礼物,而且是专门为他们预备的。他们或许会说"*雅格*是我们的学校","*雅格*是我们要学习的”。他们认为雅格是类似于知识起源和社会起源的事物。正是雅格教会印第安人善与恶，还有动物、药品及粮食作物的各种特性。位于普图马约河南部的一些柯番(Cofán)印第安人曾经告诉我一个有关雅格起源的故事，故事表明了土著印第安传统和基督教传统之间的张力与调和并存：当上帝创造这个世界的时候，他用左手从头顶拔下一根头发，然后专门为印第安人把这根头发种在土壤中。他用左手赐它祝福。印第安人发现了它的特性，并发展出雅格典礼及整个萨满体系。看到这些，上帝并不相信。他说他们在撒谎。他向他们索要，然后得到一些雅格酿的饮品。他战栗，呕吐，排便，还嚎啕大哭，为他看到的许多美好事物倾倒。早上他宣布，“这些印第安人说的是真的。喝此酿的人会承受痛苦，但此人也变得与众不同。那就是人如何通过苦难学习的方式”。

尽管为了驱除邪恶，白人可能会和萨满一起喝雅格，但他们很少会认真考虑这将给负责准备及进行仪式的人所带来的危险。何塞·加西亚是少数人中的一个。

夜幕降临，我们移入坐落在山上的一间屋子，屋子有两个房间。烛光摇曳在屋顶横梁和摇来晃去的吊床之间。肮脏的天主教圣像注视着这摇曳的黑暗。圣米格尔是附近小镇的守护神，圣地亚哥·穆图姆巴加称他是印第安圣人，他就西班牙人的到来对印第安人曾提出过警告。撒旦陷于难分难解的争斗，坠入地狱之火，而圣米格尔开始挣脱撒旦。大家就每人不幸的日子安静交谈，任由期望和害怕的情绪流露。经由术士扮小丑和戏弄表演，这样的情绪稍有消除。柯巴脂香充满整个房间，河流及风在夜晚发出的声响混杂着森林的沙哑声将我们之间的静谧填满。一个年轻人帮着术士在一个罐子里装满雅格，然后术士伏于其上，跟着治病的扇子所击打的节奏开始唱歌。这扇子叫瓦伊拉萨查——森林之灵、风之轻触。

141 他正在驱除雅格从雨林所带来的邪恶。他唱着雅格的调子，没有词儿，叫它变烈，并带来美好的异象(*pinta*，painting)。大约十分钟之后，他喝了下去，咳着痰，还吐痰。然后他让我们全部人都喝了，喝之前每人轮流对着满杯雅格歌唱。我们坐着等待，半小时过后，有人踉踉跄跄出去进到黑夜中呕吐，而萨满又开始唱歌，几乎到黎明时分才停下来。他呼唤美好的异象，他的声音和击打与我们体内的震颤产生共鸣。以下摘录自我笔记的节选段落：

然后是丑陋。我的身体扭曲变形，我也非常害怕，四肢是伸展开的，我变得超脱冷漠；身体不再属于我自己，之后又得回来。我是一条章鱼，缩成很小的样子。烛光创造出一个新天新地，样貌如动物，带着威胁性。我身体的下半部分消失不见了。我学会利用游离，作为一种逃离恐怖的方式。我不再是那个能触碰到的人，而是不具形体的只有脸的存在，我凝望着这另一个并不重要的我。我望着我的另一个自己，目前处于安全中。然而之后这个另一个我，这个客观超脱的观察者，也败下阵来，而我必须游离进入第三个然后是第四个自己，因为我与自我的关系破裂，创造出数量几乎无限的一系列飞舞的镜子，镜中是观看的我（watching selves）和感知的其他人（feeling others）。可怕的动物——长着奇怪鼻子的猪、滑动的交错缠绕的蛇、长着鱼鳍的啮齿动物——激起自我仇恨和偏执妄想。我在外面想要呕吐；上面是星斗和风，畜栏给我当支撑。畜栏里满是动物；移动着。我的生活史在恐惧和自我否定的激流中在我面前展开。我回到屋内。当我走进去的时候，我看见那个萨满圣地亚哥；他已经变成一只老虎！他坐在吊床里，而何塞·加西亚跪在他面前。房间发生了改变，我感到恶心加剧。我在外面吐了，还排便了。我感到过去的仇恨和恐惧都被驱散了。我再次加入这一群人，变得冷静，此刻漂浮在各种色彩和美好景致之上。我意识到圣地亚哥已经佩戴上用虎牙做成的项链。虎牙项链如同一张床一般，而他的头就依偎其上，创造出这般景象——好似他的上半身跟老虎一样。他正温柔地抚摸着何塞·加西亚，询问他是否还想要雅格。他们铺开一张棉布，然后跪在地上，因为兴奋而容光焕发，然后索要刀来打开珍珠。后来，何塞·加西亚询问起他的牛来；他希望当晚就能把它们治好，他还希望圣地亚哥去他的农场检查。之后我才意识到他的意思是检查妖术。早晨，圣地亚哥告诉我说，他几乎整晚不在状态，因为他不停地撞到牛；漂亮的牛。啊！颜色多么漂亮的各种牛，哞哞叫着，舔着他，还很肥。自 20 世纪 70 年代初期起，世界银行就为这片热带雨林地区的一个肉牛养殖项目提供资金支持。

142 圣地亚哥的女婿告诉我们说，何塞·加西亚想要做一名萨满，他知之甚多，正经历一段不幸的日子。

很久之后，我清楚地知道，在治疗使其深受困扰的病痛期间，何塞·加西亚正在学习怎样当一名术士。过程中他经历了痛苦、拯救和蜕变的循环往复，这似乎和人类存在一样永久。然而，这样的循环往复并不是从永恒撷取力量，而是通过主动参与历史，治愈病痛也取决于此。何塞·加西亚不该被历史化，因其病痛及治愈所依赖的过去是主动构建的过去，对每一个新的此刻来说，这样的过往都是最初原始的。而这也适用于萨满教。

欧洲人于1541年第一次横越安第斯山脉位于普图马约的这些山麓，寻找埃尔多拉多城——黄金国。莫科阿河沿岸栖于热带雨林的印第安人（当代人把他们描绘成食人者，他们与西班牙人猛烈激战，并将其击退）使埃尔南·佩雷斯·德·奎萨达及其260个征服的随行人员确信黄金国就在附近山中，位于被称作阿敕比赤（Achibichi）的一块传奇地域的西面。在这块土地上，西班牙人发现了锡本多伊峡谷的耕作设备却没有金子，还有新的西班牙小镇帕斯托。在这邪恶的远征之后，几个西班牙奴隶和方济各会的传教士来到此地。他们是一些心怀怨恨的人，饱受气候和山麓里怀有敌意的印第安人的摧残，据说这些印第安人是在他们萨满的煽动下发动叛乱的。

尽管如此，在征服的文化之下，基督教显示出重要性。基督徒和异教徒印第安人之间的不同变得关键，且是意识形态上的，因为它在促进奴隶制的合法化及武装力量的使用方面起到重要作用。培尼亚·蒙特内格罗主教（Bishop Peña Montenegro）是派驻在基多的方济各会布道所的负责人。他在1668年出版的有关传教的指导手册中，提供了一个例子，讲的是基督教将使用武力对抗普图马约地区的印第安人的行为合理化。使用武力征服，他写道，是正当的，“目的是减少给封臣带去严重威胁的人，而这些人并不是谁的封臣。比如异教徒印第安人在这些地区毗邻信天主教的印第安人，他们进入他们的土地、庄园，还侵犯他们的生活，囚禁女人和孩子，这在1663

年的莫科阿山麓地带时有发生，过去和现在都有”[1]。其他方济各会的报告称，锡本多伊峡谷的印第安基督徒（可能是主教提及的“信天主教的印第安人”）被用来奴役低地的异教徒（比如莫科阿的那些人），让他们在金矿劳作。

传教士带去了基督教，在我看来是这样，除此之外还有魔法——或者今天在普图马约地区所说的“麦基亚”（*magia*），这个词指的是和魔鬼结盟而获得的能力。传教士坚定地相信巫术的作用，他们认为印第安人特别容易使用妖术，基于他们已受到魔鬼的引诱。佩尼亚·芒缇尼格罗主教坚称印 143
第安人非常残忍且无知，他们已经被魔鬼征服，而且竟达到这般程度：他把他们做成血肉之躯，这样他的个性就变成一种遗传特性。印第安人通过仪式和迷信，维持偶像崇拜和妖术的记忆，而且他们生病去找萨满，由此就强化了它的控制。主教还担心印第安人对白人产生异端的影响，因为白人也去找印第安术士。[2]

主教指导神父们小心地从印第安巫师那里移走“工具”并禁止他们唱歌跳舞，“因为这些事物里存在他们的偶像崇拜和妖术的记忆”。为此目的必须“毁坏他们的鼓、鹿头和羽毛，因为这是他们作恶的工具，能引发异教的记忆”。[3]

但是，难道此处存在争议的魔鬼般的记忆不是西班牙人的记忆，也不是印第安人的记忆吗？教会力争擦去这些“记忆”，事实上却把它们塑造并强化为一股社会力量，并由此确保神秘被传入现实世界，记忆被输往未来。这是极大的讽刺。

1767 年，方济各会的教士遭到驱逐，不能继续传教工作，于是他们离开了普图马约。普图马约变得更为闭塞，几乎一个世纪和白人没有任何接触，除了为高原地区城市搜寻清漆和药物的几个商人。19 世纪 60 年代和 70 年代的奎宁树皮热潮之后，19 世纪末期，橡胶热潮让普图马约的低地地区彻底沸腾，大约 20 年间此地变成沃尔特·哈登堡所描述的印第安人为奴丧命的“魔鬼的天堂”。这个地方位于半个世纪过后何塞·加西亚殖民之地的东南方向，距离约有 200 英里。从西班牙来的方济各会教士于 1900 年获得哥伦比亚境内亚马孙河的几乎所有控制权，在锡本多伊峡谷的高原地带建立起他们第一个主要基地。在方济各会败落的地方他们办起了学校和诊所。他们努力尝试通过贫穷的白人农民把这片区域变成殖民地。这样的努力原本没什么希望，却得到德士古石油公司的大力助推。这家公司在20世纪50年代早期修筑公路，贫穷的白人和黑人农民借着公路涌入其中。何塞·加西亚就是其中一位穷苦的白人。

何塞·加西亚于1925年生于安第斯山脉纳里尼奥(Nariño)高原地区。在他父亲过世之后，他在1950年和他的母亲、兄弟一道下至普图马约河流域的山麓地带。他们听说过圣玛尔塔(Santa Marta)的美丽，希望此处能够让他们致富，他们在此度过艰苦的岁月，为养牛开辟土地。他告诉我说，他第一次喝雅格是和一个当地名叫安德列斯·辛柯阿的印第安术士一起。他的妹妹拒绝了被聘予的男子，这之后病得非常严重。她和何塞·加西亚担
144 心自己已经受到报复蛊惑，最后他们去找安德列斯·辛柯阿，看他能有何办法。何塞·加西亚记得：

> 安德列斯·辛柯阿是我的朋友。他是第一个教我喝雅格的人。他给了我第一个异象，这样我便经历了之前从没看过的事物。他告诉我，“好。为了祝福你，我会给你一杯雅格，这样你就会记住我了。但你必须坚强，朋友！”于是他给了我第一杯，之后楚马[*chuma*，意为醉意和幻觉]就上头了。但圣母玛利亚啊！……我就要死了。我看到了另一个世界。我在另一个生命里。我在一条非常狭窄的道路上，道路很长，没有尽头。而我处于极度痛苦之中，极度痛苦。我已经离开，去到永恒。我在这条道路上走着，沿着道儿走，然后我来到一个广阔的平原，这是一个美丽的平原，像热带稀树草原。地是绿的。后来出现一幅卡门圣母的画作，我自言自语道，“现在我就要去那儿了，到卡门圣母那里去”。然后我看见一座小桥，小桥中间有一个洞；除了桥什么也没有，而这座桥的厚度只有手指一般。我心里想，“我怕过这座桥；最神圣的圣母不会让我在这儿掉下去的！千万别让任何不好的事情在这里发生！”以上帝和圣母之名我划了十字架并为自己祈福，然后开始过桥。但之后我

> 就要摔下去了。我突然感到害怕。此时此刻，我呼喊最神圣的卡门圣母帮助我过桥。然后，我抓住了最神圣的卡门圣母并说，“我来是为了自己所有的过犯得到原谅！”因为我已经死了，不是吗？她随即说，“我不会原谅任何事情！”于是，我悲恸万分，放声嚎啕大哭，希望得到最神圣的圣母拒绝给我的拯救，哭个不停，祈求她拯救我。然后她告诉我“是的，我被原谅了。是的！我被拯救了！”于是我开心了。我回到这个世界，坐在这里，满脸泪水。

之后，按我当时的理解——因为何塞·加西亚对这件事情的态度自然相当隐晦——他自己卷入爱情和战争之中，事情的结局令人不快且充满怨恨。事实上，那伤疤，或者是他自己认为的伤疤，如今仍旧可见。那位年轻的姑娘和她的母亲是毗邻农场的主人，当事情不顺利的时候，她们也从未远离他的头脑。

圣地亚哥·穆图姆巴加这样告诉我，何塞·加西亚正是喝了雅格才能够在 3 个女人中作出选择。那个女人就是罗莎里奥。他在 1962 年和她结的婚。她生于 1935 年，在和何塞·加西亚大致相同的时间从纳里尼奥高原地区下来，并生活在附近一个的农场。她 16 岁的时候，她爱着并想嫁的男人在一场卡车事故中丧命。她心碎了，好几个月都哭哭啼啼，在梦里梦见他。

结婚八年之后，他们离开森林，生活在山麓小镇莫科阿，从一位年轻女 145
子的阿姨处租房子住。这个年轻女子是何塞·加西亚的第一个订婚对象。这位阿姨成为他们第一个孩子的教母，却让他们的生活陷入困境，何塞·加西亚告诉我，她说他们对自己女儿的美貌太过骄傲，还有她会很快死掉；这样他们的骄傲就会被击垮。

搬到马路对面，他们的生活却走了下坡路，变得贫病交加。奇怪的声音会在晚上吓着他们，而罗莎里奥受到一个鬼魂纠缠，那鬼魂常常就坐在她的右肩上。它会满屋子跟着她，尤其是当何塞·加西亚不在的时候，她告诉我。那鬼魂是谁不清楚。（1977 年，她告诉我说，那鬼魂是个男人，深深地爱慕她，长得像个外国佬，高高的也帅气。）她身体的右侧变得沉重，反应迟钝，之后部分瘫痪了。何塞·加西亚陷入绝望，找来一位能力强大的术士。

我去到一个地方喝雅格，然后去到另一个地方，然后再一个；但什么也没有！我什么也没看见！我去找萨满弗拉维奥·佩尼亚。他知道！他知道怎么医治！但就是他也无能为力！“不行！”他说，“这个真的困难。”他仔细地给我检查。他准备了上乘的雅格。似乎就应该像他那样医治。但什么也没有！我没有幻象。雅格就像甘蔗汁。什么也没有！什么也没有！

我们去翁布里亚(Umbría)找另一个萨满。“这是一种玛勒斐西(*maleficio*)[妖术]，有‘麦基亚’，”他说。“不是任何人都能医治这个的。我们能治疗玛勒斐西，但至于‘麦基亚’，我们没有办法。”

当安德列斯·辛柯阿过世之后，我所有的幻象终结了。一些可怕的事情发生在我身上。我去找了6个萨满，但没人让我获得好的结果。

后来一个朋友问我是否认识圣地亚哥·穆图姆巴加。“去他那里，”他说，“他是一个好人，而且知道，真的知道怎么喝雅格。”于是有一天，我就带了一些礼物去拜访他。他很周到，稍事聊天之后他说道：“堂·何塞，根据你告诉我的这些，你为了看见，你想喝雅格。但我什么也不能保证！如果上帝和圣母帮助我，那我能帮你。来吧，但只在这种情况下。”

约好的日子到了，我们喝了雅格。好极了！这就是我希望的！太棒了！我能清楚看到我家，我能看到全部，和安德列斯·辛柯阿过去常常给我雅格的时候一样。我们整晚都在喝雅格。六杯！最终他说：“我喜欢，我真的喜欢这个何塞·加西亚。他天生就能喝雅格。他是个好人。你会富有的。”我正处于恍惚中，躺在地上，但还在听他说话。我没有问他怎么样或者为什么，只是深信他的话。但第二天，怀疑进到我头脑里。我缺少信心，糟糕！

在日光之下，圣地亚哥告诉他必须找其他人给他治病。这是个非常棘手的玛勒斐西，用麦基亚所施，而且他不想白拿他的钱。

146 后来，何塞·加西亚的妻子罗莎里奥向我解释：“施妖术的印第安人是

。

有的。堂·圣地亚哥不这样，唯独在印第安人之间继续的妖术是如此。用麦基亚所施的妖术——非常少见！印第安人治不了，因为只有和麦基亚打交道的人才可以对付麦基亚……印第安人不了解麦基亚。他们治不了。了解麦基亚的人研读了麦基亚的书籍，和撒旦也有立约。他们才是了解麦基亚的人！”

“印第安人就知道，”她继续说道，“雅格，还有他们用来医病、施展自己妖术的植物。巫师放下卡帕丘(*capacho*)——他们如此称呼它。它非常特别。墓地的泥土中混合着逝去的人，白人用这墓地的泥土做成十字架。那里还会有什么？”

于是何塞·加西亚继续寻找能够与麦基亚抗衡的术士。他请教了一位上了年纪的熟人路易斯·阿莱格里亚。他是白黑混血，是一个灵媒，用圣人和逝者的魂灵医病。之前就何塞·加西亚病中的兄弟安东尼奥，他给过加西亚建议。别人是这么告诉我的，说安东尼奥如今在锡本多伊峡谷一带做灵媒很成功。开始的时候他是给一个印第安萨满做学徒。何塞·加西亚讲述了他弟弟的故事：

> 安东尼奥是一个精通雅格的人；他知道怎么饮雅格。他对雅格知之甚多，但他被教他治病的朋友欺骗了。他受到老师——一位住在锡本多伊峡谷的上了年纪的印第安萨满的蛊惑。于是呢，他就在那里，只会说雅格可怕。他举止乖戾，不停抗争，口里念着雅格是极其危险的。那就是他会说的话。之后，他开始做灵媒，和一个从锡本多伊来的叫堂·佩德罗的人一起。但之后，堂·佩德罗发现他在招魂术方面进步飞快，于是他也蛊惑了安东尼奥。在夜里，安东尼奥在床上翻来覆去，无法入睡，和撒旦抗争，和鬼魂抗争。他们会在林子里布下陷阱伏击他，明白吗？
>
> 我刚把这些告诉路易斯·阿莱格里亚，他就说：“听我说！麦基亚很好。比如，麦基亚含有一个秘密，这个秘密与一种名叫‘*alhecho*’的花有关。听我说！拥有这种花，你就可以治任何病症！任何都可以！你谁都可以治，如果运气好的话，什么病都可以治。就是！这就是奇

迹。”他就是这么说的。

“去买麦基亚，”他告诉我，“另外，在某某页寻找秘密。有了这个，我们也可以创造秘密，这样就可以用和巫师使用的相同的麦基亚蛊惑巫师了！”

路易斯·阿莱格里亚着手医治何塞·加西亚，他索要了高价。何塞·加西亚变得不相信他，回到圣地亚哥·穆图姆巴加那里喝雅格，还占了一卦是
147 否路易斯·阿莱格里亚在诓骗他。他看到异象，显示情况的确如此。于是，他一回家就去质问路易斯·阿莱格里亚。“你在骗我们；没人再会信你了。”

“朋友，那是瞎说的，”他说，“再来一趟我这里。我肯定把你治好。”何塞·加西亚告诉他说他正在等一个用牌占卜的白人女子。她叫莉迪娅。“那好吧，”他说，“也带她一起来吧。她能检查，而我可以治病！”

事情就这样发生了。莉迪娅先检查了路易斯·阿莱格里亚，然后检查了何塞·加西亚。“啊呀！”她大叫，“圣母玛利亚啊，但它真的攻击你了。你这个彻底的傻子！如果你真想淹死，为什么不跳进河里呢？明天，我会来你家，然后给你安排治疗。”

“但是路易斯·阿莱格里亚听着呢，然后恳请我们留下享用美餐，我拒绝了他，但莉迪娅吃了，随后就病了。他最后的行动就是把她也拿下。”

莉迪娅安排了他们治疗。她带着他们一家上至安第斯山脉的帕斯托城，先去医院做体检，再去灵媒的房子。但那房子是关着的，于是他们去了另一处——卡梅拉“修女”兴旺中心。卡梅拉是个白人女子，她通过召唤何塞·格雷格里奥·埃尔南德斯(José Gregorio Hernández)的灵魂占卜医病。现如今，在委内瑞拉和哥伦比亚，何塞·格雷格里奥是非常受民众爱戴的民间圣徒。他 1919 年死于加拉加斯(Caracas)，别人告诉我他是第一个将显微镜引入该地的

圣何塞·格雷格里奥·埃尔南德斯，上帝的仆人

人。他无比虔诚，充满善心，是个伟大的外科医生。他是被车撞死的，那时他正急急忙忙过马路为要给一个可怜的病人取药。他的照片、小型圣像，比如此处所示的这幅，在哥伦比亚和委内瑞拉真的很容易找到，各种尺寸都有。毫无疑问，何塞·格雷格里奥将神秘及传奇色彩带入了现代社会，尽管传奇故事讲述的内容从头至尾都透着资产阶级的调调。故事说他穿戴齐全，西装革履，系着领带，白色方巾的一角从胸前的口袋里戳了出来；还说他自命不凡，沉默少言，而且静谧中透着自信。然而，故事又以最纯粹的超现实主义为背景——山峰伸向雪一样白的天空，下面是河流和长满草的平原，一个身穿白色手术服、戴着口罩和帽子的人却从这样的背景中被显现出来，他俯身对着一个几乎裸身、瘦骨嶙峋的人，那人毫无知觉，躺在一个被当成是手术台的草垫子上。“上帝的仆人”，说明文字写道。

帕斯托城坐落在绿草如茵的平原之上，周围是高耸的山丘，在她位于这 148
座城的房间内，卡梅拉修女把手放在病人身上，呼唤何塞·格雷格里奥的灵魂，然后开始颤抖。她被他的灵魂所控制。在说出病变的部位及必要的治疗方案时，她的声音变得沙哑，像男人一样。她所说的治疗方案通常包括重大的手术——通灵一类的。“她是帕斯托城主教的好朋友，”何塞·加西亚告诉我，“他来她的灵命中心做弥撒。”她一天医治的病人多达 150 个。

“当我们在那儿的时候，早上 5 点，”何塞·加西亚告诉我，“我们正躺在床上，醒着却闭着眼。那时，我看得比什么都清楚，一个神父带着一本巨大的书沿着河岸正念着祷辞。似乎我看到了位于圣玛尔塔的自己的农场。我正看着它。我看到自己的牛正在念祷辞，而且它旁边也有一本 20 厘米厚的大部头书。”

这个神父是弗朗西斯科·蒙特贝洛(Francisco Montebello)的魂灵，他是黑白混血的民间圣徒，他如是说。他开始祷告。“我们处境糟糕。有人设下玛勒斐西对付我们。孩子们病了，病得厉害。我和妻子也病了。我们全部所拥有的就是好行为；别无其他。”

那是 1973 年。在那段时间，世界银行启动了肉牛养殖项目。1974 年，何塞·加西亚买下他的第一个农场(花费约合 2000 美金)；1975 年，他用同样的价钱买下第二个农场；1978年他又买了一个农场。到1979年，他拥有大约90公顷土地，还有100多头肉牛。除了1965年和1971年生养的两个孩子，又有两个孩子分别在1973年和1977年出生。

罗莎里奥从一个印第安萨满处得知，她正受邪灵攻击之害，并喝了三次雅格。鬼魂不再缠扰她，她的瘫痪似乎也得到治愈，她在幻象中看见陌生人、教堂和圣母构成的极致混乱的景象。她唯一认得出的，她告诉我，是她已经嫁人的侄女。这些年间，每隔一两周，何塞·加西亚还是继续和圣地亚哥一起喝雅格，有时也会去高原地区的帕斯托城拜访卡梅拉修女。1977年，他说服卡梅拉修女下山来医治他一家，圣地亚哥感觉身体不太舒服，然后他又带她和圣地亚哥一起喝雅格。她在圣地亚哥家中施行了治疗仪式，圣地亚哥对她热切的祷告印象深刻。但他告诉我，他对魂灵、灵媒一无所知，一直很疑惑，甚至持怀疑态度。

何塞·加西亚就这样家道兴盛起来。他的孩子们茁壮成长，罗莎里奥状况很好，而他刻苦锻炼自己医病的能力。

他吸引病人前来，对其中一些人来说，他扮演着中间人的角色，把他们送去圣地亚哥或卡梅拉修女那里。所以在我看来，他的医病技术及其所依赖的神秘并非代表圣地亚哥和卡梅拉修女的治疗实现了融合和统一，而表
149 示两位术士并非彼此隔绝。一方的存在以另一方的存在为重要的前提条件，而像何塞·加西亚这样的人物使得这个前提条件变得明显。

就我看来，他对于什么东西带来不幸或者这些东西都叫什么的看法和我认识的印第安萨满的看法类似：重大的苦难可能是侵入体内的妖术物质导致的，又或者是变幻无常的魂灵所致——逝者或是大自然的魂灵——很明显，这些东西的所作所为与人类的恶毒无关。或许，何塞·加西亚和印第安萨满之间存在显著差异，因为他认为逝者的魂灵影响更大。但不管怎样，和萨满一样，他举行仪式的目的是驱邪，这是在通过幻觉或类似幻觉的状态进行占卜过后。他用一把治疗的扇子，就和萨满的一样，唱法也和他们大体相像。重大的开场环节是他为药祝圣，他带着能力，将邪恶转化成赋予生命的力量。正是在这里我们看得更加清楚他所体现出的同时也给予他力量的相反特质，尤其是在他和圣地亚哥一起喝雅格的时候。

圣地亚哥为雅格高歌一曲并将它传递出去，这之后何塞·加西亚就开始静静歌唱。在呼唤上帝和圣母的同时，他也唤起天主教民间圣人和已逝印第安萨满的魂灵，这些萨满在他寻医早期帮助过他。于是说起安德列斯·辛柯阿，就是第一个教他喝雅格而现在已经过世的那位印第安萨满："他的灵魂正成为卡梅拉修女开办的灵命中心的一部分。如今他医术了得。他正成为她灵命中心的一部分。托马斯·贝塞拉(另一个已逝的印第安萨满)也正成为中心的一部分。从翁布里亚来的萨尔瓦多也是。全部都和卡梅拉修女一起。他们正在那里集中。他们说印第安语。"通过成为她的灵命中心的一分子，他们正得到净化……如同他坐在树林边上圣地亚哥的房内，被烛光所包围一样。何塞·加西亚开始看到这些东西——帕斯托城的卡梅拉修女是如何把印第安萨满魂灵的力量集中起来的，是如何将印第安萨满魂灵与像已逝的委内瑞拉外科医生何塞·格雷格里奥一样的天主教民间圣人的灵魂相联结，又将他们全部和圣母拉哈斯(Lajas)融合在一起。何塞·加西亚会唱响《圣母颂》，唤起众神，将土著印第安人和白人、森林和城市、印第安男性萨满和白人女灵媒联结起来，于是使雅格得到净化和力量，而雅格也使他得到净化和力量。

因此，他可以看到身体里面其他人的隐秘想法。和印第安萨满一样，喝了雅格，何塞·加西亚就变得虚弱，易受攻击，以至他喝雅格的时候，他必须能够保护自己。他在解释自己如何把雅格和卡梅拉教他的东西结合起来的文字中对此做了描述。

雅格给我工作的力量，明白吗？我要给你讲个故事。喝了雅格，我曾经看见我们新农场的一个邻居正在一棵非常茂密的树上竭力向上爬，却爬不上去。[结果这个女人是他在 20 世纪 60 年代初抛弃的年轻 150
女子的母亲。]"可怜的女人……可怜的女人，她爬不上去。"我自言自语。但我不明白这是什么意思。"那棵树非常茂盛；她爬不上的，"我说道，"可怜的老妇。"那是在雅格的意象中，明白吗？

在那之后的另一个晚上我喝了雅格。它非常烈。我和朋友圣地亚哥在一起。雅格的楚马让我上头了。很美好。我再次见到那个女人的时候,我真的醉得厉害。我背对着她。她走进来,并撒了一些水在我背上。水是干净的。楚马上头得厉害。圣母!我感觉我快要死了……多么精疲力竭,多么可怕!这样以至我都不知道该做什么了。

之后,我吃药的时候自言自语道:"我认识那个女人,我知道在我身后的是谁。"我在自己的农场上。我知道是谁在害我。那一刻,我抓起酒还有我的药,然后用这些给自己按摩。我轻吹香。我点了一支烟。我嗅到香的气息。它的香味让我咳了起来。我以上帝之名热切地祈求。于是,人就痊愈了。

后来我问我的朋友圣地亚哥要术士用来击打病人身体的荨麻的枝干。我用荨麻打遍周身。楚马便离我而去,明白吗?换句话说,邪灵烟消云散了。

治愈自己是美好的幻象,不是吗?那时我看到他们那天晚上正在害我。他们想把我的牛通通杀死。我第一个看见的就是那一幕,所以我恳求帮助我的牛。我看见那个害我的老妇人,目的是让我们有一天都死掉。所以,我请求上帝和圣母来帮助我,并且集中精神,专注为自己治疗。我获得力量,但我不能穿透到她的屋内去治疗我的农场。

我一直祷告,直到在她的屋内我可以集中精神。后来我就有能力净化所有那些她投向我的牛的邪恶东西。她被给予力量。她知道所有那些东西。嗯,神帮助了我,我就在圣地亚哥的屋子里施行了治疗;灵命的治疗。我收起邪恶的东西,进到她屋里,回去,然后再这么做。因此,在治疗中我看见我没有蛊惑她;我没有冒犯任何人,只是确认了什么也没有留下,而且全部都放还给她,让这些东西在那里和她捆绑在一起。

他一回到家就把发生的事情告诉了罗莎里奥。"你认识那个女人吗?"他说。"认识,"罗莎里奥回答道,"我认识她。做坏事,对的!她知道!"但是,罗莎
151 里奥不相信,所以何塞·加西亚告诉她他会去找莉迪娅,那个用牌算卦的占卜师,她的确证实了他和印第安人看到的一切。

几天之后,他是这样告诉我的,罗莎里奥觉察到牛的狂躁情绪,这使得挤奶变得困难。何塞·加西亚说他会把它们治好。他在牧场遇到了妖术的

迹象。他目瞪口呆，立刻开始弄他的药和香。下午他赶去圣地亚哥的地方，但他太着急了，以至忘记带上他的药。那天晚上，他们喝了雅格。

当楚马上头的时候——楚马太强烈！圣母！我以为我要死了！多么精疲力竭。吐了再吐，而我没法儿让吐停下来。我感到自己被妖术的物质压制住了。我什么也做不了。我就要死了。于是我向我的朋友圣地亚哥询问，“你有香吗？看在上帝的份上给我一些吧”。但他说没有，一丁点儿都没有。后来我觉得要窒息而死了。我一点药也没有；结果就是这样。在雅格的楚马中我试了再试，却都是徒劳。我失去了对付妖术的力量。

我问圣地亚哥要了一些荨麻。“想拿多少就拿多少”，他说。我抓住一根不错的枝干，然后朝它吹气，呼呼——它就治好了。那根荨麻被我治得真好。后来我洁净自己，为自己治疗，一直唱歌，还净化自己，祷告，用荨麻打自己，但下手重！真的很重！

后来我就清醒了。一切在消散。最为丑陋的异象再一次过去了——妖术的力量。而我正看见，最为美丽的，我的农场。

一个美好的异象临到我身上。我正看着我自己，而且三个地方有妖术的物质。那是一股力量；击倒我的力量，使我放弃希望，觉得我的农场不值得付出，还有我最好不要这个农场了。那就是它全部的意义。但是我能医治。上帝帮助了我。那个老妇人没法儿害我。她是个术士。她很快会杀了我。但是，她做不到。

大约一年之后，1978 年，圣地亚哥病了。一天晚上他正在钓鱼，一只眼睛看不见了，他头晕，一站立就会吐。他的双腿肿胀。死亡似乎即在眼前。他独自坐着，用轻柔的低语声唱着治疗的歌曲。但他喝雅格的时候什么也看不见或者看到几百根豪猪刺，根根直立，上下伸缩，就跟这种动物自我保护的时候一样，这些刺进到他嘴里，使他窒息，进到他眼中，使他失明。

这是雅格引起的！这让人多么精疲力竭！还有蛇、青蛙、蜥蜴、短

> 152 吻鳄……在我的身体里面……没人能把它们弄出来！而且每当我喝雅格的时候，我能看到的就是这些。只有这些。
>
> 但当一个人没生病的时候，这个人看到的是美好的事物；五彩斑斓的鸟儿，颜色好看，就像一个人看见一块美丽的布料然后说，“啊！我喜欢这块布料。它的颜色真好看！”那时候，人就真的在看了，而且极少会有醉了的感觉。

他的房子满是人，主要是印第安人，喝着玉米啤酒和木薯啤酒，他们时不时地猜测——谁蛊惑了他呢，为什么？是另一个只使用雅格的萨满吗？又或者是妖术，其中也有麦基亚，因此能力有可能在雅格之上？

何塞·加西亚用一根蜡烛擦拭了圣地亚哥全身。他带着这根蜡烛上山去到帕斯托城请教卡梅拉修女。她证实了流传于山麓地带的猜疑——埃斯特班使用雅格和麦基亚蛊惑了圣地亚哥，埃斯特班是从锡本多伊峡谷高原地区来的印第安（因加诺）萨满。

在我看来，圣地亚哥和埃斯特班之间的敌意集中在许多紧张关系上并将其扩大化。国家经济扩张至边境地带造成了这些紧张关系，而且是在不同寻常的领域——即把神秘力量及“印第安主义”的神秘氛围商品化。根据记载，从锡本多伊峡谷来的高原地区印第安萨满，像埃斯特班一样的因加诺人，好几十年都在哥伦比亚的城市和小村庄游荡，向白人及黑人兜售草药、小饰物、天主教圣人的图片、有关魔咒的书籍，还有他们作为民间术士所提供的服务，他们以此过活。现如今，锡本多伊印第安萨满远游至委内瑞拉，那里比哥伦比亚更有钱，而且根据当地农民的标准，一些人已经成为富人。罗莎里奥把他们和山麓及低地地区的印第安人做比较。她说，这些印第安人对麦基亚一无所知，只知道他们的植物药物、雅格，还有他们自己的各种妖术。

“但高原地区的印第安人，”在提及类似从锡本多伊峡谷来的埃斯特班这样的术士时她说道，“他们知道另一种体系——让人获得更多钱的那种，明白吗？他们穿越国家，带着他们的浆果、坚果，还有物件四处游荡，声称他们会治病，而事实上他们是在骗人。他们最为奸诈狡猾！据此，他们使自己保有财富。他们去委内瑞拉、去秘鲁……他们的体系不同，因为他们更容易挣到钱，还因为他们医病是假，以卑鄙手段致富是真！”

“而低地地区的印第安人不会做那些？”我问道。

“啊！不会的！不会的！这儿的人？不会的！这儿？不！那些人很习惯巡走各处。他们喜欢四处走动。他们太狡猾了。他们去这去那——说他们能治病。而他们却什么也治不好！他们所做的就是诓骗和蛊惑！”

有可能从锡本多伊峡谷来的因加诺印第安人已经好几个世纪是四处漂 153
泊的药师。弗兰克·萨洛蒙描述了1927年西班牙官员就一个高地地区的印第安人进行的审判，这个印第安人来自一个靠近帕斯托的村庄，被控蛊惑了六名亲属和一位西班牙官员。证人将他们的幸存归因于一个从锡本多伊来的术士，他使用了一种致幻植物，可能是雅格。[4]锡本多伊的药师在扮演这样角色的过程中或许调和了治疗和魔法信仰体系。这个体系古老久远且覆盖了整个安第斯山脉地区，认为东部山麓和低地地区热带雨林中的印第安人拥有特殊的萨满魔法，这种力量能够被高原地区的人利用，利用或直接或通过居于高原和低地之间的印第安人介入调解，比如锡本多伊的印第安人。

他们被视作拥有超自然力量的土著印第安人。如今，在他们途经并揽到顾客的所有地方，正是这样的神秘形象确保了他们的成功。但并不是所有哥伦比亚的印第安人都经营着锡本多伊术士所做的事情。他们自信且自视甚高，因为他们有关雅格及其致幻的能力与知识使得他们不会受到魔法的反击——或者，更有可能是因为他们只暗示了事情就是这样而已。为此，他们对山麓和低地地区萨满的存在具有依赖性，不仅是因为雅格只在山谷里生长，还因为这些萨满据称拥有高超的魔法。他们通常认为这些萨满屈居他们之下，实际上的也是比喻意义上的。像埃斯特班一样居于锡本多伊峡谷上的萨满，还有像圣地亚哥一样住在峡谷之下山麓地带的萨满，两者之间嫌隙的种子被植入一个特殊却固不可摧的矛盾之中。比起低地地区的人，锡本多伊的萨满能够获得更大的财富和名望，越来越多的市场机会青睐锡本多伊的萨满。也就在这个过程中，矛盾进一步积聚。在疗愈之旅的过程中，锡本多伊的萨满和草药师直接面对一整套盛行的治疗方法和鬼神学的奇幻故事。这些方法和故事，隐匿在人们的焦虑不安之中，比他们本身更直接地被纳入了国家社会。低地地区的萨满在远离国家财富的闭塞地区，比之他们，锡本多伊的萨满和草药师见多识广；麦基亚的话语以和撒旦立下的约定作为基础，他们完善了此言论，此外人们认为他们是被神秘赋予了力量的印第安人，他们也完善了对这种形象的使用。

他们被视为异教徒，和神秘学具有内在联系。他们陷于这个形象，从中维持生计。他们确保这个形象在国家的大众想象里，乃至更广泛的地区，保有活力。然而，为了完全拥有这个形象并从中获益，各处巡走的锡本多伊萨满，比如埃斯特班，不仅需要低地萨满比如圣地亚哥的雅格（可能还需要仪式服务），他们还需要低地地区萨满作为神秘对象，以此实现殖民所激发的给予异教徒力量的神话。

无须赘言，低地地区的萨满对此不悦。大体而言，他们不信任高原地区的萨满，甚至鄙视他们，他们认为这些人是骗子，地位在自己之下——除了他们可以用麦基亚和卡帕丘作恶之外。低地地区的人，比如圣地亚哥，不情愿把雅格卖与他们，他固执地拒绝了埃斯特班的要求。我所交谈过的低地
154 地区的人害怕高原地区的人会将麦基亚和雅格混合，然后支配他们，除了别的目的以外，以此确保雅格的来源。另一方面，拒绝他们的要求可能意味着被他们的麦基亚所害——这或许就是如今临到圣地亚哥的命运。

随着圣地亚哥健康状况的恶化，已经到了死亡的边缘，何塞·加西亚以前所未有的方式卷入其中。直到现在，他是个病患，从某种意义上也是学生，始终挣扎着让自己摆脱妖术。现在，他被要求去治疗他的导师。

> 一天下午我去他的地方，他醉得厉害，他的妻子请求我给他治疗，说他待她和其他人脾气极其暴躁。于是我们围坐在一起聊天喝酒。当夜晚来临，圣地亚哥说我们要喝雅格——他自己、他的侄子、他的女婿，还有我。“好啊，我们都在这里。”他说。
>
> 他把雅格倒出来，对着唱歌，然后给每人一杯，却忘了我。后来他想起来了，给了我一大杯，是我喝过的最大一杯。“啊！”我说，“以圣母之名，这会有反应的。”我为雅格祝圣，祈求上帝和印第安萨满托马斯·

贝塞拉和安德列斯·辛柯阿之灵来帮助我，以托马斯·贝塞拉等之名治愈雅格，因为他们都喝雅格，而且是最好的。之后，圣地亚哥说，“但谁要唱歌？没人？那么，你唱，堂·何塞！你不总是披着斗篷自己唱歌吗？你把雅格带到这里来的所有这些日子，你不都是藏在斗篷底下唱着歌、治着病吗，难道不是？好啦，出来到大家面前，这样我们就能看到你是真的知道还是假的知道！”

“好吧，先生，”我回答道，“我们就要这么做。”而就在那一刻，他摔在地上，好像死了一样。我们跳起来，把他放回到他的吊床上，但他还是像死了一般，只有他的手在动，无声无息，什么也不说，除了手在动，无声无息。其他人以为他们也要死了。他的女婿祈求我救他们。此刻，雅格的劲儿上来了。那很美，我开始看到房子的状况。那是一个墓地，有一个葬礼。彻底毁灭正在上演。好吧！于是我忙着弄我的药，然后楚马劲儿俘获每一个人，这是可怕的！他的女婿哭喊着，“堂·何塞，请过来救治我吧，以为我要死了！”我俯身给他驱魔，清洁、扫除还有吮吸。然后他的侄子，情况一样。这很糟糕。我从这个人去到那个人，然后再回来。那两个人很快就好些了。于是我去照看朋友圣地亚哥。我为他治疗直到凌晨三点，然后他开始恢复，又讲话了。“呀，哈—— 155
哈——哈。”他还会吹口哨、尖叫。“我们不单单是普通人，堂·何塞，”他说，“因为我们知道，难道不是吗，堂·何塞？”之后他又陷入无意识状态。“我们知道。他们抓不到我们！不对吗，堂·何塞？”他也看到了墓地，所有部分。“圣母玛利亚”，他说，“死掉的人在四处腐烂”，他说。其他人身处痛苦之中即将死去。整个屋子是一个巨大的墓地。圣母玛利亚！

于是我们继续喝雅格。最后他说，“好啊！星期二再来。如果他们要杀我们，他们也会死！”

星期二，我们又喝雅格。他正要开始唱歌，突然大哭起来，说他内心深处患有疾病，他要去另一个房间查看是否可以治好。他拿上他能治病的扇子，而我们可以听见他唱歌。突然，蜡烛熄灭了，彻底漆黑一片。我待在那儿，由于雅格而颤抖，充满恐惧，确信自己快要死了。而朋友圣地亚哥变安静了。他停止歌唱。我用我的药给自己医治，在周身熏香，大约一小时之后我终于好些了。当我恢复气力之后，我开始唱歌并医治其他人，唱歌治病，唱歌治病。“啊，堂·何塞，”圣地亚哥说，“看来他们好像试图杀了我们，不是吗？但他们杀不了！所以，我们再喝一点儿吧，看他们能不能杀我们。再喝多一点雅格！”

所以我们又喝了一杯。当楚马劲儿上来，“咚”——他又摔倒在地上了。这次就持续了半小时。他站起来，然后唱起歌来，说道，“星期五我们要喝更多”。于是，星期五我又去了，楚马很棒。我去了帕斯托，回来的时候带着圣水和香。我医治了我的牛，然后又去了一次帕斯托，从卡梅拉修女那里为圣地亚哥取了药。就是这样。

圣地亚哥的病痛消退了，但只是些微的，直到一个月之后，普图马约山麓地区最受敬重的萨满来给他治疗。那是萨尔瓦多，他的母亲是柯番印第安人，父亲是白人，是来自纳里尼奥高原地区的*普通橡胶商人*。他把小男孩丢下，给了印第安人。我们等了好一会儿萨尔瓦多才出现。他过来路途遥远，而且因为快要下雨了，他还必须快速地把一些水稻收割了。我们等了一天又一天，圣地亚哥自己哼着治疗的歌曲，而其他人大多数时候都醉着。这时，传到我们这儿来的消息就是这样。然而，据圣地亚哥所说，萨尔瓦多没有出现的真正原因是他的妻子担心他。因为萨尔瓦多脆弱的嗓音和虚弱的身体，在高原地区的莫科阿，所有那些因加诺印第安人总是喝得酩酊大醉，而柯番印第安人甚至几乎不喝吉开酒(*chicha*)，他的妻子因而担心他。“她知道如果他来这里，他就会喝醉，然后就会生病。”那就是问题所在，圣地亚哥叹息道。

156 但最终他还是来了，和他的妻子还有她的母亲一起。她的母亲是一个西奥纳(Siona)萨满的遗孀。圣地亚哥告诉我说，她年纪很大了，喝雅格却毫发无损，而且她的歌声优美。正是她，也只有她预备那用菠萝、玉米和木薯制作的特殊的吉开酒，萨尔瓦多则会把吉开酒给动物。这些动物是他用他的雅格歌曲为猎人们召唤来的。后来我得知，许多其他的人也来了，是为三晚的雅格治疗，他们中的大多数人都喝了雅格。*他妻子的母亲*也唱歌了；*mi novia*，即我的未婚妻，圣地亚哥是这么称呼她的，一边咯咯傻笑着。

堂·阿波利纳也唱歌了。他是一个上了年纪的科雷瓜赫萨满，是圣地亚哥一个女儿的公公。他从卡克塔省来，由于哥伦比亚军队在那里对游击队掀起战事，旅途艰辛甚至危险。

圣地亚哥好多了，除了他的眼睛。但人们一直不清楚他到底发生了什么，也不清楚萨尔瓦多对他患病的原因说了什么，是像阿塞·加西亚说的卡梅拉修女认为的那样，是麦基亚混合着雅格吗？真的是埃斯特班吗？每个人的说法都不同。随着时间的推移，每个人都会改变他们所说的话。

当我一年之后回来，那是1979年初，我发现很多都已经改变了。圣地亚哥身体很好而且充满生气，但萨尔瓦多已经死了，何塞·加西亚的妻子罗莎里奥病得很严重。萨尔瓦多的侄子说，他的死是因为治疗了太多的外来者，尤其是白人和黑人，而失去了他的力量，因而受到亵渎，再也无法承受厄瓜多尔纳波河沿岸印第安萨满的妖术攻击。罗莎里奥的右臂和右腿几乎瘫痪了。她右臂颤抖，说话含糊不清，看起来憔悴、哀愁。她面无表情地说，她16岁订婚的男人的灵魂，就是那个死于卡车事故的人，回来纠缠她。他会坐在她的右肩膀那儿。

疾病的发作始于1978年，她告诉我，当时他们的一个农场出了问题。牛被人盗去，于是当何塞·加西亚和他们的儿子寻找牛的时候，她必须辛苦挤奶。在一场暴风雨中她染上了急性肺炎，当地一个(受过大学教育的)医生给她用了抗生素。她感觉好一些了，但之后又觉得身体发沉，头也痛起来，紧接着逐渐开始有麻痹现象。同一个医生又给她用了镇静剂，直到他们的老朋友，那个用牌的占卜者莉迪娅，说服他们去首都波哥大治病，她在那儿被诊断出患有中风，并依此治疗。她女儿说，她回到家止不住哭泣，于是回到波哥大，并在那里拜访了很多医生——还有一个灵媒，灵媒告诉她说，她的病部分是出于神(自然因素)，部分是出于妖术，而这巫术配合了“自然”因素。

后来，莉迪娅，那个用牌的占卜者，那个在1973年负责把他们介绍给卡 157
梅拉修女从而让他们致富的人，又一次着手用牌占卜。她说罗莎里奥的病不是因为别人，而正是卡梅拉修女！卡梅拉唤起了罗莎里奥死去已久的未婚夫的魂灵作为一种恶毒的力量。

现在，罗莎里奥和何塞·加西亚记起了卡梅拉总是坚持，随着何塞·加西亚的本事因为与她的关系与日俱增，他应该造福全人类；另外他买了太多的牛、太多的农场，他应该把他的牛和土地给穷人，只给自己留一小部分。他们平静淡然地告诉我，因为他对此予以拒绝，所以卡梅拉和他们反目。同时，何塞·加西亚补充道，卡梅拉嫉妒他的成功，她的举动出于恶意。

卡梅拉对何塞·加西亚物质成功的谴责却被后者理解为他的治愈能力。比方说，大约一年前，他发表了这个宣言：

> 是的！我已看到这个世界的伟大，而一个人对此存留记忆、保有意识，并相应地管理生活。那就是上帝帮助我的原因。上帝特别拣选我在我想做的任何事情上通达，但不过分；做好事，施行伟大医治……基于我的信仰和行为处事。但你知道那不是我的吗？我不过是世界财富的管理者而已。骄傲，我一点儿没有，不像那些富人，你向他们打招呼，他们也不予以理睬。我只是一个管理者。我的天父赐予我尊荣的那天，他召唤我对一切负责："过来，管家！把你的账目给我！"

这般基督徒式的反对资本主义的情绪对私人财富的积累和拥有提出控诉，也通过他治愈哲学的其他方面得到充分加强：

- 这段文字所激起的关于这个世界的图景把我们引向封建庄园，上帝是主人而何塞·加西亚是照管上帝领土的管家，而非拥有这个世界财富的私有财产所有者。这幅图景和宇宙学的可信性背后的重要推动力在于何塞·加西亚的"已看到这个世界的伟大"以及对此存留记忆、保有意识。这以它所拥有的一种尤为有力的方式发生，因为他喝了雅格——一种印第安药物，也是一种印第安仪式。这幅世界图景有机的相互关联性预先假设了一个高至神格的相互作用的等级结构。
- 在这个等级结构中，像何塞·加西亚这样的术士认为自己处于和上帝、圣母、天主教民间圣人及逝去的印第安萨满的魂灵之间的一种赠与关系中。他的力量来自相互交换作用的链条，这个链条通过好几代圣人和印
158 第安萨满唤起了神秘的过去。这正是能够治愈疾病并抵抗妖术的力量，正如当何塞·加西亚描述他唱歌的类别时我们所看到的：

我唱歌和萨满不一样，而是由雅格而起的另一首歌；比如，听到一段音乐。就是雅格教你唱什么……或低或高，什么都可以。你看到祷告，却唱出……祷告，伴着雅格的歌曲。这样，你以此实施治疗；唱歌……比如《圣母颂》。你在雅格的作用下唱着《圣母颂》，为病人治疗，或在治疗的人的影响之下。《圣母颂》唱道，"我的灵魂满是从我主而来的恩典，我的灵得到提升及至上帝，我的救主。在他眼睛的光芒中，此刻世世代代向我发出呼唤，'欢迎！'，因为在我里面伟大的工作已经完成，而这里在我里面的是全能的力量，他的慈爱代代相传，及至那些畏惧他的人，而他的臂膀从我心里伸向那些敞开的心。赶走大有权力的人；让谦卑的人高升。让饥饿的人满有财富，让富足的人一无所有。纪念你的怜悯，你让以色列做你的仆人，依照你的应许，创造了我们的祖先，亚伯拉罕和他的后裔，世世代代……阿门"。

这就是我所唱的，因雅格醉了，唱着《圣母颂》，治病并清洁。就这样你治好妖术，无论有多严重。就这样你唱着歌，唱着《圣母颂》，就这样，减轻病痛。

（厄米利欧·沃迪赞[Hermillio Valdizán]和安赫尔·马尔多纳多[Angel Maldonado]在他们 1922 年印制的著作《秘鲁流行医学》[*La medicina popular peruana*]中写道，在秘鲁的低俗阶级中间，存在数量庞大的一系列信仰，这在白人和欧印混血人中比在印第安人中更为普遍，这些信仰与炼狱里躁动不安的魂灵有关。其他所有都不能驱赶这些魂灵，他们因此是真正的死因，也可能是魔鬼本身，那时人们就应该唱《圣母颂》，而他们引用结尾歌词："赶走大有权力的人，抬升谦卑的人。让贫穷的人满有财富，让富足的人一无所有……*Gloria al Padre y al Hijo*[让荣耀归于圣父和圣子]。"⑤）

- 基督教强调仁爱的德性，拒绝世俗的财富，这与术士照顾穷人的必要性紧密结合。像圣地亚哥这样的人绝不会如此伪善而为拒绝世俗财富的言论而烦扰。他爱世俗财富。他的欲望是拉伯雷式的。越多越好，丝毫没有何塞·加西亚即那个虔诚的白皮肤的会招魂术的人，提出的那些让人厌恶的东西。然而，圣地亚哥仍认为自己是个基督徒，也同样还是会嫉妒。

“照顾病人”的潜台词是关于善恶的潜意识的宇宙战场，在这个战场上，术士通过与邪恶斗争获得力量。术士因为与疾病和不幸的辩证关系而获得
159 力量。邪恶给予力量，那就是为什么术士必须照顾“穷人”，即经济上贫穷的人，还有遭遇不幸的人。通过这种方式有可能可以理解上帝和魔鬼之间的关系，因为他们不仅是对立的，他们之间还可以是互相作用的协同关系。通过游历地狱并遇见了撒旦，但丁在这之后实现了对天堂的认识（就我们的目的而言，特别提到但丁的旅途有一个来自基督教时期之前的异教徒向导——写着“术士”或者“萨满”——做伴是恰当的）。

然而，一个人必须下降并陷入可能是自我毁灭性的和邪恶的斗争中。术士的生命就处在这个辩证关系的边缘岌岌可危，那即是术士总要联合一个能力更强大的术士的原因——何塞·加西亚在山城里的卡梅拉修女和低地热带雨林边境的印第安萨满圣地亚哥身上找到了这更强大的能力。然而，能力更强的术士可能会杀了你。

- 关于世界的这幅有机图景包含了形态的等级结构和善恶的辩证网格。这幅图景涉及的所有相互作用中，显著凸出的是基督教和异教之间的相互作用，这类似于上帝和魔鬼之间的相互作用。何塞·加西亚的力量来自这些矛盾体的相互作用——轮流吟唱，它通过几个世纪以前欧洲征服新世界建立在它具体的特殊性和节奏和谐的抽象之中，比如像我们亲眼所见，方济各会的文章中，基督的道路在基多和帕斯托以东的热带雨林里已经开辟了。此外，这样的轮流吟唱或许在西班牙人到来之前已经存在于泛安第斯山的社会里，正如在印加帝国的高原居民和低地热带雨林中的印第安人二者之间的关系中一样。

正是在我们或许会迟疑地称之为何塞·加西亚治疗及生活的故事（正如他所讲述的）里面我们看到这样的对立模式，以及这样被对立扬起的末日辉煌一般的惊涛骇浪。但对于来到热带雨林的其他殖民者来说，和我在圭木易兹河的一个老熟人曼努埃尔·戈麦斯一样，这样的模式或许会以更为生动明晰的方式表达出来。这就像在曼努埃尔的雅格意象中，印第安萨满正在配制雅格，曼努埃尔看见他变成一只老虎，而后又变成魔鬼。后来，观者死了，在升至天堂的过程中，正如在但丁的《天堂》（*Paradiso*）中描绘的一样，实现了超越邪恶势力的荣耀，得到了上帝的祝福，并获得医治——远

超过治愈的东西。

何塞·加西亚猛烈地打击了许多年前针对他的*麦基亚*妖术，由此他不仅成为一名术士以改变这样的邪恶势力，还成为了邻居眼中的有钱人。在个人资本积累的压力被反霸权的嫉妒力量所抵制的社会中，他的创业生涯需要他以越来越疯狂的速度发展他灵命的治愈能力，以抵制嫉妒之钩。但 160
最终，正如他在先前的一个场合所说，他的天父呼唤他的日子已经到来："过来，*管家*！把你的账目给我！"

自从罗莎里奥患病，何塞·加西亚就不再喝*雅格*，也不再拜访圣地亚哥。罗莎里奥一直都抱有怀疑，甚至可能对他和印第安人混在一起，尤其是他喝*雅格*，感到有些害怕。卡梅拉和其他灵媒也常常警告他不要过度沉溺于*雅格*。现在他似乎也害怕了。

莉迪娅叫他不要喝或者极偶尔才喝，因为当一个人*非常醉*的时候，其他喝*雅格*的人会把妖术"投"向他。"一旦我摔倒在地上，"他告诉我说，"堂·圣地亚哥就用荨麻抽打我。我又喝了一杯，我看见一些从普图马约河下游很远的地方来的印第安人，他们的脸上画着胭脂树的颜料。就是他们对我做了这些！""还有一次，"他告诉我，"一阵凛冽的风不知从何而来，把蜡烛吹灭了。奇怪。我唱了《圣母颂》。我保护了我自己。我们继续治疗。"

罗莎里奥听说了波帕扬(Popayán)的一位名医。波帕扬是位于帕斯托以北的一个高原小镇。她和何塞·加西亚去找过他几次。他的治疗方法让人痛苦。罗莎里奥会不断重申他是个拥有大学学历的医生，曾在俄罗斯和其他许多国家学习他的专业。后来她接触到一个刚来普图马约的灵媒。这是一个从巴西来的白人女子，不允许面对面打交道，于是罗莎里奥通过双方共同的朋友作为中间人进行事务处理。这个*巴西女人*能够让罗莎里奥摆脱飘浮在她右肩上的魂灵。她断言是卡梅拉使用*麦基亚*招致了她的疾病，并且继续说道圣地亚哥与死神的擦肩而过同样应归咎于卡梅拉。那就是他仍旧患有体虚、眩晕、视力不好的原因。此处，我还应做补充，在医生、警察和教会的共同努力下，卡梅拉(据何塞·加西亚说是主教的一个好朋友)就在几个月前被逐出了帕斯托，在一个离帕斯托几英里的小村庄勉强维持生计。她的光环事实上已经消退，至少此刻如此。

我努力劝说何塞·加西亚和我一起去看圣地亚哥，但他拒绝了。于是，夜幕降临之际，他的儿子佩德罗陪我走过小径进入林中。他 14 岁了，8 岁起就开始喝雅格。我们经过他父亲的农场。他告诉我，他们的牛还有大蕉是如何一直有被盗的危险。他的父亲最近遭到一个要求涨工资的工人袭击，他就拿着大砍刀回击。那个工人走了，后来偷走他们最喜欢的狗，对他
161 施行阉割，还割下它的耳朵。佩德罗一直害怕妖术，似乎是这样。他为什么喝了雅格？他说，人们喝雅格是为了解是谁在蛊惑你，厘清自己的情况，同时除净施以的邪恶（男人或者恶事）。他害怕在夜间沿着这条路步行。我们走了岔路进入热带雨林。已是黄昏时分。我们到了河边，然后穿过悬挂在湍急洪流和石块儿上 30 英尺高度用竹子和铁丝筑成的那座桥。桥宽大约 10 英寸，在熠熠发光的水面上摇来晃去。我问他喝了雅格之后看到了什么。

"我看见一个男人正在我们的农场做被我们称为 *brujerias*（妖术）的事情"，他回答道。

> 他想看到我们所有的牛都死掉，而我们祈求施舍。他想看到我们变成我看见的那样。后来，我看见我的父亲，而他的那些坏朋友想看到他变成和他们一样的巫师。之后，我看见我的父亲穿着他的裤衩，拖着条链条一般的尾巴[像魔鬼一样]，光着身子。我看到了。其他人说那就是他们希望看见他的样子。当他们看见我看见了就大笑起来。他们想把他带走。他们说他们希望我像那样看待它，像他们一样，做恶事。
>
> 后来，卡梅拉修女也说我看见正在施妖术的那个男人就是那个术士，她从魂灵那里听到的，而且在魂灵的帮助下她可以治病。她呼唤那些魂灵……比如托马斯·贝塞拉[第一个给佩德罗的父亲雅格喝的印第安萨满，现在已经过世了]。
>
> 后来，我喝了雅格，我看见父亲正在为农场医治。楚马上头了，把我引到那里。我想我也会受苦的。之后，我看见父亲把自己变成一只鸽子。受雅格的影响，我看见卡梅拉修女和我的叔叔安东尼奥都身着白色，正在清洁农场。
>
> 有一次我看见了圣母。我去到了另一边找到她，她像雕塑一样安置着。我祈祷，我哭泣。过了一会儿，楚马改变了，我看见她就是一个

人，和其他人一样。于是我对着父亲叫喊，说道"看啊！看啊！卡门圣母！"他说，"她在哪里？"他也想哭了。但他对我说，"别哭。你为什么要哭呢？你没看到卡门圣母吗？"而她在那里用她手中的念珠为我祝福。从那时起，楚马改变了，而我再也看不见了。

我哭着，因为我正在祈求她的宽赦……为我们所有人。于是她给我祝福……父亲告诉我说同样的事情也发生在他身上，除了他手拿权杖经过一个深渊，深不见底，就在他要摔下去的时候，她帮助他平安跨越。

佩德罗就这两个异象作了两幅画，并于此后对其作出评论： 162

圣母

圣母

这正是我行走的那条河，也是我必须跨越的那条河。这就是我必须跨越的那座竹桥。走至一半处我想要回转。这就是照亮所有的太阳——它点亮了我们所在的地方。太阳的脸孔在圣母前面。前方是泥土，黄色的泥土。有岩石立面［*peña*］——圣母就站在上面。全是岩石立面。也就是在那里我遇见了圣母……像石膏做的圣人雕塑。而后来她变了，于是像个女人一样，有生命，还给我祝福。

［画前方的铁丝是农场的围栏。问他的时候，他觉得她好像是在农场里面，在放牛的地里。］

163

术士

术士

这幅画包括三部分：(1)左上，(2)右上，以及(3)底部。

> (1)这是其中一个邪恶的印第安人的脸。我看见 3 个，所有人的脸孔都一样，像那些来自锡本多伊峡谷高原地区的印第安人。
>
> (2)然后我转向农场——看见一个邻居把和妖术相关的东西(卡帕丘)放进一个黑乎乎的、正在腐烂的树干中。
>
> (3)这个人只穿了裤衩，有魔鬼的尾巴，左手拿了一把扫帚，卡帕丘在他的右手，包括从墓地来的被研磨成粉末状的人骨、从墓地来的泥土、人的毛发……这是想看我父亲施妖术的人，桑切斯[一个邻居]；因此他想要像他看到的那样观看它。

一年之后在这条路上同样的地方，也是在黄昏的时候，我让他记起了我们之 164
前的讨论。他转过身，从衬衫下面掏出一把手枪。"是的，"他说，"而现在我有这个了。"

我问他的母亲罗莎里奥，她是否想过从印第安萨满那里寻医，比如圣地亚哥。她轻蔑地哼了一声。"印第安人就是畜生，"她说，"印第安人什么也不懂。他们醉酒的时候，就失去理智了；只要想呕吐，他们就呕吐，而且就在那里倒下睡觉了。不像受过教育的人！那些印第安人！切！……那就是我不想和他们有任何瓜葛的原因。我躲开。离得远远的……"

"但何塞呢，你的丈夫？"我问道。

"哈！这个嘛！他喜欢和圣地亚哥在一起。他抓住了他们的想法。那让我说不出话来。那确实噎着我了，因为我不同意。他带着那个想法。他们是老朋友。是雅格。"

"什么想法？"

"是他抓住了他们的习俗，不是吗？那感受、*genio*，类似这些。"(*genio* 的意思可以是性情、才华、才能。)

"在锡本多伊高处，"她继续说道，"有一个印第安人能说 14 种语言。我不记得他的名字了。他能力非凡。但是当狂欢节来临，他却是所有印第安人中最蠢笨的。他让自己显得蠢笨，摔在泥里，变得脏兮兮的，或者在泥里跳舞、唱歌。他戴上一个印第安面具，因为通常他穿白人的着装，不是吗？

然后，狂欢节到了，印第安人戴上印第安面具，并跳起舞来，他们喝吉开酒，他们打架，他们像猪一样在泥里打滚。他就是我说教育浪费在印第安人身上的原因。还有什么！14 种语言。那不是无关紧要的！”

罗莎里奥的兄弟来了，开始讲述她最近去布加(Buga)访拜奇迹之神的圣地的事。布加位于西北部几百英里处，在考卡河一个农业综合经营的峡谷里。这是一个受欢迎的圣地。据罗莎里奥和她兄弟所说，它源自几千年前一个印第安洗衣女工的发现。这个女工想要买一个基督像，她正在存钱。警察押着一个拖欠债务的人去监狱，他们经过之时，她正好在布加的河边工作。怜悯之情涌上心头，这个印第安女子给了这个犯人必要的钱以换得他的自由。她刚一回去洗衣服就碰见一块木头向下游飘来，上面刻着粗糙的十架上的耶稣像。她从水里将它捞出来。一天天过去，它变得越来越像。波帕扬的主教谴责它是异教，并派人将它焚毁。然而，它渗着汗水，却能抵抗火焰，并且越发变得相像，直到教会承认它真是神奇的塑像——在几千年前神秘的时期，为救赎殖民社会而被印第安人发现的塑像。

第8章　魔幻现实主义

意象通过不幸及罗莎里奥和何塞·加西亚疾病的治愈变得生动鲜明。165
在人生故事被当作寓言而与征服、野蛮和救赎的神话相匹配的地方，这种意象的力量即涌现出来。现在应该清楚的是包含其中的魔法和宗教信仰既不神秘，也不讲求实效，当然也不盲目坚持炫目晃眼的信条学说。相反，它们构成了一个意象的认识论，将肯定和疑惑、绝望和希望联结起来，梦境在其中（就贫穷的农村人口来说）对意象的重要性做了改进。这个意象已经被统治阶级组织机构如教会内化利用，目的即实现对乌托邦式幻想的殖民。

在将现实具体化为*奇迹般的现实*或者*魔幻现实主义*的过程中，现代拉美文学建起了一座口头文学的（单向）桥，但在我看来，仍旧难以逃脱阿莱霍·卡彭铁尔（Alejo Carpentier）在巴黎超现实主义（Parisian surrealism）中所反对的严苛——在仅有隐喻化了的形态可以存在的地方创造魔幻的努力。超现实主义将时间冻结，进一步描述了可预测的资产阶级现实的组成结构。这样的叙述使用了从梦境以及去语境化了的（因此更加超现实）原始世界的人工制品中获得的形态，正如带着想象透过非洲面具和特罗卡德罗（Tro- 166
cadero）这样的地方一睹其状一般。卡彭铁尔发现他不需要这些人工制品，因为在海地的街上、田野里和历史中，奇迹般的现实就直勾勾地盯着他。在那里，它是鲜活的。在那里，这就是文化，奇迹一般，然而又寻常普通。

他在1943年发现的*奇迹般的现实*带有奇迹本身的所有印记。从巴黎回去之后，在描述他是如何无意中撞上不凡中的平凡时，他写道：

> 我在海地期间，发现自己每天都接触到可以被我们称为奇迹般的现实的事物，于我，这显得尤为明显……另外，我意识到，这种奇迹般现实的存在及力量并不是海地独有的，而是整个美洲的遗产，其存有的宇宙起源论尚待终结。一些人在这片大陆的历史上刻下日期并留下永不

> 泯灭的名字，在他们生命中的每一步都能发现奇迹般的现实，包括探寻青春永驻之泉的人们……这是一片处女地，其形成和本体论，印第安人和黑人的奇妙存在，它的发现所构成的启示及其支持的富饶合成，使得美洲的神话财富远未耗尽。[1]

但是拉美文化经历了400年的创造神秘和魔幻之后，*奇迹般的现实*为什么会变成自20世纪40年代起文学流派观念中如此重要的类别呢？这种对现实具有的神秘特性以及神话在历史上的作用的敏感意识被唤醒，或许表明了恩斯特·布洛赫(Ernst Bloch)所谓的“非同步的矛盾”(nonsynchronous contradiction)，并为瓦尔特·本雅明言下“辩证意象”(dialectial images)的抽芽提供了现成的土壤，对本雅明来说(而我引用苏珊·巴克-莫斯[Susan Buck-Morss]所作关于他《拱廊计划》[*Passagenwerk*]笔记的文章)

> 刚过去的那一代集体沉睡着，好似一个睡着的巨人，随时可以被现今的一代唤醒。双方[刚过去那代的和现如今一代的]梦境状态的神秘力量都被强化了，世界再次被迷惑，但只是为了打破历史的神秘咒语，实际上这是通过再次利用作为乌托邦梦想的象征而赋予大众文化对象的力量。[2]

怀揣对美好未来的希冀，社会生产模式所发生的质变使得过去的意象活跃起来。就在此处，非同步的矛盾变得生气勃勃。德国法西斯主义导引了这些意象和希望。据布洛赫所说，涉及革命幻想，左翼的穷困使它成为自己失败的帮凶。本雅明同样痛斥了他在左翼的同伴们；历史唯物主义能够
167 成为意识形态争斗中的胜者，“如果神学也服务于它，而现如今，我们知道，神学凋敝，必须被置于视线之外”[3]。他主张，与资本主义发展中先前的生产形式的持续存在相对应的是把新旧事物交织在一起的意象。这些意象如同理想，改变着既由现今给予却又受其阻碍的希望。这些乌托邦式的意象，尽管是被现今所激发的，却以一种激进的方式提及过去，提及他所谓的“史前时期”，即没有阶级存在的社会时期。[4]法西斯主义者愿意并能够利用这

些梦幻，但那并不意味着神话和幻想一定是革命性的。相反，相关的意象包含了革命的种子，唯物主义者的辩证法耕作过的土壤能够滋养这些种子，并让其发芽、生长。[5]

在拉丁美洲，总的来说，为达到反动的社会目的去控制这些意象和共同梦幻是教会的政治功能。卡彭铁尔把神话视为一种在现今的时移世易中对历史的经历。正是在这里，卡彭铁尔对神话的敏锐度对于革命文化和革命文学的发展来说是如此地恰当和必要。这样的发展与流行文化里的魔幻现实主义有关，作为唯一反对霸权主义的力量，可以抗衡教会为把同样的魔幻现实主义神秘化而对其的反动使用。

然而，那些试图利用这些力量的人面临反被它们所利用的风险。在就为何"美洲的神话财富远未耗尽"，卡彭铁尔列举种种原因的时候，我们必须问道，怎么可能逃避它们的魔咒，其中尤为显著的是"印第安人和黑人的奇幻在场"编造出的那个。这样的"奇幻在场"有如一部幻想曲，阶级统治借此渗入政治无意识。在卡彭铁尔 1953 年的小说《消失的足迹》(*Los pasos perdidos*)中，印第安萨满和来自欧洲的主人公的相遇被极大地赋予了浪漫色彩，我们在他们的相遇中发现，革命梦幻试图用魔幻的现实来策划现实主义的魔幻时，不仅包含希望还带有感伤。这就是我认为讲述幸与不幸的故事是有用的原因之一。故事中，何塞·加西亚是一个贫穷的白人殖民者，或许他也算是个说书人，但不是小说家，他试图利用真正的萨满的力量，这个萨满进退两难的困境——使自己不受制于压迫人的殖民神话同时又保持对它的重要性——和我们自己面临的情势一样严峻，抑或更甚。

但是，承受病痛的是殖民者的妻子罗莎里奥，而且她并不常去萨满那里。印第安人是粗野残暴的人！他们戴着面具醉酒跳舞，在泥里打着滚儿。14 种语言！

但她的确不远万里，翻越大山行至布加去拜访奇迹之神的圣地。奇迹之神是我们的神，几千年前由一个贫苦的印第安妇女带到这个国家。

她站在印第安人发现的神一边，而非她丈夫发现的印第安人一边。她这样做难道不是支持了殖民地神话的原始性吗？在这种原始性里面我们不 168

仅看到异教徒的迹象，还看到力量的迹象——在这种情况下即为救赎的力量。布加的教堂幽暗阴郁，奇迹之神挂在十架上，置身其中，难道我们不该把这仪式化了的和受到崇拜的殖民状貌看作医治的力量吗？因为在升往神性的白人所调节的阶级结构的最末端，不仅印第安人和黑人被确认是邪恶的，而且力量正源自那里。

同他们的人力、技术和土地一样，原始力量可被利用，此处是通过把它嫁接到征服神话之上，为的是使疾病得治愈，未来被预知，农场经驱魔，财富被挣得，财富得留存，还有最重要的，嫉妒的邻居不得靠近。然而，和土地、劳力不同，这力量并不在印第安人和黑人的手中。相反地，它被投射到他们身上，并进入到他们内里，萨满的意象最是如此。为了利用这力量，我们看到殖民者是如何将他们关于异教蛮人的神话具体化，变得屈从于这力量的，而且在这样做时从同样折磨他们及原始落后的人们的文明中寻求拯救，这些原始落后的人被投射上了他们的反自我。

我们在这里与其说是应对思想不如说是应对身体，受到意象领域的调解。在以罗莎里奥和何塞·加西亚对安宁甚或救赎的无尽寻求作为代表的故事中，我们看到的不只是个人历史的构建是如何与这样的殖民拜物化和野蛮行径的具象化相关联的。我们看到的不只是作为农民的殖民者在一个利用对嫉妒的恐惧来抵制财富积累的政经环境下对财富的渴求。我们还看到，身体的病痛是身体将有关他性的历史写进自身的一次尝试，这是一个试探性的却又是救命的历史编纂，发现过往已死之人的手从来没有像未得安息的死者魂灵所发出的攻击那样如此活跃让人害怕，正如罗莎里奥的未婚夫，又如嫉妒之人施行妖术那样。通过不幸及其定义在每次治疗尝试中的不断变化，对将身体的自我作为他性所在之地的描绘，不可避免地进入到建立在印第安萨满和教会之间的神奇力量的交换中，而交换是通过视觉意象这个强有力的媒介实现的。致幻剂和日常生活中的破裂点——疾病、事故、巧合、黄昏——可使这个意象领域清晰展现，并且明显具有影响力。而将异教徒的力量与教会的力量相连，在传播意象的过程中确保它们辩证的团结则是罗莎里奥要做的事。正是她协调了对这些意象保有生命力来说起到关键作用的意义在社会中的传播，从萨满，经由何塞·加西亚，到她自己以及那位居于官方神殿里的奇迹之神。

教会使得诸如奇迹之神这样的意象神圣化，在此过程中使自己变得神圣。如今，这意象在教堂人为营造的黑暗中呈现出令人着迷的神秘氛围。169 这氛围既显露又掩藏了这样的交换，而这在类似哥伦比亚这样的社会里非常常见。在这些社会中，如顿悟一般地发现圣人和圣母是常有的事情，而这样的发现同时也是恢复并发展维持意识形态再生和阶级压迫的神职力量的主要来源。教会把受大众欢迎的意象当成装饰祭坛的文化宝物并加以利用，也正是因为教会的这种做法使得这意象穿越时间和空间进行传播。这意象被视作由圣人组成的包罗万有的国家中的一员。圣人们等待着审判之日的到来，那时有关生产和交换方式的阶层斗争将包括意象生产和解读的方式。官方使其神圣化歪曲并压制了潜藏在这意象里的政治信息，却又确保了这意象能够长久地以它作为一尊雕塑的物质形态存在，它的被造受到欢迎，那余晖还在它里面带着希望摇曳。

复制品进入工人和农民的家中，织起一张细密的蕾丝网，千丝万缕与原型相连。在危机时期，这些意象使冲击得到缓解，之后又在家家户户的记忆里将它释放出来，而这些记忆对应着每一个新的现在再次建立起原型的历史。民间疗法恭敬地从神父那里拿来教会的教义，又从教堂的墙壁上拿来圣像，再次私占了教会从流行神话中私占的东西为自己所用，而这些流行神话则来自被压迫者的幻想。教会在晦暗的神秘氛围中将这些意象遮掩并保护在集体记忆里，而这些原本以画作和雕刻形式静止存在的意象则从这晦暗的神秘中苏醒过来。它们变得有生命。它们进入充满活力又矛盾重重的社会生活纹理中。卡门圣母的石膏像变换成一个真实的女人，她给予罗莎里奥的儿子他迫切需要的祝福，以此来解决迫使农民彼此剥削的矛盾。在通过印第安人的魔法以获得圣母祝福的过程中，他的父亲可以继续利用从世界银行获得的资金进行投资，并为银行家们以及他自己从贫困邻居的劳力中攫取剩余价值，而邻居们的嫉妒心则被神奇地控制住了。但是，教堂神像调解资本家之间矛盾的能力是有限的。卡梅拉修女预言式的警告表达了这样的限度：何塞·加西亚已经累积了太多的农场和太多的牛；他应该和穷人分享这些。

面对此状，必须调解这个矛盾的正是他的妻子罗莎里奥。她身体瘫痪，几乎无法说话，她的经历试图把生命及声音赋予一个从殖民和神秘的过去而来的不能说话和神圣化了的雕塑。当我在1980年12月见到她时，即她走访了奇迹之神几个月之后，她告诉我说她正接受帕斯托一个中年白人女灵媒的医治。

“她靠的是何塞·格雷格里奥的魂魄吗？”我问道。

“不是的，”她回答说，“她召唤何塞·瓦曼加的魂魄，瓦曼加是委内瑞拉
170 人，350年前就去世了。”她很精确。她给我看了一张这个魂灵的照片。那是当地印第安人经过修饰的一张照片！（是来自锡本多伊峡谷的高地地区还是低地的山麓，我们永远也不会知晓。）她继续说道，他不说西班牙语，只说印加语，他在世时是有名的巫师。

罗莎里奥的照片

当圣地亚哥·穆图姆巴加，即那个长期照顾她丈夫何塞·加西亚的印第安萨满听到这些时，叹了口气。“难道我没有告诉过你吗？印第安人比白人更信奉基督教。”

第 9 章　三股势力:种族的魔法

由新大陆印第安人的意象所确定的那个神秘且神奇的空间散布着政治 171 讽刺。在哥伦比亚,政府人口普查中被归入印第安族群的所有人会被安置到几个城市街区之中。在像这样的国家里,人们认为那些土著印第安人拥有令人惊叹的巨大魔法。这魔法在包括了黑人、白人和印欧混血人种的社会较低层人群中和在中高层人群及学者——包括考古学家和人类学家——中间具有一样的影响力。

这讽刺不局限于所谓的印第安人只占人口的一小部分这一事实。印第安人也是最为贫穷、最受压迫及最被边缘化的族群之一,除此之外,他们即使不顶着恶贯满盈的名声,也是恶名昭著,而且无知、野蛮。每个人都知道*印第安人不怀好意*。因此,为何他们又被认为拥有神奇的力量是个耐人寻味的问题,而且是个重要的政治问题,因为印第安人的魔法不仅是他们的压迫所内在固有的,而且是民间宗教网络及用魔法医治社会作为一个整体的不幸所内在固有的,更不用说对此进行研究的人类学家了(比如我自己)。172 印第安人的神奇吸引力不仅是一件做工精湛的殖民*艺术品*;它同时也是经过翻新,重获生命力的艺术品。它不仅是原始主义,也是第三世界的现代主义,是新殖民主义对原始主义的改造。

在考卡山谷,当一个婴孩出生,至少是在贫穷家庭(而贫穷家庭占到绝大多数),他的母亲通常急忙要来 *coralito* 以防"凶眼"*(*ojo* 或者 *mal de ojo*)。*Coralito* 是一种由彩色珠子串成的手环,以前是珊瑚做的,现在则是塑料的。这些珠子应该已得"医治",意即受过土著印第安人即普图马约印第安人魔法的祝圣礼。普图马约印第安人正是贩卖这些手环的人,手环也最好是从他们处购得。因此,可以说,在遍及广阔山谷乃至共和国的其他地

* 原文为 evil eye,也可译作"邪眼",指有些人具有的目视他人而使其遭殃的能力。

方，许多人甚至是绝大多数人从出生起就经过“受洗”进入了*印第安人*的魔法王国。（在哥伦比亚的大西洋海岸处，有人告诉我同样的事情，只不过在那里称为 *pepita* 的手环是从瓜希拉半岛上的瓜希拉印第安人[Guajira Indians]那里购得的。）

这个婴孩不知道他的母亲和那个印第安人之间的协定。然而，正如发生在他母亲身上的事情一样，如果他长大成人，这个婴孩也会这么做。意识缺失愈加牢固地保障了这种做法的效力及使其得到维系的神话。这就是此处有争议的内隐社会知识的特点。

凶眼病的病因也是无意识的，治疗在某种程度上也是如此。双眼凶邪且目视即可造成他人患上致命胃肠疾病的人不知道那一看的力量。那是一种无意识的力量及无预谋的行为，或许是嫉妒的本质——*嫉妒*有了它自己的生命，超越目的性。而正因为这样一来病因是没有罪咎的，当我们意识到凶眼不是高地或低地的普图马约印第安人的一种疾病类别的时候，关于治疗我们能够说什么呢？他们事实上是受其余社会成员之邀来治疗对他们来说并不存在的某个东西。当然，四处游荡的药师很快就明白了，于是他们走走过场，假装做做那些诊断及治疗所需的动作。然而，那些动作是社会而不是他们自己所规定的。信徒是疾病存在所必需的，而他们立于这些被施了魔法的信徒圈之外。如此众多的这些四处游荡的药师（他们是这么说的）从雨林中获得他们的大部分魔力，我在这雨林里曾经就*凶眼*询问过一位柯番萨满和他的妻子。他们以为我指的是字面意义上的东西，比如眼睛不好、结膜炎。至于萨尔（*sal*）和卡帕丘，即“盐”和与妖术相关的一套东西，也就是人们在锡本多伊峡谷或者在内陆地区所听说的妖术的主要形式，他们说这些是愚蠢的东西，是白人*胡编乱造的东西*，来自锡本多伊峡谷的印第安人在共和国四处漫游，为了挣钱就利用这些。有一天，一个萨满告诉我，他治好了白人带给他的珠宝。

“我不明白。”我说道。

“我也是。”他回答道。

“你为什么要做呢？”

“为了让他们满意。”他笑着说道。当他接着讲到迪奥菲娜夫人，说他医 173
好了她的护身符，于是她能赢牌局的时候，我觉得，他的笑并没有带着恶意或优越感，反而显得腼腆，还带有些许窘迫。还有充满好奇心的白人男子加布里埃尔·卡马乔。大约 15 年前，他在普图马约四处游荡了两年，疾病缠身，孤独无依，从一个萨满到另一个萨满那里学习雅格，想要成为一个厉害的术士。萨满的妻子发现他在河边的一块石头上哭泣，便收留了他，一连好几个月供给他的衣食。他想要很快学习雅格，结果太快了，因为他落入了另一个柯番萨满帕奇欧·金特罗手里。正如所有人警告他的那样，这个人是巫师，其他萨满是这么说的。加布里埃尔·卡马乔孤苦伶仃，还饥肠辘辘，原本会死在泰格河（Tiger River）边帕奇欧那里，幸亏他的 *paisanos*，即他的同胞们，乘坐石油公司的直升机飞来，把他救离此地，带去了波哥大。从萨满那里，堂·加布里埃尔学会了对每周六远在国家首都举行的赛马比赛的获胜马匹作出预测。他喝着雅格的时候就会看到它们的号码，然后说，“我们一起去帕斯托吧，给*五号和六号*下注”。然而，在森林深处仰面躺着，喝雅格喝得醉醺醺的，他如何去到那里呢？

圣地亚哥·穆图姆巴加不厌其烦地一遍遍讲着加布里埃尔·卡马乔的故事，总是笑话他。我第一次听说此事那天，我们一整天都在河边一个僻静的树林伐木，煮雅格，用石头把藤蔓敲打柔软，直到手腕生疼。“一天晚上，加布里埃尔·卡马乔正在普图马约河下游的一个萨满那儿喝雅格，”圣地亚哥告诉我们，“那厨师没钱，而堂·加布里埃尔付给那个萨满 60 比索。他要求把他的葫芦灌满。‘*Lleno*（满上）！*Lleno*（满上）！倒满！倒满！’，他命令那个萨满。于是，那个厨师由于嫉妒大声嚷道，‘*Yo pobre indio del Putumayo, aguantando frio y hambre y ese Bogotano pidiendo lleno, lleno*。我，普图马约的印第安穷人，受着冻，挨着饿，而那个从波哥大来的人却要满上！满上！’”

在普图马约，甚至是公开对印第安魔法表示轻蔑的殖民者也会带着他们受了“惊吓”或得了恐惧症（*susto*）的孩子去找印第安术士医治。比如罗莎里奥那位几乎不错失任何一个机会嘲讽印第安医术的兄弟也让一个印第安人治好了自己得了失魂症的孩子。把印第安人视作拥有魔法的存在，靠他们来阻止惊吓孩子的东西及惊吓孩子父母的“凶眼”，这种行为值得思考。或许，人们认为印第安人甚至更为恐怖、邪恶，而正如他们却能够被基督教征服、驯化，同样地，这些疾病也能够被制服。

印第安人安抚惊吓的能力并不局限于孩子和贫穷的乡下人。在哥伦比亚西部古老的殖民城市波帕扬离普图马约河很远的地方，一个名叫艾米莉亚的妇女告诉我，自从我们上次见面，她感觉好多了。她当然看起来镇静些，也更有活力。现在，她说她想和两年前出走的律师丈夫分开。她给我看
174 了一瓶混合着*甘蔗酒*的草药。她说，她从一个*印第安人*那里得到了这个方子，那是一个从普图马约来的*印第安人*。现在，她不再患有*失魂症*，会突然在黑暗中惊醒。自从埃里亚斯离开之后，她就饱受失眠之苦。现在，她不再失眠得厉害，也不再浑身疼痛了。她非常随意地挑中了那个*印第安人*。一天，她正走过市集，突然心生一念，走到他那里。没有人推荐他。他们知道。

十八岁的黑人玛利亚·索尔是我的一个熟人，在考卡山谷南端做女仆。她向我保证说印第安人有最厉害的魔法。当她住在山谷北端卡塔戈(Cartago)的时候，她的姐妹爱上一个年轻男子，但他无动于衷。一个朋友建议她去找一个印第安术士，这个术士是从乔科省(Chocó)太平洋沿岸的雨林里来的。他卖给她一个绿色瓶子的药，告诉她放几滴在手心里，然后和她渴望获得爱情的那个男人握手。她照做了。后来，那个男人的确疯狂地爱上了她，但她的母亲不同意。

威尔玛·穆丽罗是我的另一个黑人朋友，她来自偏远的乔科省，做着金器买卖，现在嫁给了一个办事员，他的职位不错，在国家首都操作电脑。她曾经告诉我，一个在乔科省的印第安人被一个黑人魔术师用 *pepita* 游戏愚弄了一把。他遭到发怒的印第安人的指责，而他否认耍花招。这使得印第安人更加怒火中烧。几天内，那个黑人魔术师的身体上就爬满了蠕虫，蠕虫使他的皮肤长起脓包。不久之后他便死了。

威尔玛兄弟的太太胡安娜告诉我们有关堂·米罗的事情。他就住在她位于考卡山谷南端特哈达港口的服装店附近。“他很有名，”她说，“人们坐出租车从卡利来向他请教。”胡安娜是一个有着好手艺的裁缝，已经好几年

了她都把女士服饰从加勒比免征关税的自由港偷运进哥伦比亚,所以她知道一些抵制官员的有用魔法。她有一个朋友是卡利的一个发型师,她说,这个发型师现在拥有一个美容院,而她能获得财富多亏了堂·米罗,这个人我从没有机会熟识。他脾气太乖戾。然而,他确有告诉我,他从一个印第安人那里学到最多,这个人是白人和土著混血的乔洛人,住在乔科省的省会基布多(Quibdó)。他告诉我,这个印第安人是从厄瓜多尔来的科洛拉多人[*]。七年之后,我在因巫师和术士而在厄瓜多尔全境出名的位于高地的意卢蛮(Ilumán)印第安村庄被告知,很多魔力在它与太平洋低地的科洛罗拉多人之间来来回回,这些科洛罗拉多人就是堂·米罗在哥伦比亚告诉我的那些。迈克尔·哈纳(Michael Harner)在 1972 年出版了一部有关厄瓜多尔亚马孙地区所谓的希瓦罗(Jívaro)印第安人的书。在书中,他提到希瓦罗萨满正翻越重山去拜访科洛罗拉多人,并做法事。有一个雨天的下午,我和一个意卢蛮术士说着话,与此同时,他在酒醉中医治一对夫妻,他在他们几乎一丝不挂的身体上移动着形状怪异的光滑的小石头,还吹着电一样的光亮。175
那个术士告诉我,他的叔叔曾经拜访过堂·萨尔瓦多,就是那个救过圣地亚哥的柯番萨满,这个人的房子(现在是坟墓)在另一个国家很远很远的地方,得下至安第斯山山下,向北经过拉戈阿格里奥(Lago Agrio),经过圣米格尔河,直到圭木易兹河尚未汇入普图马约河的河段沿岸。有迹象显示,这个意卢蛮山中术士拥有来自那些低地树林的魔力:墙上的虎皮、他在治疗中使用的梼恩特棕榈,还有那些被做成和低地树林里柯番萨满所用的华丽项链一样的林中鸟类蓝绿色的羽毛。“但它们只是翅膀上的羽毛罢了,”堂·圣地亚哥指出,他和我在一起,尽量不让自己看起来显得轻蔑,“好的是尾巴上的毛。你只能从尾巴上摘到几根羽毛。要想用尾巴上的毛制作项链,你需要很多鸟。”

亚历山大·卡萨蓝是一个在哥伦比亚太平洋海岸上崎岖难行的树林中拥有多年经验的勘测员。他来自考卡山谷我生活过好几年的甘蔗乡中一个

---

* 原文 Colorado,指厄瓜多尔的一个民族 Tsáchila,意即“红色”。

显赫的黑人家庭。他也告诉我，印第安*术士*（*brujo*）或者说巫师是那里最厉害的。一天晚上，他告诉我20世纪60年代中期在为土地改革研究所进行勘探的途中他是如何偶然发现一个令人好奇的事件的。那是在赛亚河（Saija river）边一个前不着村后不着店的地方，红树、沼泽、泥巴和蚊子——那是一个可怕的海岸，当450年前皮萨罗人被迫中断他们向着南方印加未知之地的远征时，这海岸让他们如此沮丧。被带来在那里的冲积砂矿山中开采金子的黑人奴隶的后代正在愤恨地抱怨一场可怕的瘟疫。他们要当地的安比拉（Embera）印第安人——"乔洛人"——将之驱除。印第安萨满同意了，而这（亚历山大告诉我的，因为他在那儿）促成了一个大型的印第安节日，有印第安人从巴拿马和厄瓜多尔那么远的地方过来，他们乘着独木舟沿着海岸划桨至此，还穿过蜿蜒的*小河道*。来了300多个印第安人，他告诉我，另外，在沿着海岸河道耸立的考卡山谷里，任何一个外来务工的黑人甘蔗工人和女仆都会告诉你那些乔洛人里的*术士*是多么厉害。

然而，或许当他们的文明度越来越高，他们变得更加真实，好像触手可及一般，也因此不那么神奇了。我记得某个清晨看见两只小独木舟停在小镇圣芭芭拉（Santa Barbara）码头，小镇居民都是黑人。在独木舟里像雕塑一样僵直地坐着两个乔洛女子，她们双手支着桨，裸露着上半身。码头边上的商店里，两个乔洛男子正等着售卖大蕉。"去吧！"黑人店主告诉我，"他们是乔洛人，如今已是半开化的了。你可以接触他们。"

远离太平洋海岸，远离亚历山大说的黑人要印第安人驱走瘟疫的故事所发生的地点，在分割开海岸和亚马孙盆地的庞大的安第斯山脉的东边，我认识的普图马约柯番印第安萨满说，他们面对这样的瘟疫无能为
176 力。为了对付它们，他们向太平洋海岸的黑人巫师求助！"他们才是知道如何对付瘟疫的人。"格雷图丽娜·莫雷诺坚持道。她听说过太平洋海岸乔科地区的黑人所使用的真正不同寻常的瘟疫治疗手段，他们使用一本特别的书里面的祷告。"他们过来，带着说辞和*奥秘*，他们画十字，向身后吐……是的！他们知道！"有一个男人的鼻子血流不止。他们请来一个黑

人术士，是个从太平洋海岸来的贫穷移民。他拿了一枚旧式的五分钱铜币，在它上面敲碎一个鸡蛋，用这枚黏黏的硬币敲击这个病人的额头，并在上面画十字。然后，他把地上的血掘起来，翻个面，在原本有血的地方画了一个泥巴十字——血就止住了！"所有黑人都知道这样的说辞。"她说。

"对我们来说，这些方子能派上用场。"她的萨满丈夫萨尔瓦多那天在普图马约河支流瓜穆埃斯河的岸边告诉我，那时他正回想起牛被阉割之后生病、受感染发炎的那段日子。他们找来一位几年前从太平洋海岸移居至此的黑人术士。那不过是萨尔瓦多遇害前两年的事。萨尔瓦多后来是被厄瓜多尔纳波河上眼红他的萨满的妖术飞镖所害。后来发现，在山区，一直到纳波，他都受到广泛的尊敬。我们知道事情会发生的，格雷图丽娜说道，因为当他吟唱医治的歌曲时，他的声音像细芦苇。

圣地亚哥·穆图姆巴加告诉我说，这些从西科迪勒拉山的另一侧远道而来的黑人移民知道许多伤人、杀人的厉害魔法，而这些魔法他们是从书里学到的。曼努埃尔·戈麦斯 25 年前作为移民来到普图马约，他告诉我同样的事情。"在太平洋海岸有一群人精于此道，出于嫉妒，或是为了伤害某人。很坏。坏人啊。坏人。"他告诉我："他们研习魔法书，学习说辞，他们不喜欢喝雅格。""在图马科（Tumaco）[南边海岸的重要港口]有*大师*，"圣地亚哥告诉我，"他们越过山进入普图马约去给他们的学生教课，学生是奥里托（Orito）和圣罗克（San Roque）的巫师。"

据说奥里托很富裕，因为它是德士古石油公司在东部森林的业务中心。它是典型的热带殖民地区的高耗能小镇。它被树林环绕，一束持续燃烧的天然气火焰直冲天际。粗粗的电缆垂挂在灯杆上。巨大的灯如同探照灯一般沿着排列在道路两旁的露天下水道坍塌的边缘排开，而道路本身则像是用一个巨大的抹子抹上了厚厚的柏油，在太阳的暴晒下跟冰激凌似的融化掉，天晓得这对马蹄会造成怎样的后果。安第斯山脉在远处的树木之上清晰可见，山顶飘浮着一缕缕轻柔的云朵。热气难耐，还混合着汽油和道路熔化的气味。女人们穿着厚底的鞋子，扑哧扑哧地在黏糊糊的柏油里跳着走过。四处都是一堆堆的软饮料瓶。为了使得可口可乐的销售触及这片土地 177

最远的那个口袋，投入其中的智慧与财力啊！街道上一棵树也没有，两旁排列着波纹铁搭建的棚屋，电视天线在竹竿上伸出来，角度异常奇怪。这是热带雨林石油小镇。

“奥里托就是个肮脏的洞穴。”我说。

“但钱不脏。”圣地亚哥回答道，他常常被叫去那里用妖术给人医病。那个地方充斥着嫉妒。我们正说着莱拉夫人，她是个白人女子，从奥里托过来，为的是把她被施了妖术的卡车和房子治愈。一个为她工作的贫穷黑人移民把她带过来。“是的，”圣地亚哥说，“他名叫路易斯……路易斯……奎诺尼斯。他到这里来求我，他是从图马科来的，想要在奥里托那里找工作。他是找到工作了，而每次他就要开始的时候，工作就会被给到其他人。罢了！他决定找合同工的工作。事情还是一样。一次又一次。他找不到工作。于是他……从图马科来的人当中有人来这里要我医治他，事情进展顺利。他是一个珠宝匠。对吗？”

“对。”

“后来他要我给他医治，那样他卖东西的时候就能有好运气。为的是挣钱养家。我给他医了，而后他的生活有了起色，人们来找他，要他给他们制作戒指和耳环……诸如此类。之后，他告诉他的*同乡*，对他说‘去吧！去那个朋友圣地亚哥的家里。他会医治你的’。他到了。我医治了他。但不是喝雅格！是用他带来的甘蔗做的甘蔗酒，就是那样，随意地，毫无其他，我用一种植物医好了他。我说，‘看！带着这个回奥里托。你想要做成一笔买卖的时候就从这个植物上掰下一块，然后把它放在你的手里和嘴里，再去谈生意。没人能把工作从你这里抢走。等着看吧！’……事情就是这样。他立马在莱拉夫人那里谋到一份工作。”

我们正和他的侄子伊塞易斯一起坐在他家的阳台上，传递着吉开酒。午后，雨渐止。云彩从科迪勒拉山的嶙峋轮廓掠过。院子里的花儿自由律动着，和云朵融为一体，形成簇簇白色，从亮绿的坡上探出脑袋，摇头晃脑的。太阳光让种种绿色和黄色光闪摇曳，这光亮如无数剑矛一般从山里朝我们的眼睛飞射过来。风在一旁疾走，河流咆哮着行过河床，伊塞易斯啜饮着吉开酒说着话。“术士们从书本上学，”他尖着嗓子迎着风说，“他们使用从集市上买来的书里的说辞。那都得靠撒旦才能有效。你要么用他,要么喝雅格,非此即彼;你不能两者都用。"

"从海岸那边过来要雅格的那个我们叫他'长子'的黑人居然是个术士。"圣地亚哥说道。

"那个黑人,他和撒旦一伙儿,"伊塞易斯向我解释说,"他在一次妖术争斗中受伤了。他疼得厉害,而且被卷入各种妖术。一天晚上他受到攻击,他 178
说,在海岸边上。子弹击中他的胸膛。他跳入或者掉进河里逃走了。当他来这儿的时候,他受严重的妖术所累。我的叔叔圣地亚哥和他一起喝雅格,并且看到一切,于是责备他,让他作出改变。"

"午后,雨渐止。"

我见到这个黑人是在 1976 年的 11 月。一个炎热的下午,他从山上的树林里出来,找寻堂·圣地亚哥,那样他就可以喝雅格,然后一些东西就能被治愈。我独自一人在房里。等待期间他告诉我他的好运已尽。他的房子被烧了,他的独木舟被偷走了(在梅里萨尔德港口[Puerto Merizalde]的海岸边上),于是他迫切需要医治。他换了衣服,脱下裤子,然后(我几乎无法相信自己的眼睛）穿上一件印第安的 *cusma*，也就是一种宽松外衣，只有印第安人会穿的那种。之前，他来过这里，而且喜欢喝雅格酒以及随之而来的一切。他非常希望自己能变成印第安古拉卡（*curaca*）。

当我告诉圣地亚哥，他有一个病人在屋里等他，而且那病人有个悲伤的故事时，他咕哝着抱怨了几声，然后继续摆弄着他的大砍刀。“那意味着他不想付钱。他希望什么都是免费的！”

“长子”名叫费利克斯。他穿着印第安宽松外衣坐着，告诉我说，他在纳亚河（Naya）泥泞的河口捕鱼，并主要以此为生。许多年前，他捕鱼的那段河道沿岸的黑人曾经喝疲怠（*pildé*），这是雅格在沿海地区的名称，或者是指生长在那里的一种类似雅格的藤本植物。他们常常喝很多，他告诉我。然而，现如今的年轻人说它是从魔鬼那儿来的，还唯恐避之不及。在靠近纳
179 亚河上游的地方，他有过印第安治疗的经历，是和赛哈河（Saija）的乔洛人（Cholos）一起。

“他们搭了一座祭坛，是张桌子，桌上有六小瓶甘蔗酒、六瓶白酒、六瓶软饮料，还有雪茄和烟。这是给魂灵准备的。”我们正在等待堂·圣地亚哥回来的时候，他告诉我。“然后，病人被放在靠近桌子的地方。医生有一把长矛，实际上这就是一支玩具独木舟桨，他还有一把特殊的小椅子和一个娃娃。通常是让一个女人喝疲怠。她躺下来，闭上眼睛，几分钟之后便有了答案。医生和其他印第安人整晚唱着歌，到了早上，那人应该就好点儿了。但你看不见任何东西，”堂·费利克斯强调道，“和在这里喝雅格不一样；没有阴影，也没有活动……到了早上，当他们把遮盖的东西从桌子上揭下来，所有的饮料都仍旧在那里！”他听起来心存疑虑。

他第一次来到这里大概是十年前。他受妖术所累，没有人可以医好他。刚开始的时候是血性腹泻和剧烈的腹部绞痛，随之而来的是外周关节疼痛，那疼痛进一步到达他身体的中心部位，形成胃部的慢性疼痛，就好像那里有一个结实的东西想要往上冒，然后被吐出来一样。他告诉我，布埃纳文图拉、卡利、波哥大和其他城市的医生都给他治过阿米巴虫，但没有效果。他向布埃纳文图拉和卡利的术士寻求医治，但又毫无效果。后来，一个在太平洋最重要的港口布埃纳文图拉的朋友告诉他，远在普图马约有很棒

的术士。

圣地亚哥结束地里的工作回来。那天晚上，他们就喝了*雅格*。一个是普图马约的印第安人，一个是从山里来的黑人，两人都身穿印第安宽松外褂。费利克斯深夜唱起了歌，像萨满似的。我喜欢他的歌唱，但这不一样。半夜过后，圣地亚哥突然从他的吊床里蹦下来，然后踉跄着出去打开收音机。他几乎不听收音机，而且如果喝*雅格*的时候，收音机是开着的，他就会生气。

“昨晚你为什么打开收音机？”第二天早上我问他。

“那个*黑人*唱得难听极了。”他叹气道。

这就是魔法、治疗和种族之间的辩证关系。

正如我的好朋友奥菲笑着所说的那样，无论你去哪里，医术高超的术士就在其他地方。我们镇在特哈达港口。小镇上，人们都说乔科的*术士*令人惊叹。如果你去到乔科，他们说厉害的人物在特哈达港口。就这样，在创造神奇的摩擦中，遥远与熟悉的事物相互碰触，原始与现代、森林与城市、种族之间也相互碰触。把神奇归因于他性（Otherness）迷惑了地方和种族的诗学中杂乱纷繁的差别，这诗学不仅有关美学，而且与政治、经济脱不了干系。181
在一个靠近特哈达港口的村庄里，几个朋友正告诉我有关奴役的事情。她们出生在农民家庭，现如今已身为人母，她们中的一些在甘蔗田劳作，其他一些是小贩，还有很多在附近或是遥远的城市做奴仆。此处即以奴役为例。归来的旅人和留在家中的人们重聚，瓦尔特·本雅明认为这种情形并不亚于手工艺人的商店，在其中他看见了编造神奇故事的诱人机会。[①] 在今天的第三世界，比起手艺人来，有更多的奴仆，但故事仍在流传。“一些女主人使用魔法把她们的仆人*束缚*在家里，使她们忠诚、勤劳，”我的朋友艾尔毕阿说着，“一些仆人和她们的女主人密谋对女主人的丈夫施妖术，好叫他‘老老实实’！”而有时候，你听说一个仆从用*带子*把她的女主人捆起来！从太平洋海岸来的仆人就可能这样。是的！她们可以随己意来来去去。一些甚至打她们的女主人！

在特哈达港口的甘蔗田里，1972

在特哈达港口的甘蔗田里，1972

“女主人几乎不做事，”一个听她说话的人叹气道，“她们玩宾果游戏，在街上漫步，或者聊电话——主要都是说我们有多好或者多不好。”

在这个村庄，只有女巫会飞。“一个男人和一个女人正在学习巫术，学习飞翔。他们必须重复‘*sin Dios*，*sin ley*，*y sin Santa María*’[没有神，没有法律，也没有圣母玛利亚]。那女人说对了，因此可以飞起来。但是那男人，他说了‘*con Dios*，*con ley*，*y con Santa María*’[与神，与法律，与圣母玛利亚一起]，因此飞不起来。男人从来不飞！”

但他们的确担心，首要的即是担心别人认为他们不会回报，因此激起嫉 183
妒之人采取行动。那就是为什么我朋友艾尔毕阿的丈夫一连三晚医治放着两张租来的台球桌的小商店。术士使用神奇的液体冲洗，把草药罐子埋到门槛里，还使用让他酣睡的口服药剂。“我们这么做是避免嫉妒进入商店，把我们都杀了。”他告诉我。那术士是一个黑白混血，而且贵得很（一次就收 2000 比索，而那时，日薪不过 150 比索左右）。他从哪里来的，没有人知道。他们能记得的就是他说他是从*印第安人*，即普图马约的*印第安人*那里学来的技艺。也没有人知道他去了哪里。

互惠

三股势力

在国家首都将出现一个能医病的新医灵。他名叫黑人费利佩(El Negro Felipe)。别人告诉我,他是从委内瑞拉来的。直到最近还相信另一个委内瑞拉医灵,即那位虔诚的何塞·格雷格里奥医生的人,据说他们现在找黑人费利佩看病了。我去到城市里工人阶级居住区域的一个灵命中心,在那里,白人女灵媒是他的追崇者。他的画像和雕塑把他刻画成头戴印度教头巾、身穿精美华丽的士兵外衣的黑人,外衣的衣领和肩章上都镶有金边。他具有黑人的特点,这毫无疑问,但是白人女灵媒告诉我们这些来求诊的大约 35 个人,说他是印第安人——很久以前出生于委内瑞拉的一个部落,并被上帝赐予了领袖气质。

几天之后,在这个炎热国家的南部,我在特哈达港口的市集上,从一个售卖许多不同圣人画像的人那里,买了一张明信片大小的带框画像。画像画的是 *Las Tres Potencias*,也就是三股势力。我的眼睛被一个熟悉的形象所吸引,不是别人,正是黑人费利佩。现在,他被当作三股势力之一。我询问那个小贩,一个从卡利来的白人男子,这三个人物都是谁。左边的这位,他说,是流浪者胡义非亚(Huefia),是个黑人。中间的女人是特蕾莎·雅塔克(Teresa Yataque)。右边的是弗朗西斯科·卡索伊(Francisco Chasoy)——三人均来自普图马约!

我询问我的朋友玛利亚·索尔。她惊惶地向后退去,说这是一幅用于妖术的画像;左边的那个人是黑人术士马永贝(*brujo* Mayombé);中间是术士女皇;右边是一位印第安术士。

一个极具权威的印第安女人在卡利繁忙的道路上售卖草药和神奇的护身符。她告诉我,这是三个巴拿马印第安人。一位售卖柠檬汽水的上了年纪的白人男子路过,变得非常兴奋。“这幅画是三个普图马约的印第安人。”他大声喊。从波哥大来,在卡利的圣弗朗西斯哥教堂外的人行道上售卖圣人图像的年轻男子告诉我,这是委内瑞拉的圣人图像:黑人费利佩在左边, 184
玛利亚·里恩萨(María Lionsa)在中间,而*印第安人*瓜伊卡伊普洛(Guaicaipu-

ro)在右边。他旁边小摊上的女人瞥了一眼这三股势力,然后没有一点迟疑地宣称这三个人是从厄瓜多尔基多来的印第安人。“每一个人都有他们自己的故事。”我认识 14 年的朋友达莉拉笑着评论道,并且在此之中存在着另外一个故事。故事讲述了社会是如何灵活运用满满一仓库的意象以及这些意象间的关系的,而意象及其关系都与种族魔法即三股势力有关。

184

三股势力

原始印第安人所散发出的魔法能在卡利市贫民窟居民的救赎梦境里被发现。这个定居点自从 1536 年开始的西班牙征服的第一个百年就没有印第安人的踪影了。克里斯·伯克贝克(Chris Birkbeck)公开了以下的梦境,节选自他 1977 年的田野记录。

堂·科洛经营着一家小商店,在卡利市最贫穷的街区。并不是很久前的一天,他正在市郊走着,却感受到了大自然的呼唤,于是他走进路边的香蕉种植园。他没有纸,就用附近植物的叶子。刚一回到家,他就意识到他的戒指丢了。那天晚上,躺在床上,他梦见丢戒指与那植物有关,他那天用过植物的叶子。第二天,他回到种植园,收集了一些这

> 样的叶子，把它们带回了家。他用叶子在女儿的金戒指上擦来蹭去，那
> 戒指变得有弹性，而且柔软可塑。他意识到自己已经找到了遗失已久 185
> 的传说中的植物，印第安人就曾经小心地用这植物来处理他们的黄金。
> 如此一来，他也可以成为传奇人物。然而，他并没有。这是因为他害怕
> 自己的秘密被泄露出去，害怕其他人会对此进行利用，大发横财，而这
> 本应是他的。[②]

这个故事已被当作证据，证明穷人贩售魔法的绝望，同时也被用作例证，证明在经济的“非正规部门”谋生的人所体现出的“小资产阶级分子的个人主义”。然而，要说的不止于此（而且不仅仅是关于堂・科洛用叶子在女儿的金戒指上擦来蹭去）。单单专注于个人有意识的经济利益会忽视殖民神话创作是通过政治无意识来起作用的。这梦的内容和梦一般的故事一样作为整体不仅把我们指引到了个人的贩售魔法，还指引到了炼金术知识如奇迹一般救赎的秘密这样的流行概念。炼金术知识遗失在了显明的历史中却可以通过巧合及不幸以梦的形式获得，在其中，历史（不仅是金戒指）通过印第安魔法变得可塑。

设于波哥大的共和国银行（Banco de la Republica）总部内的黄金博物馆世界知名，这个博物馆肯定称得上是国家的标志。博物馆里满是印第安人的金器，时间可以追溯到欧洲征服时期，乃至更久远的时候。小而精致的手工艺品在人为的黑暗里像星辰般闪耀，使博物馆变得跟教堂似的。博物馆每日的神奇仪式由密室里的民族学家和考古学家领导的科学工作者计划并监督朝圣者的人流，这仪式再次创造了像卡利的堂・科洛一样的贫民窟居民的梦境。博物馆所定义的顶峰体验是在它最内里的密室，由武装人员及厚实的金属门把守。通过这些门，人群每隔几分钟就会被分流一次。里面漆黑一片。我们等待着。人群骚动。之后，当金色的薄雾将房间和我们的所有感官充满的时候，一种实际作为开始仪式的*交融*（*communitas phase*）阶段被突然打破。我们发现自己身处一间满是印第安金器的房间里。金器层叠交错，有鼻环、胸甲、手镯、锅、金蛙、金美洲虎、金蝙蝠、金鳄鱼、金子做的印第安人……像院中的垃圾一样彼此堆叠，金子有如旧锡罐一

样散开。人群倒抽了一口气。

库库塔(Cúcuta)的白人女子询问圣地亚哥·穆图姆巴加的头几件事情中不仅有他是否已经受洗了,是不是一个真正的基督徒,还有他是否可以给她们找到金子的*奥秘*。我记得,这让他大笑不止。

离黄金博物馆几个街区,在那条经过中心墓地的道路边上,每周一聚集了一大群人,他们致力于死者崇拜,或者更确切地说,是致力于炼狱的灵魂崇拜——迷失和孤独的灵魂。一些人去到著名人物的墓前,并在那里搞神
186 秘的仪式,祈求成功、健康、财富。其他人到空荡荡的黑色洞穴里。尸体曾经安放在此,而如今已不再。人们在那死亡空间里点燃蜡烛。在外面的大街上,女人售卖着鲜花和蜡烛、神奇的香水和肥皂、护身符和圣人的图片,包括现在的*三股势力*。人群中一些人笔直站着,一动不动;还有一些人一边摇来晃去,一边伴着蜡烛油燃烧的噼啪作响念诵着神奇的说辞。超越这一切,光怪陆离的事物、怪异的人们、可怜之人中之最为可怜者组成的嘉年华会沿着26街延展开去。一个没有四肢的侏儒像一小束帐篷一样。两只雪白的眼窝带着亮红的褶线在一个男人的头上闪着光亮。一个穿黑色衣服的年老瘦弱的男人笔直地坐在自制的轮椅里,握着一把黑伞,伞在他头顶敞开着。他轻抚着腿上一只毛茸茸的小狗,这在这个充满畸形存在及无名之辈的土地上显得异乎寻常、惹人爱怜。他的胳膊肘放在一个笨重的平台上,平台装着轮子,上面躺着一个完全瘫痪的年轻女孩,她的脸庞显出狂躁,而这狂乱却又有一种无以言说的虚空。更远处是一些印第安妇女,她们从国家最南端的锡本多伊峡谷远途而来。她们售卖彩色珠子串成的手环(*coralitos*)和护身符——还有其他一些东西,药瓶在她们的托盘底下视线不及之处。

在这迷失灵魂的炼狱日子里,26街人头攒动。人群蜂拥而至。发生什么事了?一架梯子顶端有一个四方的木制箱子,每边大约三英尺长。花上100比索,在街上拿着扩音器的那个男人就会打开箱子的门。里面是一个毫无表情、没有身体的男孩。可爱——有如天使一般。他嘴里咬着航空信件的一角。信里边包含一个预言。花上100比索,这就是你的。门在那毫无表情的面前关闭。我们还想看。太可爱了。通往未来的大门由半截身子

的孩子所揭示。

是的,卡洛斯·平松告诉我。几个月前有一个几乎一样的东西,只不过不是可爱的男孩,而是一个用塑料袋装着的大脑——一个印第安大脑。这个在大街上传递神谕的使者,人们就是这么称它的:印第安的大脑。

离开喧嚷肮脏的贫民窟,在中产阶级时常光顾的书店里有许多关于印第安人的书籍。这些中产阶级包括有钱人,还有来自被称为发达国家的游客们。通常,这些书展示了印第安人、奇怪的野生动物和植物。所有这些被放到一起,好似它们都属于并构成了一个单一的类别。这些书实际是恋物对象,在色彩亮泽的照片中以及昂贵价格的映衬下,成了璀璨夺目的崇拜对象。甚至共和国学校所使用的历史教材都有四分之一到三分之一的章节专门讲印第安人,尤其是殖民征服之前的社会及习俗(然而对非洲裔奴隶和黑人历史鲜有提及,更不要说一个章节了——在经济对黑人及其后裔的依赖程度远胜过印第安人的社会中)。不论是在历史、人类学或考古学的权威语 187
言中,还是在穷人的梦境中,印第安意象施了魔法——这个魔法在教堂的神奇中和在对教堂里神秘的圣人及圣母的突然领悟中魔力不减,正如我们接下来将看到的。

第10章 森林里的野女人变成救赎圣母

188 布加的奇迹之神在特兰西托(Transito)的不幸历史中创造了一个深刻的讽刺。她一边强调自己鄙视印第安人,一边又进行艰苦的朝圣之旅,翻山越岭数百英里去拜见一位基督神。据她说,这位基督数千年前是被一个印第安人发现的。拉丁美洲有许多创造奇迹的圣人是被印第安人发现的,又或者他们第一次以真身示人是在印第安人面前,而发现每一位圣人的过程都有特殊的转折。这些显身给印第安人的圣人以及发现他们的故事里的奇特转折构成了一幅创作于大地之上的救赎地图。每一个转折都是一个能指符号,依托地图作为整体来实现其意义。每一个朝圣者的每一次朝圣都像是一次诉说,使意义具体化到现实中。

从布加的奇迹之神出发,沿着山谷平原向南走几十公里,我们来到哥伦比亚西南部最大的城市卡利。这座城市的守护神是拉梅尔塞教堂礼拜堂里的救赎圣母(Our Lady of Remedies)。教堂神父发放小册子,我1982年在那里也拿到过。据册子记载,第一个看到她的白人是1560年在卡利北部安
189 第斯山脉传道的传教士,那时,西班牙在这一地区开始征服行动不过才24年。一个印第安人告诉他,在雨林深处有一尊塑像和他在房间里敬拜的那尊一样。印第安人称她为“森林里的野女人”(*La Montañerita Cimarrona*),他们还用自己院子和森林里的物产向她献祭,这样他们就可以丰收,打猎也可多得猎物。他们为她吹奏笛子,献上舞蹈,“身姿灵动,不受欧洲服饰的压迫”。在教堂小册子引用的17世纪公证证词里,印第安人一直被称为野蛮的印第安人。

传教士米格尔·德·索托是个跛足之人,他让印第安人背他到他们的“野女人”那里去看看他们说的是不是真的。他被抬着穿过印刻着野兽脚印的森林。阳光温柔地穿透过雨林的绿色蕾丝,在覆盖着小径边沿的落叶上洒下一片金黄。他听见远处眼镜蛇的嘶嘶声。藤蔓相互缠绕,形成变幻莫

测的图案，而夜晚不仅仅是那里所有过的最为黑暗的夜晚，而且被雨林填塞了无休无止的传言。我们读到的是这样的。

米格尔·德·索托在那带着芳香气息、充满传言的雨林里但距离巴尔博亚海(Balboa's sea)好几里格的地方，面对面见到了他至今见过的最完美的女性形象——雕像刻于山上凹洞的岩面顶端，并饰有藤类和蕨类植物。她的双眼透出神秘的温柔，她的笑容散发神性的光辉，在她的臂弯里，孩童耶稣紧握着一枚热带水果。

他命人把她拆下，并运至卡利新城的拉梅尔塞修道院。一天夜里，她失踪了，竟又在雨林里被人发现。她被运回卡利她自己的位置上，但直到为她建起一座礼拜堂，她又两次逃回森林的洞穴里，那儿距离巴尔博亚海好几里格。因为她为卡利的白人和文明开化的人们所做的许多被证实的神迹奇事，她的名字从森林里的野女人变成救赎圣母。如今，半裸的印第安人像围绕在她周围。

正如布加的奇迹之神，也就是罗莎里奥朝圣之旅中的那盏指路明灯一样，历史选择了印第安人来为文明和征服的种族提供奇迹般的崇拜偶像。正如奴隶照顾主人所需，被征服者救赎他们的征服者。在森林里的野女人变成救赎圣母的例子中，教堂所写的有关她的神话在关于让·巴斯托(Jean Barstow)所谓的“无权势者未察觉的力量”的矛盾这方面非常清晰；印第安人作为异教徒-基督徒的道德状况模棱两可，荒野里野蛮的印第安人与征服他们的基督徒所信奉的神的母亲之间存在不同寻常的灵性亲缘关系。

这里的印第安人明显是野蛮未开化的，也因此与欧洲的旧世界形成清晰对比；尽管如此，不存在任何线索表明他们是邪恶或者好斗的。但是，将 190
印第安人及他们神奇的偶像包围起来的热带雨林却是完全不同的。它确实凶狠恶毒，蕾丝一般的叶子呈现出巴洛克式的复杂精美，通过变幻莫测的图案在夜晚向人说话，还有各种气味和传言透滤过夜晚的黑暗。就在这样的夜晚，像进入地狱之界一般，那位跛脚的神父被异教徒向导们抬着去寻找被凿在岩面高处的比阿特丽斯——因此，他奇妙的旅行应该与书中之后会提到的科克伦上校(Captain Cochrane)进行比较，英国海军的柯克伦上校也被印第安人背在背上，在19世纪中期，就在这个雨林中“但距离巴尔博亚海好几里格”。

卡洛托圣女玛利亚：官方历史

那奇特的悖论赋予无权无势的印第安人能力去创造神奇地获得力量的基督教圣人和圣女。那悖论通过一位著名的圣女得到进一步体现，她在安第斯山中部山脉的山麓地区，在卡利以南大概80公里的地方。这位圣女即卡洛托圣女（Virgin of Caloto），被称为圣女玛利亚（Niña María）。然而在她的例子中，森林里的野女人及救赎圣母所反映出的关系发生了颠倒。在圣女玛利亚的官方教会历史中，印第安人很显然没有被刻画得如天使一般纯真无瑕，而是与之相反，被描绘成野蛮、反叛的异教徒食人者——这是一个基督徒应该拥有的品质的鲜明反例。这一特点，同非官方历史提供而由口述史提供的大相径庭的见证一道，为理解争议中的奇特现实打开了新通道；即这位神奇圣女的现实性和现实的奇妙性质一样以让人好奇的方式仰赖于围绕她周围尚存的话语中充满矛盾的历史。如果我们要抓住神奇如何变为普通、偶像怎样作为对历史的经验式阐述的方法，应首先将围绕这个偶像的充满热情和矛盾的传说与故事纳入考虑。

圣女玛利亚是一个小小的木制娃娃，有67厘米高。直到18世纪末，她都被称为罗莎里奥圣母（Virgin de Rosario），手里抱着孩童耶稣。但如今，她手中没有孩子，作为中心人物站立在小镇一座教堂的祭坛之后。这教堂是一座简洁而引人注目的殖民建筑，形成主广场的一边。每年9月8日为她举办的狂欢节规模盛大，吸引几千信徒前来，主要是被镇上居民称为*印第安人*的那些人，他们来自小镇最东边安第斯山陡然升起的陡峭的坡地地区。尽管小镇居民主要是白人，然而小镇下方向西部和北部延伸的生长着牛及晃动甘蔗的炎热山谷平原却以贫穷的黑人农民及做散工的人为主。我不知道印第安人如何看待这个隐藏在山麓里的小镇。他们几乎不下山去那
192 里。但是我认识的黑人毫不迟疑地就把它描述成一个白人的小镇——隐僻、宁静、呆板，也是保守党的据点。

一年一度的圣女玛利亚节

根据波帕扬教区出版的手册，玛利亚的雕像是由建立卡洛托定居点的第一批西班牙人于16世纪中期带来的。那时，小镇里都是挖掘金子的“矿工”（通常指的是强迫印第安及非洲奴隶淘金的白人）。在接下来的50年间，由于皮豪人印第安人（Pijao Indians）的突袭，这个小镇多次被迫迁移。据此官方历史，这些印第安人为了圣女玛利亚在1585年袭击了这个小镇，当时正在进行星期四复活节的弥撒。他们杀死了神父，然后掳走了雕像。作为主流叙述的补充，洛扎诺神父的版本说印第安人杀死了绝大多数白人。印第安人习惯在一次成功的突袭之后畅饮三天以示庆祝，然后再睡上几天。于是，盛名不朽的卡兰巴斯（Calambas），也就是印第安基督徒的首领，发起了追赶。他们确信圣女玛利亚会惨遭亵渎，想象一下他们会有多惊讶，洛扎诺神父写道，当他们发现那些野蛮人却相反把她请上了一个美丽的鲜花宝座。经过24小时的浴血奋战，西班牙人战胜了那些食人者，并再次将她夺回。

皮豪人又发动了两次攻击，在1592年第三次攻击的时候，又把神像掳走了。西班牙人再一次把她夺回来。从那时起，她施行了很多神迹，其中比较重要的是对频受宗教迫害的卡洛托*印第安人村庄*予以保护——正如在1810年的独立战争中以及在那个动荡世纪里从未停止的内战中，卡洛托面对自由党的反对，自豪地在1851年、1860年、1879年及1899年的战争中守住了保守党的事业。

和变成救赎圣母的森林里的野女人一样，圣女玛利亚的神性极大程度上也依靠印第安人。但是，和救赎圣母形成鲜明对比，在教堂出版的关于圣女玛利亚的历史中，印第安人被描绘成好战的反叛分子及野蛮的食人者。另外，那偶像并非本土。西班牙人将她带到这片金矿富饶的荒野边境，提供了我们或可称为传说的“政治钥匙”（这钥匙现仍好用）的意外转折，即印第安人受她诱惑，尽管他们凶残野蛮。就是这个“奇迹”预示、展开、发展了这个意象的神奇性质，这意象的神奇从此以后会帮助保护基督徒免受野蛮之辈的进一步突袭，并在内战中保护小镇。

一位朝圣者意图描绘此官方历史，最近雕刻了一件木刻艺术品，并展示在神父的居所。这件木刻品在两类人，或者说两种印第安人之间，做了明显的区分。一种是信天主教的印第安人，还有一种是野蛮的印第安人，他们偷走圣女，暗杀神父，还带走他的头颅。这样的区分是重要的，因为它不仅再次出现在方济各会关于殖民时期普图马约地区的报告中（也是高地和低地印第安人之间的差别），也使得奥卡人、琼乔人（*chunchos*）等野蛮印第安人， 193
沿着厄瓜多尔、秘鲁和玻利维亚的安第斯山脉反复出现，直到现如今，而且这样的区分也代表了"印第安人"作为一种社会类属和一个道德人的二重化特点。不仅因为改变了信仰的印第安人和异教徒印第安人作为实实在在的社会群体存在着，还因为殖民提出的仍旧活跃的印第安人形象，这种形象正是依赖像这样的对立事物的组合，在此，野蛮和基督教信仰彼此维系并相互颠覆。

这是对依赖性语义命脉的啃噬。这通过另一记录将圣女玛利亚和救赎圣母的官方历史进行对比即可体现。那啃噬变得贪婪，而当我们转向官方及非官方的关于神奇圣女们的记述，却具有了积极意义。异教徒的发现将她们领进这个世界的王国。圣女玛利亚就是一例。

圣女玛利亚：通俗历史及各种历史

1982 年在与我第一次见面的 32 人中有 6 人说他们不知道圣女玛利亚。我和他们在卡洛托小镇、在从平原通往它的主路边简短地做了交谈。我总共和 3 个印第安人、16 个白人，还有 13 个黑人说过话，所有都是成年人。只有 5 人所给的叙述与官方历史一致。

"她长得像西班牙人，"神父的侄女说道，"印第安人把她掳了来。有了她，他们就可以突袭西班牙人。印第安人尊敬她。西班牙人又把她弄回去了，自那之后就可以抵抗印第安人了。"

"印第安人敬拜她，"神父向我强调说，"他们尊崇她，那就是他们掳她来的原因。他们憎恨白人，但不是宗教。"

与之相反，14 个人说她是一位印第安圣女，她先向印第安人而非白人显身，而且是白人从印第安人那里把她偷走的！这让我感到讶异。6 个黑人、6 个白人，还有 2 个印第安人这样告诉我。小镇外一公里的一家小商店的主人是一个黑人男子，他说："西班牙人把她从印第安人那里偷走了。"平原上的一位黑人农民说:“一些印第安人发现了她,但其他的我就不知道了。”一个在附近村庄卖咖啡的白人女子说:“圣女在卡洛托上面的山林里出现在印第安野蛮人面前——为了让他们成为信徒。”

“这是印第安人的圣人,”在小镇广场上卖花生的中年白人女子大声说道,“这块土地都是他们的,而她保护他们。西班牙人来的时候,她使得印第安战士看似数量庞大,把西班牙人吓跑了。”

一个在市集卖大蕉的黑人女子说:“她属于土著人,属于他们的*首领*。他们在山上发现了她。她以人的形象出现在他们面前。后来,另一群印第安人把她偷走了。首领又把她弄了回来,并把她放在卡洛托的教堂里。偷走她的那群人也想要她的金色皇冠。她施行神迹。但是印第安人没有以正
194 确的方式感谢她。9 月 8 日[为她举办的一年一度的庆典],他们醉得一塌糊涂。但他们对她非常笃信,尽管他们可能像狗一样躺在阴沟里。去年,一个小偷想要把她的皇冠偷走。她由一个警察守护。小偷打开门,但奇迹般地,他似乎看到 1000 多个警察站着守卫在那里。许多印第安村庄嫉妒卡洛托,并试图将小镇摧毁,把圣女掳走。他们嫉妒圣女,就如同他们嫉妒那个小镇一样。为什么嫉妒?没人可以解释嫉妒;这世界就是*有坏心肠的人*。”

有 4 人完全没有提及印第安人或殖民历史和征服,而是认为她早在 19 世纪就出现了。在驶入小镇的巴士上的一位黑人男子则说她首次出现在“内战”时期,是要拯救保守党。一位年纪很大的白人理发师坐在广场前面俯瞰着教堂,他说她第一次出现是在“战争”中,是自由党和保守党之间的战争。自由党人充满自信地攻击小镇,但后来仓皇而逃;圣女玛丽亚创造了一个嘈杂模糊的幻象——保守党人保卫了小镇,而他们的人数远超过袭击者。理发店旁边有一家台球馆,经营该店的年轻白人男子说他并不太清楚有关她的历史,只知道她出现在自由党和保守党之间的血腥冲突中,从 1948 年持续到 1958 年的这次冲突使哥伦比亚的大部分农村地区变得支离破碎。

附近特哈达港口小镇的居民大多是黑人,在那里,一个朋友告诉我,圣女玛丽亚最早出现在 1899—1901 年的千日战争中。胡安·萨佩是一位著名的黑人将领,通常认为是保守党人士(但有点多变)。他和他的游击队伍

被困在与自由党部队的激战中。他的弹药几乎耗尽。看起来注定要失败了。那时,圣女玛丽亚神奇般地出现了,使敌人产生了幻觉,看到保守党人比平时强壮很多。于是,萨佩将军的人取得了胜利。今天,萨佩家族每年都自豪地参加在卡洛托举办的圣女玛丽亚节庆。

阿娜·盖姆比亚是一位上了年纪的白人女性,属于卡洛托上层社会,她是一位画家,在当地的民俗运动中,她即便不是唯一的推动者,也是主要的推动力量。她把圣女玛丽亚视为种族和属灵战争中的神奇武器。她说,西班牙人很迷信,印第安人也是,在他们为征战造势的时候,西班牙人抬着一个圣女来保护他们,这个圣女可能是在基多制作的。印第安人明白这些。他们明白圣女是一个神奇的武器,于是他们决定把她拿来,并借此吸尽压迫他们的人的力量。他们把圣女偷来并损毁她。今天你看到她的脸仍是完美无缺的,然而她衣服之下的身体却是受损的。但之后印第安人开始遭受例
如天花、麻疹之类的苦痛,他们的*首领*死于心脏病,于是他们开始意识到他 195
们应该尊敬而不是破坏她。直到那时西班牙人才找到她,印第安人已将她装饰一番,在她身上堆满了花。

最后,一位黑人女护士将圣女玛丽亚和布加的奇迹之神奇妙地联系起来。布加在卡洛托以北 200 公里处。这位黑人女护士在小镇外甘蔗种植园地里的很窄小的棚屋内照顾我一位濒死的朋友。

“一些印第安人在一片竹林里找到了她,然后她离开了。她光着脚。后来印第安人又找着她,把她带到卡洛托,并开始给她举办庆典活动。你没见过吗?”她问我。“那是印第安人的庆典!”她停顿了一下。“人们说她离开的时候去了布加和奇迹之神在一起——那时他也是个孩子。”

双重异象的对话

因此,与我交谈过的 32 人中有 6 人说他们不知道她的起源。只有 5 人与官方历史一致,说这个形象属于西班牙人,它被印第安食人者野蛮地偷了去,它的神力被屈服于基督诅咒的野人带到了世上。

与官方历史完全相反,最常见的口述版本认为西班牙人把这个形象从

印第安人那里偷来，它本是印第安人的偶像。黑人、白人和印第安人都这么认为。这包含了几种不同的叙述，每种叙述也有不同的政治含义。

在市场上卖大蕉的黑人女子的叙述里呈现出两个重要的主题。承认这个神奇的圣女原本属于土著人，且他们深信她，这个大蕉贩指出印第安人没有正确对待她。在她的庆典上，他们喝醉酒；他们像狗一样躺在阴沟里。虽然印第安人的兽行对于把圣女及她的神力带到世上是必要的，意识知觉、感激及之后对那力量的关照和发展需要非常不同的感悟，即与非印第安人相关的东西。在她神奇力量的创造中存在属灵劳动的种族分工。一只狗或一个醉汉能感受并吸引受教化的理性人不能感知到的力量。同样地，在这样的种族分工中，兽性的印第安人，不论是异教徒还是野人，都是必要的。

大蕉贩叙述的第二个主题关乎嫉妒、礼尚往来和幻象的至关重要性。正因圣女也保护了卡洛托免受嫉妒之人的攻击，她激起了其他印第安村庄的嫉妒心理。圣女既激起又避免嫉妒，展现出矛盾性，这样的矛盾性不仅是
196 妖术和魔法治疗的基础，而且对整个人际关系来说也是必不可少的，罗莎里奥和何塞·加西亚的生活就生动地将其展现出来。对于他们二人，幻觉从嫉妒的胸膛里蹦出，同时又刺入胸膛，使其发生或将其消解，或者二者均有。此外，圣女保护民众免于其在他人心中激起嫉妒的方法是引起敌人的幻觉，使一种现实莫名其妙地转换成另一种现实。据说，幻觉出现在了征服战争、独立战争、19 世纪的内战、20 世纪中期的内战中，还有几个月前当一个小偷想要偷走她皇冠的时候。（这里我们可能注意到，在哥伦比亚人们使用魔法来防止偷盗行为，而且在我所知道的大多数情况下，这种魔法的主要目的与此处归指给圣女的一样：通过例如蛇、虎这些具有保护性力量的幻象来创造恐惧。）

现在，让我们回到那位在广场上卖花生的女人那里。这是印第安人的圣人，她说。这块土地都是他们的。她保护他们。当西班牙人来到这里的时候，她使得情况看似有许许多多的印第安战士，这就把西班牙人吓跑了。这里让我感兴趣的是圣女通过幻象制造骇人现实的神奇力量首先是用来对付西班牙人的，这维持了他们关于印第安人力量的传说和幻想。另外，这个故事也承认了归咎于野蛮印第安人的这种力量的虚幻基础。同时，这个故

事从神奇魔咒内里叙述，又把它排除在外，由此展现的不仅仅是二元的而且是交织的认识论的双重性，两个分离的宇宙，相生相克。如果你愿意这么想的话，这正是幻象这一概念的悖论——比起真正的真实，不那么真实，同等真实，而又更加真实，这又使得真实真正地成为真实。这就是为描述圣女及其神奇力量的故事提供素材的信仰。

当然，在圣女虚幻力量的背后潜伏着印第安人的幻象，这幻象随着殖民历史的潮起潮落，此消彼长。在以下两种情况里，依赖印第安人的神奇圣女和依赖圣女的印第安人一样，坚持历史现实的原则并非与拼图原则有什么不同——在此，叙述与再述同时存在，现实的顺序即便非彼此嘲弄也是彼此疏远的。

在另一份记录里，这幅拼图由一位卖咖啡的白人妇女展示出来。她说，圣女属于印第安人，她的出现是为了让他们成为基督徒。这似乎无异于在说圣女的历史功能是政治性的，即使异教徒适应征服者的神祇，并由此建立起白人统治的神圣合法性。这是对神奇圣女常有的评论：它们是精明的传教士发明出来的造物，目的是哄骗轻信的印第安人。然而，人们不免要问，为什么他们就是对这个事情那么轻信呢？而且，若是他们这么容易上当受骗，为什么还要麻烦传教士通过如此迂回狡诈的方式来让他们相信西班牙人的神以及他的童贞母亲？另外，存在争议的不是印第安人相信什么，而是 197
白人相信印第安人相信什么。重要的是，观察到圣女首现给印第安人，而且认为圣女这样做是为了使他们成为信徒的卖咖啡的那个妇人，她自己就相信圣女的神奇力量。她的陈述所拥有的力量和逻辑作为让人生疑的解释，依靠并表现出那个信仰。

不仅对圣女神奇创造力的信仰是通过如此错综复杂的聚焦于故事的双重性想象创造并再现的，这些故事还彼此矛盾，而且它们通常也挑战教会自己的官方说法。我认为这指出的不仅仅是简单的否定、多样性或辩证法。相反地，这偶像的生命与这神迹的现实好似依靠总是多变的现实的社会再生产，其中在与正式制度化的事实来源的对抗中，意义既依靠又破坏着与自己对立的事物。为了击败敌人，并从失败中夺取胜利，圣女的形象创造了更多的形象，即所说的幻象。

童贞史学

四种说法均未提及异教徒印第安人对引发圣女拯救力量所起的作用。转向这四种说法，我们不禁要更为直接地问，这个形象维持并讲述的是哪种史学。因为尽管说类似卡洛托圣女这样的圣像能够保护有关殖民社会起源的传说是诱人的，但是这些说法进一步表明了起源的传说允许原本的观点经过时间的冲刷而代表不同的事件。因为在这四种说法中，她的起源在时间上被提前了，而且被放置在了其他战场上：在 19 世纪的独立战争中，在接下来的内战中，以及在 20 世纪中期的内战中。植根在神秘且实实在在的特定场景中，以及特定的政党即保守党中，圣女能够自由地游走在各个年代，并且使得重大事件都与她的初现联系在一起。

如此，她所起到的作用就好比社会历史中的一个记忆焦点，这些焦点充斥着弥赛亚式的针对道德共同体的迫害及拯救时刻。记忆的功能用神秘的主题丰富当下，而相反的事物在神圣正义和救赎的剧院里上演符号学的剧目。

印第安人——异教徒、激进分子、荒野黄金的反基督障碍——的魔法使圣女步入其救赎的轨道。通过这个天造的讽刺，印第安人在失败中既发现又创造了他们征服者的神奇守护者，建立起神秘且神奇的复杂关系，借此，
198 一个个故事构成又解构了有关圣女的历史。在印第安人不再为主的地方，不祥的外来者和“嫉妒的他者”这样更为普遍的形象出现在 19 世纪的保皇党人或者内战中的自由党人中，引发奇迹的相反重现。

这是一个有关符号学剧目的解释学过程，这个过程被政治化了，并且对阶级和种族敏感。这部剧以符号为结构，符号即为西班牙人征服战争所创造的社会经验中的形象。这个结构被包裹在诸如卡洛托圣女玛丽亚的殖民偶像的外壳里，在日常生活中不是作为一个一动不动的模型，而是与此相反，通过间歇对话的创造性，作为一系列阐释的可能而存在。在这一点上值得注意的是，有关圣女起源最普遍的口述一方面颠覆了过去由教会提出的官方说法，另一方面又保持了对被教会当局神圣化了的形式的忠诚。

我谈起过那个形象还有那些故事，那些故事源于、围绕并回归到那个形象，就好像它们是一体的，是同一个东西；事实的顺序存在于两种截然不同的媒介中——一边是一个木头娃娃，另一边是装饰并给予童女裸体以生命的那些故事。我说了“形象”，而我本也可以说“那形象存在其中的人的共同体、通过想象让那形象一再拥有生命的人的共同体”。在观者与被观者之间礼尚往来的关系中赋予形象本身活跃的角色，这当然是盲目崇拜。

会有机会来更为详细地检视相互关联的观者与那形象之间的关系的。我在这里想要提醒的是一种世故之人的盲点。这些人会抓住这对关系，并认为其类似于如今人们熟悉的文本与读者的模型，在其中读者需要积极地进行已阅内容的文本构建。只有当这个类比比平常所理解的更为残酷且政治化、更为细致，它在此才是有用的。为要理解残酷的政治，我们必须回想普图马约橡胶热潮的折磨与恐怖中意象的对话建构。至于第二点即有关细致的那一点，通过形象创造可以体现出来。这样的形象创造发生在普图马约萨满和他们的病人的关系中，这个关系能大致教会我们有关形象创造的对话建构，这使灵魂躁动，让身体产生反应。据说在这里萨满是真正能看见的人，正因为如此萨满能为病人即看不见的人提供医治的形象——异象或者画面。然而，萨满作为病患并不太能够向这些形象进行讲演或其他的叙述形式，那些形象不仅使意识不安，还能改变意识，意识即生活记录，还有社会关系。因此正是在看见了但不说看见的是什么的人以及并没有真正看见却发表谈论的病人合并在一起的活动中，我们发现了具有社会有效性的创造形象的熔炉。对于无声的偶像，比如卡洛托的圣女，情况似乎就是这样。199
圣女和萨满一样激起异象（画面），否则，看不见的人只能用言语和故事去赎回。他们这样做也就赎回了对神迹奇事的弥赛亚式的信仰，把资本主义征服战争的宏伟史诗、争取独立的抗争、内战及之后 20 世纪中期的内战有追溯力地压缩成拼贴画式的焦点的信仰。

辩证意象和评论家的任务

这种形象创造和基于形象的史学也是对 20 世纪西欧的社会革命理论

作出怪异贡献的主题，该理论即瓦尔特·本雅明提出的救赎批评和辩证形象概念。他年轻的时候，在1914年，本雅明主张的正是卡洛托圣女所激起的形象创造所展示的那种史学。与将历史视为不断行进的连续体的观点相反，年轻的本雅明提出了这样的观点："正如过去在思想家乌托邦式的形象中，历史集中于一个焦点。末了情况的元素不是以无形的进步趋势呈现，而是作为遭遇危险的、受到谴责和愚弄的创造物和思想而嵌入每个当下。"历史的任务，他接着说，"即是以真诚的方式给予实现的内在条件以绝对的形式，使其在当下可见并占据主导地位"。①

因此，艺术作品评论家的任务是参与此项救赎工作，正如理查德·沃林(Richard Wolin)所言，来拯救"那几个使历史连续体增辉的独特的超越愿景"。当然正是以这样的方式，卡洛托的农民和城镇居民将他们对于过去圣女起源的解释嵌入每一个当下。只有在这里，关于那段过去的世俗和神学的片段比起本雅明构想所表现出的夸张做作的语气，体现出更尖锐、更坚固、不那么高傲且更为布莱希特式的构造。比如，在这里历史的焦点所积聚的是印第安人的土地及其引发的有关历史的弥赛亚式的力量；战乱、种族战争和文明战争迷乱的喧闹声穿过这个使历史连续体增辉的超越愿景。

后来为了使他的救赎批评说与他对马克思主义独特的喜好相适应，本雅明对其做了改变。这时，他称这项任务涉及"静止辩证学"(dialectic at a standstill)。高雅文化评论家所关心的形象画廊现在被扩大到包括能点燃大众想象的意象。如果通过这样的扩张，艺术史与将历史视为艺术的观点更为靠近了，那么不应忘记的是对本雅明来说，这是具有阶级矛盾性的艺术观点，也是弥赛亚式的观点，这势必引出以下看法：尽管想法和意识形态的力量更多地存在于形象领域而非概念中，而且没有精确的图片展示就不会
200 有毫无折损的革命意志，但是形象的这种能力，除了在极少的情况下，会被意象激发的统治阶级对过去的表述所阻碍。"如此这般的跳进过去，"谈到法国革命激起了古罗马意象的时候，他写道，"发生在统治阶级发号施令的地方。"然而，"进入空旷历史"的同样一跳"是辩证的，马克思就是这么理解革命的"。②

本雅明鼓动评论家想办法将意象从传统让人窒息的双手及统治阶级的据点中解放出来，他似乎建议形象——或者至少是一些形象——参与其中。因此，热衷于“静止辩证学”方法的评论家被禁止将辩证学强加到形象上，而是在它存在之处使用并且培养这样的失稳潜力，它标志着发生事件的弥赛亚式的中止。用他自己的话说，那时他已走到生命的尽头，他大致给这个任务下了定义（在 1940 年，斯大林-希特勒条约签订之后的骚乱中）：

> 思考不仅包括想法的流动，也包括它们的停滞。思考突然在充满张力的格局中停滞不前，在这里它使这个格局为之一震，由此它使之结晶化为一个单体。只有在历史唯物主义者遇到作为单体的历史研究对象这一情况下，他才会靠近它。在这一结构中，他认出那标志着发生事件的弥赛亚式的中止的标记，或者，换种说法，为过去的受压迫者而战中的革命机会。他注意到它是为了在历史的同质走向中炸出一个特殊的时代——从那个时代中炸出一段特殊的生活，或者从毕生的事业中炸出一个特殊的作品。③

然而，尽管他很勇敢，他仍然犹豫不决。他提出的辩证形象概念缺乏勇气；作为积极分子的评论家的工作被给予了太多重视，而对（至少一些）形象自身在大众文化中的表现方式没有足够的信心。为了在第三世界引出如此这般形象的辩证法，至少，那辩证魔法师的魔杖需要最轻微的一击。

以卡洛托的圣女为例。在这里没必要借助超现实主义者拙劣的艺术，没必要借助发生事件的弥赛亚式的中止的比喻，没必要费力挑战过去是由这个形象引发的官方看法，而且最重要的是，没必要通过论证那个形象可以作为一个“单体”像上面引文中所说的那样起作用来牵强附会。所有这些都像日常发生的事情一样存在着。对话创造出圣女的生命及生命力，这引发奇妙的现实，而所有这些即在这现实之中。

本雅明对这一战略的研究处于他提出的革命的艺术家和评论家这一概念的核心位置。或许他的此项研究本可以通过更为细致地研究一些大众形象比如卡洛托圣母来获益。但也有可能是阿莱霍·卡彭铁尔在《人间王国》

201 (*The Kingdom of This World*)前言中的观点。即尽管欧洲的超现实主义者由于他们的社会及其传统(包括革命和反抗的传统)被迫笨拙地操控不一致的意象且使其并置,在欧洲殖民地和前殖民地费力构建外部现实,但是类似超现实主义的东西就像是深深嵌入日常生活中的社会行为一样,是内生的。至于超现实主义,(我认为)和辩证的形象一样——其在欧洲和在殖民地的表现形式之间的区别如下:在欧洲它们基本被民众忽略,然而(对超现实主义者来说)“是为革命服务的”;在殖民地及前殖民地,这些表现形式是生命形式的固有特征,是魔法师、神父和巫师的工具。

本雅明几乎不能使自己摆脱对精神忧郁症的迷恋,对如此执迷于过去的救赎承诺——其典型特征存在于它对灾难的征兆——的灵魂来说,这不是简单的事情。然而,超现实主义确实使他体会到这种方式的好处——通过这种方式,笑声能敲开世界,暴露出被政治化了的魔法师抗争的地方原始的神经末梢,在这里“寻找很久的形象场域打开了……在这个场域里,用一句话概括,政治的唯物主义和自然界的内里是同一个人”。因为如果超现实主义想要改变那个支撑西方文化的神话表象的妖术集,并且照做了,使用的形象打开了通往奇妙世界的大门,激起广泛的矛盾,那么它自己的表现必须既是标志性的又是带着讽刺的——不仅使人想起弗洛伊德有关被玩笑破坏了的无意识意象的分析,还让人想起米哈伊尔·巴赫金(Mikhail Bakhtin)和乔治·巴塔耶(Georges Bataille)对无政府主义诗学的痴迷,他们在堕落和重生同时存在的有如狂欢节一般的混乱中将古怪和幽默调和在一起。

我认为小说家及其评论家的拉美式“魔幻现实主义”表现不佳。卡彭铁尔说,欧洲人带着野蛮的绝望情绪正在他们自己的社会中强行打开通向奇妙世界的大门,而在殖民地那些门尽管不是完全敞开的却也是虚掩着的。他的说法不无道理。但是在我看来,在他、阿格达斯、阿斯图里亚斯和加西亚·马尔克斯(García Márquez)的作品中,笑声及无政府混乱状态的力量去打破雾蒙蒙的奇妙地域都得不到体现。使他们的故事得以延续的奇人奇事在被表述的时候,常常与流传很久的异域或本土的传统民间故事相一致。

统治阶级对普通人及其幻想世界的感官活跃度的标准看法是认为它差不多达到在机敏与浪漫之间摇摆的程度。然而对超现实主义者来说，正是因为与之前提到的“野蛮的绝望情绪”形影相随的敏锐的自我意识，当柏林的鼻科专家威廉·弗里斯（Wilhelm Fliess）在 1899 年秋天读到他好朋 202
友弗洛伊德所著的《梦的解析》的校样时表现出的惊讶与不安才会被当作公理一般铭记下来，弗洛伊德在书中抱怨说梦中充满了笑话。

这就让我们回到了笑话和符号在流行肖像研究梦境中的功能这一问题上。这里我想到的不只是弹拨失败和拯救的弦所奏出的有关圣女的多样版本，这兼顾了奇迹的符号学。我还想到了过去官方言论那沉重的语调和神秘的权威被带到世间，并与温柔的有时又粗俗无礼的机智相互熟悉的方式。证据显示，织起和松开多样现实的大量变化使系统性弱化了——言语挑逗的计谋，带着它们全部的多样性及双重认识论，这是统治阶级展现及标榜的主要语言的矫饰。“一些印第安人在一片竹林里找到了她，”那位在甘蔗地旁照顾我们一位濒死的朋友的护士笑着告诉我，“然后她离开了……人们说她离开的时候去了布加和奇迹之神在一起——那时他也是个孩子。”

在她之后的补充内容里，机智创造了另一个世界和另一种看见的方式。圣人的恶作剧并没有像他们令人愉悦的部分那样被暴露出来。带着一阵同样强烈情绪，布加山谷的北面和卡洛托山谷的南端被连接起来。布加庄重冷漠的奇迹之神，通过他在青春期前与酷爱四处游走的圣女玛丽亚的约会，被温柔地带到世间，带到物质及人类世界。

或许事情是这样的。尽管她的出现带着神秘色彩，但是真正让她显出人性的是她的消失，而且其中也蕴含着某种事物，带着强烈的反教权情感，好似指出了消失就指出了人的权力高过教会，教会在晚上把她锁起来。这有时很清楚，像帕斯托东边的科查湖岛上的圣女就是这样。据一位在普图马约参加过 1933 年对秘鲁作战的老兵说，圣女是印第安人发现的，只要神父去她的小教堂做弥撒，她就会消失不见。人们说，她是到遥远的卡洛托拜访圣女玛丽亚去了，那位老兵告诉我。

或许存在一种秘密的生命以及一个隐藏起来的圣人和圣女的社会，教会对此均一无所知。或许这个社会不仅包括在西哥伦比亚有名的圣人和圣女，还接纳来自其他地方的民间圣人，类似委内瑞拉这样的遥远地方，比如黑人费利佩和何塞·格雷格里奥·埃尔南德斯的故乡。在这个社会，圣人似乎更像我们，又或者更像我们的孩子。这与他们被供奉在祭坛后面或者为在集市和街头售卖的他们的肖像画摆姿势时冷漠地展现给世人的毫无表情的面孔大相径庭。如果人们想要把圣人和圣女的生活用人类的情感填满，从而把教会题写的独白替换掉，那么那些同样的圣人和圣女就会让此地
203 的景观充满由他们彼此之间关系的路径所题写的意义。既然他们既有神性又有人性，说他们因此使空间格局“神圣化”了是不对的，除非我们认可一种有关神圣的观点，这个观点认可人性弱点的力量。如果我们那样做了，我们就能描述用地方意义相互联结的碎片画出的“神圣的”土地轮廓。朝圣之旅、医治不幸的仪式、四处游走的草药商，还有民间医生断断续续地将这些轮廓和地方暴露出来，但基本上它们只不过是隐晦的网络、烟蒙蒙的小径，间接体现在日常生活的缝隙、梦境及笑话之中。

有时候，教会的偶像和国家的偶像交织在一起。哥伦比亚西南部最大的城市卡利横跨在平原插入安第斯山脉陡峭的山坡所形成的坡角上。山顶上耸立着一尊巨大的基督像，他手臂伸开，呈十字形，从远处眺望并守护着这座城市。一位年轻的*流浪汉*告诉我，在这座城市里有一座纪念它的创建者——伟大的*征服者*塞巴斯蒂安·贝拉尔卡萨尔(Sebastián Benalcázar)的塑像。他挺直地站着，一只手放在臀部的位置而不是佩刀上，他怒气冲冲的，不相信他的钱包被偷了。(应该指出的是，卡利由于扒手多而臭名昭著。)他的另一只手指向的不是他所创建小镇的宏伟前景之梦，而是另一座塑像——卡利的第一位市长(我的年轻朋友是这样告诉我的)，前者由于这起偷盗指责后者。轮到市长的时候，他为自己辩护，指向这座城市的另一显要人物的雕像，而轮到这个人的时候，他指向那座山，所指的正是基督他自己——站在那儿手臂伸开，好似正被警察搜查一般：“我什么也没偷。看啊！”城市里流浪汉的命运和基督的命运因此被置于一处，城市的创建者、征服者以及传统的资本家都错怪了他们。

圣女和天使长

远在安第斯山脉高处一处深谷石面的南边，靠近通往厄瓜多尔的时高时低的高速路，有一幅拉哈斯圣女（Virgin of Lajas）的画像。

当萨尔瓦多，即那位把圣地亚哥从死亡的深渊带回来的伟大的柯番萨满的大女儿失明的时候，他到拉哈斯圣女那里去。好几年后，她的母亲告诉我，她曾拒绝嫁给一位黑人殖民者。他把一根针戳进她的相片，刺穿了一只眼睛，于是她的那只眼睛就失明了。他再次请她嫁给自己，而她又拒绝了。他又刺穿她的相片，弄瞎了她的另一只眼睛。萨尔瓦多试着用唱歌、雅格以 204
及他的草药给她医治，但都徒劳无功。于是他们沿着河，穿过森林，到山上城里供奉着圣女的神祠中，但是他的女儿非常地难过。“比起瞎了，还不如让我和圣女一起去。”她告诉她母亲，之后不久她就死了。他们发现那个殖民者和相片的事情是在很久之后了，那时他喝醉了，把戳穿双眼的相片给和他一起喝酒的萨尔瓦多的妹夫看了。萨尔瓦多什么也没做，说神会惩罚恶行的。

和布加的奇迹之神、卡利的救赎圣母以及卡洛托的圣女玛丽亚一样，拉哈斯圣女也是被一个印第安人发现的。根据天主教神父奥古斯丁·M. 科拉尔（Augustín M. Coral）的著作《我们的玫瑰圣女拉哈斯》（*Nuestra Señora del rosario de las Lajas*，1954 年出版于波哥大），拉哈斯圣女于 1794 年出现在伊皮亚莱斯（Ipiales）附近的拉哈斯峡谷，这座峡谷被视为地狱之口，令旅行者心生畏惧，在此处，魔鬼要了许多无辜者的性命，将人们抛向下面的瓜伊塔拉河（Guáitara River）。帕斯托一个大户人家的儿子听说，他的奶妈，一个印第安人，在乡下过着艰苦的生活，于是去把她带回来住在他家里过好日子。当他们经过峡谷的时候，她听到了音乐声。她爬过几块石头，看到了圣女，于是她陷入恍惚之中，并叫她的同伴做见证。他一看见圣女就倒下去了，看起来跟死了一样。她走了一夜到帕斯托，并让大家小心。第二天，神父和其他人匆匆赶去特异事件发生的地点，发现他还活着，他跪在圣女面前，泪流满面。

而至于卡洛托的圣女玛丽亚，官方历史只不过是各种声音混杂在一起，讲述着各种不同的有关圣女神奇力量的故事。

罗莎里奥和她的丈夫基本上把官方的版本翻了个面。他们告诉我，拉哈斯圣女不是由被富有白人领着的印第安女人发现的，而是被独自一人上路的印第安女人发现的，她的背上还背着个婴儿。圣女想要显现给那个婴儿，而不是那个女人。“看啊！”那婴儿说道。于是她出现了。

多娜·艾米莉亚是一个贫穷的黑人老婆婆，她是圣地亚哥的风湿病人。她告诉我，圣女是*奇迹般的*、神奇的，而且能创造奇迹，她去过她的神祠四次了。说到圣女的起源：“很久以前，一个印第安女人和她的女宝宝一起在那附近走着寻找柴火。她的女儿说‘妈妈！看！那个*混血女人*（*mestiza*）在叫我’。”多娜·艾米莉亚解释说，*mestiza* 不只是指印第安人和白人所生的女儿，而是肤色白皙的外国人（*gringa*）。当圣地亚哥的孙子，从卡克塔省来的 10 岁的小塞萨尔听到我们的对话后，说那个女婴在那个圣女显现的时刻之前一直是个哑巴！这时那个婴孩说出的种族称谓，更不必说它是外国人时候的精确含义，变得更为意义重大。就在那一刻，当看到那个印第安人
205 和白人所生的肤色白皙的外国圣女，那个印第安婴孩获得了说话的力量（还有命名种族类别的能力）。

塞萨尔的母亲纳蒂维达也去过圣女的神祠四次了。上次去的时候，她是和她的婆婆一起去的，她婆婆认为圣女不是一幅画，而是一座塑像。“她的样子看起来跟活着似的。”她告诉纳蒂维达。其他人也认为圣女化身为塑像，而且就是这个样子的。罗莎里奥的儿子在他的雅格幻境中看到卡门圣女如此变化，这与他房子被施了妖术的可怕幻境形成了对比。当解释他所画的他关于圣女的幻境时，他描述道，他必须过一条河才能到达她那里，而跨越这条河令人胆战，还有太阳强烈地照耀着包围在峡谷石块中的圣女。后来，她从石块中挣脱出来，变得“像女人一样，活生生的，然后给我她的祝福”——把他和他的家人从妖术和嫉妒垒成的石头桎梏中释放出来。

“在一些人看来，她就消失了！”纳蒂维达的母亲安布罗西亚说。她走进厨房，参与到我们的谈话中来，手里抱着满满的柴火。但是她的丈夫圣地亚

哥——那个萨满和能看见异象的人——从没有见过她的真容或看起来跟活着似的。对他来说,圣女就在她的画像中。而我,这个从没见过她的人,被告知,在她对面的崖壁上立着一个与我*同名的人*圣米迦勒(Saint Michael),他猛力地踩在蛇身上。安布罗西亚、纳蒂维达、艾米莉亚和我正在驱散我们眼前的迷雾。谈话有一种巨大的力量。"拉哈斯圣女可以医治生病的人、瞎眼的人和瘸腿的人,"安布罗西亚高声说道,"她也给罪人驱邪。"

"如果你信,你就会得到医治。如果你不信——没用!"纳蒂维达大声说。每个说法都带着权威,好像阳光穿透迷雾一般。

我提起印第安人把奇异的圣人和圣女整个带到哥伦比亚社会的话题。纳蒂维达提到又一个这样的在乌伊拉(Huila)的圣人,她停顿了一下,然后说道,"因此我们印第安人是无邪的,那就是原因"。

"更虔诚。"她的丈夫罗伯托插话道。

"但那是以前,"纳蒂维达说,"现在印第安人堕落了。"她原本表情严肃,却突然咯咯笑了起来。"但是那些古人,"她继续说道,"他们不仅仅是无邪的。他们也很野蛮。他们吃人。他们杀人。他们像动物一样生存……问问堂·圣地亚哥。还有一些像这样的印第安人。"在有关卡利的救赎圣母的教会历史中,与寻找圣女有关的印第安人平静安详,这让人意外。在有关卡洛托圣女即圣女玛丽亚的教会历史中,印第安人的野蛮很可怕。异教徒印第安人将神迹和上帝的圣人显现给他们的基督徒征服者的能力是一种既离不开无邪又离不开野蛮的能力。二者相互啮合,使得当一个特征,比如无邪得
到强调的时候,它被抑制的反面即野蛮却在情感色彩上变得突出。与此 206
不同,纳蒂维达——一个印第安萨满的女儿——使我们同时注意到了无邪和野蛮。这样,她把现在和过去结合起来,就像把苦难和诙谐结合起来一样。从怀抱野蛮的"无邪"坠落下来调和促成了这样的结合,她称此坠落为堕落。

她父亲通过同样的有关无邪和野蛮的意象给黑人和白人治病,他亲自将这样的意象展现给他们。在他治病的房间里,挂着一幅布满灰尘的圣米迦勒的图像,这位天使长正将魔鬼打入满是烟雾及火焰的地狱。靠近魔鬼的头部,他的左手握着公义的天平,而他的右手高举着利剑。他的翅膀紧

绷。除了他的光环，他身上所穿戴的就是一位战士的装备，看起来像一个古罗马人。我时常觉得这幅画很奇怪——挂在房间的中心位置，就在这里那么多年过去了，那么多人吃了迷幻药，而且伴着印第安歌曲，像圣米迦勒一样把魔鬼打倒。他也立在遥远的峡谷里，正对着拉哈斯圣女。安布罗西亚、纳蒂维达、艾米莉亚在厨房里谈论此事的方式让我好奇：朝圣者走过由峡谷一边的圣女以及另一边的天使长组成的力量之地是一种什么样的感受。她，这位被印第安婴孩发现的*混血女人*，对于我们所有人来说类似于母亲。正如安布罗西亚所说，她医治病患，洁净罪恶。而在她对面的是那位深怀仇恨的战士，他将恶魔驱至地狱。

我没有见过这个，但好几个晚上我看见了这个老人，安布罗西亚的丈夫堂·圣地亚哥在远在圣女圣地之下的炎热国家的地下世界，正对着那张布满蜘蛛网的天使长的图像，坐在他的吊床里唱着歌为不幸缠身的病人治病，他笑中带泪，泪水顺着脸颊流下。在我看来，像他这样的术士似乎明显包含着母亲和战士的双重形象，就如同他的女儿纳蒂维达说到印第安人的无邪与野蛮的时候一边带着悲伤的情绪，一边还笑着一样。然而，这双重形象被神奇的崇拜偶像——救赎圣母/森林里的野女人和圣女玛丽亚——的历史分开了。

的确，沉甸甸的旧世界（Old World）传统支持着关于圣米迦勒即天使长的这种观点：他体内存有术士和战士的双重力量。唐纳德·阿特沃特（Donald Attwater）说，《启示录》提到的天堂之战使得圣米迦勒在基督教界创始之初的西方就被尊为天兵的统帅，是所有基督徒，尤其是战士的守护者。然而在东方，比如在君士坦丁堡，重要的不是他作为战士的身份，而是他能治病的能力。[4]

这位天使长刚好也是莫科阿小镇的守护神。祭坛边上有一幅他的巨大画像，但小镇里似乎没有很了解他的人。我认为，没有一个神父或修女知道
207 他在当地的起源是怎样的。我能熟悉这些得感谢堂·圣地亚哥。他是从他的*祖父*那儿听说这些事情的，他的祖父很是长寿。他晚年几乎是弯着腰过的，因为他曾将神父和其他白人背上安第斯山，而这压弯了他的腰。于是，他的祖父从比他年纪还大的人那里听说了白人的到来。

圣米迦勒

莫科阿附近的印第安人正是从*喝雅格的*人那里听说白人就要来了，而 208
且在那幻象里有罪恶及苦痛的暗示。印第安人逃跑之前，他们把最宝贵的圣人圣米迦勒藏在河边无花果树曲折的树根“要塞”里。

当西班牙人到达的时候，他们把印第安人的圣人在印第安人的教堂里立起来当砧板用来切肉。一些印第安人震惊不已，匆忙逃走了，速度太快以至于把他们的孩子落下了。一些印第安人留下了，但拒绝做任何事情，慢慢地就死了。还有一些印第安人把土地卖了，换回一点儿钱、几把砍刀或者一包布料。一天晚上，西班牙人睡着的小棚屋着火了。他们从脚到膝盖都被烧了，失去了双腿。这是上帝的惩罚。

从山里、阿庞地(Aponte)、戴思堪斯、扬古洛(Yunguillo)和锡本多伊来的印第安人去到莫科阿河钓鱼。那时候那条河是活水，还有鱼。他们采集沿岸树木的一种毒汁。在寻找柴火的时候他们发现了隐藏的圣米迦勒雕像，他们把它放置在了旧城的教堂里。西班牙人不付钱却逼迫他们在河流下游的新城造一座新的教堂，至今圣米迦勒的雕像还在此处。

“如果神父允许，你可以在教堂最后部一间锁着的房间里看见它。它是用木头雕刻而成的，而且很小。”圣地亚哥说道，他举着手，手离地面大约30英寸。

我去了那个教堂。陪我去后面那个房间的神父和我一样困惑。可以肯定的是，正如他所指出的，是有一座天使长圣米迦勒的雕像，大约5英尺高，穿戴着罗马盔甲，包括头盔、胸甲和及膝长靴，脚下踩着长角的魔鬼。我们在许多保存完好的圣人的残破翅膀、手臂和光圈及其他东西的碎片中努力寻找。尽管如此，除了那一个，我们找不到任何圣米迦勒的踪迹。

“他确实在那里！”当我晚上找他攀谈的时候，堂·圣地亚哥坚持道，“他的手臂是举着的，有银翅膀，而且很小。”

我回到教堂，去到那间圣人雕像的储藏室，而那里确实有那座雕像。神父对它是谁或者是什么东西一无所知，它却是唯一符合圣地亚哥描述的形象。但这是个什么样的圣米迦勒啊！既没有利剑，也没有魔鬼。相反地，他张着与他身体不相称的巨大银翅膀飘浮着，这是一个很小的天使，手臂和眼睛上抬，是至今所造的最可爱的天使。

第11章　野蛮

我试图模仿一种感知模式——通过一种谈话方式进行观看的方式—— 209
通过对话厘清世界，这对话由于日常生活里停顿和并置的裂隙中的突变力量变得生动鲜活，在普图马约的厨房里或是在圣女玛丽亚的教堂周围就是这样。这也是一种用拼凑事物的迂回"语言"来表述世界的方式——如同戴在婴儿手腕上的（被印第安人治好的）由彩色珠子串成的手环一样。正是一种认知模式捕捉到了历史的碎片，比如散落在莫科阿教堂后屋里的缺少四肢、没有光圈的圣人和圣女，那里灰尘覆盖着切碎的、受屠夫阻挡的神圣世界的碎片——这种感知模式突出了这些散落在统治祭坛的秩序之上的碎片，教会人为地让这祭坛费解。

这是有关希望的不规则的、颤抖的形象——这个在官方历史边缘的碑文、"真实的"也是真实地鲜为人知的圣米迦勒，小小的，没有利剑，被关在教堂后面的房间里，以与其身不相称的巨大翅膀飘浮着。一阵情绪涌上心头，我们或许会希望小声说出有关"反抗"之类的充满鼓舞及勇气的话语，突出这反对霸权的声音的虚弱不堪以及准备飞 210
翔的巨大翅膀这一能指符号。但是比起那些声音，这种回复更多是指向我们的。从他们的力量和脆弱的汇集点获得勇气的是我们。他们的脆弱所蕴含的给予弱者和败者这股力量，被镌刻进神奇的偶像，有时也镌刻在印第安萨满身上。

维塞乌的主人，《祭司的朝拜》（*Adoration of the Magi*），大约1505年
(Courtesy of the Museu de Grão Vasco, Viseu, Portugal)

萨满的女儿纳蒂维达断言，救赎的力量

与败者同在，野蛮处也有圣洁。她如此说的时候还发出咯咯的笑声。

同样地，在那幅葡萄牙的画作《祭司的朝拜》里，野蛮中也有圣洁，但人们认为，没有太多可笑之处。这幅画创作于16世纪的头十年，通常由黑人祭司占据的地方被一个巴西印第安人占了，这个印第安人戴着羽毛头饰、金耳环、手镯、脚链和一条珍珠项链。他的一只手端着一个用半只椰子做的碗，碗里装满了金子，另一只手拿着据说是巴西人使用的木制大棒。他穿着花纹繁复的短裤和衬衫，“没有野人，”修·昂纳(Hugh Honour)写道，“可以表现得更加温柔，更为有礼，更像人。”[①]

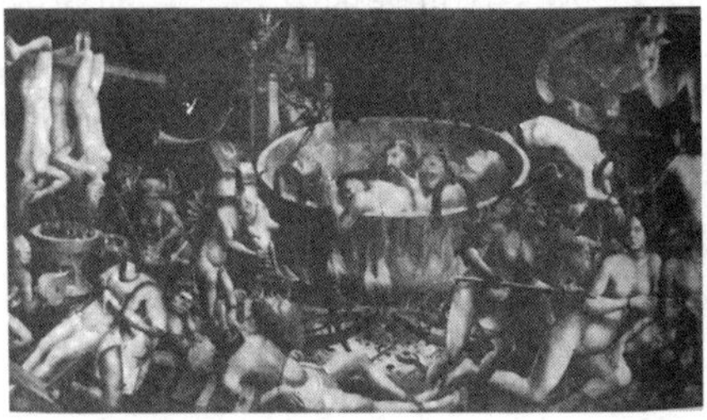

作者不详，《地狱》(*Inferno*)，大约1550年。
(Courtesy of the Museu Nacional de Arte Antigua, Lisbon)

然而在另一幅创作于约50年之后的葡萄牙的画作中，一位穿戴着相同头饰及羽毛披风的印第安人却是负责给被判入地狱的人施刑的恶魔。这幅画类似希罗尼穆斯·波希(Hieronymus Bosch)的画作。他们是神或是魔鬼，理查德·康斯托克(Richard Comstock)指出，“是拥有真善美的未堕落的受造物，或是穷凶极恶的魔鬼。当欧洲殖民者刚遇到美洲印第安人的时候，我们看到这两种形象均在白人的想象中起作用”[②]。或许不那么神秘，但带着对印第安人双重形象同样的欣赏，北美洲的印第安商人亨利·博勒(Henry Boller)在1859年写给他兄弟的信中这样写道：

> 211 要不是因为不断的搅扰，我可以为你“画出”……两幅画。
>
> 一幅代表着印第安人生活的光亮面，有羽毛、长矛、装裱华丽的“旗帜”、争斗和水牛狩猎等。
>
> 另一面即阴暗面展现了污秽、害虫、贫穷、赤裸、苦难、迷信等等。二者同样真实——既没有夸张也没有歪曲；二者完全不同！[③]

当安第斯山普图马约山脚的一个白人殖民者曼努埃尔·戈麦斯和一位

印第安萨满一起喝雅格时，在他死之前眼前的事物也是那样的——双重的，亦亮亦暗。许多年以后他告诉我，在经历了图形变幻游移、嗡嗡声音时响时停的混乱之后，在他呕吐而蛇涌进他的嘴里之后，一只老虎向他靠近，然后又消失了。火堆旁那位萨满之前所在的地方现在坐着魔鬼。

他的样子就跟画里的一样，曼努埃尔说，是激动的、红色的，有角和尾巴。曼努埃尔一直看着他坐在那儿，在普图马约大森林里的火堆旁边，就在这时，魔鬼变回那个萨满，他抽着雪茄，问他是否害怕。然后，印第安人又一次变成了魔鬼，而曼努埃尔知道他要死了。实际上，他已经死了，他后来告诉我，而且开始攀登华丽的阶梯，直到他在“虚无”(nothingness)的边界遇到一位老先生。这位老先生祝福了曼努埃尔，还让他回地面去。他回来了，一步一步地下到黎明那穿透森林的清爽绿光之中。正是那位萨满印第安人即那位变成魔鬼的萨满使他穿越了死亡和救赎的空间。语言夸张，记录的经历一样夸张。这经历不仅会被看作殖民力量的粉饰，而且会被作为那力量展示它内部构成的一种方式。寓言和幻想进入每日的种族和阶级压迫中——社会在边境地带接触到野蛮，在此处单调变得超真实(hyper-real)。像曼努埃尔·戈麦斯和何塞·加西亚这样的殖民者幸运地避开了嫉妒之人所施的妖术：殖民者使他有关野人的迷思具体化了，开始受其力量的支配，如此一来，他从和野人一样折磨他的文明中寻求拯救，而往野人身上他投射了他的“反我”(antiself)。

看着 16 世纪的那幅葡萄牙画作，即印第安人以恶魔的形象负责给被判入地狱的人施刑的那幅画，修·昂纳评论道，这个形象将印第安人塑造成了热带丛林里的野兽。第一幅画《祭司的朝拜》与黄金时代的神话有关，与此形成对比的是，第二幅画不仅把印第安人和魔鬼联系起来，他说道，而且还和中世纪及文艺复兴时期的传说中的野人联系起来，他们残忍、淫荡，跟野兽一样浑身长满毛发，而且模样奇怪。

约翰·弗里德曼(John Friedman)在他有关中世纪艺术及思想中可怕种族的著作中提到，正是那些传说提供了新世界土著人怪物般的意象。[④] 他 212
暗示了与欧洲资本主义发展同步进行的象征图示法的发展——起初是陈列

神奇生物和怪兽，即东方奇物的美术馆，它位于(旧)世界边缘的印度和埃塞俄比亚，后来仅剩一物，就是那野人，他们和新世界里的人混迹一处。这些东方奇物包括巨人、俾格米人、独角兽、掘金蚂蚁、狗头人，还有一些有尾巴的人、一些头长在胸部的人、食人者和亚马孙族女战士——半人半灵的生物，它们生活在更为靠近异域土地的社会边缘。这些生物出现在了有影响力的书中，比如皮埃尔·戴利(Pierre d'Ailly)的《世界图志》(*Imago Mundi*)、庇护二世(Pope Pius II)的《越洋功绩史》(*Historia Rerum*)，也出现在了约翰·曼德维尔爵士(Sir John Mandeville)的旅途中——人们知道，所有这些，尤其是前两者，吸引了克里斯托弗·哥伦布的注意。在塞缪尔·莫里森(Samuel Morrison)所著的有关这位海军上将的著名传记中，他写道，《世界图志》和《越洋功绩史》为哥伦布提供了智力论据的主要原始资料(根据现存的资料来看)，使其计划得以实施。他即是从后者了解到了亚马孙河流域的食人者，1492 年和 1493 年，他认为他找到了他们的踪迹。[5]

在对东方奇物的研究中，鲁道夫·维特科夫尔(Rudolf Wittkower)总结道，通过图像以大众的或者学术的形态进行传播，这些奇物使自己影响到了很多人，而且在许多中世纪的思想分支中均有影响力。它们的意义可以变化。例如，在中世纪晚期，它们在基督徒的图像学中是人类的极优种族，拥有救赎的能力，等待着基督的使徒，然而在 16 世纪早期，即征服新世界的时期，这种观点似乎被将怪物视作凶兆的观点所替代，后者与兴起的民众信仰有关，其在中世纪官方对世界的理解中尚无一席之地。不过，判断上如此巨大的改变——从把怪物视作潜在的基督徒到把怪物看成是罪恶的先兆，不应使人惊奇。正如维特科夫尔在他精深广博的文章结尾强调的那样，“怪物在所有地方都被赋予神的力量或魔鬼邪恶的力量”。[6]

在理查德·伯恩海姆(Richard Bernheimer)所画的中世纪晚期的野人肖像画中，怪物神圣及邪恶的双重性被清晰地勾画出来。正如修·昂纳指出的，此人物有助于理解欧洲人在征服新世界的时期(如若不是直到现在的话)对于野蛮的意象所固有的神奇属性。[7]树林里那个浑身长满毛发的生物半人半兽，没有语言也没有理智，像一个巨大的孩子，人们惧怕他糟糕的脾气和神奇的力量。他易被激怒，会把擅入者撕成碎片，他侵犯女性，还诱拐儿童，尤其是未受洗的孩子。他把树连根拔起，使湖消失不见，还让城市陷入地下。宁肯独自居住在类似山洞这样的隐蔽的地方，他不断与林中其他 213
的野人、猛兽和恶龙作战。他发怒的时候会制造出暴风雨和冰雹，这是他最喜欢的天气，是最适合亡者回来的境况。他对上帝一无所知，可以对树林里的动物施展能力（如同萨满一样），并拥有有关植物神奇力量的神秘知识（如同萨满一样）。他在生物链中居于人类之下，却又高过他们。

人们认为他拥有巨大的力量，这使其既令人向往又让人害怕。伯恩海姆在他的书中放了一幅老布吕赫尔（Brueghel the Elder）的画，画的是农民为杀野人凭借武力把他给抓住了——许多年前，在普图马约，这样的事情也发生在了圣地亚哥·穆图姆巴加的哥哥身上，他也是一位萨满。但是伯恩海姆也让人注意到了普罗旺斯一座 13 世纪的教堂正门口的一个野人塑像，塑像的手通过一个人的胳膊往口袋里数钱。这想要表达的是，伯恩海姆说，人能从和野人的亲密关系中获利。许多像何塞·加西亚这样的普图马约的殖民者都会同意这个解释（但或许他的妻子罗莎里奥不会）。

当然，野人有时候会出于好意去帮助有需要的人，或许会用神奇的草药治疗斯宾塞《仙后》（*Faerie Queene*）中迷路并误入野人丛林的骑士。如今普图马约的殖民者或许幻想着获得那样的植物。何塞·加西亚在他的药瓶里用了一些。我那已经去世的亲爱的朋友楚楚（Chu Chu）是一个黑白混血的术士，他住在离普图马约很远的考卡河的山谷里。为了我俩共同的利益，他很仔细地指导我，应该从普图马约的印第安草药师那里获得什么植物。在卡利的贫民区，科洛先生也梦想着拥有一种神秘的印第安植物——这种植物无从考证，据说能软化金子。或许，斯宾塞笔下在野人的森林王国里迷路的骑士的一些事情在现实生活中被来自波哥大的一个白人的遭遇重现了。这个人名叫加布里埃尔·卡马乔，他在普图马约的森林里游荡了很久，不知方向，疯疯癫癫，后来被萨满用神奇的雅格草药治好了。

征服者认为原始人拥有神奇的力量。文艺复兴时期对亚历山大大帝剥削印第安神奇种族的描述展现了对此的惊人逆转。在15世纪早期的一份法语手稿中，我们看到一幅插画描绘了亚历山大和他的士兵与一个男野人和一个女野人进行殊死战斗，并将他们扔进火海。

（在同一世纪的一本有关亚历山大的书中）与之形成鲜明的对比，我们看到这个能力最为卓著的国王，在侍臣的陪伴下，祈求现在被形容为神父的野人去求问太阳或月亮的神示树。这位神父/野人身材高大，皮肤黝黑，身上长满毛发，他长着大大的尖牙和狗一样的长长的舌头。他赤裸地站着，但
215 带着金耳环和主教法冠。蒂莫西·赫斯本德用拉丁文指出，亚历山大从野人那儿一听说他濒临死亡的预言，就承认了这位异教徒的权能，还一边吟诵着《全能的朱庇特》（*Jupiter omnipotens*）。[8]

此处提到许多方面。其中，我希望大家特别注意被布罗尼斯拉夫·马林诺夫斯基称为"众人皆知的真相"的东西，即"一个较高种族接触到一个较低种族时，倾向于赋予后者的成员神秘且魔性的力量"。[9]他如此说是基于他关于"一战"前后西南太平洋地区殖民话语的大量经验。文艺复兴晚期对于亚历山大和他对印第安野蛮及神奇的种族的描述距此已相当久远，距离也很远。

亚历山大大帝下令把男女野人扔进火里

（摘自T.赫斯本德，《野人：中世纪神话和象征主义》[New York：Metropolitan Museum of Art，1980]，第52页）

作为祭司的野人带着亚历山大大帝去求告太阳和月亮树

（摘自 T. 赫斯本德，《野人：中世纪神话和象征主义》[New York：Metropolitan Museum of Art，1980]，第 55 页）

拥有较多权力的阶级将神秘和邪恶的属性归给权力较少的阶级——男人给女人，文明开化的人给原始落后的人，基督徒给异教徒，这让人惊叹。这是一种多么陈旧的观念，那么持久，那么矛盾，又那么无处不在。在我们所处的时代，它不仅以种族主义的形式存在，而且以狂热的原始崇拜存在。它正是以原始主义的形式提供了现代主义的生命力。"这是我们的现代向往，"W. B. 叶芝（W. B. Yeats）所作的《余尔等主》（"Ego Dominus Tuus"）中那个现代的声音吟诵道（我引用 1912 年的手稿）：

借由形象的帮助
我能够唤起我的反我，召唤一切
此为我最少处理的，看待它们所有
因为我最为厌倦自己

根据玛丽·凯瑟琳·弗兰纳里（Mary Cathleen Flannery），正是这份手稿最为清楚地展现了叶芝是在降灵会时已经临到他的幽灵的影响下写作的。那是摩尔作家及探险家利奥·阿非利加努斯(Leo Africanus)的灵魂，他在教皇利奥十世的法庭上被囚禁起来，他有关非洲人的观点在16世纪中期颇具重要性。叶芝故意用伪装的笔迹一直和这个幽灵保持通信。[10]

不论这个幽灵在现代反我——我们的现代向往的形成中扮演的角色为何，受此向往启发，"我们已经找到了温柔、敏感的头脑"，当玛格丽特·霍金(Margaret Hodgen)在《十六和十七世纪的早期人类学》(*Early Anthropology in the Sixteenth and Seventeenth Centuries*)中讲道，利奥·阿非利加努斯宣称黑人不仅过着兽类一般的生活，而且"完全缺乏理性"，人们还是或多或少地表示讶异。欧洲思想与情感的潮流将异教徒从人类的伟大链条中分离出来，以至于异教徒进入到一个介于兽与人之间的下层区域。玛格丽特·霍金认为阿非利加努斯所说是这一潮流中的重要内容。[11]

现代对于原始主义的依赖性在通往《黑暗的心》的航行中可怕地清晰：

> 土地看起来奇异神秘。我们习惯于看见被征服的怪物戴着镣铐的模样，但在那里——在那里你能够看到一样东西，怪物般的且不受束
> 216 缚。它怪异，而人——不是的，他们不是非人的。那是最糟的部分——怀疑他们不是非人的。它逐渐合而为一。它们咆哮、跳跃、旋转，并做出可怕的表情；但令你害怕的正是想到它们的人性——和你的一样——想到你和这带着野蛮狂热的骚乱的远亲关系。丑陋的。的确，它是够丑的……[12]

殖民者将自己的魔法，即原始主义的魔法，和原始人的魔法融合在一起。那位著名的人类学之父E.B.泰勒在他的著作《原始文化》(*Primitive Culture*，于1871年首次出版)中指出，非洲和西印度群岛的许多白人在他写这本书的时候害怕奥比人(Obi-man)的威力——这是对他有关魔法的阶级结构和社会进化的论文的惊人肯定——要不是因为如下事实：这些白人所属国家的教育，用泰勒的话说，是非常先进的，足以摧毁对魔法的信仰。

他的论文使人们注意到了，自诩为优越者的人称一群被视作原始落后

的人拥有无比能力的现象无处不在：

> 现代受教育的世界将神秘学视作可鄙的迷信而排斥它，基本上坚信魔法属于低等文明。发现此判断的正确性得到教育尚未先进到可以自行摧毁对魔法的信仰的一些国家的无意验证，很富启发意义。在任一国家，一个被孤立的或者远离城市的种族即更加古老的部落的残留幸存者，可能会被冠上施妖术的名声。[13]

他提供了一些例子，比如印度南部的被印度教化了的达罗毗荼人（Dravidians），他声称，在过去他们生活在对其之下奴隶阶层的妖魔力量的恐惧之中。他从当代报告中挑选出一个案例，在其中处于下层的远在野外的阶级并未得益于这种归罪。某些达罗毗荼人的部落，他指出，极度害怕库龙巴人（Kurumbas），他们是“森林中可怜的弃儿，却拥有天赋，人们相信他们能通过巫术摧毁人、动物和财产”。[14]但是这不仅仅是破坏的能力。他尤其提到了医治的魔法是这些特征的一部分。

关于（泰勒所说的）令非洲和西印度群岛的许多白人感到害怕的奥比人，我们也可以作出这样的估计，即奥比人自己也会害怕比他们还要野蛮的人——牙买加棕褐色皮肤群体中的术士和医女，他们是逃亡奴隶的后代，在舞蹈和戏剧表演时跟着了魔一般，他们秉承了棕褐色祖先的精神，因此带着“野蛮”及野蛮魔法的牙买加历史——这历史尤其带有殖民色彩，如今能够消除奥比巫师制造的破坏。[15]

古巴备受敬仰的人类学家费尔南多·奥尔蒂斯（Fernando Ortiz）在他 217
的著作《非洲裔古巴的黑社会：黑人巫师》（*Hampa afro-cubana*：*los negros brujos*，于 1906 年首次出版）中写道，在古巴附近的岛屿，白人不论其所属阶层均利用黑人巫师是很常见的事情，这些黑人巫师同时也是奴隶。此外，在他写这本著作的时候，为了健康、爱情或者报复，这仍旧很常见，包括上层社会的白人也相信黑人术士和巫师。他坚称，部分原因是“古巴社会的主导阶层之中缺乏很坚实的文化”。

相信下层社会的魔法是因为统治阶级中没有“很坚实的”文化，这个看法很有意思，难道不是吗？这里在统治者和那些通过魔法及物质劳动使其得以生存的那些人之间存在一个有趣的协同作用。劳动分工产生统治者和为其提供魔法之人，在此之上是一幅社会的全景图，统治者和被统治者拥有非常不同的位置，宇宙空间眩晕般地统一联合，就像在世界历史的梦境中晕倒了一般。尽管古巴白人“高出一筹的心理”，奥尔蒂斯写道，“黑人的迷信吸引着他们，产生一种眩晕感，以至于他们从自己的文明高度坠入黑人的信仰中；这就如同他们的灵魂搭载高等的飞机淹没在水中，然后变得超脱，回到原始状态，灵魂变得赤裸”。[16]

法国人类学家阿尔弗雷德·梅特罗（Alfred Métraux）在他于1959年出版的对海地伏都教（voodoo）的研究中，就奥尔蒂斯所写的“眩晕”历史及统治阶级的灵魂所遭遇的原始淹没提供了建议。梅特罗告诫人们应提防围绕在海地伏都教周围的非正常的幻觉影像，并给予我们指导：这个影像只不过是与奴隶用来对付奴隶主的妖术有关的传说。这样的妖术是否存在，或者是否只是在想象中存在，这对于神话本身并不重要，正如梅特罗所写，

> 这属于过去。它属于殖民时期，那时候，它是仇恨和恐惧的产物。人们从不残忍不公，有罪必罚：那些滥用权力的人的头脑中所滋生的不安常常以想象中的恐怖及疯狂的痴迷的形式表现出来。奴隶主虐待他的奴隶，却害怕他的仇恨。他把他当成为他干活的牲口，却恐惧他加诸其身的神秘力量。越是使黑人屈服，他所引发的恐惧就越多；那段时期的记录中所展现的无处不在的恐惧在对毒药的痴迷中得到强化，这是整个18世纪有如此多暴行的原因。或许一些奴隶的确用此方法报复其专制的主人——这样的事情是有可能的，甚至可能性很大——但主宰着种植园的恐惧源于灵魂更深的隐密处：正是偏远、神秘的非洲的巫术搅扰了“大房子”里人们的睡眠。[17]

218 类似不安的睡眠模式可以在卡塔赫纳（Cartagena）宗教裁判所的亨利·查尔斯·李（Henry Charles Lea）所提供的描述中看出。卡塔赫纳是西班牙的殖民奴隶港，居于加勒比海的南面，与古巴和海地隔海相望。它位于新格

林纳达(New Grenada)殖民地的沿海地带，该殖民地如今被称为哥伦比亚。三个大陆的妖术在此盛行，李说，仅比奥尔蒂斯早几年他写道：

> 奴隶们从几内亚沿海地区带来了奥比的神秘及妖术的黑暗实践。土著印第安人很是迷信，有关于医治或中伤的，也有关于激起爱意或仇恨的；殖民者有他们自己轻信的信仰，并加上了他们对低等种族所信的东西的绝对信仰。这片土地上盛行着混合在一起的三个大陆的神秘艺术，这些在宗教裁判所看来均非漫无边际的幻想，而是超自然力量的作为，包括对魔鬼明确的或隐秘的信仰。[18]

那是非常普图马约式的看待事物的方式。它与将征服社会的地下世界纳入被征服社会，即苦工和奴隶的文化的观点相符。此外，在该观点看来，此纳入积极且基本连续地刺向权力之眼——宗教裁判所代表的教会教义的安全体系还有它的权力仪式。而且这一观点间接地理解，将征服社会的地下世界纳入被征服社会的文化不是有机合成体或是新世界历史三个重要支派(非洲的、基督徒的和印第安人的历史)的“汇聚”，而是像镜厅一样反映出每个支派对其他支派的理解。

同对早期卡塔赫纳的其他研究一道，以审判者、神父和政府官员所准备的殖民文件为基础[19]，李所著的宗教裁判所的历史表明，从殖民者的角度来看，这个镜厅混合了妖术和煽动言论，如若不是在现实中，至少是作为比喻，好似“地下”这个概念包含了各种各样的隐含意义，从撒旦的追随者所敬拜的地狱到充满阴谋和对社会秩序进行挑战的地下。让人震惊的是，种族和性别作为这个地下世界的能指符号是如此重要，它威胁要冲破化身为殖民当局的白人男性这层外壳。

根据官方文字记载，逃跑奴隶聚居地的领袖很可能是巫师。1622 年审判者提交至最高法庭的报告所描述的有大量妖术流出的萨拉戈萨(Zaragossa)金矿奴隶起义旨在将矿藏及其拥有者吞噬于火海并使其毫无产出。黑人妇女，不论是奴隶还是自由人，均干着仆人的活计，据说她们都精于妖术，为她们的白人女主人提供占卜服务或准备催情药。宗教裁判所声称已

219 发现了女巫崇拜魔鬼的大聚会，甚至在西班牙女人的女巫大聚会上，据说也是非洲女人扮演着重要角色。另外据说在基督徒的城镇以外，不论是奴隶的还是自由的，异教徒印第安人为黑人女巫提供她们所需的草药。

这些官方文字产生了权力审查的意象，神秘且凶恶，围绕并破坏着殖民秩序。意象很奇妙，如果普图马约经验有指导意义的话，那么这个意象便可融入下层阶级的妖术。这样的邪恶具有诱惑力。正如伯恩海姆所详细描述的，男女野人的野蛮之处是通过将破坏和治疗的极端结合在一起构建的。

1632 年，宗教裁判所声称在卡塔赫纳以南 65 英里处的吐鲁(Tolu)港发现了黑人女巫的大型聚会。毫无疑问是受到宗教审判过程的煽动，流行病后来扩散至此处。(顺便说一下，在首版于 1588 年的著名著作《印度群岛的自然与人文历史》[*Natural and Moral History of the Indies*]中，阿科斯塔神父[Father Acosta]考虑到它的医用价值，单列出了吐鲁香膏。)[20] 所谓的领导人中的两位均是黑人女子，被判处火刑。然而其中一位，宝拉·德·伊奎利兹得到允许可以离开监狱做医者的工作。她的病人包括审判者们，还有卡塔赫纳的主教，她曾到其家中做客，待了 20 天。正是由于这些短途外出，她得以丢弃象征魔鬼地位的装束(*sanbenito*)，出现在公开场合的时候穿着边缘镶金的斗篷，高坐在轿子里。作为宗教裁判所的狱囚，据说她通过行医挣了不少钱，她还把一部分所得分给了其他女狱囚。六年之后，包括受折磨的那几年，她获得减刑，只需承受 200 下鞭刑以及终身监禁。[21]

野蛮的医治力量存在于何处呢？的确，正如维特科夫尔所说，东方神奇世界的怪物不仅使西方人美好且和谐的白日梦变得有形，而且创造出能够表达可怕的真实梦境的符号。不过，难道在符号和梦境的塑形功能之上没有其他的了吗？

野蛮使具有象征功能的死亡幽灵升起。打破形象的意义和塑形功能所倚赖的惯例的正是未知和无序的幽灵，它在森林里无形地包围着城市和耕地。野蛮挑战着象征的完整统一体，即将形象与其代表的事物结合起来的超然综合。野蛮把这一完整统一体撬开，并在此处创造出能指符号和被指事物之间的滑坡和摩擦关联。野蛮将这些联系塑造成光亮与黑暗的空间，在这里事物以其斑驳的赤裸状态盯着能指符号飘过。野蛮是意义的死亡空间。

伯恩海姆提醒我们,中世纪的野蛮“意味着不符合基督教教义及基督教社会现有框架的所有事物,所指的这些事物怪异、难以管束、原始、无法预测、异质、野蛮”[22]。看看这一长串!当然,我们必须要问,这些野人邪恶却有治愈力的魔法是否不只是与这原始的不可预测性和结构的忽略相关联? 220

然而,野蛮不断地被秩序的需要所征用(实际上,这是人类学最为持久的工作之一,也是其对社会秩序的贡献)。但事实仍旧是,为了驯服野蛮,让它作为一个反面形象来为秩序服务,野蛮必然保留其不同。如果野蛮不被赋予其自身的力量、现实及自治,它就不能服务于秩序。这个矛盾的全部后果淹没在了驯化的暴力行为中——看保罗·利科(Paul Ricœur)用来介绍最近有关驱魔的人类学研究的以下预言:“如果和原始的混乱及神谱的冲突一样,罪恶和事物的起源同样深远,那么邪恶和罪恶事物的祛除属于创造行为本身。”[23]抛开这一点,男女野人的野蛮所挑战的正是在邪恶和原始的混乱之间,在祛除邪恶和创造力之间乏善可陈地画上等号。

这里濒于险境的野蛮撕裂了善与恶、秩序与混乱、神圣秩序等的陈旧二分法。它在这些对立事物之间并不起到调解作用。相反,它倾向于混乱一边,而且它具有治愈力的创造性与它的这一倾向相关。冰雹和暴风雨夹杂着闪电,回归的亡者在其中闪现。荒野的这些生灵手握大棒,遭受着冰雹和暴风雨的击打。它们不仅担负着社会的“反我”,而且用潮湿、蓬乱的外套吸收着双重对立所能产生的最好结果——秩序与混乱、文明与粗俗、基督徒与异教徒,还出现在了怪诞和具有破坏性的事物一边。“比起它们产生的益处,它们更具破坏性,”提到中世纪的野人时伯恩海姆写道,“而且它们的外表对人类社会的各种益处最终都来源于它们令人毛骨悚然的特征。”[24]

第 12 章　印第安人的脂肪

221 我所认为的罗莎里奥和何塞·加西亚的生命历程中最为普遍和关联的东西，即殖民者认为印第安人野蛮且具有神奇的医治能力，以及这种看法使得从安第斯山山脚延伸至亚马孙盆地广大地域的东部斜坡和雨林变得神奇的方式，构成一条线索。跟随这线索的来龙去脉，我想将野蛮及其调解与神奇地带的地形结合起来。我主要关心的是奥卡人、琼乔人和森林里其他绝妙的受造物。但我也好奇，怎么能如此笼统地把野蛮的属性归给被人们称为可被殖民的物种，野蛮被归给他们，被客观具体化，然后被当作神奇物质收回，正如对秘鲁高原地区印第安人的身体中的脂肪的做法一样。

锡本多伊的药师作为文明及野蛮的标志性符号，在他们的住所及采药和去诊的路上充当了高地和低地的调解人。长期以来我一直惊讶于这一点。思考着这种作为魔法来源的调解，我的眼睛又被另一些在玻利维亚的
222 高地颇具盛名的印第安药师即科利亚瓦亚人（Collahuayas）所吸引。在我看来，他们与位于哥伦比亚偏北地区的锡本多伊峡谷里不那么知名的行医者在某些重要且正式的方面是相同的。和他们一样，四处漂泊的科利亚瓦亚人与社会的其他群体分隔开，许多人认为他们精于充满挣扎的生活中的神秘问题，有时候是教条主义的，有时候又带着怀疑。最重要的是，他们与野蛮相连，这野蛮集中在位于他们山间居所之下的潮湿的森林里。科利亚瓦亚人在多大程度上是真正相连的值得商榷，但正如神秘领域的大多数东西，更不用说神秘所侵入的有关种族和征服的政治里的东西，经常起决定性作用的是外在表现。“我们在哪里都能遇见他们”，美国考古学家阿道夫·班德利尔（Adolph Bandelier）在 1900 年左右写道，那时他正参与在的的喀喀岛（Titicaca）和科阿的岛（Koati）上的挖掘工作。[1]“在普诺（Puno）和斯鲁斯塔尼（Sillustani）之间，我们看到这些离奇有趣的人们鱼贯而行，寂静无声地

从一个印第安村庄行至另一个印第安村庄,从一个偏远的住所行至另一个偏远的住所,他们在所到之处都得到包容并受到极高的礼遇。”这些人即是著名的科利亚瓦亚药师,他解释说,他们多年长途跋涉,行迹远至布宜诺斯艾利斯,或更远达到巴西,甚至更远。“在岛上,”班德利尔在的的喀喀湖上的有利位置写道,该湖位于玻利维亚和秘鲁之间的安第斯山的高处,“他们有时被称为琼乔人,但他们和这些森林里的印第安人没有任何的共同点,除了他们假装(也许真是这样)自己的一些草药是在森林里采摘的,而那个野蛮的部族(常被通称为琼乔人)即居于此处并在此活动。”

他买了药师的一些物品:阿曼特茶(*yerba de amante*)可治疗忧郁;乌图润库(*uturuncu*)摩擦可治疗风湿寒;卡斯蒂利亚茶(*yerba de Castilla*,就是在卡斯蒂利亚这个地方,至高的荣耀从强大西班牙的马赛克中显现)可治疗头痛;还有其他的治疗方法,这次是外国佬用的喷嚏剂。但四处游荡的科利亚瓦亚药师的主要财宝似乎是一种矿物的雕塑,据说这种矿物在科利亚瓦亚人的家乡所在地卡拉萨尼(Charasani)蕴藏丰富:白色的石膏被塑成各种形状的东西,比如紧握的拳头,目的是提供财富,还会被塑成黑色的人形,目的是施妖术,尽管班德利尔从未获允亲眼得见。[2]

为开展班德利尔的考古挖掘工作,他的印第安劳工们必须举行仪式来平息山峰的众神,向那些高峰的“祖辈”(被称作 *achachilas*)也向土地献上礼拜,除了很多的准备工作及供众神食用的神奇东西之外,还包括用刀在一个石膏像上削剁,发出刺耳的声响。据班德利尔说,在这种情况下,这个石膏像代表公牛或者母牛。由四处游荡的科利亚瓦亚药师提供的这个神奇的塑像(或刮擦声)由此进入向山峰和土地的献祭,它们是献给男性和女性多产的生物空间的祭品,作为与丰收、畜群、人类相关的仪式的一部分,它们会被众神吃掉——整体或单独的,在它们的痛苦中也在他们的希望里。因此, 223
为什么这些四处游荡的印第安药师会拥有权力的问题一再被提起。班德利尔称,这些药师的塑像“不仅被卖给印第安人(或许卖给他们的更少),也卖给印欧混血,甚至有时也卖给白人,因为对科利亚瓦亚人拥有治病方面的超自然能力的信任普遍深植于社会各个阶层,但极少被言明”。[3]那是 1900 年左右。

“他们有时被称为琼乔人”，班德利尔写道，“但他们和这些森林里的印第安人没有任何的共同点，除了他们假装”——“也许真是这样[此处强调]”，他用括号插入——“一些草药是在森林里采摘的，而那个野蛮的部族(常被通称为琼乔人)即居于此处并在此活动”。我所强调的正是这样的模棱两可，针对一个现实区域，在这里假装和可能性相结合，通过诗学的不确定性创造出一个“深植于社会各个阶层但极少被言明”的权力区域。在这个区域里，对野蛮的热带雨林和生活其中的人们的认同以及与二者的分裂通过仪式进入文明日常生活的欲望和不幸之中，然后再返回。

班德利尔的书出版七年之后，另一位外国人 G. M. 里格利(G. M. Wrigley)(在 1917 年的《地理评论》[*The Geographical Review*]上)发表了一篇题为“安第斯山中行走的医者——玻利维亚的科利亚瓦亚人”的文章。比起班德利尔所写的，这篇文章使得行走的医者和延伸至安第斯山东端的热带雨林之间的关联更为明显，或至少更富有美感，因此更不容易引起怀疑。当行走的药师走近时，你能闻到高地热带雨林里琼乔人的味道。他们的药袋子里装着，里格利写道，带着香味的树胶、树脂、树皮，还有生长在炎热森林里的草药。[④]里格利指出科利亚瓦亚人的领地延伸至安第斯山东端的山麓附近，并不带含糊地断言，是这山麓供应着珍贵的药草，还补充道，“居于此处的印第安人常被赋予关于他们所有物的大量实证知识。威纳(Wiener)提及乌鲁班巴(Urubamba)峡谷的皮罗人(Piros)，他们每年都上至西里帕尼(Hillipani)去交换编织品、陶器、活禽和某种药草，比起克丘亚[高地]印第安人，这些‘琼乔人’对药草拥有更丰富的知识”。[⑤]

里格利称，在他们长途跋涉之前科利亚瓦亚药师先要去一趟“山麓以装备他们的袋子。此趟出行会将他们带至炎热国度，因此他们几乎不带衣物，这让一些旅行者以为森林就是他们的居所”[⑥]。抑或森林不是他们真正的家，也是他们其他的居所，类似于具有神奇再生能力的死亡空间，他们在这里服用琼乔人的药物得以补充体力，获得新生，能够踏上返回高地、穿越共
224 和国的旅程。英国探险家克莱门茨·马卡姆(Clements Markham)于 1860 年探索位于安第斯山东端科利亚瓦亚人领地之下的卡拉瓦亚(Caravaya)“黄金森林”，参与为女王政府开展的对抗疟疾的、含有奎宁的金鸡纳树林的

勘测活动。当他和他的搬运工准备进入“欧洲人从未踏足的错综复杂的森林”之时，他迟疑了片刻。六个面色苍白的人从灌木丛中冒出来。“他们看起来形容枯槁，”他评论说，“像刚从死里复活一样，由于长时间值夜和疲惫而精疲力竭。”[⑦]

他们居然并不住在森林里，而是住在山上的科利亚瓦亚人。“他们采集药物和薰香，”他说，“他们深入丛林获取他们所需之物，出现的时候脸色苍白，形容枯槁，我们看到的正是如此。”他认为，他们属于非常特别的种族，他们横穿安第斯山东段的树林，然后在美洲全境施行医术。“他们从一个村子直行至另一个村子，”他写道，“拜访人家，朝着一个方向行迹远至基多和波哥大，而朝着另一个方向可到达阿根廷共和国的边界。”[⑧] 在秘鲁海岸，他们被称为奇里瓦诺人（*Chirihuanos*），他补充道，而里格利援引一本出版于1860 年的书，也是这么说的。

马卡姆对金鸡纳树林进行勘测活动的 20 年前，德国旅人约翰·雅各布·冯·楚迪(Johann Jakob von Tschudi)注意到在安第斯山高地的居民和居于东端森林的人之间存在大量的贸易，尤其是可作为驱虫药的珍贵的金鸡纳树皮的贸易。自从这种树皮治愈了总督夫人即钦琼伯爵夫人，它就成为带有传奇色彩的药物，并在 17 世纪得到欧洲耶稣会会士的狂热推广。冯·楚迪称，在南美独立战争之前，这种珍贵药物的印第安采集者们已经供应了欧洲的所有药剂师。东部树林里带着香味的树胶和植物也充斥着高地及城市的教堂。神父买下这些东西用作焚香。

有一类印第安人，冯·楚迪注意到(此处他正犯了里格利后来提醒的错误，将科利亚瓦亚人和树林里的印第安人混淆起来)，他们生活在南部秘鲁和玻利维亚的热带雨林深处，仅从事搜集药用香脂和带有香味的树胶。他们也采集神奇的药物，比如能治疗癫痫(“falling sickness”)的貘的爪子，还有能治疗失明和头痛症的威猛毒蛇的牙齿。他们把这些带到高地的市场上，他说，还有些人从他们居住的森林跋涉二三百里格，几乎横穿秘鲁全境，甚至到达利马，身上背着装满香脂的葫芦。带着惊讶的语气，他评论道，真不知这些四处游荡的“部族”是如何与其他国家的人取得频繁联系的。“他们并不多疑，性格也不内敛，相反，他们喜欢社交，话多的让人受不了。”[⑨]

他把四处游荡的药师和居于树林深处的印第安人搞混了，但那时他是注定要犯下这样的错误的。社会传统生成了错误的观念，使得野蛮的印第安人和神药在一个林木丛生的新奇国度里纠缠在一起。这样的误解正是
225 “尽享”了基督徒和琼乔人之间的差异。它从中汲取力量。冯·楚迪强调说，采集和散发热带雨林药物的印第安人均公开表明自己是基督徒。正因如此，人们必须对其和安第斯山东段山麓森林里的异教徒加以区分，如琼乔人，他们非常危险且是“野蛮的印第安人中最可怕的种族之一”。他们与基督徒为敌。山麓沿线大农场、大庄园的废墟证明了他们长久的反抗历史。他们食人，残忍地杀害所有他们遇见的基督徒印第安人。与他们友好交往是完全不可能的。抢劫的时候，他们基本赤裸身体，他们的头发、脸部和胸部用胭脂树的种子染成红色。他们的武器是用榜恩特棕榈制成的弓，还有被称作马卡纳（*macana*）的上乘木制剑。每当森林里树立起一个十字架，几天后琼乔人就会在上面系上一把马卡纳剑和两支弓箭，“象征着他们和基督徒之间不可调和的仇恨”。由自称胡安·桑托斯·阿塔瓦尔帕（他是高地印第安人，曾去过西班牙，在返回秘鲁的途中，他在东段森林的低地印第安人中获得了支持基础）的先知领导的发生于1741年的伟大的救世反叛据说就与琼乔人和坎帕印第安人（Campa Indians）有关。山麓的教堂被摧毁，圣像和神父被捆绑在一起投入盘旋的河水，村庄被焚烧，耕地被毁坏——而这段历史，冯·楚迪肃穆地说，是整个森林的历史。[10]

在展现印加历史的时候，他们重点突出了这些琼乔人，将其塑造成野人的原型。印加贵族加尔西拉索·德·拉·维加（Garcilaso de la Vega）一直致力于通过殖民地的“好印第安人”的形象推动基督教事业。他在其名著《印加王室评论》（*The Royal Commentaries of the Inca*，该著作的第一部分首次于1609年出版）中讲述了当印加的好国王尤潘基执掌帝国之时，他是如何巡访境内各地的。他一共花费了三年时间，最后他决定征服生活在圣都库斯科以东热带雨林里的琼乔人，目的是除去他们野蛮、残忍的习俗。他顺着那条有名的但当时不为人知的蛇河进入。由于该地大量的荒山、河流、沼泽和湿地，不可能通过陆路进入。一万名印加士兵乘坐耗时两年准备

的木筏向下游行进。通过强有力的小规模战斗，他们制服了琼乔人，后者帮助印加帝国进一步征服野蛮的印第安人——这一点是我想要强调的，因为正是这样的服务于文明的对野蛮的驯服，居于对野蛮权力神奇非难和利用的核心处。

加尔西拉索称，高地印第安人详细叙述了这场顺着蛇河的为掌控野人野性的圣战。他们夸耀祖辈们在热带雨林河流沿岸的这些战斗中所表现出的英勇。“但是，”加尔西拉索继续说，“其中一些所为在我看来是不 226
可信的……还有西班牙人至今未占有印加人在安提斯（Antis，琼乔人的土地）征服的区域，而且人们不能像指着之前提到的所有其他地方一样用手指着它，因此我觉得我不能将难以置信的事情或看似如此的事情，同真实的历史混为一谈。”⑪

印加国王尤潘基在肃清琼乔人的远征的四年之后，发动了一场针对低地森林（位于现在玻利维亚的查尔卡斯市［Charcas］以东）里的奇里瓦诺人的远征，这次并不成功。尤潘基的探子报告说（我引用加尔西拉索的话），“那里的土地状况恶劣，分布着荒树林、沼泽、河流和湿地，几乎没有可耕种的土地。那里的原住民极其野蛮，野兽尚不及他们，因为他们没有宗教，也没有任何崇拜对象，没有法律和良好的风俗，他们就像山坡上的动物一样，没有村庄，也没有房子”。他们是食人者，他们吃敌人，当自己人将死之时，他们也吃。他们浑身赤裸，同姐妹、女儿、母亲同寝。那位印加国王一听此事，随即召集他的亲属并宣布：“我们有责任征服奇里瓦诺人，此事现已变得更为重要也更为紧迫，我们必须把他们从水深火热的状况中解救出来，使他们过上人类的生活，正是为此目的，我们的父亲太阳将我们派至此处。”一万名士兵准备就绪，但两年之后，他们不得不承认这个使命无法完成。现在，奇里瓦诺人不像以前那么野蛮了，加尔西拉索说，但他们依旧维持着野兽般的生活方式。把他们从那样的生活方式中解救出来确实可称得上是伟大的奇迹。⑫

耶稣会神父阿科斯塔在其 16 世纪晚期的报告《东印度群岛的自然和道德史》（*The Natural and Moral History of the Indies*）中清楚地写道，奇里瓦诺人的确是野蛮的范例。阿科斯塔神父参与了托莱多（Toledo）总督对这些人发起的注定要失败的战争，这场战争毫无疑问使他们更为声名狼藉，他认为他们跟琼乔人一样，野蛮且与西班牙人为敌。他问道，我们该如何评价琼乔人和奇里瓦诺人，“难道不是秘鲁所有的花都在那里，且一并带来如此大量的武器和人，正如我们所看到的吗？胜利带给他们什么？尽管丢了包裹和马匹，他们当然很高兴捡了一命”[13]。琼乔人和奇里瓦诺人不仅是野蛮的缩影，而且也是新世界最早期人类的缩影，阿科斯塔说道。他置印第安人自己关于起源的记述于不顾，因为这样的记述“更像是梦境而非真实的历史”。

而这并非真实历史与梦境之间的差别问题。梦境并非没有历史。历史也并非没有幻境。野蛮即是一种幻境。在这个幻境中，异教徒和基督徒聚于森林，药师穿行其中，来来回回，将秩序和无序分解开，野蛮存在于文明
227 中，从而在道德化了的地貌中创造神奇。森林使其真实。森林使其自然。

在这里地理学家里格利能提供帮助。提到科利亚瓦亚药师的时候，她指出那些珍贵的药用植物是从森林里获取的，并且评论说，“某一个种族”，意即科利亚瓦亚人，“比较容易接触到供应源，自然就被选为森林里这种药用植物的供应者”[此处强调]。[14]事实上，里格利大体是为了物质主义，具体是为了地理决定论，而使用科利亚瓦亚药师的神奇形象。事实上，里格利在“自然就被选”（被谁？被什么东西？）的说法中借助了一个神秘的媒介，并且为后来的“垂直群岛”生态决定论提供了一个简单但巧妙的样本。如此，里格利在文章的末尾让我们拽动了假定存在于我们内心深处的记忆的胡须。“他提醒我们，”提及这些四处游荡的印第安术士和巫师的时候她写道，“旧时的地理控制统治安第斯山中部地区，其力量强大。”[15]

现在阴冷潮湿的森林里的野蛮、神秘的人物所要对抗的正是这股力量、这些控制及那种统治。那是他们的负担。他们尽力而为。

在萨满富有传奇色彩的艺术中，我们似乎面对着一个幻象。这是神奇的艺术，模仿及改变的力量在其中并肩同行。只是我们讨论的那个幻象即安第斯山道德化了的地貌不是出自一位艺术家之手，而是出自大众文化自身，它从空间和其特质中创造出巨大的差异，使文明与野蛮相分离。四处游

走的药师穿过文明,此后又穿越国家之殇。此处我想起了最早的关于二元对立的社会学研究,即罗伯特·赫尔兹(Robert Hertz)有关右手优越的研究——该书出版于1909年,埃米尔·涂尔干和马塞尔·莫斯有关原始分类的文章及涂尔干的经典之作《宗教生活的基本形式》分别发表于该书前后——正如赫尔兹所写的这一戏剧性的段落:

> 大自然所呈现的所有相对事物均表现出基本的二元性。光和暗、白天和黑夜、东和南相对于西和北,在意象上代表超自然力量的两个相反类别,并从空间上对其进行定位:一边,生命冉冉升起,放射出耀眼的光芒;另一边,生命陨落覆灭。高和低、天空和大地之间的对比是相同的:在高处是众神和星辰的神圣居所,在那里没有死亡;下面是凡夫俗子所在的世俗之地,土地会将他们吞噬;再之下是黑暗之地,毒蛇和魔鬼在此潜伏。[16]

当然,正是高与低之间惊人的对比、有关各种高度的讽喻,与安第斯山创造神话和神奇的力量及其源起的云山、雨海有关。但是,难道这样的社会康德主义没有被自身有关基本范畴的错误信念吞噬太多吗?受人珍视的 228
"基本的二元性"秩序本身即便不依靠有关各种高度的讽喻,是否有可能受其滋养(根据讽喻,秩序统治一切)?死亡及亵渎神灵的行为,即地下污秽世界的物质性、其中的物体,在这个有关崇高知识的高大构造体的何处能够初步获得认识论上的立足点?也许萨满的神奇之处或至少是他们被赋予的神奇之处,是经由那个问题产生的。在经验的断裂和破碎中,它发现了自己的初步立足点。野蛮被认为是地下世界的特征,其中发生的任何事件都有可能挣脱仅仅作为高处对立面的存在地位。对社会归结为低地森林的神奇艺术及其外来力量的模仿中,存在这样的可能。赫尔兹之后20年,在同一个城市,乔治·巴塔耶将其作为马克思主义革命的"老鼹鼠"(old mole)与帝国主义的思想之鹰进行对抗,鹰展翅上腾与日同辉,使得任何试图与其对抗者丧失力量。[17]

雪之星

罗伯特·兰德尔(Robert Randall)在1982年发表了一篇有关安第斯山地区的重要节日雪之星节(*Collur Riti*)的文章。他在文章中详细描述了印加帝国的古都库斯科东部所拥有的各种形象,那里群山之下遍布森林。他如此描述这一年一度的节日——"可能是安第斯山地区最为壮观和炫目的景象",(1980年前后)大约有一万名朝圣者在耶稣圣体圣血节(Corpus Christi)之时登上位于山顶的圣谷。我在此引用他描述此处景象的开始的几行文字。

> 山顶覆盖着白雪的廓尔凯庞库山(Colquepunku)从热带雨林中拔地而起,白色的山丘放出耀眼的光芒,浮于云雾缭绕的雨林之上。连绵的山脉怀抱着一个与世隔绝的山谷,大多数时候这里只有美洲驼、羊驼在发光冰川之下4500米的地方吃草。然而,在耶稣圣体圣血节之前的那一周,有超过一万人,主要是印第安人和农民,去希纳卡拉山谷(Sinakara Valley)朝圣:乐曲在山谷的四壁间悠扬回转,身穿羽毛制成的演出服的舞者在上百堆炊火的烟雾里欢蹦乱跳。[18]

之后,当我谈到在哥伦比亚把白人从热带雨林背上山的印第安人时,我们得回到这些形象和惊人的比喻——放出耀眼光芒的白色山丘从热带雨林中拔地而起,浮于云雾缭绕的雨林之上。现在,我想跟随所引段落的势头,
229 从热带雨林及冰川的对比,到穿着羽毛演出服的舞者、琼乔人及他们在日出时分的精彩舞蹈。兰德尔认为该仪式具有多重含义,比如"热烈庆祝文明进程、从上一个世界过渡到这个世界、帕查妈妈(Pachamama,即大地)的重生与复活、病患得到医治、又一年的开始(以昴宿星[Pleiades]的回归为标志)"[19]。兰德尔跟踪民俗天文学领域的最新研究,尤其是T.朱伊德马(T. Zuidema)的研究,指出一年一度的朝圣不仅标示着昴宿星每年在天空中消失和再现,这也就是短短的37个夜晚,也标志着他所说的"从无序到有序

(从混乱到有序整体)的转变”,[20]这样的理解符合朱伊德马的观察——对印加人来说,37晚的这段时间正是被他称为混乱的历法时间。兰德尔小心地强调说,朝圣者的乱舞伴随着日出时的最后舞蹈而停止,而据他所说,最后的这支舞蹈秩序井然,整齐划一。这些安第斯山居民自成一派,他们持续关注秩序及其称为“安第斯意识”的正式分析,而对“混乱”毫无兴趣,除非为庆祝秩序而需要它。该节日被平静坦然地描述成“对文明进程的热烈庆祝”,即便不是热带雨林中野人的狂舞所创造的,至少这样的狂舞也起到了推波助澜的作用。而且该节日即便不被认为是宇宙变迁、社会更新、个人疗愈——均是源自从无序到有序的变化,至少被视作关于星星的仪式。

至于琼乔人,兰德尔援引山坡上农民讲的故事,说琼乔人是他们的祖先。其中一个故事讲述了先人即诺帕玛楚人(*naupa machu*)是如何在前一个时期占据高山的,那时除了月光,没有太阳及其光亮。这些先人力大无比,能够夷平高山,搬动巨石。当地众山峰的主神问他们是否希望得到那些神山的些许能力,但诺帕玛楚人为他们的力量骄傲,对他所提之事嗤之以鼻。于是那位主神创造了太阳。太阳在雨林上空升起,将祖先变成石头——只有极少的几个逃到山下树林里的黑暗混乱世界中,得以幸免。山下黑暗中的琼乔人即是如此产生的,印加人的秩序在阳光照亮的山上得以创造。

时间的所有阶段也都被埋葬在山下。正如先人逃至山下的树林一样,据说历史的重要轮回也被埋藏于地下,在那里通过“盛开”(flowerings,该词出自给兰德尔提供消息的人)至现今,它们对当代生活产生强有力的影响。这样的盛开发生在满月或新月之时、拂晓或黄昏时分,使得先前时期对现今往往施加不良的影响——当我们之后考虑在哥伦比亚锡本多伊峡谷邪恶时刻(*la mala hora*)的创造中历史自身像巫师一样起作用时,我们有理由记住地下时间这样的盛开。在那里,和看似是早于西班牙征服的“其他”时间 230
的地下世界的联系也被建立起来。这埋葬的时期以类似撒旦的方式盛开,以此对现今施法术甚至将其杀死,而这同一段历史也能被用以疗愈。

正如神秘时期,和库斯科东部的琼乔人也一样:低等、野蛮、不友善,然而他们是术士,也是丰产的赐予者。在与其总论——秩序有治疗效果相悖的部分，兰德尔引用证明该效果的证词——这些山坡居民将他们负责医治病患并照顾土地出产的萨满派至热带雨林，在那里学习一年，“为的是把丰产带回山上”。热带雨林（大概还有居住在此的人）的荒野具有治疗效果，也是多产的。

我们或许希望对这一看法做具体解释，并坚持高与低、高山与低地森林、秩序与无序等的辩证结合。但我不认为这对居高的人单向地将神奇的力量归予低下的阶级产生了任何严重的影响。它也没有对低下的阶级被认为有能力赐予健康和丰产产生影响。他们的这种能力和其危险性一样源自其野蛮。看兰德尔再现的雨林景象，这大概与山中人们自己的观点一致：

> 热带雨林也是充满黑暗、混乱和无序的地方。那里不见阳光，植物呈疯长之势，在骚乱混沌中相互缠绕。在印加神话里，这代表前一个时代蒙昧、异类、不文明的种族。那时，将秩序带至世上的印加人尚未发动征服战争，阳光还被阻隔在外。[21]

他还指出印加人所绘制的木制高脚杯通常将所有印加人的敌人描绘成雨林里的野人（琼乔人）（这让人想起在今天厄瓜多尔偏北地区及普图马约和哥伦比亚的边界地区“奥卡”一词的使用）。兰德尔还观察到，现如今在雪之星节期间，穿戴羽毛的野蛮琼乔人起到了代表印第安特质本身的作用；他们所代表的不只是安第斯山东段的神秘存在，而是所有“印第安人”。相反地，来自高地的被视作有钱商人的科利亚人（Colla）现在却被描绘成印欧混血人（在此背景下意即“白人”）而非印第安人。在雪之星节，琼乔人在模拟战事中打败了科利亚人。

在山下黑暗杂乱的森林里，野蛮、多产、神奇治愈被抑制着——这个野蛮的历史地下世界能够向上爆发抗争，显出救世的基调，不仅使此人或彼人、此地或那地得到医治和多产，而且使得被另一个时代错误覆盖的整个社会也如此。这即是人们从森林居民在西班牙殖民时代所发起的一次又一次的攻击中可以获得的解读。1741 年胡安·桑托斯·阿塔瓦尔帕（Juan Santos Atahuallpa）领导的运动在其中最富传奇色彩，最具力量，也最为波澜壮阔，使神话得到具体化。兰德尔发现了对 20 世纪 60 年代与雨果·布兰科(Hugo Blanco)有关的叛乱的政治道德的地形中一系列神话和社会断裂的现代表现形式。在这两个例子中，高地的领袖或先知从高地至东边被森 231
林覆盖的低地，同毒蛇、魔鬼一道，不仅找到了支持的社会基础，而且又一次维护了其神秘的历史性。野蛮及无序的原始力量在废除旧秩序的尝试中得到使用，结果却失败了。然而神话继续。兰德尔本人利用了政治失败的怀旧情结来激发对历史及社会更新的魔鬼的强烈认同感，同时使秩序意识的胜利得到进一步巩固。可是，没有琼乔人和热带雨林——“充满黑暗、混乱和无序的地方，那里不见阳光，植物呈疯长之势，在骚乱混沌中相互缠绕”——就没有秩序的基础。的确，正是这种依赖性使得神奇和多产得以“盛开”。

在这个源于自然也作用于自然的集体画作中，据说低地森林不仅作为混乱也作为女性与高地保持关联性——正如何塞·玛丽亚·阿格达斯在隐秘的自传体小说《深深的河流》(*Los ríos profundos*)中所写，该书以大约 50 年前的秘鲁高地小镇阿班凯(Abancay)为背景。对于市场体系对使用价值的侵占，是女性向商业体系和国家发起公然反抗。她们这样做不仅创造了以反抗为形式的“无序”(此处我们不妨停下来问问自己，为什么总是反抗被定义为无序，而不是它所针对的体系)。她们也使风景变得生动活泼起来，原本鸦雀无声的事物也鲜活起来。处于使事物发声的中心地带、在由女性激发的无序如烈火般燃烧之时(这无序针对物高过人的市场体系所创造的无序)，女性降临东部森林，降临琼乔人(的女性地带)。

由于商人的囤积居奇，盐在那里严重匮乏。当地制作并贩卖玉米啤酒的女人们领导了一场起义，目的是获取盐，并且将其自由分配给小镇里的女性和周边大农场里的印第安农奴。军队介入镇压了叛乱，而叛乱的名义首领多娜·费利佩(Doña Felipa)逃到了河边，然后据说逃进热带雨林，她承诺会和琼乔人一起回去，并放火烧了大农场。当局担心此事，如果事情成真，农奴就会逃跑加入这些女人的队伍。据说琼乔人火冒三丈。大学里的男生们推测帕查查卡河(Pachachaca River)会站在琼乔人和多娜·费利佩一边，调转流向，将琼乔人乘坐的木筏带至上游，烧毁山谷和大农场主

232 的甘蔗地，杀死所有的基督徒及他们的牲畜。在阿班凯的教堂里，大学校长兼神父宣布，一支由训练有素的维持秩序的警察组成的公民警卫独立小分队将在军营里永久设立，然后他继续布道（用西班牙语而不是克丘亚语）：

> “暴民正在用魔法招鬼来吓唬基督徒。那是一出可笑的闹剧。大农场上的农奴灵魂纯洁，比起我们，他们是更好的基督徒；而琼乔人是野蛮人，他们永远离不开热带雨林。万一魔鬼让他们来到这里，他们的箭在大炮面前也是毫无用处的。我们必须记住卡哈马卡（Cajamarca）……！”他解释道，并将目光转向圣女，用他清脆的嗓音为亡命之徒和那些误入歧途的人祈求原谅。“您是亲爱的母亲，您知道如何将恶魔从他们的身体里驱走。”他说。[22]

如此一来，我们看到归咎于并通过女性的双重性——残忍邪恶、贞洁纯真——进行传递的“无序”的政治化歧义是如何给二元特质带去生命的，否则它只是静止、严肃且偏重知识的，被高地和低地统一起来。我们能够感觉到由市场交换体系中的矛盾所导致的事态的升级不仅引发这些潜伏却强有力的特质，而且事情的走向在很大程度上归结于偶然因素和未预见的对立合并。这是一种符号学手法，符号将其精确性让渡给了政治共振，后者使与赎回使用价值的野蛮女性共谋的景象生动起来。

“记住卡哈马卡……！”神父吟诵道，他的目光转向圣女——在卡哈马卡平原，印加国王阿塔瓦尔帕和他强大的部队落入为数不多的西班牙人手中，一个帝国就此终结，另一个又兴起，随之而来的是强烈的殖民双重性身份。弗兰克·萨洛蒙最近构想的正是这样的身份前景化和背景化。这是一部巨大的殖民历史文书，记录了位于厄瓜多尔高地基多市郊荣博人的舞蹈和杀戮。在那里，“荣博”基本等同于“奥卡”，在北部安第斯山地区是“琼乔”的同义词；正如罗伯特·兰德尔大张旗鼓地将雪之星节带进我们的视野，荣博人这一年一度的舞蹈和杀戮的庆典仪式也与耶稣圣体圣血节有关。[23]

对喜欢引导飞机进出基多的无线电杆及把萨洛蒙引致荣博人世界(因为那个世界是在高地居民的想象中创造出来的)的人来说,舞蹈带出了印第安人和美洲白人之间的对立。在耶稣圣体圣血节,"存在指南针"(compass of existence,他的向导所喜欢的形象)旋转 180 度,而萨洛蒙所说的"改变的努力"(effort of becoming)离开充满阶级和白人属性的城市,"没 233
有回到祖先的世界——它已失去,无法挽回——而是通往相反的祭坛即雨林中,遭迫害的美洲的力量退隐此处"。在他作品的导言中,他继续道,"原生地丧失的一种民族独特性作为同样无法实现的两个潜在自我之间的电压得以幸存"。[24]

那些担当荣博舞者角色的人明显成为了奥卡——未受洗,不谙社交,类似于动物及山水的精灵,萨洛蒙说道。依其身份,他们不能进入教堂,而且与在新世界的耶稣圣体圣血节中的基督徒不同,他们的食物虽然形式上与圣餐相似,但实质差别很大。拼成桌子的不是梁木而是长矛;没有新鲜面包,而是偷来或者乞讨来的残羹剩饭、剔的干干净净的猪头骨、一包散在简易的"桌子"上的炸土豆片,向上帝祷告遭人嘲笑。"不过你们得付钱!"猴子向荣博人尖叫道,于是人们排成一列小心地付钱,钱根据教派被分成不同的类别,然后被塞到鼓的皮带下面,这之后荣博音乐再次响起。而正如萨洛蒙指出的,在真正的(基督徒的)圣餐仪式上,人们不会提钱,也不会碰钱。就像在一个充满布莱希特风格的黑色幽默和务实性的拉伯雷式的滑稽讽刺作品中一样,荣博-奥卡人嘲笑基督教主祭静谧的等级秩序以及与之相伴随的基督教国家。

这些来自山下森林的舞者身处大山父母的包围之中。"我来拜访阿普(*apu*)治病。我带来好运。"他们会说。他们所说的阿普指的不仅仅是山或神,而且也包括耶稣圣体圣血节的基督教主祭。大山喜爱这些低地的居民。当黄昏时分雷声从瓜玛尼山(Mount Guamani)传来时,据说瓜玛尼正在哭泣,因为他的基尤(Quijos)萨满从山麓来,在去往基多的路上从他身旁经过。他们对着基督徒的房子跳舞,并唱着"我来了,和我的大山母亲一起来了。你想要什么?你想得医治吗,还是你想害命?"几天之后当离开之时,他们说,"现在我们必须回自己的家了。现在我们的大山在召唤我们。现在我们的大山在奏乐。我们的大山奏乐的时候，我们就离开，我们的大山不让我们留下”。

群山在奏乐？这是雷电在山的那边即低地森林的那一边闪烁，从基多也能看见苍白的光芒（用萨洛蒙的话说），映出山顶的黑色轮廓。雷电在环绕城市的山顶闪烁是荣博人力量的标志。他们作为从太平洋及东边雨林来的萨满进行活动，穿戴着绚丽的羽毛。他们来到这座山城是为了售卖雨林里的动物并且施行神奇医术。大山爱着荣博人，并为其哭泣；大山就像他们的母亲一样。人们说荣博人倚靠这些大山，这是事实。他们的阿普或神的
234 母性权威延伸，代表了基督教主祭。荣博人现在代表的不仅是雨林居民，而且还包括他们神奇、野蛮的萨满特质，在耶稣圣体圣血节他们作为对立面恰好做了补充。然而，这是非常矛盾的倚靠。萨满从热带雨林中来，向其优越者提供他们的优越性所剥夺的东西，即害命和医治的神奇野蛮力量。在基督教主祭面前，他们将野蛮施行于自身，杀死其中一人，然后用萨满的法术让这个受害者从死亡空间复活，这个新生甚至是比生命更高的东西，是森林和大山之间、“印第安人”和基督徒之间清楚的相互依赖的差异。这在市郊的此地上演。在耶稣圣体圣血节的第二天，杀人的萨满在符号化的热带雨林中使用具有占卜力的迷幻剂追捕受害者，向他的野人同伴喊道（我援引萨洛蒙）：“兄弟，你有什么新消息吗？你没看到有一个双脚和脚趾向后拧的人经过这里吗，他的屁股里都是跳蚤，还可能有一根短绳系在他的脖子上？你没有看到这样的人经过吗？”杀人的那位想要把逃命者吃掉，但又被说服只要给钱，他就让他醒过来。“兄弟，你从哪儿来？”他们询问那个被救醒的人。“你看到什么了？”他作出回答，但声音太低，大家都听不到。“兄弟们，我走过了整个世界；我看到了所有动物，我看到了所有兄弟，我现在带回了甜甜的种子。我去了另一个世界，我把那里的东西带回来了：橙子和其他所有的水果。”于是荣博弟兄们、萨满、所有野人一起向着众山、基督徒和招待他们的人歌唱告别：

一年又一年我们经过
像维拉讷若（veranero）鸟一样。
啊——现在你们看到了，哦——现在你们看到了

死亡——现在你们看到了，生命——现在你们看到了

哎——不，是的！就是这样，是的！[25]

在死亡的阴影之下闪过一束光："死亡——现在你们看到了，生命——现在你们看到了哎——不，是的！"——雷电在环绕山中城市的黑色山顶闪烁。这是古老的对差别的运用，通过贸易，也通过意识形态交流展现出来，可能现在差别更大，因为商品化已经迅速创造出了"现代事物"和"传统事物"。"基多拥有大量石油，它的快速扩张已经导致先前的农村社区突然发动入侵，在这里"[26]，萨洛蒙告诉我们，荣博舞蹈最为蓬勃发展。

这引出了几个本雅明曾尝试提出的有关波德莱尔（Baudelaire）笔下巴黎的商业化跃进的文化效应的观点：首先，城市的秩序与其野蛮之间的对抗（"詹姆斯·恩索尔[James Ensor]喜欢把军方人员放在狂欢的暴民之中，而二者毫无违和——作为极权主义国家的范本"，本雅明评论道，"在这样的国 236
家，警察与战争或暴乱中的劫掠者联合在一起"）[27]；其次，科技的突飞猛进、市场的重大影响是如何将否认承诺的感伤镌刻入商品的，通过它们激发乌托邦想象，这想象来自原始过去的幻象，比如热带雨林及其中奇妙的荣博人、奥卡人和琼乔人。

与第一世界的城市相比，第三世界的城市本身更接近奥卡的状态。以《纽约时报》（1984 年 10 月 21 日）的整版广告为例。广告中央是一张彩色照片，照片中一个高地印第安妇女背着一个睡着的小孩。她身穿一件亮红色的斗篷，头戴一顶佩有彩色饰带的巴拿马帽子。她的脖子上挂着金银珠子，耳朵上坠着金耳环。在她身后躺着空藤篮，宽大的内里漆黑诱人，具有性征的空腔等待货物的买卖。她目光向下，微微地偏离镜头，似乎沉浸于另一个世界之中，这不是摄影师的世界，也非我们的世界。这是给《美食家》（*Gourmet*，"生活标准"）杂志做的广告，该杂志声称拥有 250 万读者群。

但是荣博萨满从山麓带往基多的热带鸟类在路上就死了。尽管如此，色彩仍保持得很好，萨满正是借此创造并传递了梦幻般的幻象。

［照片由马蒂亚斯·奥佩尔斯道夫(**Mathias Oppersdorff**)拍摄。
Copyright ©1984 by The Condé Nast Publications Inc.］

说到山下森林的魔法与高地的井然有序之间清晰且巨大的古老差别——当然，这些都是后者的观点——确实值得回顾过去。亨利·瓦森(Henry Wassén)在他作为编者的专著中总结了大量与此相关的证据。这本书关注一位科利亚瓦亚药师坟墓中的东西，根据碳测定其中的低地药物的所属年代约为公元 350 年。[28]萨洛蒙援引一些研究，指出低地与高低之间的这种贸易还要早七百年，而他本人甚至说，有证据强烈表明，至少在 16 世纪就存在“低地对高地意识形态的某种程度的影响”。[29]然而这种“影响”很有可能既由别人引也由自己引发。这是有关东部森林的社会制度化了的高地幻想，它不可超越的浪漫、野蛮、美丽和神秘不可能不将意识形态的东西塑造成天然的，将虚构的塑造成真正真实的。谁能不受影响？

向考古学及碳测定年代的科学性里，我们加入低地萨满领导的反抗西班牙人的斗争所体现的豪迈激情。据说，这也发生在反抗印加帝国的入侵斗争之前。对此，我们补充了如下观察：高地居民，不论富有还是贫穷、白人还是印第安人、城里人还是不太像城里的人，都为了魔法下至低地去寻找萨满——而追逐他们的也包括我们。我们同样依赖神话通过内部和外部的各种历史事件引发的难以捉摸的差别，观察，后退，但最终像那些高地居民一样，用仪式的眼光看待世界。 237 并且我们同样受到丛林的魔法和原始的野蛮的恩惠，这好似神话在仪式中不可避免地使自己再生。对一些人来说仪式具有治疗功能，而对另一些人来说仪式就是所谓的解释。

最后，萨洛蒙给我们留下了这个具有感染力的画面：一波又一波的外国人征服了基多，并使其洁净。土著人的力量被排挤到大山边缘或之外的地带，进入外部森林以求庇护。“因此，”他写道，“森林变成——永远变成——古老、原始、原生的避难所。它是居于中心地位的力量只想要抵制和替代的那种知识的蓄积之所。”[30]

但被中心力量排挤的知识的自发性有多强呢？被排挤的被标上差异性，这差异性难道没有使其被贴上对于中心力量来说是想要的和必要的这种标签吗？野蛮区域的神奇难道不是被中心力量和被迫作为历史减震器的萨满一同创造的吗？

这被主动地刻入体内。以西班牙人的伤口和印第安人的身体脂肪为例。

贝尔纳尔·迪亚斯(Bernal Díaz)和科尔特斯(Cortés)一起征战,为西班牙赢得了一个帝国。战争发生在墨西哥。他对这次征服战争的记述受众最广。那是一个肥胖的印第安人,在描述与特拉斯卡兰人(Tlascalans)的第一次冲突时他指出,这个人被开膛破肚,体内的脂肪被取出用以治疗战争中受的伤。他说,那里没有油,却有可当作美餐的印第安小狗,而且它们大概不会没有能涂抹伤口的油脂。在下一次交战中,印第安人的脂肪再一次被用来治疗15个受伤的西班牙人及受伤的四匹马。那天晚上有母鸡和小狗可以吃。奇怪的是,印第安人在这次和其他战事中能够将他们中的伤者带走,而西班牙人从没见过一个死去的印第安人。[31]

埃尔南多·德·索托是位优秀的骑手。报告称,他也使用战争中被杀的印第安人的脂肪,他在对一个印加首领的远征中即是如此,该首领在秘鲁境内安第斯山的塞拉德维尔卡扎(Sierra de Vilcaza)负隅顽抗。[32]我不能说此法效果有多神奇,但可以肯定的是同情和感染性魔法的弗雷泽式的原则是清楚的:使用伤害过我的人的脂肪,我能治好那个伤口。比起不幸的瘦子,胖人的脂肪被视为维持身体健康及生命活力的有益过量——谁知道这里所说的有关脂肪的这些究竟所指为何?如果说西班牙人对于印第安人脂肪神奇功效的猜测毫无根据,那么印第安人对于此事的看法就不是那么毫无根据的了——也就是说,而且在这样的镜子戏法中必须一直这么说,在此,这不完全是印第安人关于西班牙人对于印第安人关于西班牙人对于印
238 第安人脂肪的看法。

德·索托的士兵用被杀的印第安人的脂肪疗伤大约40年后,天主教神父克里斯托博尔·德·莫利纳(Cristobál de Molina)写了一本有关印加仪式和传说的著作。在书的结尾部分,他表示对大山的圣洁、从印第安人的体内抽取脂肪、反对西班牙人的舞蹈病起义(Taqui Onqoy),还有在这次暴动期间和之后盛行的治疗仪式不吝言辞是恰当的。该起义是殖民统治最初两百年内规模最大的一次。在他写书的10年之前,一场被印第安人称为舞蹈病起义的暴动在原是印加帝国首都的库斯科教区正呈愈演愈烈之势。莫利纳神父写道,据称西班牙命令将印第安人的脂肪积聚起来,然后运到那里治疗某些疾病,虽然没有人可以确定,但可能是躲藏在比尔卡班巴(Vilcabamba)

神秘要塞中的印加巫师编造了谣言，目的是在印第安人和西班牙人之间种下仇恨。在比尔卡班巴，安第斯山突然陷入了亚马孙丛林。现在，印第安人不愿意为西班牙人效力，他们害怕自己会被杀死，然后身体里的脂肪会被抽取，然后被西班牙的国民用作药物。[33]

舞蹈病起义发生大约四百年后，秘鲁人伊芙瑞恩·莫罗特·贝斯特(Efraín Morote Best)在库斯科发表了一篇关于"那卡奇"(Nakaq)的文章。那卡其是秘鲁南部高地的一种幽灵，人们称其会在公开场合借着夜幕袭击个人，目的是抽取他们体内的脂肪并出售给将其入药的药房，或用其润滑机器、铸造教堂里的钟、擦拭圣人塑像面部的那些人。[34] 说那卡其是印第安人的情况很是少见。人们几乎总说那卡其是白人或是印欧混血。在一些版本中，受害者会立刻消失。而在其他版本中，受害者首先会通过一种具有魔法的粉末被催眠或被带入一种昏迷一样的状态，脂肪被抽取之后，他们会醒来，却不记得发生的事情。身上没有受伤的迹象。他们会继续上路，然后慢慢地死去。一些人不会死，但因忧郁变得疾病缠身。刚醒来的时候，的确有一些人记得发生的事情，好像做了一场梦一般。

安东尼·奥利弗-史密斯(Anthony Oliver-Smith)在同样关于幽灵的一篇文章中指出，这以荒唐的方式证明印第安人每天所经历的阶级和种族压迫。他还顺便提到了一位印欧混血，1966 年他在秘鲁的安卡什(Ancash)曾和这个人谈过话。此人开心地告诉他，他们有时会杀死一条狗或一只猪，然后把它的内脏和被血浸润的衣物放在一起，以使印第安人认为抽取脂肪的幽灵就在附近，而且如果不更加努力地工作或乖乖听话，自己就会丧命。[35] 印欧人混血嘲笑他们认为的印第安人认为的印欧混血对印第安人的看法，但在这个现实的幻影中不仅仅是一个笑话这么简单。

在 20 世纪 50 年代早期和中期，秘鲁的民族学者及小说家何塞·玛丽 239
亚·阿格达斯在高地省份阿亚库乔(Ayacucho)进行田野调查时遇到一个人，印第安人称其为"米思提"(*misti*，意即非印第安人、"高等"阶级的成员)。他极富感染力地将以下(当然众人皆知的)事实加以润色——这些社群中的印欧混血人(及白人)遇到困境会去到印第安占卜者和术士那里，因此称赞这些印第安人能够逆转命运——似乎在印第安身份和救赎之间存在一个隐性契约。阿格达斯就“瓦玛尼”(*wamanis*)询问高地小镇普基奥(Puquio)的居民,瓦玛尼是周围群山之神,其祭司被称作“珀恩勾”(*pongos*),这在安第斯山的大多数地区是对奴仆和农奴的称呼。他认识的那位米思提告诉他有关他在任该省内部地区的长官一职时发生的事情。[35]

因为在该地区首府及周边区域的人们听说山洞里有一个能行神奇医术并预测未来的珀恩勾,出现了极大的骚动,人们争先恐后地跑去见这位珀恩勾。有鉴于此,长官决定终止他所说的“印第安人的闹剧”。他派了四个人去抓捕这位珀恩勾。他们将他捆绑着带回小镇,他在那里遭到长官的虐待,连在狱中睡觉都是被捆着的。但是各个社会阶层的人,不论是文盲还是有学问的,都请求长官将他释放。长官决定测试一下这位珀恩勾。珀恩勾要来了材料,立起祭坛,呼唤瓦玛尼即山神。他和长官二人独自在一个漆黑的房间里等待。瓦玛尼飞了进来,发出巨大的响声,还拍打着翅膀。长官说他能看到其中一个,因为他将一扇窗开着。瓦玛尼形似小型的鹰,但威风凛凛。他还告诉我们,瓦玛尼说话带着威严的怒火,而且还抽打珀恩勾。怒火最盛的是最大的那座山库阿尔瓦拉苏(Quarwarasu)的山神。瓦玛尼告诉长官他的人生轨迹会发生怎样的变化,他们还给他治病的药。因此他相信了珀恩勾的能力,并且有感于此与他建立起亲密的友谊,有一天还向他吐露说自己也想成为珀恩勾。但那位珀恩勾告诉他这是不可能的。这不是米思提能干的职业。对于瓦玛尼加诸珀恩勾身上的惩罚和考验,他们经受不住。于是长官不再执念于此,但仍与珀恩勾保持友好的关系。有一天,(前)长官的一个远在南部海岸纳斯卡(Nazca)的朋友叫他把那位珀恩勾带来医病,这病所有医生都诊断不了。珀恩勾所在的地方距普基奥有三天的路程,前长官把他召来,之后他们乘坐一辆特快出租车去海岸边的纳斯卡。在那里,在一个漆黑的房间,珀恩勾准备好祭坛并召唤他的瓦玛尼——遥远的阿亚库乔山的山神。由于他身处海岸边,他也召唤附近众山的山神,
240 尤其是白山(White Mountain),但这最终导致他的失败,因为白山所在的地方几乎没有印第安人,因此它说西班牙语,而那位珀恩勾听不懂。瓦玛尼生气了。

第二天,前长官询问白山他是否能做翻译。白山同意了,而瓦玛尼则继

续。白山谴责生病的女子是巫师。他说，她是因为自己的妖术得病的，她的一个受害者也用妖术对她进行报复。主瓦玛尼命令他的两个小山神去搜集施行妖术的材料，并把患病的白人女子用来对付她的受害者的东西及她的受害者用来对付她的东西带来。眨眼的工夫，小鸟在祭坛上将那些害人的东西落下，那是两包妖术材料。这些东西立即被烧了。珀恩勾和前长官回到高地，而那病人也开始好转了。

前长官告诉阿格达斯，山神喜欢印第安人，而且这些山神的秘密只能在山里习得。据说，前长官的朋友即那位珀恩勾在其中一座山里待了六个月，最后他再次出现的时候是在地里，正睡着呢。他还活着，他们告诉阿格达斯。

珀恩勾是人下人，是所有人的奴仆，他再次出现的时候是睡着的，米思提告诉阿格达斯。他也是梦境的奴仆，是种族主义神话的考古学的奴仆。该神话从山区隐藏的内部蜿蜒前进至现今。他睡着，像做梦一般，以此将高等阶级从他们自发的妖术中救赎出来。正如这位珀恩勾再次出现的时候正在睡觉一样，其他珀恩勾也在睡梦中消失，他们被米思提和白人以那卡奇的形式侵扰，后者售卖他们的脂肪，用作药物，用其润滑机器或擦拭圣人塑像的面部。

在组成这些仪式的技艺中间有这样一个人物，他提供必要的实体将转瞬即逝的归属(attributions)和反归属(counterattributions)进行捆绑，形成一股救赎力量。他是想象中的人物，是由闪现的相异性领域构成的——白人关于印第安人对于白人关于印第安人的描绘。那是野人男女的形象，是异教徒，如此界定的优于他们的文明人认为他们具有杀人的魔法以及医治由社会引发的疾病和不幸的魔法。这些是伟大的人造物：文明历史创造的盲目崇拜的反自我——处于疯狂矛盾中的原始人物，不及人又高过人。这是那位拥有爱情小饰品和神奇药物的卡塔赫纳的黑人女奴。这是宝拉·德·伊奎利兹，宗教裁判所声称她领导黑人女巫围攻卡塔赫纳，判处对她施以火刑。尽管被如此形容，这样形容她的人、主教及总审判官却还是恳求她前来给他们治病。她丢掉象征魔鬼地位的装束，走出监狱，穿着边缘镶金的斗篷上 241
路，高坐在轿子里，并非不像那位森林里的野女人。这是在山上他的山洞里给米思提治病的珀恩勾。这是山下荒野中的琼乔人。这是给何塞·加西亚驱除巫术的萨满，其他白人嫉妒他的可观财富，于是对其施以妖术。这些是加诸这些奴隶、前奴隶和珀恩勾的野蛮形象，然后如此深刻的形象又从其浸透了差异性的身上抽离开，就像那卡奇抽取脂肪一样——从殖民自我中驱除贪婪罪恶的不可靠的神奇力量。

我们都是那卡奇。

第 13 章　剩余价值

1971 年对于我在哥伦比亚所生活地区的许多贫困的乡村居民来说是 242
希望再次被唤醒的一年。20 世纪 30 年代之前农民就已开展了大量的政治运动，他们和地主进行抗争以此获得对土地的控制。一天，我陪同农民联盟的两位领导上山。群山从山谷的南部边缘向西延展。他们是我的朋友，路易斯·卡洛斯·米纳和已经过世的阿尔弗雷多·科尔特斯。他们二人是从特哈达港口附近来的农民，都亲自参与了糖厂的罢工运动。他们希望印第安人为建设“农民之家”贡献山里的木材，以此加入他们的新联盟。“农民之家”会建在主要的市镇上。这将给人们提供一个市集开始前过夜的地方，这样一来他们就不用睡在大街上；这也是一个聚会的场所，人们讨论共同关心的问题并组织活动。

“一整天我们骑着瘦得皮包骨的马行进在西边的山脉中。”

堂·路易斯向大农场主了解情况

“当我们靠近的时候，他们大门紧闭。”

堂·路易斯、堂·阿尔弗雷多和农奴们

一整天我们骑着瘦得皮包骨的马行进在西边的山脉中，最终找到了大农场。我们需要主人的许可才能和为他干活的人交谈。实际上，他们是他的农奴。为了换得一小块贫瘠的土地，他们在农场干三天的活。他们是来自中部山脉的帕埃斯印第安人（Paéz Indians），四五个小家庭住在散布于山脊上的棚屋里。当我们靠近的时候，他们大门紧闭；当我们试图与其交谈 245
（勉强算是交谈，而且不常有）的时候，他们的眼睛总看向地面。

那位主人和我们的马一样瘦得皮包骨，长得清瘦而结实，衣服上沾着汗渍，皮带上挂着大砍刀，由于经常佩带，它的皮套锃亮锃亮的。他是“*blanco*”，那些地区的人们这么称呼白人，他还上过几年中学。他住在农场上，几乎是独自一人，每周下至山谷一次去赶集。他谦恭有礼，尽管对我们所做的事情并没有什么热情，但或许觉得最好不要与正在壮大的新联盟为敌，因此他让我们去和他的工人们交谈。

他一听说我是医生就开始跟我说他的失眠和胃痛。当情况很严重的时候，他认为是该出发了。有时他的儿子也一起，他是哥伦比亚海军工程师。

他们会走下山谷，然后坐公车向南行，几乎到达与厄瓜多尔的交界处。他们会在那里过夜，然后搭乘另一趟公车，这次是向东走，越过安第斯山，下至东边的森林，去寻找一位印第安萨满。他告诉我，他会待在那里，喝一种特别的药饮，直到他康复。有时候他还会带上农场的泥土，让其也得到医治，尤其是当收成欠佳或者牛瘦弱的时候。

这很奇怪，我觉得。这是我第一次听到这样的事情，而且我对萨满、雅格及他所谈论的地形和地貌一无所知，事实上，我对妖术或玛勒斐西也是一无所知。导致他疼痛和失眠的就是玛勒斐西。导致收成欠佳和牛瘦弱的就是玛勒斐西。

几星期之后，在赶集的那一天，我们在市镇上碰见几个农奴。他们透着些许醉意，在一群农民中嬉笑玩闹。农民们聚集在新联盟的所在地。

“老板说他是被玛勒斐西害的，”我说道，想跟他们实话实说，“谁会这么做呢？”

“哎呀，”最靠近我的那个人声称，脸上露出笑容，“正是和我一样的兄弟们！”——所指正是印第安农奴，农场主人给他们的孩子做教父、教母！他依旧保持着笑容。我们永远不会知道农奴是否真的对农场主及他的农场施了魔法。但农场主很是相信，于是长途跋涉到其他印第安人即低地印第安人那里购买神奇的庇护。他压榨高地印第安农奴，这使他暴露在高地印第安农奴的魔法之下，而低地印第安人的魔法与高地印第安人的相当，甚至比他们的还厉害。魔法被用在了阶级斗争之中。我也被卷入其中。

五年之后，我认识了一个矮小但壮实的山地居民。他住在安第斯山中，靠近连接东边的亚马孙盆地森林和高地城市帕斯托的那条公路。他是一位勤劳且富裕的农民，按照当地人的看法，他是柏兰科，但最近三年来运道不
246 好。他阴郁、粗鲁，那双圆溜溜的小眼睛嵌入他无辜的椭圆形的胖脸中。他的农场向外延伸，有绿油油的牧场和精耕细作的马铃薯田，土地浸润着杀菌剂和肥料。农场坐落在冰冷的蓝色湖旁，只有耐寒、强壮的动植物敢冒险闯进去。据说农场被施了魔法。周围有一些日工的小棚屋。这些日工和他一样也是柏兰科。他们都是穷人。他和他们一起在他的地里——洒了农药的肥沃厚实的土地里干活。当他还是孩子的时候，他的父母带他来到这出奇

安静的岸边开始务农。他叫赛克斯特。他的农场在锡本多伊峡谷中，距山顶的帕拉莫(páramo)平原几英里远。我第一次遇见他就是在农场的后面，他正和一个名叫佩德罗的印第安术士在一起喝雅格，而我去低地的旅途中曾和这位术士在一起。

那是 1976 年末，神父们计划把小教堂转变为主座教堂，这引起巨大骚动。和波哥大的大主教一样显要的一个人物，连同他的随行主教们，要来为新的主座教堂祝圣。同时，传教士们忙于在山谷中徒劳地奔走，想要激发同他们自己一样的宗教热情。

印第安术士佩德罗的母亲对于如此大费周章的用意比我要清楚。她告诉我，最终藏于教堂中的巴托洛梅神父(Father Bartolomé)的骸骨会被发掘出来，罗马教皇会封他为圣人。这位巴托洛梅神父即是 60 年前和加斯帕·德·皮内利神父一起在充满传奇色彩的使徒远行中下山到普图马约及卡克塔河附近的茂密森林中给维托托人和其他野蛮的新部族施洗的那位(教会出版物是这样记载的)。他的灵魂能*施行奇迹*，佩德罗在皮夹中随身带着一张他的画像。

但一盆冷水泼了下来。佩德罗的妻子和我们一起讨论巴托洛梅神父的骸骨和他对野人的利用，二者均在教堂地下，那儿属于救赎时期。她开始还在说笑，后来却发出长长的叹息。那些伟大的低地萨满再也没有了，她说道。巴托洛梅神父也不在了，他已于 1966 年过世。“早先还有伟大的萨满。”她惆怅地说。

> 他们能变成老虎和鹦鹉。他们会飞。现在他们完了。他们彼此相食、相残。他们被嫉妒吞噬了。他们会变成一只老虎，然后把敌人的一大家子都吃掉。既然萨尔瓦多已经死了，就没人了。他就像巴托洛梅神父。他知道怎样医病。他是一流的。以前没有一个医生像他一样，如今也没有。巴托洛梅神父甚至帮产妇接生。而且这些都是免费的。他会远行到乡村，甚至下雨的时候也去。那就是为什么他是圣人。他在天堂。他是我们所有人的神父。他建立了主座教堂、圣女修道院和 247
> 神父教堂。他是锡本多伊的创建者。

“方济各会为什么离开谷地?”我问道。

“因为巴托洛梅神父死了,”她回答道,“他收到一封来自 INCORA(哥伦比亚政府土地改革署,该机构侵吞了方济各会的大多数土地,这些土地是方济各会在 20 世纪早期从印第安人那里获得的)的信。他打开信,然后心脏病就发作了。方济各会把他们几乎所有的农田都卖给了 INCORA。现在人们得向 INCORA 付钱。但这一点也不好。现在你听到的都是人们谈论钱、贷款耕种土地、购买带刺铁丝网和使用拖拉机的事情。倒不如没钱却能不愁这些安心睡觉。”她和佩德罗都没有土地,除了镇上山里那贫瘠的一小块。他们靠佩德罗给人医病、占卜、做木工活的微薄收入补贴少得可怜的土地产出。

那天晚上,传教士们选定他们的家作为会议举办地。他们希望在大主教到来之前召集多次会议使信仰得以巩固,而这是其中的一次。巧的是就在那天晚上佩德罗计划和他的病人们一起喝雅格。他态度坚定,让我和其他人在一层的主室里安静等待,不要被别人看到,而神父们在前厅聚会。仅有一道边缘没有抛光的厚木板“墙”隔着,我们坐在黑暗之中,面对从另一个房间照射进来的缕缕光线及传来的声响,想到之后要喝的雅格,我们越发地害怕,同时越发地期待。

大约 30 个邻居,包括大人和孩子,被一位神父和一位修女聚集起来。在光秃秃的灯泡的强光照射之下,他们僵直地坐在长凳上。神父开始了。

“我们在这里是为讨论问题。我和这位修女一起在这里。我们用名字称呼彼此。我们在上帝眼中都是平等的。”

沉默。

“我们想要寻求团结,这是一切的基础。”神父宣称,然后他围着房间走了一圈,询问每个人的名字。一片咯咯的笑声。

“我们必须成为朋友,”修女坚决地说,“我们必须交朋友,因为我们的问题来源于缺乏沟通。”然后她说了一席话,批评了清教徒。佩德罗插嘴说了他从神父反对共产主义的劝诫中想出的一个笑话。他将共产主义者和清教徒相提并论,他们最糟糕的一点就是不尊重圣母即土地之母。那位修女批评这些人对待彼此不够友善。到目前为止，除了佩德罗，还没有人敢说一个字。她明显有点不知所措。

教堂的秩序、台阶及致敬仪式（锡本多伊）

主教祝福印第安人（锡本多伊）

锡本多伊印第安人为白人治病

堂·佩德罗占卜

“我们唱一首有关朋友的歌曲吧。”她提议道，然后将歌谱分发下去。“什么！你们不识字！”她给留声机上紧发条，唱片也放好了。神父站着。其 250
他人都坐着。他站在他们面前讲话，问各种各样有关夫妻纷争的问题。

堂·佩德罗的桌子

“缺少了什么？”他问道，然后得意洋洋地给出了答案。“理解！缺少理解！”他请求大家彼此友爱互助。“我们都从上帝那来，都要回到上帝那里。”

修女问道：“你们觉得孤单吗，还是感觉有人陪伴？”

这群人第一次开口，回答道：“有人陪伴！”

修女读着她的歌谱，放着唱片。她强迫一个女人大声朗读一首歌的歌词。她和神父谈论了贫穷。

“我们怎么样才能脱离贫困呢？”他们问道。

“有钱了就行。”有人说。

“不是的！不是的！”神父惊呼道，“每个人都能挣钱。有比钱更重要的东西。是什么呢？”

众人沉默许久。“神的话，”他说，“知道神的话！”

外面有几个年轻人走过，尖叫着：“聚会就是胡扯！”

"邻里之间沟通不容易，"神父说道，"真的不容易。"于是一小时以后，会议结束了。

佩德罗来到主室忙得不可开交，他说，"现在才是正事儿"。火被点燃，251 我们在周围坐下，当他准备着雅格的时候，八个人兴高采烈地聊着天。他没有要求我们介绍自己的名字或者彼此之间交朋友。尽管那天晚上谈了很多有关贫穷和冲突的事情，但请求大家相互理解和沟通或者上帝的话语并不能解决这些问题。

堂·佩德罗和作者在术士令人赏心悦目的花园里，1977 年

沉默。佩德罗开始对着雅格轻声吟诵。某个人重复了神父说的"友爱互助"。房间里满是温柔的氛围。佩德罗唱得更为大声。我们喝完第一杯之后，开始谈论农作物的价格和利润，谈话持续很久，不过很分散。半小时之后，佩德罗坐着，头埋在手里，很是痛苦。突然他抬头看着赛克斯特，就是从湖边来的那个人，然后问道：

"你能想到那里有谁可以施萨尔吗？"他说的萨尔即"盐"，这个词指的是妖术。赛克斯特说他知道。

"好，"佩德罗说，"我们应该继续思考，保持专注，继续检查。"过了一会儿，他转向胡里奥。胡里奥是一位中年黑人男子，很多年前从太平洋海岸移居至此。他说他知道是谁伤害了他，那个人是……

过了大约一小时，当地的一个印第安男子走到痛苦的佩德罗身边。佩德罗呕吐不止。“这个药药劲儿很厉害。”呕吐间隙他说道。

那个男人开始诉说他的痛苦。“我的老婆逃走了……我的儿子病了……家里都是坏事……我不知道该如何是好……”

“可恶!”佩德罗大喊道，他深有同感，觉得痛苦，又将他的脸埋在了手里。 252

这持续了一整晚。人们起身去厕所或呕吐，然后回到火堆旁。不在火跟前会很冷。他们谈论的内容大多与预防和治疗妖术有关。他们还常常开玩笑或戏弄彼此。在(呕吐的)起止之间，雅格的颜色和样式进退于细流和波浪之中；湖周围是花朵组成的黄色波浪，海洋下面果酱一样粉白色的叶子像生长似的以慢动作的形式晃动着，和蛇、猪混合在一起。在慢悠悠的冗长谈话的间歇，影子晃动，火光闪动，有东西窸窣作响，一种情绪被触动——这些突发的事情撩拨甚至刺痛我们的身体和意识，正如术士屋后令人赏心悦目的花园，杂乱盛放着间隔种植的植物，白的、橘黄的藤本植物、灌木、铃铛形状的大曼陀罗花，好似拍动着翅膀一般。

黎明时分，佩德罗开始为病人驱魔，一个接着一个。和着他的吟诵，他重重地敲打着用沙沙作响的树叶做成的医病的扇子，还用他的水晶即“冷特”(*lente*)观察病人体内的情况。他让病人向冷特吹气，而且偶尔让他透过冷特看魔鬼模糊的形状。他将树叶做成的扇子从病人周身划过，和着他的吟诵，扇子晃动着，沙沙作响，收尽体内的所有恶魔。他将恶物从病人体内吸出来，然后吐到房间的角落里，其间发出巨大的声响。这花费很长时间——四个人大约花了两个半小时。

似乎所有人看起来都很放松、不加掩饰。火被拨旺，甘蔗酒呈了上来，谈话时不时地回到那天晚上发生的事情，提及笼罩在每个人生活之上的妖术，这样的话题如浮光掠影一般稍纵即逝，却屡见不鲜。而佩德罗一直在吟唱，时不时地被打断，用他治病的扇子打着节拍，吸着，吐着。

从湖边来的赛克斯特身材矮壮，通常少言寡语，他描述了过去让他痛苦的三年。他停顿了一下。

“恶风，*mal aires*。”一个女人用自信的语气总结道。

赛克斯特用锐利的眼光注视着她。“不是！……妖术！”他说。

“彻头彻尾的萨尔，绝对是妖术，”坐在角落的年轻人插话说，“肯定是的！”

赛克斯特57岁。当他和他的父母来到湖边的时候，那里几乎没有其他人。现在人很多。几乎没人拥有超过一公顷的土地。赛克斯特有将近60公顷土地。现在养牛、种土豆需要资本和雇工——那些住在他田地周围的棚屋里的贫穷白人。

当我去拜访他的时候，很明显他害怕他们的嫉妒及其引发的妖术。“这里的人充满嫉妒，”他说，“他们给土地施法术。他们不和我一样努力干活。
253 他们看见我发达了就想要害我，但是，”他继续说，“如果你每六个月喝一次雅格，你就能抵抗玛勒斐西，安然无恙。没有什么可以伤害你。后来我就不注意了。我有一阵子没喝。”

三年前他被人截住用刀捅了，那时他正走在帕斯托的街道上，由于市集上生意很好，他的心情再好不过。他重重地跌坐在自己的右腿上，被送去了医院。医生告诉他X光片没有显示骨折，一周后就让他出院了，但是他几乎走不了。一年半他都需要拄着拐杖，他走路仍旧一瘸一拐的，这有碍他干重体力活——不过在湖边的那些日子，我看到他仍旧干不少重体力活。似乎这还不够，他的女儿无缘无故瘫痪了。不仅如此，他还不得不亏本卖了一辆小型的乡村公共汽车，因为受雇给他开车的司机欺骗了他。

出于好奇，他在21岁的时候第一次喝了雅格。自那之后，他喝了好多次，而且认识了高地山谷里的大多数萨满。那时，他和佩德罗相处融洽，他充当某种中间人的角色，把湖区周围的病人介绍到他那里。事实上，赛克斯特自己默默地想要成为萨满。

我们走过一位贫穷邻居的棚屋。只有孩子在家，其中的一个小姑娘病着。带着排场和神秘，他为她把了脉，还用手扇了几下，说会给她一些草药。他在家里有一个精心培育的花园，花园里种着各种药植，这或许会成为奇迹诞生的地方。

后来有一天晚上刮着大风，风抽打着湖面，我们冻得瑟瑟发抖。生的火上正煮着马铃薯，浓烟呛得我们直咳嗽。他跟我们说起了他的梦想，他想要可以占卜的水晶还有萨满的羽毛——从低地来的。但那吟诵是他所不能及的。在他获得此天赋之前，他必须耐下心来。“你喝雅格的时候，”他解释说，“你就获得了萨满的能力。萨满给你这样的天赋，而这即是治愈人、牛……所有事物的东西，包括对土地、庄稼施加的妖术。”他停顿了一会儿，将魔法的交换带到那一个被施了魔法的景观。“高地萨满吟唱，”他说，“他们借此召唤低地萨满的神灵，而后者教他们施以援手。他们做这些是因为他给予他们这个天赋。”

就我的理解，赛克斯特认为东段低地通过一系列的精神交流与高地相连，这样的精神交流在时空中回溯，被当作空间形象。景观回环至今，正如我们之前讨论库斯科东部的琼乔人所遇到的一样，首先人们被埋在低地雨林的“地下时空”，拥有魔法的种子会“开出现今”。赛克斯特所指的是一种固定在道德地貌之中的时间联结。道德地貌由通过天赋交换的连续授权所组成，交换发生在神灵与萨满之间，萨满与病人之间，病人与你——亲爱的读者之间。

过去给予今天的天赋和低地萨满给予高地萨满的天赋在这里被赛克斯 254
特即那位富有的农民紧紧抓住，他借此阻碍妖术，他怀疑妖术来自他的雇工。印第安萨满和雅格像斗篷一样提供了神奇保护，这成为他在农民经济中管理劳工的工具。资本和雇佣劳工正在变成农民经济的决定性特征。农民经济有时取代与之不同的更早的自给农业——后者既不用农药也不用化肥，既没有资本又没有雇佣劳工，有时二者又同时存在。对何塞·加西亚而言，像赛克斯特这样的农民企业家从雅格和低地森林萨满那里获得的天赋即是能使市场经济向自给农业扩张的速度放慢的天赋。在市场经济条件下，不平等滋生嫉妒，而嫉妒孕育妖术。

在这种情况下，扮演媒介的任务落到了高地萨满，比如佩德罗的身上，不仅是为低地森林中埋葬于地下时空的原始的过去的神灵。他还要调解如赛克斯特和雇工之间的阶级争斗。除此之外，我们还很赞赏另一组调解：利用妖术及日常的不确定性，他调解着该地区占主导地位的文化力量即神秘的力量与天主教会的权威。当我问他主教们在他前厅的聚会怎么样时，他咯咯地笑了起来。“我快到天堂了。”他说。

第 14 章　狩猎魔法

255 当我来到普图马约时，是佩德罗为我展现了一个世界，在这个世界里他召唤了“第一部落”的神灵和山下炎热森林里的维托托人。正是跟他们一起，他创造了治愈和占卜所必需的力量。他利用那些幻想的生物，它们源自时间之初，逾越了文明世界的边缘。他进行创造的那个地带是像巴托洛梅神父和加斯帕神父那样的圣贤在几十年前带着十字架进入的地方。在这些高地萨满那里，你无法不感知低地的存在。它就在那里凝视着你的脸，当然是因为他们对于雅格的依赖，这种植物只生长在低地更为炎热的森林里。但那种依赖并非像它看起来的那样简单。它不是“自然事实”。在大千世界里，有很多萨满和术士不需要迷幻药。而且高地有大量的迷幻剂，起初那里的萨满大量使用的是把锡本多伊峡谷装饰得五彩斑斓的曼陀罗。所以，在我看来，在高地居民的眼中，雅格变得如此重要、神奇很大程度上是因为它被赋予了低地森林及其居民神话般的象征力量——被殖民和天主教会认定
256 的原始及野蛮的力量。喝雅格就意味着一饮而尽那令人作呕、有致幻作用的液体。

在萨满的仪式装饰物中你也不禁会看到低地的意象，所有都来自炎热的森林——赛克斯特所渴求的羽毛和水晶，更不用说他梦想的与生俱来的歌声了。“您为什么要戴虎牙项链？”我记得曾经在锡本多伊峡谷问过一位老人。

“为什么？因为它和雅格的主人相同。它来自同样的地方，就是*大山*。那就是我们称为‘*ahayuasca* 虎’的雅格。”

“那响尾蛇呢？”我问道，意指那用豆荚做成的发出唧唧响声的项链。

“那是森林的声响，雅格就是从那里来的。”

“它们怎么能帮着治病呢？”

“它们会向你展示……嗯……一切！”

那羽毛呢？它们来自低地森林中的鸟类。它们可以用来产生异象，就是当你喝了雅格之后创造的画面。

尽管对低地存有依赖，但他的女儿清楚地告诉我，这里山上的萨满要比山下的好；她的原话是“更有智慧”。“上帝创造我们时，让我们拥有了不同的智慧，”她说，“低地萨满敬重锡本多伊山谷的萨满。”对于居住在山谷西端圣地亚哥镇附近的印第安人来说，“他们拥有跟我们不同的智慧。他们喜爱游荡，去帕尔米拉（Palmira）、佩雷拉（Pereira）、波哥大、委内瑞拉。他们售卖杂七杂八的东西（*cacharro*），并从书中学习一点医药知识”。

“我们太懒了，不愿意离开我们的锡本多伊小镇。”她的父亲插话道。

三年后，在低地地区的山坡下面，我跟一个萨满朋友圣地亚哥谈论起这些事情。

“直到现在，低地萨满依然比上面的萨满拥有更多的智慧，”他说，“到目前为止，没有人听说过高地萨满变成老虎的，也没有变成鸟能飞的。而那是米格尔·皮兰加能做到的，也是卡塞米罗能做到的，同样也是帕特里西奥年轻时能做到的。”我们聊了聊帕特里西奥，圣地亚哥曾经跟他一起喝过几次雅格，那会儿他还是年轻小伙儿。

“其他人向他要赚钱的好运。而我向他求狩猎的好运。‘这个好，’他说道，‘求问狩猎的人是好的。那可以带来一切。’之后在场的一个人对我说，‘你拒绝财富？’帕特里西奥解释说，‘决不。狩猎比金钱好。那是好东西。那可以带来一切给想求狩猎的人。其他人来问；我想用神奇的吹管飞镖杀人，要杀死女巫、萨满。但学这些不好。’这就是帕特里西奥解释的内容。狩猎的魔法就是智慧，它包括了如何赚钱。狩猎魔法比赚钱的魔法更有力量，257
因为它可以带来一切，先是猎物，然后是金钱。赚钱的魔法只对钱管用。其他异象可以让你学会如何治愈以及拥有赚钱的好运。”他停了一会儿。“那些从锡本多伊山谷下来的家伙是求赚钱魔法的人。而我求的是狩猎的运气。然后萨满说道‘这是好的。由此可以获得一切’。”

“赚钱的魔法如何起作用呢？”我问。

“那些为此目的喝雅格的人，他们知道。他们出于嫉妒试图害人，所以他们什么也剩不下，除了‘坏’——不良、邪恶。你明白吗？”

罗莎里奥曾经在她位于山脚下的家中跟我说过几乎相同的事情。“高原居民有另外的系统，”她说，“那可以获得更多的钱，不是吗？他们穿越各国，带着他们的浆果和坚果到处游荡，说这些果子可以治病，而事实上他们是在骗人。他们的系统不同，因为他们赚钱更容易，因为他们治病是骗人的，那只是一种肮脏的致富手段！”她说的“肮脏”即指的妖术。

萨尔瓦多的儿子同样瞧不上来自锡本多伊山谷高原地带的印第安药师。“他们对植物一窍不通，”在他位于普图马约河支流的家乡的那个炎热的乡村，他告诉我说，“他们是魔法师。他们遍走各地赚钱。现在他们去委内瑞拉。有些人已经因为行骗而被关进了那里的监狱。”

然而，在山下和山上的萨满之间也存在一些友好的关系。否则山上的萨满如何获得他们珍视的雅格呢？1975 年，萨尔瓦多的夫人告诉过我，两个兄弟——从锡本多伊山谷的圣地亚哥镇来的术士是如何习惯于在每年狂欢节前来她家里的。他们可能会跟他们的妻子和孩子一起来，一路从他们做巫医的委内瑞拉来，从波哥大飞至热带雨林中，然后乘坐独木舟至上游地区。她告诉我，他们会留下来并跟萨尔瓦多一起喝很多产自森林的雅格。他们说，他们这么做是为了获得好运，能够治病。他们带来很多礼物——食物、衣服，还有从委内瑞拉带来的厨房用具，比如塑料水桶。他们给我们很多东西，她继续说道，因为他们在委内瑞拉赚了很多钱，而这多亏了萨尔瓦多——他们的泰塔（*taita*[*]）或者说父亲。大约两周后，他们带着萨尔瓦多为他们准备的价值上千比索的很浓的雅格去委内瑞拉，上山到圣地亚哥的家乡参加狂欢节。

另外一面是像圣地亚哥和埃斯特班那样的关系。在这样的关系中，高地的术士变成对低地萨满满怀嫉妒之心的敌人。他们不但会使用令其臭名昭著的卡帕丘，还可能会使用“麦基亚”。这是一种可恶的力量，跟巫书中的
258 魔鬼达成约定之后即可获得这种力量。据说当圣地亚哥拒绝向埃斯特

---

* 在讲西班牙语的国家中，小孩子称呼父亲时发出的声音，意指“智慧的长者”。

班——他来自高地的长期敌人——售卖雅格时，他就遭遇了这些。

事情似乎是这样——曾经求问狩猎之术的人被赋予赚钱之术的人所攻击。到目前为止，求问狩猎之术的人都能够保护自己，尽管也曾有一段时间他看似会失败。但是，那种麦基亚和那些有关麦基亚的书究竟是干什么的呢？

第 15 章 “麦基亚”之书

259 “麦基亚”像大多数我所认为的基本概念一样，没有人能完全把它弄明白。弗洛伦西奥是我的一个上了年纪的印第安朋友，他说，麦基亚是白人带来的，而且只有白人才有。“他们用此获取我们的土地，”他告诉我，并且补充道，无论去哪里，他总是设法在口袋里揣着一种名叫“楚度”(*chondur*)的植物的根，因为他需要强大的魔法来抵抗*白人*的麦基亚。

与魔鬼订立契约并使用魔法书才能获得麦基亚似乎是理所当然的事情。不确定的是，拥有强大魔法、使用雅格的低地萨满是否比麦基亚还厉害。萨尔瓦多救了圣地亚哥。确实如此。然而，不论是萨尔瓦多还是其他人，在被逼问的情况下，都没有言明麦基亚是否在场。使此事更显扑朔迷离的是，白人蜂拥至印第安萨满处，请他们医治其他白人施以的妖术，而尽管他们不称妖术为麦基亚，但前者几乎已等同后者。

何塞·加西亚的兄弟安东尼奥突然病倒，他夜不能寐，在床上翻来覆去与魔鬼抗争，在树林里遭到伏击，何塞·加西亚的朋友路易斯·阿莱格里亚——一位移居此地的黑白混血儿——给他诊治。他说，“麦基亚很好。比如，麦基亚里有一个关于“*alhecho*”花的秘密。拥有这种花，什么病都可
261 以治好！什么病都可以！谁你都能治，还能给予好运，什么都可以。是啊！神奇无比！”那是很久以后何塞·加西亚告诉我的。

路易斯·阿莱格里亚继续说。“去买麦基亚，”他建议何塞·加西亚，“在某某页找寻秘密。借此，我们二人也能制造秘密，并使用巫师的人自己所用的麦基亚蛊惑这个人！”

何塞·加西亚告诉我这件事几年之后，一位印第安老妇人把一个哀戚的女孩带到圣地亚哥·穆图姆巴加那里。每隔一段时间，他就会和那个哀戚的女孩坐下，然后轻声吟唱，用他沙沙作响的叶扇为她洁净。他们会非常安静，两人独处一地，四下只有轻柔的哼唱声和远处河流水击卵石、冲破旋

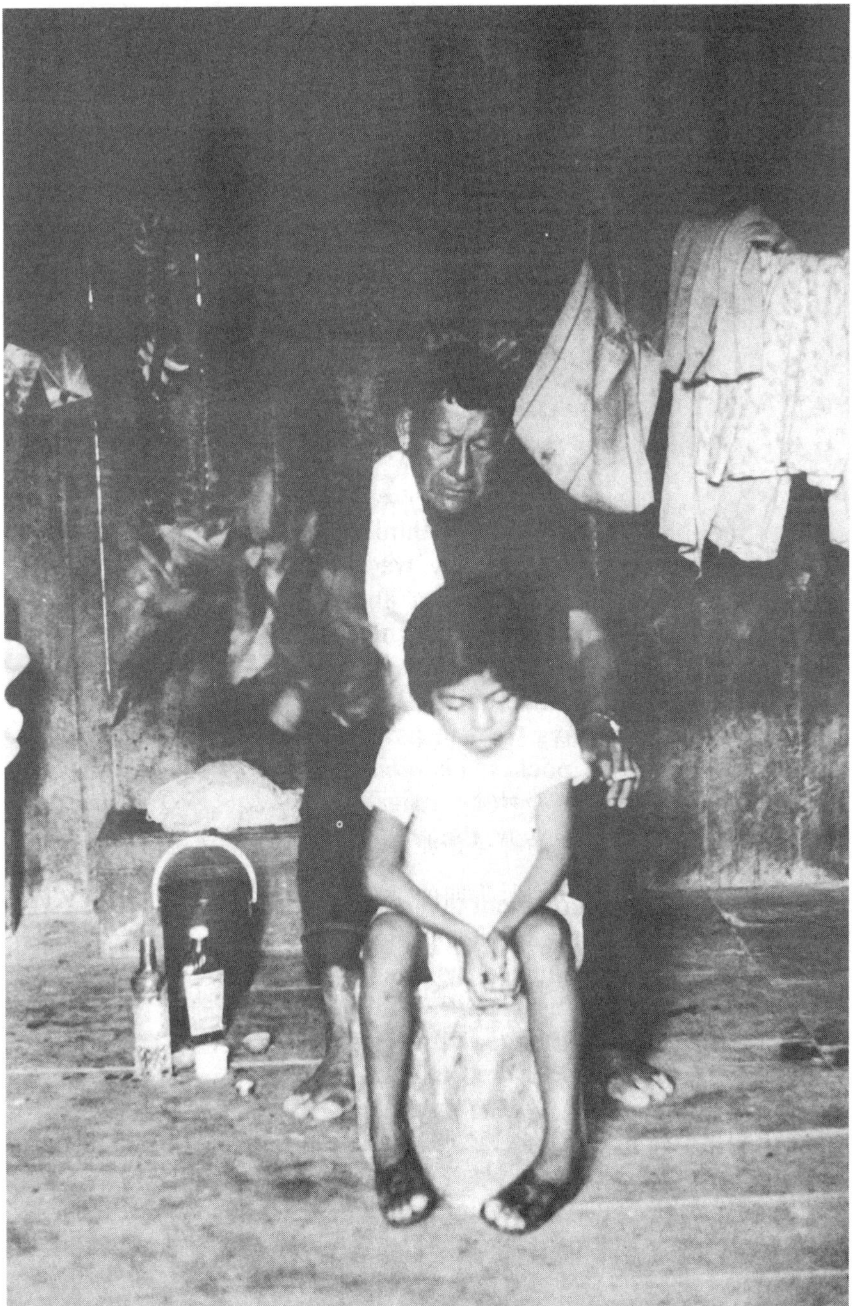

“他会和那个小女孩坐下……”

涡前行的声响，如同嗡嗡作响的思绪自我清醒于言语之间的空间里。有人告诉我，她的父亲刚过世，却一直来找她母亲，她母亲后来也病死了。现在只剩下年幼的女儿，术士对她们吟唱，慢慢地，轻轻地。

一天清晨父亲去钓鱼，在河边看到一个奇怪的人。他到家之后就开始呕吐，还发烧。不到一周，他就去世了。

很久之后，圣地亚哥·穆图姆巴加告诉我，那位父亲一直在从书里学习麦基亚，但尚没有足够的能力与他用书本中学来的祷告和咒语召唤来的邪灵周旋。你必须非常勇敢，并且血气很足，才可以抵抗住，他说道，而那位父亲是一个瘦弱的人，于是他死了。他来过一两回喝雅格，但已经没救了。他忍受不了楚马将世界裂变成令人晕眩的声响和气味、颜色的碎片。喝上一丁点儿雅格，他就会倒在地上，尖叫呼喊着“给我*解药*！”

他死后还一直回家并且吓唬那个女人——我觉得不妨说他焦躁的灵魂同那些暴毙之人和死于撒旦怀里的人的灵魂一样，总是回来是要将他妻子拽入同样不安的坟墓——之后她也死了。

人们若是知道这些就自然会很不理智地听从何塞·加西亚的朋友路易斯·阿莱格里亚的建议。“去买麦基亚，”他说，“在某某页找寻秘密……”

就好像麦基亚，更确切地说是麦基亚之书，不仅是被称为魔法商品化的东西，而且也是商品化魔法的神秘预兆。在饱受折磨的灵魂的这些诉说中及购买魔法书的行为中，我们所听闻的是在市场购买力的意义的社会主体
262 之中的凹凸不平的铭文。此意义通过使魔法成为讨论中的商品而变得生动形象。而说到此处的魔法，应该作以下简单理解：我们正在谈论知识和言语、言语及其影响事物的能力。实际上，我们正在讨论喻指和修辞理论的市场学。的确如此，这不仅是关于知识，还关于在某种非常重要的意义上是有关知识的知识的东西，为使那知识继续存在，它必须始终让人无法理解。

人们从雅格术士那里购买异象，（据说）以此自己也成为雅格术士。与此法不同，通过购买书来购买魔法是典型的不留姓名的个人行为，是一笔市场交易，其中交出现金是为了得到标准化的知识。相反，雅格知识是通过巨大的贫困获得的，本质上是对萨满即施予者的重要性的强调和扩大。这是

他的异象，是他的一部分。除此以外，它与标准化知识形成对立，从无法言喻之物，从光与影的情调、影射和突然的变化中获取力量。它的力量存在于它的形式而非实质中。抑或，它的实质即它的形式。

无论是在购买还是在实际操作中，两种力量对行使它们的人来说都是危险的。但就雅格来说，让人害怕的是其他萨满的嫉妒之心；而就麦基亚而言，使人害怕的是对一个抽象事物的人格化，是对以撒旦作为象征的邪恶本身的人格化，这与市场自身调节作用的抽象力量相一致。此处努力挣脱的是无所不在且无所不知的散发着臭味的邪恶，是压迫的恶臭，而不是某个特定的萨满出于这样或那样的对嫉妒的具体的恐惧。

在市场购买力的意义的社会主体之中做出凹凸不平的铭文势必引发不同角度的讨论，其方式使人着迷，而并不仅仅是复杂的。其中最重要的观点是殖民话语的内在观点，一边是白人的看法，另一边是印第安人的看法——举例来说，一方是路易斯·阿莱格里亚的建议，而另一方是圣地亚哥·穆图姆巴加的故事。此处重要的不仅是印第安人将麦基亚看成是殖民文化内在部分的方式，而且是把由购买魔法书实际获得的东西转化为印刷文字的魔法。因为就像在《圣经》和法律中那样，由于殖民征服过程中对出版物的盲目崇拜，出版物获得了此种力量。因此在我看来，与其说麦基亚神化了殖民出版物，不如说麦基亚揭示了殖民征服的合理性和独白功能中的内在神秘。

20 世纪 70 年代末，神秘的游击战士占领了普图马约小镇维拉加尔松。在那之后的几天里，我首先被告知的一件事情就是这些游击战士（印第安人称他们为 *bandidos*）烧毁了法官办公室和警察局里的文件。几年之后，我见过一位年轻的印第安人努力向锡本多伊的神父证明他确实就是他自称的
那个人，而且他需要受洗证明。我坐着看了很久。但神父拒绝了，因为政府 263
部门发放的身份证和教堂登记簿上的明细并不一致。登记簿上，那位年轻人的姓氏之一显示的是他祖母的名字，而非他母亲的名字。还有就是，他的母亲未婚。这很惊人，却是日常事件：这个年轻人不存在，但是书和文件存在着。

在 B. 特拉文的以墨西哥恰帕斯州为背景的著作《被绞死之人的反抗》

(*The Rebellion of the Hanged*)中,学校老师详细阐述了他的革命思想:

> 如果你想让我们赢且一直作为胜者,我们必须烧毁所有的文件。许多革命开始了,然后失败了,就是因为本该被烧毁的文件没被烧毁。我们必须要做的第一件事就是攻击登记处,烧毁所有的文件,即所有盖了章的和签了字的文件——契约书、出生和死亡证明,还有结婚证……如此一来,就没人知道这个人是谁,他叫什么名字,他的父亲是谁,他的父亲拥有什么。我们就会成为继承人,因为没人能证明我们不是继承人。我们想要出生证明做什么……我读了大量的书。我读过全部有关革命、起义、暴动的东西。我读过全部的有关其他国家的人民在受够了剥削者时所采取的行动。但我没读过有关烧毁文件的任何东西。没有任何一本书写过这个。我自己发现了这一点。[①]

在琼·兰登有关西奥纳(Siona)* 宇宙论理想化的典型叙述中,她描绘了这些普图马约低地印第安人告诉她的有关宇宙最高层的状况,在那里,一位叫"*diosu*"(与神的西班牙语"*Dios*"做比较)的存在与几位"活着的神人"坐在一起,或周围飞着天使,而他正在着手写包括所有药方的书(《圣经》?)。在他上方位于天堂的最高处,鸽子正在纸上写着什么。在透着殖民神性的印第安人的宇宙上方纯净的云彩中,这些大量的书、文字、纸在极大的虚空中耗尽。在这个虚空的境界里,写字的鸽子所在的那层宇宙世界转化为绝对的虚无——除了一根树干,上面挂着一个孤独的灵魂。[②]

卡斯特利(Castellví)既是神父,又是一位民族志学者,他的近半生在锡本多伊峡谷中度过。据他所说,在锡本多伊印第安人的析梦象征主义中,梦到文件表示做梦的人会遇到一个白人,此外,他会遭遇某种不幸,比如法律诉讼。[③]

然而,同法律一样,神父也经常出现在梦境魔法书中。我的因加诺印第安朋友弗洛伦西奥将死之时,用他的话说是穿越死亡空间,他看到神父们正

---

* 指西奥纳人,是厄瓜多尔和哥伦比亚的土著民族。

在书本中寻找治疗方法。在喝了雅格之后的幻境里,他告诉我他上至锡本多伊峡谷,看见那里佩戴着羽毛和镜子的印第安萨满,之后还看见佩戴金饰的哥伦比亚士兵载歌载舞,随之而来的异象是三个主教中的一位在一间满 264 是书本的屋子里,金色的书正喷涌着黄金——黄金瀑布,他说道。

去往锡本多伊峡谷边的低地森林的通道东端如今坐落着一个叫作圣弗朗西斯科的小镇,20 世纪早期由方济各会建立。在神父哈辛托·玛利亚·德·基多(Father Jacinto María de Quito)出版于 1952 年的记述其历史的著作的引言里,我们发现了神父达米安·德·欧德纳(Father Damián de Odena)的这些话,即显示了闪耀的麦基亚文字:

> 耶稣使者的全部所创在永恒之书中当然是用不可磨灭的金字写下的……这些也是为了荣耀神:记录并歌颂圣徒的英勇、宣布“和平与幸福”的人的著作、寻找灵魂的人所实现的征服——这些征服比黄金还珍贵。一位修道院院长敬献给庇护十一世其搜集的修士所作的大量书籍和日记,教皇看后对他说:“这和任何一次传教一样宝贵。”[4]

弗洛伦西奥机械地解释这些黄金情结,看见主教满是书本的屋子喷涌着黄金瀑布,他靠着想象的力量及被教会淡化的清白无罪,得以再次看见幻象。他个人的幻象使得官方的幻象显得虚夸。这样,魔法从官场挤压出来,就和果汁从成熟的果实中挤出来一样。

教会之书、上帝之书、法律之书、文章、官方文件之上的文件——这些将魔法泄露到它们控制的人们手中。所有文明事物的象征——基督徒及其国家,还有文章和书籍,在从普图马约来的那些四处游走的印第安药师和术士在市集上贩卖的魔法书中创造了完全不同的景象。

堂·贝尼托(Don Benito)告诉过我,他由于一本这样的麦基亚书遇到的麻烦事。他说,他在莫科阿附近的低地萨满那里喝了雅格,玛勒斐西得以消除。在这以后,他离开了位于锡本多伊峡谷的圣地亚哥小镇。那时他还是个年轻小伙子。贝尼托的父亲是一位药师,贝尼托过着小镇里男人们的典型生活,即四处游荡的药师和术士的生活——由于他在低地得到医治，痊愈之后现在更是如此。他在卡利市里的圣·胡安·德·迪欧斯医院里做过护工。在此期间，他学到更多的医术。他告诉我，但他被迫离开了，原因是他和主治医生关系密切，这位医生是同性恋。贝尼托不知如何获得了一本麦基亚的书，他决定对此好好加以利用。它重约 30 磅，满月的时候还会再加上 5 磅的重量。位于考卡峡谷的南端的特哈达港口有一个甘蔗种植园小镇。贝尼托隐居在该小镇附近的圣胡利安种植园的竹林里，他根据此书制成了一个护身符。过程包括把一只黑猫杀死并烹煮。
265 但这该死的东西产生了事与愿违的后果，只制造了麻烦而已，还是大麻烦。他病了超过一年的时间，他的钱财离他而去，他挨饿，还没有病人来找他。他回到普图马约，途经圣地亚哥山中的家，并且继续下行至亚马孙盆地边缘的山麓地带。在那里，他再一次接受了萨满的治疗，而且又被治好了。

雅格有灵，雅格是草木之王，雅格是草木之主，他这样告诉我。实行农业综合经营的考卡峡谷的平原在南端与山麓相接，他在此地的事业蒸蒸日上。他声称自己在行医时也使用雅格。"它开启人们的灵，"他说道，"并给予精神力量。"然而，在日常的治疗过程中，他极少使用强效药，而且他使用的时候，比如针对一位从卡利来的疯女人，也就只用他称作"*Tunga Negra*"的高地迷幻剂。他治疗妖术时使用催吐剂、泻剂，对在他隔壁开小商店的那个堂·胡安就是如此。堂·胡安来自该地区的中心城市波帕扬，是一个上了年纪的白人，头发灰白。他实在是个太神秘的人——虽然对印第安人（和黑人）恨得咬牙切齿，但还是会去印第安人那里看病。他告诉我，他曾经在波帕扬集市上拥有一个小摊位，而且生意兴隆。之后，他受到妖术攻击，失去了钱财、朋友、妻子、货物，最后连摊位都没了。堂·胡安说，堂·贝尼托，即那位印第安人，却用雅格将他治好了，他还给我看了三瓶而不是一瓶他吐出来的小蛇。这是妖术的明证。

有意思的是，这个现在被印第安人治愈的潦倒刻薄且上了年纪的小商店主人像寄生一般在治好他的这位印第安人的家门口开了一个店铺，每天经过的病人川流不息，这个店主于是占尽便宜。这是个偏僻的地方，靠近铁路，只有几栋房子，河上有一座桥。堂·胡安如同木偶一般——他的喉结颤颤巍巍，手肘瘦骨嶙峋——站在店铺的柜台后面，只有腰上部可见，他麻利地来回走着，准备告诉新来的人将会发生的事情，并向他们炫耀他的小蛇。每个周末，几百个黑人农民会过桥，一队人马浩浩荡荡蜿蜒前进，有大人和孩童，还有骡子、小马、鸡以及各种工具，他们绕着贝尼托的家和堂·胡安的小店迂回曲折地行进着。有时候，一两个人会脱离队伍，找他们的朋友堂·贝尼托看病。新的一周，他们又会返回，马蹄声夹杂着脚步声从桥上传来，震耳欲聋。大部队蜿蜒翻越过西边的山脉，到达植被茂密的一直延伸至太平洋的山坡。他们已移居到那些遥远的山坡上，但他们仍然希望生活在他们出生的地方，那里的大多数土地都是贫瘠的红色泥土，现在连这些也越来越少了。一群妇女偶尔会在溪流里淘金，让人想起那将他们置于那些贫瘠山地里的奴隶制度。

曾经有一位“正式的”医生每周都会去附近的一个村庄，作为一项政府 266
服务。他收取的费用是贝尼托的一半。因此贝尼托的高人气绝不可能是因为他比官派医生便宜。官方列出的疾病种类里不包括的，比如令人痛苦的妖术或玛勒斐西，还有能让婴儿和新生儿致死的凶眼病，他就会治。许多母亲把自己的小婴儿带到他那里，让他给治眼病。我翻看了他 1975 年 9 月的笔记本，比如下面这条记录：

> 一个大约 25 岁的白人女性在早上 9:30 来到大厅，怀里抱着一个 5 周大的女婴，说是已经腹泻 5 天了。她们是骑马来的，路上花了 3 小时。她住在东边的山麓地带。堂·贝尼托从 7 点起就在玉米地里除草，很是疲惫，身上也脏兮兮的，他没洗手就开始给这个婴儿治病。诊断的时候，他把左手放在婴儿的额头上大约 20 秒。他将手拿开之后，又把手放在桌上，手心朝上，他盯着自己的手看了一分钟。他询问道，或者更像是断言称，“这腹泻像水一样！?”“是的。”她回答说。他又问了一个问题，不过我没明白。然后他让这位母亲帮孩子把衣服脱了。他把孩子放在腿上，用双手轻抚她的脑袋，还按摩她的肚子。这个孩子开始大声放屁。贝尼托继续按摩了大约两分钟，注意力高度集中，最后他

说,“孩子已经好了!”那位母亲点了点头,什么也没说,自始至终专注地看着。她过去安抚孩子。贝尼托让她停下。一分钟以后,他把孩子交还给她,然后照常在他的本子上开始列单子。单子总是很长且事无巨细,上面写着有关治疗方法的指示。他把那页纸撕下来,把内容(绿色酒精等)读给她听,然后去了后屋,回来的时候拿着一个装甘蔗酒的瓶子,里面是含有铋的黄色的药。他把瓶子给她,收了50比索(那时相当于在山谷地区干农活一天的收入)。

之后不久又来了一位带着小婴儿的母亲,所说的病情也相同。他伸手摸了孩子的额头,说孩子得了凶眼病,但他没有药了!要到周三才能有。今天是周一。那位母亲给了他20比索的订金,但他拒绝接受,说是他得等到从卡利买到药才能收钱。但她让他把钱收下,因为这能帮他买药。

在贝尼托那里总让我感到惊奇的是包括治疗过程在内的事情可以是如
267 此随意,而且可以被室内的各种事务所打扰。大厅里,各类人等坐在病人和贝尼托周围,聆听并加以议论,尤其是一位从卡利附近的一个政府设立的老年人之家逃出来的老人。他受病人和医者谈话的启发,滔滔不绝地说着过去的事情。他是个上了岁数的白人,身无分文,他就坐在印第安术士的诊室里聊着过去,从来没人让他闭嘴。而他说话的时候,孩子们进进出出,或者透过帘子偷看燃烧的蜡烛,它们是献给拉哈斯圣女和布加的奇迹之神的。在所有人的上方是一条晃动着的大鱼骨架,骨架大致是椭圆形的,据贝尼托说是从委内瑞拉弄来的。

贝尼托常看起来若有所思,他沉默寡言,不好亲近。让这个地方活跃起来的是他的妻子卡门。她记得每个人、每件事,总是在厨房里被一群人围着,分工做着各自的事情。她是黑白混血,从卡利来,在那儿的时候她靠向饭店卖海产维持生计。几年前,她突然得了重病。这是因为嫉妒她的竞争对手对她施加玛勒斐西。她四处寻医问药均无果,直到后来在绝望中她被带到南部的锡本多伊峡谷,得到那里的一位印第安人的救治。现在她嫁给了堂·贝尼托,在她身旁始终都有自己的印第安权利。

很多年轻人来找贝尼托。他们被冷漠的爱人伤了心，于是疯了。某人往他们喝的东西里放了什么，只有像贝尼托一样的医者才能让他们恢复。他也制作护身符，偶尔也卷入甘蔗种植园的劳资纠纷之中。事实上，正是这样我才第一次知道他的。那是 20 世纪 70 年代初，那会儿我住在特哈达港口，这个小镇盛产甘蔗。我的一个黑人朋友和一群挖沟渠的人一起干活，他告诉我以下这些。

EL
Dr. Papus
EMBRUJAMIENTO
COMO SE PRACTICA EL EMBRUJAMIENTO. — CONTRAEMBRUJAMIENTO.— QUE DEBE LLEVAR LA PERSONA EMBRUJADA O QUE CREA ESTARLO.— CONTRA LOS HECHIZOS Y LA MALA INFLUENCIA. — PARA HACERSE AMAR DE UNA PERSONA AUSENTE Y TENGA DESEOS DE VENIR A VERNOS.— AMULETOS, TALISMANES, ETC.

付钱给他们的是一个包工头，他跟一个种植园签过合同。他和这群工人想要贿赂种植园的理货长，让他多记他们的工作量。但是这位理货长拒绝了，于是这群人决定派我的朋友千里迢迢——路上得花整整一天——赶到考卡峡谷的尽头去请求贝尼托的帮助，看是否真的没有办法摆脱这个理货长。贝尼托让我的朋友把那位理货长马匹蹄印的泥铸模型带去。对于这些连几英里车票钱都付不起的人来说，做这事花费不少且很麻烦。他们提供了铸型，然后等着。然而，走人的不是那个理货长，而是那位包工头。他丢了合同，这意味着他们的工作也都没了。“可能我们弄的蹄印不对。”我的朋友说。

一段时间过后，他的亲姐妹胡安娜和他同父异母或者同母异父的一个姐妹大吵了一架。胡安娜说，她想用妖术把她的丈夫抢走。她为此找了堂·贝尼托。

从普图马约高地不远万里来到如特哈达港口这样的农业综合经营繁荣的小镇，并在卫生和妖术行业找到一席之地的印第安人并不只有贝尼托一
268 人。我常常还能看到两三个这样的人，有时他们和一个女人在一起，在每周两次的市集日上沿着集市贩卖他们铺散在街上的商品。尽管天气炎热，那几个男人总是穿着特别的羊毛厚外套。其中有几个，基本是那几个年长一些的，他们的发型是独特的“盆地”式样。他们的摊位通常很小，商品就放在地上。但无论摊位多小，显眼的位置总是摆着麦基亚之书，旁边还有植物的根、树皮、一堆堆的硫黄、铁屑，还有镜子。那些书小却昂贵，价格相当于两
269 天的工资收入。我觉得这些书很少有被卖出去的。我经常看到的一本是《卡拉瓦卡的圣十字》（*The Sainted Cross of Caravaca*），副标题如下：

诉告的宝藏
价值巨大且功效显著
医治各种病痛
身体和精神的均可
另附无数医方
免除妖术和魔法的控制：

赐福并驱邪
等等

最喜欢的另一本是《西普里阿诺之书》(*The Book of Cipriano*)。

写在希伯来羊皮纸上的
真正的魔法全书
或者
妖术宝库
圣灵传于德国修道士
乔纳斯·苏福力诺
包括：
所罗门的锁骨、驱邪契约、红龙和地狱山羊、
黑母鸡、妖术学校、大魔法书和血契约、发现
魔法的神奇蜡烛、迦勒底和埃及魔法纲要、
滤光器、魔法、魔咒

1976 年 11 月的最后一个周日，当我走在特哈达港口的主街上经过市场的时候看见三个男人，我能认出他们是从普图马约高地来的印第安人。是的！其中一人回答了我，他确实有一些雅格。他把雅格卖给卡利人，这样他们就能够使自己免受妖术和嫉妒之人的伤害。他告诉我，他打算回到普图马约，再去低地弄更多的药，然后出发去委内瑞拉。其中的另一个人告诉我，他在靠近莫科阿的一个炎热的村子里接受过一位名叫毛利西奥的首领(*cacique*，该词在哥伦比亚应用广泛，但在普图马约并没有这样的用法)的培训。路对面，一个人的穿着打扮很像高地普图马约印第安人，但行为举止刚好和这些暗地里很自信、内敛、偶尔高傲的药师们相反。他被一群人围着，这些人有些带着怀疑的态度，有些就呆呆地看着，而他就踱来踱去，一边打着手势，一边痛斥围观者。他胸前挂着许多天主教的奖章。他会发出普图马约萨满的吟唱声，夹杂着基督徒的祷告和圣歌。他面前的地上有一些

纸币。他会诊治这些纸币，这样它们就能继续“繁衍”。为达到此目的，他要使用圣血。

“在该省的不同集市贩卖草药和神奇的药方”

普图马约药师设在考卡峡谷的小摊 271

大约同时，在附近名叫桑坦德基利乔的小镇，我结识了一对来自普图马约高地的年轻男女——安德莉亚和路易斯·米格尔，他们在该省的不同集市贩卖草药和神奇的药方，比如周一在波帕扬，周二在西尔维亚(Silvia)，周三在桑坦德(Santander)。他们有三个孩子。安德莉亚一直把那个一岁的孩子背在背上。他们把另外两个孩子留在波帕扬由一个“保姆”照看。他们在波帕扬租了一间破旧不堪的屋子。赶集那一天的夜里，他们就待在高速路旁一个售货亭过道的地上。他们在第二天凌晨 3 点半起来坐公车赶往科林托(Corinto)的集市。

路易斯·米格尔告诉我，他曾经接受过堂·丹尼尔的培训。堂·丹尼尔是一个首领，住在阿西斯港(Puerto Asís)北边的普图马约河边。路易斯·米格尔每周和他喝一次雅格。“你看到蛇……甚至老虎!”他说。“那是拯救性命。”安德莉亚转身同一个潜在顾客讨论某种药物的时候说道。“由于雅格将我的污秽洗净了，”她的丈夫路易斯·米格尔继续说道，“我就不需要注射了，”他顿了顿，“我超前了!”

他们会回到他们在普图马约山中的小村里过狂欢节，节日美好而特别。

他们在那里会储备药物。他们两人年轻,缺乏经验,不会被视作主要的药师团体的成员,但在他们散放在街上的小袋子里有至少65种不同的药方:

272 • *Linaza*——治疗发烧,他们说。

• *Yagé Zaragoza*

• *Yacuma Negra*

• *Misclillo*(一种蜗牛)*tatolia*——以上最后三样一并用来治疗恐惧症。将三者混合于甘蔗酒中,再将混合物吹吐到病患身上(并加以祷告)。

• 兔子的一只脚——带来好运。

• *Gualanday*——治疗肾脏疾病。产于气候炎热的地方。

• *Romero*(迷迭香)——治疗失眠和多梦。此物可用来制作香。

• 治疗腹泻:*Japio*、高山苔原地带的 *Granízo* 和 *Guavilla*。

• 奎宁——治疗脱发。产自太平洋沿岸地区。

• *Barbasco*——刨花做的泻剂。据说产自山顶的苔原地带,但在普图马约地底地区,人们把它用作毒药,而且它在河边生长。

• *Raíz de China*(土茯苓)——治疗肾脏疾病。产于高山苔原地带。

• *Pionía*——治疗胆囊疾病。很小,是红黑色、有光泽的种子。产自太平洋沿岸地区。

• *Guacia*——治疗发烧和肝病。是树干的一部分。据说产自太平洋沿岸地区。

• *Paradero*——提高生育能力。产于高山苔原地带,像铃铛一样挂在藤蔓上。

• *Tuercemadre*——抑制生育。产自低地的炎热地带,是像螺丝开瓶起子那样的一种坚果,末端如花瓣状。

• 治疗子宫疼痛——产自炎热地带的 *Tamarindo*、产自炎热地带的 *Balsamo Rosado*(粉红色的香脂膏)、产自厄瓜多尔的 *Balsamo Espingo*。

• *Cedrón Chocuana*——治疗突发的紧张不安。产自沿海地区,种子里有仁儿。擦抹一点。

• *Spingo*——治疗突发的紧张不安。产自厄瓜多尔的炎热地区，是一种形似贝类的种子。

• 熊油——治疗风湿疾病，放在曾用来装抗生素注射液的空瓶里。产自普图马约，“推荐”。

• *Bilimento Chocuano*——装在小瓶里卖的嗅盐，治疗感冒和头疼。路易斯·米格尔说，他制作此药共用了七种植物。

• *Chondur de Castilla*——产自炎热地带。将此物嚼碎或研磨，混合于甘蔗酒中，然后吹吐到病患身上以祛除恐惧症或其他疾病。(据我所知，这种植物的根对低地萨满来说是不可或缺的。他们占卜或治病的时候，都得咀嚼这个东西。)

• 各种 *Altamisa*——为施了巫术的房子洁净驱魔。

• 一种响尾蛇的蛇皮、兔皮、虎掌——有许多功效，蕴含一个秘密，能防止偷盗。

还有许多植物药方，另有：

• 指环、哨子、刀片、镜子、针、棉花、发卡、珠串、梳子、硫黄块儿，还有“在普图马约一个矿中”发现的铁粉。“人们将这些东西和其他药方一起使用，使某人获得好运。”

• 祷告的小册子，许多是为求告委内瑞拉著名的外科医生何塞·格雷格里奥·埃尔南德斯的灵。

• 外加玻璃相框的彩色图片，图片都是关于圣人、圣女的。

• 12 本不同的魔法小册子——会不会是堂·贝尼托的那本麦基亚之书(重约 30 磅，月圆的时候会变得更重)的“后代”?

第 16 章　污秽和现代的魔法

274 堂·贝尼托的家位于山麓的河边，可以俯瞰甘蔗种植园及维系其经营的众人。从他家的有利位置来说，他有点得意。“只有猪窝。”他谈及甘蔗小镇，都是新农业综合经济下出现的农村贫民窟。“污秽不堪！”他感叹道。说到“污秽”，他指的是妖术。

不过他所说的“污秽”也可能只是字面意思，因为这很好地总结了这些人口稠密、没有排水设施的小镇。按日计酬的临时工居住在小镇上，他们没有清洁的饮用水，也没有足够的食物养育孩子。由于有腹水和蛔虫，这些孩子肚子都很大，他们往往死于腹泻和支气管炎。“沿海地区有食物但没钱，”移居至此的妇女大声哀叹道，她们是从太平洋沿岸地区人迹罕至的森林里逃出来的，那里的生活自给自足，“这里有钱却没吃的。”

在这些实行农业综合经营的小镇里有许多医生和药房。比如特哈达港口在 1982 年的时候有 3 万居民、5 家药房，其中 3 家无论用什么标准来衡量均属于规模较大的药店，大概有 12 个医生。人们去民间医生那里看病，不是因为没有或者缺少有资质的、拥有大学学历的医生。他们生病也不是
275 因为缺少这样的医生和药物。医生会给那些去看病的人开大量的药，有各种药丸、胶囊和注射针剂。然而这些人还会回来，用和之前一样的污水，照样缺少食物，这些正是当初造成健康问题的因素，正是给跨国制药企业创造财源的因素。事实上，他们就是靠以垃圾和内脏为食过活。

我的一个朋友找到一份种植园工人的固定工作，因此有资格获得医疗保险。他劈柴的时候手指里进去一个木头碎片。他去看了医生，在他回家的路上我遇见了他。他的手指有一点红肿，不过一点儿也不严重。他说，那个医生几乎没看他的手指，给他开了类固醇片剂（20 片保泰松）、一种叫“麻醉药 222”的东西，还有一种含有类肝素和透明质酸酶的乳霜，这种乳霜很贵，有消肿化淤的功效！最糟糕的民间医生也比这种正规医

生的治疗有效。对大多数人来说，尤其是第三世界的人，不论他们是手上扎进了木头碎片，还是生孩子，抑或是性命攸关的时刻，这就是他们能够得到的治疗。

"沿海地区有食物但没钱……这里有钱却没吃的。"

有人建议我的朋友胡安娜去当地医院生孩子——她的第一个孩子。这与她的母亲不同，她是在乔科省的森林里一间小棚屋的泥地上生的孩子。胡安娜生产的当晚，特哈达港口的那家医院不允许任何人和她一起进去。一个保安的职责就是确保没人踏足那个神圣之地。事后很久她才 276
告诉我们，当她真正分娩的时候，就她自己一人，她和她即将出世的小生命，没有其他任何人，除了正从她身体里出来的那个孩子，没有护士，没有医生，没有朋友，也没有家人。那会儿是深夜时分。第二天清晨，工作人员才发现她，还有那个她和自然母亲二者合力生下的孩子。这就是第三世界的浪漫。

然而，所有人都对医生非常尊重，他们对现代科学带来的医学方面的奇迹深信不疑。这份信任确实神奇。唯一使这份信任打折扣的是很少有人看得起病、吃得起药的事实。正如那些年轻女人们，她们负担不起以一整个月为周期的药物，于是在医生的建议下，只买上一颗口服避孕药，为那一晚上预备着。其他时候就不仅仅是负担不起全部，退而求其次选择一部分的事儿了，比如吃一颗药而不是21颗，这些时候面对的是残酷的选择，即这群病人中谁才能去看医生。我的朋友瑞哈娜直率地指出了这一点。

她在发薪日那天向地里的种植园工人售卖冷粥，以此勉强维持生计。她用朋友给的彩票赢的钱在特哈达港口的小镇上建了一个有三个房间的泥地房子。她和三个孩子住在其中一个房间。狭小后院里的一个浅坑就是他们的“厕所”。他们也没有水。这种状况在小镇很是普遍。她把另一个房间租给了一个叫莫拉的年轻女子。莫拉有时候在农业综合企业里干农活，其他时候在卡利给人当佣人。她带着一个一岁的男孩一起生活，还怀着身孕。她和瑞哈娜共用第三个房间，她俩在这个房间的地上生火做饭。

莫拉的孩子出生几周之后，我顺路探望了她，却发现她和她一岁的孩子都生病了。她咳得厉害，说是可能得了肺结核。小男孩已经断奶了，什么吃的也没有。他处于深度饥饿状态，反应迟钝，跟傻了似的。莫拉根本没什么钱，仅够一个人去最便宜的诊所看病。刚出生孩子的父亲不愿意帮忙，声称孩子不是他的。住在街对面的母亲和姊妹们也是极其贫困，对她的困境并不十分在意。这很正常。瑞哈娜和莫拉只好自己拿主意。

“如果是你而不是小男孩去看医生，”瑞哈娜说，“他就会死，而你能活下来，你的小宝宝也能活下来。但如果让小男孩去看病，而不是你，那么你就会死，小宝宝会死，小男孩可能也会死。所以你去看病更好。”

后来我们筹了一些钱，这样母亲和儿子就都可以去看病了。那位医生年轻却不乏经验，还很热情。他说得拍片，可是莫拉没有那么多钱。他给她开了抗生素，还给小男孩开了特殊的蛋白质食物，可是莫拉也付不起。即便
278 他让小男孩住院一周，接受静脉营养输液，那之后怎么办？他之后又会回到怎样的生活？

“我们被农业综合企业富饶的田地所包围。”

蓝山映衬下的富饶的田地里是摇来晃去的甘蔗和锈红色的高粱，我们被它们包围着。大豆逐渐变黄，俯身拥抱温润的泥土。然而，它被种在属于社会的土地里，这使得像莫拉儿子那样的孩子们饿死无疑，而像莫拉那样的在那些地里干活的人买不起足够的食物以确保生存。没有医生能医治这样的疾病，用尽世界上全部的X射线和抗生素都不行——即便是附近巴耶大学（University of Valle）医学院里从美国来的洛克菲勒基金会的医生也不行，他们认为问题在于像莫拉这样的女性生了太多的孩子。

然而，尽管以打着"科学"、农业综合经营和制药旗号的跨国企业为后盾的这些官方医疗体系及其受过高等教育的医生所提供的服务异常糟糕和荒谬，人们仍对其趋之若鹜。在此情形下，这种乐观的竭力寻找显示出了一种神奇的对官僚阶级和"科学"的吸引力。这并不逊于，甚至还可能远超过所谓的神奇药物魔力的吸引力。

天一亮，打零工的人们便聚集在十字路口，
若是有活干，他们就被拉到地里（1972年）

在美国经济实力和科学实力的影响下，第三世界对现代的狂热崇拜表明了这种实力内在的且必需的神奇力量。在无地劳工生活的这些实行农业综 279
合经营的现代小镇里存在着这样一种介于统治阶级和被统治阶级之间的奇妙异常的力量关系，正如在基督使者的书中像金子一般闪耀光芒的魔法与普图马约药师贩卖的麦基亚之书二者的关系中存在着这种力量关系一样。统治阶级代表理性，而被统治阶级却将隐藏于理性中的魔法——使得此种理性获得社会效应的魔法——压榨出来。将隐藏于统治阶级理性言论中的魔法压榨出来是一种艺术。甚至当绷着脸一本正经时其中也暗含着滑稽可笑。

以 1981 年我在特哈达港口看到的沃尔特修士的医院为例，沃尔特的两位从太平洋沿岸来的黑人女助手给我引路。那时我一个朋友的母亲精神出了问题，她说她只愿意去沃尔特的医院看病。她本人也是从太平洋沿岸的森林里来的，不过那早是 25 年前的事了；如今，她靠着在大农场打零工勉强度日。几年前丈夫离开了她。她得照顾两个最小的孩子。她时不时地陷入痛苦之中，精神往往失常。她会把自己的衣服扯烂，在街上游荡，嘴里叨叨着胡话。

沃尔特修士的医院里没有祭坛，也没有点着供奉给能施行神迹的圣人和圣女的蜡烛。但在被他们称为诊疗室的房间里有一个蓝色大电灯泡，它被安装在靠墙的精致木制屏障上，高度和眼睛齐平。这是一台重要的治疗设备。墙面上悬挂着的是电流-电压仪器的塑料管，看起来颇有美感。从医生们订阅的那种精美的专业医学杂志上裁切下来的炫目的彩色印刷广告到处可见。胸透图和肉色的人体剖面图在用牛粪修补填平的土坯裂墙上耀人眼目。一双戴着石灰绿橡胶手套的手紧紧抓着一对粉色的肾，从输尿管中挤出金黄色的尿液。这是利尿剂的一则广告：美国制造。“别看那蓝灯，”我们的向导警告道，“会得癌症的。”

瑞哈娜的阿姨赛巴斯蒂安娜向我介绍了另一种靠现代的神奇药物进行治疗的方式。她给一个甘蔗种植园当厨子，所以可以免费去公司里的医生那儿看病。她的右侧腰部突发疼痛，还伴有发烧，小便灼热疼痛。他给她打了三针，另外还让她口服氨苄青霉素，这是一种广谱青霉素。两天之后她的病情没有好转，于是她的儿子把她带到卡利的一个巫医那里。那位巫医告诉她，她的肾脏和胆囊出了问题，并且开给她价值 800 比索的药物，这些药在任何药店都可以买到。那时在地里干活一天最多挣 50 比索。巫医让她三天后再去，这次去是为了做手术。当她到那儿的时候已经感觉好多了。

甘蔗种植园，1972 年

取出咖啡豆，于农场，1971 年

“你为什么需要做手术?”我问她。

“谁知道呢!”她回答说。手术期间，巫医说:“啊! 你的肾脏里有石头!” 281
她不知道他对自己做了什么，但她必须卧床六天，并且坚持一种特别的饮食方式。手术室有很多燃烧的蜡烛，还有祭坛。医生穿着白色的褂子。所有的病人都被聚集起来，一同祷告。她告诉我，他和病人们一呼一应。之后，医生被何塞·格雷格里奥的灵魂附体。他开始颤抖，出汗，声音也变了。所有人都被叫出去，然后再一个接着一个地被叫进去接受手术治疗。共有大约 20 位病人，她的手术持续了 20 分钟左右。那个地方以委内瑞拉著名的外科医生命名(现如今哥伦比亚各地的巫医都向他的灵魂求告)，叫作“何塞·格雷格里奥中心医院”。

在普图马约，何塞·加西亚和罗莎里奥对卡梅拉修女产生了巨大的兴趣。她也是那位委内瑞拉著名外科医生的灵媒。使委内瑞拉医学科学化和现代化的正是何塞·格雷格里奥，所以她位于帕斯托的灵命中心的墙壁上的剪报对所有人都宣明此事。他为委内瑞拉引进了显微镜，使看不见的东西放大;然而杀死他的也正是现代产物。1919 年,在匆匆过马路给一个穷困的病人买药的路上,他被委内瑞拉最早的轿车撞了。

沃尔特修士的医院及对何塞·格雷格里奥的狂热崇拜展现出了科学和工业之魔法。此种魔法能够保证现代世界拥有力量和财富,但这把大多数的病人排除在外,而财富的创造正是靠这些人的勤劳和智慧。另一方面,像
282 堂·贝尼托和普图马约药师那样的从医者的传奇诉说着创世之初和原始性本身——正如现代主义所构想的那样。

这些不同的行医者提供了各种各样的使像特哈达港口一样的农业综合经营小镇饱受折磨的厄运得以袪除的仪式方法。他们共同决定了各种魔法:其中一种魔法来自对未来的期望,现代世界在提供这种希望的同时也拒绝给予这种希望;而另一种魔法存在于梦幻的神话中,这神话潜藏于那希望之中,刻画在事物想象的起源。

瓦尔特·本雅明在他有关商品拜物教和欧洲现代城市的未完成的手稿中写道,"在梦境中,每个时代都在意象中看见下一个时代,后者出现的时候还附加了远古时期的成分,即无阶级差别的社会的成分"[①]。在现代的农业综合经营的特哈达港口小镇里,在一系列"远古时期的成分"中,人们当然渴望无阶级差别的社会,而那正是那庞大的从太平洋沿海地区人迹罕至的森林里来的黑人移民团体。他们做的大多是艰难的粗活,比如在城市里当佣人或者在甘蔗种植园负责切割和搬运。他们同甘共苦,且显然被贴上了原始的标签——面对文明显得笨拙别扭。他们构成某种低等阶层,据说跟猿差不多,身上带着鱼腥味,说话没有教养,除此之外,对他们整体的描述还加上了善于使用妖术和魔法治病的这一条。他们对违反共享和平等的行为极为警觉。互惠是他们的准则。"在这儿的沿海地区,"俗话说道,"一只手洗另一只手。"若准则被否,他们害怕招致玛勒斐西这一武器。这是沿海地区人们的敏感性,他们离开家乡当雇佣工人更强化了这一敏感性。

他们从沿海河流地区带来了很多秘密。一些秘密来自殖民时期的老教堂,白人因 1851 年奴隶制消除之后没有黑人再给他们干活而离开之后,这些教堂即尘封于历史。其他一些秘密来自沿海河流地区的印第安萨满,也

就是乔洛人，他们使用一种被称为“疲怠”的类似雅格的致幻剂——为“远距离”工作，我的朋友奥塔西奥这样告诉我，他是从乔科省的沿海河流地区来的黑人巫师。海岸地区的移居人群是出了名的，因为他们的毒药、用蟾蜍施的符咒、数不清的祷告、他们治疗毒蛇咬伤的方法，还有玛勒斐西的最高技艺——可以使被施咒者的肚子肿胀异常，随着遥远河流的潮涨潮落而膨胀或缩紧。确实如此！他们是臭名昭著的一群人。维拉瑞卡（Villarica）路上的女人们不是说，卡利的一些佣人对他们的女主人施了符咒，而从海岸地区来的佣人是最有可能做这件事的人吗？他们来去随心。一些人甚至攻击他们的女主人！

关于这些从山林和海边来的“原始”人是如何使用妖术来攻击欺压他们的有产阶级的，还有很多故事。我还记得那个时不时会精神失常的女人的 283
岁数不大的儿子告诉我，当她和她的四个孩子被从特哈达港口的小棚屋里赶出去的时候她的反应。他们拖欠了太多的房租，于是房东掀掉了屋顶的瓦片，以此逼迫他们离开。这个海边来的虚弱且焦虑的女人后来在光天化日之下在那房子门口挖了一个浅坑，把一堆妖术之物放进坑里，还有泥土、从墓地里弄来的骨头等东西。于是这房子被施了魔法，自那以后房东就没法再把它租出去了。她儿子告诉我的时候很是得意。

海岸地区的印第安萨满用木偶娃娃施魔法。大约 50 年前，据一些瑞典的民族学家说，他们在海岸地区发现了娃娃，像极了中非的“物神”（fetishes）。即便如此，在哥伦比亚，这些娃娃及其神奇艺术只在海岸地区才有。而且显然很有意思的是，在那些有关特哈达港口附近甘蔗种植园里的雇佣工人故事里，据传他们和魔鬼订立了契约，以使他们增产增收，而这契约正是在木偶娃娃的帮助下订立的。海岸地区的“原始”影响在将资本主义大规模生产的神奇性进行奇怪仪式化的过程中看似起了决定性作用。由于和魔鬼订立了契约，雇佣工人们不用付出更多的体力劳动就能使工资增多。然而甘蔗地变得贫瘠，工人们的工资也是如此。他们只买被视为奢侈品的东西，而不是有繁殖力的商品，比如土地或者牲口。从来没有听说女人和农民订立这样的契约的，这有原因。无论多么需要钱，有地农民们怎么会愿意让自己的一小块土地变得贫瘠呢？女人们无论是有地还是没地，在人们都说她有责任照顾孩子,增加人口的情况下,怎么会接受那么低的工资呢?不会的!雇佣工人阶级的快速出现暴露了一种魔法,它隐藏于资产阶级文化的商品拜物主义中及其将人物化并通过市场机制进行组织的过程中。恶魔即出现于此。而且正是在这里,“原始”作出了战略性贡献——从海岸地区自给自足的经济中走出来的黑人工人们,他们对违反平等的行为及深植于互惠经济中的有关收成的精打细算极其敏感:在这儿的沿海地区(但在那里的种植园里不是),一只手洗另一只手。海岸地区有食物但没钱,女人们大声哀叹道。这里有钱却没有食物;因此“污秽”和现代的魔法让像堂·贝尼托那样的印第安术士既爱又怕。

第17章　革命植物

普图马约的药师将哥伦比亚能治病的植物集中起来，并带到各地。他 284
们把太平洋沿海地区的热带雨林带到亚马孙盆地北部，使山顶的沼泽苔原与热带地区和其间的温带地区得以接触。普图马约的药师即代表了这种生态。他们在动荡的地区间游走，在热带地貌表面写下了神奇的能指语言。他们的各种植物铺陈在布满灰尘的街道上，路过的卡车和骡子将污泥溅于其上。这些植物生动地体现了关于空间和种族的神话，尽管这种"体现"非有意而为之。这些印第安药师（或者更精确地说是普图马约印第安药师）被视为拥有魔法，这种想法用超现实主义的手法来表现游走于梦幻地境的这些外来人，就像一个由地域及其意义组成的马赛克，通过植物的根部、植物本身、树皮，与身体的各部位及其疾病勉强联系起来：土茯苓可治疗肾脏疾病，产于高山苔原地带；*Pionía* 很小，是红黑色、有光泽的种子，产自太平洋沿岸地区，可治疗胆囊疾病；*楚度*根味道像薄荷，产自普图马约低地地区，可治疗孩子的恐惧症……

这些药师也会行医。游走于城市、小村庄、海岸之间，他们将印第安元 285
素注入新事物，于是新词汇、新咒语、新概念被他们传递、习得、整合，并拼凑起来。他们像避雷针一样，吸收着攻击大城市里小社区的嫉妒和妖术。我的黑白混血术士朋友库库告诉我，他就是因为一位路过的普图马约药师得救的。

一些人待在一处，将各处的植物汇集到他们的小药店里。安东尼奥·贝纳维德斯就是这样。每周两次你都能在特哈达港口的市场上找到他，他招呼着一个巨大的药植摊位的生意。他身型较胖，正值中年，20年前离开普图马约高地，现如今在卡利生活。他既富有理性判断力，又极具幻想，二者于他仿佛浑然天成一般。他告诉我，他定期去太平洋沿岸取300种不同的植物，包括和*雅格*相似的致幻剂*疲息*。"*疲息*周围有许多蛇，"他告诉我，

“因为那种植物能量很强。”使用产自海岸的一种特殊植物，他可以治疗麻风病和癌症。他说他有约 4600 种不同的植物，在特哈达港口售卖的有 200—250 种。

植物与人们在药店里买的药不同。他向我保证，它们带着神秘，人们在采摘和使用之前都必须祈祷且保持专注。他自称去过很多地方，在委内瑞拉和巴拿马都卖过植物，还研习过魔法书。他说他的父母均为药师，他的阿姨非常有名，以至从她位于锡本多伊峡谷的圣弗朗西斯科小村被请去美国，以证明印第安人能治疗精神失常的人是真的。

“我阿姨让他们看到她可以，”他告诉我，这时候他年幼的儿子正在为一位得风湿病的黑人老农包扎一些树叶，“但她不会告诉他们秘密的。她用雅格治疗，还用了其他一些植物。以前我常和她一起去森林里采摘植物。但除了神，没人教过我什么。这种职业代代相传。我妈妈帮人接生，我阿姨也是。我叔叔能帮人接骨，还是个按摩师。”

“没有，”他回答了我的问题，“我没有受到过低地首领的培训。我成为职业博物学者之后才认识他们的。”他停下去招呼一个客人。“首先，你必须机敏、清白，而且心地柔软，这样你才能找到上帝为你预备的东西。的确，那些首领通达一些事情，但不如博物学者。博物学者得密切注意周遭环境。为什么？因为在我们生活的世界有太多的嫉妒和贪婪。从大学毕业的医生胡乱诊治还怎么能成为好医生？好医生几乎得是圣人。清白。我曾在市场上用蛇治病。好多年。我是真正的首领。”

我们聊了雅格。

286 “它拥有植物王国 90%的力量！”他激动地说，“但你必须对它很精通。我不行。”他坦白道。“上帝使雅格力量强大，能让灵在空间自由转换……”他的声音逐渐减弱，当谈到卡利城的时候又变得大声起来。他在那里生活了许多年，过得不错。他还有机会学了玄学，“学这个我不需要雅格！”

我猜他就是在那里学的占星术，还有资本主义。当他进一步对雅格进行介绍的时候，他会说起雅格是如何让人的身体敞开的，并通过调和身体及星辰、矿物元素的力量使其清醒，这样人们就可以同宇宙合一。但他说仍有问题——资本主义正在摧毁宇宙，而世界领袖们正在污染它。人们（他说的时候用的是“*pueblo*”一词)处于混乱及毁灭的状态。现在没有纽带将我们团结在一起。“这都是因为他们制造的战争武器的强大力量。他们说这是为了自我防御,但事实上这毁了他们自己的兄弟姐妹。不仅是在越南这样,”他接着说,“已经快结束了。”(那是 1976 年。)

一个从奥万多(Obando)来的黑人农妇向我们走来,她支吾地说,她是来买“能帮助她过上稳定生活”的某样东西。甘蔗种植园在奥万多迅速扩张,侵占了许多农田。原本在这些地里套种着各种农作物,比如可可树、大蕉和咖啡树。

面对农业综合经营企业的扩张,安东尼奥和那位来自普图马约高地的药师堂·贝尼托的态度相去无几。后者现住在这个地域宽广且富裕的山谷边缘的山麓里。“对有钱人来说是好事,但对穷人来说不是,”安东尼奥说,“烟熏*使咖啡和可可的培植受到严重破坏,人们不得不把他们的小农场卖掉而成为苦工。他们还常常得远走他乡。高产的农作物,比如丝兰和大蕉,也正在遭到破坏……几乎不长了。”

提到在城市学到的将雅格、占星术和中世纪机体论奇妙结合起来的玄学,他继续说,“人类得祈求世上的植物生长产出,而且是为每个人。如果它们不产出,我们就糟糕了。所有东西从根部开始都遭到了病虫害的侵扰。生产性领域的失败,也会导致创造性领域的失败”。

他似乎看透了我的想法,接着说,“大学里的那些人的问题在于,他们只学习身体和精神的两样东西,一是其物质方面,二是其经济方面。除此之外,别无其他!”他补充道,“我通过对植物的研究一直在教导人们革命。”

---

* 烟熏使用特殊化学药剂,目的是除菌、杀虫等。

第18章　于印第安人的背上：安第斯山的道德地貌及其征服

287 我现在想要询问有关历史及地貌的事情。人们是如何解读历史，以及为此目的将地貌纳入其中的？人们是如何通过不同却互补的方式，根据他们是被背者还是背着其他人穿越此地貌，从这些解读中获得力量的？①

我想要描绘的地貌是常被夸张呈现的安第斯山，它高耸于南美洲北部的热带雨林中。它同时也是想象的*地貌*，该形象的力量和形态耸立于社会力量的道德地貌中。

该地貌是社会历史及自然历史的共同产物。面对它时，我不得不思考是否存在一种意象诗学，愉悦且热烈，将被统治者束缚于统治者，将受殖民者束缚于殖民者。我们是否能够理解真相对统治意识形态的作用，而并不考虑它们的诗学？

或许我们可以先从安东尼奥·葛兰西有关霸权的观点开始。格温·威廉姆斯(Gwyn Williams)指出，这一观点强调在任一社会政治形势下，思想

288 与实践的融合或者均衡，强调对社会关系的道德来说至关重要的对事实的感知散布于整个社会，尽管这种观点暗示了这种感知受统治阶级的指导，但这种指导并非一定是有意而为之的。葛兰西关心的是“说服”的社会基础，它不能被简化为利益(因为说服会问何为利益的有趣之处)，也不能被简化为将真相与意识形态进行分离的无望努力，而是可以按照米歇尔·福柯所设想的那样，理解为通过“从历史的角度察看真相的作用是如何在言论中产生的，而言论本身没有对错之分”②。

措辞很重要。“对社会关系的道德来说至关重要的对事实的感知散布于整个社会。”此处强调的并不是明确集中的思想、精辟有力的概念、柏拉图形式。它完全可以包括这些,但重音落在一个现代主义者对知识的关切上,这知识不是那么的清楚、明确、与概念相关——故意模糊化、不言明的和不设结论的对事实的感知——而是感官印象中的感知、不明确的社会常理知识中的感知。

正是这样的广泛散布使得“对社会关系的道德来说至关重要的对事实的感知”保持其唯一性,除此之外,还使得各种观点(屈从的、反对的)相互作用。

我们必须把关于霸权的观点推向现实生活空间。这一空间存在于社会关系之中,存在于社会生活的予和取中,就像在那炎热的空间里,一面是被背者的屁股,另一面是背人者的后背。甚至在那里——考虑到它们在空间上如此靠近,或许尤为如此——人们可以看到控制的诗学是如何同位于潜意识的幻象地界的意象和感觉一起运作的(且一样具有社会性和历史性)。

雷蒙德·威廉姆斯(Raymond Williams)依据其对于感觉结构的观点,指向了类似政治和历史力量的东西。这是公共财产,具有此种结构的极度坚固性,然而却在我们开展的活动中最为脆弱及最不确定的方面运行着,因此能够躲避仅用仔细评判的类目才能表述的细察和探究,这类目包括物质生活、社会组织,以及一个时代的主导思想。[③]

我认为,现代主义者的观点会强调结构与感觉的分裂、矛盾及疏离。在这样的疏离状态中,坚固的力量会屈从于“我们开展的活动中最为脆弱及最不确定的方面”的软弱却具有破坏性的力量。这种观点对于吸纳混乱具有的创造力大有帮助,这混乱潜藏于我所知道的雅格之夜的治疗技艺中。然而,在我们能够真正欣赏那技艺之前,我们首先得解决它所违背的形式,即幻想秩序的浪漫、狂喜和净化。对新世界的征服不断地被赋予这些。

我当然想起了但丁的伟大史诗及他背后的古老运动——通过下降到死亡和罪恶的世界,从绝望的境地到达恩泽之地。这个结构一唱一和,在此过程中想法通常服从于投射至空间的简单、热情的意象框架,而正如诺思 289
罗普·弗莱(Northrop Frye)用巧妙的方法坚持提醒我们的那样,并与它混杂在一起，与它产生共鸣。在昏迷和类似死亡状态下所看到的幻象并非只有诗人或神父才能经历，普通人之间也常能形成被 E. J. 贝克尔（E. J. Becker）称为流行病的东西，它可以对中世纪的精神生活产生巨大的影响。[④]在有序的宇宙被分为天堂、人类秩序、自然秩序和地狱的道德地貌之上，个人悬于道德的边缘，他不是跌入地狱的深渊，就是升入失落的伊甸园。

哥伦布的制图法主要归功于弗莱“固执结构”（stubborn structure）的摇摆。值得注意的是在他致费迪南国王和伊莎贝拉女王的有关他第三次航行的信件中，他认定奥里诺科河湍急的河口即为源自伊甸园的四条河流之一，并指出他自大西洋中部的上升（他认为如此）进一步证明了人间天堂近在咫尺。大约 50 年之后，亚马孙盆地（即他所指的地方）成为人们疯狂寻找理想中的黄金国的地点，而哥伦布看到的天使般的当地土著受尽了磨难。正如陆地风景势必反映道德地貌一样，种族也是这样。先前，印第安人被哥伦布及方济各会视为天使，后来该形象却遭到颠覆，他们变成魔鬼，既低于人类，又高于人类。他们在堕落与救赎的更大背景下仍旧发挥其作用，让人想起只有当但丁遇见魔鬼并骑于其背之上，他才被驮至人间天堂。

有关征服的文字材料

对西班牙征服者来说，在安第斯山地区没有比今天的哥伦比亚更难进入的地方。这是哈佛大学海洋事务加德纳教授 J. H. 帕里（J. H. Parry）在其著作《发现南美》（*The Discovery of South America*）里的观点。沿海地带及热带雨林已经够糟糕的了，而使用箭毒的低地印第安人更为可怕，然而让帕里教授最为敬畏的是那里的高山，他即是从那里开始讲述对穆伊斯卡王国（Muisca kingdom）的征服，该王国深居内陆，位于波哥大草原的高地上。在位于圣玛尔塔的加勒比海岸，他写道，

> 内陆被圣玛尔塔的内华达山所阻隔。山峦孤耸于海岸，峭石嶙峋，直插云霄，海拔达 19000 英尺，可以说是保卫安第斯山的天然壁垒。这个国家

> 的内陆支离破碎，甚至以安第斯山地区的标准来看也是如此。东西方向
> 的交通几乎不可能，就是现在几乎所有的道路都是南北走向的。连于一 290
> 线的安第斯山脉在帕斯托分散开去，形成三个不同的山脉……被河流分
> 隔开……向北穿越布满茂密热带雨林的深谷流至加勒比海。安第斯山
> 系的中部和东部山系在它们的北端被进一步分割，中部山系被分割成
> 数个最终沉入低地地区的小山脊，而东部山系被分割成两个轮廓清晰
> 的山脉……像两个巨大的钳子将马拉开波湾(Gulf of Maracaibo)包围
> 起来。在这三个山系之中，中部山系最为陡峭，其中有好几座高山，尽
> 管没有一座可与南部的“巨人”相比。[5]

让我们置身于生动景致之中的这段文字为伟大的童话设置了场景。这些陡峭的山丘、壁垒、沿着布满热带雨林的深谷分散开去的连于一线的山脉、走势越来越低的山峦、包围海湾的“钳子”——这些不是静止不动的尘土和石块！它们是活物。不像那些作为印加帝国省份的基多附近的南部“巨人”，展现出“雄伟的对称性”(以与帝国的高山相称)，哥伦比亚的山是陡峭的。

我们还应该注意到，此处大自然在作者笔下是阻碍他及其写作对象的事物，它不仅应该是完整的，而且应该是和谐的：内陆被内华达山所阻隔；该山是保卫安第斯山的天然壁垒；深山布满热带雨林；等等。在这里，大自然就像一座受敌人守卫的中世纪城堡。此种描述与一种整体变得支离破碎的强烈感觉同时存在。这个国家的内陆支离破碎；安第斯山分散开去；山脉被河流分隔开；山谷陡峭；山谷被进一步分割；山峦走势越来越低；山谷像两个巨大的钳子……不只是西班牙的征服者，就连这种形式的写作本身也竭力将整体进行重塑，以无数种方式使其割裂。

贡萨洛·希梅内兹·德·奎萨达(Gonzalo Jiménez de Quesada)发起的征服战争是第一次也是最为重要的征服战争。1536 年，他从加勒比海岸出发，随行的有 800 名西班牙人和 100 匹马。他们艰苦旅途的最长一段是要穿过低地的热带雨林。10 个月之后，166 位幸存的西班牙人拖着疲惫的身躯，带着剩下的 60 匹马，攀登了 2700 米，最终到达了穆伊斯卡王国，在那里他们被视作太阳、月亮所孕育的神灵。人们经常讲述这样的故事，而帕里

讲得很好，他旁征博引殖民编年史家的论述，并将它们串联起来。首先是一直可靠的奥维耶多(Oviedo)［使用帕里精湛的译文］：

> 我已经在印度群岛34年了，我很清楚那是什么感受。我敢说，比起这里的西班牙人所忍受的，基督徒在世界其他地方承受的辛劳和不
> 291 适都要轻得多；这些士兵所要对抗的不仅有野人，还有疾病、饥渴、酷暑和严寒。他们常常半裸着身体，光着脚走过沙漠和沼泽、多刺的灌木丛，还有草木藤蔓纵横交错的森林。他们用刀和斧子开路。他们疲惫不堪，身上到处是淤青。他们每天所要承受的艰辛是我用语言无法言明的。
>
> 那里的印第安人大多选择水上交通。陆地上，森林异常茂密，草木藤蔓纵横交错，人们一天最多只能前进2里格(7.2英里)；而且每一天艰辛的跋涉都会有更多的人死亡或得病，而药物却无处可得，也没有床和挡雨的地方(那里的雨无休无止)。
>
> 除了这些困难，森林里的印第安人还不断地给他们制造麻烦；许多西班牙人就是在与印第安人的小规模冲突中丧命的。他们不得不穿越的河流里有成群的鳄鱼，森林里满是美洲豹。有3个西班牙人被鳄鱼拖入水中，还有3个被美洲豹叼走了。[6]

然而帕里警告说，他们仍去攀爬高山。他们相信当他们登上草原就能找到“应许之地”。他们的吟诵中就体现了这一点：

> 伟大的土地；伟大的土地
> 那土地能战胜我们所受的苦难
> 黄金之地，物博之地，
> 那土地是永远的家园，
> 那土地上食物满盈
> 那土地上城镇平整，
> 那土地上人们衣冠端正……[7]

然后是诗人卡斯特利亚诺斯(Castellanos)：

> 饥饿的人们见自己站在成熟的庄稼地里……赤身露体的人们发现周围都是身着整洁、华丽棉质衣服的人们——这与他们逃离的沼泽、树林里的野人差别多大呀！据我所知，一些人认为，就凭这已经削弱了的武力……他们不能再指望征服那么多的人……但我们英勇的执法者[贡萨洛·希梅内兹]，尽管身边的人都已筋疲力尽，却仍相信他们能征服全世界。[8]

帕里还引用卡斯特利亚诺斯的文字来表明现在已被征服的山中王国像极了天堂：

> 在这个隐藏国度地界范围内的土地均得到了上天的眷顾。它拥有黄金、白银、铜、铅，还有宝石。气候温和宜人……尽管大多土地地势高且毫无屏障，但小麦、玉米、蔬菜和秣草长势很好，现在我们还有大量牲口……[9] 292

基督徒在这里比在世界其他地方经历了更多的苦难。不仅如此，他们还是罪人，他们被卷入无休止的与热带雨林、野人、疾病、饥饿、鳄鱼和美洲豹的对抗中。许多人死了。正如佩德罗·德·阿瓜多(Pedro de Aguado)告诉我们的，很多人是因为身中野人的毒箭而亡的。中毒之后他们会发抖，抽搐，失去理智，言语狂妄，作为基督徒的信仰变得模糊不清。但他们的领袖坚决向前，认为他能征服全世界。他们逃离热带雨林，拼命往上爬，用藤蔓将马匹牵拉上去。九死一生之后，他们来到了天堂般的王国，受到了神一般的待遇，并轻易取得了胜利。

这即是有关下降、上升和救赎这些主题的美洲大陆版本。对它来说尤为重要的是雨林及其中的印第安人所构成的如同地狱一般的世界是如何同其上高地的人间天堂形成鲜明对比的。这种各地域恰当的意象，以及使其相连的生死轮回，在历史上重复出现——我们在 20 世纪普图马约贫穷的白人殖民者、印第安人、方济各会传教士的治疗景象中即可见到。

带有美洲特征的炫目死亡之美

帕里所讲的故事能从哥伦比亚历史学家华金·塔马约(Joaquín Tamayo) 1938年发表于哥伦比亚历史协会正式刊物的文章中得到补充。塔马约叙述的第一部分讲的是奎萨达和他的跟随者们穿过沼泽到达马格达莱纳(Magdalena)河的左岸,他们在"已知宇宙的边界"停下数周。绝望与日俱增,将他们击垮,雨林的周遭环境使他们好像痴迷了一般。塔马约这样描述道:

> 朦胧的暮色及走调的弦乐交织在一起,河水低吟,鸟儿歌唱,猴子啼鸣,虫儿发出嗡嗡声,雨林里单调的喧哗振聋发聩。四下寂静无声,空气好似都凝固了一般;溪流成了一潭死水,发出恶臭;树林里布满障碍,让人寸步难行;还有腐烂的树干、动物残缺不全的腐尸、有如火烤的炙热、死亡的炫目之美、灼伤皮肤的疼痛——这就是美洲,航海家及狡诈的西班牙征服者们如此思索着。高烧袭来……[10]

293 七个月之后,塔马约写道,他们在奥庞河(Opon River)的岸边发现了人造的盐饼,

> 它像《圣经》中所描绘的土地出产的葡萄,让他们看到了更广阔的天地,即那将被征服之地……1537年2月的这一天见证了雨林征途中最为超验的一段经历的终结。在追寻黄金梦的路途上,奎萨达的士兵们外表看起来跟鬼一般,变得不知羞耻,让人恶心,他们在寸步难行的森林里匍匐前进,借着投射进来的一道道日光,怀抱着希望,幻想胜利即将到来。在哥伦比亚仅还有一个荣耀的攀登可以比肩奥庞河的此次攀登……骑兵和步兵把这将古老与崭新世界分隔开的未知之地的最后几寸土地战胜了:他们终于征服了。伟大之地!蒙福之地!洁净、

安宁之地！我们不用再忍受这般辛劳苦楚了……[11]

奎萨达在回西班牙的途中蒙受了羞耻，他被卷入接二连三的法律诉讼之中。塔马约写道，“他从查尔斯一世那里仅得到了佩戴盾徽（上面是黄金之地的狮子、高山和翡翠）的权利，没有任何经济价值”。

经过几年的努力之后，他重获王宠，再次回到了殖民地，并于1569年组织了最大规模的远征军要穿越哥伦比亚的东部平原。这时的他已是个老人。三年之后他再次出现在人们面前时仍旧没有黄金，他损失了绝大多数的士兵和马匹，然而却还在计划寻找黄金国的又一次远征。但他已老年迟暮，疾病缠身。他隐居于一个小镇独自生活，脑海中却还闪动着远征的念头：“唛瑙（Manao）是个极好的城市，奢华无比，让人赏心悦目，道路和屋顶都是金子做的，宫殿是用宝石建的，还有紫色的衣衫、迷人的女子和神圣的高山，山上的七峰顶上，巨人守卫着黄金人的财宝。”[12]

塔马约在结尾的时候带着敬意：

幻想彻底破灭，堂·贡萨洛·希梅内兹·德·奎萨达领悟了命运的安排。他早就知晓了伟大人类的命运——百年过去，人和幻想坠入无底的深渊。他对虚荣漠不关心，对现世生活心存不满，自己的命运使他悲痛不已，于是他在自己的墓碑上刻下：

我等待逝者的复活。

马和搬运工

把征服者背过安第斯山的不是印第安人，而是马匹。事实上，马匹非常重要，因此至少在迭戈·德·阿尔马格罗（Diego de Almagro）在安第斯山南部的远征中，印第安人并没有背西班牙人，而是被迫用轿子抬着他们的马匹。直到后来，当征服得到巩固之后，马匹才被步伐沉稳的骡子替代，而在 295
哥伦比亚，骡子被步伐更为稳健的印第安人所取代，作为驮人的工具。

“没有任何经济价值的盾徽……”

西班牙人对马匹引发的恐惧大肆渲染,将胜利的轻易取得也归功于它。然而,西班牙人自己却对马着迷,那时的艺术形象地表明了这一点,比如浪漫的中世纪骑士,还有普遍使用"骑手"(caballero)一词来表明有身份的人。艺术家小心翼翼地让国王和贵族安坐于权力之鞍上,西班牙首领则在骏马的花销方面极其慷慨,且其谨慎的程度并不比艺术家来的少。除此之外,殖民地法律基本禁止印第安人和黑人使用马匹。

印加帝国统治之下的安第斯山地域广阔,西班牙人在这里找到了马匹可以轻易前行的道路和桥梁,这着实让他们感到惊异,否则他们的马匹几乎就毫无用处了。然而,他们仍旧要求大量印第安人(男女兼有)给他们当搬运工。以塞巴斯蒂安·德·贝纳尔卡萨为例,他带了上千印第安人北上至基多及更远的地方,此外,1541年寻找黄金国的远征带上了更多的印第安人。

后来那个传说中的地方被认为是在基多和帕斯托东部的热带雨林里,周边有纳波河、普图马约河和卡克塔河。贡萨洛·皮萨罗的冒险活动损失惨重,他带领4000印第安人从东面走下安第斯山,结果都殒命在雨林覆盖的山麓里。与此同时,贡萨洛·希梅内兹·德·奎萨达的兄弟埃尔南·佩雷斯(Hernán Pérez)从波哥大出发寻找黄金国,随行的有6000名印第安搬运工(据说都死了)、260名西班牙人,还有200匹马。跟皮萨罗一样,他对途中遇到的低地印第安人施加折磨,逼问他们黄金人及其黄金国在哪里。安第斯山脚下莫科阿附近的雨林印第安人,即那些据说与西班牙人进行激烈抗争的食人者们,告诉他黄金之地就在附近,它在西边的山上,在一个叫"阿敕比赤"的地方。奎萨达疲病交加的队伍从莫科阿登上安第斯山,他们发现自己身处美丽的锡本多伊峡谷之中,那里有精心开垦的田地,但没有黄金。而且让他们懊丧的是在西边不远处就是帕斯托小镇,小镇刚由贝拉尔卡萨尔建立,他是奎萨达寻找黄金国的主要对手。[13]在这个进行雨林探险和登山的奇妙空间里,幻想、毁灭的循环终止了,但黄金国的传说存留了下来。这将使未来世世代代的印第安人背上沉重的负担,直至今天。

印第安搬运工

1801年,当亚历山大·冯·洪堡(Alexander von Humboldt)同他的马匹艰难行进在秘鲁的高山苔原时,他徒然地看着前方印加时期道路的遗迹。道路宽20英尺,用凿好的斑岩铺就,比他在意大利、法国南部和西班牙看到
296 的罗马时期的道路都要宽。他愤怒地指出,西班牙人不仅忽略了道路的维护工作,而且对其大肆破坏,将这些石头派作他用。没有桥,他只得在泥淖中艰难前行蹚过河去,他的手稿和干植或许就要遭殃了。[14]

哥伦比亚没有像印加帝国这样的道路。然而,崎岖的山地上印第安人的小道纵横交错。在西班牙人征服这片土地之前,这些道路上交通繁忙,运输着盐、奴隶、黄金和棉花。[15]西班牙人的重商主义肢解了之前占据主导的统一经济。那里的道路状况被认为是美洲最为糟糕的,这即是明证。"人们相信这里的道路是全世界最差的。"一位16世纪在波帕扬游历的官员这样写道。甚至使用率最高的道路,即洪达(Honda)和波哥大之间的道路,在18世纪都被描述为"看到就会让人吓一跳"[16]。道路的维护需要人力,然而印第安人口急剧减少,非洲奴隶的主人们对让他们宝贵的人力服务公共事业极度痛恨。印第安人的道路并不适合马和骡子,它们很快将这些道路变成泥泞地,所以在18世纪晚期,印第安搬运工在某些地区再度出现,成为陆上交通工具。[17]随着政策转向自由放任主义模式,奴隶制度的废除,以及新的出口品种的出现,比如烟草和金鸡纳树皮(独立战争后取代了黄金),道路状况继续恶化,只有少数几个特殊的飞地能通过水路交通与欧洲的港口相连,而这个国家的大多数地方如马赛克一般,是一个个专制的单元。波帕扬一位有身份的易怒的前奴隶主于1857年说道,"如果我们去到更远的安第斯山的东部山脉和西部山脉,我们会发现自己身处热带雨林之中,雨林里有大量的爬行动物。而废弃的小径无声却有力地见证了我们国内商业的衰落"。[18]

在政治经济中和对这个地域广阔的共和国的想象中,大山毅然挺立着。19世纪早期居住在英国、喜欢引用拜伦诗句的浪漫主义诗人查尔斯·恩普

森(Charles Empson)，生动地记录了低地搬运工和高地搬运工在马格达莱纳平原与陡峭的安第斯山交汇地相遇及分别时展开的“歌唱决斗”。[19]“没有什么可以与此情此景的庄严和崇高相比”，他写道，“鹦鹉、知更鸟、蜥蜴和猴子的世界在这里”变成了高耸入云的安第斯山峰——“那些世界的肋骨”色彩变幻，“展现了言语无法表达的情感”。山里搬运工的歌声响起(恩普森的翻译)： 297

> 低地的犍牛，再见吧，再见吧
> 你们永远成不了骑士
> 像我们这般顽强的登山者
> 再见吧！再见吧！再见吧！
> 血液在你们的血管里悠悠地流淌
> 正如浑浊的溪水静静地穿过平原
> 直到剩下一潭死水
> 再见吧！再见吧！再见吧！
> 我们的思想如同清风，是自由的：
> 你们却背负着奴隶制的烙印；
> 呼吸着罪恶的臭气。

低地搬运工对唱道：

> 流浪汉们，飞回到你们山中的裂缝里去吧，
> 回到伺候你们为讨饭吃的猴和猿那里去吧；
> 它们正在破坏你们的家园，污染你们取水喝的泉源，
> 同时咬噬你们纤弱的关系。
> 走吧！走吧！罪人们！
> 自然会战栗，你们的友谊否认：
> 羞耻地偷偷滚回你们的糟天气里去吧！
> 走吧！走吧！罪人们！

当英国海军的查尔斯·科克伦(Charles Cochrane)上校访问这个羽翼未丰的共和国新成立的众议院时,他发现它由两个党派组成——高山党和山谷党!前者的成员大多是神父,而山谷党是自由主义者的阵营。高山党的一名神父最近郑重宣布,高地城市同时也是作为首都的波哥大应该恢复其殖民时期的名称“圣菲”(Santa Fé),“以此表达对上帝的感恩,感谢他给予怜悯和救赎”[20]。这让山谷党哄堂大笑。

科克伦1823年到访哥伦比亚,发现其道路状况很是糟糕。没有马车道,在波哥大一两英里以外出行就没有交通工具。总督曾经有一辆马车,但1823年整个首都仅拥有两辆轻便马车。1824年,J. P. 汉密尔顿(J. P. Hamilton)上校受英国政府委托在哥伦比亚开展调查,看到路况,他也是极其震惊,这是西班牙统治堕落和腐败的又一例证(如果例证还有必要的话)。看到大多数的道路均归功于印第安人先前的工作,他总结道:

> 新大陆广阔殖民地的不同省份之间应当尽可能减少沟通和交流,以使其不了解自己的力量和资源。这显然是马德里法院的政策及伟大
> 298 目标。因此,所有交通设施的改进都受到西班牙人的控制……我相信荒蛮的时代终将结束,而且不久之后,旅者和商人就能够依靠交通工具在这片广阔的大地上穿行,从大西洋直达太平洋。[21]

但是,荒蛮尚未终结,而在上校看来其最令人厌恶的即是让印第安人背着过金迪奥(Quindio)大道,此路为该国东西走向的主轴线。在伊瓦格(Ibague)像这样的人有四五百个,据说他们挣得不少,都挥霍在喝酒上了,他们很少有活过40岁的,不是死于血管爆裂,就是死于肺部的毛病。“别人告诉我,”上校写道,“西班牙人和当地人若无其事地跨上这些人,好像他们骑的是骡子,还有一些混账家伙,如果他们觉得速度不够快,会毫不犹豫地挥鞭抽打这些可怜人。”[22]的确,常被人们提起的一个故事讲的就是一个没用的官员抽打他骑着的印第安人,致使其异常愤怒,于是他身子向前一倾,把折磨他的人投进了深渊。

“最好就是骑着睡觉或者读一本书。”
（艾萨克·霍尔顿[Isaac Holton]：《新格拉纳达：在安第斯山里的二十个月》[*New Granada：Twenty Months in the Andes*]，1857 年）

搬运工的负重通常在 100 磅左右，而有些人据说扛过 200 磅的东西。即使背负如此重物，他们登山时仍然步履轻松，而且几乎不用止步休整。科 299
克伦上校这样形容这些印第安搬运工，他们“从不会失足，几乎不停歇，登山时如果道路条件允许的话，还会跑着向前。他们全裸着，除了中间的一块帕子”[23]。当然也有夸赞他们长相、身材及智慧面庞的文字记录。1852 年，美国人艾萨克·霍尔顿曾穿过金迪奥大道，途中他骑过骡子，也靠自己的双脚行路。他指出，骑在背上的人必须保持不动，以免印第安搬运工摔倒。[24]最好就是骑着睡觉或者读一本书。

汉密尔顿上校拒绝骑在印第安人身上。尽管如此，最开始的时候他还是称了体重，而且被指派给他的搬运工给逗乐了。这些搬运工对他上下打量。当地官员问他们是否能背动他，他们称自己背过比他重很多的人，而且根据那位官员之前告诉他们的信息，他们以为这位英国的“总领事”会是一个更为重量级的人物。汉密尔顿上校固执地走了 9 天，才穿过大道。一年前科克伦上校也走过这段路。他发现，当政府需要搬运工的时候，通常将所需人手尽数关押起来，直到出发才释放。在这五六周的时间里，他们由士兵看押，与家人分离，仅有少得可怜的吃食，也没有报酬。这反映了汉密尔顿认为的他所想解决的最不可思议的政治经济学问题：“在这个地方，人并不至于饿死，究竟是什么让一个一丝不挂的流浪汉如此夜以继日地拼命?”[25]

在这些19世纪的外国旅人费劲地穿过泥淖的过程中，他们很快发现了富裕的哥伦比亚人喜欢骑印第安人的一个好理由。道路状况如此之差，即便在干季也是如此，因此通常步伐稳健的骡子受到了印第安人的威胁并被后者取而代之。很快，汉密尔顿就不得不放弃骑骡子，自己蹚过泥淖，可是他被困在其中，最后被他的雇工们拉了出来。好几次他失足滑倒，而与他同行的一个人坚持骑骡子，通过窄道的时候被树枝从骡子背上打下来六七回。道路由于过度使用出现了下陷，最低处比原先的高度低了30英尺，并形成长达两英里的漆黑隧道，宽度也仅有三四英尺，两边植被丛生。科克伦上校由于担心被挤到，只得抱住坐骑的脑袋，而他的雇工们必须又劈又砍地为骡子开路。他懊恼地看着在印第安人背上的同伴，他不仅稳稳当当的，而且衣服还是干的。最后他也不得不从骡子上下来了。

当攀登安第斯山的西部山脉去视察乔科的金矿时，他战胜了仅剩的资产阶级原则，骑在了印第安人的背上。即便如此，他还是感到极其难受。“多少次啊，由于四肢疼痛，我在椅子上都坐不住了，大雨倾盆而下，把我浇透，这时候我多么希望自己安全地身处大山之外啊！多少次啊，我发誓再也
302 不到这儿来了!”[26]尤其让人恼火的是他依赖这些搬运工，而他们随意摆布自己的主人们。这些人擅离职守，常常游手好闲，抱怨自己发烧了或者脖子酸痛，因此他们声名狼藉。历经千辛万苦之后，科克伦的旅程结束得有些惊心动魄。那会儿大约中午时分，背他的印第安人突然转过身去，从一座几乎垂直的悬崖上倒着向下爬。就这样，科克伦下降了2000英尺，而那印第安人一边攀着树根向下爬，一边安抚着吓坏了的“乘客”。

到达低地的时候，我们的旅者通过一种新的方式看待自然，使他更加确信(大自然一贯如此)社会哲学的观点。美丽的热带雨林里，常绿蔓生植物和树木的叶子缠结在一起，以此攀爬向上，形成串串挂饰，并有花朵点缀其间，清风拂过，摇摇曳曳——是否可以说有一点像坐在搬运工背上的人呢?“此为极盛的大自然，”科克伦写道，

E.Finden sculp.

VIEW OF THE PASS FROM QUINDIO,

IN THE PROVINCE OF POPAYAN, & CARGUEROS (OR CARRIERS) WHO TRAVEL IT.

Published March 1827 by John Murray, London.

“位于波帕扬的金迪奥大道及行于其间的搬运工。”

（约翰·波特·汉密尔顿：《哥伦比亚内陆省行记》

[*Travels through the Interior Provinces of Colombia*]，1827 年）

“乔科省内安第斯山脉的陡峭悬崖。”

（查尔斯·斯图亚特·科克伦：《1823—1824 年旅居哥伦比亚日志》

［*Journal of a Residence and Travels in Colombia*

during the Years of 1823 and 1824］，1825 年）

由于空间有限，每一株灌木和每一棵树都会通过旺盛的长势伤害它的邻居。一株植物迅速长大，伤害先于它长成的植物，迎接它的是同样的命运，它也会被后来者伤害。植物之间似乎进行着一场战争，这与给人类世界带来毁灭性打击的战争类似，猛兽和昆虫的世界里也是如此。万物争王，弱者屈服于强者，强者反过来又被更强者征服。有意思的是，自然界看起来在自我争竞。不论是海洋、大地，还是空气，是有理性的还是无理性的，均在与自己的物种竞争。为什么会这样呢？——从中能有什么好处呢？我们不得而知；我们只知道万物均受制于一种无法抗拒的影响力，被一种无形的力量所驱使。[27]

什么可以是更加自然的？那位英国海军上校坐在印第安人的背上经历了危险的下山之旅，最终发现自己双脚立于热带雨林之中。赋予雨林生命的正是托马斯·霍布斯（Thomas Hobbes）的无形力量和无法抗拒的影响力——只是加上了霍布斯先生不知道的属于热带的恶毒之美，之后不久它就会给另一位知名的英国人查尔斯·达尔文带去启发。

在艾萨克·霍尔顿看来，下山去到马格达莱纳山谷的路上还能发现另一种美，它并不在低地，而是在山中。“有一次，我从树木的空隙中看到高处的山丘和遥远的平原。我身处树荫和云朵之下的幽暗中；而远处的景色沐浴在阳光下，只是一抹蓝笼罩其上，这种蓝只有在山上能极少见到。没有画家敢画我见到的那种颜色。看起来就像天堂。”[28]

普图马约：魔鬼的天堂

1913年夏天，一位著名的苏格兰人A. C. 维奇（A. C. Veatch）穿过了金 305
迪奥大道，但他只用了汉密尔顿1824年一半的时间，不过正值雨季，小径的路况仍旧极其糟糕，“无非就是动物和人的坟墓”。除了一些妇女和孩童之外，其他人没有让印第安人背着，但是，维奇接着指出，在不发达的地区人们还使用印第安搬运工，有些人的承重简直不可思议，可达350磅。[29]

正如让·弗雷德里克·麦克西米丽恩·德·沃尔德克
(Jean Frederic Maximillien de Waldeck)的作品
《被人背过恰帕斯》(展于 **1870** 年的沙龙)所展现的,
在拉丁美洲别处,搬运工吸引了外国画家的注意
(From the Collection of Robert Isaacson, New York.)

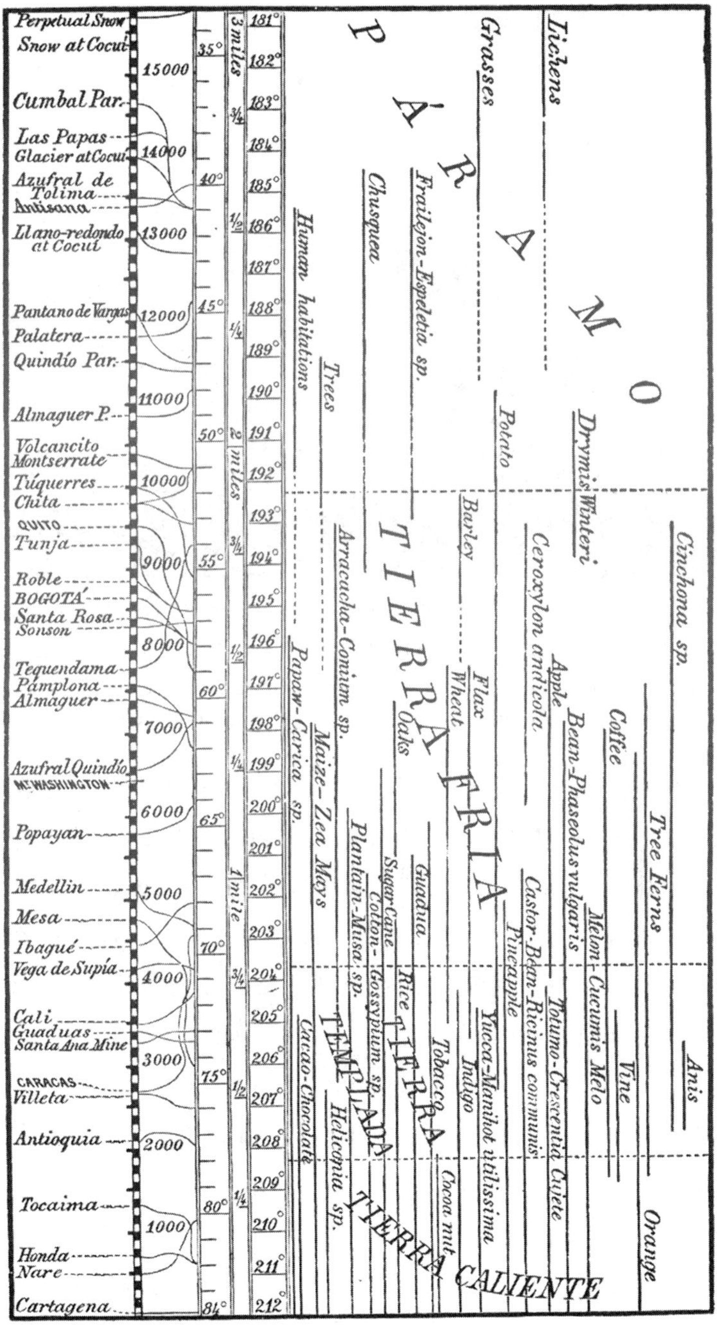
Perpetual Snow
Snow at Cocuí
Cumbal Par.
Las Papas
Glacier at Cocuí
Azufral de Tolima
Antisana
Llano-redondo at Cocuí
Pantano de Vargas
Palatera
Quindío Par.
Almaguer P.
Volcancito
Montserrate
Túquerres
Chita
QUITO
Tunja
Roble
BOGOTÁ
Santa Rosa
Sonson
Tequendama
Pamplona
Almaguer
Azufral Quindío
MT. WASHINGTON
Popayan
Medellin
Mesa
Ibagué
Vega de Supía
Cali
Guaduas
Santa Ana Mine
CARACAS
Villeta
Antioquia
Tocaima
Honda
Nare
Cartagena
15000
14000
13000
12000
11000
10000
9000
8000
7000
6000
5000
4000
3000
2000
1000
35°
40°
45°
50°
55°
60°
65°
70°
75°
80°
84°
3 miles
2 miles
1 mile
181°
182°
183°
184°
185°
186°
187°
188°
189°
190°
191°
192°
193°
194°
195°
196°
197°
198°
199°
200°
201°
202°
203°
204°
205°
206°
207°
208°
209°
210°
211°
212°
PÁRAMO
Grasses
Lichens
Frailejon-Espeletia sp.
Chusquea
Human habitations
Trees
Potato
Drymis Winteri
Barley
Ceroxylon andicola
Cinchona sp.
Arracacha-Conium sp.
TIERRA FRIA
Flax
Wheat
Oaks
Apple
Bean-Phaseolus vulgaris
Coffee
Papaw-Carica sp.
Maize-Zea Mays
Tree Ferns
Plantain-Musa sp.
Sugar Cane
Cotton-Gossypium sp.
Guadua
Rice
Castor-Bean-Ricinus communis
Pineapple
Melon-Cucumis Melo
Totumo-Crescentia Cujete
Yucca-Manihot utilissima
Indigo
Tobacco
TIERRA TEMPLADA
Cacao-Chocolate
Heliconia sp.
Vine
Anis
Cocoa nut
TIERRA CALIENTE
Orange

"看起来就像天堂。"霍尔顿记录的哥伦比亚境内的

安第斯山海拔、可食用的植物和地名图（19 世纪中期）。

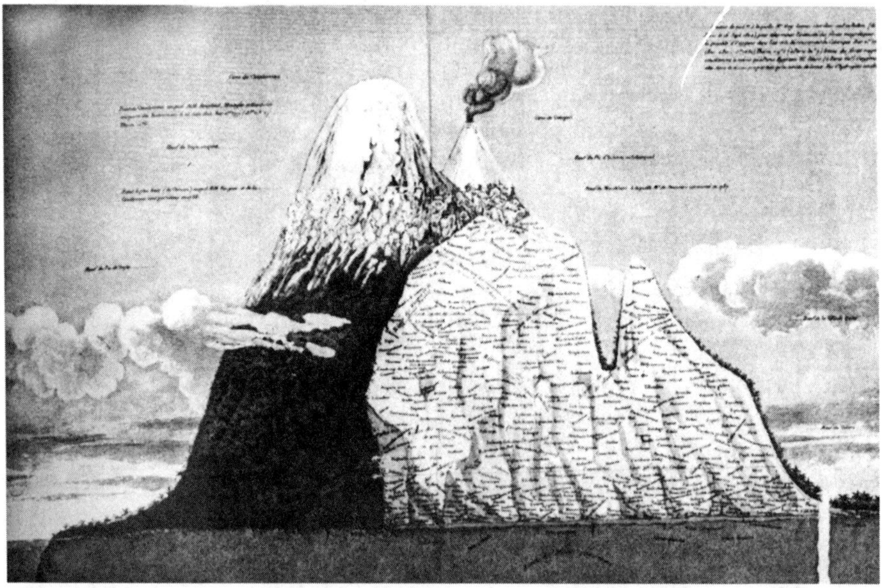

305 大山的神奇之处：冯·洪堡所作的厄瓜多尔火山奇妙的横切面图，将上升的区域与海拔及温度的相互作用相关联。作为欧洲启蒙运动的杰出人物，冯·洪堡清楚地展现了他所处时代的科学离不开浪漫主义的影响。此处所绘的高山在外观上与横穿哥伦比亚图马科、帕斯托和莫科阿的高山相似。

我们现在转向另一个地区，那里的印第安人称他们的祖父辈确实将200磅重的橡胶从亚马孙盆地扛上安第斯山到达帕斯托，当然有时也背着方济各会的神父。那时，普图马约正值橡胶热潮兴起，也是沃尔特·哈登堡及罗杰·凯斯门特爵士所记录的残忍暴行发生之时。橡胶资源丰富的低地森林长久以来一直是秘鲁政府和哥伦比亚政府争执的焦点。当然，这不仅仅是争夺橡胶，还是关系爱国主义自豪感的大事，终于在1932年爆发了战争。

306 在内战中实力被消耗的哥伦比亚保守党（前身是1823年引起科克伦上校注意的高山党）经过大约50年的反抗，终于在世纪之交的1901年取得千日战争对自由党的决定性胜利，将权力握于手中。这片土地终于迎来了和平。外国投资剧增。天主教堂的桎梏被解除。教会和政府从自由党留下的19世纪的废墟中胜利走出，而异教徒居住的内地则由得人的渔夫（fishers of man）管辖，且是全权管辖。没有任何地方的神圣同盟比普图马约的更为融洽:在这里,橡胶潜在的商业利润需要强大且可见的基督教存在,以使阿拉纳野蛮冷酷的橡胶公司安于纳波河以南的秘鲁领土之上。这个任务被交予从巴塞罗那来的方济各会的修道士。1893 年,他们受帕斯托主教的邀请来到此地。等待他们的这片土地绝非一块等他们往上刻字的白板。然而,的确需要他们积极的存在,给那些碑刻赋予生命。

"这个任务被交予方济各会的修道士……"

1855 年即已有一种神秘且未知的氛围围裹着普图马约,这与药物和原始部落有关。曼努埃尔·玛利亚·阿尔维斯(Manuel María Alvis)神父将他对普图马约经历的感受写成书,并于 1855 年在波帕扬出版(1860 年刊登在了《美国民族学学会期刊》上):

> [1854 年]国家在战场上努力燃起即将熄灭的自由之火,就在这时,一位不知名的神父忠于只有基督使徒知晓的文明使命,穿过荒芜的山地,不惧怕各种死亡。他的突然出现让棚屋里的印第安人感到意外,他调查其习惯,研究其风俗,学习其语言。他并不满足于此,还将他习

得的知识记录在纸上。[30]

不过在他去到印第安人的小屋并对其进行研究之前，还有场景需要设置，开篇段落如下：

旅人穿过将内瓦省（Neiva）和安达西（Andaqui）的广阔荒野分割开的崎岖绵延的山脉。当他发现自己已在文明世界之外，想到这个居住着蛮族部落的巨大未知国度里，只有很小一部分人与山那边的居民有过一点接触，不禁感慨万千。

我们不妨停一下。那些将文明与蛮族相阻隔的高山寂静安宁。这也是人类学的开端，而阿尔维斯提供了一个题为“印第安人使用的药物”的附录。

Aguayusa	能发热，对中毒的人有疗效。烤过的叶子混合大麦汤和蜂蜜，可以给停经的女性服用。煮沸并混合进一种叫作“*yoco*”的藤本植物磨碎的皮，可治疗痢疾。
Aceite de Maria	与香膏混合，涂抹于溃疡处。
Cobalongo	可以治疗癫痫。[31]

然而神父却表明他不会相信这些低地印第安人的江湖医术：

每天早晨天一亮，印第安人就聚集在河岸边采集 *yoco*，并讲述昨晚所做的梦——所有这些都与第二天的幸运相关。早饭之后，他们即全副武装出门捕貘，或者去猎梦里看到的鸟，他们对此信心十足。这份信仰来自祖先，他们视之如珍宝；但他们所梦想的除了获取食物之外再无其他。他们的医生习惯于喝一种用藤本植物浸泡的药剂，这种药剂被称为 *yoge*[比如雅格?]，药效类似于叫作 *tonga* 和 *borrachero* 的东西。饮此药之后会产生幻觉，使人相信他们看到了未知事物，还能预知

> 未来。这些江湖郎中当中的绝大多数假装他们在树林里有一只老虎，308
> 而这只老虎能告诉他们所有的事情。他们专注于自己所做的事情，细致入微，好似这是真正的科学。他们相信那只老虎即是魔鬼，假装它能说话；他们对自己的假想物无比着迷，以至于他们成了自己编造故事的最早信徒。[32]

但他们的毒药是真的，他赶紧指出，而且他们会将所有不喜欢的人杀死，无所顾忌。

二十年后，法国植物学家爱德华·安德烈通过另一种方式用真实来表达神奇。人们告诉他，从帕斯托经过安第斯山到达科查湖，再从那里去到安第斯山的东部山脊和普图马约低地的道路状况极差，以至于印第安人称其为“猴道”。只有印第安人足够灵敏，可以行走于上，尤其是来自陡峭山脉那一边的东段山麓的莫科阿印第安人。人们告诉他，这些印第安人对于帕斯托的经济很是重要，因为他们从亚马孙低地将染料搬运上来，而染料对于帕斯托的主要工业即羊毛及棉质斗篷的制作尤为关键。另外，他们还将一种特殊的树脂搬运上来，这种树脂被运用于橱柜制作，这是帕斯托的第二大工业。

因此，这些梦想家们和他们的外来药物对于这座城市的工业来说尤为重要。或许正是在那工作和做梦的交叉位置，更多相关联的小道得以建立，将大山另一边的遥远森林与城市里的工厂和织布机更为紧密、超验地联系起来，并将幻想和故事讲述糅合在包括了城市和乡村、文明和野蛮的同一地点。

“我们终于到达了猴道”，安德烈记录道，沿着这条道路若是有片刻偏离莫科阿印第安人的足迹，就不可能顺利前行。他们继续向上，常常是手脚并用，在泥里爬，在没有植被的地方滑倒，或是陷进沼泽。在 3200 米的高处，小道成为峡谷，其上几十米的高处覆盖着缠绕交织的树枝和树根。安德烈说，那是名副其实的地下墓穴（印第安人称其为 *el perro caruncho*），印第安人毫无惧怕，投身此处。

在这个变幻莫测的地下洞穴入口有一个耶稣受难像的小壁龛。“有时，一道浅绿的光潜入漆黑的小道，使长满肝红色地衣、苔藓等植物的墙壁产生一种无法形容的神奇效果。”

无法形容。那就是工作和做梦碰撞的地方，是神话将浅绿色的光线滤近漆黑小道的地方，无畏的印第安人的足迹保证了其安全。

在科查湖的泥浆里

（爱德华·安德烈：《赤道美洲》［“América Equinoccial”］，1884 年）

309 一旦通过地下墓穴，他们就到达了十字架（*La Cruz*）的顶端，即“制高点，从那里可以看到科查湖壮观的全景”。这近乎宗教狂热的状态，类似性高潮的感受。大自然勃起，喷射出的小水滴沿着炙热的侧翼流淌，形成伟大的普图马约河。

> 多么壮观的景色啊！高山苔原上，我们周围布满蒸汽，蒸汽不断地凝结，再变成细雨落下，在阳光的照射下斑斓闪耀。于是，万物恢复盎

然生机，现出一片绿意。左边是波登西洛火山（Bordoncillo，又称帕塔希科伊火山[Patascoy]）直立的锥体，侧面被岩浆覆盖，该火山仍具有威胁性。此处是普图马约河（也称伊萨河[Isá]）的发源地，这条河是亚马孙河最重要的支流。

安德烈说，印第安人对火山沉闷的轰鸣声充满盲目的恐惧感，他们一行人就是在那华美闪耀之地的小道上遇见了两个莫科阿印第安人，她俩呆若木鸡地站在那里——用安德烈的话说，她俩可能是对白人胆敢闯入他们的境地感到惊异。她们是一对母女，正要往帕斯托运送药物、树脂、染料、吊床，还有从炎热的郊外带来的其他东西。 310

在交谈的过程中，我总结并记录下这个丑陋受造物的特点：肤色，带有光泽的碳色；鼻子，扁平，不挺直，鼻尖精致；大嘴巴，牙齿漂亮；斜眼睛；头发一般长度，为油性直发，黑色且有光泽，一大缕一大缕的别于耳后，垂在肩上；手臂和双腿厚实，手脚有力，肩膀宽阔。

很明显，自然的景比自然的人更具启发性。但二者是否的确都有一些人性的东西存在？她们终究还是害怕火山的轰鸣声，而且当回答安德烈一行人中的神父向她俩所提的问题时，她们的声音甜美且满是尊敬。离开之时，她俩还亲吻了他的手。[33]

1767 年的一项皇室法令将方济各会的修士驱逐出境，自那以后，除了 1842—1850 年的短暂时期，在普图马约地区就没有传教活动。不过还是有几个堂区神父，比如安德烈一行人中的那个神父，他实际上是山脉另一边东山麓下莫科阿的神父。然而还有那么多好事可以做！当方济各会的修士在 19 世纪末期来到这里时，"他们所要做的就是从灵命上帮助散布在广阔属世热带雨林中的印第安人和白人"，正如卡内·德·马尔（Canet de Mar）神父于 1924 年就此所说的那样。他们估计那里约有 9000 个天主教徒，其中 3000 人为白人，其余为印第安人，此外约有 4 万名异教徒分布在卡克塔河、普图马约河、阿瓜里科河和纳波河支流，以及其他河流的沿岸地区。[34]

1912 年莫科阿的一所供印第安女孩和一些白人读书的学校。印第安人所穿的连衣裙是由波哥大的“卢尔德的梳妆台”(Dressers of Lourdes)捐献的。

1899 年,那里仅有 5 个方济各会的修士。在两年半的时间里,他们主持了 1010 场洗礼和 263 场婚礼。截至 1927 年,已有 62 名传教士、29 间教堂、61 所学校、2 家医院、5 家药房和 29 个墓地。[35]传教士们竭力取消当地的语言,他们对此事的热情可与其鼓励印第安人将自己的裸体隐藏于欧洲服饰之下的努力相比拟。1912 年的一本方济各会的出版物中有一张照片,自
312 豪地展示了 1300 件衣着用品,就像商店橱窗展示一般。这是西班牙马德里的基督徒学院理事会给卡克塔河和普图马约河沿岸地区的土著人看的。而另一张照片上是狂欢节期间锡本多伊峡谷身着“传统”服饰的印第安人。[36]印第安人的外在展现形式又再次被投射到物上,而此物只有在受控的情况下才能被展现出来。至于当地政府对印第安人和进入该地区的贫穷白人殖民者的管理,方济各会拥有几乎绝对的权力——包括强迫徭役,对印第安人施以手足枷及鞭刑,以使教会的法令得到执行。

20 世纪方济各会在普图马约的存在让人想起 17 和 18 世纪耶稣会在巴拉圭建立的庞大帝国。方济各会所建立的是一个政教合一的殖民政体,

约 1912 年,在卡克塔河附近的扬古洛,教会学校的印第安孩子身着教会服饰。那时,教会负责人蒙克拉尔神父在支持修路通往莫科阿的呈请中写道:“这 762 个孩子分散在不同的教会学校,因此聚集起来很不容易。难道他们还得再次回到他们父母野蛮的风俗中去,使我们用无比的爱心栽种于他们柔软心灵里的永生的种子无法生长吗? ……可怜的印第安人啊,永远是野人。” 311

从辉煌的锡本多伊峡谷高处进行统治。1541 年,孤注一掷的埃尔南·佩雷斯·德·奎萨达从东面的热带雨林拼命往上爬,他想要到达的地方就是这个山谷。他此举依据的是从莫科阿河沿岸地区的印第安人那里逼供得来的信息——那山谷,即传说中的阿敕比赤,就是他梦寐以求的黄金国。

1900 年,在安第斯山的东缘,方济各会在地域广阔的亚马孙盆地上建立了他们的基地,渴望让山下雨林里不信上帝的蛮族认识上帝。要接触到这些人须骑在印第安搬运工的背上艰难下山。卡拉斯基利亚(Carrasquilla)神父在首都波哥大的天主教堂发表了演讲,并对此进行了描述:

> 我花了整整一周才走过连接纳里尼奥省首府(帕斯托)和普图马约传教士们居住地(莫科阿)的狭窄小道。印第安人背着我在可怕的悬崖

峭壁上攀爬，旁边即是望着让人晕眩的深渊，就像但丁描述的下至地域时的情景。[37]

通往救赎之路

为进一步拓宽其控制网，方济各会尤其需要一条连接高地城市与其下方热带雨林的道路。教会负责人蒙克拉尔神父一直强调他所开展活动的重要性。他还援引专家的观点，比如其中一位就声称从亚马孙地区开采的橡胶价值相当于4000万美元的贸易订单。此人还指出，这个数字表明有成千上万的割胶工人和采集工人与此相关，他们通常收入颇丰，收入被用来购买
313 昂贵的欧美进口食品。而从帕斯托通往阿西斯港的普图马约河的道路建设一旦完工，哥伦比亚就能够获取亚马孙河流域的大多数商机。[38]

爱德华·安德烈：《赤道美洲》，1884年

为了激发公众对于修建道路的热情，1906年那位教会负责人在帕斯托刊印了大幅报纸，标题为“卡克塔省和普图马约省的野人及通往莫科阿之路”，其关注的焦点是“为何传教士对修路通往普图马约显示出如此高涨的

热情”这一问题。

> 在西边山脉的另一边，距帕斯托几里格的地方，人们可以发现数千名印第安人，他们自 4 世纪起就一直在抵制教会和国家想要将文明引入他们所生活的原始森林的努力。我们的这些兄弟们生活在人迹罕至的地方。到达那里，人们需要闯过千难万险，有巍峨的高山，山顶是冰雪覆盖的高山苔原，有深邃的山谷，其间布满泥泞的沼泽，还有嶙峋的怪石和陡峭的悬崖。有好几次，勇于自我牺牲的传教士们克服了各种阻碍，通过自身英雄主义般的克制精神，终于将这些野人从森林里拽了出来并在小镇里一起生活。这些传教士们教给他们信仰的基本教义、工作的习惯和社交礼仪。当最让人雀跃的希望之光在最高教牧那里闪耀，预示着传道者的光芒即将照进这些野蛮人的洞穴之中时，意想不到的事件、内战或政治变动迫使传教士们离开，几天之内就将多年努力的 314
> 成果化为泡影，使那些不幸的人们重被困于信仰缺失的黑暗之中……可怜的印第安人啊，永远是野人。[39]

如何能将这黑暗驱走？“通过移除那些几个世纪以来使他们与弟兄们相隔绝的无法逾越的障碍，即开通一条贯穿卡克塔省和普图马约省热带雨林的道路。”[40]

这样的想法通过一条救赎之路成为现实。达米安·德·欧德纳神父于 1952 年出版的书即表明了这一点，书中还回顾了传教士的伟大功绩：

> 不畏艰险征服绵延起伏的安第斯山，使福音在这片植被茂盛的土地上稳固扎根，继而使其认识文明，要付出双倍的辛劳。一方面要让这些居无定所的部族安定下来，另一方面这些千禧年的信徒们要深入远至亚马孙盆地的热带雨林。只有上帝知道这短短的半个世纪用多少代价和牺牲，才换来了哥伦比亚西南部的救赎成果——我们现在可以亲眼所见的惊人的成果。[41]

在教会负责人蒙克拉尔神父于 1912 年公开的文件中，有一位记者的报

告描述了劳工们

> 被组织成许多的游击队，绵延一万米，像一支久经沙场的军队一样，竭力克服敌人设置的重重困难。“这就是文明，”一个同伴这样说道，“受教会的领导，在其拥护者即传教士的指挥之下，他们一步步地征服至雨林深处，并在灌木丛中建起了人口众多的城市，并再一次重复他们在旧时欧洲和新兴南美大草原上的做法。”[42]

“尊敬的蒙克拉尔神父，卡奎塔和普图马约教区主管。”

蒙克拉尔还选用了一份帕斯托报纸(《帕斯托商业研究》[*El Seminario*

Comercial de Pasto，1911 年 6 月，第 24 期］）的文章：

> 如果卡克塔不再是这些野兽和半人半兽之人的庇护所……如果智慧之光已经穿透这些未开化的头脑，如果致命的弓箭已从他们的手上消失，功劳并不在印第安人。所有这些都要归功于传教士的辛劳付出，他们一贯自我克制，勤勉刻苦。[43]

他强调政教共生关系，他所出版的本杰明·格雷罗（Benjamin Guerrero）将军写给共和国总统的信件就体现了这一点。 315

> 过去他们一见到文明世界来的人就如野兽一般逃窜进雨林里，而现在那里已有科学基础存在。最让人感动的是听到树林里的印第安孩童吟唱赞美诗和国歌。传教士们使他们的灵魂得以不朽。传教士们教他们认识并尊崇上帝，对待祖国也是一样。[44]

摘自《天主教在普图马约的传播：这一地区的官方文件》 316

（***Misiones Católica de Putomayo：documentos oficiales relativos a esta comisaría***），**1913 年**

在传教士们 1913 年出版的书中有一张一艘船的清晰图片，这艘船是在锡本多伊峡谷他们新的木工车间里建造的。船头的旗帜飘向船尾。船上一个强壮的大胡子男人握着船桨。在他身后坐着一个小男孩，可能是印第安人。船的名称“爱国者”用粗体字写在船头。[45]更夸张的是首都波哥大的报纸《社会》(*La Sociedad*)写道：

> 终有一天，阿西斯港会成为汇聚财富的商业中心和哥伦比亚国家统一的坚固堡垒。在那个新城里，当工作的号角吹响，三色旗迎风飘扬之时，因自己的哥伦比亚人身份及状况感到骄傲的文明部落，会保持警惕，拿起武器，准备迎接天父亦国家的荣耀。[46]

传教士们奋力建起了这条道路——从帕斯托经由寒冷的高山苔原和陡峭的山峦到达莫科阿，再从此地穿过热带雨林到达普图马约河左岸的阿西斯港。那里是去往亚马孙、西欧及美国东海岸的门户。人们猜想那 1600 名受雇的日薪工人也一样辛劳工作。传教士们用意象代表这条道路，他们对
317 此事同对拯救一样充满激情。用他们自己出版物中的话说，他们把此路视作文明哥伦比亚与荒蛮哥伦比亚之间的纽带，正如但丁坠入那神秘的世界——热带雨林像地狱一般将印第安人困在信仰缺失的黑暗之中(以及蒙克拉尔神父援引的 4000 万美元中)。这条道路及其穿过的自然景观使得组织流畅的经济、宗教、民族主义的意义神奇交融起来。方济各会创造的想象通过这条道路成为现实。统观这一想象，我们不禁自问，它在多大程度上与当地印第安人所持有的对萨满业已存在的救赎形象融合在了一起，可以说在贫穷白人殖民者的作用下，就奇妙的现实，甚至治疗性现实形成了一个未受认可的契约，殖民者和被殖民者在其中均扮演创造者和受造物的双重角色。

在坠入那些但丁笔下的深渊，向黑暗的热带雨林里射入光亮的过程中，难道没有一个神奇的概念在完善吗？它使强大的宗教热情元素和边境的资本主义元素相融合，使每个种族和阶级都从中汲取其部分救赎。神秘和理

智、野蛮和文明、边境资本主义和教会的深度融合确保现代力量能够让普图马约作为治疗崇拜物的"第二性"即使不能扩大，也可得以延续，橡胶及对其的暴殄是它在 20 世纪初的推动力。半基督化的印第安萨满的模糊形象所体现的这一盲目崇拜，不仅与统治阶级的诗学有关，也与被殖民困于信仰缺失的黑暗之中的野蛮印第安人的魔法脱不了干系。

帕斯托主教利奥尼达斯·梅迪纳（Leonidas Medina）于 1914 年在首都发表了充满激情的演说，他确定地说，建造公路本身就是给印第安人所上的文明一课；因为印第安人并不明白山中高低起伏的小径不够好，它逼得神父们骑在他们背上，而他们像山羊一样蹦跳着翻山越岭，小鸟自在悠闲地掠过峭壁和沼泽。因此，他指出，被印第安人背着即意味着直面死亡和自然。阳光炙烤着面庞。耀眼的生命之光射入双眼，照亮遥远的异乡之地。一路上死神每时每刻都盯着印第安人背上的神父。像这样需要 5 天才能从锡本多伊到达莫科阿。现在，多亏道路的修建，大自然和印第安人都被驯服了。运

在道路落成仪式上，省长和传道长以胜利者的姿态进入圣弗朗西斯科

至阿西斯港的蒸汽机"轰鸣阵阵，向四方宣告野兽已走，蛮野人已进入文明社会。那些残暴之人为表拥戴已将他们嗜杀的剧场交给了基督的使徒"。
318 现在全境之内已没有拜偶像的人，学校尤为成功，尽管这并不容易做到。家长们坚持反对学校的开设，担心他们的孩子丢弃习俗，或用他们自己的话说，害怕"他们变成白人那样"。

主教会和新信主的印第安人一起为传教士的神圣牺牲及其成功的使徒行迹举行庆典活动。他写道，同这些印第安人一起参加弥撒会被一种难以言状的情绪所控制。人们的灵魂——始终容易进入属灵的干旱状态——"被神的恩工赋予新的生命，因此能够拥有更为鲜活的信仰和增长的爱心，来敬拜肉眼无法亲见却真实存在的上帝"。实际上，此处引人注意的是印第安人迈向弥撒仪式最先几步的元仪式化，以及此仪式使得"道路课程"变得卓越的方式。主教觉得令人振奋的是野蛮屈从于上帝的仪式化。与此相关的诗学（亦是政治）的关键特征是大量的情感投入于野蛮和基督教的相互作用与影响中。主教屈从于那由此引发的无法言说的情感，那么跟随他沿着救赎之路去到基督化了的印第安部落参加雅格之夜而非弥撒的贫穷殖民者又会如何呢？

如今的道路

主教缓慢、庄重地说，他并不是在主教座堂或长方形廊柱教堂，而是在 319
一间用泥巴和茅草垒起的小教堂里感觉如此强烈的。野花装饰着简朴的祭坛。背靠高高的黑墙立着一个与真人一样大的基督像。尽管受时光流逝和糟糕气候的侵蚀，但它仍然是深入普图马约和卡克塔地区的第一代传教士们英勇业绩的忠诚见证。

在这神圣庄严的塑像脚下，神父开始了隆重的献祭仪式。在这神父脚下，跪拜着 300 多位印第安人。他们衣衫褴褛，灵魂却无瑕纯净，披戴着神圣恩典的光芒。没有银制香炉，没有风琴，却传来银铃般的声音，打破了寂静。那像是笛声。那是女神，基督的新妇，她抛弃了祖国和家庭，还有欧洲各种吸引人的事物，她为了救赎灵魂被葬于这热带雨林之中。刚开始的时候，这甜美的声音显得微弱不定，然后越发洪亮起来，在两三个传教士的加强下直达天际。印第安人的声音和着传教士的声音在山中回响。这声音茫茫于境，及达上帝的宝座，并携其赐福归来，如仁慈的雨落下。[47]

那条路也成为了印第安制像物。维克托·丹尼尔·博尼拉从锡本多伊印第安人处得知一个关于教堂看守人的故事，并将其出版。这个看守人负责的是被称为“锡本多伊之主”的一尊基督像：

> 那位教堂看守人注意到那尊像的衣服每天早晨都是湿透的，怀 320
> 疑他晚上出去了，于是决定一探究竟。他借口要更换蜡烛，在深夜去往教堂。
>
> 那基督像不见了。教堂看守人将此事告诉省长，后者和其他领导商议，一致决定给罪犯[锡本多伊之主]施鞭刑，抽打 12 下。实施惩戒之后，印第安人以为他会请求原谅，承诺再也不这样做了；他却站起来，转身跑到大路上，朝着帕斯托的方向离开了……他们想要抓住他，可是他已毫无影踪。他们只能沮丧地回到村子里，后悔打了他。当他们[根据沿路的蜡油]发现锡本多伊之主每晚外出是为了替他们修从帕斯托到莫科阿的道路时，他们更是又悔又恨。[48]

道路建设始于1909年，几年之内就完工了。随着贫穷的白人殖民者从高地迁至低地，形成了一个社群，一位传教士描述其为

> 两个敌对的种族彼此相残。白人把印第安人视为奴隶，有时甚至把他们当成畜生对待。印第安人必须顺着他们的意愿，事无巨细地服侍他们……当印第安人目睹白人的暴虐行径之后，他们以自身的野蛮天性予以回击。结果，流血冲突持续不断，只要一点极微弱的火星就能燃起熊熊大火，每每以一些斗士的流血牺牲作为终结。[49]

随着秘鲁和哥伦比亚之间的战争于1932年爆发，去普图马约低地变得更加方便了。1906年，殖民者的人数为2200人。到1938年，人数估计有31775人。[50] 20世纪50年代，德士古石油公司开始通过穿越安第斯山的输油管道输油，道路状况得到进一步改善。道路尽头的港口小镇阿西斯港的人口在1957年至1964年间翻了一番。为躲避波及全国的内战*，农民被迫离开他们在内陆的农田，一批批地来到这里，种植经济作物，侵占雨林土地，印第安人口也随之减少。

他们是穷人，常常也是绝望之人。被驱赶到边境地带的这些人好似在印第安人身上为他们自己的低下地位找到了陪衬。然而，正如印第安人成为他人将自己定义为高等、文明的参照对象一样，在艰难处境下，印第安萨满能成为神秘力量的来源、宽慰人心的灯塔。

321 1976年，当我沿着瓜穆埃斯河从树林里辟出一条路来，在曼努埃尔·戈麦斯的小农场上过夜时，他就是这么说的。他25年前来到边境的时候还是一个孩子。“这里的殖民者说，他们为了消遣或治病会和一个印第安人喝雅格。”他告诉我。

> 他们说自己中邪了。我病了。我去雨林里打猎。我射中了一个动物。但它没死。枪怎么也开不了火。因此我没杀它。于是我说，“不好

---

* 即危地马拉内战。

> 了！我中邪了。我什么也杀不死了!"接下去又发生什么了呢？……我会去找萨满,因为他们能用雅格医病,这样打猎的时候就可以猎杀动物了。人们有时习惯如此;他们去和印第安人一起喝雅格,以此摆脱所受的玛勒斐西……许多人为此喝雅格。许多人从远方来,从不同的地方来。他们来和萨尔瓦多一起喝雅格。

后来他告诉我有关他和一个柯番印第安萨满喝雅格时的情形。这个萨满是马丁泰塔,住在圣罗萨的上游地带。但在我讲述他告诉我的事情之前,我首先要细述琼·兰登所描述的萨满初学者看到的理想型雅格异象。那是一些西奥纳人向她复述的。20 世纪 70 年代早期,她同他们一起生活在阿西斯港下游的普图马约河沿岸。由于那萨满害怕喝雅格,有很长一段时间,那里没有雅格之夜。据说,萨尔瓦多,即那位曾救过圣地亚哥一命,住在瓜穆埃斯河上游的柯番萨满萨尔瓦多,给他施了魔法。

西奥纳异象

经过几周甚至几个月的预备和隔离,萨满初学者们准备好和那位萨满一起喝雅格了。夜幕降临,他们退至森林。一边和那位萨满喝着雅格,一边听着他的吟诵,那些萨满初学者感到醉意袭来,头晕目眩,辨不清方向,心生恐惧。上吐下泻之后,身体得到洁净,可以上路了。异象开始出现,那萨满唱着他们即将看到的异象和他自己所看到的。你吓坏了,觉得自己即将死去。雅格之人出现了。他们就像那萨满一样,只不过身材瘦小。他们正在哭泣。他们说,你们要死了。大火袭来,紧跟着的蛇缠绕在你身上。若是你有勇气坚持下去,你会遇到美洲豹母亲。她身形较大,胸部丰满,很是漂亮,身着白衣。她是萨满之母,也是雅格之母。她把萨满初学者抱在怀里,用西奥纳人包裹婴儿的毯子将他围裹起来。然后她把你扔掉,大哭道,"你为什么要喝雅格？现在你就要死了!"几百条蛇(兰登被告知那也是雅格藤上的叶子)出现,然后它们变成一条巨大的蟒蛇,那是雅格之主。它会缠绕着你。322

死亡就在眼前。然后大蟒蛇变直了，将你带上天堂，雅格之人会去那里教你有关天堂的事情，还会把你介绍给生活在那儿的神灵。你已经离开你的肉身。你死了。

有过好几次这样的出行之后，萨满初学者最终可能会到达天堂的倒数第二层，遇到与其众子民和天使生活在一起的上帝(Diusu)，那里还有上帝之书——“药”之书(《圣经》?)在上帝之上天堂的最高层，鸽子在纸上书写，一根孤寂的树枝上悬挂着一位神灵(被钉在十字架上的耶稣?)，还有一扇通往虚无的大门。上帝对萨满初学者说，“你已经到了。你在想什么?”萨满初学者回答说，“唯有上帝”。他得到了一根漂亮的权杖(这正如殖民时期西班牙人将权力授予印第安首领时及20世纪方济各会所做的那样)。上帝让萨满初学者一直喝雅格，还要关心他的民众，纠正他们的不法行为，也要给他们治病。

1948年之前，方济各会神父弗朗西斯科·德·伊瓜拉达(Francisco de Igualada)援引另一位方济各会成员的笔记内容，其记录了一位西奥纳萨满向他描述的天堂景象：上帝坐在金制的椅子上，好多神、好几群人在上帝面前载歌载舞，天堂是一个美好的城市，其道路之上铺着羊毛，墙壁是金子做的，但也是透明的。[52]

天国之城和哥伦比亚军队的神奇治愈力：因加诺印第安老人的异象

我曾问过我的老朋友弗洛伦西奥让他印象最为深刻的雅格异象是什么。他用西班牙语回答了我。那会儿我们正坐在户外，看着日落之后一小时星星逐渐显现。就我所理解的，这是20年前的一次异象，那时他和从卡克塔河上的利蒙(Limon)港来的一个萨满在一起，那个萨满正在给一个生病的女人看病。或许应该知道弗洛伦西奥年轻时曾给现在家喻户晓的巴托洛梅神父做过向导，后者远征至下游地区即令人生畏的维托托人聚居的地方开展使徒活动。而在那之后的几年里，弗洛伦西奥一直是利蒙港小教堂里的看守人。

例如,我先是看到了从云中飞来的天使。他们把带来的水晶放在我额头之上。这些是他们带来的。每一位天使。他们将其放于我额上使我知晓病人的病情,使其得医治。在那之后,他们将其置于胸膛之上,这样此人就能与人为善,嗯,否则那人会想着干坏事的。他们还会将其放置在人的手里,就是他们带着的水晶。为了让人洞悉未来,他们将其放在人口中,这样……这样那人就能和任何人说话,这样那人就能 323
拥有好口才。这就是雅格让你看到的异象。

之后,当雅格使你醉意更浓的时候,那些帐篷出现了,它们排成一列,接连出现。看起来像满是飞鸟的房间,除了鸟没有其他……看起来是真实的。借着醉意,导致这一后果的不是其他而是[雅格]画面。

在这之后又出现了另一幅画面。出现了一条街道,像一座城。它越来越清晰,而且在这城里每间屋子都有自己的异象,从别处还有音乐传来。首先出来的是从锡本多伊峡谷来的一个人。其他人来的时候穿着喝雅格的萨满的羽毛装束……就像这样他们在街上。他们不停地变换样式,一些伴随着音乐起舞,另一些合着其他音乐起舞。他们身上戴着不同的羽毛和镜子——人,雅格之人——戴着虎牙做的项链,还有治病用的笤帚,衣服是金子做的,很是美丽。他们唱着歌曲接踵而来。

最后出现了一个部队。多奇妙啊!这多让我着迷啊!我不清楚那服装有多绚丽。但那部队里的士兵所穿戴的比其他人都好!他们穿着金制的长裤和及膝长靴,所有都是金子做的。他们拥有武器装备,排着队列。我努力提升自己……这样我也可以和他们一起跳舞、歌唱,我也可以。然后,萨满……根据那画面,他已经知道我想要去那儿,同他们一起唱歌、跳舞,正如我们看到的那样。而给雅格的那个人[比如萨满],他已经知道了,而且他沉默不语。因此,知道怎样治病的人被给予了说明。看到这些,他们就能治病了。他们把画面传递给病人,他就好多了!我对那个给我治病的萨满说,“看到这个,你就知道怎么治病了?”“是的,”他告诉我,“看到就能治。”

当那队伍的最后一个士兵走过之后,我也跟着走了,但一点儿没有跳舞。我去到一个没有垃圾的极美的街道——完全没有垃圾,一点儿也没有。像天空一般。在排成一列的人群中，我走啊走啊，直到走到部队的最末端，看到全部。他们停下来歇一下。然后我走进对面的一间房子，它的地板是天空的颜色。有两扇门是关着的，中间的一扇是开着
324 的，于是我进去了。我从那儿进去了。有三个人。这里有好多书，只有书，金子从中喷涌而出。金子如瀑布一般。这些书上覆盖着十字架。三个人坐在桌上，就像我们这样，都是一样的颜色，三个人一模一样。他们伸手递出一把权杖。好啊！于是我走向他们，带着雅格的醉意……那异象推我向前去理解。“很好！”他们对我说，“你是来理解的。但你不必这样做。你已经知道了！”坐在中间的那个人跟我面对面，他对我说，“所有你看到的都在神的允许之下；都是为了你。但你必须关爱每一个人，尊重所有人。拿着这把权杖吧！”它看起来就像一个金制的指挥棒。我接过它来，跪下，并接受了他的赐福。我离开那房间，从廊道里走出去，看到人们在下面聚集起来。就是这样。醉意已经消退了。

白人殖民者眼中的印第安萨满和魔鬼

现在应该将西奥纳人的理想型异象、弗洛伦西奥的异象与曼努埃尔的异象进行对比。约在1950年，曼努埃尔从高地来到此处，那会儿他还是个孩子。他对居于河边的印第安人的态度可以总结为“轻蔑的鄙视”。在他口中，他们是邪恶、懒惰的醉鬼，而且没法信任，尽管他常常喜欢带着哲人的口吻说“与印第安人同行的人独自前行”。事实上，他的两个十几岁的儿子每隔几个月就会去参加附近一位印第安萨满的雅格之夜。据曼努埃尔说，他是在叔叔的劝说下才喝了雅格，那时他15岁。在那之后他就再也没有喝过。

尽管他看不起印第安人，他却使用印第安人对付恶风的方法。他从他叔叔那儿学到这些，而他叔叔是跟印第安人学的。曼努埃尔给他十多岁的女儿吹气治恶风的时候我曾在场，事实上他就是模仿的印第安萨满的方法。

我问他,雅格是如何治疗的,他回答道:

雅格本身是不知道什么的,而是雅格的灵。当人们需要一个解释的时候就喝雅格。我们生病的时候就[和萨满一起]喝雅格,例如当某人施了魔法的时候,或者当……邪灵进攻某人的时候。喝雅格会发生相同的事情。这样,雅格让人醉了之后,他们就能看到疾病。雅格让他们,就是印第安人,看到(病人)得了什么病。他们过来,彼此交谈,就像你我现在谈话这样。然后就说这病是不是能医好。雅格本身不治病!雅格就起到媒介的作用,让医生明白那疾病是什么,以及该如 325
何用药……在这里我们称其为"喝雅格"……那改变、那电流。感觉像电流进入身体一般。病人喝,萨满也一起喝。当醉意袭来,雅格就开始交谈了。

说到 15 岁时他自己和雅格之间的"对话",

我喝了一杯,没什么反应。那萨满又给了我一杯,还是没什么反应。不久他给了我第三杯。于是醉意袭来;很厉害!

突然来了几个穿着狮皮衣服的印第安人,他们发出刺耳的叫声,让扫除疾病的扫帚发出声响,呼——呼——呼,意思是"醉意,来得猛烈些吧"。然后,他们呜呜地吹着气,就像那样,于是醉意袭来。后来我睡着了,我闭着眼睛。突然来了一群野猪,然后是龙卷风,光影重叠,像电影一样。黑暗。突然我看到了魔鬼,啊!

我刚才忘说了,在看到猪之后我还看到了老虎。它们离开了,一会儿吼叫着,一会儿又低声咕哝几声。它们没有再回来。但那糟糕极了,极为丑陋。突然从我嘴里,从我嘴里,出来了几条蛇……但那是假的,纯粹是醉了。

我说话的时候是坐在那儿的,处于半睡半醒的状态。当我听到有人跟我说话,更确切地说是给我唱歌时,我看到那里的某个东西。那是个可怕的东西。那就是魔鬼。但怎么可能呢?坐在那里;就在我身后。

它不是魔鬼;它是那萨满。之前那魔鬼就是他。

后来我睁开双眼,看到所有的印第安人和那萨满坐在一起。他穿上了他的羽衣,还戴上了他的冠冕,他坐在火堆旁,嘴里嚼着烟草。马丁泰塔……那老虎、那魔鬼,那是马丁泰塔。那魔鬼长着角……火红火红的——你要是看到他就好了——一条长尾巴垂到膝盖……就跟画里的一样——还穿着靴刺,等等……就是太丑了!

都是因为醉意!我又看了一下,那是戴着羽毛冠冕的萨满,很是漂亮,还戴着虎牙项链,还有其他用来装饰的东西。我就坐在那里,待在那里。后来那泰塔["父亲",萨满]说道:"你在想什么,朋友?""什么也没想。"我说。"醉意猛吗?"他问道。"不猛,"我回答说,"一点儿,就只有一点儿。""你不害怕?""还好,就一点儿。"

事情就这样过去了。后来来了一些印第安人(即雅格之人),他们
326 吹啊吸啊。很猛。他们唱着自己的歌,他们的"嘿——嘿——嘿",他们对我吹啊吸啊……那时我知道我要死了。

那时我很清楚地知道我要死了。我已经死了。而我死之后,谁还会看见我?我的叔叔?他已经死了。谁会告诉大家我已经死了?我死了,离开了。我的灵魂在阶梯上向上爬,爬啊爬啊。哇,很美。那阶梯像是有钱人家宅邸里的那种,上面还有黄金。下面环绕它的是美丽的风景。我看到了美,就像黑夜里的满天星辰。太美了。爬啊爬啊爬啊,一直向上爬,速度很快。我觉得我已经死了。但那只是醉意。

我向上爬,爬到顶端。那有一个客厅,有点像剧院里的楼座,有一个高起的部分。我去到最高处。我处于空中。没有地方可去了。我已完成了。而最后我看见了上帝。他在另一边,在空中,在他的宫殿里,就他自己,留着胡子,戴着皇冠——就跟画里的一样。

我到达了。我完成了。后来他给我赐福。于是我想,这是什么?我不是死了吗?上帝对我说:"没有!没人叫你。你应该下去。"我只好转身往下去,一步步往回走,直到我走到很下面了。当我走到阶梯的末端,我转过身,继续往下。

我往下走啊走啊,每一样都很美,就如同黎明初晓和夜空晴朗之

时。那是长满青草的美丽平原，仍有好长的一段路要走，但我知道那是大地。此时并不黑，黎明已近，有道道光线。薄雾升起。在远处下方我看到一片绿色的雨林。我到达了地面，醉意已过。那时我很快乐。所有都是清晰的。现在我已经到达了。我一晚上……都是醉的。

当我告诉萨满发生了什么之后，他说，“现在，你也能做萨满了”。

“上帝看起来像马丁*泰塔*吗？”我问道。

“不是的！上帝就是上帝！你是什么意思！他不是萨满，而是赐福的上帝！那里没有萨满！魔鬼出现的时候才有萨满。但后来我才看到他是萨满。我在阶梯拐弯处往下走的时候，一转身所有都变了——所有都清楚了。我到了。我看见那是萨满。”

通过幻觉创造反自我进行治疗：黄金部队和印第安魔鬼——带有殖民色彩的梦境对话

在低地印第安人的异象中，主要是高地城市里的哥伦比亚军队的光辉 327
形象使萨满拥有了治病的能力——祛除邪灵、解除妖术，以及最后为弗洛伦西奥赢得教会的赐福。军队的形象起到决定性的作用。它的美、它的黄金、它的武器、它的音乐和舞蹈构成一幅改变邪恶的画面。为了和士兵一起唱歌、跳舞，他努力进入此画之中。传递这个形象的正是那萨满。

看到这个，他们就能治病。他们将这画面传递给病人。他就好起来了！我问给我治病的萨满，我对他说，“看到这个，你就知道怎样治病了？”“是的，”他告诉我，“看到就能治病。”

与之相反，白人殖民者通过萨满的魔鬼形象来经历改变。那一刻他死了，上升至救赎之神那里。死亡与重生的这一过程在荒野的支点上摇摆，并伴有猛烈的飓风，重叠的光影、野猪、出入人体的蛇，以及末了老虎、萨满、魔鬼这三位一体的变幻。

在这里，通过沉浸于森林居民被冠以的野蛮邪恶，殖民成为给予恩典的东西。殖民者被赋予的邪恶魔法在创造殖民霸权的过程中作用显著，它被绘入这个世界来帮助殖民者从拷问他的文明中得到解脱。

另一方面，在弗洛伦西奥的异象中，创造魔力的是军队的光辉形象。

这两种异象出奇地互补，二者都围绕着殖民设计好的反自我荣耀转动着，于是都从各自的魔力储备中汲取力量。这样的互补非常完美，因此我们可以将其视作潜藏于殖民现实之下的完美对话。

我们太多次被告知，仪式可以加强团结，使人们聚集在一起确认他们是一个统一体，他们彼此依靠，组成荣辱与共的团体。但是我们又如何理解印第安人给殖民者治疗的仪式呢？比起此种治疗对团结的依赖，它是否更离不开差别的存在、再生和技艺，例如他者和压迫？可能性是极大的！这里所涉及的巨大差异——大到足以产生治疗的能力，使被殖民者能够利用殖民者凝结在野蛮意象中的隐藏的命运和恐惧。

328 我们太多次被告知，仪式能将精神与物质带入一个神圣的统一体中，对符号的浪漫解读（人类学话语内含的解读）就是这样。我们太多次被告知，仪式，尤其是治疗仪式利用人们的激情，以此巩固习俗，维持传统，使规矩内化（等等）。但萨满治疗文明人的心灵创伤哪里存在那神圣的统一体？它当然存在于对“邪恶”的伟大创造之中。曼努埃尔看到的异象和普图马约方济各会修士的出版物均坚持种族剥削的诗学，种族主义和救赎在其中并肩合作。

难怪想要驯服野蛮的神圣工作早在方济各会修士在普图马约传教之前即已存在。但也难怪他们加入了一些重要的东西——统治阶级在出版物和布道中公开承认的对野蛮的幻象的魔法。同样重要的是这几个谦卑的方济各会修士为了哥伦比亚、为了世界市场、为了上帝，在整个亚马孙地区进行冒险的超验意义。

难怪方济各会修士利用和解释居于帝国主义使命最中心的那个形象——地狱和生活于此的印第安人的时候是那么的游刃有余。解构邪恶中恩典的秘密是他们的天性、他们的仪式艺术、他们的宣泄诗学。在热带雨林的边缘地带，贫穷的白人殖民者曼努埃尔对此进行了完美的再现。在他上吐下泻的过程中，他的灵魂为我们所有人而动。

但对那位上了年纪的印第安人弗洛伦西奥来说，事情并没有这么顺利。在他那里，绘出创造治愈力的形象的过程并不顺，像要从洗好的一堆牌里抽出几张，或者把一件雕塑作品置于另一件之上，或让二者并排一样。另一异象。通过在殖民地与死亡和邪恶的邂逅，这里存在明显的重生的情感宣泄。弗洛伦西奥的画面如史诗一般，而殖民者的画面富有戏剧性，正如贝尔托·布莱希特（Bertolt Brecht）所定义并实验的形式建构的不同，对他这位 20 世纪极具影响力的剧场改革者来说，这些不同之处与资本主义的瓦解关联密切。戏剧性必然导致

> 故事高度集中，一股推动力将故事的不同部分集中至一个共同的关系中。对表达的情有独钟、对力量冲突的着重强调是戏剧性的特点［想想曼努埃尔的剧场：飓风中的电闪雷鸣、老虎、萨满、魔鬼、死亡……］。叙事作品的作者德布林（Döblin）说，叙事作品不同于戏剧，从某种意义上说，人们可以拿起剪刀，将其剪成碎片，而它们各自的单独存在仍完全有意义。他的说法提供了一个极好的标准。[53]

史诗剧院并不想战胜离间，而旨在离间离间（alienate alienation），扭曲 329
伟大与平凡之间的关系，如此一来，后者在一个不能再被视为完整无缺的世界疯狂燃烧。破碎的宇宙被弄成破碎的样式，不合宜地抛向高处，因此可能会被质疑的并列放置的雕塑作品会变成刻意的关于差异的艺术。在一大堆混乱的形象里，静物画幅幅相接，彼此碰撞，这就好像弗洛伦西奥和其他印第安人所描绘的雅格异象一样，那是有关真实的幻象艺术。

这一现代主义的表现方式不仅源于我们常常听到的最古老的艺术形式，即萨满的降神会，还源于一种古老却原始的东西。“广阔的热带雨林里满布黑夜的恐怖。”阿莱霍·卡彭铁尔这样写道，他在小说《消失的足迹》中想要描绘委内瑞拉森林里萨满的歌曲，

> 那声音响起。那声音不单单是声音而已……它超越语言，却尚非歌曲。它尚未发现发声法，但绝非简单的声音……让我恍惚以为自己刚见证了音乐的诞生。[54]

“不要对美好的旧日时光注目，看看糟糕的新日子吧。”布莱希特如此说。在普图马约，正是那超越声音的声音的无文字性和那人类咽喉之丛林里千年泥塘中的蛙鸣声拥有治愈的能力。那也被当作武器，用以对抗糟糕的新日子。正如德国达达主义诗人胡戈·巴尔在他 1917 年 3 月 5 日的日记中所写的那样，那时他正在为苏黎世的伏尔泰酒店策划一个活动：

> 人物形象逐渐从绘画艺术中消失，而物除了以支离破碎的形式存在也没有了踪迹。这再次证明了人的脸孔变得丑陋衰残，而我们周围的物体变成了令人厌恶的东西。下一步就是诗歌抛弃语言，就如同绘画抛弃物体一般，而且二者出于相同的原因。这样的事从没有过。[55]

这样的事从没有过？当然它不是殖民者异象中的燃烧诗学，不是但丁令人振奋的探险之旅，即维系基督教堂的穿越神圣时空的灵魂之旅所体现的道德美学的古典和声，不是逃离达达主义的混乱（巴尔 1920 年加入其中），更不用说饱受战争蹂躏的欧洲世界了。

弗洛伦西奥的异象与此灵魂之旅相关，并使其与在秩序井然的时空中精心设计的断头台相分离。这断头台与权威，即是教会和政府相结合。他
330 如此做是带着敬意的。那是神圣的分离。但他找不到死亡的好处，也找不到属于殖民者的邪恶的利益。相反，他找到的是萨满传递给病人的异象，他在这一过程中成为萨满无声想象和无言歌曲的声音，不单单是声音而已的声音，还是抛弃语言的诗歌。

弗洛伦西奥为我们用语言把这些表达出来，而殖民者和萨满的关系并不是要表露萨满传递的异象，而是要将萨满作为形象使用，并通过一种结合了字面意义和隐喻意义的方法，骑在他的背上爬上天堂。

如果贫穷的殖民者发现自己并没有真的死去，那么印第安老人发现自己已经明白了。他们不同的梦境以共同的殖民历史作为前提，该段历史以如此众多的方式在事实上是殖民分野地带的联合建构中假设了彼此之间的神奇差异性。正是这些异象的联合把我们带入可被称为种族阶级战争的地下区域的地方，在那里与妖术的抗争和对救赎的寻找不可思议地交织在一起，殊死角力。这些异象让我们坠入殖民主义的梦中地下世界，其充满激情的意象既指向殖民者，也指向被殖民者，同时也指向封建领主阶级和贫穷的殖民者。

失明之人和跛足之人

带着文艺复兴时期的人的绝对权威，20 世纪初期，米格尔·特里亚那在他的著作《在哥伦比亚的南部地区》(*Por el sur de Colombia*)中描述了其在安第斯山坡度渐缓处连至莫科阿的山坡地带的探险活动。[56]他在纯文学作者的优雅中加入了科学家的精明务实，二者相合既具实证主义，又不失浪漫色彩。他自己也是骑在印第安人健硕的背上爬上那些高耸的山坡的。

资深政治家圣地亚哥·佩雷斯·特里亚那(Santiago Pérez Triana)1907 年在伦敦为此书作序，他在其中写道，他内心充盈，具有敏锐的洞察力。对哥伦比亚来说，他继续写道，在大多数人居住生活的哥伦比亚山区和从其向东延伸的广阔的低地地区之间建立起一条便捷的通道极其重要。拉斐尔·雷耶斯领导下的哥伦比亚政府派遣米格尔·特里亚那作为勘察者正是出于此目的。雷耶斯在普图马约低地的奎宁热潮时期曾是经验丰富的生意人，他正是给阿尔弗雷德·西姆森船长工作的那个人，让他指挥第一艘蒸汽船驶向普图马约河上游，他也是一位拥有无限精力的典型资本主义企业家，而米格尔·特里亚那正将此书恭献于他。

圣地亚哥·佩雷斯指出，要使所有权真正有效，低地地区必须通过活跃 331
的工商业纽带与国家相连，借此国家的血液得以输入那些偏僻的地域。米格尔·特里亚那正是要去查找让血液得以流通的地点。而圣地亚哥·佩雷

斯为他的壮举作序也是同样地热血沸腾。他集中讲述了

> 在连绵大雨和隆隆雷声中从安第斯山崎岖的山坡上下来的过程，大雨导致的洪流倾泻至广布的村庄。山中小径的背叛需要人们异常小心。错迈一步可能就意味着死亡……不祥的征兆——劳累过度或惨遭遗弃的悲惨旅人的遗骸，预示着周边的危险。然而，没有什么可以阻止他。前进！前进！前进！直到他终能使自己摆脱那危险、威胁无处不在的荒芜之地。[57]

而圣地亚哥·佩雷斯不是拥有详尽的知识吗？动摇共和国的内战无数，他在躲避其中的一次战争时难道没有逃离波哥大，从安第斯山上下来去到东部平原，继而在他的著作《从波哥大到大西洋》(*De Bogotá al Atlantico*)中讲述这一经历吗？该书被翻译成英文并出版，书名译为《泛独木舟下奥里诺科河》(*Down the Orinoco in a Canoe*)，约瑟夫·康拉德的好朋友堂·罗伯托——另以康宁汉姆·格雷汉姆之名为人所知，为其慷慨作序。确实，堂·圣地亚哥·佩雷斯也通过其他方式贡献历史和艺术，比如康拉德小说《诺斯托罗莫》(*Nostromo*)中的堂·何塞·阿维拉诺斯的原型即部分取自于此。在该书的作者序中，康拉德提到，那虚构的中美洲共和国柯斯塔瓜纳的历史即倚赖已过世的堂·何塞·阿维拉诺斯所写的《暴政五十年史》(*History of Fifty Years of Misrule*)！堂·圣地亚哥·佩雷斯以现实为基础进行的虚构创作，为一个虚构国度提供了真实图景，并在一本并不存在的书中绘刻了它的真实历史。除此之外，正是堂·圣地亚哥帮助意气消沉的康拉德实现了南行至西班牙的梦想，也由此在康拉德1903年写给康宁汉姆·格雷汉姆的信中提到了他的名字。那封信与一个叫凯斯门特的人有关，他呼吁各方给予刚果改革协会帮助。

米格尔·特里亚那约于1905年抵达莫科阿。那天夜里下着雨。一场宗教庆典正在进行中，但参与者都是印第安人，他们远离白人，对牛角冒火的牛模型(*toro encandelillado*)各种奚落嘲讽，那牛正猛冲向聚集在女修道

院脚下的看热闹的人。随后鼓声响起，烟花飞射，印第安人进入隐于树林中的一所房屋里，一整晚都在跳舞，直到第二天在莫科阿的教堂里举行弥撒。

教堂正厅被白人占据，男人的数量超过女人。那时，在莫科阿的定居点只有约20所房屋和200个白人，其中许多人是在最后一次内战中被捕的政 332
治犯。印第安人在教堂中心的空地上。左边正对祭坛的地方，印第安妇女弯着身子坐着，双腿伸直，光着脑袋，正在给孩子哺乳，大多衣冠不整。只有一个老妇人在祈祷，她先在左胸前然后在右胸前画十字，亲吻着自己的手指，发出很大的声响。另一边坐着印第安男人，他们比妻子要小心谨慎得多，但脸上明显带着昨晚狂欢的印记。

自然人在弥撒结束之后留下。一位方济各会修士会教他们基督教教义，他们用西班牙语逐字跟着念，就像齐声朗诵一般。这些自然人看起来是过分屈从的一群人，但当然并非毫无魅力。一位机警的小伙子吸引了特里亚那的注意，他记录了与其的对话。

"我亲爱的小朋友，你叫什么名字？"

"鲍蒂斯塔·迪斯坎斯，我的主，我是你的仆人。"

"离开莫科阿山谷之后，"特里亚那写道，

> 艰巨的登山之旅就从旧普韦布洛(Pueblo Viejo)开启了，自那起，人们只能坐在印第安人的背上前行，这是唯一的交通方式。在一般行人必须将指甲伸进湿滑的黏土爬着前行的地方，印第安人却可以果敢地脚踏实地；在曲曲弯弯、倾斜、湿滑的植物根系上，平庸的杂技演员不可能找到平衡，而印第安人却可以让人羡慕地优雅行走；面对容不下一只靴底，甚至连膝盖也开不了路的狭窄车辙，印第安人灵巧的脚和铁一般坚硬的膝盖却可以使用惊人的技巧、毫无损伤地打开一条通道；当拉姆皮娜山(Rumpina)或卡尼西莉亚山(Carniceria)[峭壁]的突出部分阻挡了通道，觉察到那深河的汹涌巨浪，甚至没有旅人能想象到，在这险峻的潮湿道路上尚有立足之地。然而尽管如此，一小步一小步地走着——有时候向前，有时候侧着，也有时候后退，像这样转来转去——根据危险创造的奇妙方法，印第安人沿着那死亡隘路向前行进。当汹

涌澎湃的河水向道路袭来，印第安人在齐至腋窝的深水中蹚过或走过当作桥用的颤颤巍巍的栲恩特棕树，以此挽救这一危机。在印第安人肩膀的高度，旅人看着泛着泡沫的愤怒湍流从脚下穿过，两边的巨石有如围墙一般，自己好似一位渎神的受诅咒之人。置身大自然，人们总能听到献给那位统治世界的至善者的荣耀颂歌；然而，由于愤怒而变成黑
333 色的山中的河流咆哮着猛撞向它牢笼的两壁，打破了愉悦回声的和谐，听起来好似罪人的悲戚哀嚎。一路走过那湿滑的棕榈桥，旅人被河流飞溅的水花吓得直打颤——他的倚赖即那位背着他的印第安人，此刻像仁慈的山神一般，旅人的性命完全仰赖他的看护和保佑。[58]

于是他这位背着白人从莫科阿上山的谦卑的印第安人变成了山神！那也是用雅格把殖民者从地狱背上天堂的印第安萨满。让一段文字代表社会历史现实发声是如何又为什么会使某种关联蕴含其中的？这些关联又是怎样的？在思考这些问题的过程中，我们不应忽视使得搬运工变成神的这一重大仪式得以维系的运动的特点——在那死亡隘路的湿滑路面上侧行、后退，是支离破碎的，非对称的。同时有道德伦理的物质喷涌而出，进入尖叫的沟壑和高坡，猛烈击打，翻滚，诅咒，哀嚎，好似印第安搬运工蜕变为神的仪式化的前奏，比如妖术、邪灵，他走在死亡隘路上，置身于采取道德立场的发怒的大自然中。我们不能安于各种对立已被调和、所有矛盾已被平息的想法；我们的但丁还未找到他的比阿特丽斯，神圣也还未被世俗救赎。相反，这令人震惊的狂怒诗学所讲的是把剥削者对受剥削者的依赖隐藏起来的力量，这正是从米格尔·特里亚那在印第安人湿漉漉的背上颠簸前行过程中所真切体验到的幻觉中大量涌出的力量。

自己重心位移加上对他人意志的无条件服从很快产生一种奇怪的情感，改变了最初的让人感到满意的新奇感。此刻，印第安人背上的乘客开始感到羞耻，他作为一个健全人，却自愿变成一个跛子……在印第安人湿漉漉的背上，手肘变得麻木肿胀。由于双腿长时间保持弯曲的姿势，膝盖都僵硬了。双脚因为一直被捆绑，变得瘙痒，逐渐失去了

> 知觉。由于身子弓着，五脏六腑抵在厚木板上，让人感觉疲惫。是如此疲惫不堪！那是懒汉的疲惫感——那人现在正寻找无聊的消遣来打发时间。
>
> 印第安人的呼吸声变得和在洪达小径上的骡子的喷鼻声一样熟悉，而为了使旅途变得更加有趣，我们想起了用幻想的方法；在印第安搬运工和被背着的那个人之间存在一种契约，其类似盲人和跛足之人之间的契约。“你替我留心看着啊。”盲人说道。“除非，”跛足之人说，“你替我走路！”

那契约得到忠实履行，以至于盲人和跛足之人成为一个人。开始时这 334
个人还拥有两个灵魂，他们需要一种语言去调和各自的意志，并共同受益于互补的器官，这样彼此就能相互支持。这样过了一段时间，从脚部到背部、从眼睛到腹部，建立起像快速电报一样闪动的克服了衣服电阻的神经电流。于是，盲人不用迟疑地摸索行走，而跛足之人感觉那双腿就是自己的，好像他同伴所忍受的摇摇晃晃是对他粗心的惩罚。

同样地，在骑马的人和马之间也流动着神经电流。这样，当骑马的人疲惫不堪，或在战斗中变得兴奋，或因看到路途的终点露出微笑之时，那畜牲也会变得伤心或高兴起来。为证实我们幻象的最初征兆，我们不应忘记驯马师更多通过暗示而非缰绳的无声动作来训练他们的幼马。

于是，带着这些想法，我们开始让幻想产生作用。但之后，我们突然觉察到非常有必要以积极的态度研究出一种策略，来恢复之前被我们放弃的对自己意志的支配力，而让那粗野之人取而代之。正如我们使自己无力走出自身的怯懦，我们也使自己变得盲目愚钝。

二者谁应做主？当然是我们，因为如果说印第安人和他的“乘客”之间的关系是马与骑马之人之间的关系的话，那么很明显，除了负重之外，那印第安人还必须放弃他的自由，而且在契约所限之内不按自己的意愿行走，而是受我们的权力掌控。由此我们获得了管辖权，其不允许来自他的任何投入，我们获得了我们道德权利的理论基础，这一权利使我们不靠任何语言而仅通过思想和精神的力量实现管理。[59]

对空间的殖民

我们在帕里、奥维耶多、塔马约、汉密尔顿、科克伦、方济各会修士、弗洛伦西奥、曼努埃尔和特里亚那的这些文字（或者我们是否该说异象）中所瞥见的是极具政治性的形象，神话和历史在其中碰撞，使得魔法艺术得以进入。关于下降和拯救的伟大道德史诗流传于西方传统上千年，明显是那传统的主要组织力量。那史诗依靠魔鬼、邪恶，在其终点忍受折磨，却在新世
335 界印第安人的背上得到安息。据我所知，在安第斯山赫然耸立于热带雨林之处，在高地印第安人的扩张主义同其西班牙殖民者的道德地貌并行之处，这得到了最完美的虚构。

直到今日，历史之河交汇所形成的顽固意象结构始终被刻于想象以及高山的魔法之中。在其活动下及编年史家对于这些活动的解读中，安第斯山的征服者们，比如贡萨洛·希梅内兹·德·奎萨达，反而被这股力量所征服，迷失于其无穷的魅力之中，他们的双手沾满了受害者的鲜血。几百年来，有关征服的史学受惠于同样的故事，而关于征服的神话仍在等待它的征服。

对我们大多数人来说，使某地具有道德甚至救赎的意义只不过是浪漫幻想而已。但在有些情况下，人们经过某地能通过提升其意义获得力量。旅人沿着空间里的一条线被带着向前，经历一个故事。那条线汇聚了虚构的动力，随着时间之箭不合宜地穿过静止不动的马赛克空间——原始的、神圣的空间。正是今天，普图马约的印第安药师，即那些不少于流浪者的居家之人，唤醒了长期被置于白人殖民统治之下的空间的沉睡意义，并带他穿越其间，不仅去揭示神还要去展现巫师隐而未现的存在。

第 19 章　连狗都在呜咽不止

我很好奇，那支军队，即那支像雅格精灵一样取代了披挂着羽毛和镜子 336 的跳舞巫师位置的、令人惊叹的、金色的漂亮的歌舞军队，那支在某种意义上取代了那些精灵的军队，在弗洛伦西奥看来，意味着什么。——“看到他们，你就被治愈了？”是的，这位萨满答道。弗洛伦西奥尝试着从床上爬起来，与他们一起唱歌跳舞。

只有一次，他告诉了我一些有关这支军队的事情。他看到的是人，而非制度，但华美的民族主义话语牢嵌于其中。就是在这场短暂的、秘鲁和哥伦比亚之间骤然而起的战争当中，印第安人被征用指派，划着独木舟将汽油从翁布里亚运到阿西斯港，而弗洛伦西奥就是这些印第安人中的一员。他所告诉我的一切，就是“当这支军队到达阿西斯港时，他们并没有睡觉。他们吹响了小号，向哥伦比亚和他们的家人告别。……但那是何等的一种悲切啊！哪怕是狗，都在呜咽不止。我们之中最难过的那些人，起床去观看，去聆听。我们从没有听到过如此悲伤的声音，那乐声，如此催人泪下”。

第20章　老兵所记得的那些事情

337 我在这个国家的内陆，准确地说是在特哈达港，遇到了一位步履依然轻快的勤奋老汉。1932年，他曾作为一名士兵参加了祖国与秘鲁在普图马约展开的战争。他在那儿待了十八个月，时常生病，并被送往波哥大治疗疟疾。但总而言之，为了保卫祖国去那么做，终归是值得的。不过，他抬了抬眉毛，补充道，现在的军队不一样了。

我以为自己知道这个老人的话意所指。一年前，也正是在他现在所就座的位子上，一位刚服完了兵役的健硕年轻人告诉我们，在图尔瓦伊·阿亚拉任总统期间，作为日常值日的一部分，他如何协助折磨波哥大平民，比如，将电极贴在孕妇的乳头上。听起来他几乎有些兴奋。当他叙述时，他的妻子面无表情地坐在他身边。她已经有孕在身。是的。我了解这个老人所指何意。

我到他家里去迎接这位老人，其时他正在看电视，在看一部美国电影。这是一位匀称可爱的男人，优雅而谦恭。两名个头矮小的妇女一边抽烟，一边与他一同观影。

338 他告诉我，货车最多只能开到科查湖插入到帕斯托东部山脉的地方。从那个地方开始，士兵们不得不沿着方济各教会所开辟的道路步行前进，在穿过大雨滂沱的帕拉莫荒原时，泥泞甚至陷到了士兵们的大腿处。有些道路上竟然还有印第安人在路边留给他们的成堆马铃薯。他们十分善解人意。那些四处漫游兜售草药、治疗疾病的人，是骗子。然而却是在那里——在那里，科学彰显着自身。

在19世纪20年代，作为一个生活在特哈达港的年轻人，他见过印第安人既卖草药又卖那些帮助婴儿战胜凶眼病——他说，它的正确名字是恐惧症——的手环（*coralitos*）。

1933年，莫科阿其时无非是一片印第安人修建了大概五十栋房子和一座教堂的农家田舍。那里生活着一些部落。部落民众是所有印第安人与地主中最虔诚的教徒。再往前，在普图马约河岸的道路尽头，除了方济各会建立的学校外，阿西斯港几乎没有什么东西。那里还有一个方济各会经营的、用于烧砖的瓦窑。他们几乎事必躬亲。确实，他们偷窃了印第安人的土地，然而，他们也在保护着这些印第安人，并为他们提供教育。哎呀！现在这儿竟然还有了来自普图马约的律师！为数众多！

一块灰色毯子、一个铝制水壶、一条子弹带和一把沉重的毛瑟 M-1 来复枪被分配给了这些士兵。（那么弗洛伦西奥有关身着金色制服与金色靴子跳舞的军队幻象又从何而来呢？）至于那些殖民地土著印第安人，啊哈！他们就是我们的生命。

此话何意？

因为他们是船夫。他们是我们亲爱的朋友。他们给我们带来地里的食物：丝兰、粉芭蕉、野味。不！我不认为军队为此付给了他们分毫。他们的萨满也帮了大忙。他们照料伤者。他们给了晕船药。帕翠西欧·帕梯莫楚，西奥纳的一位萨满，当时已经有 149 岁了。他的头上长满了疮疤。他是印第安人中的上校，是个能人。他动身赶往前线治愈伤者。他拥有一艘巨大的独木舟。

我想学治病，但他们不肯教我。

后来，他喝了雅格，看到了身后的特哈达港所发生的一切。在他家中，有人正在死去。这是真的。雅格很有实效。

走出城镇大约一英里，我追到了另一位退伍军人。他看起来与第一位退伍军人惊人地相似，好像是那场战争或其他什么与之相关的东西造了一种特殊男人：警觉、轮廓鲜明、自信、极其优雅，且精于世故。他曾是考卡著名的砍刀手之一，“砍刀男”。这些被招募、以其长刀与经年累月的盛誉来消灭秘鲁人的农民，主要是来自考卡山谷的黑人。

为了抵抗蚊虫的叮咬，士兵们蓄上了络腮胡，戴上了手套。条件异常艰苦。秘鲁想要偷走莱蒂西亚（Leticia）的哥伦比亚镇，这就是这场战争爆发的缘由。有天晚上，他们在皮鲁拉·布兰卡港（Pinuna Blanca）与维托托人 339

一同露营。部落酋长取了一截藤蔓，分别在两端切出十字形状。他打开自己的身体，用藤蔓插入药膏。这是魔术。他能够治愈体内任一部位的疼痛。第二天这些士兵就能继续行军了。他们说“印第安人是残暴的”，印第安人是野蛮人。不！残暴的人是我们。不！我们才是野蛮人。

你想听一些不可思议的事情吗？

你想听一些难以置信的事情吗？

普图马约河发源于一个湖——科查湖。湖中心有一座小岛，印第安的祖先在这座小岛上发现了一名童贞女。我记不清她的名字了。他们把她带到帕斯托，但她又偷偷地回到了岛上。因此印第安人不得不为她修建了一座教堂。但只要神父们去做弥撒——哦，那可是最令人惊奇的事情！——她就会消失掉！人们告诉我们，她去拜访卡洛托(Caloto)的妮娜·玛丽亚——亲爱的读者，你们可能还记得，那个地方不仅有她的住所，而且距离那位老兵的故乡，也就是特加达港，只有几英里远，而且当地还流传着她令人吃惊的失踪史。也有人认为，她只是去拜访居住在布加的奇迹之王去了而已。

士兵寄给母亲的一张明信片，他将自己的肖像插进明信片上角

那么另一段来自考卡的有关砍刀手的记忆又是怎么回事呢？正是在普图马约的热带雨林里，他有幸无意中发现了一把“柯林斯”大砍刀。秘鲁人在逃跑时把它落下了。在此之前，他从未见过这种刀。

现在，战争已经过去了 50 年，而哥伦比亚的退伍军人们仍然在为了获得为国家效力而理应获得的退休金而斗争。他们赢得了战争，但迄今为止
341 一无所获。而秘鲁人，他们输了战争，却赢得了退休金。原来祖国不过如此而已。原来普图马约不过如此而已。于是弗洛伦西奥下在炎热的国度里啜饮雅格，想象配饰着黄金的士兵们在唱歌跳舞。有了他们，你就能治愈我吗？他问萨满。是的，看到他们，你就能被治愈。

但另一方面，这位老兵难道没有说印第安人“是我们的生命”吗？难道不是那个头上长满了疮疤的、有名的西奥纳萨满帕翠西欧·帕梯莫楚治好了士兵们吗？

第 21 章 野蛮人巢穴里的坚韧与温柔：令人费解的日常与日常中的令人费解

那些征服神话又在何种程度上表达了印第安文化承载者的观点呢？这 342
些文化承载者当然几乎别无选择，只能扮演殖民者强加的角色。当然确实，也有故事曾提到，被激怒了的马具保管人发起快速突袭，将横暴的骑行者投掷下深渊的事例。科克伦和其他人辛辣地抱怨马具保管人利用了他们那些骑行者的依赖性，就好比那些四处漫游的锡本多伊印第安草药医生被说成是占了他们患者的便宜。正如一位方济各会神父在四十多年前所抱怨的那样，

> 那些圣地亚因加诺人（Santiagueños，从锡本多伊山谷的圣地亚哥镇来的因加诺印第安人）沉溺于在哥伦比亚以及其他国家的各个城市中漫游，兜售叶子、根茎、藤蔓、草药和护身符，利用了那些本应该比这些印第安人更聪明一点的人的无知……有一些文明人已经丧失了道德。他们为了下流的目的求购草药和魔法……这是该地区的**印第安人剥削文明人的完美证明**。印第安人高价售卖那些毫无价值的草药，或者从任一地方采摘叶子和草药高价卖出，俨然那是从**最遥远的丛林里** 343
> **或从安第斯山脉的最高峰**采摘的。［重点符号为原文加注］

然而，如果这使得印第安人，或至少他们那最突出和代表性的形象即医疗者形象，被利用以剥削文明人的话，这难道不是为种族剥削政策推行时印第安人起初所承受的苦难所付出的代价吗？就作为一种压榨剥削者的方式来说，印第安人越是萨满化、神秘化、野蛮化，人们所划设的族裔魔法与种族主义的套索就被系扣得越紧密。

然而，我们应考虑，某一特性可能会打破这个错综复杂的结构，即一方面

由白人,另一方面由印第安人描绘的视觉之旅这一喜剧所具有的两种含义。

在他写给卡恩·格朗德(Can Grande)的信中,但丁认为,喜剧从污浊的、令人恐惧的开头走向令人向往的欢快结局,正如基督本人的受难,在何塞·加西亚和曼努埃尔的异象中,是有效的救赎模式。何塞·加西亚似乎能轻易地将它打开,而我却只会想到这与邪恶的特性紧密相关。如所有我知道的殖民者,不管是白人还是黑人那样,他们运用这种邪恶来涂抹这个世界的阴暗面——谱调夸张,神秘至极。正是神秘性的这种神秘,以及离奇的艺术性在故事与姿态中的表述,将其与那些我所知道的印第安人的表述区别开来,其中波澜起伏的调侃将此世界置于振荡之中。这种迥然相异的喜剧感毫无疑问也来自殖民诗学。若你愿意,不妨回想一下那种"让印第安人来背主教的交通模式是一种牺牲"的抱怨:印第安人走路时不仅走得太直,而且这么走路的时候,还会像山羊那样蹦跳,像自由放任的鸟儿那样高飞。所以在寻求一种替代性模式来取代这种殖民叙事的神圣精神发泄时,我认为我们所要求助的,正是这种极度直接的诗意化蹦跳与高飞的殖民观念。

1977年12月20日,我返回到圣地亚哥和安波西亚的家中。我发现他不仅已从我所认为的致命性疾病中康复痊愈了,还与他的儿子一道出发,去治疗一个舞厅,而那舞厅坐落于靠近哥伦比亚—委内瑞拉边境、处在共和国另一侧的遥远的库库塔。在那些等待他归来的人中,有一对来自帕斯托附近山上的白人夫妇——安吉拉和她的丈夫胡安。胡安告诉我,他患了风湿又有眼疾,在他居住的那个地方,没有哪家医院、本地治疗师或药店能治好他的病。他第一次被父母带到圣地亚哥这里来,还是在十五年前。他刚写好了一封信,如下:

圣地亚哥先生:

我恳求您治愈我,驱赶掉我所遭受的所有病痛。这些病痛使我无
344 法走路,破坏我的视力,使我看不见东西。不仅如此,我的农作物收成也卖得很糟。还有,我也想请您医治我用于耕作的土地。地有四小块儿,其中两块儿是我的,另两块儿是我母亲的。我还想请您治愈我的妻子。

日常生活镶嵌于几乎每个人都被卷入了的、由细碎家庭琐事构成的乏味的例行公事中,病人如此,工人亦如是。这种不规律的工作节奏区划出许多空间,让我们谈话与沉思,而对于萨满的治愈力来说,这种节奏的每一刻,都与病人使用迷幻剂以后奔向那未知世界的壮观飞行同等重要。对于病人来说,它使得他们与其麻烦间隔出一段距离,同时也通过聚集一群饱受病痛折磨的人于一处,或一鼓作气或时断时续地,慢慢地让彼此知道对方的不幸,从而凝缩了魔法与妖术的话语体系。每一天或每两天,都会有一个新病人从邻近地区或遥远的地域来到这里。在与其他人不管如何拐弯抹角地讨论他或她的问题时,妖术世界被赋权,萨满的家成了流传这种社会知识的散漫源泉。

可以这么说,病人与萨满家庭成员在萨满家中的日常共存同时也使得萨满的权威去神秘化、人性化了。与神父或大学教育培养出来的现代医生的情形有所不同,例如,这两者通过那规定了其存在本身的功能性特定角色,以及其工作场所与生活场所的分离,促进了其神秘性。萨满家里的情形则是病人和治愈者获取了一些相当私密的了解,理解彼此的癖好、如厕习惯、婚姻关系,诸如此类。大体上,我认为,可以很公正地说,我所了解的萨满疗效,除了应归功于使萨满能将平凡与离奇编织于一处的迷幻药仪式之外,同样也归功于这种日常公共私密性的杂乱无章。

手电筒的光亮在河那边的高地上闪烁。狗叫了起来。会是谁呢?“是朋友圣地亚哥”,年轻的加布里埃尔嚷道。自从他的父亲,一个来自锡本多伊山谷的印第安人将孩子留在此处,承诺他会马上回来之后,加布里埃尔就被这户人家收养。而这已经是多年前的事情了。有人说这位父亲已被淹死。天太黑,啥都看不见。然后,不出所料,圣地亚哥用根手杖撑着健硕身躯,踏着重步走了进来。人们从瞌睡中醒来。两个躺在地板上睡觉的病人跌跌撞撞地走了出去。烧酒在流淌。年轻人们将一盒磁带塞入一台电池充电的老录音机中,开始跳舞,而安布罗西亚则挨着精疲力竭的圣地亚哥在阳台上站着,从一个又一个信徒那里接受小玻璃珠——几公斤重的彩色珠子挂在他的脖颈上。他给大家讲述自己的旅行,人们被他所说出的每一个非常滑稽与令人惊讶的词语所吸引。之后他们渐渐离去。没有什么东西会长时间地保持同一状态。

“……接受一个又一个信徒所给予的小玻璃珠……”

他外出医治一家迪斯科舞厅——它有一个街区那么长！有22间房子，每一间房子都需要被医治。这多让人精疲力尽啊！没有吉开酒，只有瓶装的啤酒！这家迪斯科舞厅属于一个名叫亚历杭德罗的男人，他正承受着一
345 种与人骨和来自墓地上的土块有关的妖术折磨。没有顾客来此跳舞或喝酒。停车场的情形尤其糟糕；当圣地亚哥在那里念咒吟唱、燃吹香烛时，在雅格的效用下，他惊奇地发现一只蝙蝠掉进了装燃香的锡罐中。人们会将车开进停车场，在没有什么明显原因的情况下，又将车开走。圣诞节临近。对于舞厅来说，这是一个高峰期，但亚历杭德罗在大把亏钱。亚历杭德罗是从住在国家另一侧的一个男人那里知道圣地亚哥的。那个男人住在库库塔，但之前曾在阿西斯港开过一家酒吧，几年前，圣地亚哥曾帮他医治好了同样的毛病。

他在库库塔待了一周时间干活。他医治好了这些毛病！所有的22个房间都被治愈。顾客开始光临，亚历杭德罗、他的家人和朋友，都恳求圣地亚哥留下。亚历杭德罗的妻子询问圣地亚哥是否受过洗礼。“我告诉她，我比城里的那些神父受洗更早！”他笑了又笑，把这话重复了一遍又一遍。

他们带着需要处理的护身符来找他。他们带着需要处理的宝石来找他。他们询问是否能告知藏金的地点。他们恳求他留下,但他们是雇用了工人的有钱人,圣地亚哥说。他们已经别无所求了,他却还有农场和家人在等着他。若他的妻子生病了呢?那该怎么办呢?谁来医治她?“她不能去医院,因为[他做了个抹喉咙的手势]他们会杀了她。”

当时已近半夜,已经很晚了,他也很累,但他仍然开始治疗。医疗者想要医治病人的需要,不亚于病人对治疗的需要。他将胡安带进两室家中的那间主房,说道:“现在我要给你做个检查,明天我们就开始治疗了。”胡安将衣服褪至腰部。圣地亚哥抬起他的右手。胡安抱怨,他疼的不是胳膊而是腿。圣地亚哥用坚毅的眼神盯住了他:“听好!我做检查,是检查头和脉搏。我需要把脉!”他念了几秒钟咒语,那神奇的普图马约医治者咒语,不断从喉咙后部用舌头发出枪击般的咔嗒声。他慢慢地轻抚胡安的手臂。他们谈到了胡安的生活。 346

“那是因为他们对你所怀有的嫉妒……那些罪恶。”圣地亚哥说道。

“是的,先生。我们很努力地工作。但是,圣地亚哥先生,我们付给了工人不错的报酬!可现在整个世界都在与我们作对,从我父亲的过世开始……每件事……每个人都生病了,我的父亲、我的母亲、我自己,这一切。在我父亲去世之前,我躺在医院里。但医生们治不好我。那之后,我的腿……一切都非常糟糕。”

音乐自收音机中徜徉流淌,有来自沿海低地的音乐,也有来自山上的音乐,巴列、昆比亚舞曲以及呜咽的长笛,而人们围坐一处闲谈饮酒,同时眼瞄着治疗过程。其他人安顿下来准备睡觉,一些年轻的印第安人在房里的黑暗角落里嬉戏轻笑。谈话的只言片语在烛火的光影摇曳下飘向我们。

“你有很多敌人”,圣地亚哥断言。

“是的!有很多敌人。”

圣地亚哥责骂他:“你并没有照顾好自己!你知道,你是不能信任任何人的!”

他们充满激情地交谈,对话炸开了通道,直达嫉妒所导致的那海绵状般的困境。圣地亚哥在给胡安把脉，轻抚胡安的手臂将它拉向自己，其间串点着他的提问以及关键性的施咒训诫。

胡安几乎快要哭了："我第一次来这里时，几乎无法站立。我正踩在鬼门关！"圣地亚哥抱住他的头，在头顶吮吸。他转向我，开心地笑了。

"看吧，堂·米格尔。印第安人知道！印第安人知道怎么去治病！"他捧腹大笑。

他询问胡安吃了哪些药，把风吹到胡安身上时，复述了一遍发生在库库塔的另一桩事儿——"呼呼的火，呼呼"——治疗者富于魔法的气息，在驱赶着。

"它会离开我吗？"胡安问道，"我会好起来吗？我们能知道它们是谁吗？"

"明天我们会喝点雅格。如果你受不了，我们就去你那。"

"那正是我们所期盼的。我母亲和我正处在困境中。事情的走向很可怕。局面已经变得无法控制。"

347 人们在隐蔽的位置欢笑。收音机继续播放舞蹈。圣地亚哥继续念着咒语，不时突然停顿下来发指令："那治疗扇……卡斯卡贝尔，一切……"又转回到库库塔那个故事中去了。他情绪高涨，喝得酩酊大醉。有人问："在库库塔，你什么都有？"

"是的！"他答道，"有那些女人！"他曾因库库塔的年轻女人而被取笑。

"年轻女孩子们！"他反驳道，"没年轻女孩子们什么事儿！是那个年纪大些的女人！她在库库塔问我，是不是一个受过洗礼的天主教徒！我告诉他们，我们印第安人比他们更像天主教徒！'那你们用什么方式受洗呢？'他们问。"他笑得眼泪直冒："我正在告诉你真相！"

胡安插嘴："这就是真相。"

"就印第安巫师而言，他们在库库塔不说别的，只说真相，只说事实。"圣地亚哥平稳清晰地说道。

"只说事实。"胡安随声附和。

"谁愿意争论这事儿呢？"圣地亚哥继续说道，"时辰一到，我们所有的人都不得不死去。"安布罗西亚把他带到了一旁。

某天清晨，圣地亚哥梳洗干净后，坐下来处理胡安从他母亲山上小农庄里取来的几小袋泥土。在开头一段舌头所发出的枪响般的声音过后，他将嘴凑近每袋泥土敞开的口子，开始对其轻柔施咒，将几乎没有任何歌词的雅格音调唱进泥土。深夜森林里刺耳的吟唱声中不时会冒出一句西班牙语，诸如“别让他们来骚扰任何人了……”。这种吟唱似乎持续了很长一段时间，可能有半小时之久。然后他往泥土里吐口水，将口袋倒过来翻过去，将里面的土块塑成某个形状，之后又将其碾碎。

“好啦！”他宣布，“现在你已经得到了普图马约印第安人歌曲的祝福！”他交代胡安将这些土带回山上那个农场，把它们播撒在被诅咒的土地上。他并没有告诉他这农场是否被“破坏”——损坏，这是妖术的主要委婉说法——至少不是马上告知。胡安告诉我，他认为，不管农场的妖术是否起作用，念进了土壤的这段咒语都是能使土地圣化的某种东西，如果妖术已经在起作用了，那么土地也能被治愈。如果土地没有被妖术污染，那么这一歌唱行为就会成为其**对立面**，是为了将来几个月而做的一种预防措施。

圣地亚哥谈论过他的咒语。舌头发出的枪击般的咔嗒声，是为了帮助雅格之歌更有穿透力。他不是从别人那里学到这个的——他从雅格自身那儿学到了这一点。当你酩酊大醉时，当你变得十分“兴奋”时，你会飞向高空，雅格之灵就会教会你所有这一切。它们将颜料抹上四肢和脸庞。它们弹奏乐器，翩翩起舞。听到、看到这些，你也可以学到同样的东西。他们会教会你这一切。这些“雅格人”或雅格精灵穿着涂绘得极漂亮的长袍、汗衫，他们头上戴着羽帽，上面插着就像圣地亚哥那样的——但只会比其更好——羽毛，穿着纯蓝的鞋子。但哪怕是圣地亚哥，也不能经常见到他们。348
为了最精准地圣化这些土壤，他必须等到雅格之夜过后，在那晚之后的凌晨才能开始工作。那时，他一边哼唱着雅格之声，一边敲打着他的治疗扇瓦伊拉萨查，查看土壤里有没有那些妖术的象征符号如蛇和蝎子之类的坏东西。

圣化那些被玛勒斐西污染了的泥土

紧随嫉妒而来、会遭受妖术折磨的事物，不仅有土壤和家畜，也不仅止于农庄。小生意也易于被攻击。就这方面而言，值得一提的是，为了求得圣地亚哥的帮助，附近镇子上有个人曾经耐心地等了他至少一年。这个人是一位来自太平洋海岸的黑人，赚了些钱并买下了一间酒吧。现在他希望这家酒吧能够被医治。

我渴望见到用雅格酒来医治酒吧的情景，并直言不讳地提醒圣地亚哥对酒吧拥有者的承诺。但他总是懒洋洋的。“明天吧！”他这样回答。

那一天终于来了。不过，大约午餐前后，一个健壮的小个子男人背着一个男孩挣扎着从森林里爬了出来。他们是来自考卡高地的殖民者。医院也没帮上什么忙。小男孩病得很重，不能走路。他发着低烧，膝盖、肘部和脚踝都肿了，整个人没精打采，又瘦又黄。

仅剩下半瓶雅格了，圣地亚哥毫不犹豫地取消了去医治酒吧的行程。
349 他想要整晚陪着这个生了病的男孩，喝下最后一点雅格，看一下这个男孩能否被治愈，他有什么毛病，该使用什么草药。若事情进展顺利，雅格能告知一切。

那晚，圣地亚哥和我在病孩床边喝了些雅格酒。男孩啜饮了一点儿，仅仅是尝了一下，他的父亲一丁点儿都没喝，他解释说是怕万一到时候需要把孩子背到外边去。在轻柔的反复吟唱声中，以及有关在普图马约狩猎的一些事情，诸如当圣地亚哥还是个缠在父亲身侧的小孩子时，对他而言在森林里待着是种什么感觉，他又是怎样用一支长矛杀死了一只食蚁兽，却从未杀死过一只老虎，以及在我曾经生活过的那些国家里，那些人是否存有嫉妒之心等的闲谈里，我们平淡地度过了这个夜晚。圣地亚哥无法想象，在我的家乡，嫉妒这种恶意伤害甚至可以杀人的力量并不存在。多年以后，我开始明白他是多么正确，尤其是在学术方面。

圣地亚哥大清早告诉我们，说这男孩被 *mal aires*（恶风、邪灵）侵扰，并安排安布罗西亚帮他准备男孩要喝的药。第二天，这个男孩就能走几步了，疼痛也减轻了些。待到这周结束时，他已经能走回家了。

"你在治疗时插入雅格之歌里的'呼呼的火，呼呼'是什么意思？"我问他。

"这样所有那些恶风就能被赶出来，离开这孩子的身体。"他回答。

我们谈起了不同种类的恶风：来自森林的萨查库卡瓦伊拉（*sacha cuca waira*）、来自河流的雅科库卡瓦伊拉（*yaco cuca waira*）、来自灵魂（*ánimas*，在哥伦比亚的其他地区该词指涉死者亡灵）的幽魂瓦伊拉（*ánimas waira*），以及来自淹死者灵魂的雅科幽魂瓦伊拉（*yaco ánimas waira*）。

瓦伊拉（*waira*）在印加语中表示"精灵、精怪"，圣地亚哥说道。雅科库卡瓦伊拉，这来自河流的恶风，出现时的样子像个妖怪，他继续说道。我从大农场城镇的朋友们那里知道，妖怪是爱做恶作剧的小精灵，戴着一顶大帽子，脚是颠倒的，爱用可怕的方式戏弄人，还偷窃孩子。我认为它是一个西班牙殖民进口货。

"是的，雅科库卡瓦伊拉看起来就像个妖怪，"圣地亚哥以一种实事求是的态度说道，"就像一个基督徒（这里的'基督徒'指的是文明人），穿着纯冰的衣服，不过是些冰、水和泡沫而已，穿着泡沫做的鞋子，从头上垂下的毛发到处都是。它们很小，大约一米高。不小心对待的话，它们也会给人们带来许多伤害。"

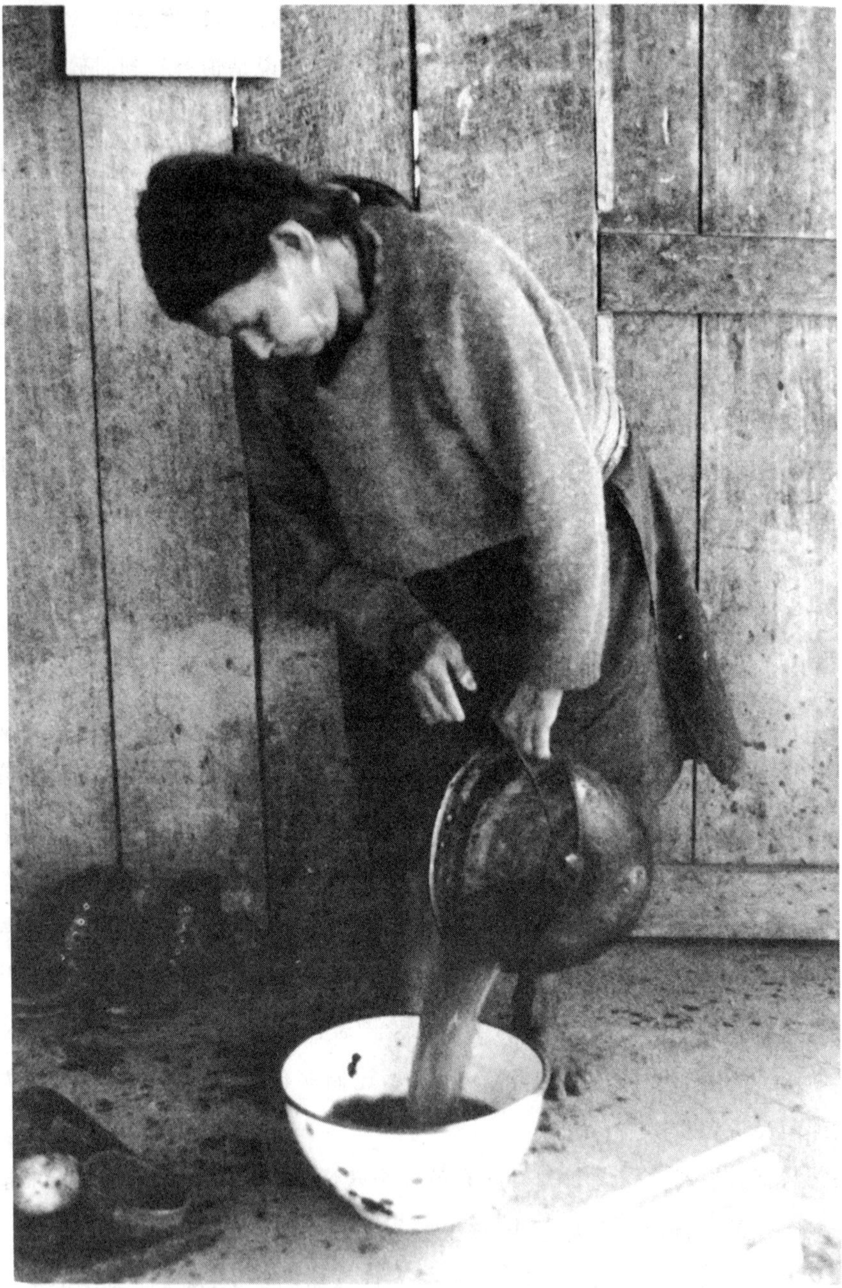

安布罗西亚在准备药物

“他们会攻击人吗?”我问他。

“当然会。”

“为什么呢?”

“出于嫉妒。”

他停顿了一下,之后开始讲故事。曾经有一个来自博利瓦(Boliva,位于安第斯山脉另一侧)的男人饱受妖怪的折磨。

> 他是一个家境不错的学生。有一天,他出去钓鱼,然后就不见了。每个人都四处去找,但是没有人能找到他。五个月过去了,一个打鱼人 351
> 在河流洞穴的深处偶然碰到了他。他已经五个月没有吃东西了,非常瘦弱,骨瘦如柴,毛发满身——妖怪上了他的身。人们把他弄出来,但他又消失不见了。人们发现他又回到了那个洞穴中。他只允许男人给他喂食,却不让女人喂东西给他吃。人们会向他扔石头。他喜欢待在洞穴里。

在取道去博利瓦治疗妖术的路途上,圣地亚哥听到了这个故事。与以往相比,现在的博利瓦小镇因蓬勃繁盛的古柯种植而越加被嫉妒所缠绕。

“它就像一个动物,”圣地亚哥接着往下讲述。

> 森林里也有很多这种人。数量很多。有些人变成了邪恶精灵。之前,他们是像我和你一样的人。就像部落一样,他们也有酋长。他们学会了为非作歹。不过仅有男性属于这个群体。你也能在普图马约发现他们。
>
> 博利瓦的人告诉我,我可以用雅格来医治他。但这需要大量的雅格!听到他的故事时,我正在给一个穿着女人衣裳、整晚四处晃悠、说些滑稽可笑事情的疯子治病。这个疯子穿了一身红衣,就这个样子在集镇上和田地里晃荡。
>
> 我治好了他。这就是为什么人们认为我可以治好那个住在洞穴里的人,他是被妖怪给缠上了。疯子也是妖怪的牺牲品!

“那幽魂瓦伊拉又是怎么回事儿呢?”我问到了另一种恶风类型。

“哦!它的形状像一具骷髅,”他回答,“完全腐烂了,只剩骨架”。

这类恶风既有男人骷髅也有女人骷髅的样式,危害极大。他们会攻击任何人,不管他是好人亦或是坏人,并通过惊吓或恐吓来加害于人。

至于那来自森林的恶风萨查库卡瓦伊拉,则是赤裸着的,只是纯粹的叶子而已,纯粹的叶子和枝丫。它们很冰冷,几乎有一个真人那般大小。就像幽魂瓦伊拉(死者精灵)与河流恶风一样,这些森林恶风也通过使人惊恐来害人。人们在看到他们时是如此惊骇不已,以至于会罹患上各种疾病。

我很想知道他所说的这一切,以及他是如何治好那个遭受恶风困扰的小男孩的。之后,我继续思索,那个拥有一间酒吧、想要圣地亚哥去医治酒吧的男人,又是受到了什么的困扰呢?

“嗯,”圣地亚哥说道,“他说酒吧着了玛勒斐西的道儿。有人对其施以妖术,这就是为什么当其他的酒吧客满时,他的酒吧却空无一人。”

他凝视着延展至山岭的森林。

352 “他有一间小店铺,但他想获益更多,所以卖掉了店铺,用卖店铺得来的钱买下大量的酒、几张桌子和椅子,开了一间酒吧。他雇了几个漂亮的女孩子穿着迷你短裙在桌边伺立,一切都很顺利。然后他开始和这些女孩子调情。他的妻子十分恼怒,脾气变得暴躁,责骂了这些女孩子,也指责了他。这些女孩子也暴躁起来,就指责顾客,于是这些顾客纷纷离开,再也不回来了”。

在随后那些日子里,圣地亚哥在安布罗西亚的帮助下,致力于治疗胡安,那个来自高原、被那些比他穷些的邻居与工人的嫉妒心所攻击的农民。胡安的幻象清晰了,他膝盖的疼痛也缓和了,但他仍在发牢骚。雅格已经被用了好几次。妖术也被吸吮出来了。从漫游的锡本多伊草药师那儿买来的、采自遥远的乔科或更远的卡萨纳雷(Casanare)平原的卡瓦隆戈(Caba-longo)种子也已经准备好了。他的关节上贴着从当地药房买来的德国生产的“狮子羊皮纸”。圣地亚哥对着他的钱包吟唱。日子一天天过去,更多的问题暴露了出来,越来越多的物事需要被医治。每处理完一个问题,另一个问题又冒出头来。魔法那呈网状的丝线与导致病人病倒的呈网状的问题与麻烦紧密交织,随着每一天的流逝扩大,茁壮成长。

陌生人的陌生梦境

有天早上,一个四十岁左右的白人来到了农场,被带进了两间房子中较大的那一间。当时人们正在房中围坐,处于那种雅格夜晚过后所具有的稍有些迷乱而欣快的状态中。圣地亚哥正轻柔地哼唱,治疗疾病。

陌生人迅疾地宣称他得接受治疗——他着了玛勒斐西的道。他坐下来,扯着嗓门向所有感兴趣的人讲述,不久之前他还住在安第斯山脉另一侧的卡利,三个月前他来到普图马约,想去奥里托的石油公司找份工作。但他没有如愿,现在住在拉霍米加(La Hormiga)的路边,为拥有农场的农业殖民者工作。在农场,他经历了一场又一场的危机。也正是在拉霍米加,他听说山麓地区有一个技术精湛的医疗者。他再也无法应对局面,于是就来到了这里。

圣地亚哥听了大概十分钟,然后就走开了。烧酒绕着圈儿被传了过来,房间里充斥着平静谈话的嗡嗡声。一个男孩赶着一头哼哼唧唧尖叫着的猪走过来。一些年轻些的病人开始清理一面古老的油鼓,给它涂抹上色。在厨房地板上爬行的一个婴儿差点儿翻倒了一罐牛奶,却正巧落在了父亲的手臂上。人们传送着吉开酒和发酵的甘蔗汁。安布罗西亚和她的孙女迪莉娅在拔鸭毛前,正将滚烫的热水倒向一只被扭断了脖子的鸭子。一个生病的女孩,安静地躺在两块厚木床板中的一块上,在喧哗中浮动。

从卡利来的这位陌生人被带进了中心,光着膀子坐在一张矮凳上,离圣
地亚哥躺着的吊床有两英尺远。圣地亚哥开始念咒语,用歌声与治疗扇为 353
陌生人施法。歌声曼妙,持续了大约二十分钟。之后他站起来,绕着陌生人半裸的身子吸吮出坏物质,有时将其放入他握紧的拳头,有时又走出去吹气,将它丢进风中。这样持续了十分钟左右之后,这位整晚都几乎没有合眼的老人又开始吟唱起来,用治疗扇打出强有力的节奏,将雷声与噼啪作响的火焰撞进了我们的沉寂当中。外头传来有人擦拭油鼓的声音,一个来自普图马约河的小伙子时不时走进来,打断圣地亚哥的吟唱,给他和躺在地板上的形态不一的躯体递送甘蔗汁。另有一个人想把鸡从房里赶出去,不断地搅动着每

个人。圣地亚哥吟唱着,看起来已经进入了半睡眠状态。他突然停了下来。

“你的病情很严重。你需要三种治疗!”他告诉这位陌生人。

“要多少天呢?”

“你得在周五回来。到时我们再给你一些泻剂——雅格。”

“我现在不能用吗?”

“不能!因为你太虚弱了”,圣地亚哥同时承诺帮助他,给他准备药物,并向他解释,他之所以病,是因为有人在他的食物里投放了某种东西。

“我吃了许多粗糖——红砂糖——因为那是最经济的”,陌生人回应。

“不喝雅格的话,你哪里也去不了。”圣地亚哥无奈地说。

“我想知道在哪里能找到工作!我想知道去阿西斯港是不是好些!”

“过些时候吧!你治好病以后。我既有用来对付敌人的,也有用于交朋友的反政府武装。我们有秘诀。”

“好吧,圣地亚哥。我需要你的忠告。我想往前走。……在卡利时我与兄弟住在一起,是他告诉我来奥里托的。但没有碰到好运气!在拉霍米加,人们告诉了我一些和你这样的大医生有关的故事。”

“在你们那儿,有没有好的巫医?”圣地亚哥打断了他。

“你是指在托利马省吗?”

“是的”。

> 不。我认为没有。我很小的时候就离开了那里。我的生活很可怕。我不断地从一个地方转到另一个地方,我是一个探险家,得不断去认识新的人,了解新的地方。情形总是很艰难。最终我来到了拉霍米加。也没有人帮我。我需要得到救治——也就是他们所说的解脱。
>
> 我做了一些梦。我不得不离开我兄弟在卡利的家。房子里满是穿着黑衣服的人。但并没有人死去。我的堂表兄弟来了,挡住了我的去路。但我继续走,之后看到有一条长而宽的道路在我面前伸展开来。
>
> 354 对我而言,这意味着我得离开这座房子。来自我的家乡小镇托利马,现在也住在卡利的一个巫师告诉我,我被附魔(施咒)了。
>
> 那个挡道的堂表兄弟经常折磨我。他经常打我,但我束手无策,对

此无计可施,只能求靠于上帝。这真把我吓坏了。1978 年,他曾在某日试图杀死所有的人。

所以那天我离开了家,到了教堂,在做弥撒时,我意识到马上会有一场杀戮,我们必须有所行动。归功于圣餐,我看到了他打算将所有人都杀掉。这种幻象一直停留在那里,但我的兄弟不赞同我。我到一所教堂去寻求帮助,就是卡利的圣尼古拉斯教堂。那里有些妇女愿意提供帮助。他们帮我在帕斯托的粮店找到了一份工作。但在最后一刻,由于卡利市政府花光了所有的钱,帮助我的那个女人不得不离开。

在这期间,我一直病得很厉害。之后我做了一个很重要的梦。一个神父,或许是来自圣尼古拉斯教堂的吧,对我说:"去吧,在如此这般的一个地方找到那用于装饰圣餐杯的花朵!"在那一瞬间,我又做了另一个梦。两个穿黑衣服的人,被斩首的一个男人和一个女人,对我说,"我们诅咒你死在你兄弟的房子里",而我也穿着黑衣。他们是多么丑陋的人啊!我是一个有双重身份的人:一个我,是个孩子,另一个我,则是一名斗牛士助手(斗牛中骑马斗牛士的助手;依照这位来自卡利的做梦者的说法来看,助手穿着黑衣裳,得将自己的耳朵作为战利品。)

在第一个梦中,是神父——我想他是一个神父——告诉我去如此这般的一个地方去找花。但我搞不清楚那个地方到底指哪里。我花了两年时间来考虑这个事儿,直到今年的四月份才稍有点儿思路。那时我在卡利做建筑劳工,在那儿碰到了一个年轻人。他告诉我油业——石油行业——能提供大量工作。于是我记起来了!神父告诉过我的那个地方的名字是阿西斯港!所以我来了!卡利的巫师告诉我,我的命运就是在一条铺满了原木的河流上行走。我很难从那里摆脱出来。他说,这还是有可能的。或许吧。

我们沉默地听着这个可怜人的讲述。他问圣地亚哥,自己该向他付多少报酬,圣地亚哥开价一万比索(当时在地里劳动一天的酬劳是五十比索)。这个可怜人说他最好还是继续往前走算了。他想去锡本多伊山谷那边碰碰运气。圣地亚哥回答,他们那儿不会待你这么好,价格也会是一样的。如果你去一个医生那里——指的是接受过大学教育、获得了国家颁发的执业资格证书的医生——他们收取的医药费会更高，并且肯定治不好病。“更重要的是，”他补充说，“我是根据病情的严重程度来收费的！”

355 别叫我泰塔，叫我印第安人！

圣地亚哥在等待波拉丽萨，一名来自帕斯托的女性白人治疗师。她十年前曾来过，啜饮过雅格酒并买走了几公升。她在治疗实践中也使用雅格——只用那么一点点，圣地亚哥说，只不过用来净化一下病人，让他们看到一点点幻象。波拉丽萨送了一封信来，告知她想再买一些雅格酒。不过，那花费会高于她所希望获得的那个价格，圣地亚哥说道。他花了 450 比索（大概是 12 美元）买了一大捆雅格藤和它的阴性伙伴查格诺番咖（*chagropanga*），若没有阴性伙伴为伍，人们就看不到幻象。之后得刮皮、捣碎，在河边一个隐蔽的、禁止女人进入的小树林里用一大桶水将它们烹煮六个小时，这样才能得到将近三公升的雅格酒。如果按照他每日的工价来计算煮制出来的雅格价格，那么在这个花销上还得另加五十比索。那是一个劳工每日的标准酬劳。若圣地亚哥收取参与雅格降神会的费用，那时他通常每杯要价约 100 比索，这通常包括圣化和治疗在内。我见过他向另一个来自低地的印第安人索要治疗费，但很少见到他跟一个显然穷得叮当响的人要钱——而这一类的殖民地居民有许多许多。不过，圣地亚哥常按照自己一时的兴致来定价收费，有时候价格高得吓人，有时候又分文不取。

波拉丽萨曾请他去帕斯托医治一家餐馆，两者由此才得以认识。圣地亚哥曾被迫在临近午夜时离开，这一记忆让他愤怒不已。“你为什么不得不离开呢？”我问道。“因为我穿着汗衫（印第安长袍），那里的邻居们若看到一个印第安人在那里，就会说坏话。”曾听说过波拉丽萨这个人的胡安补充说，若邻居看到圣地亚哥，可能会认为这块地方的拥有者与邪恶魔法有牵连。在我们的讨论中，还有人大胆地抛出了这么一个观点：对餐馆施咒的那个人在听说这个事儿之后，可能会施展更强的法术来进行报复。

下午三点左右，四个白人踉跄着走出森林，爬上了山坡：波拉丽萨、她的小孙女、她的丈夫路易斯以及开车将他们从帕斯托送过来的人。那个矮胖的、喜欢接二连三抽烟的男人路易斯,从袋子中拿出了几瓶白兰地。不久大家都喝得酩酊大醉,波拉丽萨向所有的人慷慨陈词,说普图马约的印第安人如何懂得怎样去治病。

“你是我的*泰塔*,我的萨满,大人,受尊敬的那位大人,圣地亚哥先生。你是我的*泰塔*。知晓一切,无所不知!”

“别叫我*泰塔*,”圣地亚哥怒吼,“叫我印第安人。”

“对我来说,你就是圣地亚哥——不管你是黑人、印第安人还是白人,都没有关系。”波拉丽萨反唇相讥。

圣地亚哥越来越生气。波拉丽萨不断地吼叫,说奉上帝和最圣洁的圣母玛利亚的名,这所房子是神圣的。她对圣地亚哥极为不满,因为后者说自己没有*雅格*。她(正确地)怀疑他在撒谎。为了激怒他,波拉丽萨说她将沿 356
着卡克塔河走到他兄弟哈辛托那儿去买一些*雅格*。“哈辛托不吃帕斯托来的女人(也就是,不和她们做爱)!”圣地亚哥大笑起来。他因自己几年前在帕斯托落到他们手上时所受到的侮辱而愤怒不堪,那种侮辱迫使他早早离开,人们还说他是仅为了吃而来到此地的一个印第安人。

情况缓和了一点儿后,圣地亚哥答应用仪式来净化波拉丽萨。她俯卧在地板上,悲痛地咕哝,小孙女在她身边打滚。在她丈夫的坚持下,她拖起身子,将哭泣的小孩抱了起来,而圣地亚哥则开始漫不经心地为她净身。十分钟后,她又一次瘫倒在地板上。

时光已接近晚上十一点,圣地亚哥和波拉丽萨的丈夫路易斯在刻薄地闲聊着,意欲在口舌上占对方便宜。风湿病患者胡安打断了他们的谈话,抱怨自己的腕关节很疼,请求圣地亚哥医治。圣地亚哥一股脑儿地按摩一阵,对着他的手腕吹气,说已经治好了,而路易斯则在大费周章地数落说,在他上次下来时,圣地亚哥就已经很吝啬了,现在圣地亚哥成了富人,收获的芭蕉如此之多以至于都腐烂掉了,他养的牛每天都在产奶,但他变得更小气了,而他,路易斯,只不过是帕斯托市政府的一个穷警察,而政府在过去的五个月里只付给雇员一个月的薪水……诸如此类。

房间里挤满了睡着的或半睡半醒的雇农、孩子和病人的躯体。大风从发出雷鸣般吼声的河边呼啸而来，最后一根蜡烛摇曳着，发出噼啪声。路易斯先生清了清沙哑的嗓子，一本正经地开始讲述他在其居住的高原上所经历的、几乎令他惊骇至死的一个恐怖故事。

四十多年前，当时他与波拉丽萨结婚才六个月。他按照合约，给帕斯托的耶稣会工作，驾着牛车拉石头。时近薄暮，在牛车穿过乡下一处僻静地方时，他听到了最恐怖的哭叫声："啊咿咿，啊咿咿……"寒意直透骨髓，他望向笼罩着狂风呼啸的群山的黑夜，但四处空无一人。除了大风与黑暗，亦空无一物。他开始感到不舒服，开始呕吐，之后开始拉肚子。他忽冷忽热，开始出虚汗。他感觉自己快要死了。

有人去叫了神父，神父匆匆地赶到他家，帮他联系了住在附近的一个治疗师，后者告诉他准备好烟草和烧酒，等待他到来。那晚，一个白人治疗师赶到他家，诊断说他的病是湿地老太（Old Lady of the Swamp），也被称作图鲁妈妈（Turu Mama）引起的。那是一个丑恶的女巫，悬垂的乳房搁在双肩上不断晃动。哎呀！就是她发出了那种可怕的叫声，残酷无情地不断回响在路易斯先生的记忆中，而他则让它以其毛骨悚然的强度，散发到我们死一般寂静里的摇曳光亮中："啊咿咿，啊咿咿……"

圣地亚哥在安静地抽着烟，坐在胡安身边，而胡安则为了看清楚烟灰的形状——许多治疗师都把它当作占卜的辅助品——不时地拍击。

357 至于那些有关图鲁妈妈的故事，圣地亚哥在听完后完全不相信，笑得直发抖。"什么是她喜欢吃（吃以及与之性交）的东西？"他质问堂·路易斯，后者因厌恶和气愤而脸色煞白。但圣地亚哥持续保持这种问询姿态，带着一种民族志作者决心深掘农民迷信根底的那种狂热冲动。在午夜过后的深夜里，圣地亚哥抹去笑出来的眼泪，斜躺到了床上。静寂降临，又被他将图鲁妈妈的故事告诉现在已经醒过来了的安布罗西亚的讲述声所打破。

慢慢地，咯咯的笑声和低语声渐渐消失在需要用毯子覆盖的凉夜里。然后，一声尖叫撕裂了黑暗。

啊咿咿！

"当心图鲁妈妈！"

响亮的笑声与风声一道，将这所房子轻摇入梦。

第22章　卡斯米罗与老虎

这是圣地亚哥某天下午在他家阳台上给一群人，其中也包括我，所讲的 358
故事，当时，我们正在讨论他有着极浓兴趣的所有事项中，那真正算得上足以让他神魂颠倒的关切点——萨满老师嫉妒前途无量的学生，以及两位萨满之间的嫉妒可能被其中的一位萨满利用，去杀害或严重损害另一位萨满的学生的方式。（学术界同仁可能从个人经历出发，对此情形都会有所了解。）圣地亚哥不厌其烦地重申他父亲的忠告：成为萨满的唯一方式，便是独自直接喝吸雅格，进行学习，而非去获得萨满老师的异象。当他的父亲陷入两位萨满老师之间的对抗时，他几乎因此丧了命，也被迫忘记了有关雅格的一些知识。而其中的一位萨满，恰好是他的亲祖父卡斯米罗，这个在接下来所说的故事中能变成老虎的人。（人类学家和动物学家宁可使用美洲虎而非老虎一词，但当地人使用老虎这一称呼，在此我循例从事。）

变成老虎？萨满能治病，但也会杀戮。魔法就具有那种双重性。哪怕是在教学时，萨满也可能会杀死学生。回想一下之前的日子。有那么一个 359
人，一位伟大的医治者，他教导病人，比如说告诉来自高原的胡安，不要相信任何人。他的许多治疗艺术，来自召唤起一场霍布斯式的“所有人反对所有人”的战争状态。但同时他又与其治疗对象都依赖于一种荒谬的良好感觉与友善体贴。正是这种将人类战争的可怕与狂欢节的笑声拼接于一处的技巧，为萨满变换成老虎提供了支撑。

1975年，我与圣地亚哥喝雅格酒的第一个夜晚，他变成了一只老虎，悬挂着响尾蛇与虎牙项链，坐在吊床上。在琼·兰登与之生活的西奥纳人中，人们传说美洲虎的母亲也是萨满和雅格的母亲。按照方济各会托钵僧们的记载，无论是活着还是死去的萨满，都倾向于转化成老虎。死去的萨满从他们苍穹中的家赶来，捕获到老虎的形状，对人们加以伤害或杀戮。一位托钵僧报告说，一位西奥纳消息人曾告诉他，死去的萨满家，也是魔鬼的巢穴，所有死去的萨满都是魔鬼。当曼努埃尔这个白人农民殖民者喝下雅格时，险恶的老虎赶到，变成了魔鬼，然后又变换成萨满，在萨满-魔鬼的复合形象中来回变换。

在普图马约，萨满能变成老虎这一知识广为人知。比如说，罗莎里奥的兄弟曾向我解释，这一类老虎被称为莫哈那虎，它与其他老虎的区别在于它长着男人的睾丸。罗莎里奥的十四岁女儿，确定了在更广的地区里存在老虎形象的转化，以及印度安人倾向于使用邪恶魔法。

在讨论后一种倾向时，她说道：

> 印第安人很邪恶，因为过去这里全是丛林，他们使用草药。这就是为什么有人说普图马约是巫师的地盘——巫师就是印第安人。在考卡山谷（安第斯山脉的另一侧），人们就是这么告诉我爸爸的。他们告诉他，印第安人将自己变成老虎、蛇以及……你叫啥都行……哦，是的，河水中还有短吻鳄游过。他们刮擦那种被称作虎鞭的藤蔓，将汁喝下，就变成了老虎。住在考卡山谷的人问他这是不是真的——普图马约是不是污秽遍地。

圣地亚哥告诉我，当这萨满想独自一人待着时，就会变成老虎。这种老虎是“纯洁的精灵”，不可以被攻击或杀害。在另一个场合，当我问为什么会变成老虎而不是其他动物时，他回答说那是因为老虎在所有动物中最具野性。我问：“为什么萨满想要成为最具野性的动物呢？”“为了施展魔法”，他回答。后来，他提到，在这种状态下，萨满会像老虎一样思考。在讨论萨满
360 的仪式装扮时，一个略有不同的观点得以呈现。羽冠，他说道，可以增强智慧，提升一个美好雅格之夜的氛围——只要那些羽毛因处理过而被奉为神圣——那么，“人们就会知道，只要佩戴上这种羽毛，就能获得帮助，能看到所有的那些鸟儿，歌唱着、鸣啭着，来帮助你”。与之相对，圣化了的老虎牙齿项链会帮助萨满看见并混进野兽与敌人中。

以下就是圣地亚哥讲的故事，我在普图马约听到的唯一一个有结构的

故事。

为了成为一名术士、医治者，并在打猎时能射出吹管标枪，堂·阿波利纳想要买些雅格。是为了猎杀楚鲁库(*choruco*，猴子)，不是吧？打猎魔术与妖术魔谕，对人作恶、射飞镖，所有这些。他走到卡斯米罗泰塔那儿，后者说："很好，我将准备些雅格，让我们一起准备雅格吧！"他们准备的份量，足够他们饮用整整一个月。一旦准备好，卡斯米罗说道，"让我们每天去那满是猴子、猪和貘的地方去打猎吧！"他们连续打猎了三天，每天回家时罐子里都装满了肉。他们开始喝雅格，以便阿波利纳学习。他们在晚上喝雅格，早上则喝吉开酒，那真是很纯的雅格；哇呜，哇呜，……他们呕吐不止。

好吧，情形就是这样，一直延续到月末，他们喝完了阿波利纳所买下的最后一点雅格。整晚他们都在喝，大约五点或六点左右，当太阳的光线照进来时，卡斯米罗将一个更大的壶倒满雅格。这是要教会他怎样绰缇(*chontear*，用神奇的吹管飞镖来施展魔法)。"你得喝完它！"卡斯米罗命令道，"马上喝完。"由于这些雅格已经被买下，阿波利纳就把它们喝完了，之后就崩溃了。他只能用手足爬行，然后就像死了一样倒下去，躺在地上，手脚伸向空中，在他躺着的地方拉屎、呕吐。

然后，我爸爸是这么说的，卡斯米罗开始唱呀唱呀，他的歌唱变成了老虎的咆哮。他跳上屋梁。他的手仍然是基督徒的手，他悬挂在那儿。哎，我那年仅十岁的可怜父亲开始叫喊："看！他变成老虎了，他会吃了我！"他咆哮着，咆哮着，跃至河岸，那儿有一棵倒下来的亚拉库玛树(*yaracuma*)横在水上。他跳上树，紧抱住树干。现在他的手变成了虎爪，脚也是。他的脸和衣服却还没有变化。

咆哮着，他离开河滩，可怜的阿波利纳依然像个死人一样，纹丝不动。仅有他的眼睛在动，左右转动。他转动不了自己的脑袋。他——这个买了榜恩特棕并付费来学习如何成为一名术士、如何去治病的人——躺在自己的呕吐物和粪便中，泡沫从嘴和鼻子处往外直冒。他躺在那儿，死了。而这些都是付费得来的。

"哎呀！"我父亲大声叫嚷起来，"我的堂表兄弟快死了。"他烧起了火，让

烟将苍蝇赶跑。但阿波利纳继续僵死着，这个男孩子被吓着了。已经是下
361 午六点了，卡斯米罗仍然还没有回来。我爸爸跑到卡斯米罗妻子住的房子那里："妈妈，堂表兄弟阿波利纳死啦。爸爸给他喝了雅格，现在他快死啦！"他喊了又喊。妈妈非常生气。"那老家伙去哪里了？"她质问。"哎呀，他变成老虎了"。小男孩回答。"啊呀呀呀"，她尖叫起来，"走开，伤害邻居，制造麻烦。等着，我会逮到他的！"

当这位老妇正在满头冒烟地斥责时，卡塞米罗从森林里，像一只疲倦的猫那样，故意走得很缓慢似的，慢慢、慢慢地回来了。他此刻不再是一只老虎，而成了一名基督徒，雅格的劲儿已经过去了。

"你以为你在干嘛"，他的妻子惊声尖叫，"给这个男人喝雅格，然后留下他一个人满身屎尿，无人照料——你呀你，真是无耻得很！"卡塞米罗抗议："什么！什么！他可没死。他正在观看异象(画面)，这样才知道怎样成为巫师。他可是为这个付了钱的。"他转身对小男孩说，"快，出去给我弄点新鲜的草药来，就是那种能让他醒过来的草药"。

男孩立马冲了出去，找到了那种草药。他猛扯出这株药草，然后飞跑返回，发现这个死了的人后背上沾满了自己的屎尿，正将一支吹管递给卡塞米罗，让他加工处理。他的面色极其苍白！一个月没有吃东西，虚弱且干渴，饱受雅格的折磨，却还要接着喝！现在，他正在买其他的飞镖——用于狩猎的、用于杀人的，以及用来治病的。他买下的，就是这三种。就这样，这个来自翁布里亚的阿波纳力尔，学会了做术士。

我的父亲忘了害怕，抓住机会挨近卡塞米罗，"爸爸，为什么你变成了一只老虎？你去哪儿了？"卡塞米罗回答："当心，我会告诉你——但不会告诉别人。别告诉妈妈，好吗？我没干坏事。我不蠢。不！我去了遥远的地方。那里有我一个朋友，他生活在遥远的卡克塔。他也知道怎么变成一只老虎，我们知道怎样才能相遇。他邀请我去吃那些奥卡印第安人——他说他已经捉到了一些奥卡人，并对我说'来，让我们一起抓一些，他们可好吃了'。"(桑地亚哥旁白补充："印度安人的肉——野蛮的印第安人！"他大笑起来。)但卡塞米罗回答道："我不想干。他们会杀了我们的。""不会，"另一只老虎说，"他们不会做什么，啥事也不会有。我们去吧！"

于是，他不再害怕。他们走在路上，另一只老虎说："我待在这里，你到另一边去，像鸟儿如滕特鸟或帕鸠鸟那样鸣叫。"这两只老虎于是待在那里。另一只老虎是一名科雷瓜赫印第安人，米格尔·帕兰加（一位著名的科雷瓜赫萨满）的后裔。他们开始狩猎。卡塞米罗知道怎样杀人，怎样突袭后脖上的那个位置——就是这个地方。"他们就是这么被弄死的，"他说，"让我们袭击两个人吧，你袭击一个，我袭击另一个。"不过，因为另一只老虎不是猎人，他不知道该咬哪个地方。哎呀！他开始像鸟儿一样歌唱，而当时他们已被奥卡人包围。奥卡人把他们包围。一切都乱了套。奥卡人从四面八方袭 362
来。两只老虎像闪电一般蹿上一棵树，往上蹿呀蹿，直蹿到树尖处，悬挂在一枝细枝上。奥卡人的吹管飞镖像雨点一样飞过来。之后是桍恩特棕榈做成的标枪，那些标枪足有你的手腕那么粗。棕榈标枪像雨一样落下。"看到我的耳垂了吗？仔细看看！看到撕裂的地方了吗？那是奥卡人飞镖穿过的地方。我的脚后跟也受伤了，那上面的洞也是拜他们的飞镖所赐。他们几乎把我们给杀了。"

另一只老虎于是说道："要是我们有一些用来制作雷电的楚度就好了。"

卡斯米罗并没有带着那类东西四处走动。但那只来自卡克塔老虎身上就带着这个。哦是的，他真是一个诡计多端的家伙。之后他接着说："我带了些。太妙了！"他从耳朵里拿出一些楚度。"帮我唱起来！让我们制造风暴吧！让我们打雷吧！让我们一起唱吧！"他吹着，"呜呜，呜呜……"，他们唱起来，一刹那，天黑了下来，乌云密布，四处一片黑暗，大雨倾盆而至。电闪雷鸣——击打溅洒在奥卡人的后背上。哐当！哐当！到处都是滂沱大雨。老虎从树下往下溜，越过奥卡人。他们逃脱了。天变得清澈，就像现在一样，阳光照耀，明亮怡人。

于是那个科雷瓜赫人说："让我们回去吧！"但卡斯米罗泰塔回答："不！我们才逃脱，他们会很愤怒，肯定想把我们杀死。我不回去！"

另一只老虎说道："不，他们干不了什么。他们不会做出什么事情来的。让我们回去。"

卡斯米罗孤单地扬长而去，充满愤懑。他穿过那些厚密的森林往家里走。当他听到"哇、哇、哇……"的声音时，他正往一座山上走。那声音像孩子在哭。他自言自语，“见他的鬼！在这么茂密的森林里，这会是什么呀？”

长乳挂肩，绿色长发披至脚踝的裸体人突然出现在面前。似哭一般的嘈杂声音，哇、哇、哇……就出自那些低垂的乳房。也正是这些乳房，一直在叫嚷着。

这是被人们称作乔皮亚(*chupias*)的巨人。他们生活在森林里的岩洞和巨树诸如桑博树的树干中。他们所做的事情之一，就是迷惑猎手，让他们不知身在何处或所做何事。他们在森林里追随猎人的踪迹，慢慢地猎人就会昏昏欲睡。但是，这也有治的法子。猎人须得带些毒药(吹管飞镖所使用的箭毒马鞍子)，深吸几口，之后在脸上摩擦。乔皮亚将人杀死，之后用打磨得很锋利的苦皮树或箭猪牙齿刺破尸体来吸血。

卡斯米罗爬上一棵树。嘘！准备攻击！不过发生啥事儿了？就像一阵风一样。如此轻巧，如此迅疾。他被举起来，带走，然后被摔下去。砰！他回到了莫卡阿河岸。

363 他吓坏了。“如果他们有一大群人，他们就会使用他们的魔法来抓住我。”在那一瞬间，因为他对河对岸充满恐惧，他沿着河岸跑并横渡了大河。

卡斯米罗在笑声中结束了他的故事。但这个小男孩被吓着了，他问：“你去那里和野兽交朋友了吗？”

“是的，”卡斯米罗回答，“由于我那朋友，我先是得逃开奥卡人，之后我碰到了那些有头发，很纯净的头发的，像猴子或婴儿那样哭泣的乔皮亚人……这就是我的故事——但你得保证，不会告诉别人。谁也不能告诉！”

他结婚以后，我父亲把这故事说给我们这些孩子听。他告诉我们卡斯米罗泰塔所说的故事，而卡斯米罗泰塔知道如何治病、如何施妖术，以及诸如此类的所有事情。

第23章　神父与萨满

阿波利纳先生学有所成，成了一名法力高强的术士。他返回家乡，居住 364
在翁布里亚，靠普图马约的富人们为生。他杀死了许多人：印第安人、从帕斯托来的人，从安蒂奥基亚（Antioquia）来的人。他杀死不同种族的人。他罗列了他所能找到的、最好的印第安巫师的帮助——西奥纳人、维托托人、因加诺人、科雷瓜赫人、马卡瓜耶斯人以及来自锡本多伊山谷的巫师。他使黑蚊染毒，这样一旦它们咬人，被咬的人就会发高烧病倒，吐血而亡。他也让蚂蚁以及其他任何咬人的小昆虫染毒。他还对河流施展妖术，让人在驾独木舟时碰到事故，翻船溺毙。那些还没有生病的人四散逃逸。有的人去了扬古洛，有的人去了孔达加（Condagua），有的人挨近卡克塔。翁布里亚成了一座被遗弃的城镇。

希尔贝罗泰塔（Taita Hilberio）是翁布里亚一位有名的巫师。他爬山到锡本多伊，恳求方济各会托钵僧来为这座城镇驱邪除怪。他没有告知对方阿波利纳的所作所为。普拉西多神父（Father Placido）来到这里，做了一次祈祷。这挽救了翁布里亚。普拉西多神父之后写道：

> 我确信，印第安人经常让我们支持他们，接受圣餐，不是因为他们 365
> 害怕死亡，而是因为他们相信上帝的力量大于他们的巫师所具有的力量，或者说，因为他们在我们身上看到了一种强于他们巫师所具有的力量，或决定性地说，他们认为圣餐是对抗他们精灵的一种驱邪或祈祷方式。

但并不是所有的人都认为上帝的力量大于巫师所具有的力量，或者神父的力量强于萨满的力量。比如说，来自高原、罹患风湿的白人农民胡安现在就将自己安稳地隐藏在野人的巢穴里。我记得他曾告知我，“有人天生会治病。但这种人少之又少。如果我们都有这种能力,那将会发生什么事呢?治病的人天赋异禀。任何人都能学会妖术。但要想成为一名萨满就不是那么回事儿了!是啊,你看见了的”。

第 24 章　作为妖术的历史

我在这里所关切的，并非是能够被人们意识到的意识形态，而是我称之为内隐的社会知识，那些推动着人们去行动，而人们却并不完全明了为什么得这么做或该怎样去这么做，那些使真实成为真实、使日常成为日常的东西。总的来说，在此我关注的是那些使伦理区分在政治上变得强大的东西。我认为，在强调这种知识的内隐性时——它同时也是其在社会生活中权力的一部分——我们已经远离了罗兰·巴特（Roland Barthes）在他就形象及其与符号之区别的分析中所称的直接意指与含蓄意指。尽管形象的直接意指取自符号的一般存库，如一个“在完整的目的地系统中持续存在的”符码被强加于其上，于巴特而言（在他分析艾森斯坦《伊凡四世》的剧照时），含蓄意指 366

> 比纯粹的、正直的、正割的、合法的垂直叙述更大，似乎完全打开了那无限的意义领域。我甚至认为含蓄意指说的是词语的贬义色彩：含蓄意指貌似在文化、知识、信息之外延伸；从分析上来看，它具有自我嘲弄的 367
> 意味：向语言的无限延伸，在分析理性的视角下，却可能是有限的；它属于双关语、滑稽语、无用的开销这一类。它并不关心道德或美学范畴（琐碎的、无效的、错误的、模仿的），它端立于狂欢节这一侧。[①]

我更关注的是我所寻找的普图马约世界中的权力/知识构成中的形象。正是形象的这种含蓄意指而非直接意指跃入我们的思维之眼——如在雅格之夜那千变万化幻景中的流动不居的停止与开始，不亚于继续存于山上、徘徊于统治者思维中且内嵌于妖术和入迷仪式中的社会关系。

我把隐含的社会知识看成是一种本质上不可分音节的、形象化的、非散漫的有关于社会关系的知识。为了理解历史与记忆在构成这种知识时的互动方式，我愿意就某些历史事件，尤其是征服与殖民的政治事件，在当今的萨满常备语库中如何具体化为带有魔法的、能导致或减轻不幸的形象来提出几个问题。

我在此所诉诸的历史与记忆之间的联系，看起来与历史学家们所持的事件随着时间流逝而缓缓呈现的观点没有多少共通之处。相反，我们震惊于来自过去的形象，在危难时刻突然出现的、被魔法赋权的形象——这让我们脑海中闪现出瓦尔特·本雅明在面对法西斯主义与斯大林主义归并的危机时刻所写下的话语："有关过去的真实图景飞逝。过去仅能被当作在那个瞬间被晃了一晃的图片能被辨认出来，却永远无法再见……历史唯物主义希望能保留住在危险时刻被历史所精选出来的、出其不意地出现在人们面前的、有关过去的这一形象。"[②]那么，又是在哪些事件中，历史唯物主义不仅与殖民形式的萨满主义，还与作为妖术的历史存在着一种让人意想不到的亲属关系呢？

历史、记忆与辩证的意象

西尔维娅·博文申(Silvia Bovenschen)在对当代欧洲女性主义中女巫神话的复出进行分析时提出，这一意象的复出所阐明的，与其说是历史学家们有关于女巫及其遭受迫害的知识，倒不如说是女巫意象与当今女性个人体验之间关系的一种更为直接的"前概念"关系。[③]她指出，这种有关于过去的经验挪用，不同于专业历史学家们采用的惯常手法，因为它融合了对禁用意象的隐蔽存在的十分敏感的历史与社会幻想。在转向这些意象时，人们也在反思它们的符号性潜力，以此实现从苦难中解脱出来的希望。与此相
368 关的是，政治压迫和精神压抑所导致的体验封阻会导致借此使神话有了活力与意识这一后续过程。我认为，这一过程也涉及欧洲对"原始"社会的征服，以及对其宗教的殖民分解。不过，正如一些历史相对论者可能会说的那样，这些宗教所残存的"零零碎碎"并不能证明传统之韧性。相反，因历史与当前的希望和磨难形成类比和结构上的对应，它们是一些神话图像，反映且浓缩了对征服史的经验性挪用。在指出这种挪用因拒绝时间顺序和历史准

确性,因而它是无政府主义的、反叛性的同时,博文申援引了瓦尔特·本雅明的论述,强调了其救赎作用:“过去带着时间的索引,把过去指向救赎。在过去的每一代人与现在的这一代人之间,都有一种秘密协定。”[④]

然而,尽管有着弥赛亚式的承诺,这个秘密协定里也肯定存在着冲突。事实上,本雅明也在这种冲突中找到了对革命实践的有利之处,因为(比如说在他的《历史哲学论纲》[“These on the Philosophy of History”]中)他认为,正是记忆中的历史形象于危机时刻出其不意闪现之地,才是政治力量间的战斗角逐之所。

> 用史学的方法述说过去并不意味着去辨识它“本来的模样”(兰克语),而是当记忆中的某种东西在危急时刻闪现的时候去抓住它。历史唯物主义希望,在危机时刻被历史单另选出来的那些过去的形象,在其突然出现在人们面前的时候,能够被留存下来。而这危机,既影响传统的内容,也影响传统的接受者。两者都面临同样的威胁:即沦为统治阶级的工具。每一个时代的人都必须做出努力,一次次把传统从陈陈相因的桎梏中解救出来。弥赛亚降临世上,不仅是为了解救人类,而且是为了征服“敌基督者”。只有坚信假如敌人获胜,连死人也不得安宁的历史学家,才有从过去扇起希望火星的禀赋。而这样的敌人还没有遭受失败。[⑤]

在对迄今少有人涉足的政治控制领域进行挑衅性探索时,本雅明还敦促其他马克思主义者去更深入地思考他们自己对弥赛亚救世主历史观的内在信仰,以一种有意识的方式去面对那种信仰,并为其行动主义去考虑在构建和解构政治意识以及采取政治性行动的意愿时,社会经验、意象和情绪所拥有的力量。换句话来说,他不太相信用事实和信息可以赢得辩论,更不用说用阶级斗争了,只有在不那么有意识的影像王国和大众想象的梦幻世界 369
里,他才发现了采取行动的必要性。他在《单向街》(“One Way Street”)中写道:“说服是毫无顾忌的征服。”[⑥] F. 加里·史密斯认为,本雅明向我们展示的不是概念,而是图像。“然而,它的概念维度,就像‘帆’的轮廓一样清晰易读,辩证家通过对'帆'的操纵抓住了'世界历史之风'。"[7]他在此所思考的,是本雅明的话语:"对于辩证家而言,重要的是在将世界历史之风纳入他的帆中。对他来说,思考意味着扬帆起航。重要的是它们的设置方式。词句是他的风帆。它们的设置方式将其转化为概念。"[8]

本雅明所倡导的是一种超现实主义手法,他称之为"辩证形象"——这是一个更适于用例子而非阐释来说明的、含糊不清却又引人注目的概念——即他的朋友西奥多·阿多诺所称的"以神秘的形式震撼人心,从而引发思考的拼图板"[9]。当然,拼图板是弗洛伊德所提及的梦意象的显性内容,若本雅明所指涉的是显性的而非隐性的层次,那是因为这些意象将熟悉的事物陌生化的方式,它使用了一系列无政府主义的策略把过去拉回了当下。然而,与目前的解构模式不同,此处的意图是通过可提供替代性未来的一瞥来促进天堂的营造,否则,就如在蒙太奇技巧中一样,那些与过去隐蔽的或者被尘封的联系会通过意象并置而得以彰显。而这种技术对于本雅明来说特别重要。事实上,斯坦利·米切尔(Stanley Mitchell)告诉我们,"本雅明认为蒙太奇——也就是捕获那些无限的、突然出现的或者隐蔽联系的相异事物之能力——是技术时代艺术想象的主要构成原则"[10]。我们可以这么理解,即"辩证形象"本身就是一种蒙太奇,既捕捉到了相异物之间的上述联系,又捕捉到了因此而被捕获的事物。

那么,关键的问题在于马克思主义方法中的直观性问题,以及随之而来的不仅代表历史而且改变历史的整个方式。如本雅明在另一则笔记中所说的那样:

> 一个最终无法回避的历史唯物主义的核心问题是:从马克思主义角度理解历史就必然要求以牺牲历史的直观性为代价吗?或者,怎样才能将一种高度的形象化与马克思主义方法的实施相结合?这个项目的第一步就是把蒙太奇的原则搬进历史,即用小的、精确的结构因素来构造出大的结构。也即是在分析小的、个别的因素时,发现总体事件的结晶。由此,与庸俗唯物主义决裂。如此这般地来理解历史。在评论的框架内。[11]

从本雅明用以呈现“辩证形象”中运转的这种直观性的例子，如在他的 370
作品《单向街》中，我们可以看到这些意象既是作者创造出来的，同时也是业已形成或者半形成的、半存在的，或者说潜伏于大众想象的世界中，等待着辩证成像学家们所持魔杖的精细碰触——就像维克多·特纳对非洲中部的草药医生和治疗者的描述一样，在他们的斧锛砍去被选中树木的树皮时，唤醒了那业已等待着魔术师触摸的沉睡于物质中的力量。

这种激进分子依照即将被激活的东西来行事的观点，在本雅明那里得到了很好的表达。他写道：“舆论与庞大的社会存在机器之间的关系，如同油与机器之间的关系：人们不必爬上涡轮机从上面倒油；人们只需要略微使用他们须知的隐蔽的拉杆和接头。”[12]

但人们又是如何得知的呢？

正是带着这个问题，我开始思考在萨满教仪式中，与生者有救赎关系的死者意象所具有的沉睡力量。

前殖民时期异教徒所拥有的魔法

“只有坚信假如敌人获胜，连死人也不得安宁的历史学家，”本雅明写道，“才有从过去扇起希望火星的禀赋。”[13]当我们看到居住在锡本多伊山谷主要城镇的人们的命运时，当然会想到这一点。几个世纪以来，这个山谷可能充当了居住在亚马孙低地的人们与居住在哥伦比亚西南部安第斯山谷和高原人们之间交换贸易商品和魔法的通道。白种人在这里是上等种姓：他们把死者埋葬在离教堂较近的墓地里，用砖头和灰泥来纪念他们，而印第安人将就着使用离教堂最远的那一块墓地，用小木十字架标记他们的坟墓，没多久就化为尘土。

然而，甚至是在离教堂更远的乡下以及小镇周边的村庄里，尤其是那些除却留下一条联系着高寒带和热低地的狭窄小道而四周环绕着小镇的群山中，据说散落着“古人”即不信基督者（异教徒）的骨头。在某个细节含糊却毫无疑问先于欧洲殖民征服和基督教时代之前的“其他”时期，那些人曾居住在这里。而今，人们担心他们会通过“恶风”带来疾病甚至死亡。

在民族医学的所有区别中，没有什么比妖术和恶风之间的区别那样更为基础和广泛，这一区分实际上是道德原则与形而上学原则，它们将不幸的原因分为两大领域。妖术（以卡帕丘、萨尔、玛勒斐西等形式出现）主要是人类能动的领域，是嫉妒中的他者有意识意图的结果。但恶风不是
371 这么回事。它“可看作是一个非人类行为主体”[14]，正如海蒂·塞哈斯(Haydee Sejas)在她关于锡本多伊山谷印第安人的医疗系统的论文中所写的那样。

妖术是个人的、道德的，孕育于社会联结中不断产生的不平等和嫉妒之中，与此相对照的是，恶风是非道德的、非社会的，主要通过惊吓和恐吓那些年幼的孩子，即那些不承担道德或社会责任的人而产生影响。正如它的名字所喻示的那样，恶风似乎是一种来自大自然的力量，超越了生者之间嫉妒的社会关系所带来的痛苦。

若我们进一步探究其起源，则可能只能得到人们借鉴其本质所具有的不确定性而给出的一个神秘莫测的耸肩示意，或者我们将会听到它与死者的联系，尤其是在邪恶时刻——无人能够加以确认，或与其他人达成一致见解的一天中的某一时刻或者某些时刻，其时死者在街上和公共场所游荡，困扰生者——不幸事件降临之时。这取决于你在和谁讲话。有一个消息人告诉艾德·塞亚斯，邪恶时刻就像命运，有时候它并非某人的宿命，那么就不会有任何不幸降临此人；但若是命定的，那么，这个人就算是撞上了恶风。另一个人则告诉她，恶风经过时，就是邪恶时刻。“强风吹过时，邪恶时刻就在附近。呼啸而去的迅猛风声有如雷声。他们说那是个该死的女人，当她移动经过时，风声就像那样。那个女人已经很老了，她像我们一样穿着打扮，但她的衣衫十分破烂。我们可以看到她的胸部。”[15]

有些死者似乎比其他死者更危险，与他们相关联的恶风可能会杀戮生者。举例来说，那些依据天主教教义应当被诅咒的人——凡被指控其死亡有伤教义之纯洁者，如意外死亡却没有举行忏悔和赦免圣礼的人、自杀的人等，以及那些因其生活而非死亡时的情状触犯了基督教义，使其被谴责下地狱者——就属其中。一位中年妇女告诉艾德·塞亚斯，当她某个晚上穿过田野时，邪恶之风出现在她面前，“它是一个全身包着裹尸布、高及穹顶的瘦

高男子”[16]。

罗伯特·赫尔兹在 1907 年发表的、现已成为经典论文的《死亡的集体表征》(“The Collective Representation of Death”)一文中认为，随着每个个体的死亡，社会自身也会消亡那么一点点，“所以，当一个人死去时，社会因其离去而遭受的损失，远不止于这一个体，”他写道，“它自身所持有的信念也受到了打击。”[17]

在他看来，丧葬仪式和哀悼是社会将生命与完整恢复到社会纽带本身，恢复到由集体构成的、我们称之为社会交往的基本原则中的一种方式。

尽管如此，赫尔兹指出，有些死亡是社会无法控制的。他在文中这样说道：“他们那躁动不安的邪恶灵魂永远在大地游荡。”这里所针对的，是那些死于暴力或意外死亡的人、难产而死的人，由于溺水而亡、被雷电击毙或自 372
杀的人。他观察到，对于这一类死亡，正常模式的丧葬仪式被悬置弃用。通过考察检视许多迥异的社会中围绕这种死亡的风俗习惯，赫尔兹认为，他所指称的从死亡到灵魂的最后居所之间的“中间时期”(与我所称的“死亡空间”类似)，是一个“对于这些遭受特别诅咒的受害者来说无限绵长，其死亡没有尽头”的时期。

他推测，这些死亡似乎被赋予了一种如此强大的神圣特性，以至于任何仪式都无法将它们抹去。至于这种神圣性的本质，则既模糊不清又无法确定。在他看来，这种力量来自把这些人从社会中分离出来的“邪恶方式”，并且铭刻于死亡自身那难以根除的形象中，“他被死亡击倒时的模样，在活着的人心中留下了极为深刻的印象。这一形象，由于其独特性与情感内容，是永远无法完全抹去的”[18]。

那么，带着牢牢印在被暴力、意外、溺水、生育夺去生命或自杀的人的记忆里的这些形象，被西班牙征服所击杀剔除的妖魔鬼怪或全社会的恶风，能够作为一种焦躁不宁、充满恶意的灵魂永远漫游于世上吗？事实上，我们知道在锡本多伊山谷，恶风不仅来自死者(不管这些死者是否被诅咒抑或没有被诅咒)——更确切地说，来自征服前时代的异教徒死者——就好比在西班牙人的暴力到达之前与殖民的那些“其他”时期，构成了与其说是在一个空间轴上，倒不如说是一个位于时间轴上的发酵、腐烂、有机的地下时间中的，地狱里的整个诅咒时代。“恶风来自何处？”一个住在锡本多伊镇的我的印第安萨满朋友回应：

> 来自有空气流淌、云块就像丝线编成一束羊毛那般聚拢在一处的溪流，来自那些不信基督者的灵魂，来自潜藏在这周围某些基督徒不能或不应该进入的特殊地方的古人。

或者，在另一种场合下：

> 恶风是由埋在我们周边乡下的这些不信基督者的骨头所引起的。那时候尚不曾有带墓地的教堂。当尸体和骨头在地下变成粉末时，热量和气体就化成邪恶之风升腾而起，去伤害那些血气虚弱、易受影响的人。

在听闻这些时，我们肯定会意识到，我们很难接受把恶风的邪恶看作本质上是非人类的、非社会的。而这里所指的风也并非是严格物理意义上的。相反，前征服时代的这些异教徒死者似乎在扮演着“辩证形象”，它们解构了生者的意识范畴。让我们再来听一听这些恶风诱发的图景吧：比如和空气
373 一同流动的溪流与在空中游戏的云彩，比如正在地底下化成粉末的尸体，产生了热量和腾腾上升的蒸气，这些风粉碎并加热了生命的分裂。总而言之，我们现在就像在狂欢节中被邀请去娱乐，初步思考与多种共存的可能性交织的社团变形网络，例如：

● 这些异教徒死者调停着生者与自然元素、大地、风、水以及其他事物之间的社会关系。

● 这些死者调停了生者与自然界中我们能感知到的关系之间的社会关系，以及生者与相互联系着的、作为关系系统或结构的自然界之间的社会关系——而自然界的这些关系，主要是对比性的——不仅仅是大地、风和水，还有山地和低地森林、高地和低地的辩证对立的对比，直到我们穷尽了这种调停基于其上的，也就是把社会从自然中分离出来的范畴体系。它以

征服前时代的异教徒死者为中介，包容了随后的语义视域。

● 这些征服前时代的异教徒死者反过来又嘲笑妖术和恶风之间的差别；一旦死亡和异端的气息穿过，**这些类别本身就会发生变化**，大自然就不仅只是一个生物实体，同时它的特征也成了可供神话想像用于思考的内容——如此，大自然是被施与了魔法又令人迷惑的景观，**征服的历史自身在其中扮演了巫师的角色**。

恶风因而可以看作是历史为蛊惑生者而采用的一种妖术，由令本雅明也为之着迷的那一类协定所创造；那类（有关救赎的）“秘密协定”将之前的一代代人与这一代的人捆绑在一起。

死亡空间

在思考这一概念即“征服的历史自身获取了巫师的角色”的含义时——我们不能忽略这样一个事实：死亡空间不可避免地是一个殖民区域，同时也是一个被殖民区域。其中一个例子——帝国主义这伟大的不成文历史值得我们去探究与思考——就是“古人”，即其他（前征服、前欧洲）时代的不信基督者或异教徒，作为敌基督者的形象被包裹并象征化进基督教宇宙观深处的方式。因此他们永存于殖民建构的死亡空间，在记忆的叶子上沙沙作响。正是在此处，来自西班牙、新世界当地以及西部非洲资源的有关死亡与地狱的伟大能指，在征服历程和征服文化形成的过程中，或和谐或冲突地混杂一处。 374

被殖民的死亡空间具有殖民功能。它维持着规范和欲望的霸权地位或文化稳定性，便于统治者在生者生活之地统治被统治者。然而，死亡空间也是恶名昭彰的矛盾丛生、冲突不断之所；是绝佳的、充斥着令人震惊的不确定性及恐怖，却又随着新生命而复活并赋能的变形特权区域。我们很清楚西方传统中的死亡与生命、邪恶及拯救在其中合并混合的方式。因而，在西北亚马孙土著传统中，死亡空间是一个转化和蜕变的特权地带。当然，只有此刻，秩序这一术语才迥然相异。

在死亡空间，死者是在用何种坚韧的精神来召唤生者加入其列啊！艾德·塞哈亚斯为我们献上了以下一曲用于治愈遭受恶风折磨的患者的咒歌。假设病人的名字叫米格尔：

> 风，风，走吧，走吧。
> 米格尔，米格尔，
> 回来吧，回来吧。

而她总是被告知，正是因为病人将要去另一个世界（死者的世界），因此人们必须得把她或他召唤回来。[19]

正如在一场旨将病人拉回生者社会的优雅对位运动中那样，来自死者（我们会忍不住说，来自过去）的风将被治愈者逆转，因而异教徒那磁铁般的吸引力似乎也得并列出来——就好比在棕枝主日使用典型的基督教符号，伴着歌声焚烧天主教神父祝福过的棕榈树，浇洒最好是从遥远的拉哈斯圣母殿（它是印第安人发现的！）带来的圣水。

在此获得了魔法师角色的，并非是被理解成时间之流逝的那种历史，而是那种与时间流逝所标明的意义相对立的、历史上的赢家与输家以此部署其宇宙观的历史。在新世界异教徒的史前史和阶级及种族斗争的成功史之中，蕴藏着历史上那恶风的神奇吸引力。这一阶级及种族斗争史存在于基督徒征服者和那些由于其成功征服、能用“印第安”这一名称来纪念其地理幻觉的人之间。

正是从这种嵌入了野蛮人形象和对野蛮人形象的记忆的二元论中，从古人、在土壤中发酵的前征服时代的异教徒，到奥卡人、维托托人以及其他神奇
375 的异教徒和据说现今仍居住在低地森林的类琼乔人中，魔法力量得以产生。

野蛮人的记忆

经过深思熟虑，我提出了野蛮人形象的记忆，不仅是因为那些有关古人、征服前的异教徒的记忆唤起了恶风，而且这类形象记忆自身在政治和征服理论中扮演了重要角色——将胜利者和战败者的记忆交织在一起。

奥维耶多——这个座像位于伊斯帕尼奥拉岛上的冈萨洛·费尔南德斯·德·奥维耶多-瓦尔德斯(Gonzalo Fernández de Oviedo y Valdés),最早记录了西班牙人对新世界的征服史的著名编年史家——完美地设定了主题,提醒我们关注中世纪晚期的西班牙人记忆中的兴趣——很显然是强烈的兴趣所在,以及一个社会传播其历史的方式。在题为"印第安人所持的魔鬼意象……以及他们在记忆中保持的形式,他们渴望被其后裔和人们记住的事情"的章节中,他很有针对性地表现出了记忆的这种好奇心:

> 自我进入这些群岛以后,我就用一切可能的方式强调,我想知道这些岛上(安的列斯群岛),以及铁拉菲尔梅岛(Tierra Firme)上的印第安人是如何记忆自身肇始之初和来自祖先的那些事情的,他们是否运用书本或使用何种遗迹和符号来铭记过去。我所能弄清楚的就是,在这个岛上,他们的歌声就是他们的书本或纪念物,这歌声由一个人传递至另一个人,由父母传给孩子,由现在的人传给将来的人,我将在此讲述。
>
> 在这一代人中,我发现没有什么比魔鬼那可恶和邪恶的形象更古老的绘画和雕塑,或更受人尊敬了。人们用各种方式描绘和雕刻的那些魔鬼有很多个头颅、很多条尾巴、畸形且巨大,还有着凶猛可怕的牙齿……[20]

在大陆,铁拉菲尔梅岛,恶魔形象也被纹在印第安人的身体上——奥维耶多认为,就像印章的印记一样,它被印在人们的肉身上,因而永远不会被遗忘。

这些形象就是塞米(*cemi*),"他们与我们所称的恶魔一样",奥维耶多记录道。它们由占卜师、大草药师和治疗师这类特殊的人照料。奥维耶多坚信,占卜的能力就是由塞米赋予这些人的,这种艺术不可避免地与医术和魔法混杂,因为医术是一种最圣洁、最优秀的事物。因其带来的希望和承诺,它与宗教的力量有了联系。这也是为什么,在我们西印度群岛的部分地区,他宣称(以同样的力度,也适用于安第斯山脉的山地地区),主要的治疗师也是神父和占卜师。正是他们,操办着崇拜偶像和恶魔的仪式。

在这些仪式中,唱歌、跳舞和击鼓等形式,是"印第安人希望与孩子和成 376

年人沟通的、与过去事物一致的模拟像，如此，它们就能被众人所熟知，并被牢牢地镌刻在记忆里”。

17世纪中期，负责基多方济各会传教的主教培尼亚·蒙特内格罗在其崇高地位上所关心的，也同样是记忆的这种道德和政治功能。在首版于1668年的传教士指导手册中，主教指出，印第安术士和魔法师是传播福音的主要障碍：“他们以恶魔般的热情进行抵抗，以至于真理之光无法使其夸耀的艺术失信。经验告诉我们，试图征服他们，有如试图软化青铜、驯服老虎或驯养狮子。”[21]正是他们，用干旱、歉收，以及派老虎和毒蛇来吃人，来威胁印第安基督徒。不仅如此，也正是这些术士，激发了人们反抗西班牙人的暴动——来自基多东部山脉的传教士们在其归档报告中一再重申这一指控，他们间或会把这些巫师授意的反抗和举行丧葬仪式、啜饮死者骨灰联系在一起。

若将（传教士所认为的）巫师领导的反对西班牙人的起义与啜饮死者骨灰之间的这种联系铭记于心，那么主教进一步阐述印第安人灵魂的道德结构中记忆和肉体的交织，将对我们很有启发。“这很正常”，他写道，

> 因为印第安人在异教徒状态中崇拜偶像，很迷信。魔鬼利用他的阴险狡诈，很容易在他们中间建立起他的暴虐帝国，因为他们是些很容易被欺骗的、野蛮无知的人。因此当西班牙人第一次来到这片土地时，他们就发现这些野蛮人自古以来就通过各种迷信和可憎的仪式来崇拜魔鬼和其他生物。这些仪式应魔鬼及其臣僚的恳求，让他们信仰大量的谬误。
>
> 这些邪恶的种子在印第安人身上种下的根是如此之深，似乎已经成了他们的血与肉，使他们的后代和他们的父母一样获得了同样的存在，在他们的血液中继承下来，并在他们的灵魂中留下印记。因此，尽管他们现在有传教士、教师和神父135年来一直试图去纠正这些谬误，却仍然无法从其内心抹去它们。[22]

与魔鬼之间这一古老契约的关键之处，似乎不仅在于它传承自印第安

人的血液（及他们母亲的乳汁），还在于把该协议作为一种事实存在的记忆，这对于它传播至未来也是必要的。因此，必须根除该协议的记忆术——能使它在记忆中保持鲜活的任何东西。

“他们怀着极大的热爱不断地尊崇着自己的记忆”，主教在他提及印第安人“在隐藏着的内心深处”珍奉其祖先的方式时如此写道。他反复强调了禁止印第安人跳舞和唱歌的必要性，因为“其中承载着其偶像崇拜和妖术的记忆”。同时还有必要捣毁锣鼓、鹿头、心大星以及翎羽，因为这些都是他们用以作恶的工具，能带来异教的记忆。[23] 377

这位 17 世纪主教现在教给了我们在政治与历史场域中记忆的那些作用，正是同样的这种意识形态环境让他如此敏感，却又让他忽略这样一个事实，即在此被关注的，并不是印第安人记忆，而是他的记忆！他没有或无法意识到，正是教会将基督教鬼神学中关于魔鬼以及任何其他重要事项的知识灌输给了印第安人，这些“记忆”都是霸权主义解读过去的杜撰物，是当今意识形态斗争的结果——一种被发明出来的传统，被如锡本多伊峡谷的那些基督化了的印第安人和教会，以及被殖民者作为一个群体的教会两者所秉持的一种杜撰之说。极具讽刺意味的是，在全力根除这些“记忆”的所有痕迹的过程中，教会及其征服文化实际上将它们当作一种新的社会力量来加以强化，确保了神话传变为现实、记忆传向未来。神秘性被植入过去，以邪恶之风的面貌来作祟生者，而同样是这种被发明的过去，能被魔法力量所捕获，不仅可用来阻碍恶风，也可用来挫败可归因于妖术的各式苦难情状。

原始部落

在我们喝雅格之前，我那锡本多伊山谷的萨满朋友堂·佩德罗会对着雅格献唱，经常向原始部落恳求。由此，他乞灵于两股传统源流——居住在森林低地的远古人群和萨迦氏族。这两股源流融汇于一处：远古与野蛮，低地与肇始之初。我们从这股源流中获得了预言和疗愈的能力。

然而，在他于高原寒冷夜晚对着雅格酒高声吟唱所祈求的这些原始人群，与其说他们老，还不如说他们值得尊敬。科雷瓜耶人米格尔·皮兰加，是最强大的巫师之一，在三四十年前才离开人世。帕特里西奥是部落一位著名的西奥纳巫师，圣地亚哥和萨尔瓦多都会不时跑到那里去喝雅格酒。他们既不是那么古老，也不是“原始”。但他们肯定是属于低地的。雅格只能在低地生长，堂·佩德罗用自己的方式也将它与很久以前的异教徒联系了起来。“他们住在蒙特（*monte*），在那里游荡”，他告诉我，“种植药草，包括雅格。若你今天去那里，能听到有人在唱歌。那里有歌声。所有的幻象
378 都在那里，正唱着歌。唱着他的歌，雅格歌，不是吗？然后你会自言自语，‘有个巫师在那儿晃荡着呢！’”

维托托人

三年后，我们检视了一首为印第安妇女安德里亚而作的占卜和治疗歌曲。这名妇女想知道她那数月前出发去委内瑞拉给人治病的丈夫多明戈发生了什么事情。巫师说，这首歌是为了吸引住她那回不来的丈夫，通常情况下，这首歌要长得多，且有众多精致之处。以下是他的逐行注释，每个编号的数字都对应着一“行”：

1. 这是堪为精妙的识别力；照亮了自身的时间，把整个世界与生活变得明晰。

2. 很好的路，很漂亮的路。

3. 维托托人，维托托人：与下面的人达成协议。

4. 让病痛歇息下来吧。

5. 我渴望其他个人或其他人群对我有好评，希望获得友谊。

6. 有我的技术在此，一切都会好起来的。

7. 来吧，多明戈！来吧！

8. 我就是那个能治愈安德里亚的人。

9. 游荡在委内瑞拉；游荡在委内瑞拉。

10. 我必须集中精力，我必须仔细思考，看他们是否会分开。

我们讨论了“维托托人，维托托人：与下面的人达成协议”这一句。之前我从来没有听说过“维托”这个词，我的巫师朋友试着向我解释：

> “维托”这个词的意思是，我必须请求来自下面的人，因为他们很强壮，有雅格这种强效药物。但我也得召唤这上面的大师来保护我自己。来自下面的那些人很热，非常热，没有感觉，而来自这里、来自上面的那些人，也很强壮，经受过寒冷，那来自高原的寒冷。因此，你必须与来自上面那些人和来自下面的那些人订下契约。
>
> 我们是受过教化的。我们穿着衣服，住在房子里。我们吃盐，我们知道上帝和魔鬼。但维托托人不知道，他们和魔鬼住在一起，就如他们不是基督徒一样。他们就像狗。他们没有灵魂。但是有识别力！他们有那个！像动物一样。身为动物，他们可以看到不可见的东西。比如说，一个恶灵来到了这里。我们看不到它，但是魔鬼(他迅速地纠正了自己)，也就是说狗，狗看得见它。

他接着说： 379

> 有个故事讲的是一个女人养了一条白狗，不是吗？那只狗在半夜不停地叫。这使她饱受骚扰。“嘘！滚开！”但那只狗仍然不断嚎叫，嚎叫，嚎叫。最终，女人抓住了这只狗，擦掉了它眼里的脏东西，问它：“你为什么这么嚎叫？你是想看到什么东西吗？”然后，那条狗就像基督徒一样跑起来，好像要去咬什么东西。当狗退回来时，她说：“这里发生了什么事？”然后她就看到了一具骷髅布满了整个空间，到处都是。

“因此，”他总结道，“狗看得到并认得幽灵，就像其他动物看得到恶灵和恶魔一样。维托托人也是这样，他们与魔鬼结盟，能看得到彼此，并相互交谈。因为维托托人没有灵魂，只是一种空气精灵。他们不用吃东西。他们所食用的，只是风、花朵，或者花朵的香味”(就像描绘“东方奇迹”——印度和埃塞俄比亚的野蛮人——的那些中世纪的动物寓言集里的那些灵物、怪胎和恶魔)。他告诉我，这些维托托人就如毒蛇，哪怕是在几米之外，也可以吸出人的血液。他们留着长指甲，能扎进肉去吸血。他们能跳跃和飞行得很远，在一瞬间就能从福尔斯山脉跳到安第斯山顶，到锡本多伊，甚至到帕斯托城。

由于他们与魔鬼联系在一起，维托托人对道德没有什么认知。像动物一样，他们不知道区分对错。但也像动物一样，他们很强大，拥有人类所没有的敏感与智慧。

高地巫师与维托托人，以及在治愈歌曲中所取得的成绩之间的关系，就好比是主人和一只训练有素的狗之间的关系。如同在养了一条午夜嚎叫的白狗的那个女人的故事中所说的那样，高地巫师的作用是清洗干净这些低地人的眼睛，通过这种行为，拔除他们的幻象和敏感性，并在低地人酿制的雅格酒的帮助下，将其融入基督教文明的理性与力量当中，而后者，不仅定义而且推动了原本劣等的野蛮人拥有这种令人敬畏的力量。

但为什么会是维托托人呢？一个使徒之旅的故事

大约 40 年前，来自高地的白人殖民者曼努埃尔·戈麦斯（Manuel Gómez）首次进入普图马约低地与一名柯番萨满饮用雅格酒，他感觉自己仿佛已经死了。好几年后他告诉我，他确信那天晚上，在喝了第三杯雅格酒后，他就已经死了。在那死亡空间的序幕里，在死亡的门口，可以这么说，在
380 闪电划破急猛的飓风和黑暗时，蛇从他呕吐的嘴中倾泻而出，将他包起来。之后跑来了一只老虎，印第安萨满问他是否害怕。“是的，有那么一点点”，他回答说。老虎消失了，在火旁，使曼努埃尔万分惊恐的是，他看到火边站着一个魔鬼，正如它被描绘的那样，头上长着角，身上还有其他一些东西，又红又热。之后，魔鬼变成了萨满，闲适地坐在火堆旁抽着烟。但后来他又变回了魔鬼，曼努埃尔则死了——不过他升到了天上，接受了上帝的祝福，当他作为一个新人降下时，感觉得到绿色森林中冒出的清新迷雾。将他荡入死亡空间的，是老虎—印第安萨满—魔鬼这一复合变换的意象，就如一个西奥纳印第安男孩在和他的萨满父亲饮用雅格酒时，是一个白人将他带到了死亡空间一样。我推测那事儿大概发生在 70 年前，其时普图马约河的下游正盛行橡胶种植。

> 当我喝下第三杯雅格酒时，我看到不计其数的蛇从它们的洞穴溜了出来。然后我看到一个手持大砍刀和刺刀的白人。那是另一幅异象（画面或幻象）。刚开始时，那个白人想用刺刀杀死我，更有甚者，想把我扔到火上烤。我害怕得尖叫起来。这是另一幅异象。但后来一个上了年纪的女人走过来，用一块布将我包起，并让我吮吸她的奶，于是我就飞走了，飞得很远很远。突然，我发现自己置身于一个被光线照穿的地方，一切都很清晰、平和、宁静。这是雅格人住的地方。他们看起来更像我们。那就是我到达的地方。我走进了一栋十分漂亮的房子。所有的人都来了，身上装饰着羽毛和响尾蛇。他们恳求我像他们那样穿着。他们的外衣上画着老虎和其他一些东西。这是另一个异象。之后，我看见了一个带着巨大十字架的上帝。他赐福于我。这是另一个异象。
>
> 在那之后，我看到了一座教堂，又大又漂亮。我进去观摩了仪式，知道了人们应该怎样举止行为。他们给了我一种加糖水的酒，那代表着萨满送给病人的提神药物。这是另一个异象。
>
> 他们把我带到太阳诞生的地方，那里有两个隔间，一个透明，一个黑暗。为了到达那里，你看到了黑夜和白天。这是另一个异象……[24]

1926 年，在这个西奥纳男孩看到这种幻象（它被哥伦比亚人类学家米尔西亚德斯·查维斯[Milciades Chaves]在 1940 年代记录了下来）后大约十年左右（我推测），来自西班牙的两个方济各会神父，加斯帕·德·皮内利和巴托洛梅·德·伊瓜拉达（Bartholomé de Igualada），开始了他们著名的、英勇的“使徒之行”，从西奥纳出发，到普图马约河下游的丛林中去发现他们所谓的“新的野蛮部落”，并在那些地方传教。1912 年，罗杰·凯斯门 381
特爵士的报告更详细地揭露普图马约橡胶带里的丑恶暴行，引起了国际社会的强烈抗议，随后有人呼吁运用教堂的影响力来平息暴力。1909 年，大致有三万到四万印第安人——主要是所谓的维托托人——居住在普图马约河的伊加帕拉纳和卡莱帕拉纳河支流流域的橡胶提取中心及其周围，而据传教士计算，到了 20 世纪 20 年代初，人数已经降到了可怜的 8500 人。许多人死于白人带来的天花。许多人从此地逃亡。另一些人则被卖入森林中的劳役偿债制度网络中，在玻利维亚或巴西结束了自己的一生。不过，加斯帕神父认为，人口大幅度减少的主要原因，是朱力奥·塞萨尔·阿拉纳手下的秘鲁和英国橡胶公司所带来的可怕折磨和屠杀。

高地的人们带着极大的热情为使徒行旅做准备工作，在帕斯托和锡本多伊山谷的学校和教堂，人们举行了弥撒仪式，庆祝为拯救下面丛林中的野蛮人而进行的这次十字军运动。人们还进行了承载着整套方济各会规诫的大型灵性操练，在其中宣布了加斯帕神父和巴托洛梅神父为神圣牧羊女——方济各会虔敬的母亲与守护神——这一短程旅途的庇护人。人们集聚了交易物品、礼物和足够使用六个月到一年之久的医药物品。但就加斯帕神父来说，目前最重要的东西莫过于那幅他在帕斯托特别定制的、约莫四英尺高、三英尺宽的神圣牧羊女画像，“这样我们的圣母不仅可以用她无形的保护陪伴我们”，而且“对她的爱，不但可借着我们的福音，还可通过众人的眼睛，渗透到那些地区的野蛮人和异教徒的心灵中去”。[25]

这种渗透灵魂的殖民形象，若非人为而由大自然来展现，其效果同样强烈。当加斯帕神父在卡瓜河和卡瓜塔河交汇处等待维托托人准备一场大型舞蹈时，他注意到“这样一种野蛮场面是怎样很少显露的”。这个地方实际上被河流所遮蔽，但一旦进入，就会发现场地很宽敞，在他看来，就像天上的墓穴。“河水黑暗，”他写道，“古老的原木在河床上腐烂，河岸郁郁葱葱，高大的树木上长满生物和适于送葬的苔藓，形成了一个阴森可怖的地窖。对旅行者来说，这就像是在穿过一条通向幽灵和女巫的隧道。”印第安人建造的四五座棚屋（房屋的形式是白人所青睐的），在一定程度上削弱了“恐怖的调子，增加了野蛮的气息”。他“被世俗化的丛林圈所包围，丛林里充斥着野兽的咆哮，以及飞鸟与昆虫的刺耳鸣叫，这些非但没能让情境变得更愉快，反而让这里充满了忧郁悲伤”。这个“天穴”使天空变得如此狭
382 小以至于在白天太阳都聚焦了其炽热光芒，而在晚上，月亮和星星散射的柔光为这里点燃了浪漫幻想。而给人最后一击的，便是蚊虫那不分昼夜的肆虐叮咬。

"一群卡克塔的野蛮印第安人。"

（摘自加斯帕·德·皮内利，《在普图马约河、圣米格尔·德·苏库姆比奥斯河、库亚贝诺河、卡克塔河和卡关河沿岸的一次使徒之旅》[*Excursión aptólica por los ríos Putumayo, San Miguel de Sucumbios, Cuyabeno, Caquetá, y Caguán*]，1929 年）

> 在那远离文明之地，身边围聚着印第安人。依照其风俗习惯，他们随时可能将我们杀害，把我们当作那令人毛骨悚然的宴席上的一口软食。我们度过精神上感到幸福的一天——当我汇报说明我们使徒工作所取得的结果时，我们就能看到这一点。[26]

沉浸在丛林中的白人殖民者也引起了方济各会教徒的关注。加斯帕神父有一天遇到了神情十分沮丧难过的一家子殖民者。这家的一名六岁男孩"以一种异常怪异与神秘的方式"失踪了。这对父母去阿西斯港庆祝复活节，把他们的七个孩子留给了老大照管。这个六岁的孩子和他的两个兄弟一起出去钓鱼，然后就失踪了，而谁也不知道是他是怎样消失不见的。他们认为是妖怪带走了他，当加斯帕神父逼问细节时，他们说一小片阴影闪过，他们的小兄弟就被拖走了。他们大声呼叫、四处搜寻，却再也没有找到那个男孩。

类似的事情也发生在弗洛伦西亚的一户农民家里。当时，父亲和他那七八岁的儿子正走在丛林中，孩子却消失不见了，之后人们再也没能找到
383 他。另一个例子涉及为其庇护人收集橡胶的一个印第安家庭。父母出去工作了一整天，将孩子们留在家里。那个庇护人（一个白人）听到森林里有个声音在喊孩子，听起来好像是他们的母亲在喊他们，孩子们就跑走了。当父母返回家里时，孩子已经不见了，他们指控是这个庇护人谋杀了这些孩子。三天后，人们在一棵树底下发现了他的儿子，快乐且精神，好像什么事都没发生过。两个星期以后，人们在一片竹丛中发现了他们的女儿，看起来也仿佛是什么事都没有发生过似的。当人们问她这段时间吃了些什么时，她回答说，有一位先生把她照顾得很好。

在加斯帕神父开始使徒之旅的四五年前，安达基的伯利恒社区安格斯附近有一个两岁的女孩在森林里失踪了。最终人们在一个大人都几乎爬不上的陡峭悬崖上发现了她。滂沱大雨一直在下，可这个小女孩兴高采烈，身上异常干爽。当人们问她是怎么爬上那里，又是谁给她送来了食物时，她回答说是她父亲做了这一切。“这到底意味着什么呢?”加斯帕神父问。

他继续写到，更令人惊奇的事情也发生在这些丛林里。有一天，他被叫到一所房子里，人们说这所房子里住着一个妖怪，它正在叮咬、调戏一名妇女。起初，加斯帕神父不敢相信，但当他亲眼看到那个女人的手臂上开始出现大小不一的咬痕以及唾液时，他有理由重新考虑自己的怀疑态度。“我为这栋房子祈福驱魔，并劝那女人离开。似乎后来也没有什么后果，这件事情也就这么结束了。”[27]

通过这种接触，人们的信仰得以加强，教会确保了它在社会中所扮演的角色，但这其中所包含的讽刺甚至颠覆也不应被低估。几年前，居住在科迪勒拉山脉另一侧的考卡州玻利瓦尔的那些白人，求助于印第安人——尽管是巫师——而非神父来处理妖怪事宜。圣地亚哥·穆图姆巴加就是这么说的。加斯帕神父从城市来到丛林中，身披长袍，佩戴念珠，引起了印第安人的关注，把像阳光一样的光亮散射进斑驳的森林里；印第安人装饰着羽毛与虎牙，由丛林走向文明，将致幻剂撒播进种植和交易古柯的人那充斥着嫉妒的生活中。

加斯帕神父发现，他很方便就能寻求到哥伦比亚橡胶商人的帮助，以动员印第安人改信基督教。事实上，当他于 1926 年开始自己的使徒之旅时，加斯帕神父指出，普图马约的哥伦比亚人中运作着某种协定，借此橡胶贸易者从方济各会获得许可来征服（用的就是这个词字面上的意思）印第安人，并将其雇佣为橡胶采集工人。商人们教导传教士们如何去追踪那些隐匿着的印第安人，而他们似乎发现，让自己那些印第安债务劳工被传教士影响，对他们而言是有益的（这与阿拉纳的情形不同）。

虽然加斯帕神父对于妖怪的说法刚开始持怀疑态度，但他从不怀疑，需 384
要打一场宗教战争来剿灭森林里那些无名的恐怖。“我所信奉的教皇利奥十二世用于驱除撒旦和他的守护神的驱魔仪式，是极好的，”他宣称，

> 因此，在我们抵达的行旅传教的所有地方，我所做的第一件事情，就是举行这种驱魔仪式，目标在于消除那些丛林中恶魔的影响，因为没有上帝的使徒质疑过它的统治，长久以来，这些丛林的四面八方一直被这种影响所占据。[28]

当他最终确实见到了从阿拉纳橡胶营地逃跑出来的、患佝偻病的维托托人时，确实如他所宣称的那样，加斯帕神父采取的首次行动，是采用教皇里奥用过的仪式来驱魔。

传教士们的很多特点都唤起了印第安人的好奇心——他们的胡须、眼镜、长袍和念珠。“他们活泼地评论，”加斯帕神父说，“开所有东西的玩笑，引得大家哄堂大笑。”神父们在那幅巨大油画的帮助下，每天两次通过口译向人们阐释信仰的奥秘。加斯帕神父很满意地观察到印第安人是多么小心翼翼地探究着这些圣像最微末的细节，以及“他们是如何在我们的阐释中插入与自身传统相关的冗长评论的”[29]。加斯帕神父提到，在为期三周的准备过程中，在神父的解释之后，维托托人会自发地花上一些时间来思考这些画作，从不厌倦于问一些最无关紧要的细枝末节。当活动临近高潮，也就是洗礼前夜，印第安男人会整宿不眠，围成一个大圈聊天讲演，不时吸吮着浸入烟草罐——*舔烟草*。加斯帕神父告诉我们，每当印第安人要讨论重要的事

情——比如酋长指令他的人给白人收集橡胶、做农活、打猎，攻打另一个部落，或者攻击白人时——都会这么做。三个或四个人可能会同时发言，使用不同的词汇成千次地重复同一个主张。当谈话停顿下来时，所有的人都重复最后几个词语，以拉长的“嗯”声结尾，这位好神父说道，从而保持了“他们的信仰和习俗完整地世代相传，无需凭借书籍或报纸”。从奥维耶多到加斯帕神父，代代相传，同样痴迷于记忆术，用歌曲、“嗯”声和集体仪式来连接传统和制造传统，全然无需书籍(或报纸)。加斯帕神父注意到，所有这一切都以非常单调的形式，发生于晦涩忧郁的夜色中。[30]

传教士们因为睡眠被打断而蒙受的屈辱，由于他们了解到印第安人在讨
386 论的事情而大大减轻。印第安人讨论“概括了这些天所学到的有关我们圣洁宗教的奥秘，特别关注油画中罪人的死亡、审判、天堂和地狱所造成的印象”。[31]

加斯帕神父明显的意图，就是要用绘画来确保野蛮人的灵魂不仅被福音的话语所渗透，而且被视觉意象所渗透。然而，为了让这些意象占据野蛮人的灵魂，成为他们想象的一部分，这些野蛮人就必须把这些意象转化成话语，通过公共仪式和麻醉刺激物这类媒介，用他们自己的语言表达出来。若在该话语之下及其渗透和转换之中，是这种殖民意象的力量所在的话，那么，这也正是他们“自己”的历史、一段充满恐惧和流离失所的橡胶繁荣历史，它已预备着塑造成死亡空间——罪人的死亡、最后的审判以及天堂和地狱。

加斯帕神父并没有忽视野蛮人的仪式给传教士提供的好处。在第一次体验烟草仪式之后，他写道：“上帝保佑，允许将之前被印第安人反复用于伤害其兄弟的介质，这一次服务于他们灵魂的补益和神的荣耀。”[32]他看到，在印第安人这样做时，会将传教士的教导添加到其传统中。(男性的)讨论与吸烟仪式，不仅仅带来了益处，还“可能是向部落，哪怕是那些最懵懂无知的部落反复灌输真正的宗教观念和基督教习俗的最好方式，只要事先曾有一位身负盛誉、能言善辩的部落酋长已受过这种教导”。可能他对不是维托托人举行而是由居住在河流上游的柯番人、西奥纳人、科瓜加人和因加诺人所办的雅格仪式也会持同样的观点。就这点而言，我从上游印第安人那里听来的故事倒是值得一提，据说加斯帕的同伴巴托洛梅神父支持他们喝雅格，并建议教会不要因此而侵扰他们。

"……他们不知疲倦地提问……"

（摘自加斯帕·德·皮内利，《在普图马约河、圣米格尔·德·苏库姆比奥斯河、库亚贝诺河、卡克塔河和卡关河沿岸的一次使徒之旅》，1929 年）

但反讽已显而易见。可怜的老加斯帕！他是否想象过在几十年后的今天，是白人殖民者而非印第安人被反复灌输，将他们所认为的印第安魔法和宗教融入其传统中去呢？

不管怎样，他是否夸大了他的情况呢？通过其仪式向印第安人灌输自己的宗教，可以创造出新的奇异形式。举例来说，在加斯帕神父开始行旅之前的十五年前，哈辛托·德·基多神父于1906年穿越那令人生畏的维托森林，发现了印第安人专心于一种球类运动。他们以令人惊异的技巧，将一个橡胶质地的球——阿拉纳的人就是为了橡胶这种物质而杀害他们——用膝盖顶着传给彼此。他们把这个球叫作“耶稣的心”，对它的态度十分恭敬。哈辛托神父认为，一点儿都不夸张地说，他们对这个球的崇敬，有如我们对圣徒圣物的崇敬。问及“某些最聪明的印第安人为什么要如此敬奉这么一个微不
387 足道的对象时，他被告知，一些白人很久以前来过这里，他们是好人，带来了圣母的画像。她怀里的孩子抱着一个圆圆的东西，那就是耶稣的心脏，这就是为什么我们玩球时就好比在与上帝的心一起玩的道理”。[33]

圣礼表演

（摘自加斯帕·德·皮内利，《在普图马约河、圣米格尔·德·苏库姆比奥斯河、库亚贝诺河、卡克塔河和卡关河沿岸的一次使徒之旅》，1929年）

我的因加诺印第安朋友弗洛伦西奥在他大约 15 岁时，被挑选出来陪伴巴托洛梅神父沿着卡克塔河到弗洛伦西奥所称的奥卡维托托人的辖地上进行了一次使徒之旅。我不知道这次行旅是否就是加斯帕神父所记载的那一次，但很可能就是，而我认为，把他对这件事的记忆与加斯帕神父的记录相比照，十分重要。

像那些好神父一样，弗洛伦西奥也参加了一个告别仪式，不过这个仪式可能要逊色得多。一位西奥纳巫师邀请他在出发前喝一杯雅格，以保护他免受维托托人的伤害。当弗洛伦西奥终于见到他们时，他对他们印象深刻。他不仅称他们为维托托人，还称他们为奥卡维托托人，意思类似于"野蛮人"维托托人。"你不会相信那些人是怎样治好病的，"他告诉我，"他们肯定是有什么灵丹妙药！"

在他第一次见到维托托人时，

> 巴托洛梅神父说他们会把我们杀了。我们必须得在其他地方扎营。然后，一只载满奥卡人的大独木舟经过，船上装满了锅、弓和箭。我们找到了一所特别大的房子，但里面空无一人。一个人也没有！他 388
> 们全都死了！有人被绑在里面，连脚都被绑住了。地上有血、成堆的头骨、断弓、尸体，谋杀。他们这么做是为了抢劫，然后逃跑了。那是在旧金山的那一天，巴托洛梅神父说，做弥撒是为了祈求信仰和找到可用来安置那些奥卡人的国度。我们的翻译知道他们在哪里。"神父，我们已经挨近他们了！"巴托洛梅神父说："你先走。我等着。"翻译回答："我去和船长谈一谈。"他在嚼古柯。噗……噗……还吐痰。我们从远处观看。翻译说："若你们可以过来，我就会给你们发信号示意。"他们有一栋巨大的圆房子，里面挂满了吊床，住着许多人。神父对翻译讲话，翻译又和奥卡人交流。神父带来了镜子、香水、布匹和灯……一些小礼物。很不错。我们在那里待了好几个月，五个月！神父……住在一栋房子里。那是一段美好的时光。人们学会了"我们的天父""圣母玛利亚"……所有的祷告语。若他们想接受洗礼，他们就能被洗礼。十字架、圣像、圣人的意义是什么？这一切意味着什么？——他们全都学会了。当神父离开时，人们是何等的痛哭流涕！

他告诉我:“它让我难过,使我为离去而悲叹不已。”

在加斯帕神父和巴托洛梅神父庆贺神圣洗礼和婚姻仪式的那一天,印第安人都穿着传教士送给他们的新衣服,戴着由动物牙齿、羽毛和种子串成的项链。传教士们很难控制印第安人的欢乐情绪,然而对印第安人在圣礼上的表现感到满意,随后又分发了更多礼物——基督的画像和宗教奖章——来纪念这一天。“印第安人满怀感激、虔诚地接受了它们,立即把它们当作战胜撒旦及其随从的战利品挂在胸前。”

最具戏剧性转变的人是里贾奇,之前他是橡胶公司雇佣的残酷警卫之一,是一个令人畏惧的可怕杀手,现在却在这群混杂着当地的,以及逃难而来的维托托人队伍中不稳定地维持着他的首领地位。作为橡胶公司的一名杀手,他带着受害者牙齿做成的项链。作为一名传教士新手,现在他脖子上挂着的是基督和拉哈斯圣母圣章,要求把他的名字写成西班牙语中的安东尼奥。他收到了为这群人的主屋而作的一幅巨大的三位一体画。

我的锡本多伊印第安朋友告诉我,加斯帕神父坚定的伙伴,巴托洛梅神父的遗骨现在躺在锡本多伊大教堂里,虽然并不被人所见,却在那里备受人们崇敬。他在下方森林中十多年致力于探索发现新的野蛮灵魂并教化他们之后,返回此地并长眠于这些群山中。他获取了精通西方医疗体系和印第
389 安医疗体系的医生声誉,无论是上帝还是妖术,都确保了他死后的圣洁。据说维托托人教会他饮用雅格,他对此评价很高。

对于维托托人的历史如何被现在所呈现这一问题,即在他们的观念中被锡本多伊萨满称之为获得预见未来与推翻邪恶的神奇力量的那种方式,我们在此至少有一个迹象。巴托洛梅神父的记忆被珍视,维托托人的记忆也被使用——谁能说得出个中缘由呢?

从符号到形象:直接意指与含蓄意指,权力的无序跌落于自身的混乱

去发现居住在下面丛林中的异教徒并使他们皈依基督教的使徒之旅,

使得位于俯瞰着这些丛林的山脉之上的传教士大本营锡本多伊，迎来了太多的荣耀与仪式。其他十字军传教运动接踵而至，锡本多伊的印第安人和白人似乎不断地被告知，若非被激发的话，他们所取得的——尤其是有关野蛮维托托人这一方面的——进步和成功。这些十字军运动，就其阐明的目标而言，是关乎商业与民族主义的，传教士们写就的文本表现出了宗教狂喜般的自豪之情，他们打开了亚马逊盆地的这一大片区域，利于哥伦比亚政府商贸提取与殖民。

我的高地萨满朋友们，是否就是通过这些十字军东征运动，将维托托人拥有神奇魔法力量的形象纳入其知识储备中的呢？也许，很大程度上，这种魔法在于人们认同维托托人的命运，以及其历史中的悲伤与浪漫。就像病人为了缓解病情而给萨满带来的不幸一样，维托托人会不会不仅代表着不幸，同时也代表着治愈？在为了与其达成协议而运用维托托人的形象时，难道这里不存在着一种深刻的同情吗？这种同情，不仅撒向历史的受害者，而且也撒向他们随后把握在教会神父手中的“救赎”（尽管事实上正是因为这种救赎在很大程度上只是仪式性的）。

因此，我们可以提出这样一种有关魔法赋权的类比：一方面是把野蛮维托托人的历史、殖民恐惧与基督救赎连接在一起的一组叙述性的、有组织的、结构化的同构，另一方面是那些在五十年后仍需住在俯瞰着那些炎热维托森林的遥远山上的高地萨满来解除不幸的人的命运。

这一分析将其治愈的魔法之流传播得更远，渗透到我们现今许多从事历史分析和文本评论的人的生活和工作中，因为它不仅唤起了人们对于从混乱中创造出秩序来的挚爱之情，同时也让人们想到了结构主义最珍贵的宪章性文本之一，即克劳德·列维-施特劳斯的“符号的有效性”，在其中他解释了一首库那印第安萨满用于治愈难产妇女（在哥伦比亚西北部和巴拿 390
马南部）的歌曲的用途和功效。[35]在一种把这首歌曲当作脱离任何世界，仅存自身内在指称性（和对病人不理解那个文本的极大可能性的无知或无视）的文本的自闭观点看来，分析是按照类比和叙述顺序进行的，在一种同构的宣泄中达到高潮。这种宣泄或许也可归咎于锡本多伊萨满歌曲中维托托人形象的治愈作用。

许多读者会认为这是一幅令人愉快的画面：可可豆燃烧所产生的烟雾环绕躺在吊床上的孕妇袅袅飘升，而她则在被动地吸收着这个男人为她吟唱的意义和秩序——最重要的是，秩序——这是解决混乱和诞生新生命的先决条件。

但现在，烟雾业已散去，我们难道没有发现这一分析也是一种神奇的仪式吗？——尽管它是披着科学外衣的那种。难道对萨满魔法的那种分析不是与它的主题同样神奇吗？这里的控制性人物是人类学家或评论家，他们将意义有序地放入文本那无序的、被动的和永恒为女性化的载具中——从而“允许”新的意义从无序的塞堵中释放出来。

但是，如果取而代之的是，我们允许陈旧的意义滞留于无序中——首先，是仪式的无序，其次，是它所处的更广泛社会的历史的无序——那么又会发生什么呢？我对普图马约萨满的经验表明，他们就是这么做的，而像维托托人这一类的形象，其魔法力量就来自它不断地质疑、动摇人们对秩序的追求。在一定程度上，高地萨满歌曲中的维托托人形象可能使人们从殖民恐怖中救赎出来的那种叙事得以具体化。它好比一种寓言，在完全的无序中打破不幸命运之中的混乱——这让人想起本雅明的“辩证形象”所蕴含的技巧，以及有蒙太奇和欢笑相伴的这些萨满仪式的艺术技巧。欢笑如此之多。“它属于双关语家族，”依据形象的迟钝意义，巴特如此写道，“它在狂欢节这一侧。”[35]

通过文明进程所固有的秩序条款以及殖民权威的日常执行，那种能在其无序中将无序绊倒的萨满技巧也在以奇特的方式提高。将萨满歌曲中的维托托人意象当作可驯服的野蛮人意象，就可简单概括这一点。后一意象暗示了普图马约文明史中的悖谬、矛盾和解构张力的大小以及首先是橡胶公司（以其可怕的暴力），继之是教会（以其对魔法的非凡运用）所用于代表开化历史和野蛮的那些条款。这不仅在于，文明与野蛮之间必要的语义依存产生了矛盾与悖谬之困境，而这种依存通过普图马约历史的物质性而变
391 得具体和独特，还在于为了在治疗仪式中创造魔法力量，重要的是，维托托人的形象使我们几乎不可能忽视意义对政治——在这种情况下，是殖民、种族主义和阶级压迫——的依赖。高原萨满歌曲中的维托托人辩证形象的萌

出，旨在以超现实的精度，揭示驯服野蛮人的现代世界历史之骄傲自大。这种形象，不是用秩序而是用问题——谁的秩序？谁的野蛮？——来阻碍思维之流。与维托托人签订契约，就好比与猎犬订约一样，巫师驯服了野蛮人——不是为了消灭而是为了获得它。

毕竟，下面森林里的橡胶公司就是这般看待和利用*小伙计*的，在那些维托托人年轻时就开始训练他们，让他们充当公司的警卫、拷问者和杀手。为了强迫森林里的人们采集橡胶，该公司通过这样使用他们，将其关于森林人民的幻想具体化，从其野蛮人的神话中创造出了非常真实的野蛮人。

高地萨满在山上的祈祷，与橡胶公司在下面遥远丛林中对维托托人的使用之间存在着明显的共振，在其背后，展现了高地印第安人几个世纪以来对低地印第安人魔法力量的相似的污名化。沃尔特·哈登堡称之为“魔鬼的乐园”的普图马约橡胶繁荣时期的20世纪历史的情感结构，与其苦难、救赎和对野蛮人的驯服一道，浓缩了人们对维托托人意象的记忆的决定，因此这里也存在着这种由多种因素决定的记忆之弧，将一扫而过的时光进一步拖回到西班牙征服安第斯之前。

这两种记忆合并于该首歌曲所借用的维托托人具有魔法的野蛮人形象，高地萨满将这一形象注入因不幸而变大了的不确定性之咽喉中，由此，两种相对立的方式融汇归一，借此记忆——这里指的是印第安人的记忆——可用来确保他们的征服。17世纪的培尼亚·蒙特内格罗曾力促彻底根除印第安人的仪式，因为这些仪式将他所谓的“异教记忆”带入了人们的意识层面。但秉怀同一假设，即仪式体现着并唤醒了记忆，20世纪的方济各会，如与维托托人打交道的加斯帕神父等，仿佛是偶然地发现了一个截然相反的结论与策略：也就是说，为了抹去记忆的异教徒刺激功能，我们应该保留这些仪式，如此，带着它们所呈现的记忆，仪式能将它们与以下形象相缠绕：油画中的基督受难与救赎的形象、罪人的死亡、最后的审判以及天堂与地狱。

历史将记忆服务于殖民主义的这些对立模式，是否本身就已经在当代治愈魔法中被登记在案，对其权力而言也是必不可少的呢？在维托托人的复兴与试图运用记忆来改变和主宰人们的现代模式相一致的情况下，带着

392 前征服时期异教徒记忆的、困扰着生者的恶风，是否可能与主教的记忆和记忆中的早期殖民政治性相契合呢？是否有可能，这些风与野蛮人，就是记忆生产与再生产的独特历史模式中帮助记忆的形象呢？在萨满意象中，它们得到了最精细的表达，而其任务，恰好是将妖术的历史与对它的记忆重新修订，以及若可能的话，进行破坏。

第25章　嫉妒与内隐的社会知识

在普图马约，我常常在治疗师家中听到人们谈论生活及其问题，感觉到人们对嫉妒的敏感性始终存在，像我们呼吸的空气一样不可缺少。这种敏感性不仅仅是我们所说的萨满话语的基础，使真实的感觉和人的感觉有机化，它还可以被当作一种第六感，或是被我称作“内隐的社会知识”的触须，如同一个扫描社会关系的含蓄意指与直接意指的不断充电的扫描仪，在人们的意识层面进出穿梭。像习得母语一样，人们通过实践而不是有意识的学习，来获取内隐的社会知识，它可看作是成为社会动物所必需的一种占主导地位的能力。 393

我们可以把这种知识看作是解读社会情境——与其说是其表面上的直接意义，不如说是其不同层次的意义——的一套技巧。正如亨利·詹姆斯(Henry James)所描述的，在群体事务中，各种可能性交织在一起。在“情境”中，意义与民众意见在大量的聚会及精确性中被拆分，并被进一步拆分，以至于不仅是社会，就连生活本身，也变成了人们交替反思的对象。

阐释进入了被阐释的情境中。内隐的社会知识不仅仅是社会存在的一 394
种被动的、反思的、吸收的能力；它也应该被看作是一种实验活动，尝试这种或那种可能性，想象这种或那种情境、这个或那个动机，假设人性的另一个维度——简言之，在语言和视觉形象中尝试提炼出社交往来、自我和他人的可能性与近乎不可能性的范围。

最重要的是，正是嫉妒——讨论其表现和衍生影响——提供了社会生活中一个可以说是充满可能性的剧场。正是在这个舞台上，内隐的社会知识得以漫游和清除，加强了其敏感性，提高了其解释能力与伤害能力。

雅格之夜使这种隐含的社会知识在话语和非话语维度或意象维度得以明确，这并非它最不寻常的成就。雅格之夜可以被认为是发表和纠正嫉妒话语的一个史诗般的剧场，其显著特点，就是对友谊的辜负背叛。在对那些激发了社会对妖术进行反击、自我滋养、不合群的个体的神话的暴力法令中，这个史诗剧场所回应的更大议题，是个体对其社会联系本身的唾弃。

在参与了很多雅格之夜后，你可以从一个人的脸上或一个情景碎片中看到该史诗剧场正在上演。我们很难忘记罗莎里奥和何塞·加西亚紧绷着脸实事求是地讲述他们的嫉妒故事，或在黄昏时刻与他们的儿子走过比他们更贫困的邻居家，深陷于他们的嫉妒以及准备施展妖术的恐惧之中。

与其说嫉妒是妖术和不幸的原因，还不如说，它是在寻找其社交性的意义（和无意义）时，使事件旧怨重提的一种内在的话语力量。

作为描述不幸的组织"原则"，作为不可避免地源于（感知到的）不平等的、邪恶的社会心理"理论"，作为社会关系波动中的主导符号，嫉妒鲜被分析，更多的时候是人们谈论其具体细节，认可它无处不在——用一点暗示或一种体姿来标明自然界这种构成并玷污了人类处境的不祥的、令人厌烦的、使人不快的事实。

在此情形下，将嫉妒看作是一种理论，那就错了。有人认为，这种理论可从其表层表现的一片混乱以及处女光晕围绕着的一场经验主义狂欢中的醉酒狂饮之碎片中被挖掘出来，超乎其上的，还有被社会科学家所"接受"的有序真理之快乐。然而，如果映入心灵之眼的，除了在碎片的表层而非其他
395 任何地方呈现的真相之外，就没有更多的真相了，那该怎么办？那么，探究则可让位于描述——确切地说，就像普图马约城中任何一个陷入嫉妒旋涡的人，为了解释那些片段和他们那既没有开始也没有结束却产生了过多影响的感受，而进入隐含的社会知识的洪流中一样。

吐出别人的嫉妒

嫉妒有时会以图像性的、充斥舞台的、纪念碑似的方式呈现。1976 年 10 月的某个晚上，当我们一群人聚在一起喝雅格时，一个印第安年轻男子博邦扎狂吐不已。博邦扎来自山区，多年来一直在圣地亚哥的农场生活劳作，拥有之物不过是穿在身上的一件衣衫。他向圣地亚哥索要了一杯由特殊植物提炼成的、令人平静的"淡水"，请他将自己清理干净——为他的身体

吟唱，向他呼气，擦拭他的腿、胸和背，擦拭胳膊直至指尖，擦拭他的脸以及绕着他的头，从他的头顶上吮吸出邪恶，然后用荨麻抽打他几乎全裸的身体。而那青柠色和鲜红色的荨麻，被用以抽打后，业已变得软弱无力并被丢弃。通过抽打，身体被打开，别人的嫉妒之恶被发泄出来。然而，博邦扎一直吐个不停。午夜过后，我们其他的人都很兴奋，博邦扎在烛光中又一次坐到了圣地亚哥面前，抱着对他的信任，开始轻声说话。起初我觉得，这好比是在向一个天主教神父忏悔。然而，他所说的，既不是告解，也不是他所犯下的罪，相反，他诉说了让他恐慌的物事以及自己的呕吐所蕴含的意义，也就是说，某人或某些人对他产生了嫉妒。正是深藏于他身体的他们的嫉妒，让他将体内的黏液呕吐进这青蛙颤抖之夜。

治愈者的声音也颤抖起来。我不知道他是否感到害怕，但至少此刻他十分严肃，沉浸在博邦扎所说的话语里。因为在某种程度上，他面临的风险甚至会大于博邦扎所面对的。与某些情况下魔法能力不亚于他的那些人针对他而产生的嫉妒做更为持续的斗争，就是他所面临的风险。或许与嫉妒的这种纠缠，不仅是他治愈任务的一个危险副产品，同时也是必不可少的。无论如何，在那个夜晚的阴影里，我记得他们的很明显很重要的一点就是，病人和治疗师共同承受着嫉妒的恐惧。

人们总是认为，嫉妒通过寄宿在被嫉妒之人的胃、头部、胸部和腰背部即其身体里而产生其邪恶力量。萨满吮吸和抚摸那些部位，并借用雅格酒的净化作用，可以将之驱除。普图马约的农业殖民者强调，雅格酒的净化作用是其一大美德，物质和形而上学不可思议地在此交织于呕吐与排泄的诗学中，驱散了人们内心深处的嫉妒。

会说话的嫉妒：一位盲女所看到的事物 396

因此，人们对身体内部和遥远的外部都有着强有力的意象，在排泄和呕吐出那些坏东西时会爆发性地逆转，净化——不是告解而是把一种社会关系的感觉物质化，将它想象成腐化的嫉妒物质，向内坍塌至身体的要塞——之后是神奇的治愈术，奇怪的植物，奇怪的人物幻觉（印第安人、黑人、术士、魔法师、鬼怪附体之人),“净化”。

那么,相对于想象社会纽带之扭曲的这种既形象又过于直接的方式而言,还存在着另外一种话语层面,嫉妒在此只会闪烁片刻,就像对话裂缝中的一缕暗示,邀请人们去思索、去认可世道常情——就像1982年12月的一个下午,我在前往普图马约河的为期一天的旅途中草草记下的一张便条所写的那样:“在加尔松住宅区安静的小市场,一个穿绿衣服的圣地亚哥妇女在她的摊位边哭泣。她把丈夫一个月前去世的事情告诉另一个集贸市场上的女人。‘变形,嫉妒,’她哭喊着,流着泪,‘再也没有人可以跟我开玩笑了。’”

那天晚上,我们和圣地亚哥的妹妹以及她的家人,在普图马约河岸边一所高耸的房子里喝雅格。圣地亚哥的妹妹是从莫科阿地区逃走的一个因加诺印第安人,他们把那些肥沃的土地都让给了即将到来的白人殖民者。现在她老了,和她那年老的丈夫以及几个成年子女住在普图马约森林依然茂密的边缘处。这里一间小屋,那里一间小屋,稀稀落落,形成了一个小型的因加诺社区,被一批又一批的农业殖民者所围困。其中,有一个以使用妖术而闻名的人,说她的丈夫是一个巫师,一个印第安巫师,对付他的方法就是放火烧了他们的房子。

当我们在吊床上安顿下来,等待夜幕降临时,圣地亚哥提醒我,我曾给他留下了一份礼物,也就是他现在用的吊床。在使用了多年之后,绳子已经穿破了,他正要把它扔到一边,这时,住在他家的一个年轻女孩说道:“别这样!我母亲以做吊床为生,她会帮你修好的。”她们从委内瑞拉远道而来。母亲在几年前就已失明,但她还是拿起了吊床,理顺这些绳子,在她的大腿上测量出它的长度,并将它修理得非常漂亮。这真是一个奇迹!委内瑞拉的人们告诉她,她的失明是由玛勒斐西(即妖术)造成的,她非常想知道这是不是真的。

一个来自锡本多伊山谷的印第安草药师在委内瑞拉卖药,爱上了她的女儿。“在我居住的那片土地上,”他说,“没有人能真正帮到你,但他强调,在下面的炎热国家里,有人知道这些事儿。他就是堂·圣地亚哥。”

397 因此委内瑞拉的这个盲人、她的女儿和来自锡本多伊山谷的印第安草药师三个人一路跋涉，穿越了哥伦比亚的大起大落的地势，抵达与厄瓜多尔的边界地带，在草药医生的家里稍事休息。然而，那时正是多斯桑托斯节，印第安人正挨家挨户地喝吉开酒。委内瑞拉人因此没了向导。她们变得孤独且无聊。“锡本多伊那么冷，又没有木薯吃，你还能指望什么呢？只有玉米！”不过后来，她们找到了一个女人，说自己能帮助她们在下面的高山暖温带找到一个叫圣地亚哥的人。

她们于是来到他的住处，他手头正有些生雅格，质量上乘，口感醇厚，“就像我们今晚将要吃的那种”，他给了她一瓢雅格。

她看到了是谁对她做了玛勒斐西，那是她的妹妹。她对着那不在现场的妹妹尖叫了好几个小时。

“你为什么要这么做？你为什么要这么做？你为什么会嫉妒？毕竟，我把所有的食物和衣服都给你了！你为什么要这么做？”

然后她停了下来，强烈要求：“给我一把刀！现在就给！”

女儿听到这句话，不停地哭：“哦，妈妈！哦，妈妈！”

“第二天，”圣地亚哥继续说道，“我治好了她，询问她是否能加以确定。”

“我当然能确定，”她反驳道，“我看得一清二楚。我看到她对我所做的事情，点点滴滴。”

“她告诉我，我应该到委内瑞拉去，”圣地亚哥说，“我会赚很多钱。”

对任何事情，我们无法确定

人们似乎对任何事情都会有嫉妒之心。心有嫉妒的人是危险的，他或她被嫉妒所激，会使用魔法，试图实施杀戮——用栲恩特棕榈（低地印第安人用吹管飞镖）、麦基亚和卡帕丘（就高地锡本多伊印第安人而言）；麦基亚、萨尔以及玛勒斐西（就文明的种姓和阶级而言——黑人和白人）。

嫉妒者的目标绝不仅仅是富人。我记得自己曾碰到过一个得了热病、身材瘦长、名叫阿尔基米德斯的60岁白人男子。他是一名来自山区的移民打工者。他的骨瘦如柴，代表着那个修剪甘蔗、照料磨坊、给养牛牧场除草、种植富裕邻居的玉米和木薯的营养不良阶层所面临的底层贫困。

“这是嫉妒捣的鬼!”他告诉我,意指使他那可怜的身板直发颤的高烧。

几年前,他的妻子在山上死去了,当时还怀着五个月的身孕。一直以来,他们都住在那里。“拉斯梅萨斯(Las Mesas)的人很遭罪。”他对我说。
398 “有薪工作的日子很少,但商品很贵。”那就是他来这里居住的原因。他带着儿子和两个女儿租下了一间房,在路边盖了一间小屋。他现在唯一买得起的耕种土地,得沿着河下游走很远的一段路,在森林里——“里面好”,他叹息道——在这个炎热国度的深处,他害怕那里的温度和疾病。那是九年前的某一天,他离开了自己在拉斯梅萨斯山区的家,和女儿米利亚姆一道,想到北部考卡河流域的农业综合企业大山谷里的帕尔米拉镇周边的甘蔗种植园去找工作。

“就在米丽亚姆和我离开的那天,当晚我妻子就发作了。那次发作一直持续到她死去。在到帕尔米拉之前,我收到一封电报,说我应该回去,因为她正处于即将死亡的痛苦之中。所以我回去了。当我们到家时,人们已经在房子里点亮了蜡烛。她已经死了。”直到十个月或者十一个月后,他才听说她是被嫉妒杀死的。他告诉我,那是玛勒斐西。

他的儿子请我们喝一杯白兰地,但老人拒绝了。我们拿正在该省官方白兰地酒厂工作的米丽娅姆开玩笑,说那能提供很多机会。阿尔基米德斯继续讲他的故事。

“那是在一个修路工人的聚会上,就在路边那里,一个男人告诉我,有人付了钱,让他送给我太太一种药……去杀了她。”

“什么?”

“一名女士付钱让他给药。那种药把她送到了坟墓。她已经怀孕五个月了,她死前二十分钟,孩子流产死掉了,二十分钟后她也死了。一尸两命……太令人震惊了,先生,让我来告诉你吧!”

“我们把两具尸体放在同一副棺材里。后来,我的岳父要求我向警方告发,试图证明是谁干的。但挖掘尸体的悲伤,以及与登记处的麻烦……所以还是让我的上帝去惩罚他们吧。”

他说,山里没有像这下面的印第安人那样有能耐的治疗师。但有没有知道怎么去害人的人呢?当然有。那些人就是!

“据说有人给了她从墓地里取来的死土，将它放进她喝的咖啡中。这些东西是没有人能对付得了的。医生说这是心脏病发作和脑出血。但不管这是什么，她已经离开了我们。她从未伤害过任何人。我们总是对的。”

他妻子去世多年以后的一个晚上，阿尔基米德斯去了圣地亚哥的住处。那个场合很特殊。那是我唯一听说过的，柯番的萨满萨尔瓦多，花三个晚上来治愈被高地印第安萨满埃斯特班运用麦基亚而罹患致命疾病的圣地亚哥的第二个晚上。

“我只去了一个晚上，”阿尔基米德斯笑着说道。“我怎么会花费超过一晚的时间去喝雅格呢？”萨尔瓦多先生喝雅格，喝得酩酊大醉，以至于没法给 399 任何人治病，但他对事物的确有一种奇特而罕见的理解。那个人的理解力是少见的。”

“比如说？”

“他能看出你的痛苦。”

“只是看着你？”

“是的！他能看出是什么让你痛苦，在你的生活中发生了什么事情。他喝得醉醺醺的，对我说，‘你就是圣地亚哥先生推荐的那个人吗？’‘听候您的差遣’，我回答。然后他说，‘很久以前，在你身上发生了一件很奇怪的事’。我问，‘它会是什么呢？’‘啊耶耶……’他喊道。‘你的妻子死了，不是因为上帝的召唤，而是有人谋杀了她！听我说！……’然后我们开始交流起来。圣地亚哥先生走过来告诉我，‘我对他这个人非常有信心。和他聊一聊吧。我将给你留一瓢雅格，这样你就能看到你的妻子是怎么被谋杀的’。”

“我看到了一些事情，”阿尔基米德斯说，“但是……谁知道呢？我们什么都不能确定。”

像阿尔基米德斯这样的穷人中的最穷困者，可以感觉到他们是嫉妒的受害者。一个穷人所拥有的，可能无法用共和国的硬币来衡量，或者那么显而易见。我还记得某天下午在河边的树林里煮雅格时，我曾经被吓了一大跳，当时我正在帮助一个因加诺年轻男子。我们东拉西扯，时间就在兴奋与单调中溜过去了。他告诉我，他的家人都是来寻求医治的，因为有人谋害了他们，所以他们一直在与之抗争。可以说，他们碰到的每件事都变成了一场邻居之间的争吵，有时甚至是血腥的争吵。他母亲在一场砍斧大战中失去了一条胳膊。他告诉我，人们一直都在攻击他们，嫉妒他们的儿子待在父母家里，给予他们帮助。

对牛的嫉妒

人们时不时地会用妖术来治愈他们豢养的动物，尤其是牛。在世界银行养牛计划的推动下——该组织先是推介瘤牛，之后是奶牛——一些农民开始有了自己的牛群。1980 年之前，非法的古柯种植是很多贫困农民的黄金国，而牛，且只有牛，才能把现金交到他们手里。与此同时，人们的感受是，牛群导致了更多的不平等，成了更明显的嫉妒理由，正如罗莎里奥和何塞·加西亚的伤感的生平故事所描绘的那样。

人们常常会听说牛群被盗的事情，何塞·加西亚向我保证，尽管那令人担忧，但这确实是牛最不麻烦的问题，因为使用老虎脂肪做成的魔法药水可以避免这种事情，正如在他的农场和圣地亚哥的农场所做的那样。但是，这可能要花费 4000 比索（当时农田雇佣劳工的日薪大概是 100 比索）。

400 牛的隽美与其尾巴发出嗖嗖声的沉寂是如何出现在雅格幻象中的呢？它们四蹄坚实，蹲卧在齐膝高的泥地里或高密的牧草里，丝毫没有意识到自己在人的胸中所唤起的危险炽热的激情，它们又是怎样通过大脑的想象进到幻想的牧场上游荡的呢？之前，我对当我们与 1975 年第一次在一起喝雅格时，圣地亚哥那整晚冲击着他的、天鹅绒般柔软、潮湿、哞哞叫的牛群幻象感到奇怪。是他的想象陷入了我的想象：在蜡烛的明暗对比中，那个敦实而无限优雅的男人，带着他的虎牙冠，在沉浸在痛苦与兴奋中的普罗众生中漂荡，一路劈开他们的眼泪和笑声，使其平静下来，就像他同时对那些漂亮的牛所做的一样。

后来，当我试图站在自我刻画的情境之外去解释它时，却还有其他一些意象与之抗衡，比如世界银行关于热带森林奶牛天堂的乌托邦。圣地亚哥的想象，是否回应了他对牛的新而强烈的焦虑呢？不管这种焦虑来自他本人还是他的患者。难道这个毛茸茸的牛世界，取代了天使的世界了吗？当然，在我们或许略带迟疑地称为印第安人的“宇宙观”里，这种改变清晰可见。来自德克萨斯平原养牛场的对柯番萨满萨尔瓦多先生的需要，和他的儿子花上整整两天在普图马约的森林中找到他们那头牛，是大不相同的。他们发现这头牛陷于泥中深已至肩，用粗树干把这头牛扛出泥巴，又花费了他们一天的时间。

“每一类动物都有它的主人，”萨尔瓦多告诉我，“当你想要捕猎这类动物时，萨满必须得和他的主人协商好。萨满用啤酒或者雅格来向主人支付。当他啜饮雅格时，他就是在与主人交谈：‘我想要一头驼鹿。’他说。这头驼鹿就来了，来得毫不费力，又容易驯服，也很肥胖。”

然而，我对这些初到森林及其泥泞环境的牛感到奇怪。尤其是因为，与其他动物不一样的是，这些牛看起来并没有一个灵魂占有者。

“是的，所有的动物都有它们自己的主人，”萨尔瓦多重申，“我们的主人是上帝。我们是牛的主人，因为我们能杀了它们，就像上帝能决定我们什么时候必须去死一样。”

但是这赋予了杀戮权利的财产权的概念，似乎并没有为世界银行家提倡的财产和资本概念（古英语：牛群）增加威严。相反，旨在使牛生病，让它们不能茁壮成长，甚至导致它们死亡的嫉妒妖术于此地肆虐蔓延。可以这么说，除人体之外，奶牛或公牛的身体是嫉妒的最敏感信号。在雅格之夜，圣地亚哥曾有很多次被要求将那些混合了玉米、盐和加纳多楚度的饲料圣化，之后送给牛吃，以治愈它们或保护它们不受因嫉妒而起的妖术戕害。

不过，也仅是在他儿子那头漂亮的公牛（他吹嘘这牛值 18000 比索左 401
右），病得很重时的最后关头，他才被请去治疗。这头牛一动不动地站在树下，不吃不喝，带有蓝色薄膜的嘴上慢慢冒出许多白色泡沫。“这是一种玛勒斐西，”圣地亚哥的儿子告诉我，“这很常见。是嫉妒捣的鬼！”他非常确定这嫉妒来自何人。他补充说道，因为牛不能喝雅格，也不能被净化，因此，治牛比治人要难得多。

他尝试了一切办法，但随着时间的流逝，公牛仍慢慢地倒在了地上。圣诞前夜，圣地亚哥设法在他家举办了一个小型聚会，因为（他告诉我）他担心，当那些年轻人在那个节日之夜进城时，他们会喝得酩酊大醉，打架斗殴。

他借了一个电池驱动的录音机，我们一起跳舞，一起喝烧酒。

他的女儿纳蒂维达德带着她的孩子们从卡克塔河上过来。她说，那里有一些贫穷的乡下人，因被一个嫉妒的邻居诬告说他们帮助了游击队，刚刚被军队击毙。在附近，还发生另一桩事，士兵们枪杀了一个印第安小女孩——她自己孩子的同伴。听说，女孩的半个脑袋都被机关枪的子弹给炸掉了。

"从林里的人从我们这里经过，为他们的扩音器索要电池"，在跳舞的间隙，我们坐在外面，其中一个孩子说起了游击队。"他们想要钱，我们给了他们。他们说我们需要一条更容易进入市场的路。可是我们已经有一条路了。白人顺路过来，偷走了我们的母鸡。"

"士兵们正在滥杀无辜。我们能做些什么呢？"他的母亲问道。

年轻的男孩子们在抽烟。姑娘们穿着有荷叶边的连衣裙。年轻的男孩邀请女孩跳舞。仅有的三张小唱片，被一遍又一遍地播放着，而我们则在这被河水和森林吹来的凉风吹着的、充满欢乐的宽梁房子里，跳着曳步舞和吉格舞。

刚过午夜，我正在外面的炉火上煮咖啡，突然听到一声恐惧的尖叫。圣地亚哥的儿子安东尼奥突然发了疯。他站在跳舞的人中间，拿着一把大刀，砍向帕布鲁，两周前才签订了合同去清理牧场的一个年轻人。帕布鲁的脸上有一条从眼睛至嘴巴的划痕，正往外冒血。每个人都一动不动地尖声叫喊，而安东尼奥本人则仰面躺在地板上，看起来就像死了一样。我们止住了帕布鲁像水泵一样往外直冒的鲜血。圣地亚哥的妻子安布罗西娅眼泪滂沱，坚持要让圣地亚哥治好安东尼奥和她自己。圣地亚哥收敛了自己的哭嚎，开始对着安东尼奥唱起歌来，并用荨麻扫过安东尼奥——用安布罗西亚的话说，就是要把狂躁和愤怒扫出去。

"不过，"圣地亚哥反对道，"在人们喝醉的时候，我怎么可能治好他们呢？"

402 他走到我跟前，仿佛这个世界已经裂开了。因为这是一个拥有所有可能性的冰冻瞬间，任何事情都有可能发生。

"雅格制造出了幻觉，"他悲痛地说，其忧伤深不可测，"告诉我们什么是对的，什么是错的。它给了我们印第安人异象，而它又是上帝赐予的。这是我们的学问。"我们静静地坐在那里，熬过寒冷的夜晚，等待着黎明的到来，他不断重复着的这句话，被地板上几乎没有意识的两个年轻人发出的呻吟声不时打断。

那天下午，公牛死了。

当我傍晚回来时，有四个人在田野的薄雾中围在安东尼奥的周围。后者正在解剖公牛的尸体。这些人是来自河对岸无地殖民者小屋的饥民，正等着砍下牛排来吃，因这头公牛是病死的，因此别人都不会去吃这些肉。

半个小时后，安东尼奥走了进来，说他在公牛的胃里，四处寻找妖术的痕迹，却一无所获。

时候一到，有些事情必须加以解决……否则：屠夫阐述妖术、啜饮雅格，他的儿子与一个来自共和国、为雅格发狂的年轻人合伙，而何塞·加西亚则返回与印第安人喝雅格

在何塞·加西亚看来，私人拥有太多牛，就是罗莎里奥罹患致命疾病的原因。随着她的病情进一步恶化，由于她对印第安治疗师的态度，若不是害怕的话，那也是蔑视，因此在过去的两年里，何塞·加西亚明显地在雅格之夜缺席。1980 年 12 月的一个星期天，我建议他和我们一起来喝雅格，这天几乎正好是安东尼奥的公牛死后的一周年。

那天晚上，和我们待在一起的，是一个身材高大、性情平和的农夫埃利塞奥，28 岁，来自哥伦比亚共和国另一侧位于波亚卡的安第斯山脉的山脚下。他是白种人，一位走了那么远来学习的、非常想成为魔法师的白人。我从来没有真正理解过这种学习是如何发生的。据说有时候，人们可以买到这种知识，而另一些时候，人们又认为，那是一种人们无法购买的、天才的职业。我猜想埃利塞奥也在试图找出答案。

这是他第二次来这里。光是车费就花了他 1600 比索。这次他带来了一个比他小好几岁的表弟卢西亚诺。他告诉我们，他是从来自遥远的卡萨纳雷的一个印第安人那里，第一次听说了圣地亚哥的名字。卡萨纳雷河最

终流入奥里诺科河，人们可以在那里轻易地获得那种强大的药物——卡瓦隆戈种子。

“他们把它一袋袋地从树上摘下来！”圣地亚哥向我担保。他接着说起了卡萨纳尔平原是百万富翁们拥有巨大牧场的地方。“在那里，人们买牛不以头计算，”他咯咯地笑着说，“他们坐着直升机上去，用手指指着整个牛群！”

403 还有一个自大浮夸——哦！如此华而不实！——多嘴饶舌、攻击性强、来自普图马约一个边境小镇的中年的白人胖屠夫。与他一同来的，是他两个瘦骨嶙峋的青春期儿子，随身带着一个大收音机。他戴着一顶很大的斯泰森毡帽，手里拿着一根棍子，上面绑着一根皮子编成的鞭子，那种肉贩们最为炫耀的皮鞭。七年前，当没有人在市场上到他的摊位上买肉时，他曾经喝过一次雅格。夜幕降临，我们齐聚在阳台上准备喝雅格，他滔滔不绝地对我们说，是另一个屠夫给他施了玛勒斐西。屠夫间这种出于嫉妒而施加的这种玛勒斐西一直存在，他说道。

“就是这样的！毫无疑问！”一位在附近镇上开了一家小商店的怀孕妇女强调，“店主之间一直以来都是那样。”她和丈夫在这里，是因为他们卖的不够赚钱。她说，他们正遭受着一件可怕的烦恼之事——令人厌倦的事情——她说道，一个正在帮助他们的招魂术者或灵媒给了他们一些东西，里面有来自墓地的骨头。但事情变得更糟了，圣地亚哥似乎认为这还远不能治愈他们，他们已经受到萨尔形态妖术的进一步戕害。所以他们把东西放回了墓地。

当何塞·加西亚挥舞着手电筒从山上走来时，狗叫了起来。屠夫又开始讲话，谈到了当地政府的腐败问题。

“所有的管理者到这里来，都是为了偷东西！”

“是来偷窃的！”何塞·加西亚回应。“这片领土上有许多钱。”

“他们刚刚发现了这些矿藏，”圣地亚哥特别提出，“铜矿和铂矿。”

“啊！有这么多的”，何塞·加西亚说，黑暗把我们拉到一起时，我们都很安静。一个女人开始轻声地和圣地亚哥说话，但带着绝望，谈到了哭泣。人们在走来走去。

“这里不缺它！”何塞·加西亚轻蔑地哼了一声，暗指妖术。屠夫又咳又啐表示同意。然后他清了清嗓子，慷慨激昂地大声向所有人陈词。

“我告诉你们，在加尔松别墅我住着的房子里有一位伊纳斯太太，她是已故的戈麦斯的遗孀。你们不认识她吗？我在那里待了五个月。这位太太做砖头，她做瓦片……我在告诉你们呢！她有一座砖瓦堆成的山……用来卖的东西。但是没有人去买哪怕一块瓦！没有人会买哪怕一块砖！没有人买任何东西。什么都没有！什么都没有！”

“什么都没有！”何塞·加西亚随声附和。

“这位太太不得不停止做事，有时候她哭了又哭。”屠夫停顿了一下，我们等待着。

“我问你们，这房子发生了什么事？我在问你们呢！以那在山顶上受祝福的基督的名义，就在今天，我身上发生了一件奇怪的事，非常奇怪。那个曾在这里的女孩，昨天去翁布里亚结婚。很显然，我不能陪她，因为我不得不在我那加尔松别墅的摊子里工作。‘和你妈妈一起去吧，’我说，‘明天屠宰场 404
关门的时候，我就去找你们。’但事实上是根本就没有什么婚姻！什么都没有！她不得不回来！黎明时分，我吃过早餐，然后走进去，觉得很好笑。一种不安宁的心绪，像一件东西一样，在我的内心凝固。但我的内心究竟藏着什么事呢？我走出去，又踱进来。没什么。我对女儿说，‘小女儿……’”狗在狂吠，我们没有听清楚他所说的话。

“……安全……离开，进来。这里！这里！”他用鞭子重重地抽着地面。“当我关上门时，我忽然冷得直打哆嗦。我想自己会死掉。谢天谢地，是那居于山顶的上帝，将我救了出来！我摇摇晃晃地靠着墙，向上帝祈祷。我都快窒息而死了。为什么呢？”

“那是什么时候发生的？”圣地亚哥问。“是昨天吗？”

“今天。是在今天早上！”屠夫几乎是在尖叫。“不知道是什么力量把我逼到了墙边！我的女儿叫喊着，‘爸爸，你怎么了？躺在这张床上来吧！是什么伤了你？’不！就让我哭一哭吧！就让我哭一哭吧！我哭了，那种奇怪的东西让我哭得停不下来，没有办法停下来。‘我觉得这间房子有种可怕的、令人厌烦的事情，但我们能做点什么呢？’就是那种东西！我告诉你们。还有那位太太：她上次卖出砖头，还是多久以前的事情了？她怎么会哭呢！”

圣地亚哥冲着其中一个年轻人喊叫，确保火里有煤，可以用来烧柯巴脂香。

“一定会出事”，屠夫用一种较为平静的、带点哲学意味的、多少有些邪恶的语调继续说道，“我的太太住在阿西斯港，她对我说，‘你为什么不离开呢？你不能适应这里！’她不时地来看看。我唯一的伙伴是我的女儿，没多久她就要结婚了。”

何塞·加西亚和圣地亚哥打破了随后的沉默，张罗大家继续喝*雅格*。接着，何塞·加西亚亲自讲述了一个后来被证明是妖术受害者的可怜砖匠的故事，将话题又绕回到屠夫所说的故事中。坐在他旁边的那个在市场上卖芭蕉的女人，开始聊起她的绝望和厌倦，她的烦扰之事。她不能卖芭蕉。花钱的速度快过来钱的速度。她病了，她的家人病了……

圣地亚哥笑了起来。面带令人害怕的一种庄严神色，屠夫握紧鞭子宣称：“有些事情必须在时机成熟时加以解决，要不然……”他又慢慢地说了一遍。

卖芭蕉的小贩上气不接下气地把更多细节告诉了何塞·加西亚，后者问了几个尖锐的问题，叹了口气。

“你摆摊子摆了两年，却一无所获！”

“这算什么事！”屠夫开始接话，却说不下去了。

“是的！很咸！——对！这是妖术！”何塞·加西亚激动地喊道。

我们就政府的腐败问题——手锯或交叉锯——谈了许多。我打趣地
405 说：“所以普图马约有两个问题：上层的*手锯*和底层的*萨尔*——统治阶层的腐败，贫穷阶级的妖术。”大家都笑了起来。黑暗中冒出来一个声音：“*萨尔*在底部，嫉妒在中间！”大家哄堂大笑。

那个在市场摆摊的女人兴奋起来。她继续罗列自己的愁苦，最后以找不到工作深感郁闷结尾。

“事情就是这样！”何塞·加西亚权威地厉声说道。“你什么也得不到。你卖出了东西，钱却不见了……啊！巨大的*萨尔*！妖术真是太棒了！”

圣地亚哥稳稳地站在座位边缘，还在因*手锯*、*萨尔*和中间的嫉妒这个说法而发笑。他把装在塑料容器里的*雅格*，倒进摆在膝上的一个木制三脚架托着的金属碗中。

雅格的气味在黑暗中弥漫，那些以前喝过雅格的人一想起它辛辣的味道——被压缩的森林藤蔓、树根、树干、树叶、荆棘和挤进千年泥土中的苔藓所发出的浓郁气味——就忍不住直打哆嗦。大家都很安静。老人叫人拿来一个火盆，一个旧沙丁鱼罐头。煤上撒着黄色的柯巴脂颗粒，助手的手臂摆动出弧线，像蜂蜜一样的松果味烟雾飘在我们每个人的身上。老人坐在角落里的吊床上，半转过身来，背对着我们。此时有一分钟或两分钟的停顿。一切都寂静无声。他从腰间弯下身子，对着雅格吹气，仅仅吹了一次，之后又停顿下来，静静地坐着，把酒倒在脖子、胳膊和脸上。慢慢地，他开始用力揉擦。

“艾赛斯已经很久没来了”，他突然说道。然后他拿起一把大约十六英寸宽的树叶扇，*waira sacha*，即森林之灵、风之轻触。*Sacha* 在这里所指的是森林或风，而 *sancha gente*，是森林里的人群，所指的则是奥卡人，他介绍道。他往叶子上倒了一点酒，直接擦上去，温柔地抚摸着叶子的正反两面，发出一声使世界豁然开朗的、舌头所发出来的枪弹般的咔嗒声，就像分开了一个晒干的甜瓜一样，突然对着治疗扇发出的沙沙打击声唱起歌来，他哼唱的是雅格的韵调，而不是歌词，就这样持续了大概十分钟。

“吹灭蜡烛！”他命令道，仅留下了了一束光，在我们的脸上摇曳出阴影，圣迈克尔与撒旦那布满蛛网的斗争，被框在我们头顶的墙上。他的眼睛在流泪，他擦了擦眼睛——他的另一只眼睛已经瞎了，据说是埃斯特班两年前用来自高地的麦基亚把它给弄瞎的。短暂地哼唱了一会儿之后，他接着倒了一小瓢雅格，在上面做了个十字手势祝福一番，然后在自己的胸前划了个十字，把它喝了下去。

他告诉我，他向雅格吹气，对它唱歌，为的是圣化它，净化它，“因为它可能会携带邪恶而来，森林中的精灵、蛇、青蛙、吸血鬼都可能混杂其中。如果你喝了这种雅格，你就会看到这些神灵，会度过一段很糟糕也许还很危险的时光”。但这在很大程度上取决于何时以及如何提出问题。几年后，他认为，我们使雅格神圣化（使之圣洁），是试图并确保这种力量不会招致一个坏结果，“所以撒旦离开了那里”，这样喝了雅格酒的人不会被诱惑去用它的力 406
量来伤害别人：“由于雅格是强大的，诱惑会进入。”

这里也存在一个来源的问题：力量来自何处？来自萨满——他向雅格吹气，对着雅格哼唱曲调（而非歌词），从而向它传递精灵——亦或来自雅格，它让萨满能够看到与吟唱？不，这里不存在来源的问题。

房间里的我们大约有十四个人，每个人面前依次被摆上了茶杯大小的一瓢雅格，雅格每一次被端上来时，圣地亚哥都要对着它唱了几秒钟或几分钟。那种苦味，甚至在它进入胃里之前，就会让你发抖、恶心。我们开了会儿玩笑，然后安静下来，孤独的火焰的阴影跃过木板墙，进入屋顶的黑洞。片状闪电之后，不时传来阵阵雷声，雅格让我们寒冷、颤抖、惊慌失措。

我不能轻易地为别人代言，但在经历了我本人许多年里无数次地饮用雅格，以及在饮用期间和饮用之后与他人的交流过后，我并不认为自己的经历不寻常或很独特，尤其是在我所称之为形式的那一方面——就这些雅格之夜所唤起的东西有哪些是重要的而言，我主要关心的是形式，或者更确切地说，是形式的分裂。然而，事情并非如此简单，存在着这样一个悖论，即为了描述一般性，我们必须抓住特殊性。因为雅格所带出的，事实上所倚靠的，就是极端紧张的生活和对早期的探索。不存在“平均”的雅格经验。这就是它的全部意义。你不得不在某处让丁点儿雅格徜徉齿间，用自己的经历来描述雅格之夜。

思想变成了感情，感情变成了思想，不一定是在意象或象征的浪漫概念所构思的顿悟的瞬间之中，而是在一个如在无人地带摩擦发出的不同经验类型层面那尖锐的刺耳声中所产生的。在这里，概念和感觉争取着优先权，留下一个新空间，让感觉活在它发光的自我里。同样，与此相关的是，也就是在这种情况下，“外在的”世界进入生活，并与“内在的”世界和谐一致。

我读到过，奥里诺科河三角洲的瓦劳萨满们，为了让自己在习得某些类型的魔法，尤其是重大妖术时做好准备，会吸入浓厚的雪茄烟雾进入他们胸腔内精灵魂居住的峡谷，以喂养和释放那些精灵。而委内瑞拉南部的亚诺马莫萨满，当他们吸迷幻鼻烟的时候，就进入了栖息于闪亮滑动的肌肉板块和骨柱中的、山谷和山脉内部景观构成的奇妙世界，它们变成了幻觉的外骨骼——通过呼吸和声音的入口，将外部收缩到内部，将内部收缩到外部。

但或许更重要的是啜饮雅格让人敬畏这一严酷事实：颤抖、呕吐、恶心、
拉屎、紧张。然而，这是一件奇妙的事情，可怕而不可阻挡。1939 年，欧文·
戈德曼在他与哥伦比亚沃佩斯森林里的人们待在一起之后，得出了一个结 407
论（但没有说明他本人是否啜饮过雅格）："库维奥人（Cubeo）喝迷黑（*mihi*，
雅格）并不是为了得到幻觉之乐，而是为了加强总体验的强度，拓宽感觉的
宽度。与我交流的人，没有哪一个会假装以此为乐。"①

一个小时左右后，圣地亚哥从他的吊床上荡了下来，开始呕吐。他缓慢的咯咯的干呕声充满了整个房间，瀑布样的秽物倾泻而出。他擦干净嘴唇，用荨麻拍打胸膛和双腿。房间里的人们骚动不已。他开始唱歌，然后又作呕，之后又把歌唱了一遍。也许他正在唱的他所听到的歌——雅格精灵、雅格人正在唱的歌。那声音对我而言，就像夜晚森林里的声音：通过潺潺的小溪和泥泞的沼泽地，数以百万计的青蛙发出刺耳的叫声。水和风越急，歌的节奏也越快。治疗扇，即"森林之风"，留下一片模糊的沙沙声。舌头发出的弹射声震碎了颤抖的空气，那刺耳的声音将它淹没在层层叠叠的阴影中。圣地亚哥正在给阿西西奥先生的小女儿医治恐惧，当她的脚后跟扎了一根栲恩特棕榈刺时，她饱受惊骇的折磨。她的父母把这根刺全拔了出来，只留下那黑色的尖端越扎越深。两天后，她的整条腿都开始疼起来。他们说，她变得精神错乱，尖声叫喊着，说死亡精灵正要进入她的身体，将她夺走。"恶风——*mal aires*——死亡邪灵……"圣地亚哥咕哝着，向我解释说，在森林里，当一根刺像那样扎进你的脚时，恶风也能进去。这就是为什么普图马约的森林很危险，他说道。

这个女孩坐在他面前的凳子上，而他则坐在吊床上。后者朝着女孩吹出一阵气流，吹出一口气——就好比他向雅格吹气开始雅格之夜一样——随着他的歌声跳动得越来越快，一阵又一阵的刺痛接二连三袭来，他用治疗扇扫过她的胸膛、腿和胳膊，最后扫过她的脸，直到她的头顶。他停下来呕吐、发恶心、发出刺耳的声音、喘息、吐痰。有人踉踉跄跄地走到半开着的门前，走进了黑夜。我们清楚地听到了呕吐的声音。有人叹了口气。其他人咯咯直笑。圣地亚哥擦了擦脸，从肚腹深处发出咯咯的笑声，忽然唱起歌

来。他唱了很长时间，大概有十分钟之久，然后弯下腰，从她的胸膛、四肢和头部吸出恶风、死者精灵，将它们吐到门外，吐到夜色里，又吐、又吸、又唱。“火苗呼扇，呼扇……呼扇扇……”它听起来越来越弱，越来越弱，直到它变得像其他人梦境中遥远的另一时空里树叶那最轻微的沙沙声——结果却因我们的集体在场而被猛烈地卷入，通过舌头所发出的、使人震惊的咔嗒声，那像火焰一般围绕着我们所有人的歌曲急冲而出，噼噼啪啪地使事物净化。

我们第一次品尝的是阿塞西奥先生准备的生雅格，并没有多大效力。
408 有人说道，“里面没有足够的查格诺番咖”——雅格女伴的叶子，据说是制造幻象所必需的东西。屠夫穿着聒噪的靴子，紧张地四处跺脚，将牛鞭往他身侧重击。有人开始开玩笑地说，屠夫们总是欺骗他们的顾客，卖给他们太多的骨头、肥肉，还缺斤短两，这引得大家都笑了起来。圣地亚哥和何塞·加西亚开始互相取笑：“印第安人又矮又壮；白人又高又瘦。”然后何塞·加西亚开始和女商贩谈论他在圣玛尔塔的农场被施的妖术。所用的那些词是强调性的、重复性的、急迫的、最高级的：“所有的，所有的……什么都没有，什么都没有……最糟糕的是，最糟糕的是……”

午夜左右，我们喝了一杯煮熟的、年份久些的雅格。它极度强劲，我一时记不起发生了什么事。何塞·加西亚于是暗自发笑，“手锯在上，萨尔在下”。我们都轻声笑了起来。

“我们忍受着一个，治好了另一个”，我开玩笑地说。

“如果可以的话”，他又咯咯笑了起来。

圣地亚哥让屠夫脱下衬衫来做治疗。他花了大约一个小时为他吟唱，用荨麻扫他，抽打他，这个活动他中断了很多次：和屠夫轻柔地交谈，但带着兴奋……“这就是你所遭受的嫉妒……”；去呕吐，告诉我们，因为最近与几个朋友去锡本多伊山谷喝博拉契拉（*borrachera*）——曼陀罗——使他们自己变得更强硬，他被迫参与一场朗姆酒和自家蒸馏的白兰地的可怕较量，所以他现在不能喝酒了。雅格所制造的幻象更强大，不像博拉契拉（字面意思为让人酩酊大醉的植物）那样不可避免地让人疯狂。不过，博拉契拉确实能使人“变硬”——加强对于妖术攻击的抵抗力，或者像他们所说的那样，使人封闭，屏蔽它们。

当他描述那晚在山谷中所遭受的痛苦时，你能感觉到每一次刺痛和阵痛。之后，他告诉屠夫，他的情况很糟，需要在早上再次清洗。喝下更多的雅格，有了幻象、睡眠和梦，他很可能对屠夫的问题及其解决办法有更清晰的认识。

治疗扇呼呼作响，噼里啪啦地把空间变成了一片旋转的树叶风暴，而吟唱声又一次搅动着我们柔弱的肠胃。这首歌的节奏一直在变化，就在这首歌里，有着愤怒和航行。然后圣地亚哥会在飞行途中突然停下来，讲个笑话，告诉路易斯·安东尼奥去阻止狗叫，治疗时候咀嚼楚度，诸如此类的事。然后，最微弱的嗡嗡声就可能开始了。在暴风雨般的故事中的一件帆布刺绣品、呕吐的声音以及人们离开去如厕的声音中，这首歌突然响起。

来自共和国另一边博亚卡城的两个年轻人，躺在一张厚木板上。年纪小些的那个年轻人卢西亚诺，发了疯，哭着大叫“希耶普塔（*hijeputa* ），希耶普塔……”他也会唱一点点。不难想象他经历了什么样的事情，因为你自 409
己也觉得很疯狂。然后，他开始用头狠狠地撞墙，从木板床底下滑了下去。独自一人待在圣地亚哥所说的“洞穴”里，他会嚎啕大哭，甚至更猛烈地撞击自己的脑袋。

圣地亚哥对着隐藏在视线之外、在他的“洞穴”中颤抖着的男孩吟唱。这首歌十分强悍有力，充满了自信；是恳求的、有诱惑力的和严苛的。那个哭泣的男孩不停地用头撞墙，有人建议把他绑起来。屠夫瘦骨嶙峋的儿子们因为害怕，整个晚上都待在外面的阳台上，抓着他们庞大的收音机。他们擅长捆绑扭动着的、蠕动着的肉，尤其是猪，因为这是屠宰行业的一个重要组成部分。圣地亚哥的歌声在四周回荡，他们的父亲用牛鞭抽打着地面，在他宽阔的帽檐下和手电筒的光束后面，助手们摇摇晃晃地跟在后面，监督 410
着，下着指示，瘦骨嶙峋的小伙子们像专家们一样轻松自如地散开绳子，把那个大老远从波亚卡和他的堂兄伊利塞奥来到这里，向普图马约的印第安人学习魔法的男孩捆了起来。

“唱雅格！唱雅格！画雅格！画雅格！”歌唱又重新开始，笼罩着我们，在我们说着话、躺着、睡着、呕吐、如厕的时候，歌声一直带着我们，似乎一连好几个小时。

然后我听到了另一首歌，那是何塞·加西亚唱的。他的吟唱有点像圣地亚哥，但用的是西班牙语，更像是一段不断重复的天主教圣歌：上帝……圣母……上帝……圣母……（这里没有青蛙！）。他拿着一把治疗扇，正在给女商贩和她的丈夫治病，将邪恶从他们身体里赶出去。他一边吸吮，一边往外吐，同时唱着歌："唱雅格，雅格歌唱，画雅格，雅格异象，得好运，得好运，运气，运气，嗨，嗨，嗨，上帝保佑，上帝保佑，圣灵，呀，嗨，帮助我治疗病人，圣灵的荣耀……"他正在快速移动治疗扇。话语滔滔不绝。有人在外面呕吐。圣地亚哥在和一个人聊天。

何塞·加西亚尖锐的高音起起落落。那是一声激烈高亢的悲叹，达到巅峰，之后又落下来："歌唱。歌唱。治愈。治愈。雅格唱起来。雅格画起来。好运气。雅格治愈了！嗨嗨……"

之后又传来一个声音，磁性男中音之风使森林里的枝条彼此互相刮擦；河中的巨石在翻滚，被冲刷着、起着旋涡的声音；咧嘴笑着的、坚忍的青蛙蹲在月光照耀下的泥土里，在它们的歌声中摇动——圣地亚哥也开始唱歌了。

这两个人一同唱了起来，他们互相歌唱，而我则在他们中间。何塞·加西亚穿过房间来给我治病。他已经深深地沉浸在雅格的影响中。我抬头望着他，他比我高得多，在烛光投下的移动的阴影中，我看到了他那蚀刻得很深的脸，突出的耳朵和嘴唇周边深深的皱纹。相反，我看到的是另一种形式——面具，就像我在距这一周路程远的奥古斯汀山里的墓盖上见到过的那些大嘴巴、长着狗牙的印第安人石雕头像。

圣地亚哥正好坐在我身后，让我觉得自己处在一种交叉火力中。圣地亚哥的歌声很美。他慢慢地加速到一个巅峰，然后突然放慢速度，舌头发出咔嗒咔嗒的声音，然后又开始吟唱了。在声音逐渐变弱时，何塞·加西亚调整韵律，以便圣地亚哥的雅格声音能和他的西班牙语祈祷声能密切配合，在他们的治愈歌曲和治疗扇噼噼啪啪进行对话的一阵忙乱中，通过我到达他们的脚下。我觉得何塞·加西亚差点儿滥用职权，然而他所做的，几乎是不可避免的——在治疗的过程中治愈；被圣化的东西在神圣化；呼吸和雅格；病着的人自己治疗了病——他抓住了我，把我当作一个媒介，让我继续工作，并让我贯穿始终。在我看来，他显露出的印第安人石刻面具的特点，与二重唱相结合，让他成了在我身后的圣地亚哥——"真正的印第安 411
人"——的一个活跃的回声，这种回声挣扎着去接近印第安人，但也挣扎着去做自己。

圣地亚哥十分镇定，他们俩继续干了似乎很长一段时间。

何塞·加西亚不知道有多少个月甚至多少年——谁知道呢——没有饮用雅格了。现在他一下子就成了一个古拉卡，普图马约的一个印第安萨满，操持一切，成为一切。

后来，他问我，在我的幻象中，我是否看到了他生病的妻子罗莎里奥，“她看起来怎么样？”他想知道。但我没有见过她，他继续说，只是到了现在，他才接受，她已经死亡了的这个事实。她是“我生命中的女王”，他说，“永远不会死的”。

闪电穿过开着的门，外边下起了细雨。现在，圣地亚哥的歌唱在寒冷的清晨越来越快，公鸡报晓，与依然炙热的对刚过去这一夜的哭声和笑声的记412 忆相呼应，房间呈现出一种新的感觉，就像任何一座圣殿一样神圣，但它的宁静是由一夜达达主义般的感官混乱而实现的。

在排泄物里有幻象。我常听人说，吐出来的东西可以变成一条蛇，甚至是一股蛇的洪流，从你身上转出去，又回到你身上。在鼻涕的流淌里、在粪便中、在呕吐中、在笑声中，同时也在眼泪中，存在着一种作为一种生活体验的、以妖术为中心的宗教神话，与基督教作为一种臣服的国教所具有的令人敬畏的权威截然相对。

在这个无穷的、更为温暖、更加有趣的雅格之夜的普图马约世界里，我们无法将粪便和圣洁分开，就好比我们无法将由于长时间恶心而旋转着的混乱与雅格之歌无法抗拒的潮流中那些下流的笑话、房间中戏弄嬉闹的推搡分开一样。这一涌流，没有结束，没有开始，也没有高潮的宣泄，只有马赛克式的中断里的星星点点。

圣地亚哥现在正在治疗卢西亚诺，那个不得不被屠夫的儿子们捆绑起来的、来自博亚卡的年轻人。他唱着歌，抚摸着病人的身体，打着治疗扇，把他身体内的邪恶吮吸出来。在此，人们将自己的问题具体化为嫉妒他者（其名字在此最好不被提及，或朦胧晦涩）的创造，而治愈的全部意义在于，伴随着哄堂大笑和分裂感的冲击，进入身体，进入头部和胸部，进入胃部和肉体，打破那里压抑已久的嫉妒。

尽管它的实质是身体间隙内的压缩力，但其原因始终是不确定的。那是谁的嫉妒？这是妖术吗？为什么？在其对身体的影响能如此猛烈地被感知到的、认知模糊的这个世界，治疗也以某种模糊的、碎片式的、分裂的、不平衡的、左撇子的方式出现。医治者的手有力且温柔，他们从身体里拧绞出邪恶，而停顿又启动、节奏变换地蔓延着的歌曲，既无命运也无源头，环绕着那具身体，沙沙作响并飞速袭来，在其自身的无序中将无序打破。

第 26 章　旋涡之地

413 在与那位屠夫、那变疯了的男孩，以及成为古拉卡的何塞·加西亚度过那个夜晚之后的第三天，圣地亚哥和我带着一加仑雅格坐在一辆客车上，沿着普图马约河流梯度上的一条道路颠簸向前。一位在阿西斯港森林上游名叫埃尔雷莫利诺(El Remolino)——旋涡之地——那个地方拥有小块土地的农业殖民者说服了圣地亚哥去他们那儿行医治疗。

在回答我的提问时，圣地亚哥就已告诉了我许多有关方济各会修士，和在低地森林中徜徉、为奥卡人举办受洗仪式的巴托洛梅神父，以及他与之共享雅格的那些野蛮的印第安人的事情。圣地亚哥已经侍奉于那位在世纪之交就开始承担方济各会传教使命的头领菲德尔·蒙克拉尔神父身侧，每天早上倒干净神父床边放置的便桶。

现在，六十年之后，当历史如同这辆颠簸着驶向边境的公共汽车，在停顿后又再次启动般浮现时，我们意识到——以如此微弱的方式——我们的进步具有历史反讽意味，折返但又自相矛盾，既反对却又肯定这一殖民遗
414 产：传说中的白人、最初的殖民者、圣人、神父巴托洛梅，在阴湿的丛林里为野蛮的印第安人受洗，据说还与其一同饮用致幻剂，而注定了要成为一名雅格萨满的、才受过洗的“野蛮”的印第安年轻人圣地亚哥，被压迫到教会为神父服务，去刷洗他们的便桶。加之其上的是，现在是印第安人而非传教士，行至边陲并与那里的穷困白人殖民者一同喝致幻剂，此行若非确切地为他们受洗，那么，这至少也是去给他们做治疗从而使其圣化。

“蒙克拉尔神父是一个好人，”圣地亚哥继续说道，“非常谦卑。”方济各会大约是 12 年前离开这里的。尽管在这片疆域上，教会在行政上与精神上的掌控已随其离去而消失，但毋庸置疑地，它们给这个社会上留下了印记——边界线上异教徒所抛下的长长的阴影使得那座敏感的教堂更为灵敏。20 世纪 20 年代早期橡胶种植的繁荣已然幻灭，正是传教活动而非哪

一种作物或产品或土地持有者阶层在支配着经济。从 20 世纪 50 年代末开始，卡车就一路轰隆隆地开上那些急转弯，上面载着木材和大蕉，最近又载着牛群。当我于 20 世纪 70 年代早期第一次来到此地时，这里还没有可卡因经济的痕迹。不管怎样，那可不是会用卡车来运载输送的东西。

“你知道怎样通过警局吗?”当我们在等待一位共同的朋友——一个正在准备治疗药物的印第安草药医生时，一位年老的黑人问我，“他们会弄到一个死婴，打开肚子，取出内脏，填进可卡因，再缝起来，之后把它放到一个女人怀里抱着，就好像那孩子还活着那样走过警局。”这就好比是一个女人正在给她的孩子哺乳。

至于那个婴儿死于被杀，还是自然死亡，对此他语焉不详——若“自然的”死亡是死亡的首要原因，则不同的政治经济政策能轻易地减少婴幼儿肠胃炎的病例。

他的故事让我想起了我所听说过的其他繁荣，比如 20 世纪 70 年代墨西哥所出现的石油繁荣——住在那儿的穷人如此告诉我——曾要求一百个孩子的头颅作为敬奉。这个要求，是从地表上钻机所打出来的孔穴里发出来的。最终，这个国家的总统同意供应——将其当作这场繁荣的祭品。之后，格雷罗和摩尔罗斯的父母们好几个月里都不允许他们的孩子走出家门，孩子们的无头尸体被找到的传言广为流传。当然，这不仅仅是一个为财富而奉献的故事，更是一个穷人和弱者献祭的故事。这让我不仅想到回避可卡因检查人员的抱在鲜活乳房旁的死婴，还想到了普通的普图马约殖民者的情形，罗莎里奥和何塞·加西亚的生活故事就是其注脚。

取代方济各会传教士在普图马约位置的，是德士古石油公司。通过修筑道路、提供短期工作，德士古公司吸引了大批的贫困殖民者，而后者所追寻的，是在小块森林里开辟一块可以种些车前草、玉米或者大米，养上几头猪的农庄，若运气足够好的话，能在若干年之后把它们一概卖出。他们中的大多数，在抵达这里时身无分文，头几年都做收益分成的佃农，或做一名农业工人受雇于其他贫穷殖民者，或作为独立的工资劳动者，或上述任何一种形式的结合。他们中有许多都是孤独的年轻人。有些人迷失了方向，比如 415

那个在某天早上走进圣地亚哥的诊所去寻求治愈魔法的、来自卡利的梦想家。另一些人则没有那么迷惘，而是感到孤独，就如那个来自太平洋沿岸城市图马科的黑人堂·胡安那样。他被雇来当工人，但大部分时间都四处坐着，照料他那只酸痛的脚。有一天，圣地亚哥对他讲道："感到伤心，是吗？第一，去想一想你心爱之人。第二，想一想成了孤儿的情状。第三，担心能不能找到工作。第四，担心贫困！"

"必须的！"堂·胡安堆满了笑容。

不过有时候，孤独正是人们梦寐以求的。像一个孤独的幽灵一样溜进森林，远离其他殖民者，这是件好事。一名男子向我解释说，这样就可以避免与他人相处时会出现的问题。我还记得这种战略性独处的坚定倡导者曼努埃尔·戈麦斯曾经告诉过我的那些问题。

> 大约两年前，这儿住着的一个家伙有个小农场，但这个农场收益甚微，几乎没有产出。他的牛也死了。在那地势较高的地方，出现了些奇怪的沼泽和爬满怪虫的洞。人们由此认为该农场受到了妖术的支配。它被萨满——我猜想是萨尔瓦多——治愈了。那个家伙也病了。他不想劳动。一天天地，他越来越落后。他赔掉了养牛人基金(用世界银行贷款建立起来的畜牧基金)借给他的所有钱。他所背负的债，一日甚于一日。就这样，他的敌人使他完蛋了。也许是帕奇欧·金特罗治好了他。蚂蚁村——拉霍米加那里住着一些坏人。到目前为止，我们这里还是清白干净的。住在这里的殖民者更少，因此嫉妒也少。但是正如他们所说的那样，"小城镇，大地狱"。

他对于政府和外国人拿走普图马约的财富却毫无补偿的行径十分愤怒。

> "他们在不断地挤奶。而奶牛都快被饿死了。如果没有我们这些穷人，富人也活不了，因为他们需要我们为他们工作。我们支撑着城

市。但我们穷人不能一直这么下去。我们一直忧心忡忡。我们总是在思考下一步得做什么，怎样去应对，明天做什么。所有这一类的担忧和计划。你不能停，一次也不能。自始至终。害怕饿肚子，害怕生无所依……”

而有许多的殖民者远比他更为贫穷。

在殖民港口的治疗

客车在马路的终点停了下来，圣地亚哥和我下了车，跨入了普图马约这雄伟的殖民港口——阿西斯港——的炎热中。从之前的几次到访中，我们俩对它已略有所知：两条主街，一条街道被军队卫戍部队守卫，延伸至山脉 416
及其内部的城市；另一条街道沿着港口拓开，由在本世纪之初建立了该港口城镇的方济各会修建的大教堂和学校守卫。这个港口自身，则是一片充满咸水和泥浆的巨大海洋，拥挤的独木舟正忙碌着卸载那重达一百五十磅的堆积如山的大蕉和一袋袋大米与玉米，将其拖到男人们的背上，再转到被鞭打、咒骂的马匹和马车上，马腿打颤、车轴呻吟，货物又被拖上开往内陆城市的大卡车；河上那一堆堆永远不会再被修缮的蒸汽船残骸，像纸型城堡一样，或蹲在其旁边的泥地上，或浮在水面上；商店里摆满了录音机和电视机，药房那一排又一排架子上，塞满了昂贵无用的药膏、胶囊和注射用物品，那是与跨国制药公司联姻的科学那惊人的创造力，为那些抱怨不断、营养不良、寄生虫猖獗、没有像样医疗服务却总是花上几个铜板买一些神奇药物的新殖民主义者量身打造的；四处走动的推销员擦着眼睛上腌渍着的汗水，胖胖的强壮男子拎着装了电子计算器，以及肥皂样品或彩票簿的整洁的手提箱；我所认识的住在上游的印第安人称为“屠宰场”（可能是沿袭镇上人的习惯）的一家小医院——没有用于饮用或洗涤的水，只有从满是泥泞的河中舀出来装在从德士古公司买来的旧油桶中的，用来售卖的被污染了的、杀害儿童、感染肠胃的脏水。

417 阿西斯港

那天晚上，我们发现自己住在一座两室的、用高跷架在大河的淤泥地上修建的木板房里。这是锡本多伊山谷一户印第安移民的家，卖一些草药和杂七杂八的东西——“一些几乎毫无价值的东西”——镜子、圣人画像、剪刀、硫磺、麻绳等等。

“我们病得很重，朋友”，何塞·乔索伊告诉圣地亚哥，恳求我们推迟向上游去雷莫利诺的行程，这样我们就可以到他在河边的小店去喝点儿雅格，将病痛治愈。

多年后，圣地亚哥告诉我，他们担心来自托利马、在其店铺对面摆了一家路边摊的一名白人男子的竞争。他们想让后者离开。

我们等待着夜幕降临。在镇上闲逛时，我们遇到了来自旋涡之地——埃尔雷莫利诺——上游的一名农业殖民者，一直在等待着圣地亚哥到来的堂·切皮。他很害羞，走路时拖着脚，挠着后脑勺，眼睛一直盯着地面。他邀请我们去喝杯啤酒。摩托车的咆哮声使得我们无法交流下去。我们遇到了一些垦殖者，一些 11 年前从纳里尼奥来到这里的他的朋友们。有人喊了起来。一个瘦高的黑人冲过来迎接我，和我打招呼。那是我三年前在上游

阿西斯港

认识的杰拉尔多，当时他和著名的柯番萨满萨尔瓦多先生一起当佃农，并为他烹煮雅格。

杰拉尔多十分激动，不停地斜睨着圣地亚哥。他说，在萨尔瓦多两年前去世后，他就和另一个住在更上游的翁布里亚印第安萨满住在一起。杰拉 418
尔多，这个 18 年前从太平洋海岸线来到普图马约的黑人，成了一名古拉卡！他说话的声音越来越大，节奏也越来越快，意识到自己吸引了许多好奇的目光。"今天的年轻人不好"，他慷慨陈词——意思是说年轻的印第安人不会成为萨满，因为他们太惊慌失措了，不能或不愿意遵守饮食方面、经期方面和孕期方面的禁忌。但杰拉尔多又如何呢？

我记得自己是在 1977 年遇见他的，当时他住在格拉图丽娜和萨尔瓦多家里。他来到普图马约，因为这个地方开出的日工资很高。后来，他和妻子砍伐了靠近河边的国家土地上的森林。他告诉我，妻子已经死了，他陷入了与她家人的争斗中，将农场给了他们，"因为他们人数众多，而我的家人很少"。自那以后，他实际上到萨尔瓦多当起了学徒，拿他自己的话来说，成了一名卓有成就的萨满。这个故事颇不寻常。

他似乎总是形单影只，既没有朋友，也没有家人，是个不爱与人交往的人。1977年，当我们在河上游，离格拉图丽娜和萨尔瓦多家房子那片森林大约半英里的地方喝雅格时，他使我大吃一惊。

那里的森林又密又高。在一小块空地上有一个棕榈叶做的大屋顶，遮蔽着吊床和一堆小火。夜幕降临得很早，那儿的树很高，你可以听到动物——有人说是猴子——晚上大部分时间里都在森林里急蹿的声音，沉闷以及振动着黑夜的蛙鸣声。杰拉尔多从前一天开始就在那里烹煮雅格。他侍奉着萨尔瓦多，倒出雅格，吹香，在需要时出现。

和我在一起的，是一名来自哥伦比亚西部考卡峡谷一个蔗糖种植城镇的、父母在甘蔗制糖厂当散工的年轻黑人朋友，名叫何塞·多明戈·穆里洛。我写的那本书《南美洲的恶魔和商品拜物教》上的封面和扉页上的强大恶魔，就是他画的。这是他第一次来普图马约，以前也从来没有喝过雅格或者参加过雅格之夜。那时他17岁。

"喝第二杯时，"他后来告诉我，

> 我看到一些颜色奇怪的种子。然后我看见了一些羽毛，羽毛的那种颜色我以前从没见过。接着，一件画着各种图像的像斗篷一样的东西从我面前飘过。这件斗篷从我面前慢慢地飘过。这之后出现的影像更多，但各不相同，而且更大些。身上有着所有各种可能的颜色诸如棕色、明黄色、绿色、黑色的像蛇一样的东西出现了，同时还出现了各种颜色的种子。这种情况持续了很长时间，直到我不得不去如厕。
>
> 在那之后，我躺下来，又一次看到了一些东西……一些动物。首先，出现了一只我从来都不认识的大型动物。一点一点地，它变幻成了一只
> 419 短吻鳄。它消失了。然后，出现了一团黑色形状的物体，它染上了一些颜色，黄色和绿色，它们形成条纹……最后变成了一只巨大的老虎。
>
> 我吓得魂不附体。我觉得自己极不舒服。我把手指伸进喉咙，想吐，结果吐了出来。当萨尔瓦多再递给我一杯雅格的时候，我没有接，因为我太害怕了。好几个小时我都没睡着，想着那只该死的老虎。
>
> 喝下第一杯的时候，我就醉了，肠胃痉挛，实际上也没有看到任何

东西。——只有几个影像，那些影像之前我从未见过，比如印第安人佩戴的饰物，以及许多种颜色。

当萨尔瓦多用治疗扇擦抹我的头时，我感觉到在他移动治疗扇时，我头皮下的脑袋里面也有东西在动，他用治疗扇沿着我左臂擦抹时，我也有同样的感觉，就好像有大头针和装订针钻入我的胳膊顺着往下移，再从我的手指出来。

他治好我之后，我感到很平静。十分舒适。然后我一直睡到第二天马特奥来叫我。

萨尔瓦多的歌声非常轻柔。你经常只能勉强听到他的声音，消失在夜晚森林的嘈杂声里。一大清早，奇异的高声吟唱将我惊醒。那正是黑人杰拉尔多，正在像格列高利圣咏一样吟唱心声。他一个人独自在遮蔽所外踱来踱去，好像已经走了好几个小时。在有着许多人熟睡的遮蔽所与高得看不到树梢的森林巨墙之间，他来来回回地走来走去，走来走去。

“你在唱什么呢？”第二天我问他。

“在请求上帝让我知道，这到底是怎么回事，”他说，“这样我才能帮助我的伙伴们。”

在她漫长一生中的大部分时间，萨尔瓦多的岳母都与巫师一起度过（她与一个巫师结了婚，在丈夫死后，又搬来与同样嫁给了一名巫师即堂·萨尔瓦多的女儿格莱图丽娜同住）。当我们后来讨论这件事情时，她点头，认为杰拉尔多的确正在努力成为一个巫师。她眼中含笑，认真地提到了这一点。

但是当时正伸直了腿坐在地板上，在大腿上将纤维线束绕成圈的格莱图丽娜，却认为杰拉尔多没有机会成为一名古卡拉，因为他喝不下那么多必须得喝的雅格。

“你必须喝得下好几壶才能成为一名古卡拉，”她声称，“堂·萨尔瓦多就是这么做的。只有在你喝了好几壶雅格后，你才能和动物交流。”她指着一个五品脱的陶罐。“你至少得喝掉这么大容量的两罐。巫师会给你一罐，你喝下后，就会跌倒。你喝掉第二罐，又会跌倒。他们会给你更多，直到你起来。这就是为什么没有几个古卡拉！大多数人都太虚弱了！”“更重要的是，”她冷淡地补充说，“杰拉尔多不会唱歌。”

420 “……她眼中含笑，认真地提到了这一点。”

这就是我三年前认识杰拉尔多的过程。我们两个不断向对方打听自那以后所发生的事情。他正在寻找一艘独木舟，想逆流而上走一整天。年老的白人堂·弗拉维奥病了。他自己有点像个巫师，非常安静谦逊，是已故的萨尔瓦多最好的朋友之一。杰拉尔多说他将尝试着去治好他。我告诉他，我们将在晚上喝雅格。他又一次用一种既傲慢又乞求的目光打量着圣地亚哥。

当我们返回何塞·乔索伊那用高跷架在泥地上的小店时，我们在它旁边发现了一家与它共用着一堵不太合适的厚木板墙的酒吧，粗糙的点唱机上正大声放着音乐。那是圣诞夜。两个面带倦容的妓女坐在摇摇晃晃的桌 421
子旁吸烟，殖垦者们喝得烂醉如泥，几乎都无法瞥上她们一眼。圣地亚哥很讨厌在喧闹声中啜饮雅格，给店铺做治疗。但是何塞·乔索伊和他的妻子玛丽亚给他施加了很大的压力。一位医术精湛的治疗师已经到了这里，这一消息已被广为散播，其他人诸如何塞·乔索伊和玛丽亚的朋友或得到了邀请，或自发地主动来到这里，如来自埃尔雷莫利诺的三个殖垦者、邻近的店主多纳·特奥菲拉和她那长着可怕的静脉曲张的腿部溃疡的年迈丈夫安吉尔。

边境地区，尤其是边境城镇，吸引了来自四面八方的人潮，堂·安吉尔就是一个典型的例子。他是在大草原上长大的，那一望无垠的大草原从遥远的安第斯山脉东部一直延伸到委内瑞拉。他在共和国的首都波哥大生活了 10 年，在成为卡克塔地区的农业殖民者之前，还在马格达莱纳河谷的小城市伊瓦格生活过 4 年。在漫长的一生之后，如今他患上了严重的溃疡、心功能不全和明显的肺水肿。他和他的妻子都非常喜欢圣地亚哥，后者就像任何一个受过良好训练的“西方”医生一样，花了很长的时间仔细查看溃疡，针对它们提问，并开了一些外用的草药。

我们那晚开始啜饮雅格时，夜色已深沉，大约是在 11 点，其时隔壁的酒吧业已气喘吁吁地停了下来，但是沿街还有其他的酒吧和妓院生意正浓。人声鼎沸，喧闹异常，远离了我们业已习惯的在河水激流中呱呱叫的青蛙。雅格很烈，正是我们三个晚上之前喝的那种酒，而厕所设施简陋不堪——很多人在使用一块离泥地很高，往后延伸出去的、摇晃着的、滑溜溜的三英尺宽木质露台上的一个洞，与其做伴的，是一头打着呼噜的猪。

这位伙伴就这么定下了整晚的基调，仅仅二十分钟之后，他开始狂呕，声音如此之大，完全压过了雅格的吟唱声，如雷般充斥着我们的耳朵，刺痛我们的心。这种状况大概持续了 4 个小时！他瘫坐在角落里的一个碗前，已经吐不出半点儿东西，在那几个小时的痛苦痉挛间隙低声悲语：“我的上帝很伟大，再没有比我上帝更伟大的了。*我的上帝是人所共知的*。上帝帮帮我！”

圣地亚哥整晚都投身于治疗，而安吉尔则正承受着妖术的折磨。除去五个孩子以外，似乎房间里的每个人都在经受妖术折磨之苦。干瘪的干呕声直刺灵魂深渊，不间断的呻吟、开玩笑、雅格圣歌的魔力与优美，使得这间高架于废泥之上的、快要散架了的房子变成了一座庙宇；萨满的歌曲与一连串的妖术将地狱与天堂相混淆。

这个疲惫的老人治愈了商铺和生活区——有着两间房子和一个厨房的同一个空间。他一直在喷洒某种特殊药汁，一边喷洒药汁一边跳舞。这位年届七十、被雅格酒灌醉的魁伟老人，两脚交替地旋转跳跃，时而平稳时而
422 摇晃地小跳跃着，在跳着这种舞出出进进房间时，他哼唱着歌曲。

大约3点，雅格歌曲达到了高潮，有人在气势汹汹地敲门。那是杰拉尔多。他想进来喝雅格。他变得十分生气。圣地亚哥摇晃着。我开口允许他进来。圣地亚哥断然不同意。杰拉尔多不断地敲门，大约持续了半个小时，而圣地亚哥则在继续唱歌。

早上7点时，杰拉尔多再次出现。门已经被打开了。隔壁的酒吧响起欢快的狂欢曲，开始一天的营生。摆在街道的一个担架上，这一家的大儿子正忙着摆放穿街走巷的锡本多伊印第安草药师最为著名的一些药品。空气中流淌着煤油炉上炖着的鸡肉香味。婴儿正哇哇大哭——杰拉尔多跌跌撞撞走进房间，尖叫着，挥舞着手臂。

“我是一名真正的萨满，我是*泰塔*，”他尖叫道，“不是那个狗屁萨满！”

圣地亚哥整晚忙于治疗，没有合过一下眼，此刻正躺在他的吊床里。杰拉尔多接过何塞·乔索伊塞过来的一杯白兰地，但仍充满恶意。从酒吧传来的狂欢曲业已停止，一首轻快的曲调透过隔断墙倾泻而出。杰拉尔多正在挑战圣地亚哥，那个他想让其承认自己一个巫师，承认自己是一个对手甚至于是一个上司的人。他抓住一把治疗扇，敲打着扇子，在房间里踱来踱去，开始吟唱他的雅格歌曲版本。他将扇绕过我，似乎是在医治，之后，发出一种怪诞的干呕声，吐出他所认为的从我身体里吮吸出来的邪恶物。他一次又一次地尖叫，说他杰拉尔多才是真正的萨满——“是不是？”他逼问所有在场的人。他是一个举止怪异的强壮男人。以狂怒的节奏敲打着治疗扇，

他吟唱着，然后疯狂尖叫，声音盖过了其他所有的人，以及隔壁酒吧倾泻而来的欢快的手风琴声。

圣地亚哥嘟囔着一些有关醉汉的故事，试图吸引大家的注意力。在安静的那一片刻，他开始给大家讲自己住地附近那个城镇中某个无聊醉鬼的故事。但杰拉尔多的咆哮从未停止过。他稍许安静了会儿，改用忏悔的语气，似在祈祷般，变得语无伦次。然后，他又一次火冒三丈。

“我是一个萨满，我是*泰塔*，我是一个萨满……”

从酒吧传来的手风琴声已然停止。酒吧一时寂静无声。鸟儿在笼子里叽叽喳喳地叫着。杰拉尔多站在圣地亚哥的身边，而圣地亚哥则躺在悬挂于地板之上与腰同高的吊床里。杰拉尔多收回拳头，准备出击。

“别跟我胡闹！”圣地亚哥爆发了。

“你个蠢货！我们来干一架吧，”杰拉尔多尖叫道，“你个蠢货！”酒吧里响起了欢快的华尔兹舞曲。

圣地亚哥对杰拉尔多大喊大叫，斥责他举止失当、烂醉如泥、一窍不通。“打我啊！来呀！我又不能跟你打。”他吼道。

杰拉尔多跺着脚扭开了。一首伤感的情歌自墙壁上的裂缝中渗出，曲 423
调愈发伤悲。

“我是萨满！我是首领！我是船长！”杰拉尔多大声叫喊。他告诉我们，在萨尔瓦多——那个受人尊敬的柯番巫师萨尔瓦多，那个几年前曾救过圣地亚哥性命的萨尔瓦多，几年前自己从师学到雅格歌曲与巫术的萨尔瓦多——死前，自己和他的关系有多近。

杰拉尔多想要圣地亚哥的权力，同时他也想让圣地亚哥为他加冕。“这种嫉妒真可怕”，当我们离开房子后，圣地亚哥对我如是说道。他摇晃着身子，陷入对杰拉尔多这样一个前途光明的雅格学徒如此迅速地沦为好妒小丑的沉思。

几年后，圣地亚哥告诉我，杰拉尔多说他治不好病，还说他在阿西斯港泥地之上的乔索伊家房子里所做的治疗，做得很糟糕。“就在几个月前，何塞·乔索伊才来看望我，”他接着说道，“他对我所做的治疗极为满意。现在，他已经摆脱了那个与他竞争的家伙，在对面出售杂七杂八的东西，用所得利润在之前的房顶上加盖了第二层楼。很高兴!”

“我是萨满,我是首领,我是船长……”杰拉多曾经一直大喊大叫。但是,很显然,成为一名萨满,尽管是自我成就的,却并不能被自我命名。我的思绪又回到了在乔索伊家待着的那夜之前的下午,我们正沿着河边的街道行走时,在普图马约河上一位久有声望、事业成功的白人老者朝我们欢呼。

“您怎么样,*泰塔*? 萨满父亲,您还好吗?”他问道,并没有人向他介绍,也没有萨满身份的权柄来引导他。他说自己会讲印加语,然后迟疑地操起那门语言,圣地亚哥亦用印加语回应。

“你们说了些什么?”后来我加以询问。

“他问我,我住的地方是否有金子,”圣地亚哥说道,“而我则问他,他手头是否有些白兰地。”

上游:旋涡之地

我们搭上马车,出了城,来到河边,希望能在那儿找到一只独木舟,逆流而上,到达埃尔雷莫利诺。那是圣诞节的下午。其时天上正下着雨,地上满是泥泞。我们疲惫不堪。河岸边有个简陋的遮蔽处,好几个人躲在那里等待雨停。泥地上堆放着一箱箱可口可乐瓶。在遮蔽处的另一侧,一艘大海船——也许有30英尺长——趴在泥地里,哥伦比亚国旗和一片片肮脏的塑料布在雨中可怕地拍打着舷窗,无视收音机里传来萨尔萨舞曲。

一名年轻女子脱离了遮蔽处的那群人,靠近圣地亚哥,询问他是否是一名治疗师。后者回答说,他没有时间,但给她量了一下脉搏,诊断她患上了*mal aires*,恶风,此外还有肾脏焦躁症。她应该到他家去看病。她把一个小女孩了牵过来。

424 “也看看这个女孩!”她强烈要求。

“她的情况也是一样的,”圣地亚哥说,“只不过是她的病才患上不久,你患上这病已经有一段时间了。”我们冒雨前进,爬上了独木舟。从埃尔雷莫利诺来的人已经到了,舷外发动机突然启动,不久我们就横渡过了这条河。

我们爬出船舱,走在对岸更多的泥地上,那里有一片砾石空地、四间棚屋、一台推土机、一辆尾部锁在电线杆上的翻斗车，以及一条蜿蜒进入丛林的小径。除了几只鸡和收音机里的一部肥皂剧外，四周一片寂静。我们的向导很不高兴，因为他一直指望着这帮建筑工人用卡车送他一段路。但那天是圣诞节，卡车开走了，我们不得不步行，圣地亚哥因为一只脚严重发炎，走起路来一瘸一拐，速度很慢。头天晚上没怎么睡，我们都晕晕沉沉的，不论看什么东西都觉得迷幻模糊。我们从巨大的木棉树下经过，穿过棕榈树的巨大扇叶和蓬勃茂盛的绿色植物。

“只有十分钟的路程”，向导鼓励我们。

将近一个小时后，我们走出森林，来到圣地亚哥想居留的阿娜尔家。这是我在普图马约全境见过的最可爱的地方，高高地坐落在悬崖峭壁上，周围是由普图马约河淤塞而成的牛轭湖，蜿蜒曲折，平静的湖面上有鸟有鱼。阿娜尔那幢悬空四英尺、盖着茅草屋顶的房子，其实是侧旁没有墙壁、可俯瞰庭院空地和下面湖泊的宽敞 L 型房间。小黑蝇飞来飞去，使劲地叮咬。

阿娜尔是个说话温和的因加诺印第安妇女，是圣地亚哥的老友，见到我们很高兴。她的小孙子问我是不是阿娜尔的兄弟。阿娜尔与自己十几岁的女儿和儿子住在一起，一位从内陆考卡省一路来此的、名唤楚楚的胆怯白人男子也住在这里，为她平整清理土地，每天的工价是 100 比索，外加饭食。

当圣地亚哥筋疲力尽地倒在吊床上时，阿娜尔恳求他尽最大努力治好她那任性的儿子。她同时也被女儿的事闹得心神不宁，其时她女儿正在和一个打了她又偷了她东西的邻居打架。

后来，圣地亚哥告诉我，阿娜尔是他妻子的“家人”。她出生在靠近山麓小镇莫科阿的地方，但在旋涡这个地方长大。她现在 62 岁，生于 1918 年。方济各会的神父斯坦尼斯诺为她写了洗礼证书。

人们，很多很多的人，从森林里走出来拜访圣地亚哥。一个从埃尔钦奇(El Chinche)——臭虫——一路赶来的、脸色苍白的农业殖民者走过来，询问圣地亚哥是否能治愈“肾脏”。一辆挤满了聒噪的垦殖者妇女的马车隆隆地驶进空地，将我们带走。她们车上有两个病得很重的女人。那个名叫多娜·波拉的女人，身体呈现出一种怪异的畸形，与其说她那火柴棍一样纤细的胳膊和大腿是从人的身体里长出来的，还不如说它们是从一个巨大

425 的肿胀的胃里钻出来的，而这个胃几乎成了她的全部。她有严重的腹水，腹腔里的液体若没有几加仑，那么至少也有几品脱，那可能是肝脏衰竭导致的。

包括波拉在内的那些垦殖者妇女，与圣地亚哥开着玩笑，冲着他笑，玩着诱惑他的把戏。更多的病人出现了。圣地亚哥就像一块磁铁。这不仅仅是因为人们好奇，他们需要并期待获得帮助。马车上的科隆诺妇女对他施加了巨大压力，要他离开，和她们一起过夜。但他如此疲乏，甚至用不着去找别的借口来对此加以拒绝。明天晚上我们将饮用雅格，但不是现在，于是人们散去。

太阳溶入湖中。渔夫出去了。渔夫们把渔网拉上来时，湖水把燃烧着一排排光亮的星星反射进我们身下的黑暗之中。渔夫们用的是手电筒，渔网在橘黄色的光线下闪烁。当我们下去睡觉时候，那个从考卡来的工人-房客楚楚问我是否有关于革命的书籍。

“什么革命?”我问道。

“我不知道，”楚楚陷入沉思，“革命和寡头政治……”他停顿了一下，“我的家乡有很多革命者，许多一直开会的革命分子。”

“他们所说的革命是什么意思?”我问道。

“一切都应该服务于所有人,做得出色,并且共享。他们想立刻改变一切,因为物价已经比天还高了。”

我们醒来时又冷又湿,眼睛望向飘荡在湖面上的一层薄雾。它四处蔓 426
延,让人无法区分那到底是空气还是水滴。一些树干和奇怪形状的物体从薄雾中探出。除了四处响起的鸟鸣外,四周一片寂静;成百上千只鸟儿,在此栖息。

阿娜尔再次恳求圣地亚哥治疗她的女儿和儿子。小黑苍蝇在叮咬着我们。楚楚请求圣地亚哥给他的小儿子雨果治病,他的所有亲人都在普图马约这里。没有人知道这个孩子的年纪,或许是七岁吧。“肯定是得了 *espanto*(惊恐)病了”,圣地亚哥说道——意思是说得了某种形式的恐惧症。他把小男孩叫到他的吊床前,叫他脱掉衬衫坐下来。

“为什么呀?”

“治病!”

“那是什么?”

除了这位奇怪老人的温和幽默和自信之外,那个白人小男孩对一切都没有把握。他接受了这位印第安人给他治疗某种他和他的父亲都一无所知的病。

那晚,有二十七个人出现在品尝雅格的聚会上。其中有十一个人,几乎是所有的女人,都过来喝了雅格酒。大约有十个孩子,在充当房子阶梯的有缺口的木桩上跑上跑下,在边缘处玩耍、撒尿。那些不喝雅格酒的男人们坐在屋外一艘倒置的残破独木舟上。这像是一场聚会——一场为了使生命产生,从而让它毁灭的对比性的狂欢式相聚。在此处,湖水与森林的高岸接壤,印第安人邂逅白人农业殖民者,病痛与妖术通过雅格的陌生感而与世界的分解相逢,普罗大众通过净化、欢笑和故事讲述,与非凡者达成调解。闪电不时地闪过森林的顶端,消失在被暂时照亮的群山中。准备工作做得很慢。人们帮着圣地亚哥把配制“淡水”——饮用雅格时饮者唯一能喝的液体——所需的草药磨碎。他磨碎了一些 *chondur gente*,“平民楚度”,那是他自己在治疗时用来咀嚼的东西,同时他还准备了一大堆柠檬,以防有人实在太难受，而柠檬和糖可以令人平静下来。我们还记得那个来自博亚卡的年轻人，他发了疯，在其“洞穴”里直撞脑袋。

两个女人向我打招呼，这对母女是这里的殖民者，一年前我遇见过她们，当时她们带着一个生病的小男孩去远在山麓的圣地亚哥家。这个男孩全身水肿得可怕，肺部充满了液体，导致其几乎无法呼吸。圣地亚哥（或我）都无计可施，建议他们去医院试试看。他的母亲告诉我，那孩子死了，一如她大部分孩子的结局。她和母亲住在距离湖边几英里路远的一个地方，种了一点玉米和几株大蕉。当我到她那破烂的泥地房子去拜访时，她已经从
429 阿西斯港的药房里买来了一些发光的管子和几包药，那是些毫无用处的东西，花了她将近1500比索，只因医生诊断她得了胃溃疡。据我所知，圣地亚哥从来没有向她收费过——不管是雅格，还是治疗，或者是食宿——尽管今晚他说打算向每个人收取每瓢200比索的费用，另加200比索用于治疗或清洁。

我们等着孩子们安静下来，然后喝了第一瓢雅格。我开始难受起来。“轻点”，圣地亚哥让之前驾着马车的卢兹——那个体态丰满、温厚和蔼的女人——把她的孩子抱过来，开始吟唱。黑暗退去，明亮的火焰出现，又在贯穿歌曲的嗡嗡声中消失。恶心逐渐。

一道声音划破了黑暗。“到底是怎么回事？”

一个大个子男人从地板边缘探出头来窥视我们。他似乎已经醉了。我猜想我们也已经醉了。那个男人爬上用作楼梯使用的有缺口的木桩，用弯刀夹撑住双腿，在圣地亚哥旁边找了个地方坐下，而后者则试图向他解释有关雅格的一些事情，告诉他这是一种药，可以让人看到自己的病因，以及怎样去通过友谊而非战争来治愈这些病因。但是，那个男人想要杀人。他想马上饮用雅格，看看是谁杀了他的父亲。

“你没有醉的时候再来吧，”圣地亚哥绝望地建议道，“若你醉酒的时候喝雅格，你肯定会疯掉！”

“那我明天早上到这里来”，醉汉低沉地说道。

“早点儿来，五点左右”，圣地亚哥说。

“你就不能给我一些带回家吗？我想看看会发生什么事”，醉汉恳求。

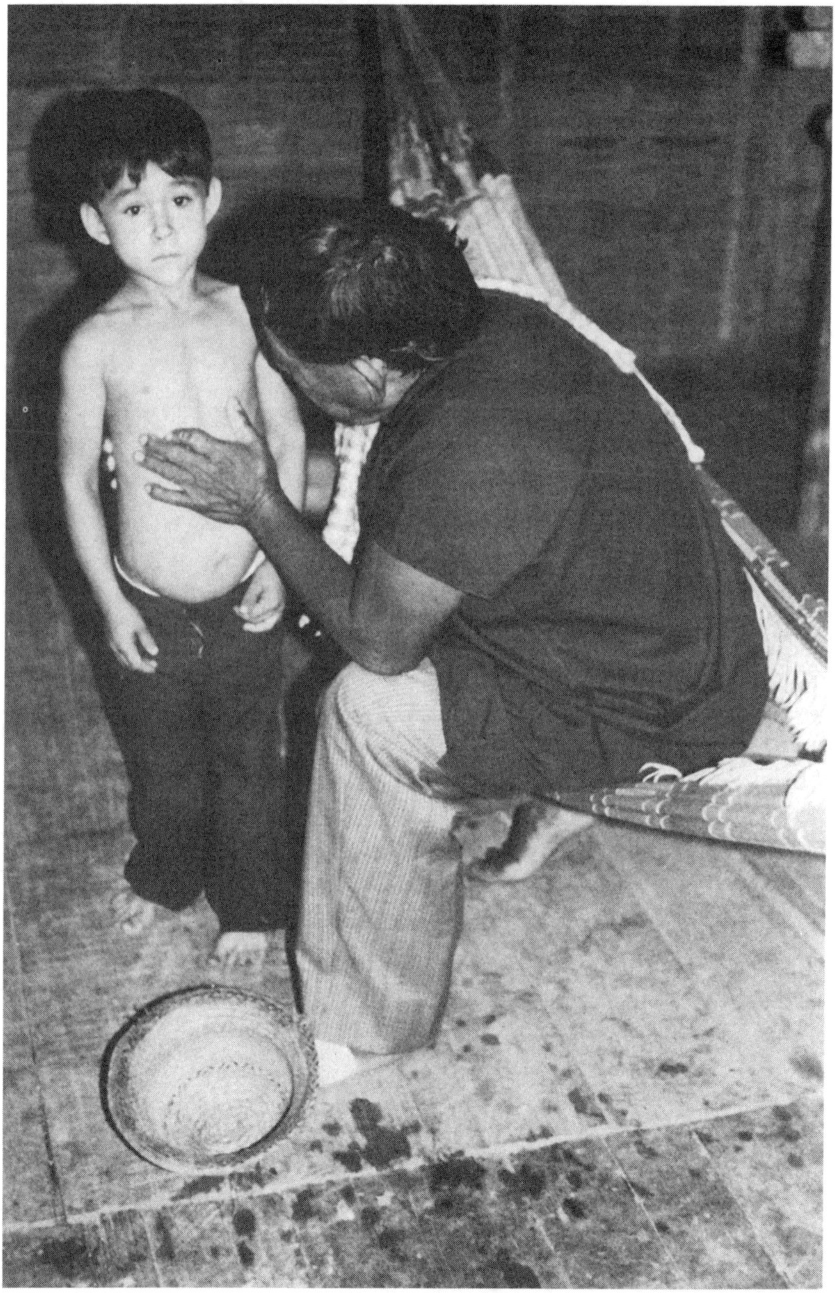

“过来治疗吧！” “那是什么？”

“那个孩子死了，他的母亲告诉我，一如她大部分孩子。”

“当然可以。但不是现在。”

“但我想知道某些事情——它是怎么发生的……我想知道真相。”

“当然”，一个女声加了进来。

“有了这个，你就能知道一切了？是谁干的以及……”大个子在继续说话。

“噢，是的！”圣地亚哥让他放心。

“是的，是的”，那个女人安慰地重复道。

“我想知道是谁杀了我父亲。我们家没有一个人知道是谁干的。”

“明天早上。但你不能再喝酒了”，桑利亚戈建议，大个子男人爬下去，消失在夜色中。

女人们一个接一个地带着她们的孩子来治疗“惊恐症”。那些婴儿哭了起来。尽管如此，萨满更大声地哼唱起来，歌声直奔那广阔的夜空和下边黑暗无边的湖泊。

“不是雅格，而是雅瑟(*ya sé*)！”圣地亚哥轻笑道。他治愈了一个婴儿，和他母亲说着话——雅瑟的意思是“现在我知道了”，和雅格押韵，特别是他在 430
故意强调这些词语时，雅格的发音像 ya - HEH；而雅瑟听起来像是 ya - SAY。

“这就是他们在帕斯托那里称作雅格的东西”，他继续说，讲述了他在那座山城的第一次经历。他大约 14 岁，斯坦尼斯诺神父(他曾为阿娜尔签发受洗证书)需要他和另一个男孩做搬运工，翻越安第斯山脉到帕斯托去。那肯定是在 1926 年左右。

> 另一个男孩带着猴子，我带着鸟，四个帐篷，放在笼子里。那时候，我们还有在这里和这里系草药和麻绳的习惯[在这漆黑的阳台房间里，他用一种迅速而模糊的白色体姿指着他的上臂和下肢]。我们也戴了很多珠子。当我们到达帕斯托时，那些知晓世事的老人并不让我们担心，但是年轻人开始取笑和侮辱我们。
>
> 我躺在修道院的楼上，但里面满是跳蚤，于是我走向通往大街的正门。我刚站在那里，就有一群孩子向我扑来。人越聚越多。
>
> “哦！这是印第安人。哦！那些印第安人在里面。哦！看这个吃人的印第安人。哦！那是一个来自远方的印第安人。哦！”其他人则

> 说，“真丑呀！”还有人大声叫喊，“这些珠子可真漂亮啊！”
>
> 因为有那么多人，我就从门口退到修道院去，但每后退一步，压在我身上的东西就越来越多。“真的，我得小心点儿。”我对自己说。

一位殖民者妇女在黑暗中大声笑了起来。圣地亚哥停顿了一下，然后继续讲述。

“哦！”其中一个人说道，身子紧贴着我，“这些是吃人的印第安人！”

另一个女人噗嗤地笑了起来，引起了一阵哄堂大笑。

“所以我对自己说，‘我得抓住他们中间的一个，把他吃掉！’”

他笑了又笑，我们所有的人也是如此。

> 所以我抓住他们当中的一个人，睁大了眼睛，龇牙咧嘴，大吼一声——他们全都跑掉了！他们跑得那么快，以至于相继跌倒，踩在倒在地上的人身上，一路尖叫。我跳回修道院，跑到塔顶，从那里我可以俯瞰远处的他们，疯狂地奔向他们的母亲。他们告诉每一个人，他们刚从一个印第安人那里逃出来，那个印第安人正要吃他们。他们的母亲狠狠地责骂了他们一顿。
>
> 不过，现在在帕斯托，哪怕是那些几乎不认识我的人，都称我为伙伴，而那些喝雅格酒的人，把这种酒称为雅瑟——“现在我知道了”——把我称为圣地亚哥爸爸。

431 他咯咯地笑，夸耀着：“现在大部分帕斯托人都叫我圣地亚哥爸爸……”他突然又一次唱起歌来，在刺耳的“印第安人，吃人的印第安人”的刺耳吟唱以及治疗扇瓦伊拉萨查的狂拍带来的森林之风中，他着手治疗安静躺在母亲膝盖上的一个小襁褓中的婴儿。

有人发出一声叹息。一副身躯倒了下去。我们尖叫起来。多娜·波拉已经跌倒在地。她之前一直站着，用她像棍子一样的胳膊和腿支撑着她那巨大的帐篷般的肚子，在周围走来走去，有说有笑。但她喝下第二杯雅格后没多久，她就像死了似的倒下了。在她那张苍白的、紧绷的灰色皮肤上，我们仅能看到她的眼白。“她没有死，”圣地亚哥说，“只是失去了知觉。”

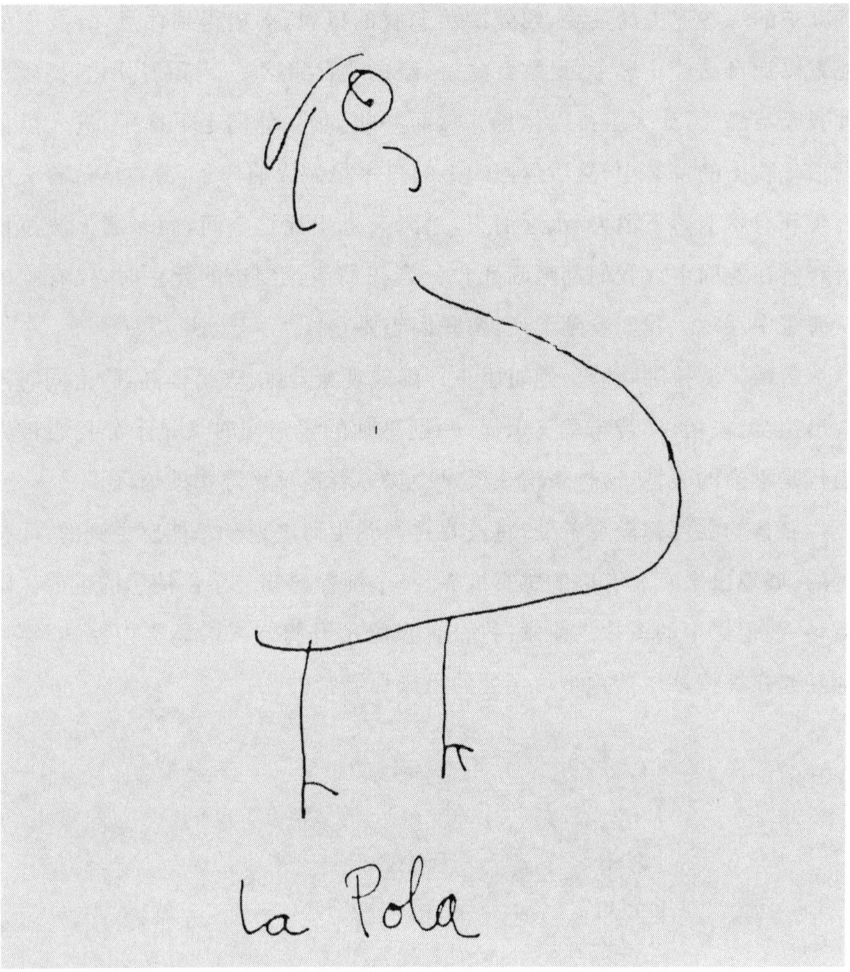

几分钟后，她就会苏醒过来，开始呻吟。然后她就会飘回另一个世界。我们试图使她苏醒过来，而人们却疯狂地笑着，断定她马上要死去，或者已经死了。唯一的另一盏灯摆放在房屋外面那艘翻转过来的独木舟上，一缕 432
橘黄色灯光在我们中间闪动，聚集在这“半条命”的一团肿胀的身躯和下面湖泊那空荡荡的黑暗中。

天气变得越来越冷，四处雾蒙蒙的。大多数妇女头上都披着披肩。在平台上横躺竖卧的人们中，不时地会有一个眼皮低垂的人影从烛光中爬回到地面，然后又一个，同样步态不稳地从雾中浮出，爬回到平台上——就像炼狱中的那些迷失的灵魂，四处游荡悲叹的鬼魂，渴望得到休息，寻找一处地方以让自己停止思考，最重要的是，停止观看和感受；渴望着死亡，捣碎这种驳杂与恐慌，让大脑得以休息。然而并非如此：他们走下梯子，进入黑色湖泊呼喷出的薄雾中，然后返回爬上缺口木桩做成的梯子，薄雾从戴着头巾的头和肩膀上落下消失，永远消失，遁入又逃出死亡空间，而多娜·波拉伸展着躺在地面上。我们都濒临死亡。当我们谈论周边的死亡时，仅有脸庞从薄雾中浮现。我们看到了死亡，我们想要它。

多娜·波拉呻吟着。她姐姐正仔细地观察着她，表情怪异：脸上同时浮现出担忧、关切、痛苦与幸灾乐祸，一副巫师的表情同时又是十分担心被人当作是巫师的表情，这种表情在反思中探寻着被反思之物的原因。

雅格的歌声弥漫在各处，将灵魂拉回到生命之地——能感觉到的、闻得
433 到的、展现出来有血有肉的感官世界；一个纯粹感知与感性情感的世界。随后，一波记忆中的图片洪流倾泻而出，在厨房升腾起来的烟雾中旋转，穿过那扬起在棕榈茅屋前跑步坪场处的吊床那绷紧的弦。

晨曦初起。婴儿依偎在一处酣睡。波拉看起来不错，但情形并非如此。马儿在用尾巴拍打着苍蝇。满身泥污的妇女们骑马而来，紧紧地贴在马背上，母鸡和公鸡从马鞍旁伸出它们披着深红亮丽羽毛的头颈，它们旁边挂着些蹦来跳去的塑料瓶。这些瓶子，之后都要用来装煤油和食用油。一个喋喋不休的醉鬼踉踉跄跄地从一个人身旁摇晃到另一个人身旁，胡须飘荡，扇形裤口拖曳在泥中。这是一个星期天，殖民者早就开始寻找一艘独木舟顺流而下，带他们去阿西斯港的市场。他们停了下来，仔细想了想那奇怪的情景：成堆的人们躺在那儿，如同在大复活中那样慢慢站起——一个印第安老人在用吟唱和咯咯的笑声治愈一个婴儿——然后他们一头扎到了水边。

圣地亚哥获得了酬劳，坚持要多娜·波拉晚些时候去他家接受治疗。在大家反对我们离开的一片抗议声中，我们与他们告别。二轮运货马车突然倾斜，一群猪分散在我们途经的路上。我们一路向前，马儿那光滑平顺的后腿和臀部在我们膝盖下摇摆晃动，移动着的群山内部那精致微妙的景色映入我们眼帘；看起来，马车似乎并没有向前，而是被悬置在马屁股的摇摆中。小径在我们身下移动，黑夜带着其令人无以言表的、令人震撼的各种感觉从我们身边经过。

治疗的秘诀

我们小心翼翼地从旋涡之地那雅格之夜后的黎明与它那被薄雾吞没的殖民者妇女的房子里走出来，那些妇女正照料着饱受精灵折磨的婴儿以及濒死的同伴。夜幕降临时，圣地亚哥还一直在思考多娜·波拉的事情："她死了吗？死亡能让她摆脱痛苦。"

一天后，我们返回到家中，圣地亚哥收到了一封写给他的信。来自波亚卡的年轻农民、令人愉悦的小胖子堂·埃利塞奥——他的兄弟业已在床下发狂——列出了想要圣地亚哥传授给他技艺的一张单子，并在等候回复。圣地亚哥的女儿大声读着信，因为她父亲几乎不识字。

我想让你教给我那些人们之前忘记提及的秘诀。当有某样东西不见了时,你会马上意识到它已经不见了。

让那些失去了的东西出现。治愈经受了玛勒斐西戕害的农庄与房屋,还有阻止偷盗,抓住那些正行偷盗之举的小偷。治愈那些能够被治好的病,如果不能被治愈,你又是怎样知道当一个人体内藏着动物时他们能否将其吐出来。当某人感觉很糟时,就去治疗那个人喉咙里遭受
434 过的妖术(伤害),并驱使一个坏邻居离开,若可能,让他们把农场卖给自己。让一个住在远方的人到来,现身于此处。治疗腿部溃疡。当一个人与你有债务牵扯时,用何种秘诀确保他们不拖欠。当法官或市长用逮捕一词来威胁骚扰你的时候,该使用何种秘诀。让牲畜待在围住的田地里或草原上的秘诀。让牲畜不待在同一个地方的其他秘诀。让牲畜变得温顺,这样当它们在绳子末端挣扎时就能停息下来,不反抗地跟着走。我也要那可以用于治愈疯子的秘诀,以及治疗癫痫发作的另一种秘诀。狩猎打鱼,以及当霰弹枪不能开火或击中目标时能拥有好运气的秘诀。怎样去治愈一条狗,使其变成一只好狗的秘诀。能使牲畜满棚,无人再行妖术的秘诀。

在商场受好运垂顾的秘诀。准备爱之魅力的秘诀。在水上漫步行走的秘诀。当一个男人和一个女人无法缔结婚姻时,使其分开的秘诀。当某个人忘记了你时,该采用何种补救措施。当农场或家里存在妖术物质时,如何才能将其找出。当敌人威胁要杀了你或者对你施了妖术时,当一个女人羞辱你或试图用妖术愚弄你时,祛除那些玩意儿的能力。隐身的秘诀。使妇女不再生育子女的治疗方法。治疗静脉曲张的秘诀。认识植物的秘诀。疾病的治疗方法。治疗吸血巫婆咬伤的手与腿的秘诀。将黄貂鱼当作武器的真正秘诀。

“他使我的工作加了倍。”圣地亚哥说道,苦笑着把信递给我。

第 27 章　蒙太奇

两年以后，埃利塞奥又回来了，他一路上乘坐公交车穿越这个国家，又 435
一次浸渍于他所看到并将之当作印第安人魔法力量的源泉中。他和两位同
伴一起来到这里，在这儿住了一个月。他们每天在农场辛勤劳作，敏捷迅
速、愉快活泼、心甘情愿、平和宁静、行事低调。他告诉我，他已经发现在他
的家乡博亚卡，安第斯山脉东部往北的森林中生长着雅格。我猜想，作为一
名治疗师，他有一大批追随者。自从我们上一次相聚后，他发福了许多。我
对他仍保留着鲜活的记忆：日复一日地打着赤脚，胖嘟嘟的、机敏活泼，在马
匹面前蹿前跃后，而那些马匹满载着甘蔗，从肥沃的河积平原一路挣扎攀
登，取道抵达屋侧用于碾磨甘蔗的小小榨糖厂。在近傍晚时分，我有时候会
看到他在阳台上正全神贯注地抄录从圣地亚哥那仅仅十几岁的孙女迪莉娅
自己从学校植物学课本中所抄记下来的各种植物的药效。

他发现圣地亚哥的女婿安赫尔算得上是一个志愿的指导者。后者是萨
满堂·阿波利纳的儿子，母语是印加语，两年前才去世。他们曾经住在卡克 436
塔地区那遥远的森林深处，安赫尔本人看起来似乎是一名初级萨满。但他
同时也是一个可怕的酒鬼，这让他可怜的父亲和妻子更加绝望。他还爱好
虚荣，喜欢炫耀。

势不可挡的事件将安赫尔抛到了我们当中。他告诉我，哥伦比亚的军队曾经有一年左右时间在他家附近建立了一个反游击基地。他为许多士兵治好了病，与他们相处融洽。他告诉我，他们请他治疗皮疹、关节炎，还请求他施魔法，以制止上尉和上校太严苛的对待。而对上尉和上校而言，他们了解到，可以通过雅格来预言其他地方正在发生的事情以及将来会发生什么事。安赫尔通过雅格看到了上尉那住在佩雷拉城的妻子，使上尉惊奇的是，他的妻子已经有了五个月的身孕。但上尉应付不了雅格。它太烈了，上尉和上校都要求安赫尔喝下雅格，看一下他们能否从反游击战争中生还，敌人

又藏在何处。但安赫尔回答不了最后这些问题。

有两队士兵在卡克塔的这块地区来来去去：一队士兵佩戴着哥伦比亚的红、蓝、黄肩章，另一队反游击士兵佩戴绿白相间的肩章。之后，来了第三队士兵，这队士兵佩戴着黑色肩章——黑色代表死亡，安赫尔说道。他们将一架直升机停在他房子旁边，吹翻了屋顶，吹散了墙。他们说他在帮助游击队，紧紧反捆住他的双手，吊挂其腕关节，这持续了大约三个小时。

“我很幸运，我还能用胳膊来工作，”他告诉我，一边摩擦他的双肩，“人们的胳膊和肩膀会被那样子弄坏。”

之后他被放下来。他们把步枪的枪口戳进他的嘴里。他们反捆住他的双手，将他押进森林，用一支枪戳着他，命令他带领他们去找敌军。然而对此他一无所知。“如果你屈服，搞一个假招供，你就成了游击队的同盟军，事情会变得更糟。”他向我解释。他恳求他们，就在当时当地把他杀了，停止这种羞辱。但他们每天都继续深入森林，一个有着五十多个士兵的纵队将他推在前头。十八天之后，他们给他的双手松绑，此时双手已经肿胀得像气球，并放了他，显然确信他并不知道什么重要信息。

“但是你最好离开，不要回家再住在卡克塔了，”上尉告诉他，“因为游击队会确信你唱了歌来帮我们。”

“他是对的，”安赫尔说，“他们也会尽力设法把我杀了。”

除了到别处去生活至少一段时间以外，再无计可施。尽管他气势汹汹地说：“我不该那样被羞辱！我就要待在自己家里！我没做错什么！”就像许
438 多人一样，他在这场斗争中被抓，其中谣言、嫉妒和猜疑使得残酷且致命的现实变得让人迷惑。这就是这些国家的人们如何理解其处境的方式：出于嫉妒，有人或者去军队或者去游击队，说某某人在帮助敌人——这与妖术的社会电路图完全没有两样。

安赫尔仅休息了两周，就热忱地参与我们送别来自博亚卡的三个人。他们在黎明时回家，这是他们被治愈的晚上。

博本扎益，圣地亚哥的一位年轻印第安助手，去了有一两天路程的普图马约河，去采摘一些查格诺番咖叶子——雅格的阴性伙伴，据说若没有它，人们就看不到任何幻象。在博本扎益不在时，安赫尔帮了大忙。

在我们谈话时，安赫尔的小儿子凯撒，画下了这些画。

当十二个人，全是男人，那晚聚在一起喝雅格时，他极具权威性地向一个犹豫的新加入者解释雅格所蕴含之物，“你把它当作一种疗法，一种能提升你生活的东西，”他阐释说，“为了增强智慧——这样你就可以看到危险，变得更加机敏。你可以根据内心的状态看到美丽的事物或糟糕的场景，如果你的内心是干净的，你会看到美丽。你可以看到，在巴兰基亚(Barranquilla)，波哥大，卡塔赫纳，卡利……不管是哪个地方，正在发生什么。”

圣地亚哥倒出雅格，用治疗扇把它擦干净，却并没有哼唱。我们都喝了雅格，陷入神思恍惚的瞌睡中。大约45分钟过后，微细的哼唱声响起。这声音逐渐增大，与森林中呼啸而来的风声以及河水的奔流声并峙。这歌声持续了许久，全然投入，沉浸于其中以致迷失。歌者衰老且疲惫，嗓音沙哑低沉。他似乎完全在歌唱中迷失了自我，仅为了歌唱而歌唱，这为自身而唱的仪式颂唱完全漠视我们的存在或判断。房间里静悄悄的。看起来人们似乎都已经睡着。有人趺趺撞撞地走了出去，我们听到了令人心痛的反胃呕吐声，就像人们所谈论的那样，像蛇一样回卷到你自己的胃中，从你的呕吐物中被吐出，同时又返回——这与晕船共有几分神似，现在它像风暴一样在聚集。就好比是数不清的蚂蚁在叮蜇着皮肤和脑袋，在一个又一个战栗的波涛中旋转。

“若人们嫉妒你，那么你服用雅格后就会痛苦万分。”圣地亚哥说道。“你的身上会爬满蛇，你的呕吐物会像蛇一样溜回你的嘴巴。青蛙、蜥蜴、短吻鳄、野生动物、蟑螂——有着大犄角的蟑螂——这就是你生病时的感觉。闻起来也像是屎。”

我们喝了第二瓢雅格，歌唱又开始了。现在圣地亚哥手里拿着一枚戒指，那是来自博亚卡的三人之一拉斐尔交给他的。他正在医治拉斐尔的戒指。拍子打得非常慢，还故意伴着偶尔的西班牙词语：运气……描绘雅格……运气……然后用舌头发出打枪的咔嗒声，之后又唱起来。圣地亚哥佩戴着安赫尔父亲的项链，那串老虎牙齿串成的萨满项链系着一个很大的金属十字架，闪着沉闷的黄色与白色光芒。圣地亚哥的项链被偷走了，或者只不过是在他乘客车沿着颠簸的山路前往位于安第斯山脉另一侧的考卡省
439 玻利瓦尔医治那儿的古柯种植者时，客车蹦跳不停，使得它从车顶跌落。在

那里，人们还要求他去医治那个被鬼怪弄疯的人。那人待在河边的一个洞穴中，留着长头发，蜷缩在破烂的衣服里。

圣地亚哥正治疗一些楚度的根茎，两手捏握着一串弹珠大小的方块和拉斐尔的项链，对着它们唱歌。他让我割扯下一个塑料口袋，把根茎和项链装入其中，之后又喊来拉斐尔，并向塑料袋里吹气。在这杂乱的事件和物体中，歌曲仍以不规则的方式缠绕着。拉斐尔现在正坐在圣地亚哥正前方的一个矮凳上。治疗扇快速地击打着，这世界的耳膜中疾驰的脉搏让它猛然意识到自身的生命和心脏。他将歌曲唱进口袋中，而手持的口袋距离他的嘴不到一手远。他把歌曲唱到那装着长了许多疙瘩、尝起来有薄荷味的、带着魔法的小块楚度根茎和戒指的塑料口袋里。之后，他扫过拉斐尔的头，歌也唱得越来越快，那种节奏，仿佛在某种程度上，把我们所有的人都举到了那装有根茎和戒指的塑料袋里。之后他突然停了下来，吹气——“嗖，嗖”进入袋子里，然后他把袋子递给拉斐尔，让他第二天在进行穿越共和国的长途旅行时，将其当作护身符带走。

“这是治疗过的东西，”他说道，停下来轻笑，“有爱情的香气（*quereme*），这样你就能赢得女人的欢心。”这种轻笑在起初就变成了阵发的仰天大笑，感染着我们所有人。那个在寂静沉睡的黑暗房间里，将自我沉浸在歌曲中的紧张男人，现在已经像坚果的外壳那样打开。不管愿意不愿意，我们都跌入了这个缺口里。

接近午夜，圣地亚哥又唱起歌来，开始另一轮雅格治疗。几分钟之后，歌唱忽然停止了。竟然有一丝微弱的音乐声穿透夜空，从山谷下的小镇方向传来。

“这是博本扎益——在带着查格诺番咖跳舞。”圣地亚哥开心地笑了。

他让埃利塞奥，从博亚卡来的那三个人中的领袖，去把他的戒指带来。因此，整个晚上看起来都似乎是让这三个白人在第二天的离别之前，能获得魔法。这些印第安萨满，多少应该向急切盼望这种魔法的陌生人表达他们的感激之情呀！他们以戒指或护身符这些可触摸的形式，将权力返回给这些给予了他们这一权力的陌生人。

治疗者在夜色中像一块黑暗的岩石那样隐约可见。紧密结合在这个细小针点型小装饰品整体性地被医治，唱进其凝聚点，然后静止。

屋外下着细雨，阳台上的一盏汽油灯将一轮光圈投射进飘自群山的薄雾中。哼唱也轻柔地遮盖着这一切。我的思想交替跃进。我看到了鲜花，粉色和服上的一个饰片，因一颗雨滴的重压而弯折的那一片闪亮草叶上的湿雨，颤抖边缘上的一颗水珠，正当这一片段朦胧地出现，之后——印第安
440 人说，“另一幅异象”，这标志着骤然俯冲而来的变化——一个细微小角落的古怪记忆场景，又只是一个片段，几个月前我在澳大利亚所居住的那个小镇市场一张集中表达对我的感觉而言巨大且杂乱延伸的、作为一个整体的市场无法自制的自我毁灭图像，越过这里较远的那一端是我彼时生活中所卷入的、在这个小角落里与市场同伴之间的爱恋与争论——是关于生活整体的一个片段。之后，“另一幅异象”，闪回到一片绿草页面颤动着的边缘，歌曲将我们齐聚一处，此处的人们，苦难过去的人，闪亮的绿草叶片屈从于雨水……歌曲骤然停止，有如一条干嫩枝条被突然折成碎片。

“这是什么呀，一捆妖术吗?”圣地亚哥突然插话说，用一种嘲弄的怀疑样式擦拭着他那只好眼，因为埃利塞奥正不断地在黑暗中拿出小塑料袋，请圣地亚哥施法。“这是给我妻子的。”埃利塞奥扯着他的小袋子，很严肃地声明。

在圣地亚哥吊床的中空处，他的女婿安赫尔现在也开始唱起歌来，加入圣地亚哥的歌唱。在两股歌声汇入连接的那一瞬间，构成了我所听过的最美歌声的一个新的戏剧性场面。两股声音透过夜晚的各种声响，一同起起落落，一面在促进，一面又在抚慰着骚动。

安赫尔坐在圣地亚哥的椅子上，敲打着治疗扇，而圣地亚哥则弯腰驼背地坐在他的吊床上，凝视着他合手把握着的某种珍贵事物。有人正在外面呕吐。有几个瞬间，一首副歌在歌曲中穿插着：“羡慕的人们，羡慕的人们，嫉妒的人们，嫉妒的人们……”呕吐声更大了。圣地亚哥停止了歌唱，询问是谁在如此遭罪，然后和我们所有的人一样轻声笑了起来。

“哎呀！那是雅格；那是给你准备的雅格！”圣地亚哥窃笑。略微停顿了一会儿，又继续。“它何时将至呢？我们从这里到那里，旋转不息，试试这个，又试试那个，直到大限之日，与死神搏斗。它何时将至呢?”他这样问安赫尔，而后者刚从每一天的每一分钟都在与死神直面而视的那十八天里抽

身，他以低声吟唱作答——一粒被抛入死亡那张开的大嘴中的微小生命种子，现在也开始哼唱，成长为治疗扇（瓦伊拉萨查）那用于击打的巨大叶片，治疗扇为雅格曲中那疾驰的悲叹击打着拍子。

傍晚伊始静寂一片的这个房间，现在又充满了生机。歌曲唱了又停，停了又唱，而要么是安赫尔，要么是圣地亚哥，会加入这人性狂欢节里的故事讲述中，为其直抹眼泪，同时又偎依在彼此的话语中，更加心智健全，更加机智诙谐。

几乎延续通宵的狂欢的力量之根本是蒙太奇——自幕布升起的那一刹那，它就内在并活跃于其中。可以这么说，日落一个小时之后，老人把“嗖火”吹进雅格，像打机关枪一样使他的舌头发出咔嚓爆裂声，开始唱歌，医治那能治愈我们所有人，包括老人在内的雅格。雅格之夜的力量，仅有部分来 441
自所谓的“神秘主义”，而这种神秘，与一种完全没有被意识到的方式有关。在这种方式中，来自博亚卡的像埃利塞奥和他两个同伴这样的白人，将魔法归因于“印第安人”。由于魔法被归于被驯化了的野蛮人，仪式自身的力量就会通过分裂、分解结构和打开新的意义，继续发挥其作用。在这个最关键的意义上，野蛮人并没有被驯化——其中安放着通过“印第安人”形象所展现出来的殖民地治愈魔法。在那个充满跳跃影子与混乱感觉的、嘈杂地东拉西扯的房间里，摇摆的那些幻觉与翻腾的记忆画面碎片所给予的“神秘洞察力”，不是神秘的深处或其他东西所授予的洞察力。相反，它们不是被授予的，而是在无休无止或几乎无休无止的联系建立与解除进程中，由蒙太奇所具有的在不相似的事物之间引发突然和不确定的联系的力量所制造出来的。

蒙太奇：整晚的变更、破裂、置换与转向——突然的中断，这种中断总是起初作为仪式的秩序，接着成为秩序的借口，然后融于一波又一波断续不断的隐入镜子中的虚幻秩序、欺骗秩序与殖民秩序的冲击中。中断，是为了去排泄、去呕吐、去拿布擦脸、去厨房收集煤块燃烧柯巴脂香、去某个谁都记不住的地方找到上次用过后不知被摆放何处的、神奇的楚度根茎，为了耳语出自己的恐惧、为了告诉和复述给大家一个笑话（尤其是为了这一点）、为了在中途停止歌唱以便对狗狂吼使其不再吠叫……在间隙与背离中，一个宇宙得以展现。

蒙太奇：中断的方式；突然的场景更迭，打碎了任何叙事顺序的尝试，绊倒了追求轰动效应的做法。在晕船那打旋的不确定与玩笑出其不意的确定中，几乎没有任何空间可以留给感觉论者或神秘论者。

蒙太奇：突然改变房间内群体的状况和与变化了的处境、场景相关联的心境流转，就如同一瞬间由晚上变成白天的错视画艺术，经历多年，由绝望走向欢乐，之后又返回，却无法确保获得一个快乐的结局。

蒙太奇：从自我到群体的往返回闪；不光使得自我沉醉被参与群体或参与其中的一至两个成员所打碎、争夺，而且通过这种从自我到群体，再从群体到自我的来回闪现，某种运动场和试验场被建立，用以比较幻觉和幻觉所涌出的社会场景。由此，表征本身的基础也被梳理了一遍。

442 附加一点：此处涉及的自我与群体之间的运动和联系，不易受到维克多·特纳的"交融"(*communitas*)模式影响。后者认为，"交融"是仪式的普遍或准普遍特征。他有关于此的基本观点因而在此可被引用：

> 在流动和社区中，寻求的是统一，不是那种由一部分分数来代表，可以使用除法和减法的统一，而是那种不能分割的统一，"白色"、"纯粹"，"原始"、"无缝"。这种统一用此种符号诸如最基础的生殖与哺育液体精液和乳汁，以及流水、黎明、光明与洁白来表达。同质性被寻求，而不是异质性(以及参与者)被统一所浸染，可以说，是从分歧与复数中被净化。不纯的、有罪的被断开、被分离。纯就是整数，是不可分割之事物。①

被统一所浸渍的人可能会与某些男性和法西斯幻想相符。当然，雅格夜晚的这种"共庆"特点是这种洁白、这种同质性、这种精液与乳汁的原始多愁善感的原始主义和如纯净般的统一的对立面。与之相反的是，雅格夜晚常造成发作、分散与混乱的尴尬、讽喻的而非符号学的模式，左的以及无政府状态的卓越——就好比阿尔托(Artaud)的"剧场的残酷性"概念。这种语言以感觉的诗学语言，砸开了其惯例；通过危险与幽默的无序混合，符号的象征功能"使符号得以解放"，阿尔托说道，骚乱使得我们更贴近混沌。[②]剧场的残酷性指向他所称的"冲突的无限视角"，经历了这一进程所蕴含的所有陷阱与优势，他获得有关非西方剧院的灵感，在被压倒一切的蔑视所促进的这一过程中，他认为，在许多资产阶级的人类学家所分析过的那个资产阶级世界中，仪式有助于结构，能使社会团结。而"冲突的无限视角"对于它们而言，并不适用。

"集体仪式可以被看作是将生活的某些特定部分坚定地、明确地纳入秩序的控制中的一种特别戏剧化的尝试。它属于文化/历史进程的结构侧面。"于是，莎莉·法尔克·穆尔(Sally Falk Moore)和芭芭拉·麦尔霍夫(Barbara Myerhoff)在介绍最近出版的、关于仪式的一本著作时，草率地不予理会任何此种观念，即仪式片段之间所发生的事情，与"文化/历史进程"的装腔作势中某些"结构侧面"同等重要。[③]总的来说，人类学已经将仪式概念连手带脚一起，完全限制在秩序的意象中，将两者捆缚到如此程度，以至于秩序已经被视同神圣自身，由此将无序扔进了邪恶之坑——从布鲁斯·卡普费雷尔(Bruce Kapferer)引用保罗·利科以颂扬其有关斯里兰卡驱魔著作中的第 1 章的问题丛生中就可看出："若邪恶与事物的起源作为原始的混沌与神学冲突扩及同一时空，那么，罪恶与邪恶的去除，就其本身而论，必定属于创造性的行为。"[④]

雅格夜晚，对于被如此仪式解读的仪式而言，是一种挑战。这些夜晚让 443
我们惊讶于学术文本制作中那些不被言明的仪式、产生学术权威的方式，尤其是在那方面通过必须给被解释的混沌"定序"的约定而被铭记的意义建构之惯例。

恰恰是在秩序与圣洁这一神圣联盟上，本雅明通过超现实主义，尤其是他有关巴洛克戏剧中的寓言的早期作品而发展成熟起来的马克思主义的辩证意象观念，开始发挥作用。这一观念通过非白人、非同质化以及蒙太奇的片段化，剥夺了象征这一浪漫概念所具有的总体性(上述提及的仪式理论都基于此点)。蒙太奇的片段化，因其发作、裂缝以及暴力并置的尴尬，能够积极地同时具体表达历史时间的展示与反展示。而历史时间，则通过征服和殖民主义，使符号与其意义相匹配。

蒙太奇:点点横横的色彩与幻象“内部”场景,来来去去的死亡场景,最重要的是事物的碎片——在雨中颤抖的闪亮叶片,式样精致的微小羽状部分(或许是鸟翅的边缘?),与大河激流相对接的颤抖的雅格歌声——所有这一切都变形为记忆意象,往昔在向当今的“现在时间”急奔时获得了力量。而在当今,时光像一个意象一样静止不动,过去与未来在此爆发似地汇合。

蒙太奇:在一个人的内部与外部摆动;感觉如此强烈,以至于你变成了感觉到的那个事物。但那时你又正立于这种体验之外,对之进行无情地分析,就如贝托尔特·布莱希特想要在他的叙事性戏剧中得到的“间离效果”(alinenation effects)。只有在这里,普图马约山麓雅格夜晚的戏剧中,间离效果即站在自身现在已然陌生化的体验之外去分析那种体验,才是变化无常的,并且如此时时不断,在全神贯注于事件及其魔法的交替中忽隐忽现。也许那就是可能获得的、最具深度的间离效果的程式,在快速的振荡中,既立于其内,又立于其外。在此具有重要性的,不是仪式的顺序,也不是穿过宇宙论中或多或少节奏和谐的区域和驻地的那种同样著名的神秘“旅行”。那种宇宙论,我们甚为了解。它也具有法西斯主义的魅力,有仪式领袖,有英雄气概的泛音,有秩序,有神秘飞行,有将个体纳入“部落”的组织吸收,等等。

然而,哪怕是无序,也隐含着秩序的在场,从事情的表面来看,雅格夜晚确实有一些规定了连续性的特征,在这层意义上来说,它也规定了秩序。这些特征中,最主要的是歌曲与萨满。但是歌曲抗拒用这些有顺序的术语来进行描述。我们至多只能认为它具有“有序的混乱”以及“持续的间断性”。
444 其显著的品质在于它无规律的停止和开始,它的频繁中断,它的突然转向、速度的变化以及独特的方式,这种方式使得它不仅成为一种巨大的主导力量,而且乐意接受来自任何人,任何事物的干扰——包括阿尔托在《戏剧的残酷性之第一宣言》中对戏剧语言独特的物质方面所做的观察,幽默可被分解,诗歌可被重新制作:

> 它扩展了嗓音。它利用了嗓音的颤动和特性。它疯狂地将节奏踩在脚下(这一点尤其是)。它将声音定锚。它寻求提升、钝化、陶醉、捕

> 捉情感。它使一种新的体态抒情方式得以解放，即通过其在空中的陡降或振幅，超越并结束了文字的抒情方式。通过传达隐藏在体态与意象之下的一种新的、更深层次的理性感觉，它最终从语言的理性压制中挣脱，提升了独特驱魔术的尊严。⑤

就萨满来说，尽管他稳重可靠，乐于助人，他也是一个战略上的真空地带，一张充满各种可能意象的调色盘。然而，他主要进入的那个中心，至少从文明人眼中来看，是野蛮人、野兽般的人与超人、魔鬼与上帝的，交互的、混合的、殖民地化创造的意象——由此加强了蒙太奇技巧，以及在某种意义上来说，正好强化了其源泉。正如历史创造出了这个荒诞不羁的萨满形象一样，这一意象的蒙太奇特点，使得历史可以在符号和意义之间那被撬开的空间中呼吸。

不仅如此，萨满作为战略真空地带所具有的去中心化特点，使得对于戏剧的悲剧形式而言最为关键的英雄与英勇行为观念，遭到了极大破坏。布莱希特的中心人物，本杰明注释道，变得像一个空舞台，诸种社会矛盾在其上展演。而这个智者，就是那完美的空舞台。⑥

普图马约的萨满们抵抗着当前西方意象塑造灌注给他们的英雄模板。相反，他们的立场是等待时光，通过在笑声与死亡间的混乱曲折的方式进行击打，建立并摧毁这两极之间具有层次的戏剧性空间，发散出下流的活力和敏锐的感觉。诚然，其中也有宇宙基督徒的救赎阶段。但此处的宇宙不仅仅被限定，从根本上它已经被取代。

此处的宇宙之轴（*axis mundi*）（我们的宇宙学家非常青睐这个词）并非由地狱延展至天堂，而是以创造和摧毁的蒙太奇方式在笑声和死亡之间来回摆动——在将花瓣的甜美芬芳与粪便的恶臭扑鼻相对照，花朵与青蛙和蜥蜴相对照，小鸟与蛇和短吻鳄相对照，头脑清醒与反胃和酒醉相对照的符号中，企图获取萨满的形象。

这些雅格夜晚作为一种叙述体戏剧的形式，其成功并不在于使参与者弥漫在无边的梦想中。相反，它们的效果在于并置那变得更加显著的现实 445
感觉与幻觉——从而鼓励参与者去思考表征本身的原因与理由。类似地，斯坦利·米歇尔勾勒了本雅明对蒙太奇的痴迷：

> 因为有丰饶的先例，除了德国巴洛克时期，他还回顾了蒙太奇原则最先出现的那些戏剧形式。他发现，凡是在批判理性介入对表征进行评论的地方，换句话说，在表征就其本身而言从来都不完整、总是开放性地、持续地与它所表现的生命相比较的地方；演员们随时都可以立于自身之外，表示他们自己是演员。⑦

我们在此所归咎的批评和发现的技巧，并不限于把真相意象看作是某种隐藏在肤浅层面或虚幻细节之下的某种深层次的、一般性的东西。反之，此处起作用的真相意象是实验性的，负载着特殊性，忽而蒙着此伪装，忽而又披着彼伪装，仅为了不念咒召唤（deconjure）而潜近那有着朦胧光线以施变魔术的舞台。正是这种真相意象，在我所描绘的雅格夜晚中闪动。很明显，那里的情况正是如此（用米歇尔的话来说），"在表征就其本身而言从来都不完整、总是开放性地、持续地与它所表现的生命相比较的地方；演员们随时都可以立于自身之外，表示他们自己是演员"。在外部舞台，以及由想象点缀的、我们可称作内部舞台的舞台之上，整晚的雅格聚会展示了这一点。想一想我所描绘的夜晚，鼓声几乎总是伴随着由寻常日子经常地插入到荒诞无稽中，又从荒诞无稽中回转到寻常日子的这种交替性的拍子；也回想一下其"内部"对比，比如说，何塞·加西亚曾叙述了他的一个雅格幻觉，他看到了自己的家庭和农庄都受制于妖术。在这个幻象中，很显然，与巫师作战的他自身的这个表征，是从其本身来说从来就不完整的一个表征，它在开放性地、持续性地与它所表征的生命相比较。所以，通过这种方式，生命及其表征不仅被彼此的媒介所激活，同时也进行了改变。

通过这种方式，命运被撬开，不幸或许可被打败。一方面是嫉妒与妖术，而我们已注定非得在这样一个由于不平等而孕育出更多类似情况的世界里讨生活。但另一方面，我们也拥有可资与命运宣战的武器。"'它可能会以这样的方式发生，但也可能以另一种截然不同的方式'——这就是叙事体戏剧写作者的基本态度。"本雅明如此评价。⑧

印第安人所具有的魔法——一种无意识的殖民创造——能够刚好为像何塞·加西亚或埃利塞奥这样的白人提供这样一种武器，用以对抗不平等和被嫉妒的命运。他从在这里的许多人看来就像澳大利亚那么遥远的地方赶赴此处，度过了一个又一个雅格之夜，装备上了他新近被赋予了魔法的饰 446
品与护身符，现在，他可以安然返家了。他可能没有从印第安人那里得到他在信中所请求的所有秘诀。事实上，他可能连任何一个秘诀都没有得到。印第安人也没有教给他魔法——造钱法术意义上的那种魔法、稳赢彩票的魔法、无中生有的魔法、找到黄金的魔法。不教这些是有原因的，因为循着那个方向，是一个麦基亚王国和与金钱魔法共舞的一种深度商品化的魔法。那是来自锡本多伊山谷四处漫游的江湖骗子们所擅长的本领。去问他们吧！

这个整晚都在辛苦地治疗埃利塞奥肥厚身躯与装有戒指的塑料袋的印第安治疗者认为，他想要获得的（他为此付了费），是治好他的牲畜和母鸡，以免邻舍的嫉妒渗透。现在，埃利塞奥可以回家，作为一个治愈者、一个农民努力工作，抵挡他因成功不可避免会招致的嫉妒——就如几年前它为何塞·加西亚所做的那样。

这是一个听起来似乎很简单的社会功能。文明人授予印第安人的魔法，缓和了白人之间由于不平等而产生的嫉妒。萨满的女儿用一种略有不同的方式进行解读，即她的父亲试图化敌为友。但这是如何做到的，代表劣等、野蛮和邪恶的人物又是怎样拥有这种力量的——并不那么简单。

对于像埃利塞奥那样的白人来说，雅格之夜的叙事剧场不仅仅是印第安人的。它很真实。尽管它具有异化效果的耀眼排列，但这个剧场沉闷地失败了，而布莱希特将会让其在此获得最大的成功。它是深度致幻的，没有他处比殖民历史归结于印第安萨满的这种魔法更为剧烈。

但是，对于这段历史和这些实践的参照物，也就是那些被要求提供魔法以使社会的其他地方不平等钝化的印第安人而言，**确实存在**疑问。我们称之为魔法治疗体系源泉的这种不确定性，能给予我们奇妙的疗效效果，因为它告诫我们不要在像印第安萨满那样单一的存在中去寻找魔法，相反，它建议我们去寻求权力自我产生之处；也就是说，在萨满和病人之间的关系中——在看到却不能言说他所看到的人，以及能说、往往说得很漂亮却看不见东西的人之间的关系中。若想成为一名治疗师，必须得解决这个。

第28章　成为一名治疗师

……缪斯所珍视的那位歌者；通过她所给予的礼物，他知道了生命的美好与邪恶——因为她给了他甜蜜也使他目盲。

——荷马，《奥德赛》

447 医生所接受到的大学训练，基于我们所称的治疗与病痛的科学模式，与此形成醒目对比的是，本地治疗师和萨满将其当作自我医治的手段来从事这门职业。这一观念令人欢喜，使人充满力量。解决他们病痛的方式，是成为一名治疗师，对这种召唤的追寻，是与隐藏在他们自己身上或其病人身上的疾病力量之间的一场或长或短的持久斗争。重疾似是一种被唤醒力量的迹象，为他们打开了一条可资追随的新道路。亨利·芒恩（Henry Munn）在其有关墨西哥南部马札提克族（Mazatec）治疗师的论文中发现，沮丧、不自信、在悲伤中消瘦，几乎是心甘情愿地步入死亡王国的病人，若他有勇气去抓住机会的话，仅仅只有一个选择：使自己成为一位治疗师。[①]

该疗法就是成为一名医疗者。在接受医治时，他也正在成为一名治疗师。在此过程中，选择在于他是否会在继灵魂丧失之后屈服于死亡的侵占，还是让疾病导致的创伤与治疗师的援助将个性与生命体验的那种创造性力
448 量，通过这种给予重织入一种给予他自己及其他人的力量中去。在治疗师与病人着手进行的、穿过空间与时间的神圣风景抵达地狱和上至山巅的旅程中来回移动的，正是这一选择权。

治疗师在死亡的边缘再次体验了这一旅程。步入死亡时，问题在于是否有回程以及如何返回。

我们可以把这个死亡空间当作一道门槛。治疗师就是在这里行走。然而，这个空间可能很宽，比光影划线观念所暗含的空间更宽。它的宽度提供

了许多用于前进或后退的不同位置。它可能被言词所填满，正如它也可以空无一词。它可能使我们所有的人都受惊吓，在这一地带中，不管是否情愿，所有的“灵魂逃逸”以及“萨满主义”——这些西伯利亚名词的西方投射——的原型，在英雄克制的那种通常非常男性、诗意、原始以及诸如此类的语言中都找到了生命。然而，这种死亡空间可能很艰苦，而且更加陈腐，更加令人心烦，远盛于英雄克制话语所导致的心烦。当然，那里也会有一抹明亮：

> 在黑暗时光里，
> 也会有歌唱吗？
> 是的，这里也会有歌唱，
> 关于黑暗时光的。
> [贝托尔特・布莱希特]

这个死亡空间当然不一定是孤独的，哪怕它直至现在仍持续地为男性所有。事实上，沉默与洞察、缓慢与迅疾的特殊交织，使得我现在报告的死亡空间变成了复数。

弗洛伦西奥，那位生病的印第安人，似乎正在说他想成为一个医疗师，将坏东西从他的病体驱逐出去。他本人病倒了，进入了他所称的死亡地带。他抵达到一个极限，几乎化成了这一极限所题写的另一类东西。但他蹒跚着，跌落下来。

然而，与他那并不蹒跚，相反继续进行成为一名治疗师旅程的朋友不同，蹒跚着的这个人尽管在其中旋转浮沉，最终却又得以回归，告诉我们死亡地带的样貌。就某种意义上来说，他经历了一段失败的旅程。但也正因为如此，他才在这里告诉我们这个故事，而治疗师却无法做到。

据说，是治疗师给出的幻象。弗洛伦西奥就是这么说的。萨满最真实地看到。但似乎因为真实地看到，他不能或者不愿意说出他所看到的东西。不管怎样，说得不太多。

这就是为什么萨满需要病人，正如病人，或许出于更明显的原因，需要萨满一样。位于死亡空间边缘的病人回到我们中间，成了萨满的喉舌。

正是这两个极点，立桩标出了死亡空间的对话地貌。在进入这一空间然后在决定的最后一刻犹豫不决的病人，与继续以最激烈的强度在生者与
449 死者间啮合的治疗师之间，我们邂逅了我称之为内隐的社会知识技巧建构的特殊时刻。

行走在死亡空间

1976年，弗洛伦西奥在卡克塔河岸与一群人一同工作，为修学校校舍清理地基。他病倒了。以下就是他三年后告知我的有关他这场病的故事。

> 大雨袭击了我。我出汗，之后有一点发烧。我想那很快就会过去的，不是吗？谁能预想到发烧会那么猛烈地击垮我呢？回家以后，我换了衣服，但发烧一直持续不停。发烧持续了八天，就这么长的时间。我一直在发烧，同时能意识到所有的事情。但八天过后，我开始失去意识。我不知道自己在哪里。我像疯子一样四处晃荡，发着烧。我倒在地上，摔了个嘴啃泥，人们把我盖住。因此八天过后，我已经意识不到任何东西了。我失去了意识，所以，对于人们所说的事情，我记不起来。对于发烧引起的疼痛，我记不起来。只有那死亡空间——行走在死亡空间里。
>
> 因此，在说话的嘈杂声之后，我依然毫无意识。现在我注意不到任何事情。世界被留在了身后，世界被撤走了。
>
> 嗯，然后我明白了。现在疼痛开始发声。我知道自己活不长了。现在我死了。我的视线模糊了。我对这个世界一无所知，耳朵也听不见，也没有任何话讲。一片静寂。
>
> 我们知道了死亡空间。在那儿。
>
> 这就是死亡——我所看到的空间。我站在它的中心。然后我上了一个高处，在那个高处的一个星点似乎是我应得的东西。我站立着。之后我走了下来。我在那里开始寻找世界的五大洲，寻找这个世

界——我四处漫游的那个空间，五大洲中属于我的地方。但我没找着。

之后小金孩的金戒指和金鞋子被呈上，套上我的手指和脚，不是吗？为了参加晚宴，与上帝共餐。

和上帝？

当然啦。死亡……但在困惑中我摸索着。然后我看到了一个像国王一样的人；像教皇。小天使向着我飞过来，经过我身边。于是，这些小不点儿请求给我洒上香水。这些小天使把我递给那些接受了我那不合适的手指头的其他人，就好比你跟某个人说："请传过去！"他们要给我喷香水的那个速度呀！他们很小，不是吗？到处都是天使。他们以那种速度飞过去，说，"带上这个，时间过去了"。嗯……

好吧，就这么发展着，然后国王送给我……好像曾经在这使用过一 450
段时间的散弹枪的 16 号铜制弹夹大小一样的东西。有一段时间，它们就在那里。他手上拿的就是这个，从两头向四周喷洒火花。他念着我的名字，对我说："弗洛伦西奥，看吧！这就是世界；是上帝给予了病痛。"

让我们姑且这么说吧，从每个节点喷洒火花，由此及彼，像火一样。白色的火花。这就是在那个世界里。上帝给予了病痛——给白人、黑人、印第安人——给所有的人。就在那儿。上帝给了这个。但是上帝自己没有给解药吗？不！他给了解药……嗯……上帝给了这个世界病痛。上帝自己创造了人类，又同样带来疾病——给所有的人。

你提到了造恶的术士，不是吗？就像卡帕奇诺斯（*capacheros*，高地的印第安萨满-巫师）那样，那些小偷干歹事。不！不是他们！国王告诉我不是妖术，而是来自森林的或河流的疾病。

之后他告诉我："不！有解药，比如草药师所知道的服用墨角拉[*mejoral*，阿司匹林]。第一类人知道各种疾病类型所使用的草药以让人平静。第二类的人具有第一类人所知道的知识，对攻击人的疾病也有了解。他知道的东西比第一类人多。第三类人知道的东西比第一类和第二类人更多。嗯……他知道所有类别的疾病；让你呕吐的植物以及净化你的植物，不管它可能是什么。他知道更多。是的！他！有他就能……就能看病。他！是的！他能治好你。这很好。因为他知道各种类型的疾病。他是有能力的——雅格人。”

那一幕也过去了。我看到的一切。所说的一切。它过去了。我走进世界空间。我们这么说吧，历史上，在学校里老师们让你知道世界像一只橙子——姑且就这么说吧。然而你并不知道它没有橙子那么圆！不！不可能那样。相反它像一只陀螺，但是要稍微扁平一点儿，不是吗？然而……非常，非常漂亮。它有着天空的颜色，却更干净。

于是，我走上世界空间的高处，一直往上，升到了世界的正顶端。

在那个世界，在它的正顶端，有一个巨大的十字架。我到了那里——朋友。我左脚站在一个加工十分精致的极小的楼梯上，看着世界的大陆……像……这么说吧……有肥皂水的一个杯子。你向它吹气，不是吗？气泡漂走了，不是吗？飞向高处。在天空中，不是吗？它与大地毫无接触，它有空气所承载。你相信我讲的这个事儿吗？你相信吗？

在这里我理解了世界——看到它旋转，这么说吧，像一个橙子。从
451 我所在的那个空间，往下有另外一个世界。而高处——无限大！什么时候会停止呢？永不！你相信我吗？

然后，我从那里滑下台阶，像是从棕榈树叶子的光滑边缘落下，我的身体变得分不清方向。我看到所有的东西都在旋转。现在我已经回来了。我无法说话。我哑巴了。[他缓缓地笑了]

我说不清话。嗯。他已经来了——我说的是萨满。他们去找来了堂·圣地亚哥。我能稍稍听到他的话。但是我不能很好表达。看呀！那就是我看到的死亡空间，发烧击垮了我。

我认为自己有两天不省人事。完全没有意识。如果没有药物的话，那就是人如何走的——直到死亡来临。要不就是有人能够治好这病。但不容易找到一个好的治疗师。感谢上帝，我不认为是有人用妖术在攻击我，不是吗？人的生命总是为某些东西服务的，不是吗？如果没有，那就是上帝给予的病痛。我生活在这个想法中。

你是否想过那是妖术呢？

不。那不是妖术。

上帝？

是的。是的！人类……有一些值得做的事情，对我来说也是如此。为我，不是吗？

若你当初想着是妖术的话，你的抵抗会少些？

是的。我可能不会有所收获。我不可能赢。从一开始就会输掉所有。这是上帝给我的。暂时仅此而已。

[弗洛伦西奥向我伸出手]堂·米格尔，请给我你的手。这个，死亡袭击了我。发烧。

朋友：

你回来了真好！

是的，谢谢。这就是死亡空间袭击了我的故事。就这么多。

圣地亚哥被请来了。他三次试图诊断弗洛伦西奥，但每次都失败了。圣地亚哥解释说：

第四次诊断的时候我可以了。是的！他会活下来。我已经离开去寻找药物。我们已经走了很长一段路，当来到这里——弗洛伦西奥这里的时候，我已经喝了饮料，让我的妻子将药物装进袋子。但它丢了。当我们到达古兹曼港口时，什么都没了。“谁知道他是死了还是活着呢，”我说，“我们必须得去。我想知道，他是活下来了还是死了。”我们到了。他还活着，但是已经不认得我了。他失去了意识。因此我专心给他做检查，不是吗？但是我不能。我做不了。第二次，也不成功。第三次，还是不成功。但是第四次，我成功了。是的，在那儿。他会活下来。我们准备未煮过的雅格。

弗洛伦西奥加以补充： 452

是的。那些来看我的人到了这里。我已经死了……我什么都不知道了。但这是怎么回事呢？死了好几天的人怎么又活了呢？重新回到了这个世界。那是怎么回事？

我们从来都没有见过这种情况？一个生病的人已经完了——死定了——然而他又活了过来！这是怎么做到的？我们都见证了它——这个朋友是我们所有人的父亲。这怎么可能呢？或者它是对我们的某种恩宠——让我们通过这个活过来了的人看到上帝！……然后我记起了死去的萨尔瓦多泰塔[父亲，萨满]。

在弗洛伦西奥走过死亡空间，返回人世，头晕目眩，沉默无声，几乎听不到来到他身侧的圣地亚哥的声音之前的一年左右，圣地亚哥自己也处在生死关头，当时据说是因为那个高地因加诺萨满埃斯特班使用了妖术。人们请来了受人尊敬的柯番萨满萨尔瓦多，最终他带着家里人赶到。弗洛伦西奥也在那里，他们一起喝雅格。一年后当他从死亡空间返回人世时，弗洛伦西奥忽然记起的，就是这个场景。

我当时坐在朋友[圣地亚哥的]位置上。萨尔瓦多坐在那里。朋友喝的第一杯雅格没有效果。然后萨尔瓦多说道，"让我们开始喝这种雅格吧，看一看它是否更烈些，好不好？"堂·阿波利纳[另一位萨满，圣地亚哥女儿的公公]也在那里，他从尤里卡(Yuriaco)赶来。他也生病了。我们四个喝下萨尔瓦多泰塔带来的雅格——雅格药物。哎呀！那真是酩酊大醉呀！我们像鸟儿一样飞了起来。啊呀！我的天！我完全没用了。人们进进出出，出出进进。我抵着墙壁躺着。似乎有人在猛掷石块。砰！砰！石块落下。我的朋友堂·阿波利纳问，"怎么啦？"哈哈！谁在向我们扔石头呢？会不会只是楚马，而什么也没发生？谁知道呢？但这里发生的事情是，在这个宴席上，人们成群地走来走去，呕吐、排泄诸如此类。我呢？我可是醉成一团烂泥了。那就是我的希望。

你说的这句话是什么意思呢？"那就是我的希望？"

因为生病之后，我去了曾带着我们喝雅格的圣地亚哥那里。我从所患的疾病中慢慢康复。自从我生病之后，我就没有喝雅格了……我记得现在已经去世的萨尔瓦多。我记得那时我见过的幻象，不是吗？当我们在圣地亚哥的屋里喝雅格的时候。

好吧，之后楚马来袭。我说，“圣迪奥斯”，我对我老婆说，“谁知道我受不受得住呢？我是如此虚弱。”好吧，楚马来袭。嗯。

我之前看到过的，是一样的——萨尔瓦多给予我们四个的——已 453
经去世的萨尔瓦多给予我的雅格异象[幻象]是完完全全一样的。它就是用于治疗的异象。它就是雅格人的异象[雅格精灵的外表和萨满一样，从一定意义上来说，萨满就是它们的原型]；如此，他们都有了自己的治疗扇。他们都有了自己的老虎牙项链。所有的都一模一样。

这就是我第一次和萨尔瓦多泰塔喝雅格时看到的东西……这就是让我快乐的事情。我保持着自己的传统。我看到了美好的东西。那就是我所看到的。我在楚马中看到了美好的东西。那是确定无疑的。

我们当时在圣地亚哥的屋子里和萨尔瓦多一起喝雅格。我走了出去。我得保护自己不与另一个我所知道的醉（雅格所导致的）的人发生碰撞。我似乎正走着，之后这股风就呼啸而来了。它逮住了我。我几乎面朝下跌倒在地。楚马袭击了我。然后我被拦腰抓住。

朋友，这怎么可能呢？我既没有跌落地上，也没有受伤。我内心充满了恐惧。老伙计萨尔瓦多说：“小心点儿！小心点儿！他会让你走的。你会跌在地上的。”推测一下——雅格是怎么做到的？这是怎样发生在一个人身上的呢？嗯。萨尔瓦多泰塔问我，“这是什么？”

好吧，然后我看到了——当雅格治疗师说话的时候。这就是它应该被人们知道的方式，不是吗？稀奇的故事。

于是，雅格。我看见了。

你还记得那次你喝下雅格，看到了戴着水晶的天使吗？

啊，是的。那是在利蒙港[大约二十年前]。那里也有一个非常不错的萨满。他告诉我：“我想邀请你来，因为这里有个生病的妇女，她实在是病得太重了，无法去我的屋里接受治疗。所以我得去她那里。让我们一起去吧。”

“好吧，”我说，“让我们去吧。我陪你去。”

就这样，我去了。第一杯雅格才喝下去，我就醉了。真的不错。醉了。就这么过去了。之后喝第二杯。萨满说：“让我们再喝一小杯，来治愈这个生病的女人吧。”我回答:“好。顺其自然。让我们一起再喝一小杯。”

他治呀治,他醉了,他治呀治,与我们一起。我看到了一切。两三分钟过后,楚马袭来。喝第一杯时,我们没有醉,这是对的。幻象开始了。

是这样子的,有三个男人坐在一张长凳上。他们一样的肤色,一样的高度——都是一样的。你分不清楚谁是谁;他们衣服上,那种萨满展现自身——有能力喝雅格的装束上,哪怕最微小的细节都是一样的。
454 就这样子这三个男人坐下来。楚马开始影响我,让我看得见。它就这么过去了。那就是我所看到的。

于是,三分钟之内楚马又返回了,这一回力量更猛烈。一个守护天使拿着一只焚香炉进来了。什么样的香气?像为圣洁弥散而吹送给神父和圣坛的那种香。这种香在屋子里的房间盘绕,不是吗?怎么样!这香是多么芬芳!多么馥郁!嗯。然后天使似乎转过身来,离开了。守护天使,就这样,他离开了。之后醉意似乎离开了我,一点点。

两三分钟之后,楚马返回,带着更大的力道。之后,守护天使,同样的第一个天使进来了。不过他现在拿着的是一块非常漂亮的纯金圣餐杯,非常小,非常迷人。我躺在自己的吊床上,脸朝上。然后他走近我,将心脏放进我的胸膛。

可是神圣的上帝呀,朋友!在天使将心脏放进我胸膛的那一刻,我几乎从吊床上摔了下来。我几乎掉到了地上。我挂在那里,从腰部往下。

就这个故事而言,那可能就是全部了——从自开始以来的一切,没有一件留下来。没有一件!朋友。

然后我记起来了,我请求雅格人:“请救救我!”我于是又能再一次完全躺在吊床中。然后治疗师起身治疗那个生病的女人。“看,”他告诉我,“朋友,朋友,这就是为什么我告诉你,学会给病人治病,对我们这些为了治好病而在这个行当里行进的人来说,确实是有一大堆事情得去做。”

他拿起自己的治疗扇开始治疗。然后楚马从我身上离开,有了变化。它改换成了另一种形式。我感觉到了生病妇人的身体。我看见了。我在另一个房间里——是雅格使我能够看见。我在那里。那个生病的女人在那里，而我在那里看着这个病以及她头部类似蝎子的毒牙在叮蜇一般令她无法忍受的疼痛。遍及头部。于是，我看到了，给她的手把脉。雅格让我看到了治疗师所能看到的。

“哎呀！”我盘算着，“哎呀！因此，醉了。像这样子！我也能提取病痛了。”

我自己看到还摸到这个病人。萨满正在治病——看到了一切。然后用治疗扇，吹气、吸吮、转向、将所有的病痛汇集一处，用嘴唇抽取它，将它吹走，没有什么能留下。之后，又一次触摸，疼痛再也感觉不到了，头部也没有黄蜂或其他什么东西叮蜇的感觉了。感觉不到什么异样。脉搏回归正常。一切都很好。之后用新鲜的水剂药物给她洗头。弄完 455
这一步，治疗就结束了。一切都好了。

楚马也结束了，就到那个点，再没有了。

[弗洛伦西奥轻轻地笑了]。好吧，多谢了。

雅格是个大骗子

弗洛伦西奥 1914 年出生于靠近莫科阿镇的一个地方。当他还是一个小男孩的时候，他的父亲就死了。母亲又嫁给了一个擅长治疗的男人。这个男人对弗洛伦西奥很不友好，他说自己像个孤儿似的过完了大部分早年时光。弗洛伦西奥在一个教会学校里实习了三年，十五岁时被指定陪同巴托洛梅神父下到卡克塔河至维托托人——弗洛伦西奥称他们是奥卡维托托人——居住的土地上去传教。

弗洛伦西奥成了卡克塔河岸利蒙港一间小教堂里的教堂司事。1932 年，当哥伦比亚和秘鲁因为有争议的普图马约分界线而发起战争时，他与本地的印第安人一道，被押入服役的队伍中，充当独木舟划桨者或苦力，运送成罐的汽油。军队很快地来了又去了，但其形象保留在弗洛伦西奥纳穿着金色制服的士兵唱歌跳舞的雅格治疗幻象中。

他的继父，在他还是一个小男孩的时候，就不时地让他喝雅格。战争过后，当弗洛伦西奥将近二十岁时，他的继父恶意地攻击他，说他用雅格来施展妖术。“这就像酷刑，”弗洛伦西奥告诉我，“我于是越来越不舒服了。”

在窘迫中，他向一位萨满寻求建议。这位萨满住在清澈的几内亚河沿岸的翁布里亚。希尔贝里奥邀请他去那儿住，做他的雅格厨师。他和弗洛伦西奥商量：“瞧！我的堂表兄弟告诉我，他认为你正在干什么。但你并不是在做妖术！来吧，和我一起喝雅格。沿着普图马约，我有一块地，你可以在上面耕作。来这里吧！让我们一起喝雅格。”

“他非常喜欢我，”弗洛伦西奥说道，“告诉了我有关雅格的一些事情。”

“雅格是个大骗子”，希尔贝里奥说。

> 雅格是不真实的。你看到许多虚假的事物。你看到某某人正在施展妖术，做卡帕丘或者诸如此类的东西，这是为了指责你。但是，这往往是不真实的。雅格精灵也会骗人。你看到了某人在攻击你。但是即便如此，也有一部分的你不会相信你看到的东西。你不知道该相信什么。

“雅格会撒谎”，弗洛伦西奥告诉我。

> 雅格让事物变得可见。你看到你认识的某个人正在做对你不利的事情，不是吗？是雅格让你看到这个的。它变得越来越强烈。于是你
> 456 开始恨这个人，那个朋友，他甚至可能是你自己的儿子、母亲或者父亲……但它是虚假的。你必须不断地喝雅格，于是事情变成了另外一个样子。你看到了好事情。它们持续着。那就是他向我解释的。“不！你不该责备，”他说，“如果你想喝雅格，来我这里吧。来吧！让我们一起喝！”

一个高地萨满，从锡本多伊山谷圣地亚哥那个镇上来的因加诺人，从山

上下来，到了利蒙港。弗洛伦西奥躺在床上，生病哭泣。

> 我受不了雅格。我只要喝够了，就能产生幻象，但我不能继续下去了。从圣地亚哥那里来的治疗师说，他真心替我难过，他很喜欢我，我的继父对我做不了什么好事。我应该去他那里，把病治好。“我没有钱。”我说。“这没关系，”他说，“这么做不是为了钱。来吧！等你好些了，你可以为我工作，付清这笔费用。”“要花多少钱呢？”我问。“十个比索。”他回答。[当时一个劳动力一天的价格大概是二十分]所以我们就去了。
>
> 我在那儿待了四个月，与感冒搏斗。用的是博拉契拉[*borrachera*，一种曼陀罗灌木，是锡本多伊山谷萨满主要依靠的致幻剂]，如果它这周开始开花，那就表示你的病将转好。但是如果它的叶子变黄，从树上落下，那表示你将会死去，同时也表示波拉奇拉也快死了。
>
> 他告诉我，在我醉了之后，我可能会起床，四处乱转，尖声大叫，撕扯衣物，四处便溺，抢夺财物——而自己却对所做之事毫不知情……恍如身处梦魇。
>
> 当时有两个病人，我和一个来自莫科阿的因加诺人搬运工。几乎是在一刻钟内，楚马开始了……真的是非常糟糕，不像雅格那样。好比你的衣服被脱掉了。你的嗓子变得很干，很干……之后这阵子就过去了，你忘记了这回事儿。大约是在早晨四点钟，其他人在四处走动，我起了床，萨满为我祝福。第二天我们喝雅格。两天之后我们又吃波拉奇拉。第一次我吃了四对叶子。第二次我吃了五对。一直吃到十对——最后吃了花朵本身，它甜得像蜜……但是很烈！就这样！咕咚！我摔在地板上，什么都不记得了，什么也没记住，直到第二天。事态就是这样发展的。下午我们会喝雅格。
>
> 这治好了我的病。
>
> 我的家里人曾经告诉我，我是在干邪恶的勾当。我返回家里以后，与我的继父、我的姐夫、希尔贝里奥和其他三个人一同喝雅格。那天晚上，我的姐夫在大家面前站起身来，试图杀了我，而当时我们都在喝雅 457

格，我的继父停止了对我是一个巫师的谴责。希尔贝里奥向我解释，我的继父之前一直相信错误的幻象，因为他自始至终都被其他人施咒，因为雅格是一个大骗子。

雅格是一个大骗子：然而雅格对于得到清楚的幻象来说又必不可少。“正是雅格让你看见，”弗洛伦西奥说，“它生产了疾病的知识。若没有这种看见……什么都没有！我们想要治好我们的家人，和我们最亲近的人。但是如果我们看不见，如果雅格幻象不能产生，我们怎么能治愈他们呢？我们治不了！”

但是，对于雅格最深邃的洞见——其幻象可能是错误的，我们应该怎么办呢？

圣地亚哥是怎样变成一个萨满的

三十三年前，圣地亚哥新娶的妻子病得很重，无法走路。她快十八岁了。当时她刚生下一个小女孩。圣地亚哥解释道：

之后她开始遭恶受难——她的这个病让她吃不下东西，而她所吃下去的那一点点东西，都会让她遭罪，导致腹泻不止。她是一个年轻的女孩，刚结婚，从来没有如此受罪。她得的病很糟糕。

一个治疗师告诉我们，她得的是卡帕查度[*capachado*，通过一小捆头发、指甲等诸如此类的东西施咒；这是来自锡本多伊山谷高地因加诺萨满的著名标志]，我们得去找到一个知道该如何去治这种病的、来自高地山谷的萨满。所以我们去了那儿。但病痛还是一样持续！最后我没钱了。我能怎么办呢？我就去找我的兄弟阿尔瓦罗：“我不知道该拿我的这个女人怎么办；日子一天天过去，她的病一天天加重。我们已经试过驱除邪魔，赶走卡帕丘，但是病痛仍然是一样的。我已经停止了这种尝试，因为你看不到它有任何改善。”

于是我的兄弟告诉我：“眼下，从波哥大来的帕尔多医生到了镇上。

他照顾得非常周到，在给病得很重的人治病。他是政府派过来为印第安人治病的。让我们去看看那里怎么样吧！”

那里可真是人山人海呀。哎呀！根本不可能挤进去。门口挤满了人，富人、白人，穿着外套、系着领带的。帕尔多医生在他们上面，在二楼忙得不可开交。我们自己都焦急地想知道：“我们怎样才能进去呢？”突然，有人在那里开始打手势。但我们不知道那手势是不是打给我们的。然后助手们过来，打开了一条道，说：“让一让，给这些印第安人让 458
一下道！”慢慢地、稳稳地，他们打开了一条道。如今医生们不招待印第安人了；他们只招待漂亮的年轻女孩子。[他笑了起来]

“挪开，医生还有更多病人！他在叫他们！穿过这里进来吧！”他们让我们三个人进去。我们走了进去，他们把我妻子放到一个小床上，让她躺下，从肩膀到腰部裸着。然后医生像这样放下他的手，用另一只手的手指头敲击。他敲打着，听起来像是在打一面鼓。铛！铛！铛！他沿着她的胸部以下用手指做同样的敲击，也发出一样的声音，但更低沉。他敲击时，胸部的每一部分发出的声音都不一样。有些地方听起来更硬，有些地方更深，但他没有告诉我们她得了什么病。他给了我们一些药，说：“瞧！就是这样，她挺得过去。她必须吃这种泻药。但她不可以在干的地方排便，得在水里。或者不在水里的话，把它埋在土里，不要让任何人踩到它！”

这是贫血症。镇上一个男孩告诉我们贫血症是种什么病。贫血症有三种类型。

结果，大量的寄生虫出现了。她想看看会发生什么，在她打算从里面捞些草来做扫帚的水沟里排便。她喊我：“看呀！到这里来。来看一看！”

我对自己说，“会发生什么事情呀？也许她已经死了！”[他大声笑了]那么多！这个可怜的女人身体里面装了多少污物呀！一个巨大的虫球；到处都是虫子！她竟然没有因这些小动物而死，是怎么回事呢？

于是她被治好了。但是因为我们是穷人，我们一无所有……若我们有一只鸡的话，我们可能会带上。但我们没有什么东西可当作礼物。

现在我的妻子非常健康，非常强健。她能走路了。她哪里都不痛，也没有疾病发作，什么都没有。

所以，看吧！从这件事我心中腾起了一团怒火——那些萨满是骗子！现在我得学会喝雅格！从那时起，我想要知道如何喝雅格。他们不能医治好我们，他们是在抢劫，还治不好病！我对自己说："去你的！我能喝雅格，这样就能看清楚，当别人恳求时，萨满是否真的知道。"这就是我为什么开始喝雅格，为了学到这个……现在我可以做一些事情了，不是吗？我现在甚至能治好外国佬，不是吗？难道你不认同？［他笑个不停］

出自愤怒。（来自锡本多伊山谷的）高地萨满设了这个陷阱，这让我恼怒。我开始喝雅格，这样我才能学习。就是这么回事……我独自喝，与那时候还活着的我那个兄弟。和他一起。他们后来把他杀了，我依然孤独。一直孤独。就是这样。比起现在的我来，他是个更好的萨
459 满。他被错误地指控，说他用妖术杀死了一个邻居。这个邻居在为修房子而锯原木时被砸死了。他在下面，这只原木从他上面掉下来。他的岳父说这是我兄弟捣的鬼。他们在峡谷伏击了他，手持大砍刀从前后两侧夹击他。他们捅了他的肚子和左胸好几刀。我另一个兄弟吓坏了，永远离开了这里，沿着卡克塔河安顿了下来。但我继续留了下来。我说："如果他们想要杀死你，他们就会杀死你。"我留下来了。

人们问我："你是怎么学会的？跟哪个萨满学的？"

不！不是跟一个萨满学的！我是自己学会的。我自己准备雅格喝。某种情况会发生。你死去，或者活下去。

其他人跟随萨满学习。确实！但这也有危险。对于那些跟随萨满学得很好的人，萨满会试图设法杀了他！……这事儿就发生在我父亲身上。这就是为什么最好别……由于雅格自己会告诉你，最好是独自喝。这样就没有老师会嫉妒；没有人会知道你在喝它。现在我已经学会了一些东西。

我的妻子被药房里的药治好了。根本就没有什么卡帕丘！这是一种欺诈手段。于是我开始喝雅格。没有什么卡帕丘，那是微生物！虫

子卡帕丘！[他大笑]从锡本多伊来的——纯粹的谎言。这就是他们为什么那么富裕的原因。他们拿走金钱，但病痛仍留在那儿不减丝毫。

但当他为了学习而开始喝雅格时（当时他勉强才二十岁），他看到的只有蛇、龙以及丑得可怕的长着猴子尾巴的女人。他发誓再也不喝了，因为这会将他导向死亡和地狱。然而诱惑又一次抓住了他，他喝得更多，但仅仅得到了同样可怕的幻象。"我想知道这是怎么回事。但在开始的时候，雅格粗暴地惩罚了我。我想我快死了。我想停下来，因为它如此令人厌恶。但之后我会回转，并再喝上那么一点。"这种情况持续了两年。在这些幻象中，他感觉到死亡正在迫近。

我想我活不长了。我再也看不到我的妻子或者我的家人了。我在死亡的门边，奄奄一息，我想要抓住我老婆的手，让自己平静下来。虚无！虚无！然后我意识到，如果我想继续下去的话，就必须坚强一点。它来时，我得受得住。我逐渐开始接受它，我意识到，"对呀！你将得到拯救。对呀！你将得到拯救。你不会死！"于是，另一个声音说道，"如果你不注意，如果你对朋友、家人不大方，就会有那么一个全是火焰与熔铅的世界……"我就会从吊床上掉下来。嘭！摔在地上……被惩罚！

内隐性社会知识的表达 460

在我看来，弗洛伦西奥和圣地亚哥两人的描述，对比十分醒目，也很典型。原因如下：萨满主义的力量不在于萨满，而在于萨满和病人聚合一处时所产生的差别。对于我所说的内隐性社会知识的表达而言，这些差别构成了其必不可少的意象。以他者的相互影响为基础，这种知识得以产生，在打着旋儿的话语——萨满唱的歌曲、病人的叙述、猥亵语、铅一般重的沉默以及净化的混杂中一同被想象。弗洛伦西奥认为治愈意象来自萨满，在此我们确实清楚地记得那哥伦比亚军队金色士兵的治愈意象，萨满说这来自雅格自身。而我则认为,它来自治疗师和病人在废除的语义生成空间即殖民地死亡空间中的共同构想。在投射、发展与打破世界现实的过程中,这是一个享有特权的时刻。这里存在着权力。我也想到了那个白人殖民者曼努埃尔·戈麦斯,他在雅格意象中认为萨满是恶魔,这是他获得恩典的前奏。

克劳德·列维-施特劳斯在其研究新世界萨满主义的论文中,提出了一个观点,认为当病人和萨满汇集一处时,以社会的名义表现了对其意识形态环境的联合质问。[2]他阐述说,病人的体验是其中最不重要的方面。在对库尼亚萨满给难产女人吟唱的穆-伊加拉(Mu-Igala)治愈歌曲进行分析时,他反复提出,由于在萨满主义中,不是病人,而是萨满所说的话填充了治疗空间,为了获取精神疏泄,萨满主义转化了精神分析技巧。女人静寂地躺在那儿,而萨满的歌唱使她心中充满意象,指挥着她生命中的混沌——对于一个女人来说如此,对作为一个整体的社会而言,则使它充满萨满主义,精心演奏从混沌到秩序的交响乐。

但是,从列维-施特劳斯摘取这首歌曲的来源来看,很清楚,这个女人和该社会的其他人可能并不理解它,因为它是用一种专门的萨满语言哼唱的。这是许多社会的萨满主义共有的特点。那么,问题就在于弄清楚,若这种话语的当事人与一种晦涩难懂的语言绑定在一起,那么对其意识形态环境的联合质问怎样才能得以维持。如我所知,普图马约的治疗表明,对治疗歌曲的这种解读,充其量只不过是理论解读那未被言明仪式中的魔法仪式的投射,它将混乱转向秩序。这种学术的魔法,以其合乎正道的秩序井然,反对某种同情心。而这种同情心对于理解这一点来说必不可少,即治疗歌曲,不管是否有魔法,只不过是发生在实际的降神会之中及其之前和之后,通过故事、玩笑、感叹词和哼唱的接替和叠加交织成的话语的巴洛克式马赛克的一部分而已。此外,若不将病人在歌曲得以栖身的混杂意象制造活动中的合
461 作关系考虑在内,我们就无法理解这场戏剧。

正是这种结合在一起的积极意图与感觉和形象制作的相互补充吸引了我。弗洛伦西奥以其惊愕、虔诚和温和的追根问底的敏锐向我描绘了他的幻象——“缪斯所珍视的歌者……因她所给予的甜蜜,使他目盲”——圣地亚哥的方式则是大胆的、直截了当的,简略而务实。他所阐明的要成为一名

萨满的动机,不在于对真理的庄严追寻,而是出于对被萨满欺骗过后的愤怒。弗洛伦西奥在雅格幻象是否真实方面深受认识论怀疑的困扰,不断地徘徊在解释学的边缘;而圣地亚哥则全力跳上前去争论,为了对付欺骗,自学雅格。正是这个从来没有成为一名萨满却不时有此抱负的、饱经疾患的病人弗洛伦西奥,给我留下了神秘主义的吟唱者和哲人的印象,而圣地亚哥这个彻头彻尾的萨满,则像一个忙于以其勤勉手艺(与西方所作的相关的现代的区分中的“艺术”相对立)面对现实问题加以解决的工匠。很显然,这个一般观点(至少盛行于西方),即在如荷马一般诗人的智慧中我们看到人类社会的基石,同样地,想象萨满是这种神圣与原始智慧的库藏,就普图马约个案来说,被证明是错误的。因为是病人,而非萨满在此发出了诗性智慧和弦之声。

如果我们转向萨满降神会话语本身,就会发现圣地亚哥的话语是双重的:在其整晚的吟诵中,雅格声音并非来自他自己,而是来自经由他,并与他一起唱歌以及偶尔跳舞的雅格精灵。与这种“神圣的”、处于旋涡与回转的歌曲发声相均衡的,是他温和的嘲讽、性影射以及丧失体面的不敬之语。对于弗洛伦西奥来说,在神圣歌曲与笑声这两极之间,丝毫没有由死亡空间的不确定性所陶冶出来的微妙意识之花的膨胀与收缩痕迹。

圣地亚哥自学雅格,没有跟从任何萨满老师。他的父亲在学习雅格时几乎被萨满老师的嫉妒杀死,而圣地亚哥不知疲倦地反复诉说他的故事,就好比其他人会告诉你,没有萨满在旁边的话,独自喝雅格会有多危险。走出社会,打个比方说,避开萨满-学生关系中导致极度紧张的嫉妒陷阱,圣地亚哥作为一名神圣魔术师,重新踏入不可避免的存在着嫉妒的社会世界,用一种既明确又含糊的方式,引导饱受折磨的人跨过雷区。从存在主义层面而言,他在死亡空间的航行与他对嫉妒的探索是相配的,而他作为沉默的梦想者,以及作为其照顾的病人产生的幻象的创造者角色,则是稳定可靠的。

另一方面,弗洛伦西奥比他的领航员更多地被该空间操纵。他的脆弱,和他的大步穿过死亡空间一样,都在他对于其幻象之真实的确定与怀疑中 462
得到了表达,这与他面对普遍的社会关联与特殊的嫉妒的立场是相似的。

但使幻觉成其自身的可信性和不可能性,想象诗学的这些特有原料(维科[Vico]会这样称呼它),不可避免的是萨满与病人汇聚一处时的共同建构。前者带来静默的确定性,后者虽不确定却被表达,可信的不可能性由此在这种对话方式中合成。

然而这两种人物,作为确定性的萨满和作为怀疑的病人,唯有通过他们汇聚一处才能获得这种构型。因为作为个体,就那些穿过生命意外事件与社会关系的模棱两可的可信的不可能之事来说,两者自身都包含着同样的苦恼。病人与萨满聚集一处时的创造性的微妙之处在于,这种关系允许他们用不同却互补的方式来减轻或解决这种苦恼。圣地亚哥,歌舞着抓住幻象并走进它们,全神贯注于激活精灵。因为专注,他要求更多。他的羽毛提亮了那令人振奋的禽鸟幻觉之颜色。他的美洲虎牙齿项链促进了转化,使得我们可以与敌人共行,也可以对之展开攻击。弗洛伦西奥静静地躺着。不时地他可能想站起来,与幻象一同唱歌跳舞,但他跌落下来。在有关社会富于想象的基础结构形成之中和往往是临时性的解释中,每个人都为对方提供了一种特别的观点和功能。而这种想象性的社会基础机构,是雅格送给碎片化殖民地意识的一个伟大礼物。

我们在此或许可以援用西方哲学中思维和知识的明确概念。在康德有关知识怎样成为可能的概念里,他首先观察到,尽管我们所有的知识都从经历开始,却并不表示所有的知识都来自经历,感官印象通过他所指的"图式"机制在认知先验(*aprioris* of knowing)中得到明确表达。然而对于生产知识的过程来说,感官印象太具体,先验又太抽象。为了共同起作用(cofunction),表达它们的中介设置——图式——便应运而生。康德认为,这一发音器在很多方面都依赖于意象。

康德说道,"我们理解力的这种图式,在其被应用的外貌和形式上,是一种隐匿于人类精神深处的艺术。我们很难发现以及注视到其活动性质的真正模式"[3]。

在我看来,雅格之夜中治疗师与病人之间的对话关系,有点像图式,其
463 中的复调是活灵活现的图式——既不存在于思维的内部,也不存在于灵魂那被隐藏着的、意义深远的深处。当聚集一处,将不幸放入脑海中时,治疗

师和病人清晰表达了如本体和现象之类的不同认知"时刻"。在社交层面积极的、反应性的过程中，他们如此行事。这一过程，也连接了许多截然不同的力量：不稳定的与稳定的、幽默的与令人失望的、不确定的与确定的。

除了与知识模式，以及与认为思想者孤独地与他和她的思想相处，抑或思想自身孤独偏处一隅的这种知识生产模式根本决裂之外，医疗师-病人关系模式的不同还在于，原始经历"感觉数据"所包含的，不仅仅是光亮与声响以及诸如此类的感官印象，同时还包括既在信任与怀疑中具备多变之含糊性，又具备其发生与衰减之多样性的社会关系的感官印象。通过将人类相互关联的知觉性排除在外，从柏拉图至康德的西方传统哲学所关注的"知识"将自己与感官经历和充斥着权力的知识类型——内隐性的社会知识——隔绝开来，而许多的人类事务和智力活动都依靠这种内隐性社会知识。妖术和（被如此称呼的）萨满主义呈现了通常是本地构建的经历和意象形成、以此种社会知识为组成性成分的模式。在我所说的普图马约个案中，两种形式的隐约他者——嫉妒的他者与殖民主义的他者给这充满了权力的内隐性社会知识留下了刻痕。

埃文思-普里查德（E. E. Evans-Pritchard）有关中非阿赞德人巫术（witchcraft）与妖术信仰的那部著名作品，可用于进一步发展我的观点，即内隐的社会知识对于他者中的自我不确定性很敏感。尽管他不遗余力的想让西方（上层和中产阶级）读者能够理解阿赞德人的实践，意图将阿赞德人的思维同化为其读者所能理解的理性，却没有发展出一种方式，让妖术信仰能够批判和丰富这些理解。④ 它还是这样一个实例：全书悠闲的、胸有成竹的腔调确保了文本的流畅，却没有正式提出很成问题的那些矛盾、东拼西凑的片段以及双重的明晰。巫师，尤其是首席巫师，就是如此。

人们通常认为这本书呈现了许多可用于解释（或意图解释）妖术与巫术的公式，其中最有名的公式是"巫术解释了偶然性"。然而，这些小小的安全按钮，这些有关他者理性的控键，只不过是在黑暗文本之海中使思考合理化的漂浮着的微小结节而已。我们读这种文本越多，对它的"理解"就越少。出于对作者的崇敬而追随文本越深的人，在阅读本书之前，能够更好地思考书中所叙述的故事。

在追寻“巫师是什么”这一问题的答案时，埃文思-普里查德收到了许多464 回复，其中有一个回复是，首席巫师击响了锣鼓，召唤其他巫师。他们在别人看不见自己的情况下潜入受害人的小屋，取出受害人的内脏。每个巫师都将自己那份肉放在温暖的烹饪罐边缘，将那份肉放进罐中。受害人生病或者死亡。他的亲属们拿着指认巫师的神谕证据找过来，请求巫师们撤除邪恶。但是巫师们做不到。他们已经走得太远，于是复仇魔法追踪而至，杀死除首席巫师之外的其他巫师。这个首席巫师能够平静地吹起鸡翅上的水，逃脱复仇魔法，因为他并没有将自己那份肉投入罐中，而这是其他巫师所不知道的。[5]想想看，巫师是什么？

埃文思-普里查德提出，（他所称的）阿赞德人巫术中的神秘主义是受困扰一方对在不幸中出现的巧合现象从社会关系——从嫉妒的角度——来进行解释的一种反应。他强调人们运用信仰和巫术指控的方式。它们不被用于理解我们所说的机械因果关系，他强调，这种机械因果关系的原则，对于阿赞德人和他自己而言，都是基本常识。相反，它们被用于理解这种因果以其所是的方式在同一时空中聚在一起的原因。他所举的例子来自日常生活。一个小男孩在挑水的路上碰伤了脚趾。脚趾无法治愈。妖术能够解释这种非同一般(?)的事件，不是因为阿赞德人不能理解机械原因，而是这种机械论因果关系无法解释——对于阿赞德人或我们——让人深思之不幸中的那一系列巧合。为什么他在这个场合中碰伤了脚而之前却没有发生过此等事件？为什么伤口会化脓？为什么治疗会没有效果？诸如此类。埃文思-普里查德认为，通过诉诸巫师的恶意，而后者作为嫉妒的他者，与该男孩或男孩子的家庭和社会关系网络处于一种特殊的社会关系位置上，巫术解释了巧合现象（但别忘记了那个首席巫师！）。这里就存在着一种知识模式，它事实上不同程度地对在信任与怀疑中具备多变之含糊性的社会关系的感官印象十分敏感。

普图马约的病人与萨满所使用的，也正是这种对在命运与机会之间追踪、回溯的巧合十分敏感的知识。应引起我们关注的，不仅是它将社会关系放进不幸中的那种解读，还有这一事实，即巧合提供了火花与原材料，可以说内隐性社会知识正是以此来设想并问题化这个世界的。

就拿罗塞里奥和何塞·加西亚的例子来说吧。按照埃文思-普里查德的说法，妖术被人们用于解释巧合，这是正确的。但这一阐述也揭示出，这一公式是如何惊人地压平了我们对于他们的生活是什么以及妖术咒语对于他们的生活有何效用的理解。公式的明晰性给人误导，在这一点上的误导尤其强劲有力。与首席巫师的故事一样，妖术所援引的解释模式会动摇它 465 的出发点，而出发点不可避免地会导致它的动摇。当我们将此种进退两难看成其自身特性时，妖术也使现实去现实化了。

这一"妖术解释了巧合"的公式，阻碍了我们去思考巧合与妖术就有关个体生命环境所提问题的广度，在打开了这个世界的同时又几乎关闭了它。将此称作一个"闭合系统"——就如许多西方人所做的那样——是令人感觉悲哀的一个错误。它既不是闭合的，也不是一个系统。让我们再来思考一下罗莎里奥和何塞·加西亚吧。不管怎样，这里存在任何意义上的"它"吗？难道我们不是处在这样的情况中吗？印第安人想知道殖民给他们带来的意义和力量——尤其是麦基亚(西班牙语中魔法)的力量。毫无疑问，这里的"它"，是我们称之为魔法的东西，它存在于在欧洲殖民之前的第三世界国家之中，如同在一个有回声的悬崖里呼喊。但同样可以肯定的是，这种"它"作为一种构成力量，包含着殖民地分化的力量，以至于在我们区分教派与魔法、科学与魔术时嵌入了一系列种族和阶级分化，魔法成为了他者性的聚集点。忠于自身的"它"真实存在，不再被认为仅存在于与上帝和科学相对应的想象中。

在我看来，我所说的第三世界中的萨满巫师，和这种使野蛮和种族主义紧密结合的决定论的"他者"的殖民建构深深牵连，并成为其组成部分。这种差异性在改进的建构和重建新殖民主义治疗仪式的创造性部署中被调动起来，在这些仪式中，命运被从上帝手中夺回并转录到一个机会和可能的领域。代替了上帝的指令和神圣与文化融于一体的能指/特征的固定性，机会的领域突显了妖术的认识迷雾。社会关系中的矛盾和模糊性破坏了他在一种将神圣和自然彼此分开的符号堆中的坚定性，以及巴特称之为的第三或隐含意义的图像。"我甚至接受隐含意义这个单词的贬义"，他写道，

> 隐含意义似乎延伸到文化、知识、信息之外;从分析的角度来看,它有一些可笑之处:在语言的无限延伸中,它在分析理性的眼中是有限的;它属于双关语、滑稽、无用的消耗品。它对道德或美学范畴(琐碎、无用、虚假、模仿)漠不关心,站在狂欢一侧。[1]

所以在我看来,是萨满和病人两者共同创造了死亡空间。

466 然而,同样的空间也可能成为瘫痪的来源,将一个人与怪物面对面地封闭起来,使他的身体在更可怕的神秘中被掏空。妖术和教会都是靠死亡提供的这种潜力而繁荣的,也正是这种潜力以如此娴熟的技巧在恐怖文化中发挥作用,维持了军事独裁和殖民暴力的恐怖,就像普图马约橡胶繁荣时期那样。在这些情况下,由死亡空间点燃的柔情成为了将世界二元化的媒介,使之变成了一张面具,它的扭曲被掩盖了,同时也指向了一个神秘而可怕的地下世界。在这里,死亡空间的作用并不是打破时间的连续性,即本雅明所谓的弥赛亚式的中断,而是将生命石化,在世界历史之外追求一个阿基米德式的点,借此它的灾难性力量可以被叙述(就像殖民者曼努埃尔所说的那样)。

另一方面,以弗洛伦西奥为例,雅格之夜所创造的死亡空间可以通过蒙太奇来化解叙事。在这里,死亡与受压迫者的传统结合在一起,正如本雅明在他的《历史哲学论纲》中所说,“告诉我们,我们所处的‘紧急状态’不是例外,而是普遍现象”。[7]在这种秩序混乱的状态下,死亡不再是地下世界,而与生命不稳定的表面同时存在,“历史唯物主义者”(本雅明喜欢用的作为马克思主义批评家的名字)不再像念珠一样讲述事件的顺序。这可以作为一种呼吁,就像布莱希特在他的蒙太奇悲剧《例外与规则》(*The Exception and the Rule*)的开场合唱中所做的那样:

> 我们特意请求诸位:
> 莫把每时每刻出现的一切都当成理所当然的事情!
> 因为处在这样血污一团、颠倒混乱、胡作非为的
> 人类被剥夺了人权的日子里,
> 没有任何称得上理所当然的事情。

> 在今日没有任何能够算作不可改变的东西。[8]

也可能是死亡的空间将狂欢的笑声作为一种对立做法吸收了进来。那个涉及被殖民的野人的插曲、圣地亚哥，以及来自高地城市帕斯托的警察所讲述的有关沼泽地野女人图鲁妈妈的恐怖故事，阐明了野蛮的笑声粉碎殖民地情节剧的方式。这笑声向我们展示，这种野蛮、法律与秩序法令与殖民地萨满教降神会的组合，如何通过狂热地强调其神秘一面，转化了死亡空间那神秘的恐怖。

殖民者创造出来的野人，运用他的雅格，滋养了这一机会，用来对抗以及联合那些通过被教会、国家和恐怖文化所制度化了的，有关苦难、秩序和救赎的官方话语，在大众想象中起作用的死亡具象与令人恐惧的神秘。与 467
教会和征服所提供的想象共同作用和对立，雅格之夜提供了一个机会，它不是通过乌托邦的幻想来逃避悲伤，而是在一个娱乐但又抗拒经由受难来自怜和救赎的无限遐想过程中，将死亡的无政府状态和狂欢节的无政府状态结合起来。的确，在柯番人关于雅格起源的故事中，上帝定下了“雅格的智慧依赖于受难”这一戒条。但同样真实的是，在旨在否认其秩序的左倾历史过程中，上帝自身在此被世俗化。他成了史诗中的一个角色，而不是命运的主宰。

> 上帝用左手从他头顶上拔下一根头发。仅为印第安人，他用左手将头发种在雨林中。他用左手为它祝福。然后印第安人——而不是上帝——发现并认识到它的神奇特性，发展了雅格仪式。看到这些，上帝不敢相信，认为印第安人在撒谎。他要了一些雅格酒，一喝就开始发抖、呕吐、哭泣、排泄。早上，他宣称：“这些印第安人所说的，都是真话。喝了酒的人会受难，但那人是杰出的。那就是人们学习的方式，即应通过受苦来学习。”

就像萨满的异象一样，我们不知道，在其受苦、哭泣和排泄的那个革命性夜晚，上帝看到了什么。但很显然，若没有印第安人，他会少些人性，对其左手——诡计、世俗、邪恶之手——所创下的权力毫无感知。在本雅明为抨击惊心动魄的法西斯主义诗学而援引的超现实主义形象中，那只手以其即兴表演的强力，给予了历史决定性的一击。

与上帝在伊甸园中栽下的另一棵意识树，即夏娃在蛇的引诱下偷尝其禁果从而开启其双眼的树不同，雅格的藤蔓将意识带给了上帝自身。这种开眼与开肠意识，并没有导致人类堕落被逐出天堂，因其原罪而注定在剩下的时间里生活在被诅咒的土地上，而是通过凡俗的照耀，将众神带到了人间。在令其臣服于自己所创造的力量时，这种亵渎使命运屈从于机会，使决定论让位于积极的人类行为——正如萨满与病人在联合创造形象中那样被显而易见地调停。

所以，通过审视拉丁美洲许多地区以及今日普图马约的殖民历史，我们不难发现，在那些地方，殖民者给被殖民者提供了野蛮人意象这一上帝左手给出的礼物，而这一礼物的力量，若没有被殖民者的互惠参与，殖民者会无法意识到。这段历史，与殖民的对话想象一道，促使那从文明中夺取其恶魔力量的意象得以产生。

第29章　马莱娜

我第一次经历魔法治疗，还是在特加达港口的房东马莱娜·希门尼斯 468
接二连三请了好几个来自太平洋沿岸的黑人治疗师来医治我们共居的房子的时候。马莱娜在20世纪30年代的某一年出生于特加达港。她继承自姨妈的那点房产，由于她唯一的兄弟在暴力中被暗杀而增值了一倍。在那场暴力中，外来的警察与凶手射杀了自由党的支持者，而自由党获得了特加达港人们压倒性的支持。不正是自由主义者让奴隶得以解放吗？马莱娜并不富裕，但照当地的生活水准来看，算得上小康。她曾经在波哥大的国立大学上过一年学。对于当时的小镇来讲，能这么做的女人前所未闻，对于男人来说也尤其稀少。人们惊叹于她的安宁祥和与聪慧晓理。对于许多人来说，她就是一盏指路明灯，给每个人的生活都注入美好情感。在20世纪60年代，她在镇上唯一起作用的、由本地人发起的民粹取向运动的政治反对派组织中表现突出，并曾因此而被捕入狱。当我认识她时，她每天心不在焉地坐
着，无所事事。她花了很多钱试图医治这座房子。治疗师们带着自己的符 469
咒和充满香气的液体不引人注目地来来去去。对此我几乎没有注意。我正全身心投入租地记录的研究中。

坊间有传闻说吉勒莫想得到她的钱。那些故事里有许多的恶意和嫉妒，但毫无疑问，他正试图对马莱娜的抉择施加男性特权。他开着一部几年前一位叔叔帮他买的嘎吱嘎吱响的卡车。如今在这个显然是黑人占多数的城镇里，他这个没有找到工作、遭受着苦难的白人大部分时间都在坐着、踱着步、大量抽烟、咬着指甲。他的存在是沉重的、阴郁的、令人焦虑不安的。他对马莱娜的爱情也十分沉重。

更多的是从肢体以及语调，而非许多言语，散播着这样一种谣言，即住在小镇另一侧的吉勒莫的妻子或许正试图来着手处理马莱娜。而马莱娜现在只能忍受，日复一日，时复一时，当她与吉勒莫透过红色和橘色三角梅的格子往外望时，她已经习惯于这些模糊的谣言、吹拂露台的闷热的空气。吉

勒莫没有耐心，并且对那些付钱请来医治房子的海岸治疗师充满怀疑。但他却允许他们用魔法液体来清洗他的卡车。

有一天，马莱娜的父亲，堂·楚楚从邻近的一个村庄赶来了。与马莱娜这个长得相当黑的穆拉托人不一样的是，楚楚皮肤白皙，事实上是一个怪人。他被大砍刀砍掉了半截前臂，走起路来滑稽、不平稳，这个爱抱怨的大块头歪扭地沿着炎热的街道走着，像一只保持不住平衡的毛毛虫，身上挂满数不清的装满了植物、药品的口袋和锁住了他个性的钥匙。他十分热爱成为一名治疗师，却并没有为此而十分自豪。尽管他名声很小，病人更少，但他每天都花费很长时间制作饮剂，装满一瓶又一瓶搁置在他屋后锁了的棚子里的罐子。他告诉我，他昨晚从一个印第安人那里拿了一些药。他看到了天使，去了天堂。

这是我第一次听人谈到雅格。当然那时候我并不清楚他到底在说什么。除了马莱娜，没有人把他的话当真。马莱娜不断地向他提问，而吉勒莫则将我拉到一旁，告诉我马莱娜的父亲是一个怎样的江湖医生和空想家。

在接下来的几个月中，我对堂·楚楚逐渐有了进一步的了解。他告诉我他是如何取得雅格的。他在特加达港口附近帕迪利亚村(Padilla)的一英亩土地上，与一个女人一同生活，而这个女人对他施了玛勒斐西。过去她帮忙收获那几株可可树的果实、喂养小鸡，但在做药上不帮忙。他借给这个女人八千比索，然后这个女人不但没有还钱，还试图用妖术杀死他，他说道。是来自普图马约高原，圣地亚哥那个镇子里的佩德罗·梯索尔治好了他的病。

那个女人从帕蒂亚山谷找到了一个巫师准备这种玛勒斐西。这个巫师现在已经作古，当时是一个住在楚楚村庄里做草药师的黑人。楚楚告诉我，
471 他们所养的，是有海水泡沫的、住在海沙里的一种有须生物，一种能养在家里的、以干燥的芭蕉皮为食的蠕虫。

"我确切地知道她用来祸害我的东西，"楚楚说道，"因为来自卡塔戈[考卡山谷北边]的另一个巫师告诉了我。他是一个心灵主义者，用草药治病。那个人是一个非凡的人，"他继续往下说，"他和我一样，是个莫奇托(*mochito*)。他失去了一条腿。我在集市上看到他在做宣传。他把我叫过去。'你中了玛勒斐西了！'他告诉我说。'你应该去卡塔戈治一下病。'他说道。但那儿太远了。"

堂・楚楚

是来自普图马约高原的佩德罗·梯索尔将他治好的。这个过程持续了两个月,举办了三场整晚的雅格会。他们在楚楚帕迪利亚的农场里举办这些活动。佩德罗·梯索尔在那里种植了雅格,之后就去了巴拿马,说他在二十年内会回来。

“他治好了我肿胀的胃,”楚楚说,“但没有治好我的哮喘。”接着他继续告诉我,还有其他人“射击”他,就是说用妖术攻击他。“但你能感觉到它的发生,”他让我放心,“通过念福音传道者的圣咏集,尤其是圣胡安的,你可以保护好自己。当你感到绝望时,当你睡不着、某些事情让你发疯时,点亮一支有你第一根手指头那么长的蜡烛,向圣安东尼奥念三遍主祈文,你就能从这些法术师的戕害中脱身。将蜡烛放到一个碗里,碗周围要放一些水。保护你的精灵总是需要一些水。”

他花了大量时间准备一瓶瓶药物,按照他的说法,使用的草药都来自遥远的普图马约。我曾陪他去一户遭受了妖术攻击的家庭治病,发现他像一个普图马约的印第安萨满那样哼唱念咒,召唤普图马约的酋长来给予帮助,只不过他所哼唱的是词语而非声音。

这让我想起了普图马约山上湖边的塞克斯特,他把自己视为低地萨满的力量占为己用,不仅是仿效,而且还吸收了这股力量。通过再现,权力跟随而至。就楚楚这一案例而言,我怀疑屋主是否知晓或者甚至能否听懂他唱给那些生活在想象中的盛产治疗者、巫师以及神奇草药的普图马约之地的萨满们的歌词为何意。

楚楚从来没有走出过自己的梦。我认为他的旅行范围不超过从特加达港到帕迪利亚之间的这几英里。当听说我对拜访普图马约感兴趣时,他告诉我应该努力去弄到一块冷特,某种高原萨满用于占卜的石英水晶。“你需要一块冷特,那发光的石头,”他告诉我,“那是从天上来的水晶。他们每年都会把它放在雅格中,煮上一次或两次。有了冷特,”楚楚继续说道,“精灵就会在你耳边告诉你是冷病还是热病,是谁做下的事情,要用哪些草药来治这个病。”

472 市场上的安东尼奥·贝纳维德斯也敦促我得去弄一块冷特。“你得弄到一块,”他坚持道,“它能发出一千七百道光的颜色,有七个水晶球,这样你就能诊断了。你得央人给你做一个，某个住在……普图马约、塔帕杰(Tapaje)或瓜希拉[一个沙漠化的半岛，像一只弯曲的指头一样伸入加勒比海，富于盐、矿产、印第安人、强有力的女人以及走私货]的人。”

“塔帕杰在哪里？”我问。

“唔，”他含糊地比划着，回答，“在海的那一边。那是太平洋上属于哥伦比亚的一个岛屿，上面住着印第安人。”

“当你到了普图马约时，”楚楚说，“要确保你能弄到一些他们称之为*荒野尼龙*(*kanilón del páramo*)的树皮。”他在自己准备的那些瓶装药物中就用到了这种东西。“有了合适的咒语，它就能生钱。这对你尤其有好处，”他告诉我，“因为你像个傻瓜一样漫不经心地在这个国家四处晃荡。”

“当你准备这些药物时，你还得抄一些祈祷词。”他坚持。

“哪些？”我问。

“我得看一下我的书才行。”他捡起了一本磨损的圣经，戴上眼镜，研究了几分钟，没有找着他想要找到的东西，开始在床垫底下翻找。那儿有很多散页、撕烂了的练习本和没有封面的书本。当楚楚更为狂热地挖掘沉积在他床垫下的那一大团魔术与圣洁时，在喷薄而出的神圣文本、魔法咒语中，不牢固的词语、更为松散的页面四处散落，有如森林中的叶子飘落沉淀。

“你应该搞到这本书”，他将一本《卡拉瓦卡的圣十字》递给我，说道。“信徒圣佩德罗的第二篇普世书信对于制药来说，特别好用，而且它能让你远行，看得很远。”他继续说道。建议、推荐、解释、文本评论断断续续地倾泻而出，像好几个月没有被使用的一个老龙头被拧开了开关，噗噗地喷溅着，在混乱迭起的文本与纸页倾泻中汇成一股平稳的连续流。“对去除玛勒斐西而言，你会发现这本《雷昂内斯·帕皮斯的指南》(*Enchiridiones of Leones Papis*)中的祈祷文很有用。”这是1960年在罗马出版的一本名为《荣誉教皇魔法书之珍贵秘密纲要》(*The Grimorio of the Honorary Pope with a Compendium of the Rarest Secrets*, Rome, 1960)的小册子。“你得记住使徒圣胡安。他的第一封书信。这对治疗很有用，可以让你走得远、看得远。你还应该学会第二篇和第三篇书信。”《神秘的植物学》(*Occult Botany*)、《杀人的植物》(*Plants that Kill*)、W. W. 阿特金森(W. W. Atkinson)和

E. E. 比尔斯(E. E. Beals)写的《欲望的力量》(*The Power of Desire*)、《磁学》(*Magnetism*)、《记忆》(*Memory*),《地狱词典》(*Infernal Dictionary*)、《家庭医学》(*Household Medicine*)——一本又一本书被他从床的凹处拉扯出来,抛入到无窗房间里那微弱的光亮下。

“所罗门?”他回答我的问题。“所罗门是世界之初诞生的伟大魔法师。”

我离开时,楚楚死了。我顺便看望了他所住的地方,向照料这块地方的
473 女人询问他的书和文件现在怎样了。“啊呀!”她像是被蜇了一下般大声叫嚷,“我得清除掉这些东西,我把它们扔到河里了”。

在楚楚将他的书展示给我看之后的第二年,他的女儿马莱娜被谋杀了。她在绝望中去了警察局,请求他们赶跑吉勒莫。吉勒莫好几天里一直喝酒、哭泣,然后去了她家,枪杀了她,之后举枪自杀,子弹穿过耳朵。他们一起死了。正是在她刚从教堂返回之后,那天是她母亲的逝世纪念日。

楚楚几个月之后用一种确凿无误的口吻告诉了我这件事情。他说吉勒莫吸了太多大麻。他从桑坦德基利乔的警察那里买来一些大麻烟卷,给了我一根。警察会突袭那些栽培大麻的人,之后将收获品非法卖掉。楚楚告诉我,这是治疗哮喘的好药,可以抑制难以控制的咳嗽。

想说的话还有很多,但我们都没有开口。暴行。徒劳。此刻我与楚楚在一个明媚阳光下的一间黑色小屋中,思忖在那最后几个星期中,马莱娜和吉勒莫的脑海里到底曾经想了些什么。

他们,尤其是马莱娜的并不宁静的灵魂又回来了,伴随着她对我所收集到的善良与邪恶之历史的、充满了文雅与智慧的评论。这就是为什么这其实是一本有关她的以及吉勒莫的书——我们或许可以咯咯地傻笑着说,如果这本书讲述了马莱娜的父亲楚楚用于梦想与治疗的那个遥远的普图马约低地,那么,这是一本关于麦基亚的书。

注　　释

作者题记

① Walter Benjamin, notes in "Konvolut N," translated as "Theoretics of Knowledge; Theory of Progress," *The Philosophical Forum* 15, nos. 1–2 (Fall-Winter 1983–84): 8–9.

第1章　恐怖文化，死亡空间

① Jacobo Timerman, *Prisoner without a Name, Cell without a Number* (New-York: Vintage Books, 1982), 164.

② *New York Times*, 18 February 1985, p. 17. On the *invunche* in mystical authoritarianism in Argentina, see Bruce Chatwin, *In Patagonia* (New York: Summit, 1977), 107–10.

③ Timerman, *Prisoner*, 111.

④ Gerardo Reichel-Dolmatoff, *Amazonian Cosmos: The Sexual and Religious Symbolism of the Tukano Indians* (Chicago: University of Chicago Press, 1971).

⑤ Antonin Artaud, *The Theater and Its Double*, trans. M. C. Richards (New York: Grove Press, 1958).

⑥ Miguel Angel Asturias, *El señor presidente*, trans. F. Partridge (New York: Atheneum, 1982), 39.

⑦ Ibid., 19.

⑧ Walter Benjamin, "Surrealism: The Last Snapshot of the European Intelligentsia," in the collection *Reflections*, trans. Edmund Jephcott, ed. and intro., Peter Demetz (New York and London: Harcourt, Brace Jovanovitch, 1978), 189–90.

⑨ Timerman, *Prisoner*, 52.

⑩ Michel Foucault, "Truth and Power," in *Power/Knowledge: Selected Interviews and Other Writings, 1972–1977* (New York: Pantheon, 1980), 118.

⑪ Frederick Karl, *Joseph Conrad: The Three Lives* (New York: Farrar, Straussand Giroux, 1979), 286.

⑫ lan Watt, *Conrad in the Nineteenth Century* (Berkeley and Los Angeles: University of California Press, 1979), 161.

⑬ C. T. Watts, *Joseph Conrad's Letters to Cunninghame Graham* (Cambridge: Cambridge University Press, 1969), 148–52.

476 ⑭ Brian Inglis, *Roger Casement* (London: Hodder Paperbacks, 1974), 32.

⑮ Karl, *Joseph Conrad*, 289n.

⑯ Zdzistaw Najder, *Joseph Conrad: A Chronicle* (New Brunswick: Rutgers University Press, 1983), 414 - 15.

⑰ Peter Singleton-Gates and Maurice Girodias, *The Black Diaries: An Account of Roger Casement's Life and Times with a Collection of His Diaries and Public Writings* (New York: Grove Press, 1959), 29.

⑱ Inglis, *Roger Casement*, 375 - 76.

⑲ Roger Sawyer, *Casement: The Flawed Hero* (London, Routledge & Kegan Paul, 1984), 161 - 63.

⑳ Joseph Conrad, "Geography and Some Explorers," in *Last Essays* (Freeport, N. Y.: Books for Libraries Press, 1970), 19.

㉑ G. Jean-Aubry, *Joseph Conrad: Life and Letters* (Garden City, N. Y., 1927), 1:142.

㉒ Joseph Conrad, *Heart of Darkness* (Harmondsworth: Penguin, 1973), 10.

㉓ G. Jean-Aubry, *Joseph Conrad*, 1:143.

㉔ Karl, *Joseph Conrad*, 289n.

㉕ Inglis, *Roger Casement*, 46.

㉖ Ibid., 131.

㉗ Ibid., 234.

㉘ Singleton-Gates and Girodias, *The Black Diaries*, 241, 243.

㉙ Roger Casement, "Correspondence respecting the Treatment of British Colonial Subjects and Native Indians Employed in the Collection of Rubber in the Putumayo District," *House of Commons Sessional Papers*, 14 February 1912 to March 1913, 68:1 - 165. Hereafter cited as Casement, *Putumayo Report*.

㉚ Joaquin Rocha, *Memorandum de un viaje* (Bogota: Editorial El Mercurio, 1905), 125.

㉛ *House of Commons Sessional Papers*, "Report and Special Report from the Select Committee on Putumayo," 1913, 14: xxxvii. Hereafter cited as *Selected Committee*.

㉜ Ibid.

㉝ John Hemming, *The Search for El Dorado* (London: Michael Joseph, 1978), 130.

㉞ Rocha, *Memorandum*, 102.

㉟ Ibid., 104 - 5.

㊱ Ibid., 106 - 7.

㊲ Ibid., 108.

㊳ Walter Hardenburg, *The Putumayo: The devil's Paradise. Travels in the Peruvian Amazon Region and an Account of the Atrocities Committed upon the Indians*

Therein(London:T. Fisher Unwin,1912),153 - 54.

㊴ Rocha,*Memorandum*,73.

㊵ *Select Committee*,no. 11888,474.

㊶ Ibid.,no. 11890,474.

㊷ Ibid.,no. 11147,447.

㊸ Ibid.,no. 11150,448.

㊹ Ibid.,no. 5921,no. 5923,226.

㊺ Hardenburg,*The Putumayo*,176,187.

㊻ Ibid.,175.

㊼ *Select Committee*,no. 457,20.

㊽ Casement,*Putumayo Report*,10. 477

㊾ Carlos A. Valcárcel,*El proceso del Putumayo y sus secretos inauditos*(Lima:Imprenta "Comercial" de Horacio La Rosa,1915),31.

㊿ Ibid.,26.

51 William H. Prescott,*History of the Conquest of Peru*(Philadelphia:David McKay,1892),1:448.

52 Hardenburg,*The Putumayo*,180.

53 Ibid.,182.

54 Singleton-Gates and Girodias,*The Black Diaries*,206.

55 Hardenburg,*The Putumayo*,184 - 85,213 - 14.

56 Ibid.,213 - 14.

57 Ibid.,258.

58 Ibid.,259,260.

59 Casement,*Putumayo Report*,35.

60 Hardenburg,*The Putumayo*,235 - 36.

61 *Select Committee*,no. 4080,no. 4082,159.

第2章　凯斯门特致格雷

① Brian Inglis,*Roger Casement*(London:Hodder Paperbacks,1974),190.

② Ibid.,167.

③ Ibid.,179.

④ Roger Casement,"Correspondence respecting the Treatment of British Colonial Subjects and Native Indians Employed in the Collection of Rubber in the Putumayo District,"*House of Commons Sessional Papers*,14 February 1912 to March 1913,68:64 - 66. Hereafter cited as Casement,*Putumayo Report*.

⑤ Ibid.,39.

⑥ Ibid.,37.

⑦ Ibid.,99.

⑧ Ibid.,39.

⑨ Ibid.,41.

⑩ Ibid.

⑪ Edouard Andre,"America Equincoccial,"in *America pintoresca: descripción de viajes al nuevo continente*(Barcelona:Montaner y Simon,1884),759.

⑫ Miguel Triana,*Por el sur de Colombia:excursión pintorésca y cientifica al Putumayo*(Bogotá:Biblioteca Popular de Cultura Colombiana,1950),351.

⑬ Casement,*Putumayo Report*,127-29.

⑭ Ibid.,14-15.

⑮ Thomas Whiffen,*The North-West Amazons: Notes of Some Months Spent among Cannibal Tribes*(London:Constable,1915),60.

⑯ Irving Goldman,*The Cubeo: Indians of the Northwest Amazon*(Urbana:University of Illinois Press,1963),106-7.

⑰ Casement,*Putumayo Report*,56.

⑱ Ibid.,137-39.

⑲ Ibid.,138.

⑳ Ibid.,128.

㉑ Ibid.,89.

㉒ Ibid.,90.

㉓ Ibid.,44.

478 ㉔ Ibid.

㉕ Ibid.,99.

㉖ Ibid.,58.

㉗ Whiffen, *The North-West Amazons*,3.

㉘ 参见 Howard Wolf and Ralph Wolf,Rubber,*a Story of Glory and Greed*(New York:Covici,Friede,1936),88; U. S. Consul Charles C. Eberhardt,*Slavery in Peru*,7 February 1913,report prepared for the U. S. House of Representatives, 62d Cong., 3d Sess., H Doc. 1366,p. 112;Roger Casement,*Select Committee*,xi;Casement,*Putumayo Report*,33。

㉙ Casement,*Putumayo Report*,77.

㉚ Ibid.,85.

㉛ Ibid.,120.

㉜ Ibid.,33.

㉝ Ibid.,44-45.

㉞ Ibid.,48.

㉟ Gaspar de Pinell,*Excursion apostólica por los ríos Putumayo*,*San Miguel de*

Sucumbios, *Cuyabeno*, *Caquetá*, *y Caguán*(Bogotá: Imprenta Nacional, 1929 [also dated 1928]), 230.

第 3 章　恐怖经济

① Enock in Walter Hardenburg, *The Putumayo: The devil's Paradise*(London: T. Fisher Unwin, 1912), 38.

② Ibid., 236.

③ Roger Casement, "Correspondence respecting the Treatment of British Colonial Subjects and Native Indians Employed in the Collection of Rubber in the Putumayo District," *House of Commons Sessional Papers*, 14 February to March 1913, 68: 66. Hereafter cited as Casement, *Putumayo Report*.

④ Ibid., 92.

⑤ Ibid., 77.

⑥ Brian Inglis, *Roger Casement*(London: Hodder Paperbacks, 1974), 131.

⑦ Bryce in Joseph Froude Woodroffe, *The Rubber Industry of the Amazon*(London: John Bale, 1915), vi.

⑧ Ibid., vi.

⑨ Ibid., xii - xiii.

⑩ Casement, *Putumayo Report*, 62.

⑪ Ibid., 91.

⑫ Jules Crevaux, "Exploracion del Inzá y del Yapura," pp. 231 - 64 in *América pintoresca: descripción de viajes al nuevo continente*(Barcelona: Montaner y Simon, 1884), 240.

⑬ Walter Edmund Roth, "An Introductory Study of the Arts, Crafts, and Customs of the Guiana Indians," pp. 25 - 745 in *The Thirty-eighth Annual Report of the Bureau of American Ethnology: 1916 - 1917*(Washington, D. C.: Government Printing Office, 1924), 633.

⑭ Ibid., 632 - 33.

⑮ Ibid., 632.

⑯ Joaquin Rocha, *Memorandum de un viaje*(Bogotá: Editorial El Mercurio, 1905), 123.

⑰ Ibid., 60.

⑱ Charles C. Eberhardt in U. S. Department of State, *Slavery in Perm*, *Message from the President of the United States*, *Transmitting Report of the Secretary of State*, *with Accompanying Papers concerning the Alleged Existence of Slavery in Peru...* (Washington, D. C.: Government Printing Office, 1913), 112; 另见 Charles C. Eberhardt, "Indians of Peru," *Smithsonian Miscellaneous Collections* 52, no. 1921(1910): 479

194。

⑲ Casement, *Putumayo Report*, 138.

⑳ Ibid., 119.

㉑ Joseph Froude Woodroffe, *The Upper Reaches of the Amazon* (London: Methuen, 1914), 127.

㉒ Ibid., 140.

㉓ Roger Casement, "The Putumayo Indians," *The Contemporary Review* 102 (1912): 326.

㉔ Cristoval de Acuña, *A New Discovery of the Great River of the Amazons* (Madrid: The Royal Press, 1641), trans. and ed. Clements Markham in *Expeditions into the Valley of the Amazons: 1539, 1540, 1639* (London: Hakluyt Society, 1859), 96 - 98.

㉕ Samuel Fritz, *Journal of the Travels and Labours of Father Samuel Fritz in the River of the Amazons between 1686 and 1732*, trans. from the Evora MS by the Reverend Dr. George Edmunson (London: Hakluyt Society, 1922), 2d ser., no. 51.

㉖ Crevaux, "Exploración del Inzá," 262.

㉗ Thomas Wiffen, *The North-West Amazons: Notes of Some Months Spent Among Cannibal Tribes* (London: Constable, 1915), 69.

㉘ Ibid., 63.

㉙ Alfred Simson, *Travels in the Wilds of Ecuador and the Exploration of the Putumayo River* (London: Samson Low, 1886), 209.

㉚ Ibid., 243 - 44.

㉛ Peter Singelton-Gates and Maurice Girodias, *The Black Diaries: An Account of Roger Casement's Life and Times with a Collection of His Diaries and Public Writings* (New York: Grove Press, 1959), 271.

㉜ *House of Commons Sessional Papers*, "Report and Special Report from the Select Committee on Putumayo," 1913, vol. 14, no. 11148, 447. Hereafter cited as *Select Committee*.

㉝ Ibid., no. 111 - 50, 447.

㉞ Casement, *Putumayo Report*, 96.

㊱ Woodroffe, *Upper Reaches*, 90.

㊲ Ibid., 111 - 12.

㊳ Ibid., 141.

㊴ Michel Foucault, *Discipline and Punish*, trans. Alan Sheridan (New York: Vintage, 1979), 27 - 28.

㊵ Rocha, *Memorandum*, 101.

㊶ Ibid., 102.

㊷ Casement, *Putumayo Report*, 49.

㊸ *Select Committee*, nos. 8559 – 8648, 339 – 41.

㊹ Singleton-Gates and Girodias, *The Black Diaries*, 261.

㊺ *Select Committee*, nos. 2809 – 2805, 112 – 13.

㊻ Alberto Gridilla, *Un año en el Putumayo* (Lima: Colección Descalzos, 1943), 29. 480

㊼ Casement, *Putumayo Report*, 50.

㊽ Hardenburg, *The Putumayo*, 218.

㊾ Whiffen, *The North-West Amazons*, 257.

㊿ *Select Committee*, no. 12222, 488.

第 4 章　丛林和野蛮

① *House of Commons Sessional Papers*, "Report and Special Report from the Select Committee on Putumayo," 1913, vol. 14, no. 12848, 510. Hereafter cited as *Select Committee*.

② Ibid., nos. 12881, 12882, 511.

③ Jośe Eustasio Rivera, *La vorágine* (Bogotá: Editorial Pax, 1974), 277, 279; Carlos Fuentes, *La nueva novela hispanoamericana* (México, D. F.: Editorial Joaquin Mortiz, 1969), 10 – 11.

④ Joaquin Rocha, *Memorandum de un viaje* (Bogota: Editorial El Mercurio, 1905), 20.

⑤ Ibid., 29.

⑥ Ibid., 75 – 76.

⑦ Ibid., 127.

⑧ Thomas Whiffen, *The North-West Amazons: Notes of Some Months Spent among Cannibal Tribes* (London: Constable, 1915), 34 – 37.

⑨ Ibid., 14.

⑩ Ibid., 15.

⑪ "The Screenplay," in *Burden of Dreams*, ed. Les Blank and James Bogan (Berkeley: North Atlantic Books, 1984), 57.

⑫ Ibid., 56.

⑬ Whiffen, *The North-West Amazons*, 37.

⑭ Roger Casement, "The Putumayo Indians," *The Contemporary Review* 102 (September 1912): 326.

⑮ Ibid.

⑯ Joseph Conrad, *Heart of Darkness* (Harmondsworth: Penguin, 1973), 9.

⑰ Whiffen, *The North-West Amazons*, 188.

⑱ Gaspar de Pinell, *Excursion apostólica por los ríos Putumayo, San Miguel de Sucumbios, Cuyabueno, Caquetá, y Caguán* (Bogotá: Imprenta Nacional, 1929 [also dated

1928]),156.

⑲ Ibid.,249.

⑳ Ibid.,97.

㉑ Rocha,*Memorandum*,118.

㉒ Francisco Vilanova,"Introduccion,"in *Indios amazónicos*,Francisco de Igualada,Colección Misiones Capuchinas,vol. 6(Barcelona:Imprenta Myria,1948).

㉓ Walter Hardenburg,*The Putumayo: The Devil's Paradise*(London:T. Fisher Unwin,1912),163.

㉔ Pinell,*Excursión Apostólica*,196.

㉕ Roger Casement,"Correspondence respecting the Treatmenent of British Colonial Subjects and Native Indians Employed in the Collection of Rubber in the Putumayo District,"*House of Commons Sessional Papers*,14 February to March 1913,68:40. Hereafter cited as Casement,*Putumayo Report*.

481 ㉖ *Select Committee*,nos. 12941 - 12959,513 - 14.

㉗ Hardenburg,*The Putumayo*,38.

㉘ Casement,*Putumayo Report*,27 - 28.

㉙ Peter Singleton-Gates and Maurice Girodias,*The Black Diaries*(New York:Grove Press,1959),249,251.

㉚ Casement,"The Putumayo Indians," 324 - 25.

㉛ Ibid.,325.

㉜ Ibid.

㉝ Ibid.,327.

㉞ Whiffen,*The North-West Amazons*,257.

㉟ Ibid.,118.

㊱ Ibid.,257.

㊲ Alfred Simson,*Travels in the Wilds of Ecuador and the Exploration of the Putumayo River*(London:Samson Low,1886),233 - 34.

㊳ H. Guillaume,*The Amazon Provinces of Peru as a Field for European Emigration*(London:Wyman,1888),45 - 46.

㊴ Simson,*Travels*,170.

㊵ Ibid.,170 - 71.

㊶ Ibid.,58 - 59.

第5章 奥卡人的形象:乌尔神话和殖民现代主义

① Jonah Raskin,*My Search for B. Traven*(New York:Methuen,1980),153.

② Simson,*Travels in the Wilds of Ecuador and the Exploration of the Putumayo River*(London:Samson Low,1886),3 - 4.

③ Jules Crévaux,"Exploración del Inzá y del Yapura,"pp. 231 - 64 in *America pintoresca:descripcion de viajes al nuevo continente*(Barcelona:Montaner y Simon,1884),255 - 56.

④ Joaquin Rocha,*Memorandum de un viaje*(Bogotá:Editorial El Mercurio,1905),164 - 65.

⑤ Simson,*Travels in the Wilds*,58.

⑥ B. Traven,*March to the Monteria*(London:Allison and Busby,1982),197.

⑦ Simson,*Travels in the Wilds*,166,168.

⑧ Roger Casement,"Correspondence respecting the Treatment of British Colonial Subjects and Native Indians Employed in the Collection of Rubber in the Putumayo District,"*House of Commons Sessional Papers*,14 February 1912 to March 1913,68:45. Hereafter cited as Casement,*Putumayo Report*.

⑨ *Amazonía* (also titled *Amazonía Colombiana Americanista*), published by CILEAC,Sibundoy,Putumayo,Colombia,1944,nos. 4 - 8,p. 35.

⑩ Casement,*Putumayo Report*,56.

⑪ Walter Hardenburg, *The Putumayo: The devil's Paradise* (London: T. Fisher Unwin,1912),226,246.

⑫ Brian Inglis,*Roger Casement*(London:Hodder Paperbacks,1974),409.

13. Gaspar de Pinell,*Un viaje por el Putumayo y el Amazonas:ensayo de navegación*(Bogotá,Imprenta Nacional,1924),39 - 40.

⑭ Casement,*Putumayo Report*,32.

⑮ Rocha,*Memorandum*,124 - 25.

⑯ Casement,*Putumayo Report*,45.

⑰ Rocha,*Memorandum*,25.

⑱ B. Traven,*March to the Monteria*(London:Allison and Busby,1982),118. 482

⑲ Rocha,*Memorandum*,126.

⑳ Casement,*Putumayo Report*,30.

㉑ Konrad Theodor Preuss,*Religion und Mythologie der Uitoto*(Göttingen:Vandenhoeck und Ruprecht,1921),2 vols. ;1:143 - 48;2:672 - 78.

㉒ Benjamin Ypes and Roberto Pineda Camacho,"La rabia de Yarocamena:etnología histórica de una rebeliónindígena en el Amazonas," (Bogotá: mimeograph, October 1984),3 - 4;另见 B. Ypes,*La estatuaria Murui-Muiname:simbolismo de la gente"Huitoto"de la amazoniá colombiana*(Bogotá:Fundación de Investigaciones Arqueologicas Nacionales,Banco de la Republica,1982),19 - 22;Jon Landaburu and Roberto Pineda C. *Tradiciones de la gente del hacha: mitología de los indios andoques del Amazonas*(Bogotá:Instituto Caro y Cuervo and Unesco,1984)。

㉓ Rocha,*Memorandum*,110.

㉔ Gonzalo París Lozano, *Guerrilleros del Tolima*(Bogotá: El Ancora, 1984).

㉕ Rocha, *Memorandum*, 91 - 93.

㉖ Hardenburg, *The Putumayo*, 155.

㉗ Gaspar de Pinell, *Excursion apostolicapor los ríos Putumayo, San Miguel de Sucumbios, Cuyabueno, Caquetá, y Caguán* (Bogotá: Imprenta Nacional, 1929 [also dated1928]), 93 - 95, 120.

㉘ Casement, *Putumayo Report*, 48; Eugenio Robuchon, *En el Putumayo y sus afluentes, ed. Carlos Rey de Castro*(Lima: edición oficial, 1907), 59.

㉙ Susan Sontag, *On Photography*(New York: Delta, 1973); Michel Foucault, *Madness and Civilization*(New York: Mentor, 1967), 202.

㉚ Robuchon, *En el Putumayo*, 83

㉛ Ibid., 82.

㉜ Ibid., 67 - 69.

㉝ Ibid., xvii.

㉞ *House of Commons Sessional Papers*, "Report and Special Report from the Select Committee on Putumayo," 1913, 14; no. 13045, 517. Hereafter cited as *Select Committee*.

㉟ Ibid., nos. 13085 - 13102, 519 - 20.

㊱ Ibid., nos. 13107, 13117, 520 - 21.

㊲ Ibid., no. 5300, 202.

㊳ Rocha, *Memorandum*, 111.

㊴ Traven, *March to the Monteria*, 43.

㊵ Rocha, *Memorandum*, 116 - 17.

㊶ Rómulo Paredes, "Confidential Report to the Ministry of Foreign Relations, Peru," September 1911, translated in U. S. Department of State, *Slavery in Peru, Message from the President of the United States, Transmitting Report of the Secretary of State, with Accompanying Papers concerning the Alleged Existence of Slavery in Peru...* (Washington, D. C.: Government Printing Office, 1913), 146. Paredes's work is magnified in detail in the 400 pages of evidence in Carlos A. Valcárcel, *El proceso del Putumayo y sus secretos inauditos* (Lima: Imprenta "Comercial" de Horacio La Rosa, 1915).

㊷ Paredes, "Confidential Report," 158.

㊸ Ibid., 147.

㊹ Ibid.

483 ㊺ Preuss, *Religion und Mythologie*, 1: 143 - 48; Thomas Whiffen, *The North-West Amazons: Notes of Some Months Spent among Cannibal Tribes* (London: Constable, 1915).

㊻ Whitten, 204.

㊼ Ibid., p. 123.

㊽ Ibid., 204 - 5.

㊾ Casement, *Putumayo Report*, 115.

㊿ Ibid., 118.

51 Ibid., 121 - 22.

52 Ibid., 103.

53 Ibid., 104.

54 Ibid., 103, 104.

55 Rómulo Paredes in Valcárcel, *El proceso del Putumayo*, 143n.

56 Conversation with William Torres, Departamento de Antropología, Universidad Nacional, Bogotá, Colombia; also see Benjamin Ypes, *La estatuaria Murui-Muinane: símbolismo de la gente "Huitoto" de la amazonia colombiana* (Bogotá: Fundación de Investigaciones Arqueológicas Nacionales, Banco de la Republica, 1982), 18 - 22; Ypes and Pineda Camacho, "La rabia de Yarocamena."

第 6 章　殖民生产镜

① Joseph Conrad, *Heart of Darkness* (Harmondsworth, Middlesex: Penguin, 1973), 8.

② Bertolt Brecht, "Die Ängste des Regimes," in *Bertolt Brecht: Plays, Poems, and Prose*, ed. John Willett and Ralph Manheim (New York: Methuen, 1976), 296 - 298. Compare with Aryeh Neier's review in the *New York Review of Books* (10 April 1986, p. 3) of Christopher Dickey's book *With the Contras: A Reporter in the Wilds of Nicaragua* (New York: Simon and Schuster, 1986): "在战争[里根支持的反政府武装对抗桑地诺民族解放阵线(Sandinistas)]初期，大多行动都与一位被称为'自杀者'的敢于冒险的反政府武装首领有关……1982—1983 年间的大多反政府武装重击均出自他的手笔。同一些前国民警卫队的同事一道，他帮助建立了反政府武装的残暴形象。此残暴行径开始是针对桑地诺民族解放阵线，后来也用以内斗，最终把他自己拉下马，反政府武装领导班子于 1983 年将其处死。为了在不禁止这种残暴行径的情况下对其进行控制，美国中央情报局编制了其臭名昭著的手册《游击战中的心理战》。"迪基的一位反政府武装线人谈到这种残暴行径时称，"人们学习并爱上杀戮……在这里，虚幻和现实是一样的"。(p. 16)。

③ Bertolt Brecht, "*Die Ängste des Regimes*," 298.

④ Guillaume Apollinaire, "Zone," in *Selected Writings of Guillaume Apollinaire*, translated and with a critical introduction by Roger Shattuck (New York: New Directions, 1971), 117 - 27.

⑤ Roberto Pineda Camacho, "El sendero del arco iris: notas sobre el simbolism de los negocios en una comunidad amazónica," *Revista Colombiana de Antropología* 22 (1979):29 - 58.

⑥ 见第5章第56条。

484 **第7章 关于幸运和不幸的案例**

① Alonso de la Peña Montenegro(Obispo del Obispado de San Francisco de Quito), *Itinerario para párocos de indios* (Madrid: Oficina de Padre Marin, 1771 ; first pub. 1668), 223.

② Ibid., 185.

③ Ibid., 191.

④ Frank Salomon, "Shamanism and Politics in Late-Colonial Ecuador," *American Ethnologist* 10, no. 3(1983):413 - 28.

⑤ Hermillio Valdizán and Angel Maldonando, *La medicina popular peruana*, 3 vols. (Lima: Imprenta Torres Aguirre, 1922), 1:18.

第8章 魔幻现实主义

① Alejo Carpentier, *El Reino de este mundo* (Argentina: Editorial América Nueva, 1974), 12 - 14.

② Ernst Bloch, "Nonsynchronism and the Obligation to Its Dialectics," *New German Critique* 11(Spring 1977):22 - 38. 也可参见同一期中 Ansom Rabinbach 的评论, "Unclaimed Heritage: Ernst Bloch's *Heritage of Our Times* and the Theory of Facism," 5 - 21; Susan Buck-Morss, "Benjamin's *Passagenwerk*," *New German Critique* 29 (Spring-Summer 1983):211 - 40。

③ Walter Benjamin, "Theses on the Philosophy of History," in *Illuminations*, trans. Harry Zohn, ed. Hannah Arendt(New York: Schocken, 1969), 253.

④ Walter Benjamin, "Paris—Capital of the Nineteenth Century," in *Charles Baudelaire: A Lyric Poet in the Era of High Capitalism*, 155 - 76(London: New Left Books, 1973), 159.

⑤ Susan Buck-Morss, "Walter Benjamin—Revolutionary Writer, Part 1, *New Left Review* 128(July-August, 1981):50 - 75.

第9章 三股势力:种族的魔法

① Walter Benjamin, "The Storyteller: Reflections on the Work of Nikolai Leskov," in *Illuminations*, trans. Harry Zohn, ed. Hannah Arendt(New York: Schocken, 1969), 83 - 110.

② Chris Gerry and Chris Birkbeck, "The Petty Commodity Producer in Third World Cities: Petit Bourgeois or 'Disguised Proletarian?'" in *The Petite Bourgeoisie:*

Comparative Studies of the Uneasy Stratum, ed. Frank Bechhofer and Brian Elliott (London:Macmillan,1981),149－50.

第10章　森林里的野女人变成救赎圣母

① Richard Wolin,*Walter Benjamin:An Aesthetic of Redemption*(New York:Columbia University Press,1982),49.

② Walter Benjamin,"Theses on the Philosophy of History," in *Illuminations*, trans. Harry Zohn,ed. Hannah Arendt(New York:Schocken,1969),261.

③ Ibid.,262－63.

④ Donald Attwater,*A Dictionary of the Saints*(London:Burns,Oates,1948).

第11章　野蛮

① Hugh Honour,*The New Golden Land:Images of America from the Discoveries to the Present Time*(New York:Pantheon,1975),53.

② Richard Comstock,"On Seeing with the Eye of the Native European," *Seeing with a Native Eye*, ed. Walter H. Capps(New York:Harper & Row,1976),62.

③ Lewis O. Saum,*The Fur Trader and the Indian*(Seattle and London:University 485
of Washington Press,1965),xi.

④ John Block Friedman,*The Monstrous Races in Medieval Thought and Art*(Cambridge,Mass.,and London:Harvard University Press,1981),197.

⑤ Samuel Morison,*Admiral of the Ocean Sea:A Life of Christopher Columbus*(Boston:Little,Brown,1942),1:123.

⑥ Rudolf Wittkower,"Marvels of the East:A Study in the History of Monsters," *Journal of the Warburg and Cortauld Institute*,5(1942):197.

⑦ Richard Bernheimer,*Wild Men of the Middle Ages*(Cambridge,Mass. :Harvard University Press,1952),21－26.

⑧ Timothy Husband(with the assistance of Gloria Gilmore-House), *The Wild Man:Medieval Myth and Symbolism*(New York:The Metropolitan Museum of Art,1980),51－58.

⑨ Bronislaw Malinowski,*The Sexual Life of Savages in North Western Melanesia*(New York:Harcourt Brace,1929),199.

⑩ Mary Cathleen Flannery,*Yeats and Magic:The Earlier Works*, Irish Literary Studies 2(New York:Barnes and Noble,1977),129－30.

⑪ Margaret T. Hodgen, *Early Anthropology in the Sixteenth and Seventeenth Centuries*(Philadelphia:University of Pennsylvania Press,1964),133,279,412－13.

⑫ Joseph Conrad,*Heart of Darkness*(Harmondswoth,Middlesex:Penguin Books,1973),51.

⑬ Edmund Burnett Tylor, *Primitive Culture* (New York: Harper, 1958), 1: 113.

⑭ Ibid.

⑮ Kenneth M. Bilby, "Partisan Spirits: Ritual Interaction and Maroon Identity in Eastern Jamaica," M. A. thesis (unpublished), Wesleyan University, 1979.

⑯ Fernando Ortiz Fernández, *Hampa afro-cubana: los negros bros; apuntes para un estudio de etnología criminal, con una carta prólogo de Lombroso* (Madrid: Editorial América, 1917), 286 - 88.

⑰ Alfred Métraux, *Voodoo in Haiti*, trans. Hugo Charteris (New York: Oxford University Press, 1959), 15.

⑱ Henry Charles Lea, *The Inquisition of the Spanish Dependencies* (New York: Macmillan, 1908), 456.

⑲ Lea, *The Inquisition*; Manuel Tejado Fernández, *Aspectos de la vida social en Cartagena de Indias durante el seiscientos*, no. 87 (Seville: Escuela de Estudios Hispano-Americanos de Sevilla, 1954); Alonso de Sandoval, *De Instauranda Aethiopium Salute: El mundo de la esclavitud negra en América* (Bogotá: Empresa acional de Publicaciones, 1956 [first pub. 1627]); Maria del Carmen Borrego Pla, *Palenques de negros en Cartagena de Indias a fines del siglo XVII*, no. 216 (Seville: Escuela Estudios Hispanoamericanos de Sevilla, 1973); José Toribio Medina, *La inquisición en Cartagena de Indias* (Bogotá: Carlos Valencia, 1978).

⑳ José de Acosta, *The Natural and Moral History of the Indies*, trans. E. Grimston (London: Hakluyt Society, 1880), 1: 259.

㉑ Lea, *The Inquisition*, 463 - 65.

㉒ Bernheimer, *The Wild Man*, 19 - 20.

㉓ Bruce Kapferer, *A Celebration of Demons: Exorcism and the Aesthetics of Healing in Sri Lanka* (Bloomington: Indiana University Press), 1.

㉔ Bernheimer, *The Wild Man*, 44.

486 **第 12 章 印第安人的脂肪**

① Adolph F. Bandelier, *The Islands of Titicaca and Koati* (New York: Hispani Society of America, 1910), 104.

② Ibid., 104 - 6.

③ Ibid., 105.

④ G. M. Wrigley, "The Travelling Doctors of the Andes: The Callahuayas of Bolivia," *The Geographical Review* 4 (July-December 1917), 183.

⑤ Ibid., 195.

⑥ Ibid., 192.

⑦ Clements R. Markham, *Peruvian Bark: A Popular Account of the Introduction of Chinchona Cultivation into British India* (London:J. Murray,1880),163.

⑧ Ibid.,163 - 64.

⑨ Johann Jakob von Tschudi, *Travels in Peru during the Years 1838 -1842*, trans. T. Ross(New York:Putnam,1852),281.

⑩ Ibid.,327.

⑪ Garcilaso de la Vega, El Inca, *Royal Commentaries of the Incas*, trans. Harold Livermore(Austin and London: University of Texas Press,1966 [vol. 1 first published 1609]),1:438.

⑫ Ibid.,444.

⑬ Jose de Acosta, *The Natural and Moral History of the Indies*, trans. Clements Markham(London:The Hakluyt Society,1880),2:530.

⑭ Wrigley,"The Travelling Doctors of the Andes,"195.

⑮ Ibid.

⑯ Robert Hertz,"The Pre-Eminence of the Right Hand:A Study in Religious Polarity,"pp. 89 - 113 in *Death and the Right Hand*, trans. Rodney and Claudia Needham (Aberdeen:Cohen and West,1960),96.

⑰ Georges Bataille, *Visions of Excess: Selected Writings, 1927 - 1939*, edited and with an introduction by Alan Stoekl(Minneapolis:University of Minnesota Press,1985), 32 - 44.

⑱ Robert Randall, "Qoyllur Rit'i, An Inca Fiesta of the Pleiades: Reflections on Time and Space in the Andean World," *Bulletin de l'institute Français des Etudes Andines* 11,nos. 1 - 2(1982):37 - 38.

⑲ Ibid.,46.

⑳ Ibid.,52.

㉑ Ibid.,54.

㉒ José María Arguedas, *Deep Rivers*, trans. Frances Barraclough(Austin:University of Texas Press,1978),159.

㉓ Frank L. Salomon,"Killing the Yumbo:A Ritual Drama of Northern Quito,"in *Cultural Transformations and Ethnicity in Modern Ecuador*, Ed. Norman E. Whitten Jr. (Urbana:University of Illinois Press,1981),162 - 208.

㉔ Ibid.,171.

㉕ Ibid.,188.

㉖ Ibid.,163.

㉗ Walter Benjamin,"Some Motifs in Baudelaire,"in *Charles Baudelaire: A Lyric Poet in the Era of High Capitalism* (London:New Left Books,1973),131.

㉘ S. Henry Wassén,"A Medicine-Man's Implements and Plants in A Tiahuanacoid Tomb in Highland Bolivia,"*Etnologiska Studier* 32(1972):1 - 196.

487 ㉙ Frank L. Salomon,"Ethnic Lords of Quito in the Age of the Incas:The Political Economy of North Andean Chiefdoms,"unpublished Ph. D. dissertation,Cornell University,1978,pp. 163 - 64.

㉚ Ibid.,195.

㉛ Bernal Díaz del Castillo,*Historia verdadera de la conquista de la Nueva España* (México,D. F. :Editorial Pórrua,1969),51,100.

㉜ R. B. Cunninghame Graham,*Hernando de Soto*(London:Heineman,1912),42. Cunninghame Graham refers to Antonio de Herrera y Tordesillas,as does Morote Best (see below),*Historia general de los hechos de los castellanos en las islasi tierra firme del mar oceano*,first published in the years 1601 - 1615 in four volumes.

㉝ Cristobál de Molina(de Cuzco),*Relación de las fábulas y ritos de las incas*(Buenos Aires:Editorial Futuro,1947),144.

㉞ Efrain Morote Best,"El degollador(nakaq)," *Tradición: revista peruana de ultura* 11,no. 2,year 2(September 1951-January 1952):67 - 91.

㉟ Anthony Oliver-Smith,"The *Pishtaco*:Institutionalized Fear in Highland Peru," *Journal of American Folklore* 82,no. 326(October-December 1969):363 - 68.

㊱ José María Arguedas,"Puquio,una cultura en proceso de cambio. La religión local,"in *Formación de una cultura nacional indoamericana*(México DF. :Siglo Veintíuno,1975),34 - 79.

第 15 章 "麦基亚"之书

① B. Traven,*The Rebellion of the Hanged*(New York:Hill and Wang,1952),203 - 4. This extract comes from Jonah Raskin,*My Search for B. Traven*(New York: Methuen,1980),167.

② Jean Langdon. "The Siona Medical System:Beliefs and Behaviour,"unpublished Ph. D. dissertation,Tulane University,148.

③ Marcelino de Castellvi,cited in Fancisco de Igualada,*Indios amazónicas*(Barcelona:Imprenta Myria,1948),206 - 8.

④ Damián de Odena,"Presentación,"in Jacinto María de Quito,*Historia de la fundacion del pueblo de San Francisco en el valle del Sibundoy*(Sibundoy,Putumayo: CILEAC),v.

第 16 章 污秽和现代的魔法

① Walter Benjamin,"Paris—Capital of the Nineteenth Century,"pp. 155 - 76 in his book *Charles Baudelaire:A Lyric Poet in the Era of High Capitalism*(London:New Left Books,1973),159. For an extraordinarily stimulating commentary on this text,utilizing previously unpublished notes by Benjamin that went into his *Passagen-Werk*(now published,in German,in 1982),参见 Susan Buck-Morss,“Benjamin's Passagen-Werk: Redeeming Mass Culture for the Revolution,”*New German Critique* 29(Spring-Summer 1983),211 - 40。

第 18 章　于印第安人的背上:安第斯山的道德地貌及其征服

① 此处插图题为“痛苦攀爬”,出自 *Le Tour du Monde: Nouveau Journal des Voyages*(“illustré par nos plus célèbres artistes”)38(1879):363,由艺术家梅拉德[Maillard](他同样擅长描绘非洲[“那神秘的大陆”]、大洋洲、俄国、暹罗)在哥伦比亚期间创作。事实上,由于他使用完全相同的方法展现第三世界的异国风情,区别他笔下的这些社会、地域并不容易。题为“痛苦攀爬”的这幅版画作品(以那条小径的当地名称命名)以 488
1876 年法国探险家爱德华·安德烈的素描为基础,描绘了他从哥伦比亚巴瓦科阿斯(Barbacoas)向上攀爬的景象。此处与莫科阿大约位于同一纬度,但在山脉的另一边(更靠近太平洋)。

② Gwynn Williams,“The Concept of ‘Egemonia’ in the Thought of Antonio Gramsci:Some Notes of Interpretation,”*Journal of the History of Ideas* 21(1960):586 - 99;Michel Foucault,“Truth and Power,”in *Power/Knowledge: Selected Interviews and Other Writings*,1972 - 1977,ed. Colin Gordon(New York:Pantheon,1980),118.

③ Raymond Williams,*Marxism and Literature*(Oxford:Oxford University Press,1977),121 - 35;see also his *Politics and Letters: Interviews with New Left Review*(London:New Left Books,1979),156 - 61.

④ Ernest J. Becker,*A Contribution to the Comparative Study of the Medieval Visions of Heaven and Hell with Special Reference to the Middle English Versions*(Baltimore:John Murphy,1899),4.

⑤ J. H. Parry,*The Discovery of South America*(London:Paul Elek,1979),223.

⑥ Ibid.,231 - 32.

⑦ Ibid.,232.

⑧ Ibid.,232 - 33.

⑨ Ibid.,233.

⑩ Joaquín Tamayo,“Don Gonzalo Ximénez de Quesada,”*Boletín de história y antiquedades* [Bogotá] 25,nos. 285 - 86(1938):468 - 69.

⑪ Ibid.,470 - 71.

⑫ Tamayo,475.

⑬ John Hemming,*The Search for El Dorado*(London:Michael Joseph,1978),128 - 32.

⑭ Alexander von Humboldt,*Views of Nature; or Contemplations on the Sublime Phenomena of Creation; with Scientific Illustrations*(London: Henry G. Bohn,1850),398.

⑮ Hermann Trimborn,*Serorio y barbarie en el valle del Cauca*(Madrid:Instituto

Gonzalo Fernández de Oviedo, 1949).

⑯ Robert Cooper West, *Colonial Placer Mining in Western Colombia* (Baton Rouge: Louisiana State University Press, 1952), 126.

⑰ Ibid., 127.

⑱ Sergio Arboleda, *La republica en américa española* (Bogotá: Biblioteca Banco Popular, 1972), 328.

⑲ Charles Empson, *Narratives of South America; Illustrating Manners, Customs, and Scenery; Containing Also Numerous Facts in Natural History collected During a Four Years Residence in Tropical Regions* (London: W. Edwards, 1836), 45 - 52.

⑳ Charles Stuart Cochrane, *Journal of a Residence and Travels in Colombia During the Years of 1823 and 1824* (London: Colburn, 1825), 2: 81 - 84.

㉑ John Potter Hamilton, *Travels through the Interior Provinces of Colombia* (London: J. Murray, 1827), 1: 73 - 74.

㉒ Ibid., 2: 210.

㉓ Cochrane, *Journal* 2: 356.

489 ㉔ Isaac Holton, *New Granada: Twenty Months in the Andes* (New York: Harper, 1857), 365.

㉕ Ibid., 84 - 85.

㉖ Cochrane, *Journal* 2: 402.

㉗ Ibid., 2: 414 - 15.

㉘ Holton, *New Granada*, 292.

㉙ Arthur Clifford Veatch, *Quito to Bogota* (New York: George H. Doran, 1917), 202, 204.

㉚ Manuel Alvis, "The Indians of Andaqui, New Granada: Notes of a Traveller," published by José María Vergara y Vergara and Evaristo Delgado, Popayán, 1855, *American Ethnological Society* 1(1860 - 61): 53.

㉛ Ibid., 63.

㉜ Ibid., 61.

㉝ Edouard André, "América Equinoccial," pp. 477 - 859 in *América pintoresca; descripción de viajes al nuevo continente* (Barcelona: Montaner y Simon, 1884), 754 - 62.

㉞ Benigno de Canet de Mar, *Relaciónes interesantes y datos hístoricos sobre las misiones católica del Caquetá y Putumayo desde el año* 1632 *hasta el presente* (Bogotá: Imprenta Nacional, 1924), 276.

㉟ Ibid., 118 - 19; also Gaspar de Pinell, *Excursión apostólica por los ríos Putumayo, San Miguel de Sucumbios, Cuyabeno, Caquetá, y Caguán* (Bogotá: Imprenta Nacional, 1928 [also dated 1929]), 304 - 9.

㊱ *Misiones Católicas de Putumayo: documentos oficiales relativos a esta comisaría*,

Edición Oficial Ilustrada(Bogotá:Imprenta Nacional,1913),end plates.

㊲ Las misiones en Colombia,*Obra de los misioneros capuchinós de la delegación apostólica del gobierno y de la junta arquidiocesana nacional en el Caquetá y Putumayo*(Bogotá:Imprenta de la Cruzada,1912),23.

㊳ Ibid.,111.

㊴ Ibid.,116－17.

㊵ Ibid.,117.

㊶ Damián de Odena(director de CILEAC y del Párroco de San Francisco) "Presentación,"in Jacinto María de Quito,*Historia de la fundación del pueblo de San Francisco en el valle del Sibundoy*(Sibundoy,Putumayo,Colombia:CILEAC,1952),vi.

㊷ Las misiones en Colombia,119.

㊸ Ibid.,120.

㊹ Ibid.,121.

㊺ *Misiones Católica*,end plates.

㊻ Las misiones en Colombia,121.

㊼ Leonidas Medina(bishop of Pasto),*Conferencia sobre las misiones del Caquetá y Putumayo dictada en la Basilica de de Bogotá el 12 de octubre de 1914*(Bogotá:Imprenta de San Bernardo-atrio de la catedral,1914).

㊽ Victor Daniel Bonilla,*Servants of God or Masters of Men? The Story of a Capuchin Mission in Amazonia*(Harmondsworth:Penguin,1972),92.

㊾ Benigno de Canet de Mar,*Relaciónes interesantes*,52.

㊿ CILEAC(Centro de Investigaciones Linguísticas y Etnográficas de la Amazonía Colombiana),*Amazonía colombiana américanist* 1,nos. 2 and 3(1940):29.

51 Jean Langdon,"The Siona Medical System:Beliefs and Behavior,"(unpublished 490
Ph. D. dissertation,Tulane University,1974),169－87.

52 Francisco de Igualada,*Indios amazónicos*(Barcelona:Imprenta Myra,1948),202.

53 Bertolt Brecht,"Theatre for Pleasure or Theatre for Instruction,"*Brecht on Theatre:The Development of an Aesthetic*,John Willett ed. and trans.(New York:Hill and Wang,1964),70.

54 Alejo Carpentier,*The Lost Steps*(first published in Spanish in 1953),Harriet de Onis(New York:Knopf,1974),184.

55 Hans Richter,*Dada:Art and Anti-Art*(London:Thames and Hudson,1965),41.

56 Miguel Triana,*Por el sur de Colombia:excursion pintoresca y cientifica al Putumayo*,Prologo de Santiago Pérez Triana(Bogotá:Biblioteca Popular de Cultura Colombiana,1950).

57 Ibid.,Prólogo,22.

㊽ Ibid.,355 - 56.

㊾ Ibid.,337 - 39.

第24章 作为妖术的历史

① Roland Barthes, "The Third Meaning." in *Image, Music, Text*, trans. Stephen Heath(New York:Hill and Wang,1977),54 - 55.

② Walter Benjamin, "Theses on the Philosophy of History," in *Illuminations*, trans. Harry Zohn,ed. Hannah Arendt(New York:Schocken,1969). 253 - 64.

③ Silvia Bovenschen, "The Contemporary Witch, the Historical Witch and the Witch Myth:The Witch Subject of the Appropriation of Nature and Object of the Domination of Nature,"*New German Critique* 15(Fall 1978):83 - 119.

④ Benjamin,"Theses,"254.

⑤ Ibid.,255.

⑥ Walter Benjamin,"One Way Street,"in Reflections,ed. and intro. Peter Demetz, trans. E. Jephcott(New York and London:Harcourt Brace Jovanovich,1978). 63.

⑦ F. Gary Smith,"The Images of Philosophy:Editor's Introduction," *The Philosophical Forum* 15(Fall-Winter I 983 - 84):iii.

⑧ From "Konvolut N"of the Passagen-Werk,here entitled"Theoretics of Knowledge,"Theory of Progress,*The Philosophical Forum* 15(Fall-Winter 1983 - 84):21.

⑨ T. W. Adorno,"Benjamins Einbahnstrasse,"in *Über Walter Benjamin*(Frankfurt am Main:Suhrkamp Verlag,1970),53,cited in Richard Wolin. *Walter Benjamin: An Aesthetic of Redemption*(New York:Columbia University Press,1982),125.

⑩ Stanley Mitchell,introduction in Walter Benjamin,*Understanding Brecht*, trans. Anna Bostock(London:New Left Books,1973),xii.

⑪ Benjamin,"Theoretics of Knowledge,Theory of Progress,"6.

⑫ Benjamin,"One Way Street,"61.

⑬ Benjamin,"Theses,"255.

⑭ Haydée Seijas,"The Medical System of the Sibundoy Indians of Colombia,"unpublished Ph. D. dissertation,Tulane University,1969,p. 124.

⑮ Ibid.,178.

⑯ Ibid.,179.

491 ⑰ Robert Hertz, "The Collective Representations of Death," in *Deaih and the Right Hand*, trans. Rodney Needham and Claudia Needham(Aberdeen:Cohen and West, 1960),78.

⑱ Ibid.,86.

⑲ Seijas,"The Medical System,"122.

⑳ Gonzalo Fernández de Oviedo y Valdes, *Historia general y natural de las indias*,

Biblioteca de Autores Españoles, 5 vols. (Madrid: Ediciones Atlas, 1959), vol. 1, book 5, chap. 1, pp. 112 - 13.

㉑ Alonso de la Peña Montenegro (Obispo del Obispado de San Francisco de Quito), *Itinerario para párocos de indios* (Madrid: Oficina de Padre Marin, 1771 [first pub. 1668]), 185. On shaman-led uprisings in the montaña region during the sixteenth century see José Rumazo González, La *región amazónica del Ecuador en el siglo XVI* (Seville: Escuela de Estudios Hispano-Americanos de Sevilla, 1946).

㉒ Peña Montenegro, *Itinerario*, 171.

㉓ Ibid., 191.

㉔ Milciades Chaves, "Mitica de los Siona del Alto Putumayo," in *Miscellanea Paul Rivet*, ed. Santiago Genoves (México, D. F., 1958), 131 - 32.

㉕ Gaspar de Pinell, *Excursión apostólica por los rios Putumayo, San Miguel de Sucumbios, Cuyabeno, Caquetá y Caguán* (Bogotá: Imprenta Nacional, 1928 [also dated 1929]), 7.

㉖ Ibid., 101 - 2.

㉗ Ibid., 291.

㉘ Ibid.

㉙ Ibid., 93 - 95, 104, 120.

㉚ Ibid., 94.

㉛ Ibid.

㉜ Ibid., 95.

㉝ Benigno de Canet de Mar, *Relaciones interesantes y datos históricos sobre las misiones católicas del Caquetá y Putumayo desde el ano 1632 hasta el presente* (Bogotá: Imprenta Nacional. 1924), 32 - 33.

㉞ Gaspar de Pinell, *Excursión apostólica*, 95.

㉟ Claude Lévi-Strauss, "The Effectiveness of Symbols," in *Structural Anihropology*, trans. Claire Jacobson and Brooke Grundfest Schoepf (Garden City, N. Y.: Doubleday, 1967), 181 - 201.

㊱ Roland Barthes, "The Third Meaning," 54 - 55.

第 25 章　嫉妒与内隐的社会知识

① Irving Goldman, *The Cubeo: Indians of the Northwest Amazon* (Urbana: University of Illinois Press, 1963), 211.

第 27 章　蒙太奇

① Victor Turner and Edith Turner, *Image and Pilgrimage in Christian Culture: Anthropological Perspectives* (New York: Columbia Unibersity Press, 1978), 254 - 55.

② Antonin Artaud, *The Theater and Its Double*, trans. Mary C. Richards (New York: Grove Press, 1959), 61.

③ Sally Falk Moore and Barabara Myerhoff, eds., *Secular Ritual* (Amsterdam: Van
492 Gorcum, Assen, 1977), 3 - 24.

④ Bruce Kapferer, *A Celebraiion of Demons: Exorcism and the Aesthetics of Healing in Sri Lanka* (Bloomington: Indiana University Press, 1983), 1.

⑤ Artaud, *The Theater and its Double*, 91.

⑥ Walter Benjamin, *Understanding Brecht* (London: New Left Books, 1973), 8.

⑦ Stanley Mitchell. "Introduction," in Walter Benjamin, *Understanding Brecht*. xi-ii.

⑧ Benjamin, *Understanding Brecht*, 8. 参照雷蒙德·威廉姆斯对戏剧表现形式的"象征性"和"虚拟性"的比较;这是他在布雷赫特的意图中发现的将主观存在实验性地看作"好像"和"也许"的语气;Raymond Williams, *Politics and Letters: Interviews with New Left Review* (London: New Left Books, 1979), 218; and also his *Modern Tragedy* (Stanford: Stanford University Press. 1966). 190 - 204。

第28章　成为一名治疗师

1. Henry Munn. "The Mushrooms of Language," in Michael Harner. ed., *Halucinogens and Shamanism* (London. Oxford. New York: Oxford University Press, 1973), 86 - 122.

② Claude Lévi-Strauss, "The Sorcerer and His Magic" and "The Effectiveness of Symbols", in *Structural Anthropology* (Garden City, N. Y.: Doubleday. 1967), 161 - 201.

③ Immanuel Kant, *Critique of Pure Reoson*, trans. Norman Kemp Smith (New York: St. Martin's Press, 1965), 183.

④ E. E. Evans-Pritchard, *Witchcraft, Oracles and Magic among the Azande* (Oxford: The Clarendon Press, 1937); see esp. 63 - 117.

⑤ Ibid., 35 - 36. 克利福德·格尔茨(Clifford Geertz)最近发表了一篇精彩而有趣的文章,其中他探讨了一个与此相关的观点。格尔茨认为,埃文思-普里查德的实在论的明晰完全依赖于对一种基调或情绪的构建,就像它依赖于概念论证一样。而且更重要的是,这种现实主义的明晰在尝试掩盖民族志不可能存在于写作和表达之外这一事实时,是具有高度两面性的。风格不仅仅是装饰,也是内容。格尔茨作出了必要的政治观察,这种明晰风格的一个影响是,它不仅简化了相互矛盾的现实,而且"证明我们本能所依赖的既定的社会认知框架,完全适用于由幻灯片转换成的任何奇异画面"。他在书中写道,埃文思-普里查德的"殖民心态"对今天的我们来说已经不重要了,不过格尔茨教授的观点在我看来不太合理。"让他(原文如此)这位摆脱了时代想象力的人投下第一颗石子吧。"这种唯社会论不仅表现为埃文思-普里查德被指责的那样——通过双重明晰进行简化,而且完全忽略了从埃文思-普里查德的童年开始,到可确定的关于阿赞德

人魔法的著作写作时间为止，在英国有一场声势浩大的反帝国主义运动，尤其是在作家和知识分子之中。例如，伦纳德·沃尔夫（Leonard Wolf）和乔治·奥威尔（George Orwell），或者埃德蒙·莫雷尔（Edmund Morel）和康拉德本人这样的“非洲主义者”们。这些人是否摆脱了他们时代的想象？参见 Clifford Geertz，“Slide Show：Evans-Pritchard's African Transparencies，”*Raritan* 3，no. 2（Fall 1983）：62－80.

⑥ Roland Barthes.“The Third Meaning，”in *Image, Music, Text*，trans. Stephen Heath（New York：Hill and Wang，1977），54－55.

⑦ Walter Benjamin，“These on the Philosophy of History，”in *Illuminations*，trans. Harry Zohn，edited by Hannah Arendt（New York：Schockcn，1969），257.

⑧ Bertolt Brecht，*The Exception and the Rule*，trans. Eric Bentley in *The Jewish Wife and Other Short Plays*（New York. Grove Press，1965），111.

参考文献

Acosta, José de. *The Natural and Moral History of the Indies*. [First published 1588.] Reprinted from the English edition, 1604. Translated by Edward Grimston. Edited by C. R. Markham. 2 vols. London: Hakluyt Society, 1880.

Acuña, Cristóval de. *A New Discovery of the Great River of the Amazons*. [First published Madrid, 1641.] Translated and edited by Clements Markham in *Expeditions into the Valley of the Amazons: 1539, 1540, 1639*. London: Hakluyt Society, 1859.

Alvis, Manuel. "The Indians of Andaqui, New Granada." [Notes of a Traveler; published by José María Vergara y Vergara and Evaristo Delgado, Popayán, 1855.] *Journal of the American Ethnological Society* 1 (1860–61):53–72.

André, Edouard. "América Equinoccial." In *América pintoresca: descripción de viajes al nuevo continente*. pp. 477–859. Barcelona: Montaner y Simon, 1884.

Arboledo, Sergio. *La republica en américa española*. Bogotá: Biblioteca Banco Popular, 1972.

Arguedas, José María. "Puquio, una cultura en proceso de cambio. La religión local." In *Formación de una cultura nacional indoamericana*, pp. 34–79. México, D. F.: Siglo Veintiuno, 1975.

———. *Deep Rivers*. Translated by Frances Barraclough. Austin: University of Texas Press, 1978.

Artaud, Antonin. *The Theater and Its Double*. Translated by M. C. Richards. New York: Grove Press, 1958.

Asturias, Miguel Angel. *El señor presidente*. Translated by F. Partridge. New York: Atheneum, 1982.

Attwater, Donald. *A Dictionary of the Saints*. 2d ed. London: Burns, Oates, etc., 1948.

Ball, Hugo. *Flight out of Time*. Edited and with an introduction by John Elderfield. Translated by Ann Raimes. New York: Viking Press, 1974.

Bandelier, Adolph F. *The Islands of Titicaca and Koati*. New York: Hispanic Society of America, 1910.

Barthes, Roland. "The Third Meaning: Research Notes on Some Eisenstein Stills." In *Image, Music, Text*, translated by Stephen Heath, pp. 52–68. New York: Hill and Wang, 1977.

Bataille, Georges. *Visions of Excess: Selected Writings, 1927–1939*. Edited and with an introduction by Allan Stoekl. Minneapolis: University of Minnesota Press, 1985.

Becker, Ernest J. *A Contribution to the Comparative Study of the Medieval Visions of Heaven and Hell with Special Reference to the Middle English Versions*. Baltimore: John Murphy, 1899.

Benjamin, Walter. "The Storyteller: Reflections on the Work of Nikolai Leskov" and "Thesis on the Philosophy of History." In *Illuminations,* edited by Hannah Ardent. Translated by Harry Zohn, pp. 83–100 and 253–64. New York: Schocken, 1969.

———. "One Way Street." In *One Way Street and Other Writings,* translated by Edward Jephcott and K. Shorter, pp. 45–106. London: New Left Books, 1979.

———. *Understanding Brecht.* Translated by Anna Bostock. London: New Left Books, 1973.

———. "Surrealism: The Last Snapshot of the European Intelligentsia." In *Reflections,* edited by Peter Demetz. Translated by Edmund Jephcott, pp. 177–92. New York and London: Harcourt Brace Jovanovitch, 1979.

Bernheimer, Richard. *Wild Men of the Middle Ages.* Cambridge, Mass.: Harvard University Press, 1952.

Bilby, Kenneth M. "Partisan Spirits: Ritual Interaction and Maroon Identity in Eastern Jamica." M.A. thesis (unpublished), Wesleyan University, 1979.

Brecht, Bertolt. "Theatre for Pleasure or Theatre for Instruction." In *Brecht on Theatre: The Development of an Aesthetic,* edited and translated by John Willett, pp. 69–76. New York: Hill and Wang, 1964.

Bonilla, Victor Daniel. *Servants of God or Masters of Men? The Story of a Capuchin Mission in Amazonia.* Harmondsworth: Penguin, 1972.

Borrego Pla, María del Carmen. *Palenques de negros en Cartagena de Indias a fines del siglo XVII.* No. 216. Seville: Escuela de Estudios Hispano-Americanos de Sevilla, 1973.

Bovenschen, Silvia. "The Contemporary Witch, the Historical Witch and the Witch Myth: The Witch Subject of the Appropriation of Nature and Object of the Domination of Nature." *New German Critique* 15 (1978):83–119.

Buck-Morss, Susan. "Benjamin's Passagenwerk." *New German Critique* 29 (Spring–Summer 1983): 211–40.

———. "Walter Benjamin—Revolutionary Writer, Part 1." *New Left Review* 128 (July–August 1981): 50–75.

Burroughs, William, and Allen Ginsberg. *The Yage Letters.* San Francisco: City Lights Books, 1963.

Camacho, Roberto Pineda. "El sendero del arco iris: notas sobre el simbolismo de los negocios en una comunidad amazónica." *Revista Colombiana de Antropología* 22 (1979):29–58.

Canet de Mar, Benigno de. *Relaciones interesantes y datos históricos sobre las misiones católicas del Caquetá y Putumayo desde el año 1632 hasta el presente.* Bogotá: Imprenta Nacional, 1924.

Carpentier, Alejo. *The Lost Steps.* Translated by Harriet de Onis. New York: Knopf, 1974.

Casement, Roger. "The Putumayo Indians." *The Contemporary Review* 102 (1912):317–28.

———."Correspondence Respecting the Subjects and Native Indians Employed in the Collection of Rubber in the Putumayo Districts." *House of Commons Sessional Papers* 68 (14 February 1912–March 1913): 1–65.

Chatwin, Bruce. *In Patagonia.* New York: Summit, 1977.

Chaves, Milciades. "Mitica de los Siona del Alto Putumavo. In *Miscellanea Paul Rivet,* edited by Santiago Genoves. Universidad Nacional Autónoma de México, 2:121–51.

CILEAC [Centro de Investigaciones Lingüísticas y Etnográficas de la Amazonía Colombiana. Bogotá and Sibundoy, Putumayo, Colombia]. *Amazonia Colombiana Americanista* 1, nos. 2, 3 (1940).

———. *Amazonía Colombiana Americanista,* nos. 4–8 (1944).

Cochrane, Charles Stuart. *Journal of a Residence and Travels in Colombia during the Years of 1823 and 1824.* 2 vols. London: Colburn, 1825.

Colombia, República de. *Misiones Católicas de Putumayo: documentos oficiales relativos a este comisaría.* Edición Oficial Ilustrada. Bogotá: Imprenta Nacional, 1913.

Comstock, Richard. "On Seeing with the Eye of the Native European." In *Seeing with a Native Eye,* edited by Walter H. Capps. New York: Harper and Row, 1976.

Conrad, Joseph. "Geography and Some Explorers." In *Last Essays.* Freeport, N.Y.: Books for Libraries Press, 1970.

———. *Heart of Darkness.* Harmondsworth: Penguin, 1973.

Crévaux, Jules. "Exploración del Inzá y del Yapura." In *América pintoresca: descripción de viajes al nuevo continente,* pp. 231–64. Barcelona: Montaner y Simon, 1884.

Díaz Del Castillo, Bernal. *Historia verdadera de la conquista de la Nueva España.* México, D. F.: Editorial Porrua, 1969.

Eberhardt, Charles C. "Indians of Peru." *Smithsonian Miscellaneous Collections* 52 (1910):181–94.

Empson, Charles. *Narratives of South America: Illustrating Manners, Customs, and Scenery; Containing also Numerous Facts in Natural History Collected during a Four Years Residence in Tropical Regions.* London: W. Edwards, 1836.

Evans-Pritchard, E. E. *Witchcraft, Oracles and Magic Among the Azande.* Oxford: Clarendon Press, 1937.

Fernández, Fernando Ortiz. *Hampa afro-cubana: los negros brujos; apuntes para un estudio de etnología criminal, con una carta prólogo de Lombrioso.* Madrid: Editorial América, 1917(?).

Flannery, Mary Cathleen. *Yeats and Magic: The Earlier Works.* Irish Literary Studies 2. New York: Barnes and Noble, 1977.

Foucault, Michel. *Madness and Civilization.* New York: Mentor, 1967.

———. *Discipline and Punish.* Translated by Alan Sheridan. New York: Vintage, 1979.

———. "Truth and Power." In *Power/Knowledge: Selected Interviews and Other Writings, 1972–1977,* edited by Colin Gordon. New York: Pantheon, 1980.

Friedman, John Block. *The Monstrous Races in Medieval Thought and Art.* Cambridge, Mass.: Harvard University Press, 1981.

Fritz, Samuel. *Journal of the Travels and Labours of Father Samuel Fritz in the River of the Amazons between 1686 and 1723.* Translated from the Evora MS by the Reverend Dr. George Edumundson, 2d ser., no. 51. London: Hakluyt Society, 1922.

Fuentes, Carlos. *La nueva novela hispanoamericana.* México, D. F.: Editorial Joaquin Mortiz, 1969.

Geertz, Clifford. "Slide Show: Evans-Pritchard's African Transparencies." *Raritan* 3, no. 2 (Fall 1983):62–80.

Gerry, Chris, and Chris Birkbeck. "The Petty Commodity Producer in Third World Cities: Petit Bourgeois or 'Disguised' Proletarian?" In *The Petit Bourgeoisie:*

Comparative Studies of the Uneasy Stratum, edited by Frank Bechhofer and Brian Elliott, pp. 121–54, London: Macmillan, 1981.
Goldman, Irving. *The Cubeo: Indians of the Northwest Amazon*. Urbana: University of Illinois Press, 1963.
Graham, Robert Bontine Cunninghame. *Hernando de Soto*. London: Heineman, 1912.
Gridilla, Alberto. *Un año en el Putumayo*. Lima: Colección Descalzos, 1943.
Guillaume, H. *The Amazon Provinces of Peru as a Field for European Emigration*. London: Wyman, 1888.
Hamilton, John Potter. *Travels through the Interior Provinces of Colombia*. 2 vols. London: J. Murray, 1827.
Hardenburg, Walter E. *The Putumayo: The Devil's Paradise. Travels in the Peruvian Amazon Region and an Account of the Atrocities Committed upon the Indians Therein*. London: T. Fisher Unwin, 1912.
Hemming, John. *The Search for El Dorado*. London: Michael Joseph, 1978.
Hertz, Robert. "The Pre-Eminence of the Right Hand: A Study in Religious Polarity." In *Death and the Right Hand*. Translated by Rodney and Claudia Needham. Aberdeen: Cohen and West, 1960.
Herzog, Werner. "The Screenplay." In *Burden of Dreams*, edited by Les Blank and James Bogan, pp. 19–66. Berkeley: North Atlantic Books, 1984.
Hodgen, Margaret T. *Early Anthropology in the Sixteenth and Seventeenth Centuries*. Philadelphia: University of Pennsylvania Press, 1964.
Holton, Issac. *New Granada: Twenty Months in the Andes*. New York: Harper, 1857.
Honour, Hugh. *The New Golden Land: Images of America from the Discoveries to the Present Time*. New York: Pantheon, 1975.
House of Commons Sessional Papers, vol. 14. "Report and Special Report from the Select Committee on Putumayo, together with the Proceedings of the Committee, Minutes of Evidence, and Appendices. Session 10 March 1913–15 August 1913." London: His Majesty's Stationery Office, 1913.
Humboldt, Alexander von. *Views of Nature: or Contemplations on the Sublime Phenomena of Creation; with Scientific Illustrations*. Translated by E. C. Otte and H. G. Bohn. London: Henry G. Bohn, 1850.
Husband, Timothy (with the assistance of Gloria Gilmore-House). *The Wild Man: Medieval Myth and Symbolism*. New York: The Metropolitan Museum of Art, 1980.
Igualada, Francisco de. *Indios amazónicos*. Barcelona: Imprenta Myria, 1948.
Inglis, Brian. *Roger Casement*. London: Hodder Paperbacks, 1974.
Jean-Aubrey, G. *Joseph Conrad: Life and Letters*. 2 vols. Garden City, N.Y.: 1927.
Kapferer, Bruce. *A Celebration of Demons: Exorcism and the Aesthetics of Healing in Sri Lanka*. Bloomington: Indiana University Press, 1983.
Karl, Frederick R. *Joseph Conrad: The Three Lives*. New York: Farrar, Strauss and Giroux, 1979.
Landaburu, Jon, and Roberto Pineda Camacho. *Tradiciones de la gente del hacha: mitología de los indios andoques del Amazonas*. Bogotá: Instituto Caro u Cuervo, y Unesco, 1984.
Langdon, Jean. "The Siona Medical System: Beliefs and Behavior." Ph.D. dissertation (unpublished). Tulane University, 1974.
———. "Yagé among the Siona: Cultural Patterns in Visions." In *Shamans, Spirits, and Stars, ed. David Bowman and Ronald Schwarz*, pp. 63–80. The Hague: Mouton, 1979.

Langdon, Jean, and Robert Maclennan. "Conceptos etiológicos de los Sibundoy y de la medicina occidental." Mimeo. ICMR. Cali., 1973.

Lea, Henry Charles. *The Inquisition in the Spanish Dependencies*. New York: Macmillan, 1908.

Lévi-Strauss, Claude. "The Sorcerer and His Magic" and "The Effectiveness of Symbols." In *Structural Anthropology*, pp. 161–80 and 181–201. Garden City, N.Y.: Doubleday, 1967.

Llanos Vargas, Hector, and Roberto Pineda Camacho. *Etnohistoria del Gran Caquetá*. Bógotá: Banco de la Republica, 1982.

López, Narvaez, Carlos. *Putumayo 1933: Diario de guerra*. Bogotá: Ediciones Espiral, 1951.

Malinowski, Bronislaw. *The Sexual Life of Savages in North Eastern Melanesia*. New York: Harcourt Brace, 1929.

Markham, Clements R. *Peruvian Bark: A Popular Account of the Introduction of Chinchona Cultivation into British India*. London: J. Murray, 1880.

Medina, José Toribio. *La inquisición en Cartagena de Indias*. Bogotá: Carlos Valencia, 1978.

Medina, Leonidas (bishop of Pasto). *Conferencia sobre las misiones del Caquetá y Putumayo dictada en la Basilica de Bogotá el 12 de octubre de 1914*. Bogotá: Imprenta de San Bernardo—atrio de la catedral, 1914.

Métraux, Alfred. *Voodoo in Haiti*. Translated by Hugo Charteris. New York: Oxford University Press, 1959.

Misiones en Colombia, Las. *Obra de los misioneros Capuchinos de la delegación apóstolica del gobierno y de la junta arquideocesana nacional en el Caquetá y Putumayo*. Bogotá: Imprenta de la Cruzada, 1912.

Mitchell, Stanley. Introduction to Walter Benjamin, *Understanding Brecht*. Translated by Anna Bostock, vii–xix. London: New Left Books, 1973.

Molina (de Cuzco), Cristóbal de. *Relación de las fabulas y ritos de las incas*. Buenos Aires: Editorial Futuro, 1947.

Moore, Sally Falk, and Barbara Myerhoff, eds. *Secular Ritual*. Amsterdam: Van Gorcum, Assen, 1977.

Morison, Samuel. *Admiral of the Ocean Sea: A Life of Christopher Columbus*. 2 vols. Boston: Little, Brown, 1942.

Morote, Best, Efraín. "El degollador (nakaq)." *Tradición: Revista peruana de cultura*, año 2, 4 (1952):67–91.

Najder, Zdzistaw. *Joseph Conrad: A Chronicle*. New Brunswick: Rutgers University Press, 1983.

Odena, Damien de. "Presentación." In *Historia de la fundación del pueblo de San Francisco en el valle del Sibundoy*, edited by Jacinto María de Quito. Sibundoy, Putumayo, Colombia: CILEAC, 1952.

Oliver-Smith, Anthony. "The Pishtaco: Institutionalized Fear in Highland Peru." *Journal of American Folklore*, 82:363–68.

Oviedo y Valdés, Gonzalo Fernández de. *Historia general y natural de las Indias*. 5 vols. Biblioteca de Autores Españoles. Madrid: Ediciones Atlas, 1959.

Paredes, Rómulo. "Confidential Report to the Ministry of Foreign Relations, Peru." Pages 144–72 in *Slavery in Peru . . .* , 62d Congress, U. S. House of Representatives, document no. 1366, 7 February 1913. Washington, D.C.: Government

Printing Office, 1913.
Paris, Lozano, Gonzalo. *Guerrilleros del Tolima*. Bogotá: El Ancora, 1984.
Parry, J. H. *The Discovery of South America*. London: Paul Elek, 1979.
Peña Montenegro, Alonso de la. *Itinerario para párrocos de indios*. [First published in 1668.] Madrid: Oficina de Padre Marin, 1771.
Pinell, Gaspar de. *Excursión apostólica por los ríos Putumayo, San Miguel de Sucumbios, Cuyabeno, Caquetá, y Caguán*. Bogotá: Imprenta Nacional, 1929 [also dated 1928].
———. *Un viaje por el Putumayo y el Amazonas: ensayo de navegación*. Bogotá: Imprenta Nacional, 1924.
Prescott, William Hickling. *History of the Conquest of Peru, with a Preliminary View of the Civilization of the Incas*. 2 vols. Philadelphia: David McKay, 1892.
Preuss, Konrad Theodor. *Religion und Mythologie der Uitoto*. 2 vols. Göttingen: Vandenhoeck und Ruprecht, 1921.
Quito, Jacinto María de. *Historia de la fundación del pueblo de San Francisco en el Valle de Sibundoy*. Sibundoy: CILEAC, 1952.
Randall, Robert. "Qoyllur Rit'i, an Inca Fiesta of the Pleiades: Reflections on Time and Space in the Andean World." *Bulletin de l'Institut Français d'Etudes Andines* 11 (1982):37–81.
Raskin, Jonah. *My Search for B. Traven*. New York: Methuen, 1980.
Reichel-Dolmatoff, Gerardo. *Amazonian Cosmos: The Sexual and Religious Symbolism of the Tukano Indians*. Chicago: University of Chicago Press, 1971.
Rey de Castro, Carlos. *Los pobladores del Putumayo*. Barcelona: Imp. Vda de Luis Tasso, 1914.
Richter, Hans. *Dada: Art and Anti-Art*. London: Thames and Hudson, 1965.
Rivera, José Eustasio. *La vorágine*. Bogotá: Editorial Pax, 1974.
Robinson, Scott. "Towards an Understanding of Kofan Shamanism." Latin American Studies Program Dissertation Series, Cornell University, 1979.
Rocha, Joaquin. *Memorandum de un viaje*. Bogotá: Editorial El Mercurio, 1905.
Roth, Walter Edmund. "An Introductory Study of the Arts, Crafts, and Customs of the Guiana Indians." In *The Thirty-Eighth Annual Report of the Bureau of American Ethnology: 1916–1917*, 25–745. Washington, D.C.: Government Printing Office.
Rumazo González, José. *La región amazónica en el siglo XVI*. No. 19. Seville: Escuela de Estudios Hispano-Americanos de Sevilla, 1946.
Salomon, Frank L. "Ethnic Lords of Quito in the Age of the Incas: The Political Economy of North Andean Chiefdoms." Unpublished Ph.D. dissertation, Cornell University, 1978.
———. "Killing the Yumbo: A Ritual Drama of Northern Quito." In *Cultural Transformations and Ethnicity in Modern Ecuador*, edited by Norman E. Whitten, Jr. Urbana: University of Illinois Press, 1981.
Sandoval, Alonso de. *De Instauranda Aethiopium Salute: El mundo de la esclavitud negra en América*. 1627. Bogotá: Empresa Nacional de Publicaciones, 1956.
Saum, Lewis O. *The Fur Trader and the Indian*. Seattle and London: University of Washington Press, 1965.
Sawyer, Roger. *Casement: The Flawed Hero*. London: Routledge and Kegan Paul, 1984.
Seijas, Haydée. "The Medical System of the Sibundoy Indians of Colombia." Unpublished Ph.D. dissertation, Tulane University, 1969.

Select Committee on Putumayo. *See* House of Commons Sessional Papers, vol. 14.

Simson, Alfred. *Travels in the Wilds of Ecuador and the Exploration of the Putumayo River.* London: Samson Low, 1886.

Singleton-Gates, Peter, and Maurice Girodias. *The Black Diaries: An Account of Roger Casement's Life and Times with a Collection of his Diaries and Public Writings.* New York: Grove Press, 1959.

Tamayo, Joaquín. "Don Gonzalo Ximénez de Quesada." *Boletín de historia y antiquedades* 25, nos. 285–86 (1938):458–76.

Tejado, Fernández, Manuel. *Aspectos de la vida social en Cartagena de Indias durante el seiscientos.* No. 87. Seville: Escuela de Estudios Hispano-Americanos de Sevilla, 1954.

Timerman, Jacobo. *Prisoner without a Name, Cell without a Number.* New York: Vintage Books, 1982.

Le Tour du Monde: Nouveau Journal des Voyages 38. Paris: Librairie Hachette, 1879.

Traven, B. *March to the Monteria.* London: Allison and Busby, 1982.

Triana, Miguel. *Por el sur de Colombia: excursión pintoresca y científica al Putumayo.* Prólogo de Santiago Pérez Triana. Bogotá: Biblioteca Popular de Cultura Colombiana, 1950.

Trimborn, Hermann. *Señorio y barbarie en el valle del Cauca.* Madrid: Instituto Gonzalo Fernández de Oviedo, 1949.

Tschudi, Johann Jakob von. *Travels in Peru During the Years 1838–1842.* Translated by T. Ross. New York: Putnam, 1852.

Turner, Victor, and Edith Turner. *Image and Pilgrimage in Christian Culture: Anthropological Perspectives.* New York: Columbia University Press, 1978.

Tylor, Edmund Burnett. *Primitive Culture.* 2 vols. New York: Harper, 1958.

Valcárcel, Carlos A. *El proceso del Putumayo y sus secretos inauditos.* Lima: Imprenta "Comercial" de Horacia La Rosa, 1915.

Veatch, Arthur Clifford. *Quito to Bogotá.* New York: George H. Doran, 1917.

Vega, Garcilaso de la. *Royal Commentaries of the Incas.* 2 vols. Translated by Harold Livermore. Austin and London: University of Texas Press, 1966.

Vilanova, Francisco. "Introdución." In *Indios amazónicos,* Francisco de Igualada, Colección Misiones Capuchinas, vol. 6. Barcelona: Imprenta Myria, 1948.

Wassén, S. Henry. "A Medicine-Man's Implements and Plants in a Tiahuanacoid Tomb in Highland Bolivia."*Etnologiska Studier* 32 (1972).

Watt, Ian. *Conrad in the Nineteenth Century.* Berkeley and Los Angeles: University of California Press, 1979.

Watts, C. T. *Joseph Conrad's Letters to Cunninghame Graham.* Cambridge: University of Cambridge Press, 1969.

West, Robert Cooper. *Colonial Placer Mining in Western Colombia.* Baton Rouge: Louisiana State University Press, 1952.

Whiffen, Thomas (Captain, 14th Hussars). *The North-West Amazons: Notes of Some Months Spent among Cannibal Tribes.* London: Constable, 1915.

Whitten, Norman, Jr. *Sacha Runa: Ethnicity and Adaptation of Ecuadorian Jungle Quichua.* Urbana: University of Illinois Press, 1976.

———. *Sicuanga Runa: The Other Side of Development in Amazonian Ecuador.* Urbana and Chicago: University of Illinois Press, 1985.

Williams, Gwynn. "The Concept of 'Egemonia' in the Thought of Antonio Gramsci: Some Notes of Interpretation." *Journal of the History of Ideas* 1 (1961):586–99.

Williams, Raymond. *Marxism and Literature*. Oxford: Oxford University Press, 1977.

———. *Politics and Letters: Interviews with New Left Review*. London: New Left Books, 1979.

Wittkower, Rudolf. "Marvels of the East: A Study in the History of Monsters. *Journal of the Warburg and Cortauld Institute* 5 (1942):159–97.

Wolf, Howard, and Ralph Wolf. *Rubber, a Story of Glory and Greed*. New York: Covici, Friede, 1936.

Wolin, Richard. *Walter Benjamin: An Aesthetic of Redemption*. New York: Columbia University Press, 1982.

Woodroffe, Joseph Froude. *The Rubber Industry of the Amazon*. London: John Bale, 1915.

———. *The Upper Reaches of the Amazon*. London: Methuen, 1914.

Ypes, Benjamin. *La estatuaria Murui-Muiname: simbolismo de la gente "Huitoto" de la amazonía colombiana*. Bogotá: Fundación de Investigaciones Arqueológicas Nacionales, Banco de la Republica, 1982.

Ypes, Benjamin, and Roberto Pineda Camacho. "La rabia de Yarocamena: etnología histórica de una rebelión indígena en el Amazonas. Bogotá: mimeograph, 1984.

Wrigley, G. M. "The Travelling Doctors of the Andes: The Callahuayas of Bolivia." *The Geographical Review* 4 (1917):183–99.

索　引

（索引中的页码为原书页码，请参照本书边码）

图书在版编目(CIP)数据

萨满教、殖民主义与野人:关于恐惧和治疗的研究/(澳)迈克尔·陶西格著;王浩娉,赵玉燕译.—北京:商务印书馆,2022(2022.7重印)
(汉译人类学名著丛书)
ISBN 978-7-100-20530-6

Ⅰ.①萨… Ⅱ.①迈… ②王… ③赵… Ⅲ.①美洲印第安人—民族历史—研究—哥伦比亚 Ⅳ.①K775.8

中国版本图书馆CIP数据核字(2021)第248372号

汉译人类学名著丛书

萨满教、殖民主义与野人

——关于恐惧和治疗的研究

〔澳〕迈克尔·陶西格 著

王浩娉 赵玉燕 译

商 务 印 书 馆 出 版
(北京王府井大街36号 邮政编码100710)
商 务 印 书 馆 发 行
北 京 新 华 印 刷 有 限 公 司 印 刷
ISBN 978-7-100-20530-6

2022年5月第1版　　开本710×1000 1/16
2022年7月北京第2次印刷　　印张38

定价:168.00元